JN451298

3D프린터 출력을 위한 기초학습 / 3D프린터운용기능사 실기 대비

따라하며 익힐 수 있는

AUTODESK Fusion360 입문

윤정필 · 이이선 · 민상기 · 김지대 공저

B.C.Info

3D프린터 출력을 위한 기초학습 / 3D프린터운용기능사 실기 대비

따라하며 익힐 수 있는

AUTODESK Fusion360 입문

윤정필 / 이이선 / 민상기 / 김지대 공저

복두출판사

Prologue

최근 4차 산업 관련하여 3D프린터 관련 분야의 기술이 많이 발전하고 있습니다. 국가에서도 3D프린터 관련지식과 숙련기능을 갖춘 전문인력을 양성하기 위해 국가자격시험을 진행하고 있습니다.

이 책은 Fusion360로 3D프린팅하기 설계할 수 있는 기초학습과 국가에서 시행하고 있는 3D프린터 운용기능사 실기(3D모델링) 시험을 같이 학습할 수 있도록 되어 있습니다. 한 권의 책으로 Fusion360를 처음 접하는 사용자와 3D프린터운용기능사 실기를 준비하는 사용자 모두 활용 가능하게 구성하였습니다.

3D모델링(설계)에서 정답은 없습니다. 사용자가 개발하는 제품의 용도 또는 조직(회사)에 따라 설계방법이 다를 수 있습니다. 개인이나 조직(회사)에 맞는 효율적인 방법으로 진행하시면 됩니다.

이 책이 기초가 되어 Fusion360을 활용한 3D모델링(설계)에 조금이나마 도움이 되었으면 합니다. 부디 좋은 성과 있으시길 기원 드립니다.
감사합니다.

저자 올림

CONTENTS

Chapter 1. Fusion360 기초학습 1

1.1 Fusion360 소개 | 2

1) Fusion360의 특징 | 2
2) Fusion360 시스템 요구사항 | 3
3) Fusion360 다운로드 및 설치 | 4

1.2 Fusion360 화면 구성 | 5

1) 작업관리 메뉴(Application Bar) | 5
2) 계정관리 및 도움말(Profile and Help) | 9
3) 툴바(Tool Bar) | 11
4) 검색기(Browser) | 12
5) 뷰 큐브(View Cube) | 12
6) 작업 창(Stage) | 13
7) 타임라인(Timeline) | 13
8) 화면제어 및 화면표시 설정 | 13

▌마우스 조작방법 | 18

1.3 Design 작업 | 19

1) 스케치 작성(Create Sketch, 평면 모델링) | 19
2) 작성(Create, 입체 모델링) | 19
3) 양식 작성(Create Form, 자유형 모델링) | 19
4) 수정(Modify, 입체 모델링 수정) | 20
5) 조립(Assemble) | 20
6) 구성(Construct) | 20
7) 검사(Inspect) | 20
8) 삽입(Insert) | 20
9) 선택(Select) | 20

1.4 2D 스케치(평면 모델링) | 21

1) 스케치 작성(Create Sketch) | 21

1.5 3D 모델링(입체 모델링) | 48
1) 작성(Create) 메뉴 | 48
2) 수정(Modify) 메뉴 | 69
3) 구성(Construct) 메뉴 | 89
4) 조립(Assemble) 메뉴 | 99
5) 검사(Inspect) 메뉴 | 104

Chapter 2. 프로젝트 실습하기 [오토마타(시소)] 115
2.1 3D모델링 | 116
1) 파일 / 저장(또는 저장) 선택 | 116
2) 검색기 / Automata 선택 / 새 구성요소 선택 | 116
3) Main-Body 구성요소 활성화 선택 | 116
4) Automata 활성화 선택 | 118
5) Top-Body 활성화 선택 | 119
6) 검색기 / Automata 선택 / 새 구성요소 선택 | 123
7) Main-Body 활성화 선택 | 125
8) Top-Body 활성화 선택 | 126
9) 검색기 / Automata 선택 / 새 구성요소 선택 | 126
10) 검색기 / Automata 선택 / 새 구성요소 선택 | 128
11) Main-Body 활성화 선택 | 131
12) 검색기 / Automata 선택 / 새 구성요소 선택 | 132
13) Automata 활성화 선택 | 134
14) 검색기 / Automata 선택 / 새 구성요소 선택 | 135
15) 검색기 / Automata 선택 / 새 구성요소 선택 | 137
16) Automata 활성화 선택 | 139
17) 검색기 / Automata 선택 / 새 구성요소 선택 | 140
18) Automata 활성화 선택 | 143
19) Top-Body 활성화 선택 | 143
20) Automata 활성화 선택 | 145

2.2 구성요소 조립 | 146
1) 바닥에 고정하기 | 146
2) 조립 / 강체 그룹 선택 | 146
3) 현재 위치에서 접합 적용 | 147

2.3 모션 스터디 | 152
2.4 STL 파일로 변환하기 | 153
2.5 3D 프린터 출력 전 추가적인 고려사항 | 154

1) Rod의 3D data 수정하기 | 154
2) Shaft의 3D data 수정하기 | 155

Chapter 3. 3D 프린터 운용기능사 실기(문제풀이) 159

국가기술자격(3D 프린터 운용기능사) 실기시험문제 안내 | 160
▌2022년도 3D프린터운용기능사 시험 일정 | 166
▌실기시험 시 개인 준비물 | 167

3D 프린터 운용기능사 실기 문제 및 풀이 ① | 168
3D 프린터 운용기능사 실기 문제 및 풀이 ② | 182
3D 프린터 운용기능사 실기 문제 및 풀이 ③ | 192
3D 프린터 운용기능사 실기 문제 및 풀이 ④ | 200
3D 프린터 운용기능사 실기 문제 및 풀이 ⑤ | 209
3D 프린터 운용기능사 실기 문제 및 풀이 ⑥ | 218
3D 프린터 운용기능사 실기 문제 및 풀이 ⑦ | 227
3D 프린터 운용기능사 실기 문제 및 풀이 ⑧ | 237
3D 프린터 운용기능사 실기 문제 및 풀이 ⑨ | 247
3D 프린터 운용기능사 실기 문제 및 풀이 ⑩ | 257
3D 프린터 운용기능사 실기 문제 및 풀이 ⑪ | 267
3D 프린터 운용기능사 실기 문제 및 풀이 ⑫ | 276
3D 프린터 운용기능사 실기 문제 및 풀이 ⑬ | 285
3D 프린터 운용기능사 실기 문제 및 풀이 ⑭ | 294
3D 프린터 운용기능사 실기 문제 및 풀이 ⑮ | 303
3D 프린터 운용기능사 실기 문제 및 풀이 ⑯ | 313
3D 프린터 운용기능사 실기 문제 및 풀이 ⑰ | 321
3D 프린터 운용기능사 실기 문제 및 풀이 ⑱ | 329
3D 프린터 운용기능사 실기 문제 및 풀이 ⑲ | 337
3D 프린터 운용기능사 실기 문제 및 풀이 ⑳ | 344
3D 프린터 운용기능사 실기 문제 및 풀이 ㉑ | 354

부록 (APPENDIX) 363

이 책의 구성과 특징

이 책은 Fusion360의 여러 기능 중에 솔리드와 관련된 기초 내용으로 구성되어 있습니다. 각 명령 아이콘에 대한 쉬운 설명과 더불어 따라하기 예제도 제공하고 있습니다.

1 각 명령 아이콘 설명 및 따라하기

꼭 알아야 될 기초내용과 기능을 간단한 실습을 통해 확인해 볼 수 있습니다.

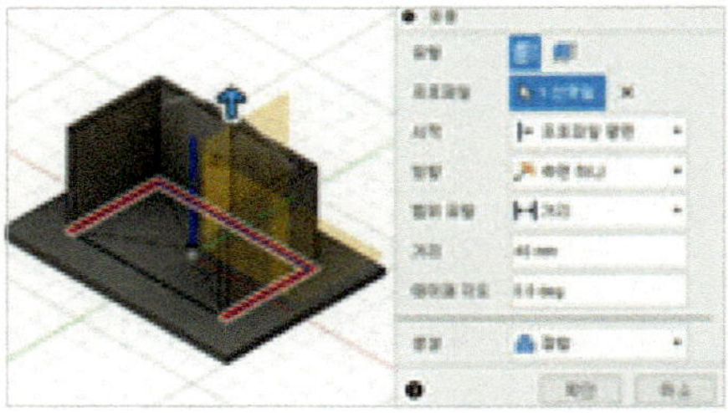

2 연습문제 풀이하기

따라하기 형식의 연습문제를 직접 풀어 보면서 자연스럽게 익힐 수 있도록 하였습니다.

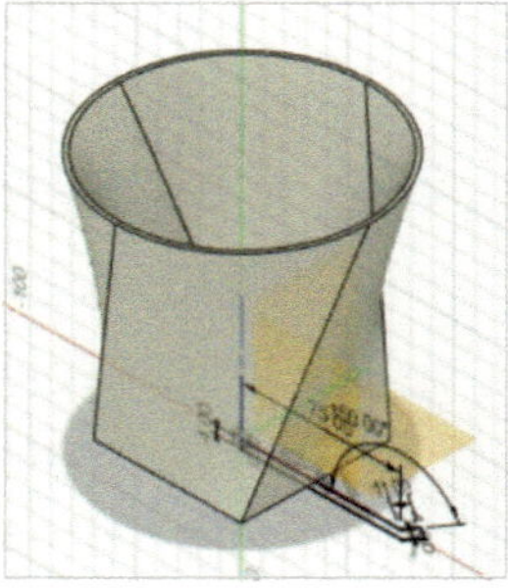

3 Hot Tip

기본적인 설명 외 부가적인 내용 및 응용으로 추가적으로 알고 있으면 편리한 기능에 대해 알려 드립니다.

4 프로젝트 실습하기

3D프린터로 출력해서 만들어 볼 수 있는 제품 선정하여 차근차근 따라하면서 3D제품설계에 대한 기본 개념을 익힐 수 있게 구성하였습니다.

5 3D프린터 운용기능사 실기 문제풀이

3D프린터 운용 기능사 실기 문제풀이 국가 기술자격 시험인 3D프린터 운용기능사의 실기시험 중에서 3d모델링 관련하여 공개 문제를 알기 쉽게 풀이하였습니다.

AUTODESK®
FUSION 360™

CHAPTER 1

Fusion360 기초학습

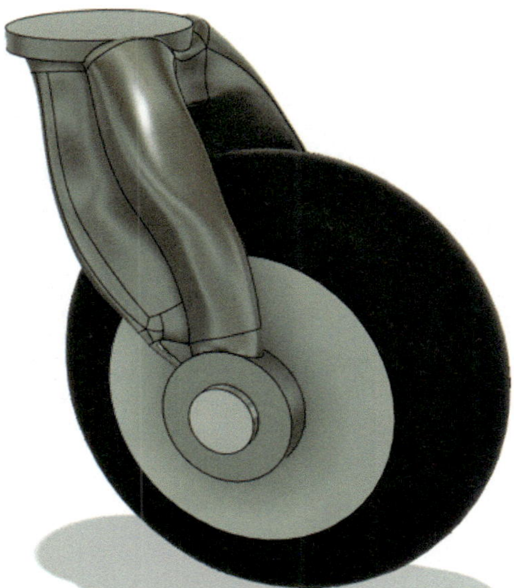

1.1 Fusion360 소개

Fusion 360은 제품 설계 및 제조를 위한 클라우드 기반 3D 모델링, CAD, CAM, PCB 소프트웨어 플랫폼으로 개발된 3D 모델링 프로그램입니다. 또한, 렌더링, 애니메이션, 시뮬레이션을 하나의 프로그램으로 통합한 프로그램입니다.

그리고 Fusion360은 클라우드 기반의 프로그램으로 팀 프로젝트나 3D모델링 등 관련된 데이터를 클라우드에서 직접 저장, 수정 및 관리 가능한 3D 프로그램입니다.

1) Fusion360의 특징

(1) 유연한 3D모델링 및 설계

심미성, 형태, 적합성, 기능을 보장하는 방식으로 제품을 설계하고 엔지니어링할 수 있어 최적화 3D모델링(설계) 작업을 진행할 수 있습니다.

(2) 통합 전자 기기 및 PCB 설계

전자 기기 및 PCB 설계 도구를 사용하여 다양한 제품의 엔지니어링, 설계 등의 작업을 수행할 수 있습니다.

(3) 통합 CAD + CAM

제품 제작 시간과 비용을 낮출 수 있으며 우수한 품질의 제품을 공급할 수 있게 합니다.

(4) 클라우드 공동작업 및 데이터 관리

실시간으로 커뮤니케이션하며 프로젝트를 중앙 집중화할 수 있습니다.

(5) 혁신적인 제너레이티브 설계 솔루션

복잡한 엔지니어링 과제를 해결하며 수정하여 다양한 조건을 견딜 수 있는지 확인 및 검토할 수 있습니다.

(6) 사실적 렌더링 및 문서화

2D 도면에 모델의 주석 및 치수를 추가하여 문서로 만들 수 있으며, 렌더링 기술로 시각화도 가능합니다.

2) Fusion360 시스템 요구사항.

Autodesk Fusion 360의 시스템 요구사항	
운영 체제	Apple® macOS™ Big Sur 11.x*; Catalina 10.15; Mojave v10.14(Apple 보안 업데이트에 대해 자세히 알아보기) Microsoft® Windows® 8.1(64비트) (2023년 1월까지 지원)** Microsoft Windows Windows 10(64비트) Windows 릴리즈 정보
CPU 유형	x86 기반 64비트 프로세서(예: Intel Core i, AMD Ryzen 시리즈), 4코어, 1.7GHz 이상; 32비트는 지원되지 않음 ARM 기반 프로세서는 Rosetta 2를 통해서만 부분적으로 지원됨 - 자세한 내용은 이 게시물을 참조하십시오.
메모리	4GB RAM(통합 그래픽에서는 6GB 이상 권장)
그래픽 카드	DirectX11(Direct3D 10.1 이상 버전) 1GB 이상의 VRAM을 갖춘 전용 GPU 6GB 이상의 RAM을 갖춘 통합 그래픽
디스크 공간	3GB 저장 용량
해상도	1366 x 768(100% 축척에서 1920 x 1080 이상 권장)
포인팅 장치	HID 호환 마우스 또는 트랙패드, 선택적 Wacom® 태블릿 및 3Dconnexion SpaceMouse® 지원
인터넷	2.5Mbps 이상의 다운로드 속도, 500Kbps 이상의 업로드 속도
종속성	SSL 3.0, TLS 1.2 이상, .NET Framework 4.5 이상(충돌 보고서 제출에 필요)

복잡한 모델링 및 처리를 위한 권장 사양	
CPU 유형	3GHz 이상, 6코어 이상
메모리	8GB 이상의 RAM
그래픽	4GB 이상의 VRAM을 갖춘 전용 GPU, DirectX 11(Direct3D 11 이상 버전)

3) Fusion360 다운로드 및 설치

오토데스크사의 소프트웨어 정책에 따라 자신에게 맞는 설치방법을 선택하여 안내에 따라 진행하시면 됩니다. (자신에게 맞는 조건을 선택하셔서 설치하시면 됩니다.)

https://knowledge.autodesk.com/ko/support/fusion-360/learn-explore/caas/sfdcarticles/sfdcarticles/KOR/How-to-activate-start-up-or-educational-licensing-for-Fusion-360.html

Fusion 360에 대한 스타트업, 개인 또는 학생용 라이선스 등록 방법

회사 이름: AUTODESK Support

2021년 3월 10일

Fusion 360에 대한 스타트업, 개인 또는 학생 라이선스를 등록하려면 디바이스가 Fusion 360의 시스템 요구사항을 충족하는지 확인하십시오. 자세한 내용은 다음을 참조하십시오.

- 스타트업 라이선스 등록
- 개인 라이선스 등록
- 무료 교육 액세스 등록
- Fusion 360 체험판 등록
- Fusion 360 라이선스 갱신
- Fusion 360 다시 설치
- 교육 기관의 관리자로 Fusion 360 사용
- 교육용 라이선스를 상용 라이선스로 변경

*상기 내용의 일부분은 오토데스크 홈페이지에서 발췌하였습니다.

1.2 Fusion360 화면 구성

UI(User Interface)는 크게 8개 영역으로 구성되어 있습니다.

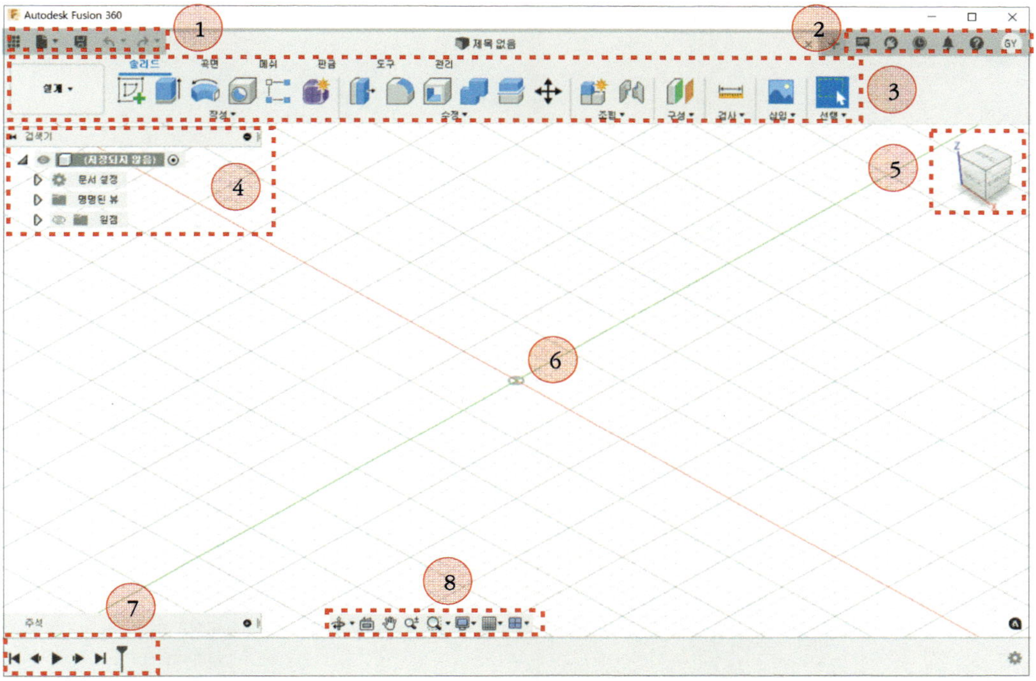

1) 작업관리 메뉴 (Application Bar)

파일 관리에 필요한 메뉴로 구성되어 있습니다.

(1) 데이터 패널 표시 (Show Data Panel, )

오토데스크(Autodesk)사의 클라우드에 저장된 파일을 불러오거나 현 상태를 확인할 수 있으며, 프로젝트 참여자 등을 관리할 수 있습니다.

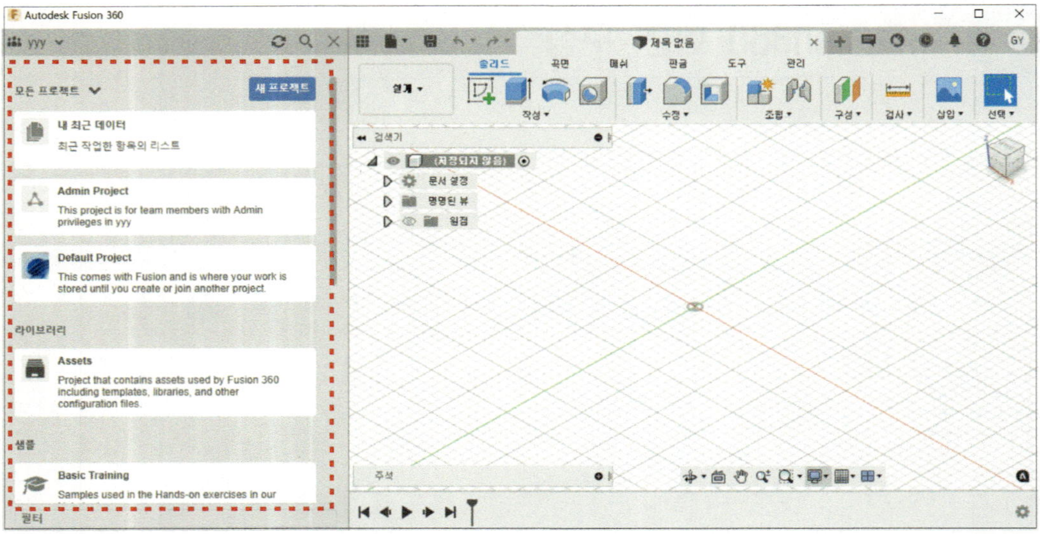

(2) 파일 (File,)

파일 관리에 대한 메뉴로 구성되어 있습니다.

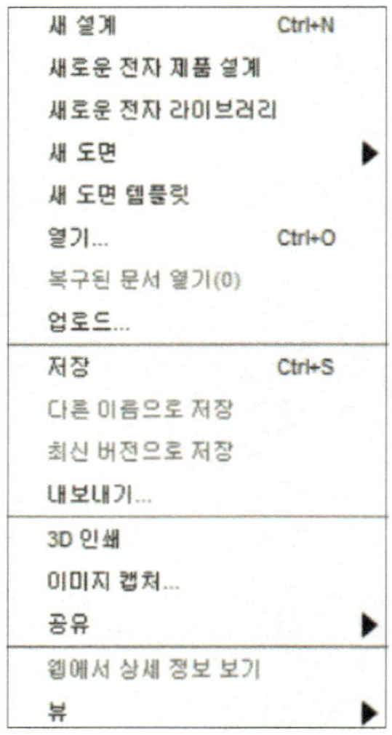

- 새 설계(New Design) : 새 작업하기
- 새 도면(New Drawing) : 새 도면 그리기
- 열기(Open) : 파일 불러오기
- 저장(Save) : 저장하기(클라우드에 저장)
- 다른 이름으로 저장(Save As) : 다른 이름으로 저장하기
- 내보내기(Export) : 다양한 형식의 파일로 변환하여 저장하기
- 뷰(View) : 뷰 큐브, 브라우저, 툴바 등의 표시 관리

연습문제 1-1

다른 이름으로 저장하기 연습문제

기존 생성되어있는 3D모델링을 불러오기 한 후 저장하기 방법을 연습해 보겠습니다.

☞ 불러오기 (데이터 패널에서 선택, 더블클릭하여 선택하기)

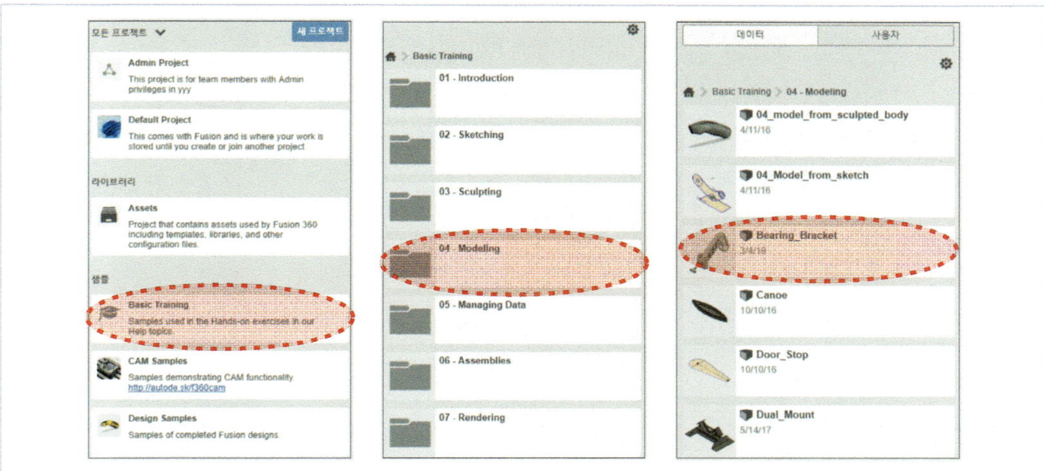

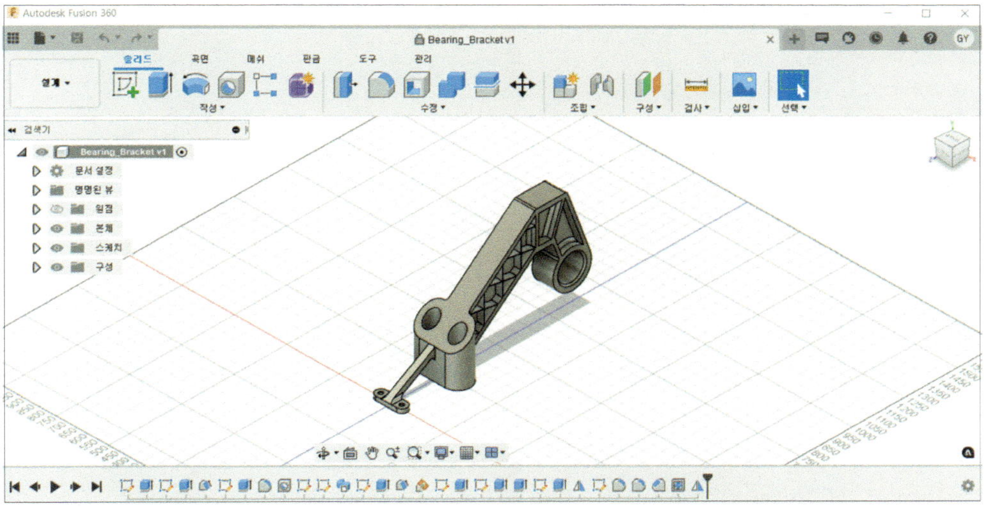

☞ 내 프로젝트에 저장하기를 합니다.

① 다른 이름으로 저장 선택

② 새 프로젝트 선택 : 새로운 프로젝트를 생성할 때 사용합니다.

③ 프로젝트 이름 입력 (연습문제 입력)

: 빈 상자모형 안에 프로젝트 이름을 입력 후 키보드에서 Enter 키를 누릅니다.
그리고 생성된 이름을 더블클릭하여 선택합니다.
상단의 위치 부분에 위에서 만든 프로젝터 이름이 표시됩니다.

④ 이름 입력

: 원하는 이름으로 입력합니다.
동일 이름 또는 새로운 이름으로 수정 가능합니다.

⑤ 저장 선택

: 새로 만든 프로젝트에 선택된 파일이 저장됩니다.

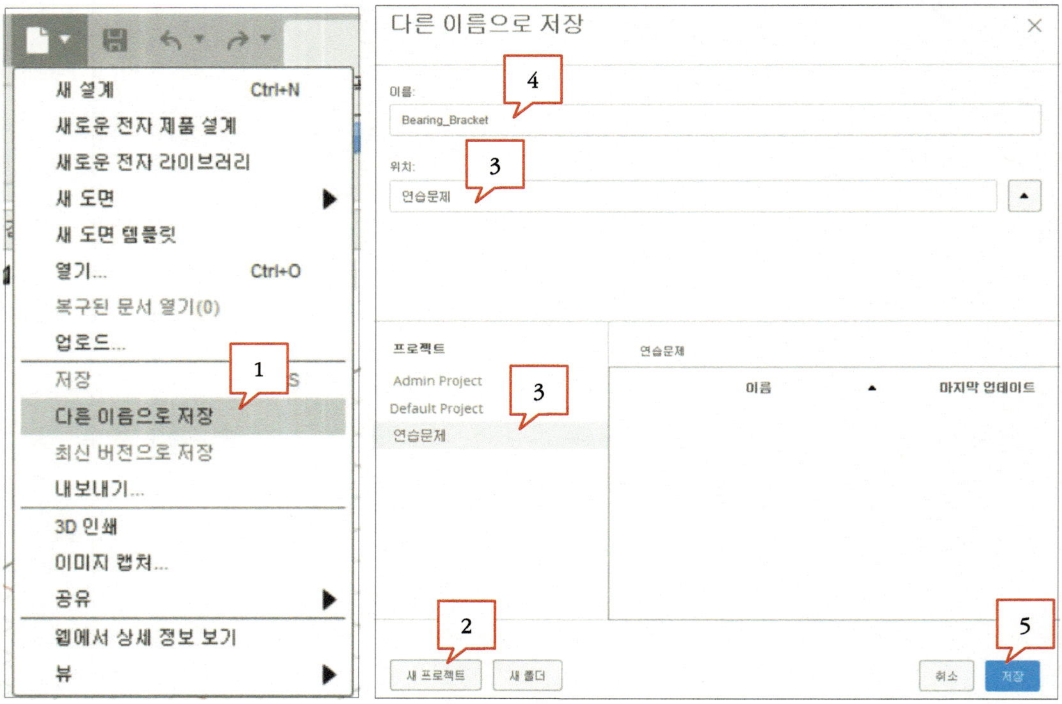

Fusion360의 Basic Training에서 제공하는 다양한 예제 파일은 수정 및 편집하여 저장할 수 없습니다.

Fusion360 사용자가 기본 제공되는 파일을 참조로 다양하게 연습(편집, 수정 및 저장)을 하기 위해서 새로운 파일로 저장하여야 합니다.
그래서 기본 제공되는 파일을 다른 이름으로 저장하여 사용하시면 편리합니다.

(3) 저장 (Save,)

작업한 파일을 저장하는 메뉴입니다.

(4) 명령취소 (Undo,) / 명령복구 (Redo,)

이전 작업으로 되돌아()가거나 다시 실행()할 때 사용합니다.

2) 계정관리 및 도움말 (Profile and Help)

자신의 계정이나 작업물을 관리, 환경설정 등을 할 수 있으며 각종 도움말과 문제해결 방법 등을 확인할 수 있습니다.

(1) 작업상태 Job Status (Job Status,)

현재 인터넷 상태 및 업데이트 등을 확인할 수 있습니다.

(2) 도움말 (Help,)

학습 관련 자료 및 도움말과 각종 자료 등을 찾아볼 수 있습니다.

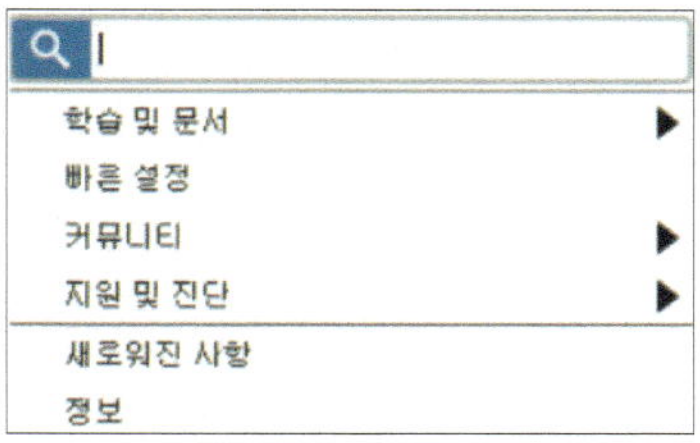

- 학습 및 문서 (Learning and Documentation) : 학습 및 API 관련 정보 제공
- 빠른 설정 (Quick Setup) : 단위설정 및 마우스 조작법 등 표시
- 커뮤니티 (Community) : Fusion360 사용자 포럼이나 커뮤니티 등을 이용
- 지원 및 진단 (Support and Diagnostics) : 각종 조작법 및 프로그램 사용 중 문제의 원인을 찾거나 캐시 파일 등을 삭제
- 새로워진 사항 (What's New) : 최신 업데이트된 Fusion360 관련 사항에 대한 소개
- 정보 (About) : Fusion360의 버전 정보 표시

(3) 개정 및 설정 관리

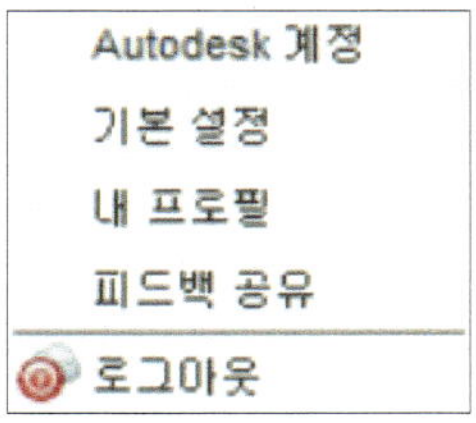

- Autodesk 계정 (Autodesk Account) : 자신의 개정 관리
- 기본 설정 (Preferences) : 기본적인 환경설정
- 내 프로필 (My Profile) : 자신의 작업 data를 관리
- 피드백 공유 (Share Feedback) : 자신의 data 공유 관리

TIP

Fusion360을 종료하는 방법은 크게 2가지 방법이 있습니다.

❶ 바로 종료하기

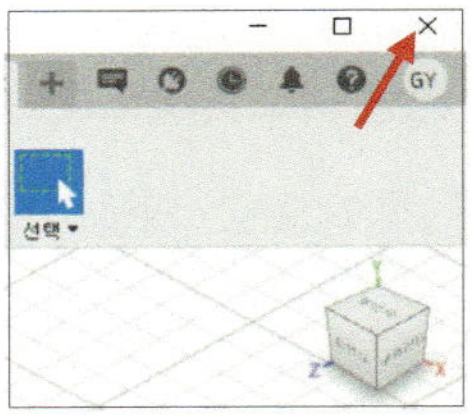

우측 그림과 같이 X표를 클릭하면 바로 종료됩니다.
Fusion360을 다시 사용 시 Email, Password 입력 없이 바로 실행됩니다.
개인 PC 사용 환경에서 사용하면 편리합니다.
그러나 타인이 로그인 없이 사용할 수 있으므로 주의가 필요합니다.

❷ 로그아웃으로 종료하기

Fusion360 실행 시 Email, Password 입력해야 하므로 저장된 data를 안전하게 관리할 수 있습니다.
특히 공용으로 사용하는 PC는 로그아웃으로 종료하는 것을 권장합니다.

▌기본 설정 (Preference)

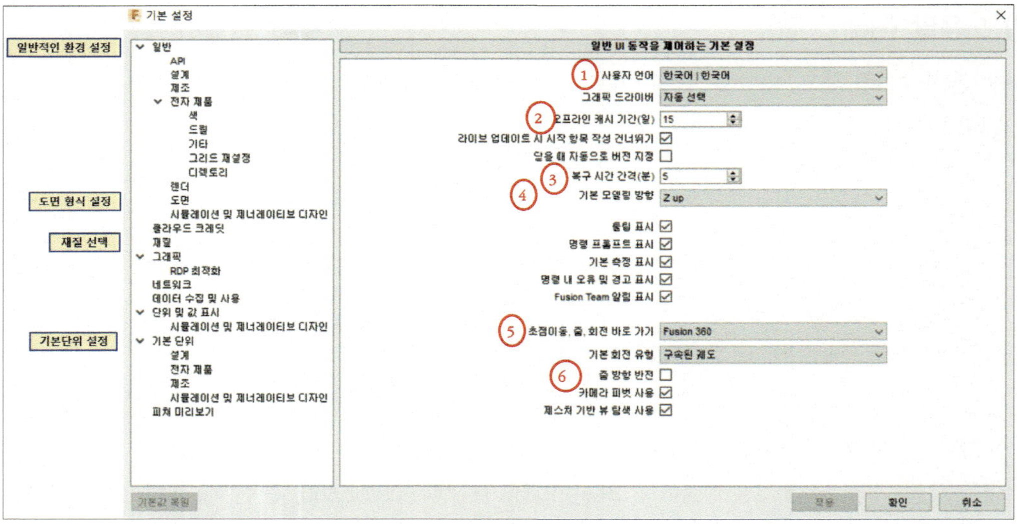

① 사용자 언어 : 사용자 언어 선택
② 오프라인 캐시 기간(일) : 오프라인 실행 시 사용 기간 설정.
③ 복구 시간 간격(분) : 작업 중인 파일의 버전 갱신하는 시간(분) 설정.
④ 기본 모델링 방향 : 3D모델링에서 높이 방향의 기준 축 선택.
⑤ 초점이동, 줌, 회전 바로 가기 : 화면표시 형식을 선택.
⑥ 줌 방향 반전 : 휠 마우스 사용 시 확대/축소 방향 설정.

3) 툴바(Tool Bar)

3D모델링 작업에 필요한 메뉴가 있는 곳으로, 하위 메뉴들도 포함되어 있습니다.

(1) 작업 공간 (Workspace)

a) 솔리드 (Solid)

기본적인 작업을 하는 영역이며 다양한 형태의 3D모델링이 가능합니다.

b) 곡면 (Surface)

곡면형상의 3D모델링을 효율적으로 표현할 수 있는 다양한 메뉴를 제공하므로 솔리드에서 만들기 어려운 형상도 3D모델링이 가능합니다.

c) 메쉬 (Mesh)

메쉬 파일을 다양하게 편집할 수 있는 메뉴를 제공합니다.

d) 판금 (Sheet Metal)

판금 등의 제조법으로 생산되는 제품에 대한 3D모델링으로 관련된 다양한 메뉴를 제공합니다.

e) 도구 (Tool)

사용하면 편리한 기타 유용한 메뉴들을 제공합니다.

4) 검색기 (Browser)

객체의 구성요소가 포함되어 있으며 각 객체를 표시하거나 숨길 수 있습니다

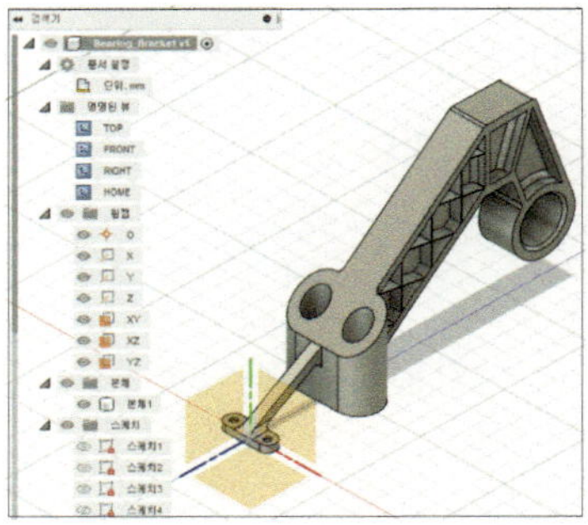

- 구성요소 (component) : 부품 이름 표시
- 문서 설정 (Document Setting) :
  적용된 기본 단위표시, mm단위 / inch단위
- 명명된 뷰 (Name Views) : 기본 4방향의 보기
- 원점 (Origin) : 화면의 원점, 축, 평면을 표시
- 본체 (Bodies) : 구성요소의 형식 및 수량표시
  (본체, 곡면, 메쉬 등)
- 스케치 (Sketches) : 3D모델링에 사용된 스케치를 표시
- 구성 (Construction) : 추가 생성된 점, 축, 평면 등을 표시

5) 뷰 큐브 (View Cube)

화면을 회전하거나 원하는 방향으로 3D모델링 위치를 조정할 수 있습니다.

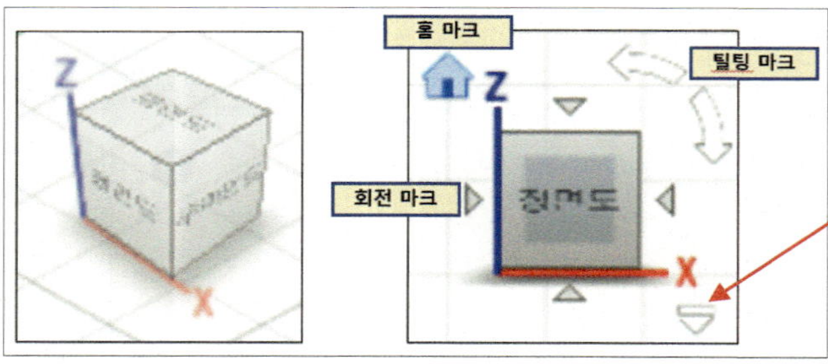

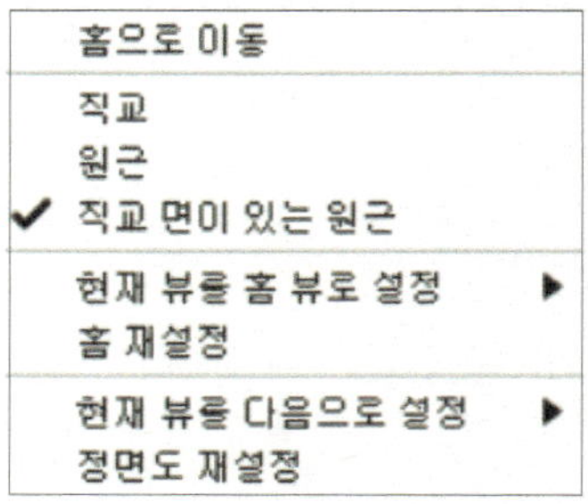

- 홈으로 이동 (Go Home, ⌂) : 초기 상태로 화면이동
- 직교 (Orthographic) : 직교 상태로 표현
- 원근 (Perspective) : 원근 상태로 표현
- 직교 면이 있는 원근 (Perspective with Ortho Faces) : 두 가지 혼합형
- 현재 뷰를 홈 뷰로 설정 (Set current view as Home) : 현시점을 홈 뷰로 설정
- 홈 재설정 (Reset Home) : 홈 뷰 설정 초기화
- 현재 뷰를 다음으로 설정 (Set current view as) :
  정면도 : 현시점을 정면도로 설정 / 맨 위 : 현시점을 평면도로 설정
- 정면도 재설정 (Reset Front) : 정면도 설정 초기화

6) 작업 창(Stage)

실제 3D모델링을 하는 작업 공간입니다.

7) 타임라인 (Timeline)

3D모델링의 진행 과정이 차례대로 기록되며, 각 버튼을 조작하여 추적관찰이 가능하며 특정 시점에서의 편집(마우스 우클릭)도 가능하게 지원합니다.

8) 화면제어 및 화면표시 설정

여러 가지 형태로 화면표시를 변경할 수 있는 도구 모음입니다.

- 회전 (Orbit,) : 화면 시점을 회전합니다.
- 보기 (Look at,) : 선택한 면 방향으로 시점을 이동합니다.
- 초점이동 (Pan,) : 화면 시점을 수평으로 이동합니다.
- 줌 (Zoom,) : 화면을 확대/축소합니다.
- 줌 창 (Zoom Window,) : 선택영역을 확대합니다.
- 화면표시 설정 (Display Settings,) : 작업화면을 설정합니다.

a) 비주얼 스타일 (Visual Style) : 3D모델링 형상을 다양하게 표현, 우측은 단축키

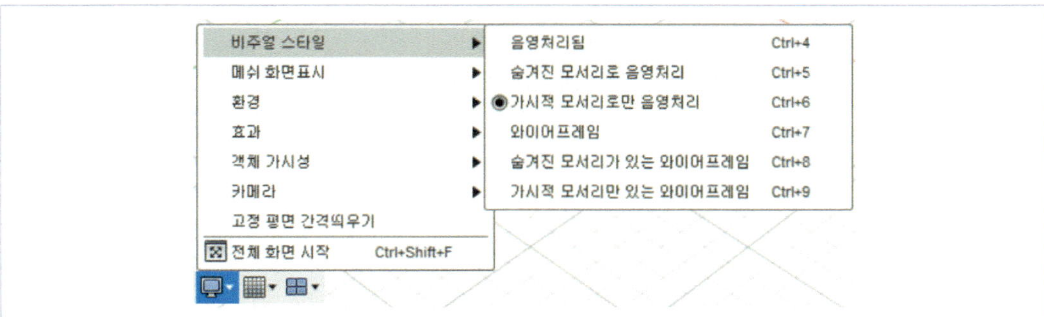

음영 처리됨 : 모서리 라인이 없는 음영처리.	
숨겨진 모서리로 음영처리 : 숨겨진 모서리를 점선으로 표시하면서 음영처리.	
가시적 모서리로만 음영처리 : 보이는 면만 표시하면서 음영처리.	
와이어프레임 : 전부 실선으로 표시.	
숨겨진 모서리가 있는 와이어프레임 : 숨겨진 모서리를 점선으로 표시하고 외형선은 실선으로 표시.	
가시적 모서리만 있는 와이어프레임 : 외형선만 실선으로 표시.	

b) 환경 (Environment) : 화면색상 설정

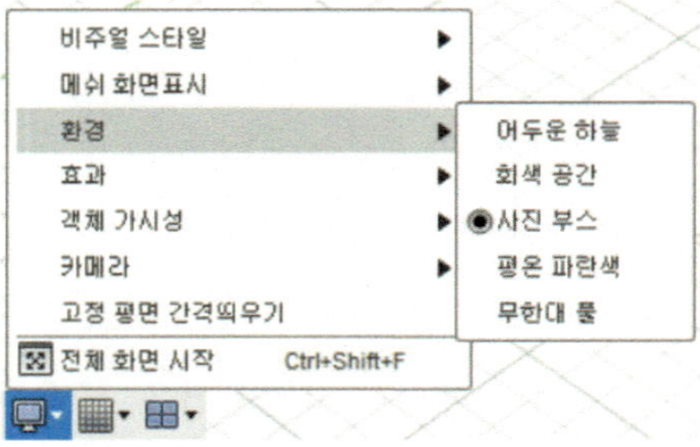

어두운 하늘 : 화면색상을 어두운 회색으로 처리	
회색 공간 : 화면색상을 중간 정도의 회색으로 처리	
사진 부스 : 기본 설정으로 화면을 밝은 회색으로 처리	
평온 파란색 : 화면색상을 파란색으로 처리	
무한대 풀 : 화면색상을 연한 파란색과 회색의 혼합색으로 처리	

c) 효과 (Effects) : 화면에 여러 가지 효과 설정

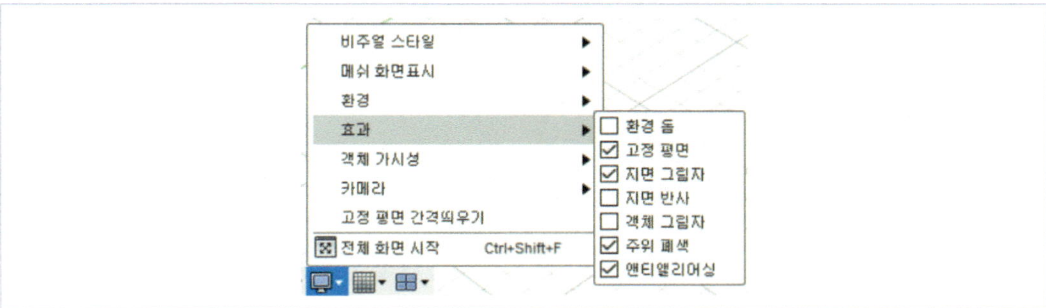

환경 돔 : 멀리서 봤을 때 화면의 경계를 돔 모양으로 형성	
고정 평면, 지면 그림자 : 바닥에 그림자 표시	
지면 반사 : 바닥에 모델이 반사되게 표시	
객체 그림자 : 객체 자체에 그림자 표시	
주위 폐색 : 객체의 틈이나 구석을 어둡게 처리해서 사실적인 느낌이 나도록 표시	
엔티앨리어싱 : 자연스럽고 매끄럽게 화면표시	

d) 객체 가시성 (Object Visibility) : 좌표축, 선, 스케치 등의 표시 설정
(전부 선택해서 진행하는 것을 추천해 드립니다.)

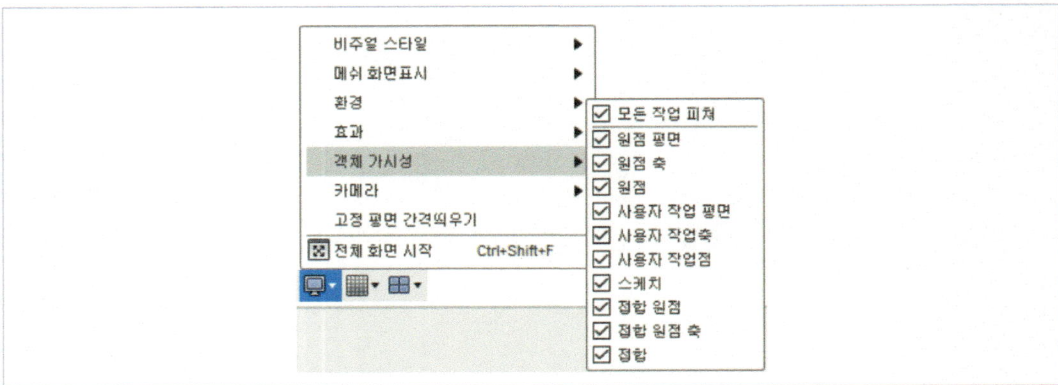

e) 카메라 (Camera) : 직교, 원근, 직교 면이 있는 원근 중에 선택 가능.
설정 시 뷰 큐브도 자동 반영.

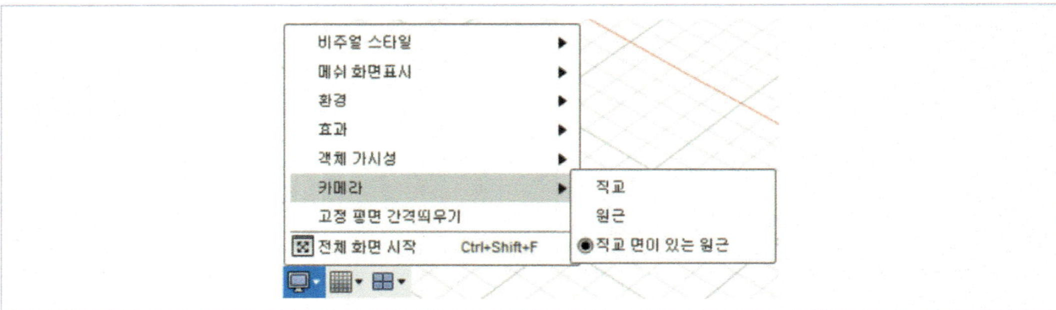

f) 고정 평면 간격띄우기 (Ground Plane Offset) : 바닥 높이 조정,
그림자의 위치가 수정됨.

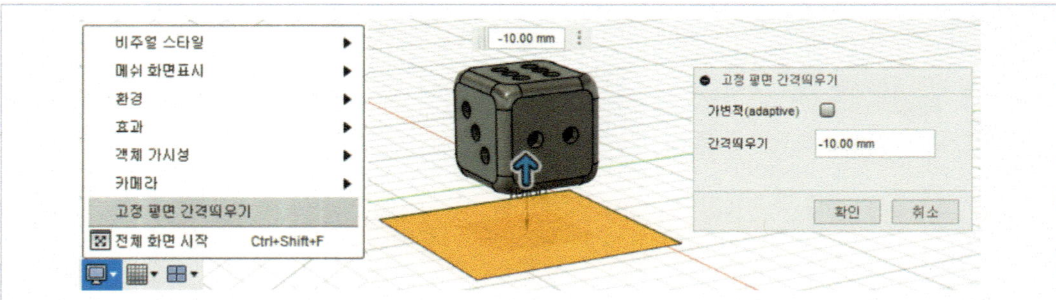

• **그리드 및 스냅 (Grid and Snaps)** : 작업 면 모눈 표시, 크기, 스냅 등을 설정합니다.

a) 배치 그리드 (Layout Grid) :
화면에 그리드 표시 유/무 선택

b) 배치 그리드 잠금 (Layout Grid Lock) :
현 위치에 그리드 고정

c) 그리드로 스냅 (Snap to Grid) :
스케치 작업 시 마우스가 이동할 때 자동으로 스냅이 적용되도록 설정

d) 그리드 설정 (Grid Settings) : 그리드 설정 선택
가변적 : 화면 크기에 따라 그리드의 표시가 변경됨
고정 : 그리드가 고정됨
참조번호 : 그리드의 치수 표시 유/무 선택

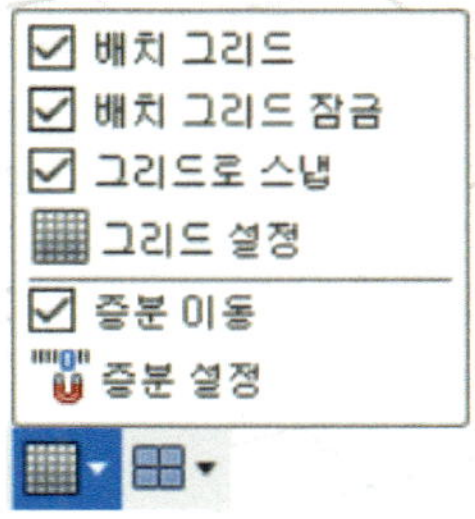

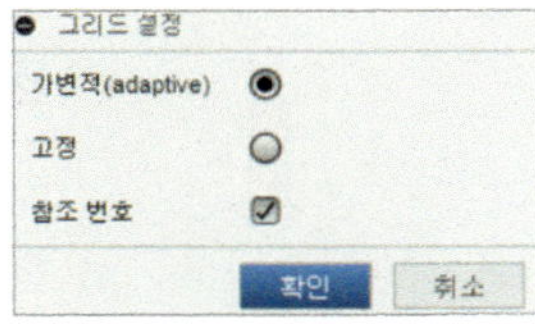

• **뷰포트 (Viewports)** : 단일 뷰 또는 여러 뷰의 화면 구성으로 변경할 수 있습니다.

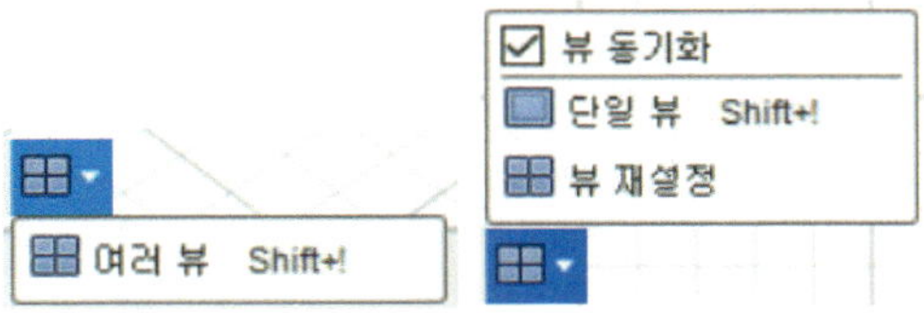

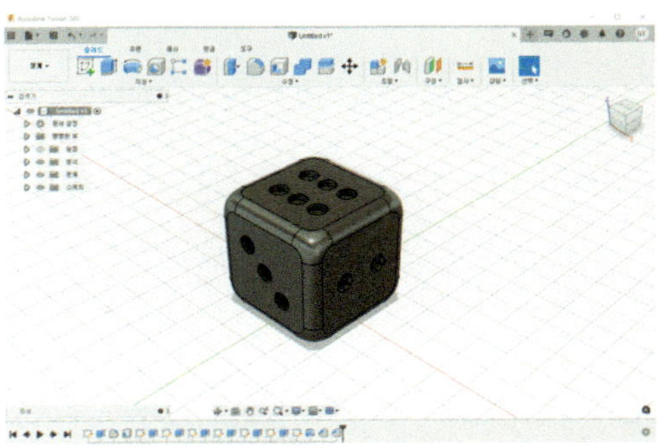

〈 단일 뷰 〉

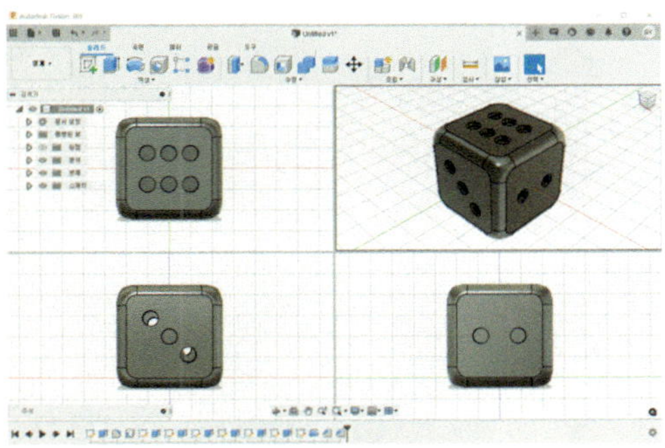

〈 여러 뷰 〉

마우스 조작방법

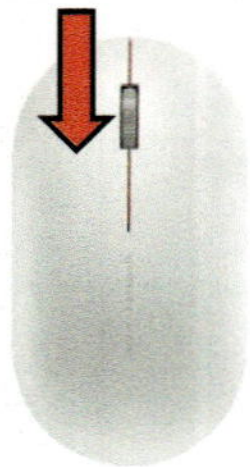	❶ 마우스 왼쪽 클릭 : 명령어 실행, 모델 선택	
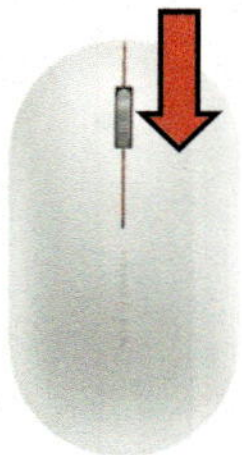	❷ 마우스 오른쪽 클릭 : 퀵 서비스 메뉴 실행(이전 명령어를 반복 사용할 때 많이 사용합니다.)	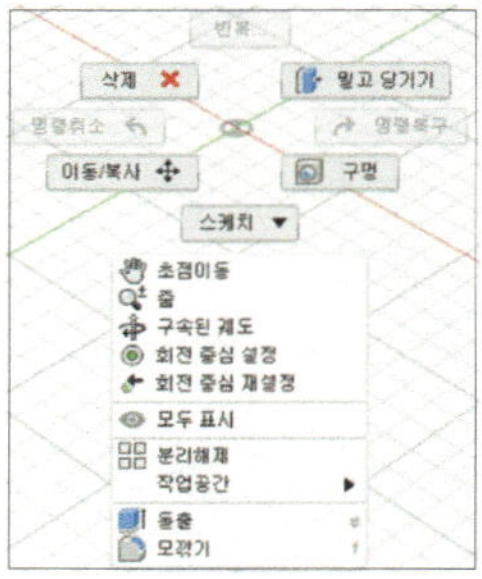
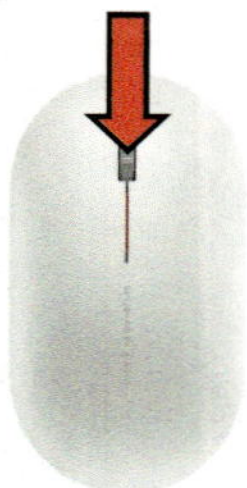	❸ 마우스 휠 클릭 드래그 : 화면 수평 이동. ❹ Shift + 마우스 휠 클릭 : 화면 회전이동	
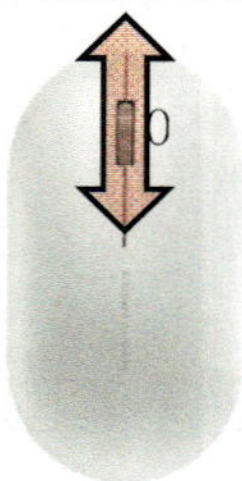	❺ 마우스 휠 스크롤 : 화면 확대/축소	
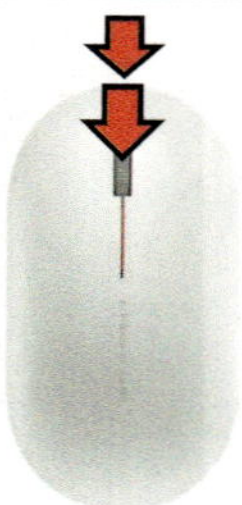	❻ 마우스 휠 더블클릭 : 3D모델링이 화면의 크기에 맞게 자동으로 확대 또는 축소되면서 화면 중앙으로 이동. 맞춤 또는 F6	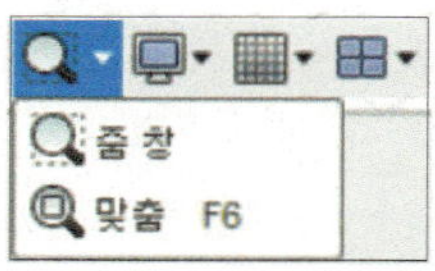

1.3 Design 작업

대부분의 3D모델링 작업을 하는 공간으로 2D 스케치와 3D모델링에 필요한 도구들로 구성되어 있습니다.

3D모델링을 하는데 필요한 기본적인 사용법에 대해 알아보도록 하겠습니다.

1) 스케치 작성 (Create Sketch, 평면 모델링)

2차원 작업평면에 3차원 형상을 만들기 위한 밑그림을 그리는 작업입니다.

특히 닫힌 스케치는 폐곡선이 되어 프로파일을 만들며 기본적인 3차원 모델링의 선택 기준이 됩니다.

실행 후 작업평면을 선택하면 2차원 평면 모델링 작업을 할 수 있는 다양한 메뉴들이 나타나게 됩니다.

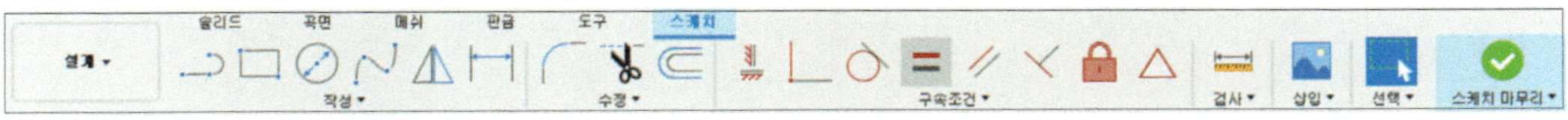

2) 작성 (Create, 입체 모델링)

이전에 완료된 스케치에서 3D 형상의 입체 모델링을 만들거나 기본으로 제공되는 입체도형을 만들 수 있는 메뉴들로 구성되어 있습니다.

`작성` 글자를 클릭하면 기본으로 표시되는 메뉴보다 더 많은 메뉴가 아래에 나타납니다.

3) 양식 작성 (Create Form, 자유형 모델링)

T-Spline 모델링 방식으로 비정형 입체도형을 만드는 메뉴들로 구성되어 있습니다. 캐릭터 디자인이나 부드러운 곡면형상의 디자인에 많이 사용됩니다.

4) 수정 (Modify, 입체 모델링 수정)

입체 모델링을 수정 또는 변경하거나 복사, 이동 등의 작업을 할 수 있는 다양한 메뉴들로 구성되어 있습니다.

5) 조립 (Assemble)

각각의 입체 모델링(구성요소)를 서로 조립할 수 있으며, 유기적인 움직임을 확인해 볼 수 있는 다양한 메뉴들로 구성되어 있습니다.

6) 구성 (Construct)

추가로 새로운 기준면, 축, 점 등을 만드는 메뉴들로 구성되어 있습니다.
더욱 효율적인 모델링을 할 수 있도록 도와주는 역할을 합니다.

7) 검사 (Inspect)

모델링을 측정하거나 곡면상태, 하중 등을 분석할 수 있는 메뉴들로 구성되어 있습니다.

8) 삽입 (Insert)

필요한 사진이나 다양한 형식의 파일 등을 추가할 수 있는 메뉴들로 구성되어 있습니다.

9) 선택 (Select)

다양한 방식으로 모델링을 선택할 수 있는 메뉴들로 구성되어 있습니다.

1.4 2D 스케치(평면 모델링)

일반적으로 입체 모델링을 하기 위해선 2D 평면에 스케치 작업이 우선되어야 합니다.
작업평면에 2D 스케치 후 생성되는 프로파일은 입체 모델링 작업 시 선택의 기준이 됩니다.
(곡면은 예외)

2D 스케치 작업의 시작은 작업 면(평면)을 선택하는 것으로 시작됩니다.
2D 스케치 작업 시 각각 선 및 도형 등은 가능한 정의(치수나 구속조건 등으로…)해 주는 것을 추천합니다.

완전 정의(위치고정)를 하면 하늘색 선이 검은색 선으로 변경됩니다.

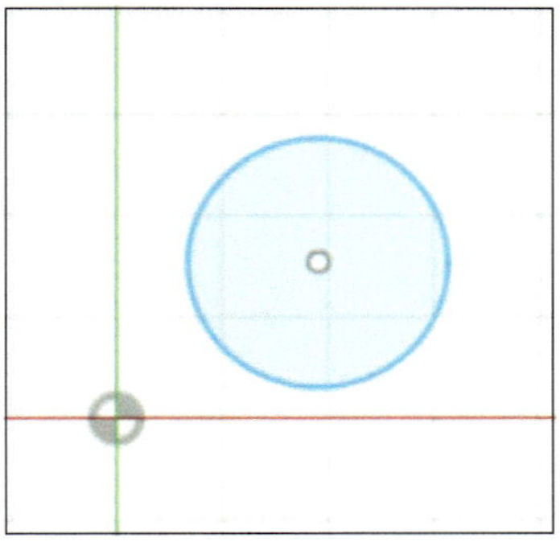

〈정의 전〉

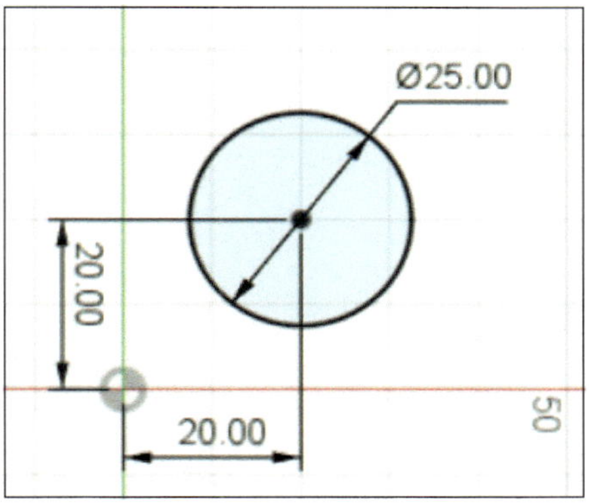

〈정의 후〉

▌작성(Create) 메뉴

다양한 형태의 도형 및 문자 등을 그릴 수 있는 메뉴들로 구성되어 있습니다.

1) 스케치 작성 (Create Sketch)

마우스로 스케치 아이콘( )을 선택합니다.
스케치 작업을 진행할 평면을 선택합니다.
작업평면은 원점이나 구성에서 생성되어있는 평면 또는 만들어져 있는 입체 모델링의 평면도 선택 가능합니다. (곡면은 선택 불가)

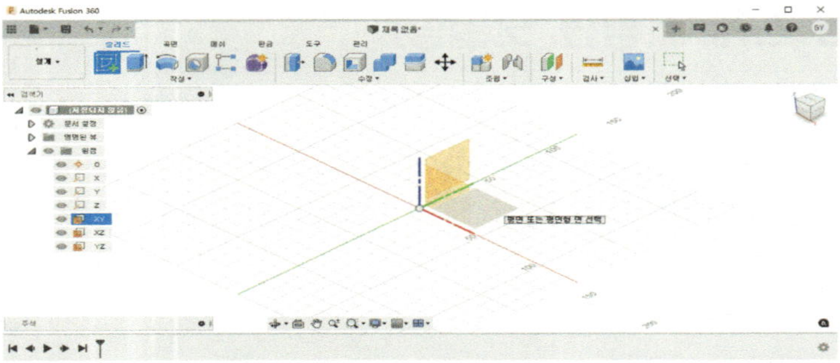

TIP 스케치를 시작할 때 작업평면을 선택하게 됩니다.

작업평면을 선택할 때 검색기의 원점에 표시되는 평면을 선택해도 되고 화면 중앙의 작업 창에 표시되어있는 평면을 선택해도 됩니다.
두 개는 서로 연동이 되므로 같은 객체입니다.

복잡하게 모델링 되어있을 때는 검색기에 표시된 평면을 선택하는 것을 추천합니다.
(선택오류 방지)

(1) 작성 (Create)

2D 스케치 작업에 필요한 다양한 형태의 메뉴들을 선택하여 그리기를 합니다.

a) 선 (Line)

직선 및 호를 그립니다.
시작점과 끝점을 선택하여 그립니다.

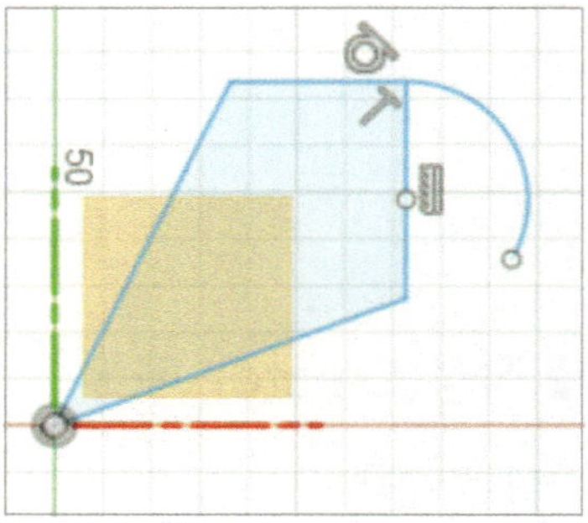

b) 직사각형 (Rectangle)

사각형을 그립니다.
3가지 형식으로 표현할 수 있습니다.

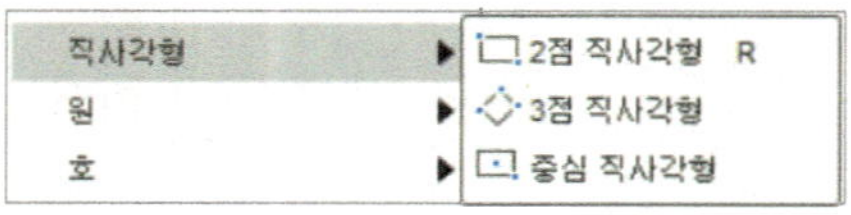

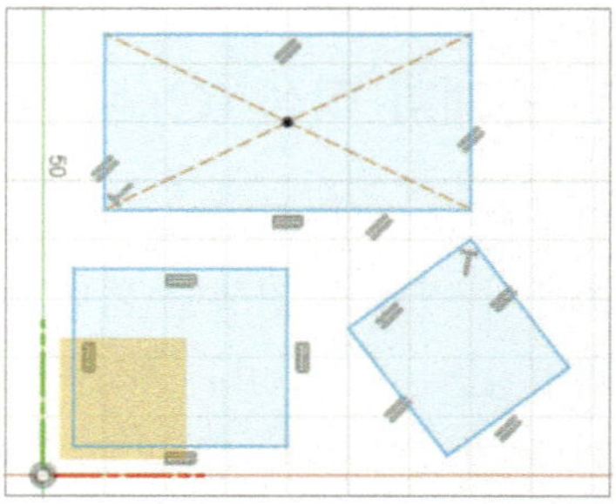

c) 원 (Circle)

원을 그립니다.

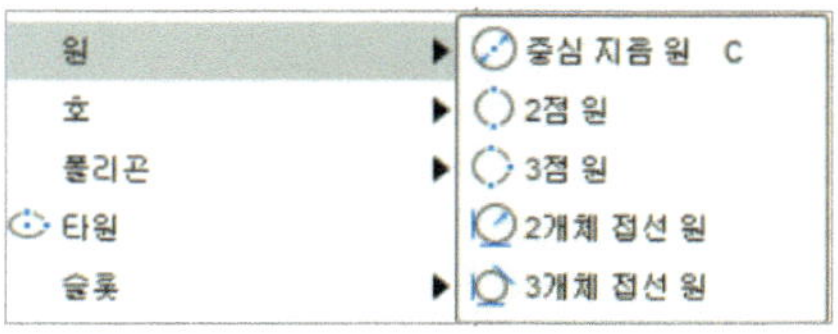

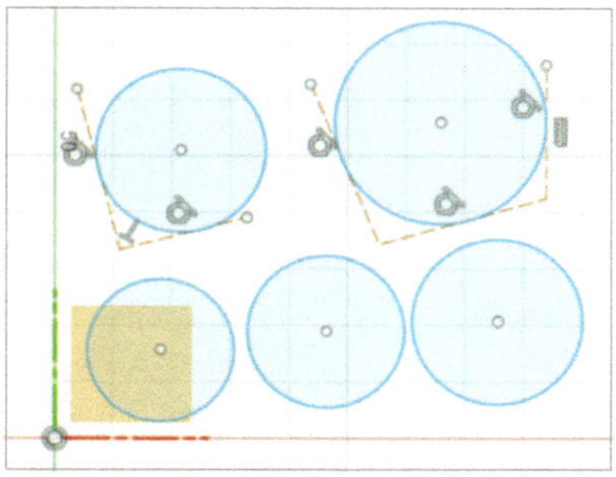

d) 호 (Arc)

호를 그립니다.

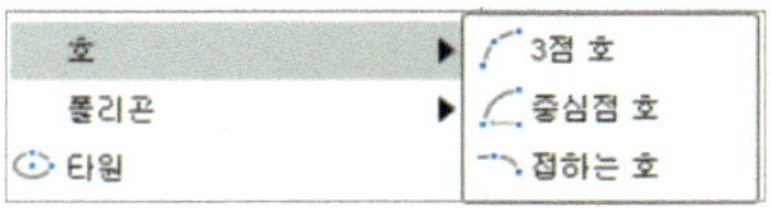

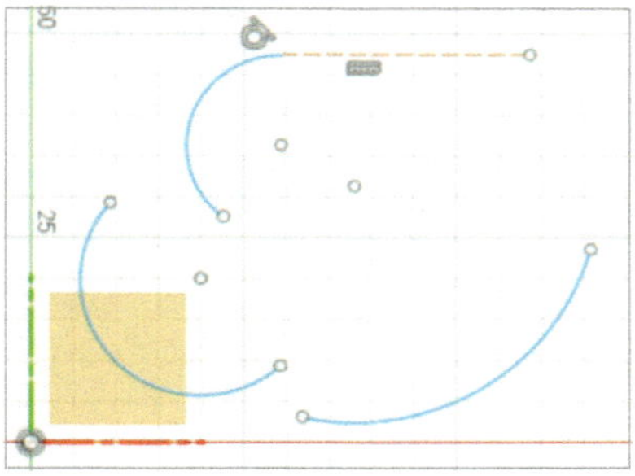

e) 폴리곤 (Polygon)

다각형을 그립니다.

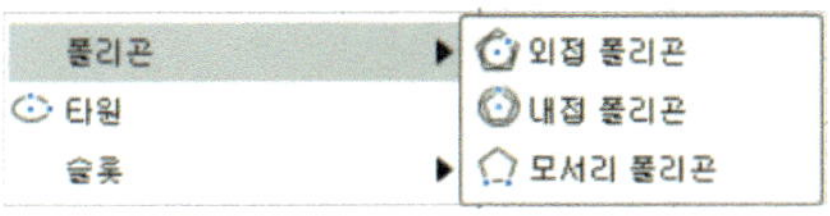

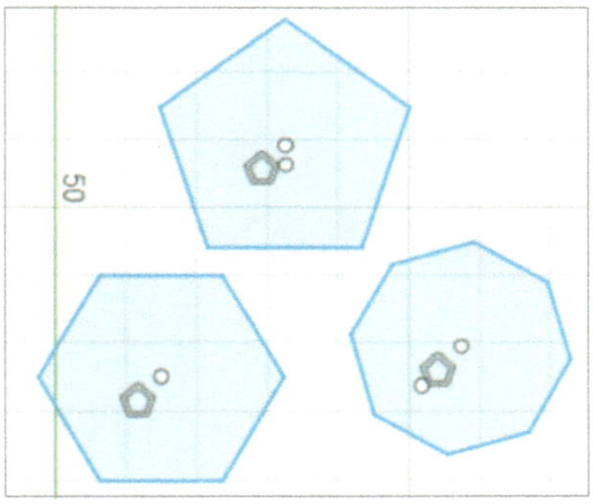

f) 타원 (Ellipse)

타원을 그립니다.

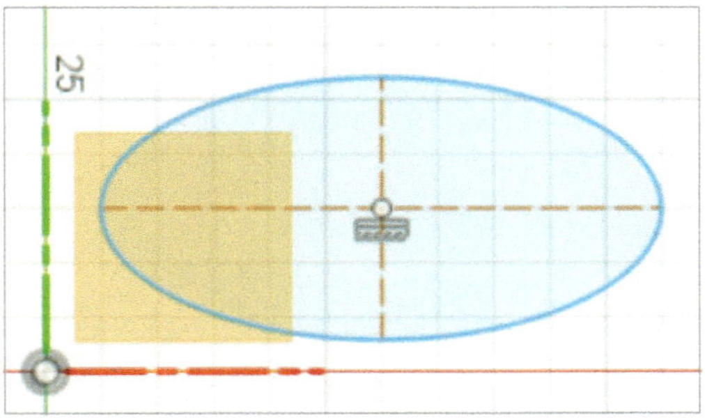

g) 슬롯 (Slot)

(가느다란) 구멍 형상을 그립니다.

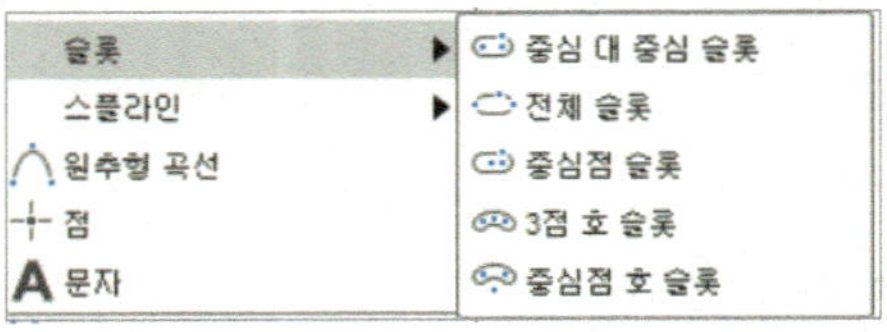

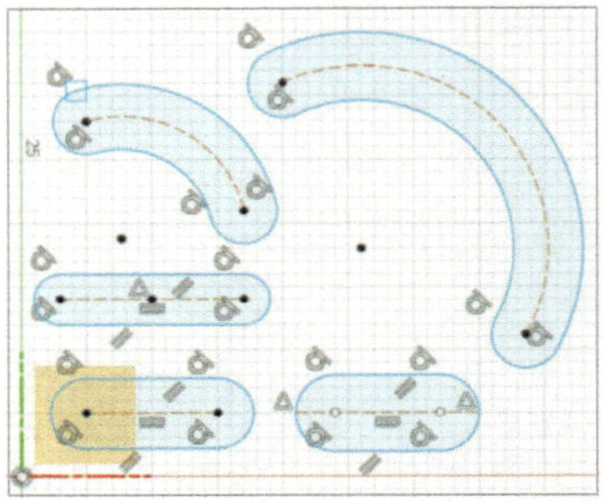

h) 스플라인 (Spline)

자유 곡선을 그립니다.

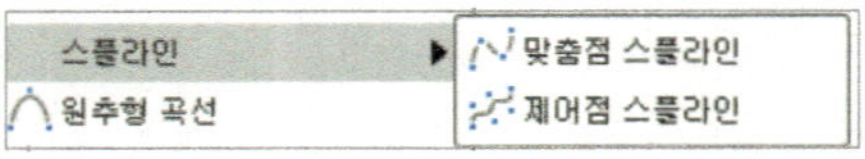

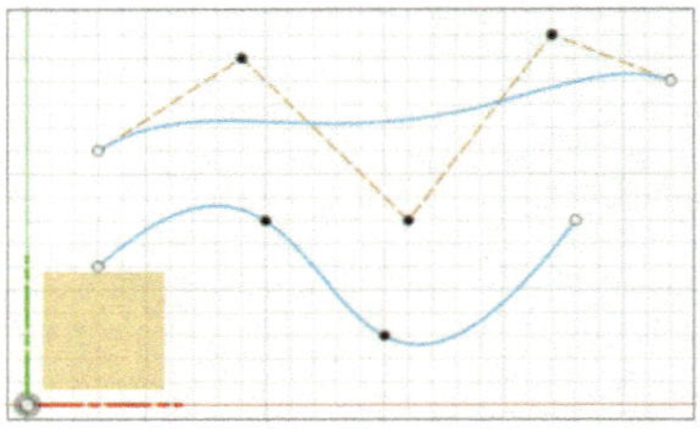

i) 원추형 곡면 (Conic Curve)

원추 형상의 곡선을 그립니다.

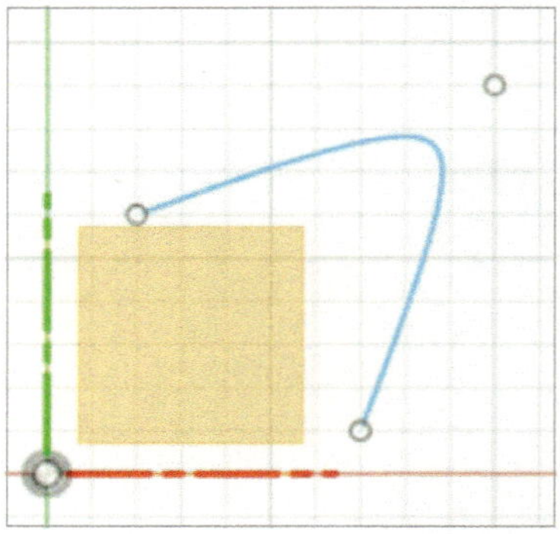

j) 점 (Point)

점을 추가할 수 있습니다.

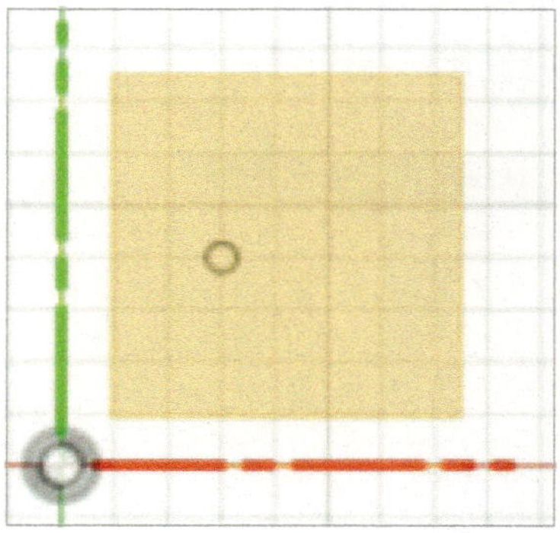

k) 문자 (Text)

문자를 추가할 수 있습니다.

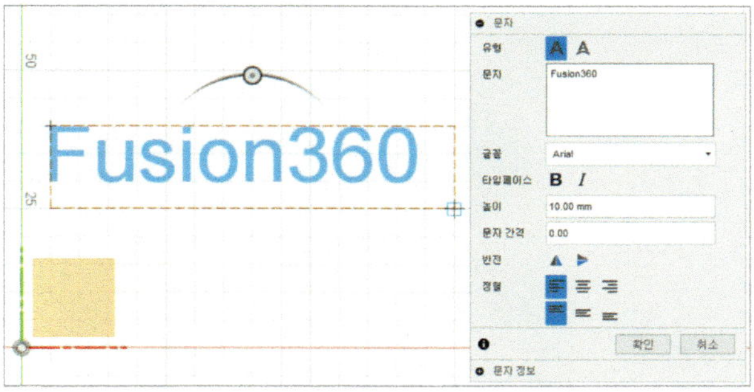

l) 미러 (Mirror)

스케치 곡선을 대칭 형상으로 추가할 수 있습니다.

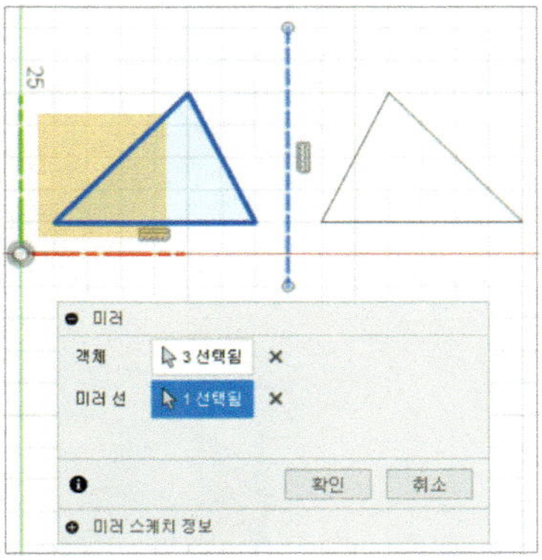

m) 원형 패턴 (Circular Pattern)

원형 타입의 패턴을 그릴 수 있습니다.

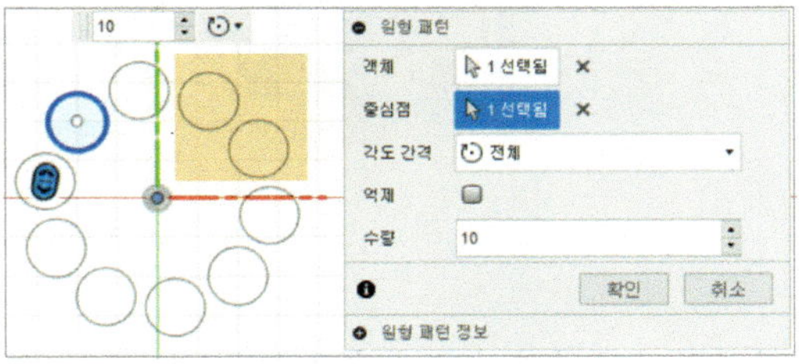

n) 직사각형 패턴 (Rectangular Pattern)

사각형 타입의 패턴을 그릴 수 있습니다.

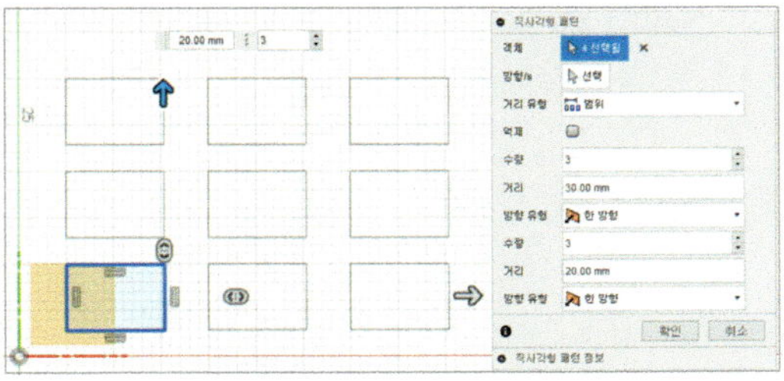

o) 투영 / 포함 (Project / Include)

모델의 윤곽이나 선택한 객체를 작업 면에 투영하여 선으로 표시합니다.

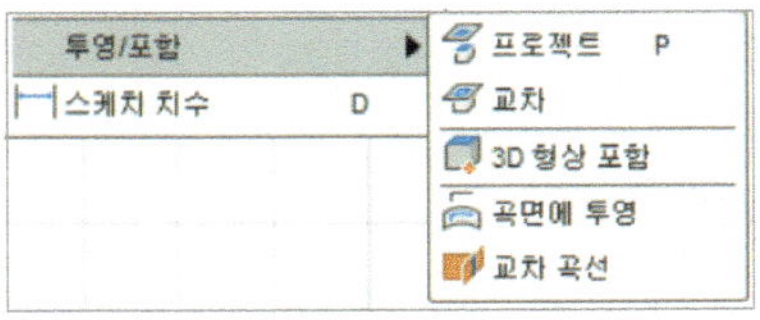

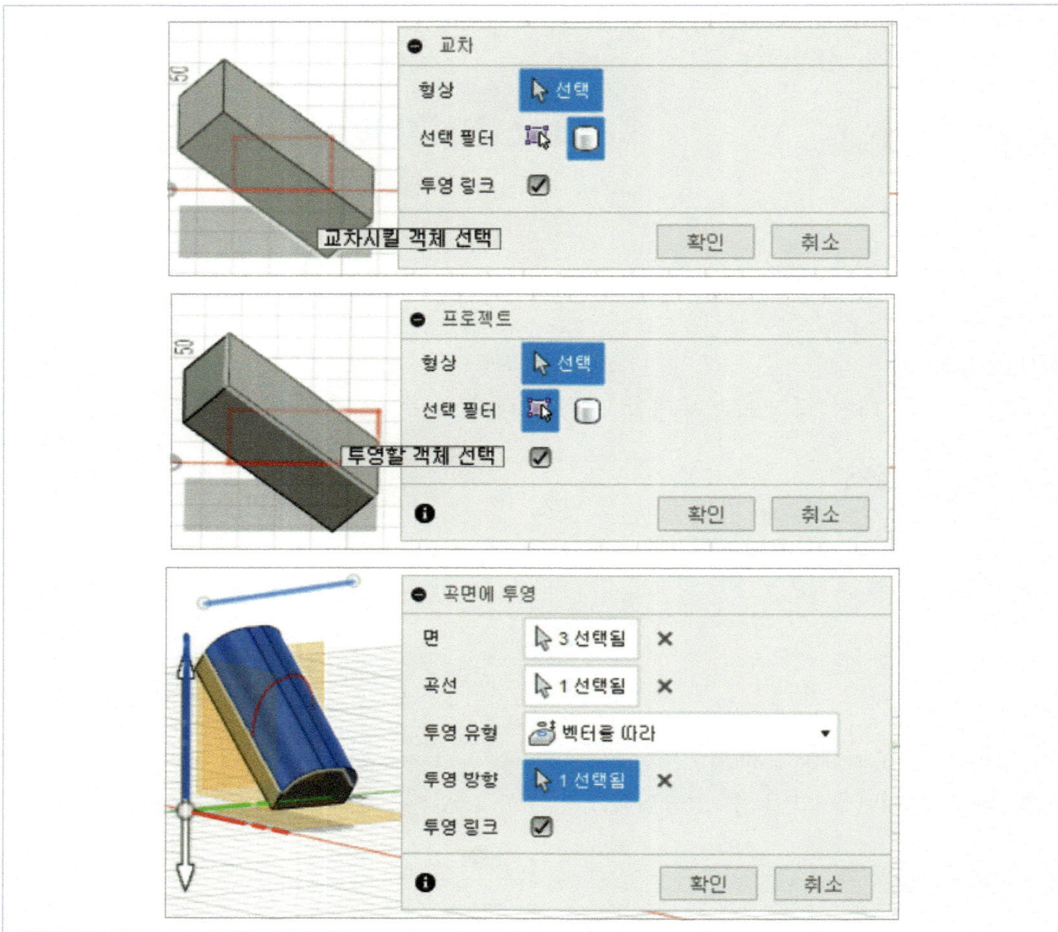

p) 스케치 치수 (Sketch Dimension)
치수를 추가할 수 있습니다.

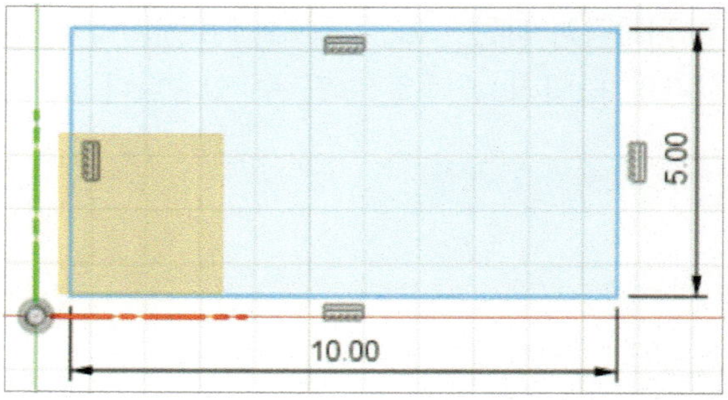

(2) 수정 (Modify)

스케치 형상을 편집 및 수정할 수 있는 메뉴들로 되어있습니다.

a) 모깎기 (Fillet)

두 직선이 만나는 꼭지점 부분을 둥글게 만듭니다.

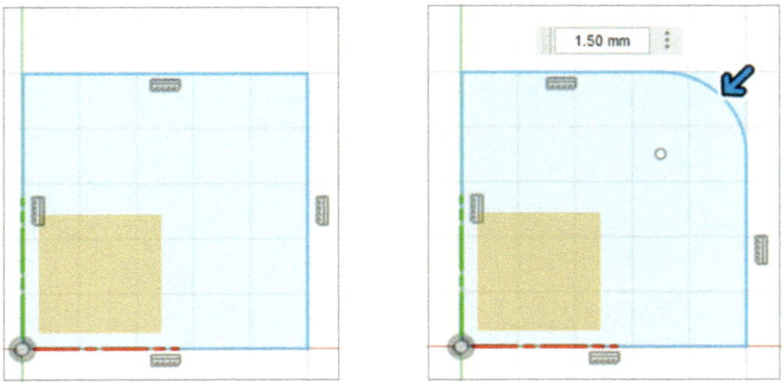

b) 모따기 (Chamfer)

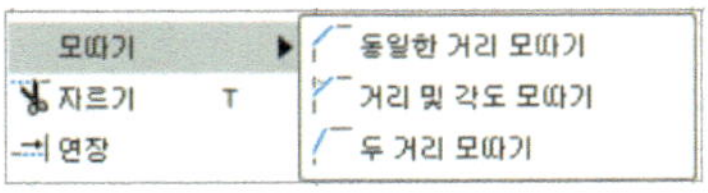

두 직선이 만나는 꼭지점 부분을 사선으로 만듭니다.

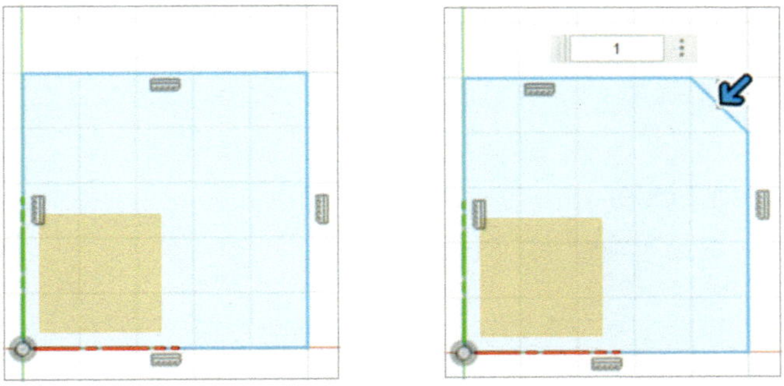

c) 자르기 (Trim)

교차 되거나 불필요한 선을 잘라냅니다.

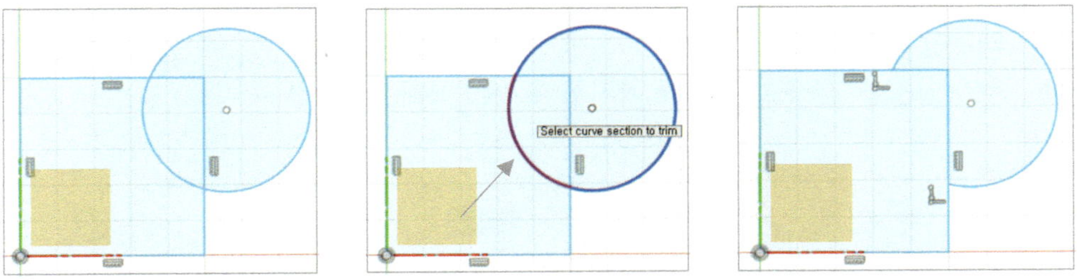

d) 연장 (Extend)

선택한 선을 연장할 수 있습니다. (자르기와 반대)

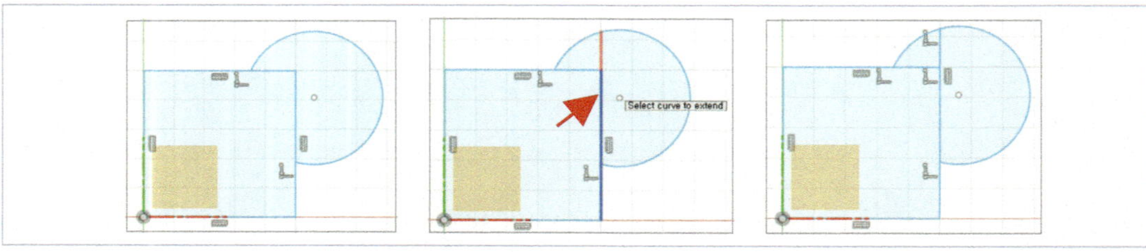

e) 끊기 (Break)

선택한 선의 교차점에서 나누기합니다.

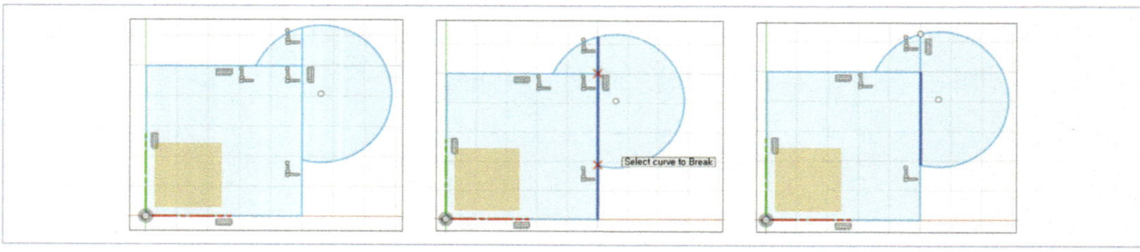

f) 스케치 축척 (Sketch Scale)

선택한 선의 축척을 축소/확대할 수 있습니다.

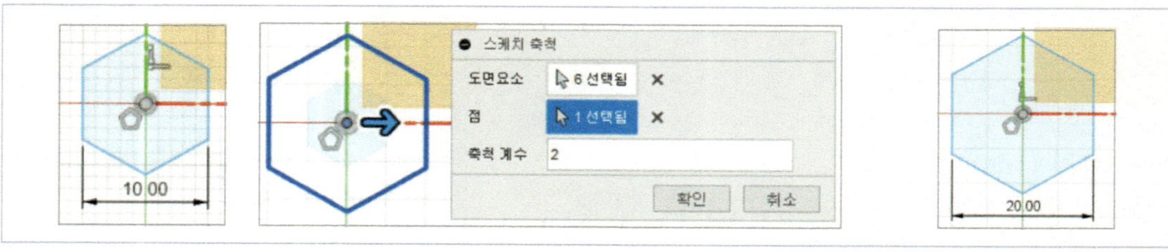

g) 간격 띄우기 (Offset)

선택한 선을 일정한 간격으로 띄워 복사합니다.(중복사용 안됨)

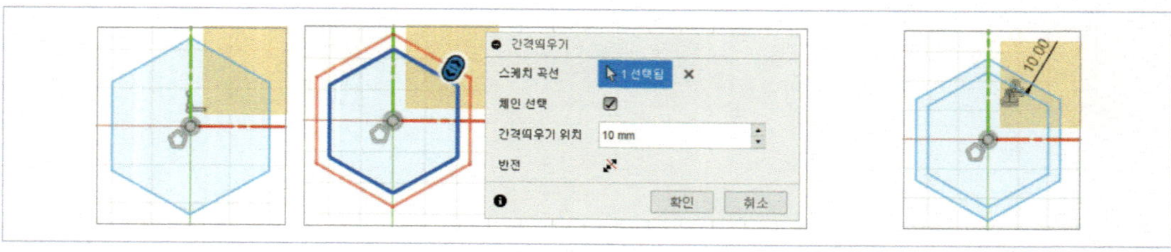

h) 이동/복사 (Move/Copy)

선택한 선을 이동 및 복사할 수 있습니다.
복사기능을 사용할 때는 하단부의 사본작성을 선택합니다.

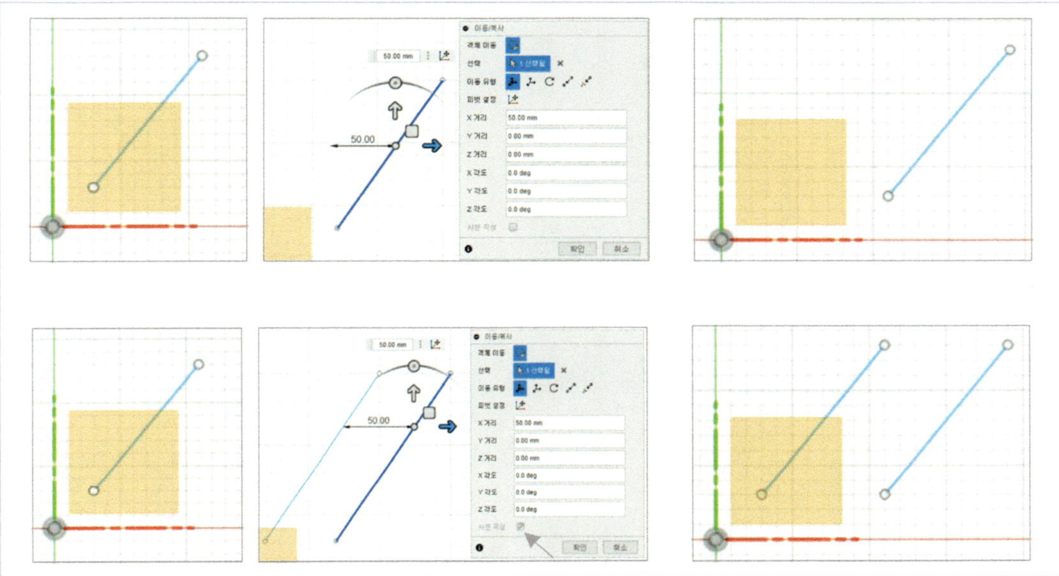

(3) 구속조건 (Constraints)

선택한 객체를 구속하는 메뉴들로 되어있습니다.

a) 수평/수직 (Horizontal/Vertical)

선택한 직선을 수평 또는 수직선으로 수정합니다.

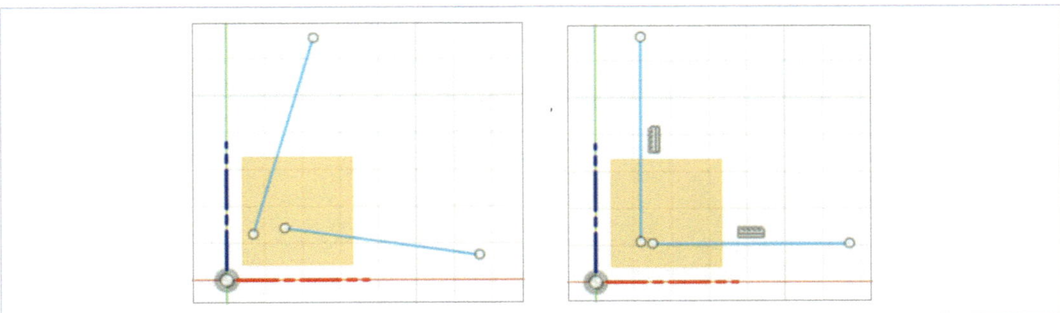

b) 일치 (Coincident)

각각의 객체를 일치되게 서로 연결합니다.

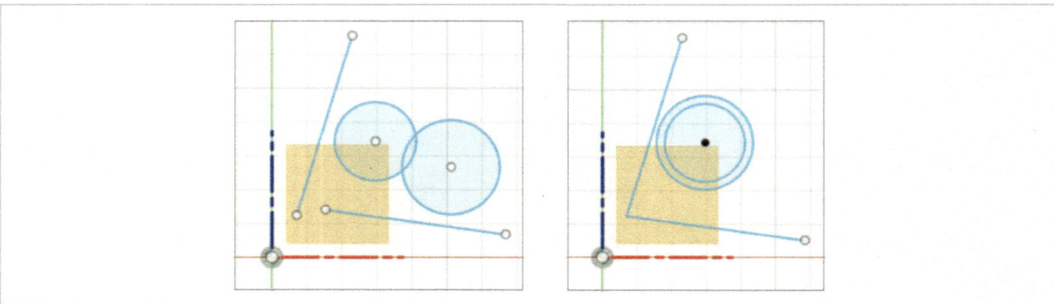

c) 접선 (Tangent)

선과 원 또는 원과 원이 서로 접하게 만듭니다.

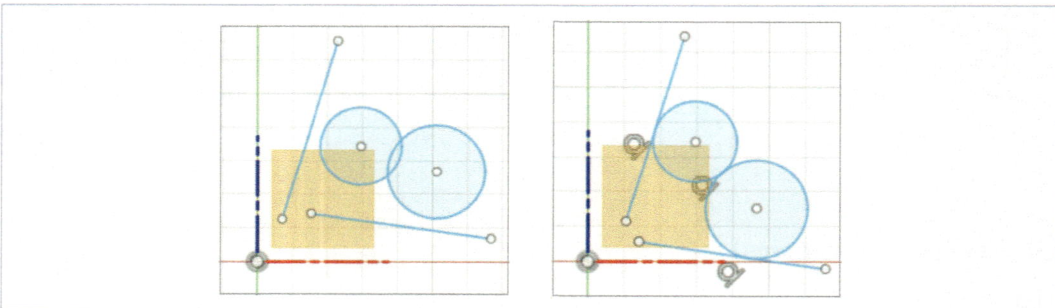

d) 동일 (Equal)

두 객체의 크기를 같게 만듭니다.

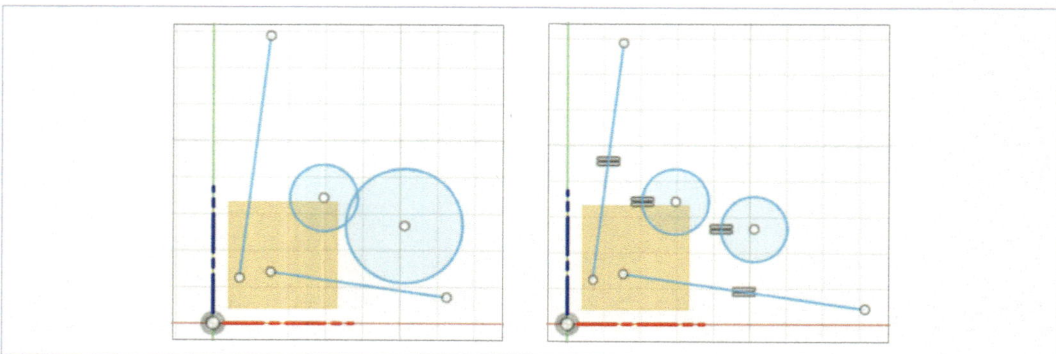

e) 평행 (Parallel)

두 선을 평행하게 만듭니다.

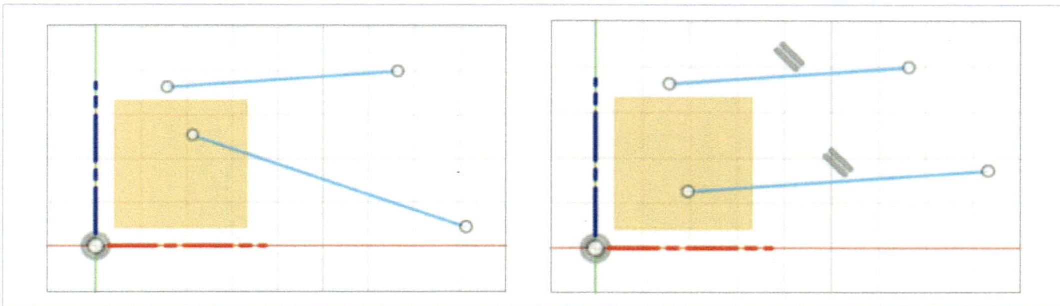

f) 직각 (Perpendicular)

두 선을 직각(90도)이 되게 만듭니다.

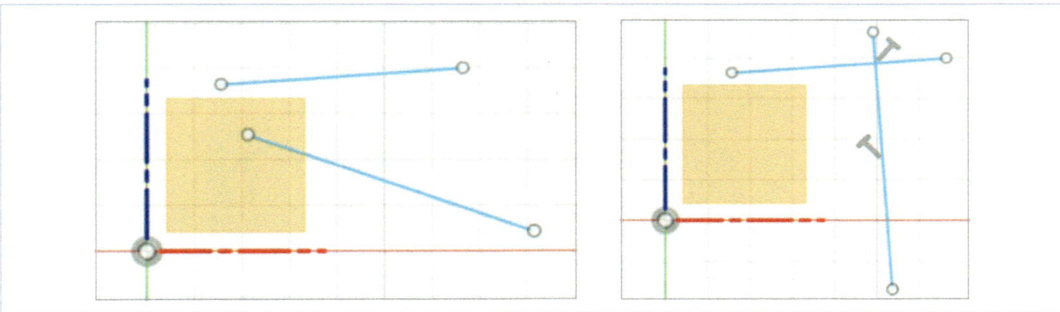

g) 고정/고정해제 (Fix/Unfix)

선택한 객체가 움직이지 않도록 고정합니다.

선의 색상이 녹색으로 변경됩니다.

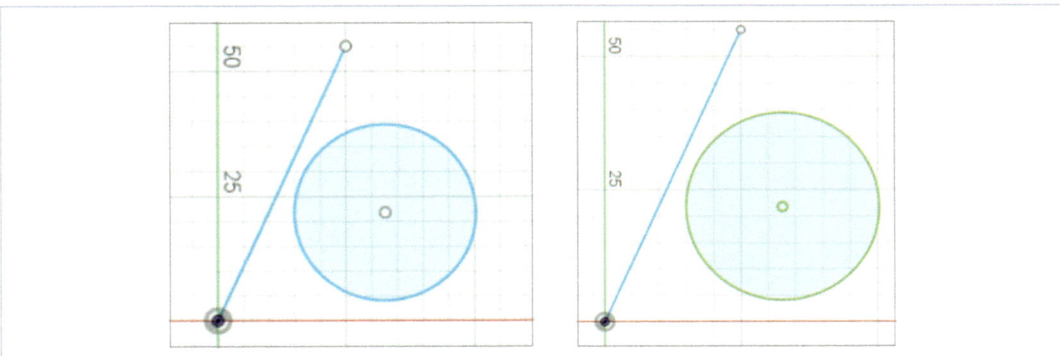

h) 중간점 (Midpoint)

선과 선 또는 선과 점 등이 중간점으로 이동합니다.

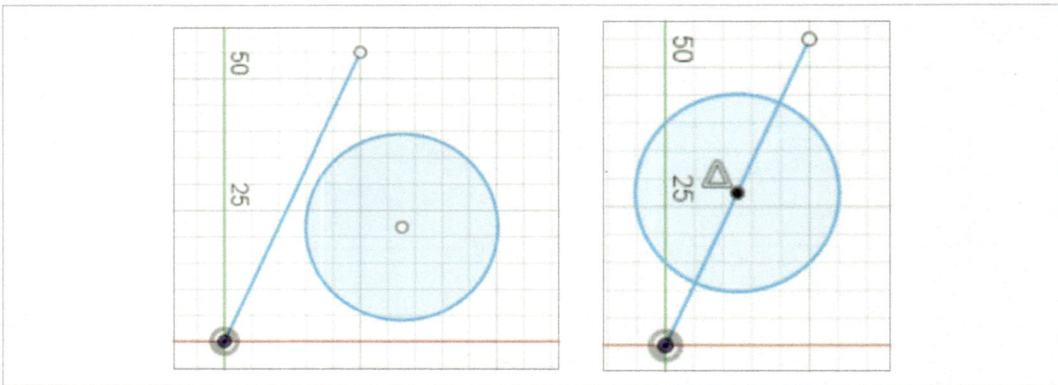

i) 동심 (Concentric)

원, 호 및 타원 등의 중심점을 일치되게 이동합니다.

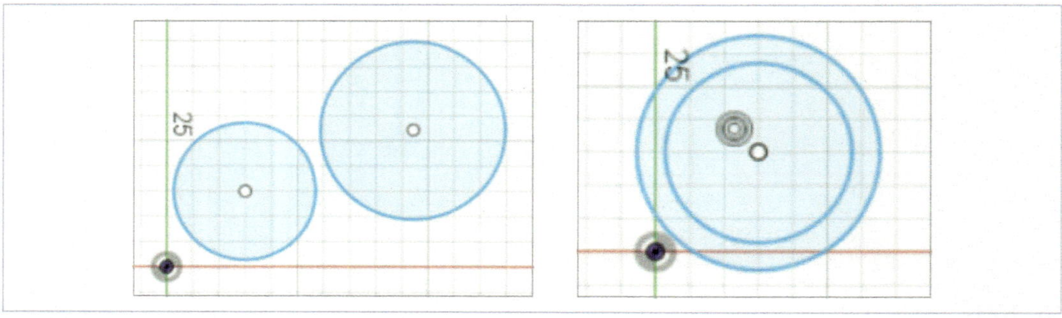

j) 동일 (Collinear)

선택한 선이 동일 선상에 위치되게 합니다.

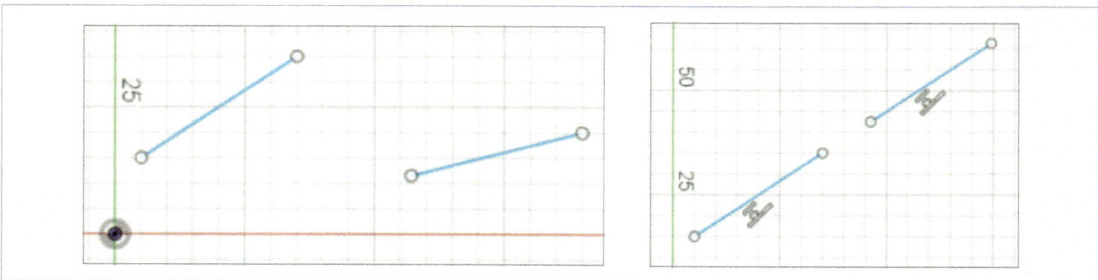

k) 대칭 (Symmetry)

선택한 객체들이 기준선을 중심으로 대칭이 되도록 만듭니다.

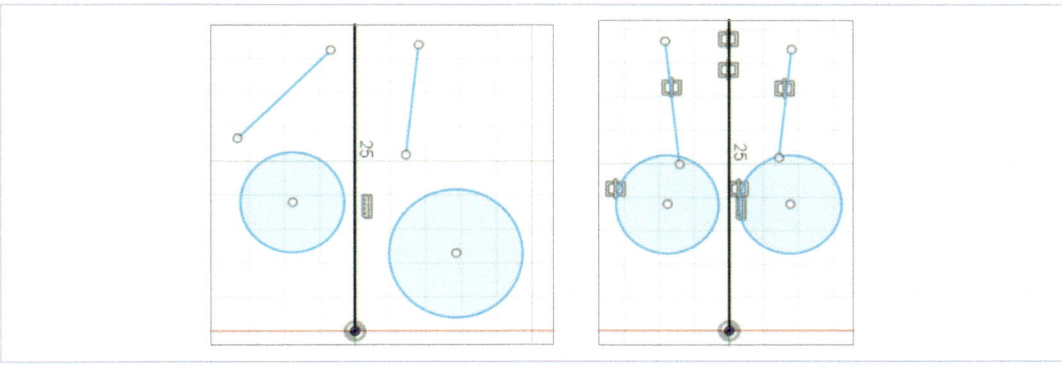

l) 곡률 (Curvature)

직선과 곡선이 연결되는 부분을 부드럽게
라운드 형상으로 수정합니다.

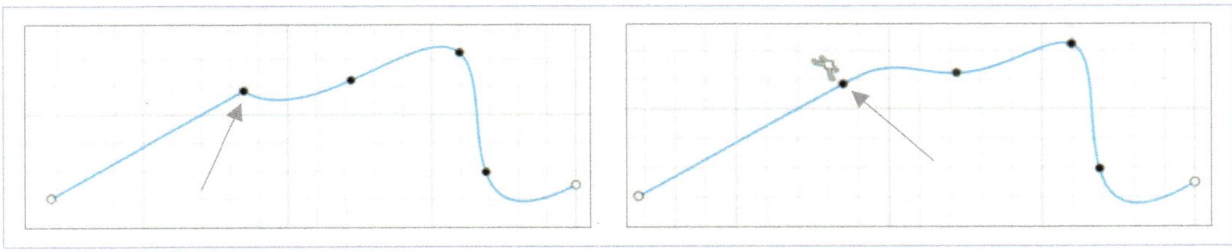

연습문제 1-2

각 객체 정의 및 구속조건 연습

2D 스케치 작업을 할 때 :

처음부터 상세하게 스케치하지 말고 대략 그린 후 각 객체에 대해 정의를 하면서 형태를 만들어 갑니다.

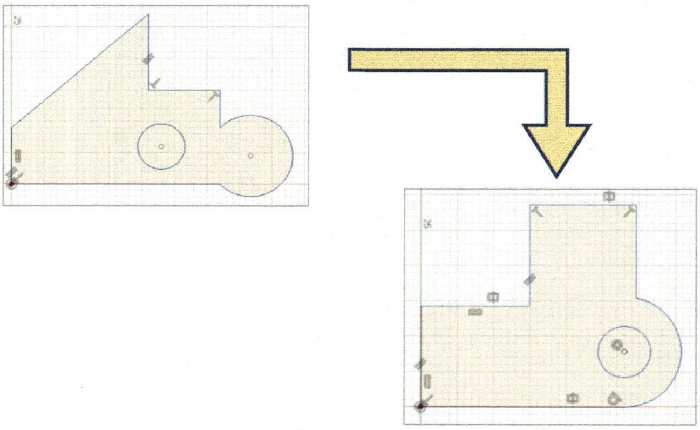

점이나 선에 대해 완전히 정의하지 않으면 뜻하지 않게 객체들이 움직이게 됩니다.

그러므로 치수나 구속조건 등을 추가하여 객체들은 완전 정의하는 것이 좋습니다.

완전 정의 시 : 각 선의 색상이 하늘색 ⇨ 검은색으로 변경됩니다.

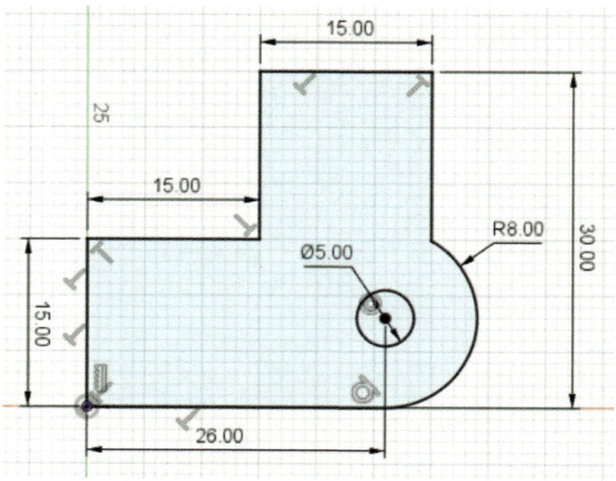

(4) 스케치 팔레트 (Sketch Palette) 선택메뉴

스케치 상태에서 나타나며 다양한 옵션을 선택할 수 있습니다.

a) 선종류 (Line type)

- 구성(Construction) : 보조역할을 하는 선으로 변경합니다. (주황색 점선으로 변경.)
- 중심선(Centerline) : 중심선으로 변경합니다. (주황색 중심선으로 변경.)

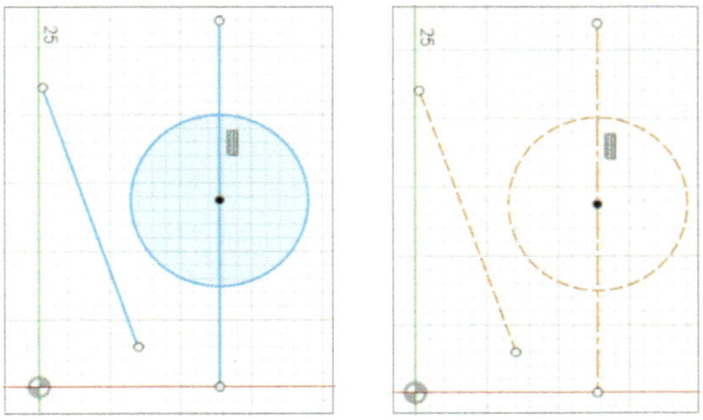

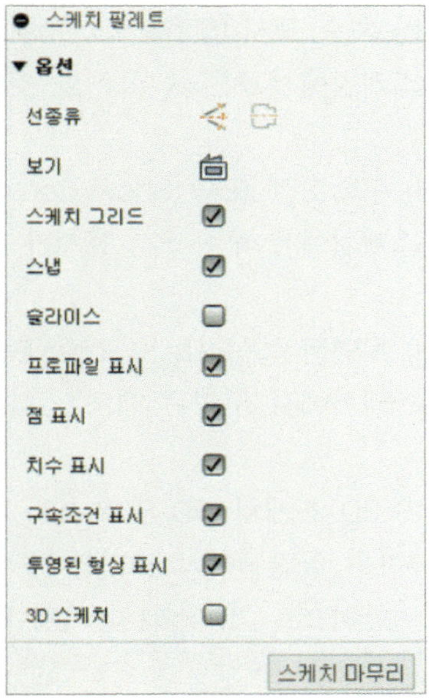

b) 보기 (Look At)

선택된 작업평면으로 화면을 이동합니다.

c) 스케치 그리드 (Sketch Grid)

작업평면에 그리드(격자) 모양을 화면에 보이게 할 것인지 선택합니다.

d) 스냅 (Snap)

스냅의 활성화 유/무

격자의 교차 부분에 자석처럼 마우스 포인트가 붙도록 만듭니다.

e) 슬라이드 (Slice)

작업 면을 기준으로 3D 형상의 단면을 보여줍니다.

f) 프로파일 표시 (Show Profile)

스케치에서 프로파일을 화면에 보이게 할 것인지 선택합니다.

g) 점 표시 (Show points)

스케치에서 점을 표시할 것인지 선택합니다.

h) 치수 표시 (Show Dimensions)

스케치에서 치수를 표시할 것인지 선택합니다.

i) 구속조건 표시 (Show Constraints)

스케치에서 구속조건 표시가 화면에 보이게 할 것인지 선택합니다.

j) 투영된 형상 표시 (Show Projected Geometries)

스케치에서 투영된 객체를 화면에 보이게 할 것인지 선택합니다.

k) 3D 스케치 (3D Sketch)

3차원 공간에서 스케치할 수 있게 만듭니다.
일반적으로 2D 스케치 작업에서는 잘 사용하지 않습니다. (특수한 경우 부분적으로 사용)

연습문제 1-3

2D 스케치 연습문제 (별 모양 도형 그리기)

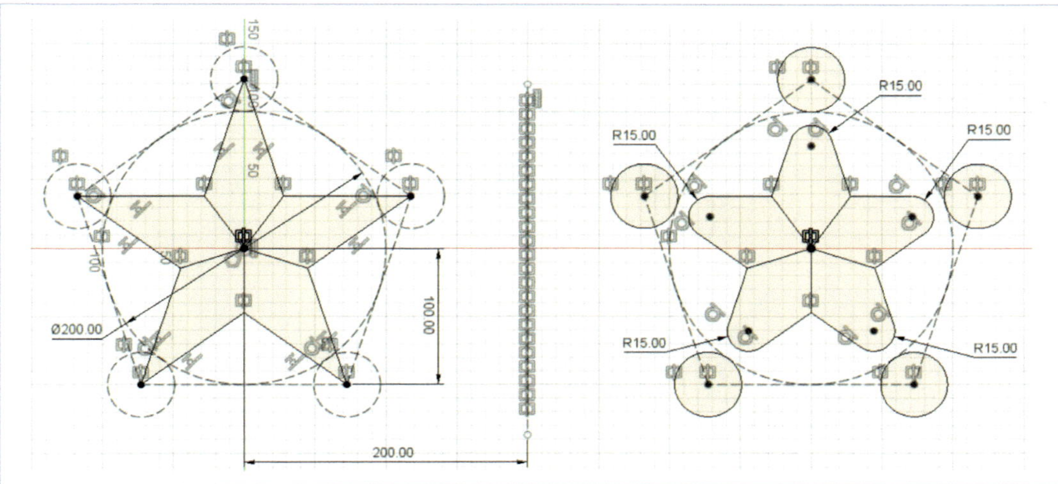

❶ 스케치 작성 선택

작업면 : XY 평면

(검색기의 원점 아래에 있는 XY 평면 선택
 또는 작업 창에 표시되는 XY 평면 선택)

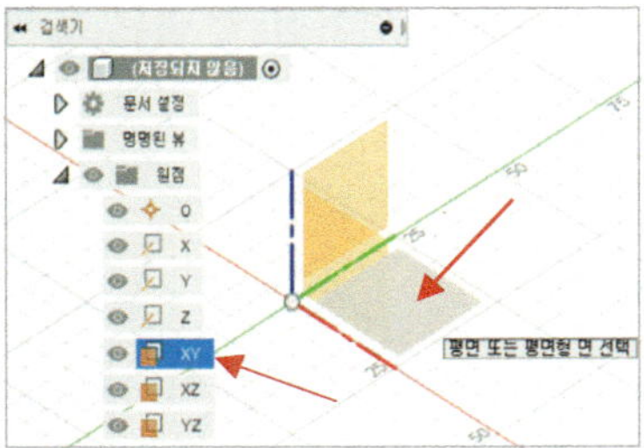

❷ 작성 / 원 / 중심 지름 원 선택

원점이 중심인 지름 200mm인 원을 그립니다.

작성 / 폴리곤 / 외접 폴리곤 선택

원점이 중심이며 5각형 폴리곤을 그립니다.

구속조건 / 수평 / 수직 선택

폴리곤의 위 꼭지점과 원점을 선택합니다.

폴리곤의 위 꼭지점이 Y축에 위치되도록 수정됩니다.

작성 / 스케치 치수 선택

중심점과 하단부 직선 사이의 거리가 100mm가 되게 합니다.

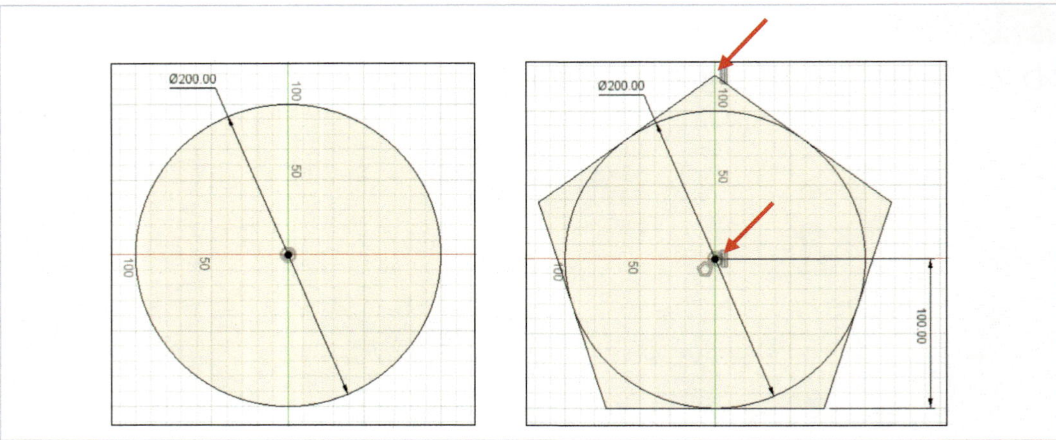

❸ 작성 / 선 선택

폴리곤의 각 모서리를 아래 그림처럼 연결합니다.

원과 폴리곤 선택 (다중선택 시 CTRL 키를 누르고 선택)

스케치 팔레트 / 선종류 / 구성 선택 후 작업 창의 빈 공간에 클릭

아래 그림처럼 선택된 원과 폴리곤이 점선으로 수정됩니다.

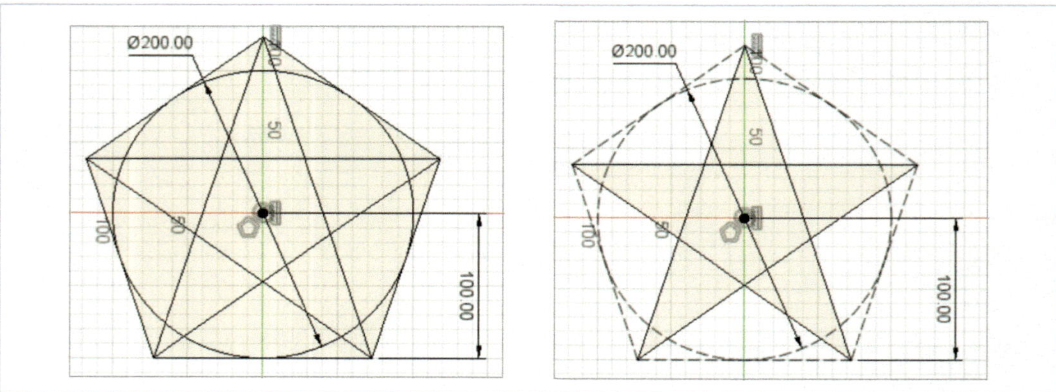

❹ 작성 / 원 / 중심 지름 원 선택

폴리곤이 꼭지점에 작은 원을 5개를 그립니다.

구속조건 / 접선 선택

큰 원(지름 200mm)과 작은 원을 선택합니다.

작은 원의 크기가 수정되면서 접선조건이 적용됩니다.

나머지 원도 같은 방법으로 반복합니다. (5번 반복)

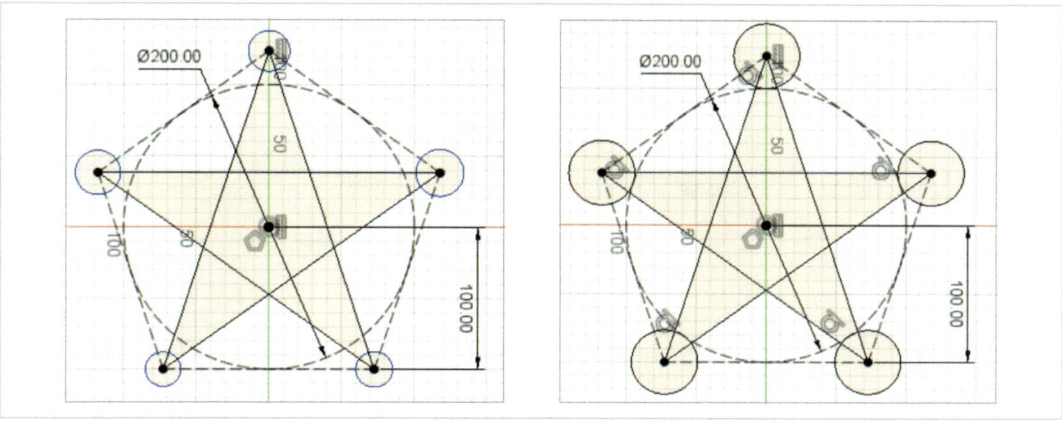

❺ 작성 / 선 선택

아래 그림처럼 내부 교차점과 원점에 선을 그립니다.

수정 / 자르기 선택

아래 그림처럼 필요 없는 선을 잘라냅니다.

선택된 선(삭제할 선)의 색상을 잘 확인하면서 진행합니다.

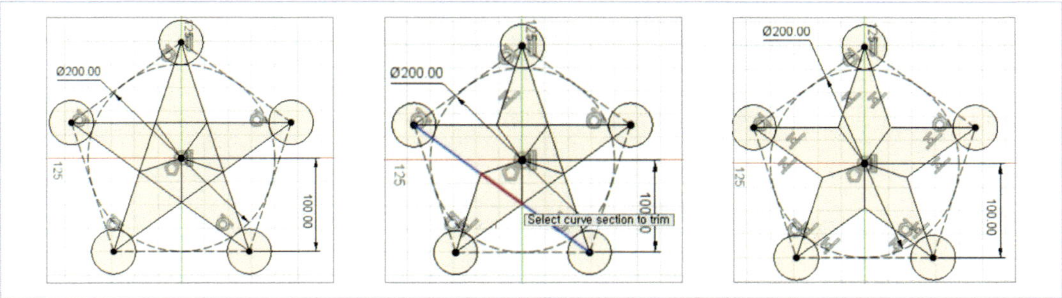

❻ 작성 / 선 선택

우측 부분에 수직선을 그립니다.

작성 / 스케치 치수 선택

원점과 수직선의 거리가 200m 되게 합니다.

작은 원과 수직선 선택 (다중선택 시 CTRL 키를 누르고 선택)

스케치 팔레트 / 선종류 / 구성 선택 후 작업 창의 빈 공간에 클릭

아래 그림처럼 선택한 객체들이 점선으로 수정됩니다.

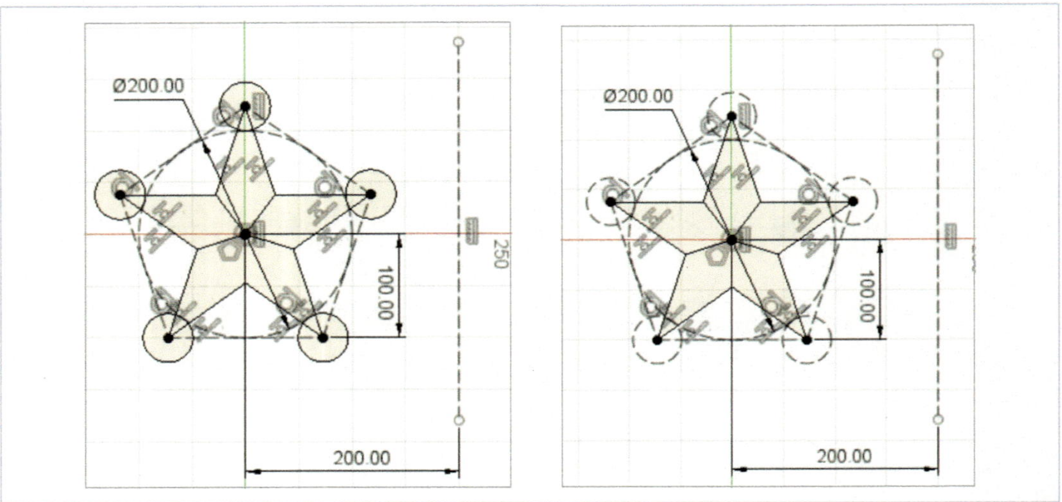

❼ 작성 / 미러 선택

객체는 마우스를 드래그하여 좌측 형상 전부 선택하고, 미러 선은 우측에 있는 수직선을 선택합니다.

우측에 형상이 대칭형식으로 복사되어 나타납니다.

대칭형식으로 만들어진 작은 원 선택 (다중선택 시 CTRL 키를 누르고 선택)

스케치 팔레트 / 선종류 / 구성 선택 후 작업 창의 빈 공간에 클릭

아래 그림처럼 선택한 객체들이 실선으로 수정됩니다.

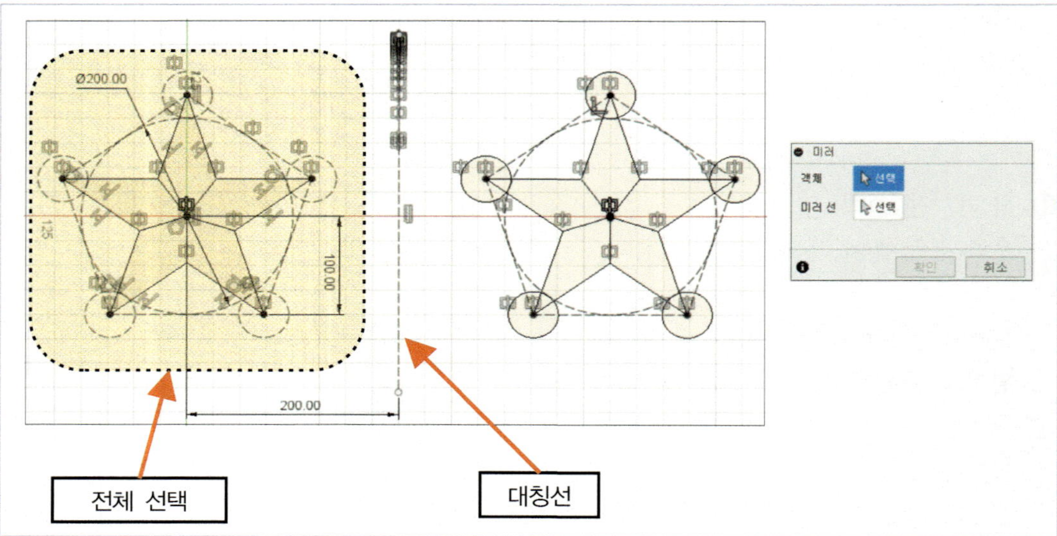

❽ 대칭 형상에서….

수정 / 모깎기 선택

모서리 선 2개를 선택 후 20 입력합니다.

나머지 모서리도 같은 방법으로 진행합니다. (5번 반복)

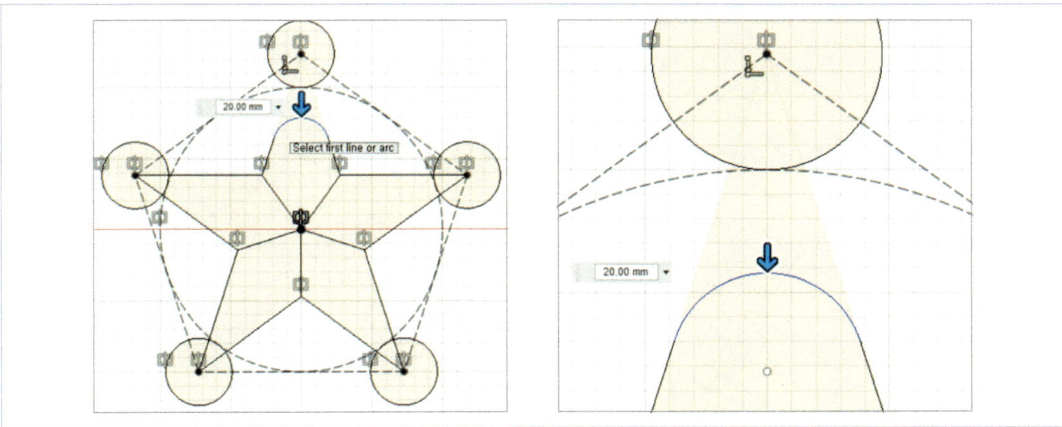

최종 완료된 2D 스케치입니다.

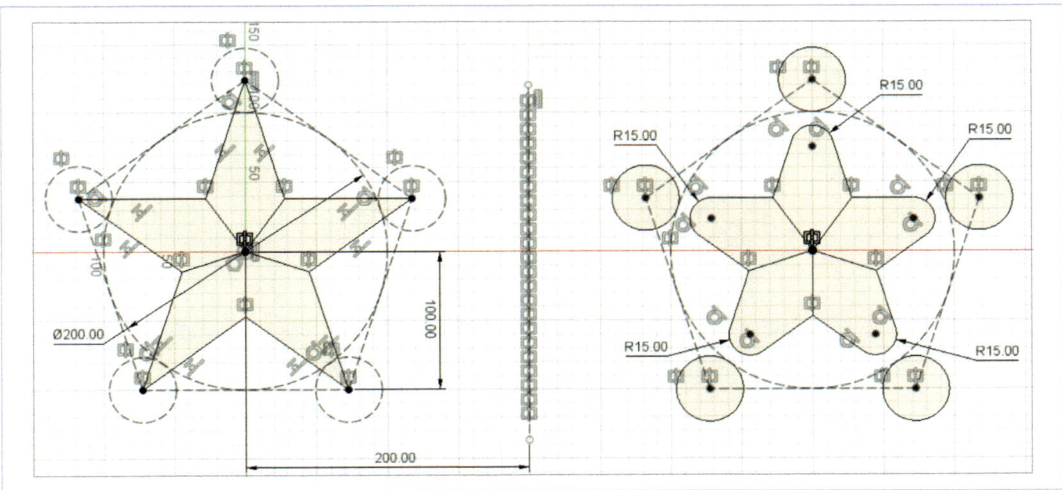

연습문제 1-4

2D 스케치 연습문제 (태극기 그리기)

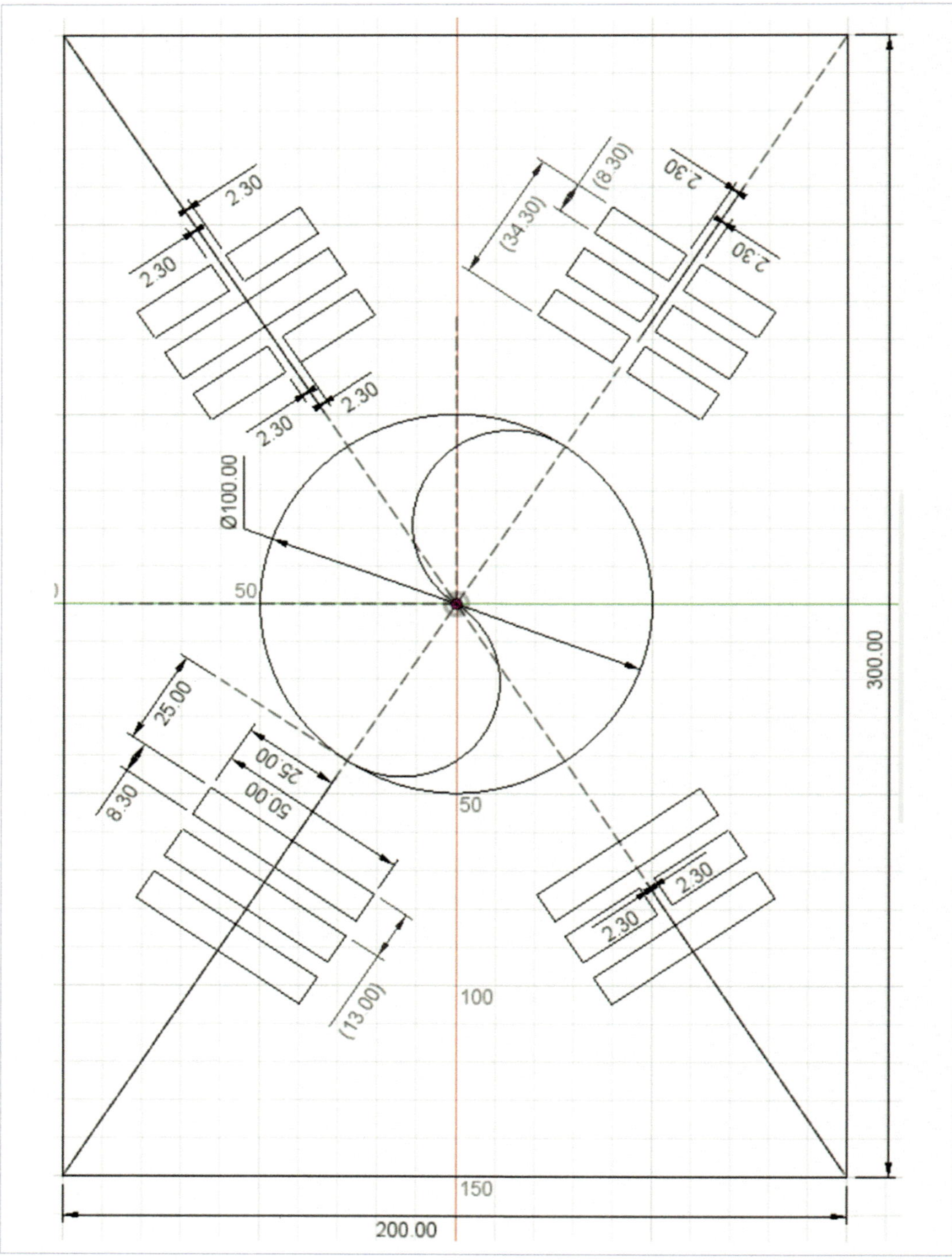

❶ 스케치 작성 선택
작업면 : XY 평면

작성 / 직사각형 / 중심 직사각형 선택
원점을 중심으로 하는 사각형을 그립니다.

작성 / 스케치 치수 선택
아래 그림과 같이 치수를 추가합니다. (가로:300, 세로:200)
스케치 된 모든 객체를 완전 정의합니다. (검은색 선으로 표시됨)

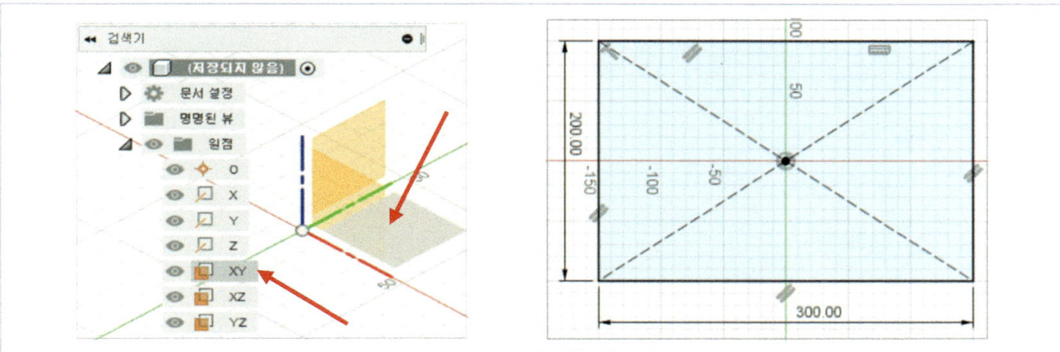

❷ 작성 / 원 / 중심 지름 원 선택
먼저 원점이 원의 중심이 되게 그립니다.

작성 / 스케치 치수 선택
큰 원의 지름 크기가 100mm가 되게 수정합니다.

작성 / 원 / 중심 지름 원 선택
작은 원 2개를 그립니다.
이때 원의 중심이 대각선 위에 위치하게 그립니다.
(마우스 포인트가 X 표시가 나타나는 것을 확인하면서 그립니다.)

구속조건 / 접선 선택
원 3개가 서로 접할 수 있게 조건을 추가합니다.

구속조건 / 일치 선택
작은 원의 외측 선(원주)과 원점을 선택합니다.

수정 / 자르기 **선택**

작은 원에서 필요 없는 부분을 제거합니다.

아래 그림과 같이 중앙 부분에 태극문양이 완료되었습니다.

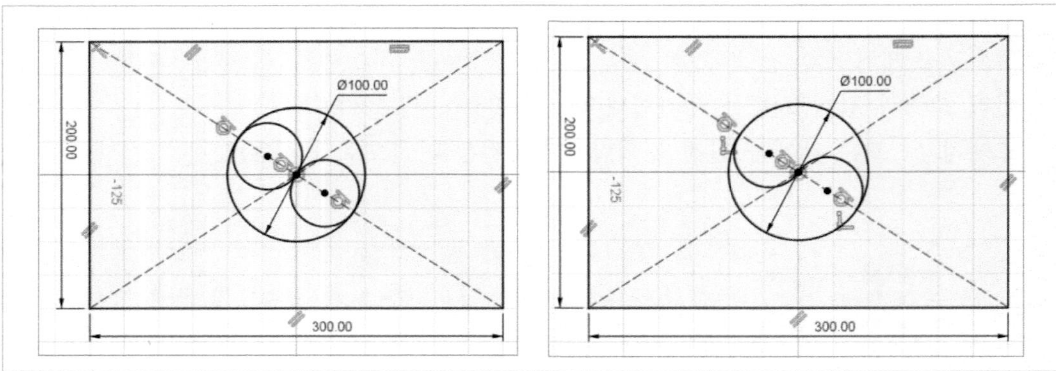

❸ 작성 / 선 **선택**

아래 그림과 같이 건괘를 스케치합니다.

먼저 주위 직사각형의 치수 기준이 되는 구성선(보조선)을 그립니다.

직사각형 하나를 먼저 그리고 모든 선이 검은색이 되게 정의합니다.

(적절한 구속조건과 치수를 추가하면서 스케치를 합니다.)

작성 / 직사각형 패턴 **선택**

객체는 이전에 그린 직사각형 선택, 방향은 점선으로 보이는 대각선 선택.

(나머지 2개의 직사각형은 직사각형 패턴을 사용하면 편리합니다.)

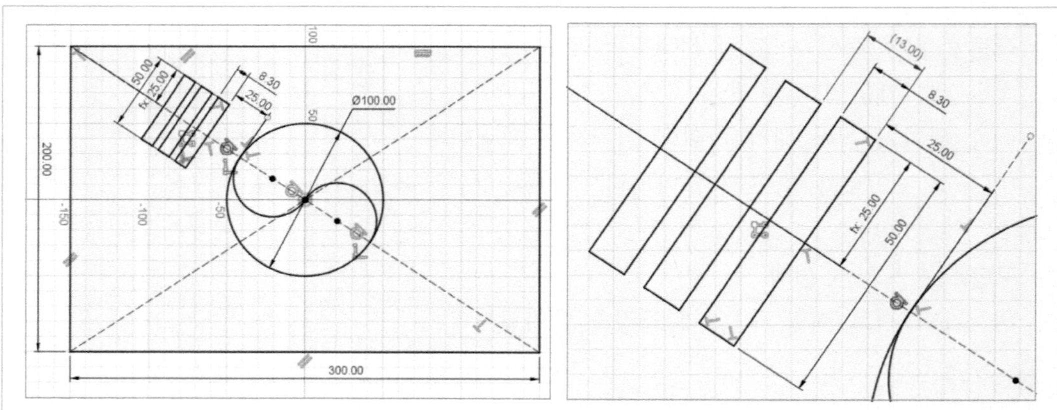

❹ 작성 / 선 선택

원점에서 Y축 방향으로 수직선을 그리고 구성선(보조선)으로 수정합니다.

작성 / 미러 선택

객체는 이전에 그려진 건괘를 전체를 선택. 미러 선은 좀 전에 그린 수직선을 선택. 그러면 우측에 미러 형상이 나타납니다.

작성 / 선 선택

감괘를 완성하기 위해 선을 추가합니다.

수정 / 자르기 선택

필요 없는 부분을 삭제합니다.

기존의 선들이 수정되게 되면 이미 적용되어있는 구속조건이나 치수 등이 삭제되므로 추가로 조건을 추가하여 각각의 선들을 다시 정의하여야 합니다.

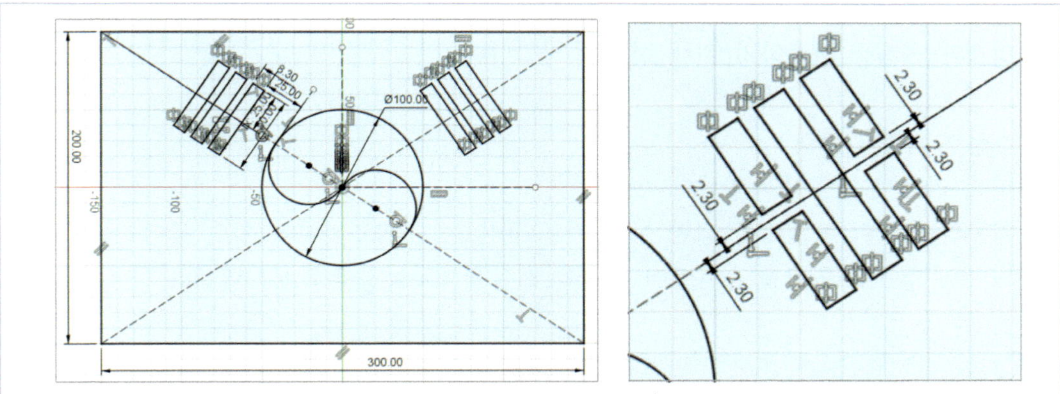

❺ 작성 / 선 선택

원점에서 X축 방향으로 수평선을 그리고 구성선(보조선)으로 수정합니다.

작성 / 미러 선택

객체는 이전에 그려진 건괘, 감괘 전체를 선택.

미러 선은 좀 전에 그린 수평선을 선택.

그러면 아랫부분에 미러 형상이 나타납니다.

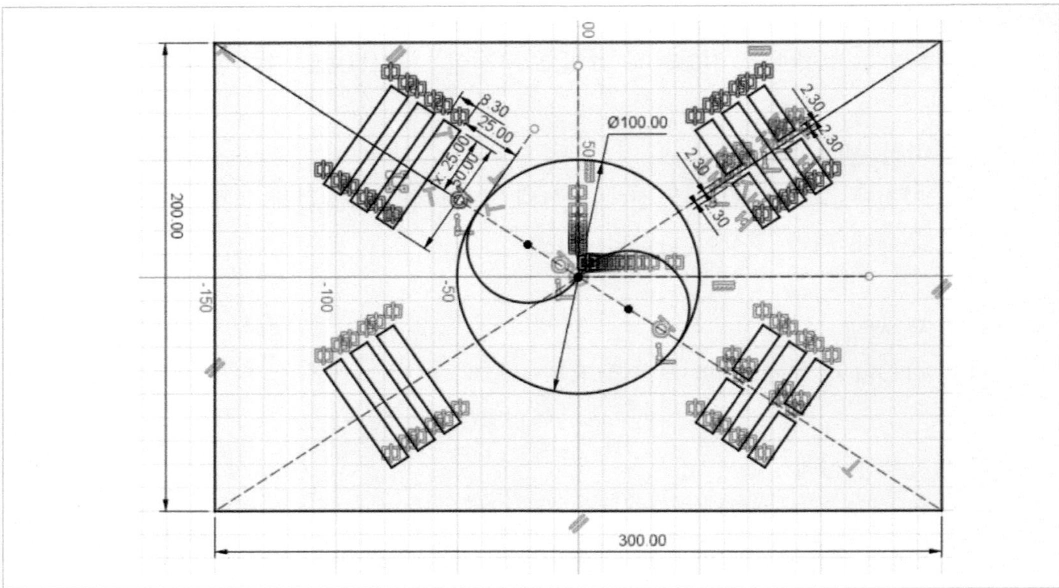

❻ 작성 / 선 **선택**

리괘와 곤괘를 완성하기 위해 선을 추가합니다.

수정 / 자르기 **선택**

필요 없는 부분을 삭제합니다.

기존의 선들이 수정되게 되면 이미 적용되어있는 구속조건이나 치수 등이 삭제되므로 추가로 조건을 추가하여 각각의 선들을 다시 정의하여야 합니다.

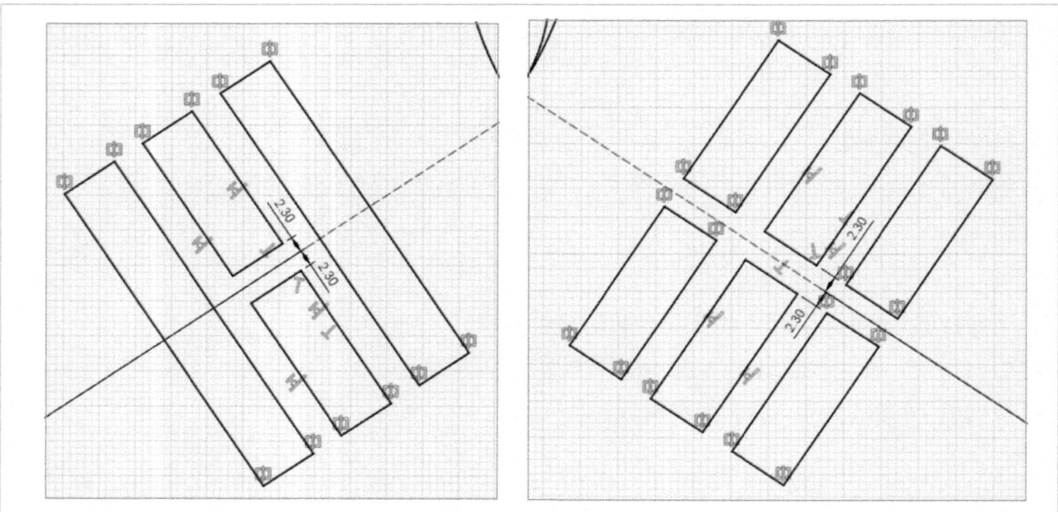

❼ 태극기 스케치가 완료되었습니다.

2D 스케치하는 방법은 다양하며 개인마다 그리는 방법이 다를 수 있습니다. 많이 연습하여 자신만의 효율적인 방법으로 진행하시면 됩니다.

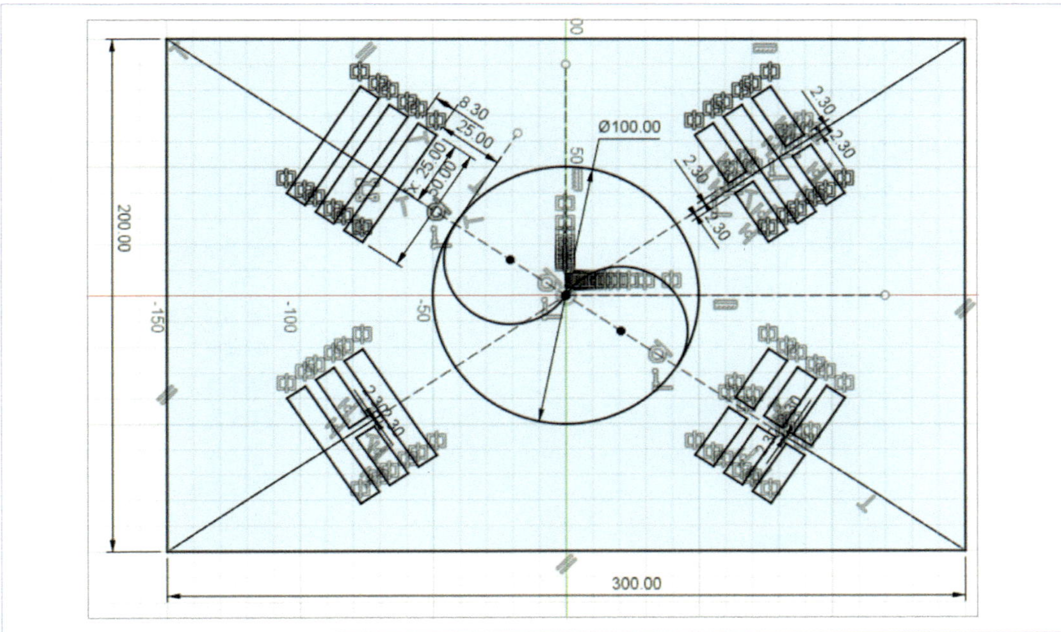

1.5 3D 모델링 (입체 모델링)

일반적으로 스케치 작업이 완료되면 입체 모델링을 진행합니다.
선택된 프로파일을 기준으로 다양한 형태의 3차원 형상을 만들 수 있습니다.

1) 작성 (Create) 메뉴

다양한 입체도형을 표현할 수 있는 메뉴로 구성되어 있습니다.

(1) 새 구성요소 (New Component)

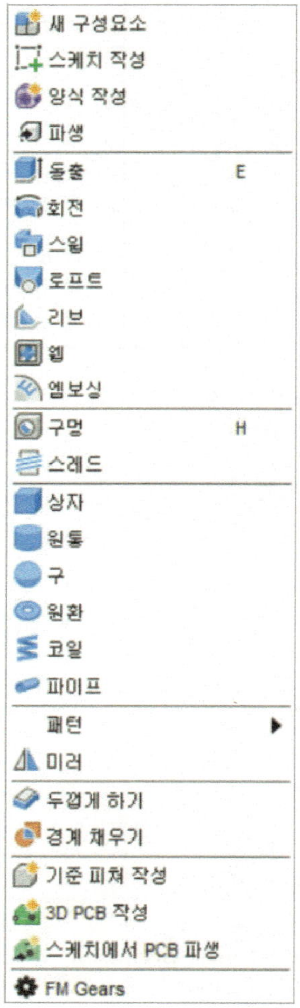

새로운 구성요소를 만듭니다.

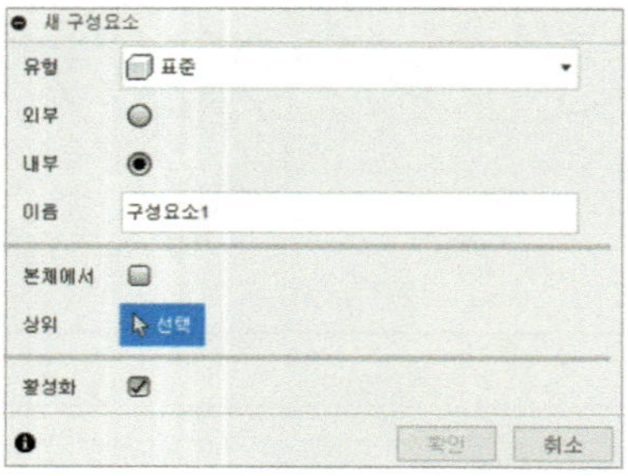

- 유형 (Type) : 표준 선택
- 외부 (External) : 외부 파일에 구성요소 생성
- 내부 (Internal) : 현 파일 내부에 구성요소 생성
- 이름 (Name) : 구성요소의 이름 입력
- 본체에서 (From Bodies) : 선택 시 – 본체 선택 필요.

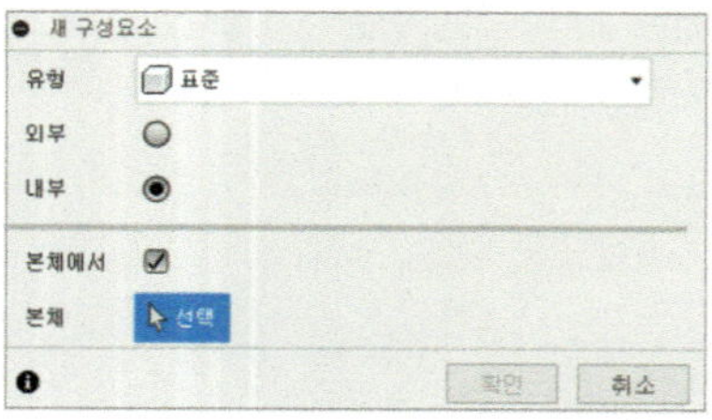

- 상위 (Parent) : 상위 부품 선택
- 활성화 (Activate) : 활성화 적용 유/무
  선택 시 : 생성된 부품이 바로 활성화 적용됨.

TIP

검색기에서도 만들 수 있습니다.
구성요소 선택 ⇨ 마우스 우클릭
⇨ 새 구성요소 선택

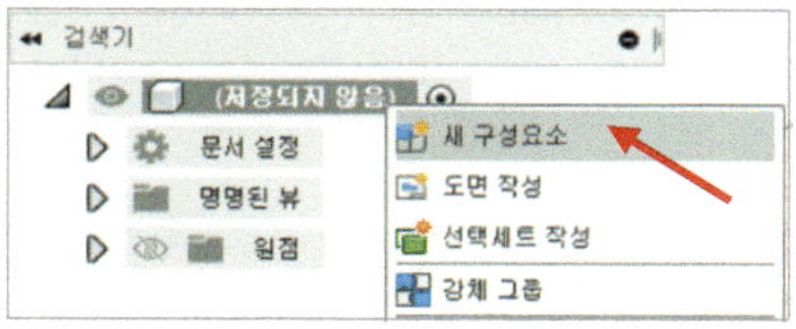

(2) 돌출 (Extrude)

스케치 프로파일 또는 면 등을 선택하여 입체 형상을 만듭니다.

a) 유형 (Type) : 일반적으로 돌출 선택

b) 프로파일 (Profiles) : 이전 스케치의 프로파일 선택

스케치에서 프로파일로 생성된 것만 선택이 됩니다.

프로파일 : 선(곡선) 등으로 사방이 둘러싸여 만들어진 형태
(하늘색의 영역으로 표시)

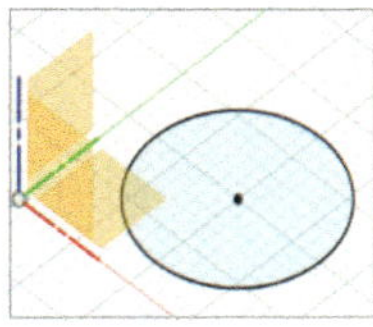

c) 시작 (Start) : 프로파일 평면 (Profile Plane) – 작업 면에서 시작

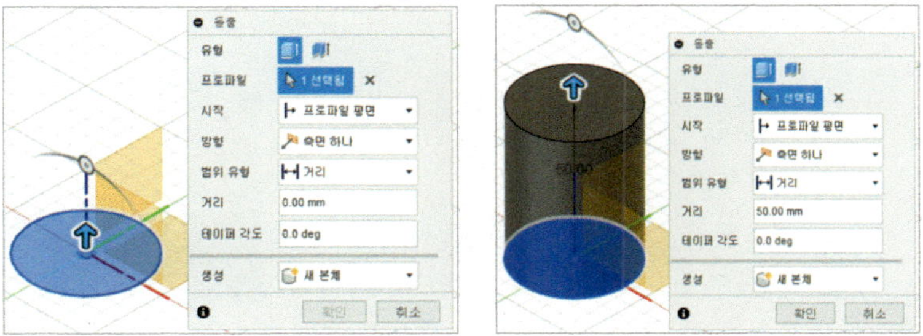

간격 띄우기 (Offset) – 작업 면에서 입력한 거리만큼 띄워서 시작

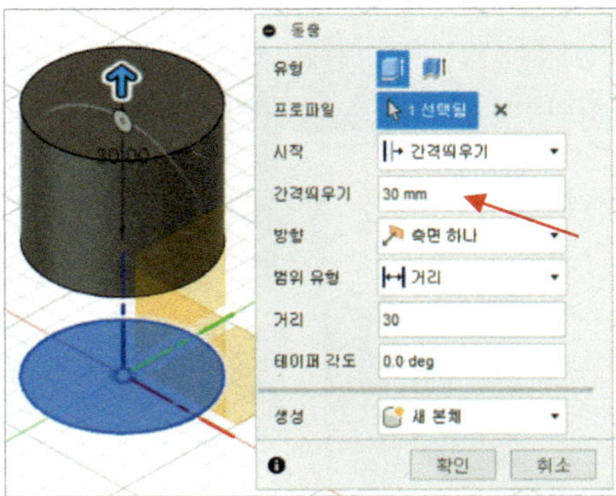

객체 (Object) - 선택한 면이 입체도형의 시작점으로 설정

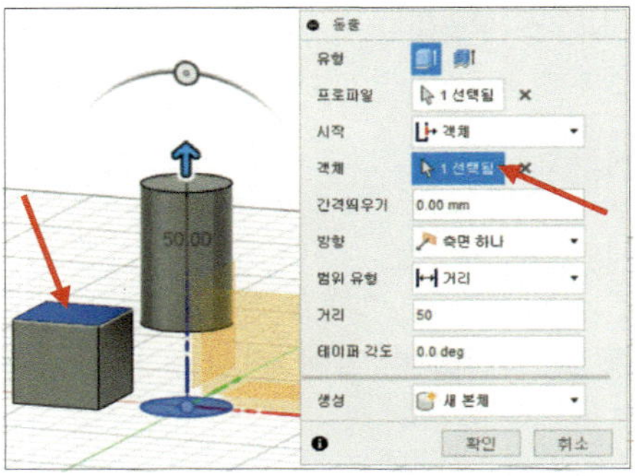

d) 방향 (Direction) :

측면 하나 (One Side) - 한쪽으로 돌출, 거리 및 각도 입력

두 방향 (Two Side) - 양방향으로 돌출, 각 방향에 따라 거리 및 각도 입력

대칭 (Symmetric) - 양쪽이 대칭되게 돌출, 측정값에서 절반 길이, 전체 길이 선택
거리 및 각도 입력

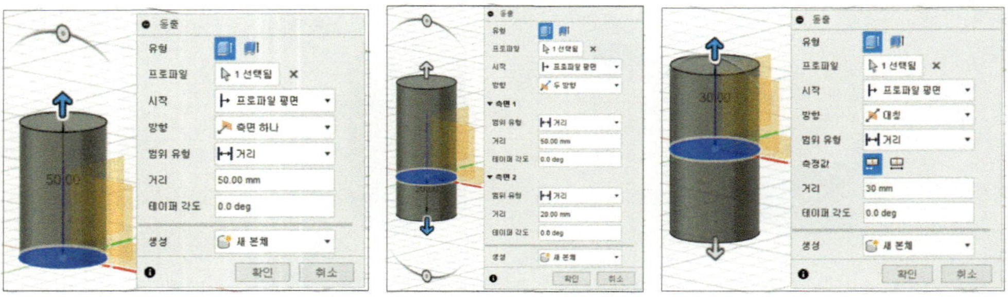

e) 범위 유형 (Extent Type) :

거리 (Distance) - 입력한 거리까지 돌출

객체로 (To Object) - 선택한 면까지 돌출 (이전 생성된 도형의 윗면을 선택)

모두 (All) - 보이는 마지막 형상까지 돌출 (겹쳐 있을 때 적용)

f) 거리 (Distance) : 돌출 거리 입력, 범위 유형에 따라 다름

g) 테이퍼 각도 (Taper Angle) : 기울기 각도 입력 (기본은 0도 임)

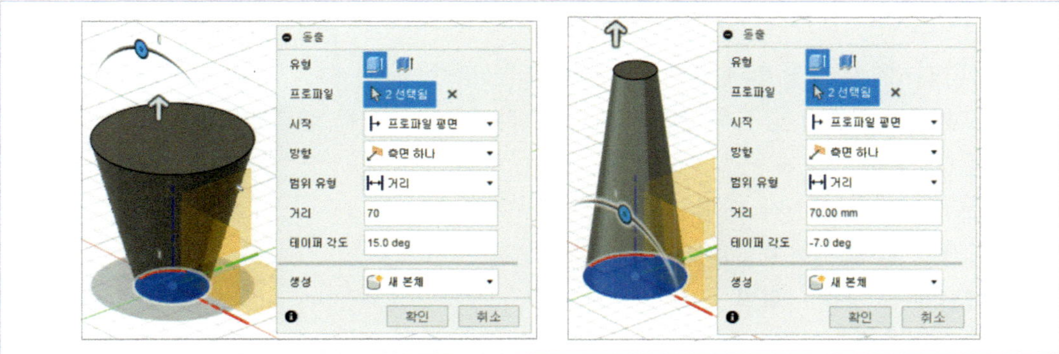

h) 생성 (Operation) : 3D 형상 표시

접합 (Joint) - 기존 본체에 합치기

잘라내기 (Cut) – 기존 본체를 잘라냄

교차 (Intersect) – 기존 본체와 겹치는 부분만 생성

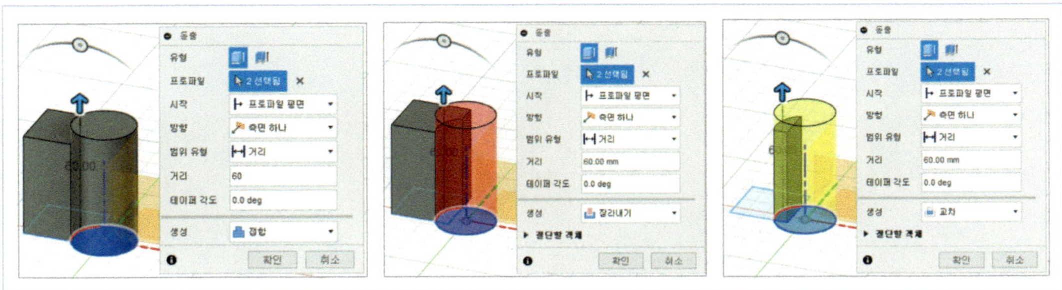

새 본체 (New Body) – 새로운 본체 생성

새 구성요소 (New Component) – 새로운 구성요소 생성

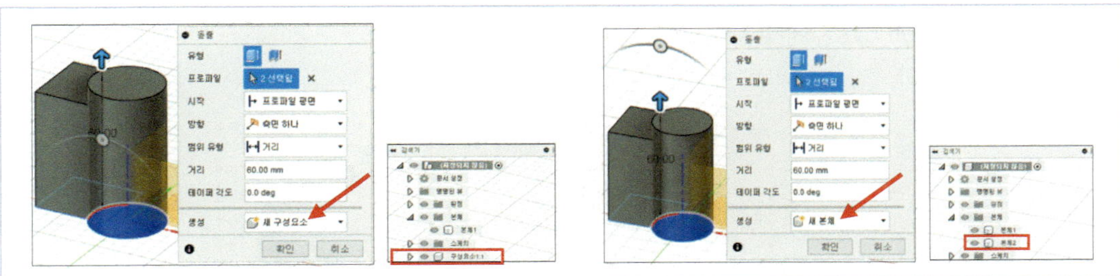

(3) 회전 (Revolve)

선택한 프로파일 및 면 등을 중심축을 기준으로 회전하여 형상을 만듭니다. (회전 값 적용)

a) 프로파일 (Profile) : 스케치의 프로파일 또는 면 선택
b) 축 (Axis) : 회전의 중심축 선택 (좌표축, 직선, 모서리 등 선택 가능)
c) 유형 (Type)
Angle(각도) - 회전각 입력
To(끝) - 선택 면까지 회전
Full(전체) - 360도 회전

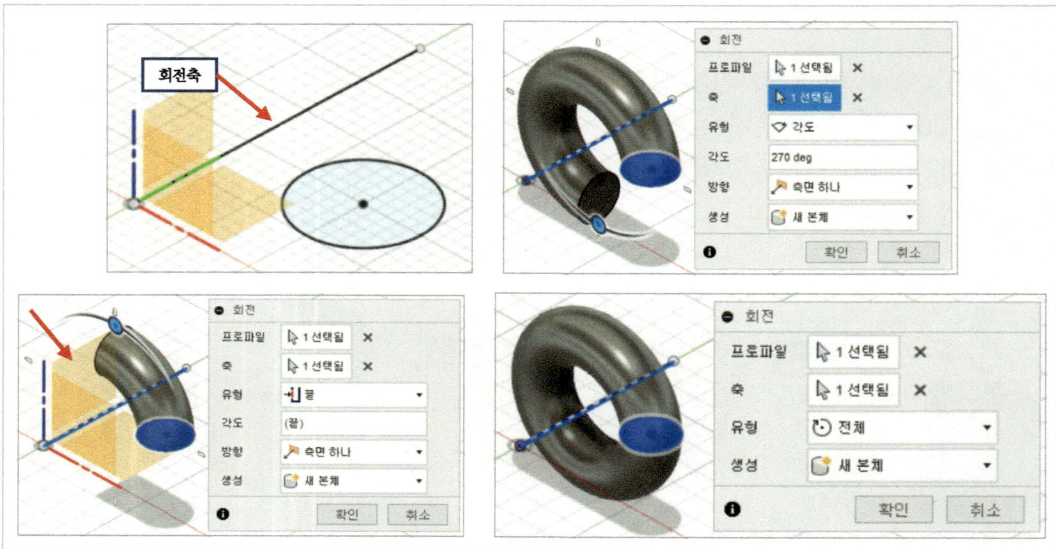

d) 방향 (Direction) : 회전 방향을 선택
측면 하나 (One Side) - 한 방향으로만 형상 생성
두 방향 (Two Side) - 양방향으로 형상 생성, 각각의 각도 입력
대칭 (Symmetric) - 대칭되게 형상 생성

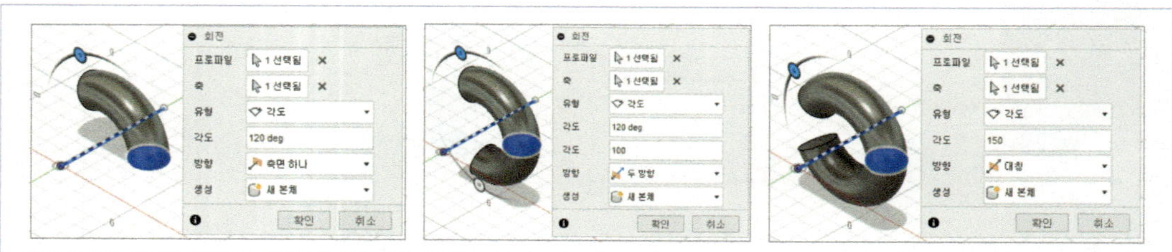

e) 생성 (Operation) : (위 Extrude와 유사하므로 참조 바랍니다.)

접합 (Joint) - 기존 본체에 합치기

잘라내기 (Cut) - 기존 본체를 잘라냄

교차 (Intersect) - 기존 본체와 겹치는 부분만 생성

새 본체 (New Body) - 새로운 본체 생성

새 구성요소 (New Component) - 새로운 구성요소 생성.

(4) 스윕 (Sweep)

선택한 경로를 따라 입체 형상을 만듭니다.

a) 유형 (Type)

- 단일 경로 (Single Path)
  선택된 프로파일이 하나의 경로를 따라 이동하면서 형상 생성
- 경로 + 안내 레일 (Path + Guide Rail)
  선택된 프로파일이 경로와 레일을 따라 이동하면서 형상 생성
- 경로 + 안내 곡면 (Path + Guide Surface)
  선택된 프로파일이 경로와 면을 따라 이동하면서 형상 생성

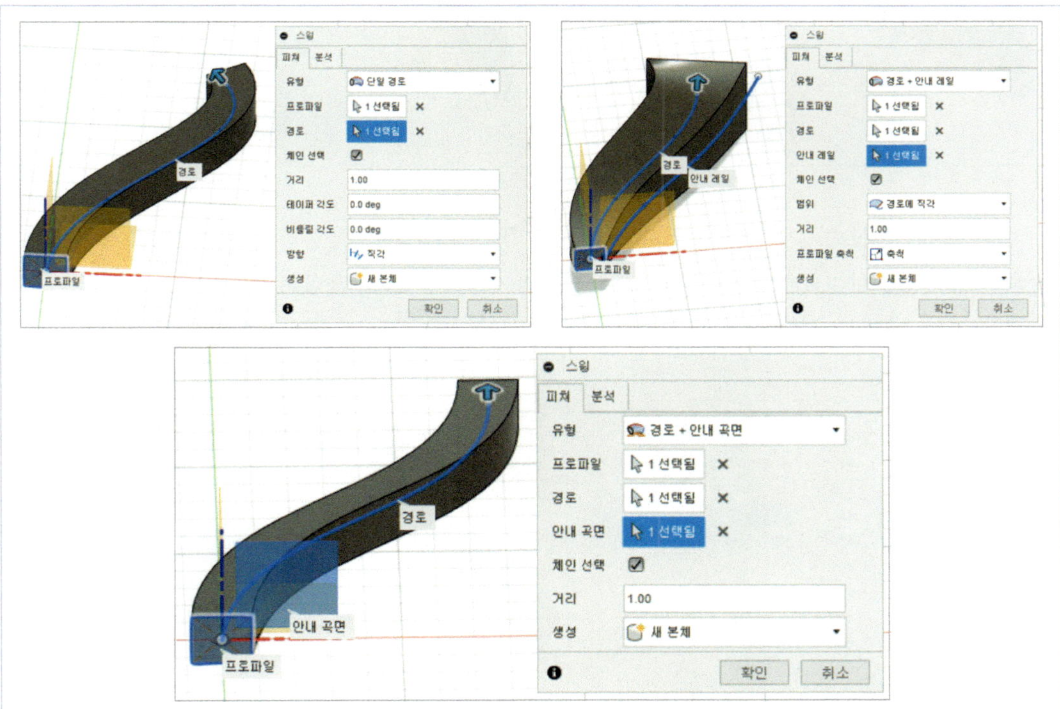

b) 체인 선택 (Chain Selection) : 선택 시 접선으로 연결된 선을 한 번에 선택

c) 거리 (Distance) : 0 < 입력값 ≤ 1

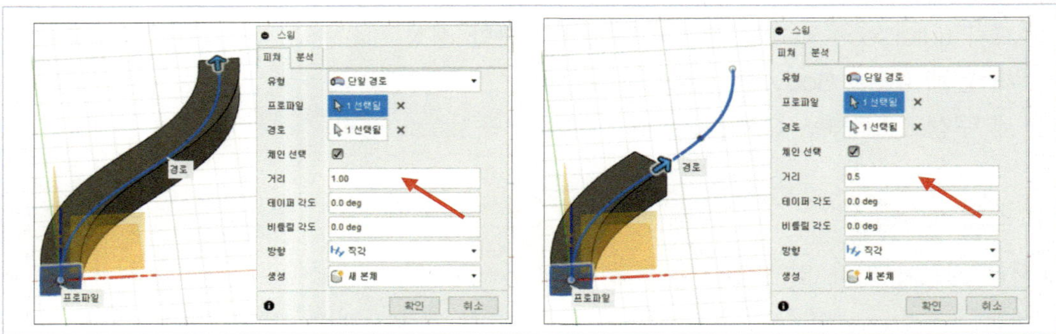

d) 테이퍼 각도 (Taper Angle) : 입력 각도만큼 형태가 커지거나 작아 짐

e) 비틀림 각도(Twist Angle) : 각도만큼 형태가 비틀리면서 수정됨

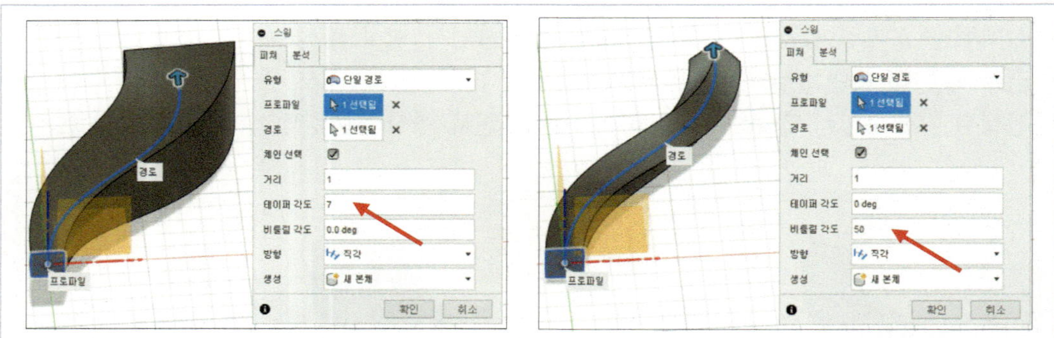

f) 방향 (Orientation) : 선택된 프로파일의 방향 상태 결정

직각 (Perpendicular) : 선택된 프로파일이 경로를 따라 변경되면서 이동.

평행 (Parallel) : 선택된 프로파일이 평행 방향(동일각도)으로 경로를 따라 이동.

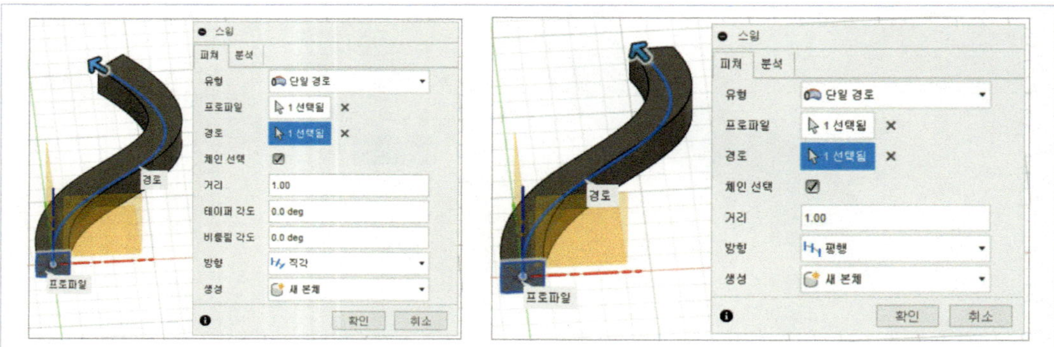

g) 생성 (Operation) : (위 Extrude와 유사하므로 참조 바랍니다.)

접합 (Joint) - 기존 본체에 합치기

잘라내기 (Cut) - 기존 본체를 잘라냄

교차 (Intersect) - 기존 본체와 겹치는 부분만 생성

새 본체 (New Body) - 새로운 본체 생성

새 구성요소 (New Component) - 새로운 구성요소 생성

(5) 로프트 (Loft)

위치 차이가 있는 2개 이상의 프로파일, 평면, 점 등을 서로 연결하여 입체 형상을 만듭니다.

a) 프로파일 (Profiles) : 2개 이상의 프로파일 선택

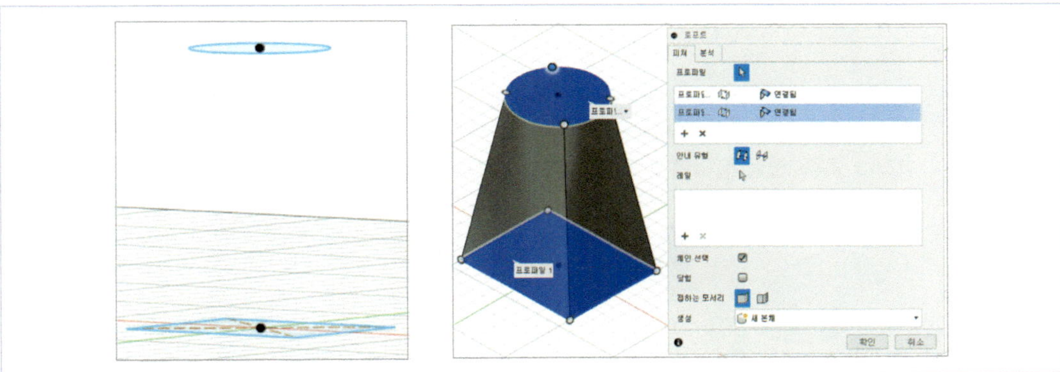

b) 안내 유형 (Guide Type) : 입체 형상에 사용될 참조선을 선택합니다.

레일 (Rails) - 외측 형상의 참조선 선택 (하나 이상의 선 선택 가능)

중심선 (Centerline) - 중심을 지나는 참조선 선택

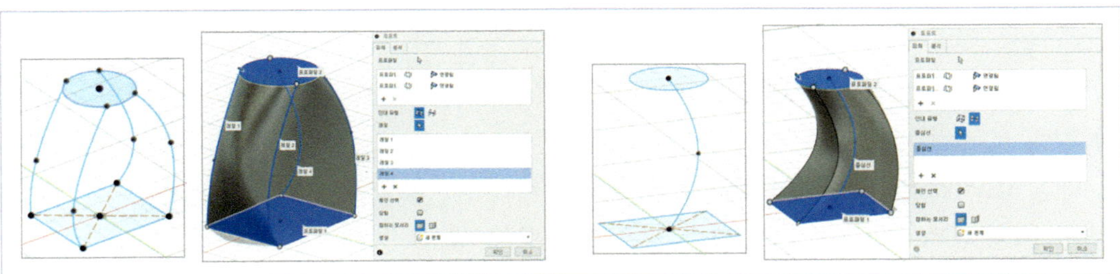

체인 선택 (Chain Selection) - 선택 시 접선으로 연결된 선을 한 번에 선택
닫힘 (Closed) - 프로파일을 연결하여 닫힌 형상을 생성

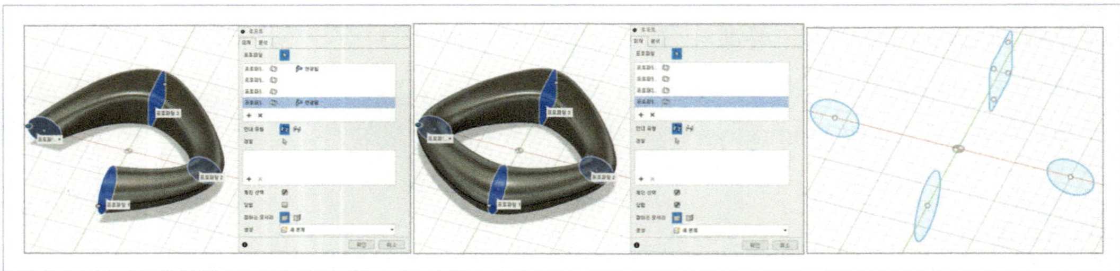

접하는 모서리 (Tangent Edges) : 모서리 부분의 표현방식 선택
병합(Merge), 유지(Keep)
생성 (Operation) : 이전이 방식과 동일. (이전 설명 참조.)

TIP

Loft 작업 시 입체 형상이 서로 간섭이 발생 되면 형상이 제대로 생성되지 않습니다. 선택된 스케치를 수정하거나 선택취소를 하시면 문제점을 해결할 수 있습니다.
그러나 최종 형상이 다르게 표현되므로 주의가 필요합니다.

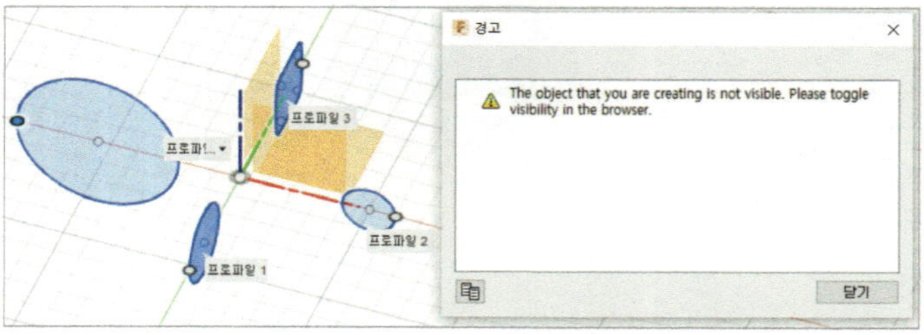

(6) 리브 (Rib)

얇은 형상(보강대)을 추가할 수 있습니다.

a) 프로파일 (Profile) : 리브를 만들 선을 선택
b) 방향 (Direction)
대칭 (Symmetric) : 대칭되게 형상 생성
한 방향 (One Direction) : 한 방향으로만 형상 생성

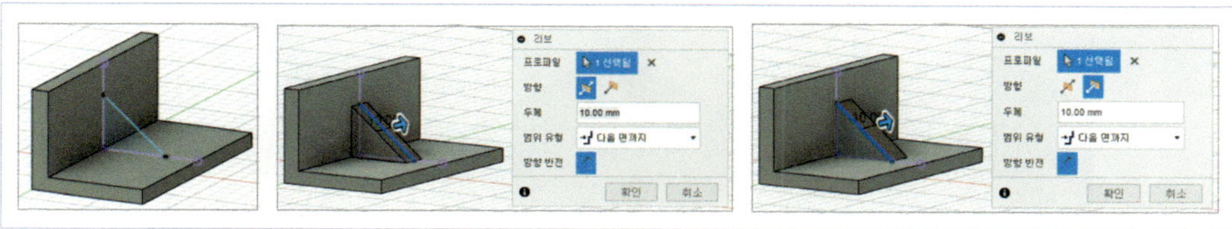

c) 두께 (Thickness) : 리브 두께 입력
d) 범위 유형 (Extent Type) : 리브 형상의 깊이 유형
   다음 면까지 (To Next) : 선택된 방향으로 자동으로 확장되어 생성
   거리 (Distance) : 선택된 방향으로 입력 거리만큼 리브 생성

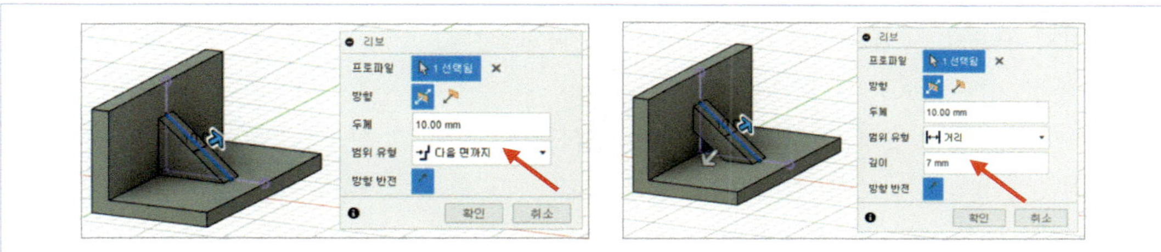

e) 깊이 (Depth) : 리브의 깊이 값 입력
f) 방향 반전 (Flip Direction) : 리브 생성 방향 선택

(7) 웹(Web)

격자 모양의 입체 형상을 만들 수 있습니다.

a) 프로파일 (Profile) : 형상을 만들 선 선택
b) 방향 (Direction)
   대칭 (Symmetric) - 대칭되게 형상 생성
   한 방향 (One Direction) - 한 방향으로만 형상 생성
c) 범위 유형 (Extent Type) : 형상의 깊이 유형
   다음 면까지 (To Next) : 선택된 방향으로 자동으로 확장되어 생성
   거리 (Distance) : 선택된 방향으로 입력 거리 만큼 형상 생성
d) 깊이 (Depth) : 형상의 깊이 값 입력
e) 방향 반전 (Flip Direction) : 리브 생성 방향 선택
f) 곡면 연장 (extend Curve) : 선택된 선을 자동 연장하는 옵션

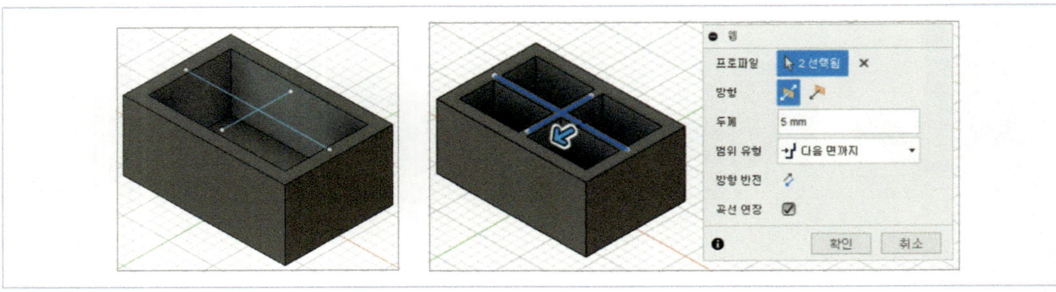

(8) 엠보싱(Emboss)

선택한 면에 스케치 형상을 볼록하거나 오목하게 만들어 줍니다.

a) 스케치 프로파일 (Sketch Profiles) : 프로파일 선택
b) 면 (Face) : 엠보싱 적용 면 선택
c) 접선 체인 (Tangent Chain) : 선택 시 접선으로 연결된 선을 한 번에 선택
d) 깊이 (Depth) : 엠보싱 깊이 입력
e) 효과 (Effect) : 양각/음각 효과 선택
   엠보싱 (Emboss) - 돌출(양각) 형상
   데보스 (Deboss) - 함몰(음각) 형상
f) 법선 반전 (Flip Normal) : 법선 측면 반전
g) 정렬 (Alignment) : 형상을 이동 및 회전하여 생성 (수평, 수직, 회전각도 입력)

(9) 구멍(Hole)

선택한 위치에 구멍이나 나사 홀 등을 만듭니다.

a) 배치 (Placement) : 구멍이 만들어지는 작업 면 선택
   점에서(단일구멍) (At Point(Single Hole)) - 단일구멍 생성
   스케치에서(다중구멍) (From Sketch (Multiple Holes)
      - 스케치 되어있는 점, 모서리, 중심점 등을 이용하여 다중구멍 생성

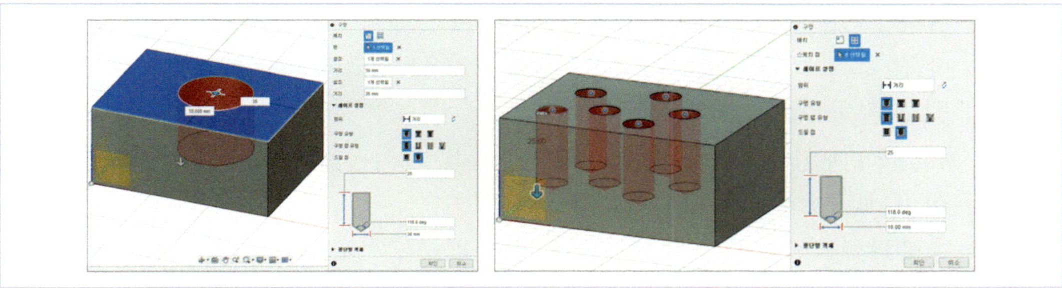

b) 면 (Face) : 구멍이 생성될 면을 선택
c) 참조 (Reference) : 단일구멍 위치를 선정할 모서리 선택
d) 참조 (Reference) : 단일구멍 위치를 선정할 모서리 선택, (가로, 세로 치수 필요)
e) 쉐이프 설정 (Shape Settings) : 구멍 형상 설정

범위 (Extents) - 구멍 깊이에 대한 형태

거리 (Distance) : 구멍 깊이 값 입력

끝 (To) : 구멍 깊이의 기준이 되는 참조면 선택

모두(All) : 관통형 구멍 생성

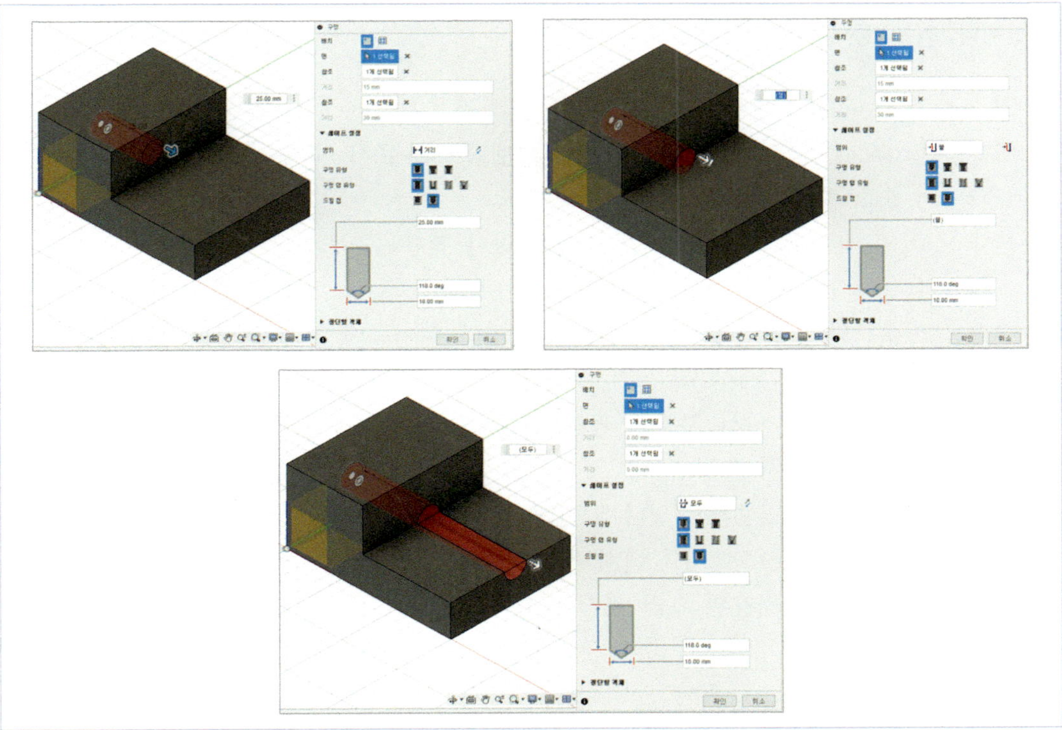

구멍 유형 (Hole Type) : 구멍의 종류 선택

단순(Simple), 카운터보어(Counterbore), 카운트싱크(Countersink)

구멍 탭 유형 (Hole Tap Type)

단순(Simple), 틈새(Clearance), 탭(Tapped), 테이퍼 탭(Taper Tapped)

드릴 점 (Drill Point) : 홀 끝 형상 선택

플랫(Flat) : 평평하게 함, 각도(Angle) : 뾰족하게 함.

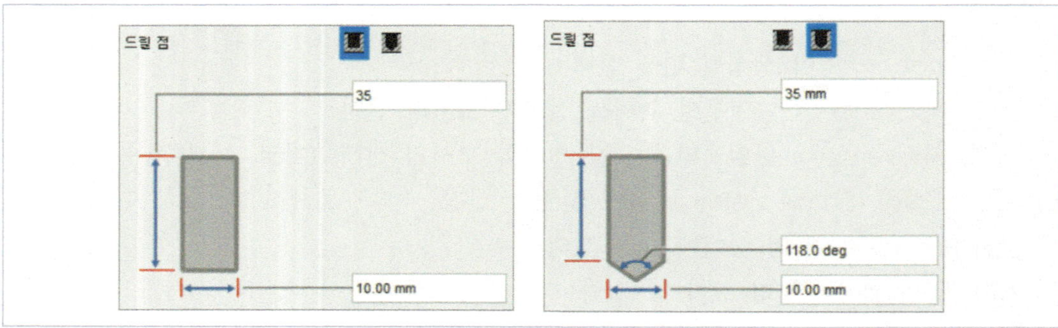

(10) 스레드 (Thread)

구멍이나 원통 등에 나사산을 만듭니다.

a) 면 (Face) : 나사가 생성될 면을 선택

b) 모델링됨 (Modeled) : 나사 모양을 3D 모델링으로 표시 유/무 선택.
(적용 시 data 사용량이 증가 됨)

c) 전체 길이 (Full Length) : 선택면 전체에 나사 적용 유/무

d) 스레드 유형 (Thread Type) : 나사부 유형 선택

e) 크기 (Size) : 나사 크기 입력, 초기는 구멍이나 원기둥의 크기가 자동 적용됨.
임의로 수정 가능

f) 지정 (Designation) : 나사 부분의 규격 선택

g) 클래스 (Class) : 나사 등급 선택

h) 방향 (Direction) : 오른나사, 왼나사 선택

i) 크기 기억 (Remember Size) : 현재 적용된 나사 작업 환경 저장
반복 명령 실행 시 저장된 조건 표시

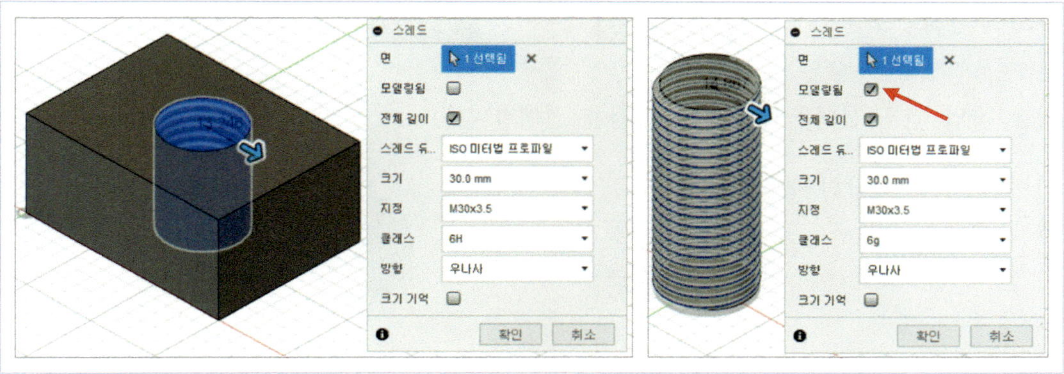

(11) 상자 (Box)

상자 모양의 입체 형상을 바로 만듭니다.
바로 작업 면을 선택하고 사각형 스케치 작업을 합니다.

a) 배치 (Placement) : 작업면 선택 표시
b) 길이 (Length) : 상자 길이 입력
c) 폭 (Width) : 상자 넓이 입력
d) 높이 (Height) : 상자 높이 입력
e) 생성 (Operation) : 이전 설명 참조

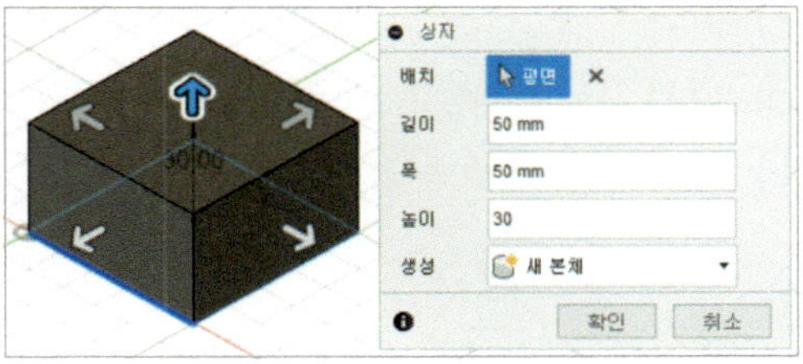

(12) 원통 (Cylinder)

원통 모양의 입체 형상을 바로 만듭니다.
바로 작업 면을 선택하고 원 스케치 작업을 합니다.

a) 배치 (Placement) : 작업면 선택 표시
b) 지름 (Diameter) : 원기둥의 지름 입력
c) 높이 (Height) : 원통 높이 입력
d) 생성 (Operation) : 이전 설명 참조

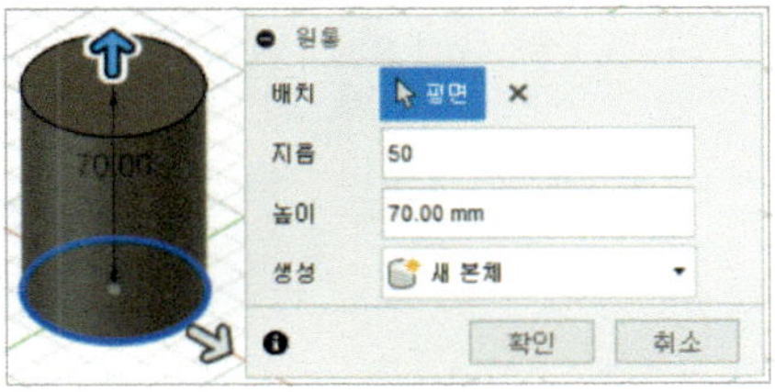

(13) 구 (Sphere)

구모양의 입체 형상을 바로 만듭니다.
바로 작업 면을 선택하고 구의 중심점을 선택합니다.

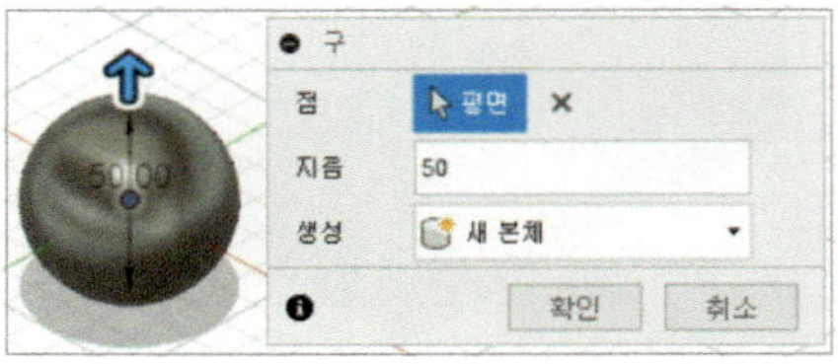

a) 점 (Point) : 구의 원점 위치
b) 지름 (Diameter) : 구의 지름 입력
c) 생성 (Operation) : 이전 설명 참조

(14) 원환 (Torus)

원환(도넛) 모양의 입체 형상을 바로 만듭니다.
바로 작업 면을 선택하고 원 스케치 작업을 합니다.

a) 프로파일 (Profile) : 작업평면 표시
b) 내부 지름 (Inner Diameter) : 큰 원의 지름 크기 입력
c) 원환 지름 (Torus Diameter) : 환의 단면 지름 크기 입력
d) 위치 (Position) : 내부(Inside), 중심에서(On Center), 외부(Outside)
e) 생성 (Operation) : 이전 설명 참조.

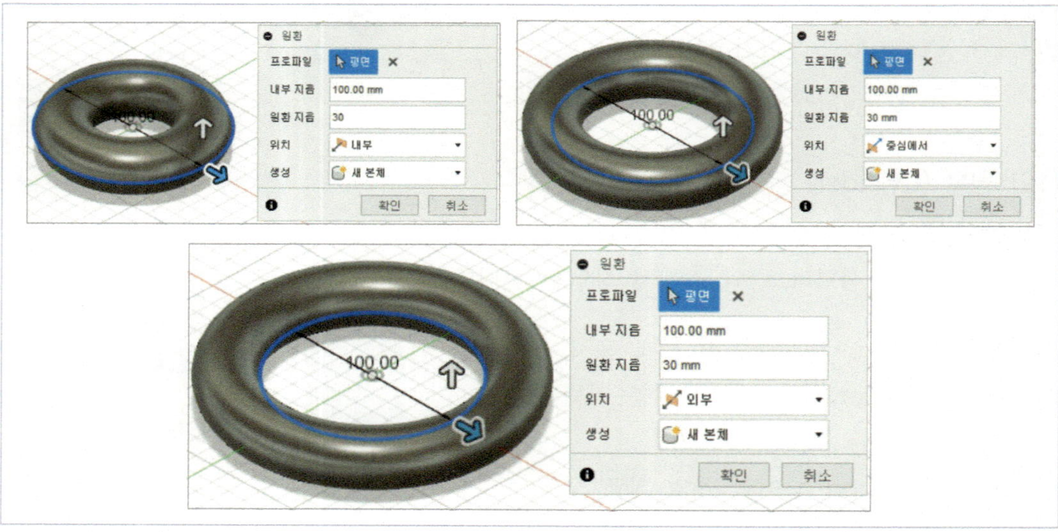

(15) 코일 (Coil)

코일 모양의 입체 형상을 바로 만듭니다.
바로 작업 면을 선택하고 원 스케치 작업을 합니다.

a) 프로파일 (Profile) : 작업평면 표시
b) 유형 (Type) : 코일 형상의 표현방법을 선택
    회전 및 높이 (Revolution and Height) : 감긴 횟수와 전체 높이
    회전 및 피치 (Revolution and Pitch) : 감긴 횟수와 피치 간격
    높이 및 피치 (Height and Pitch) : 전체 높이 와 피치 간격
    나선형 (Spiral) : 평면형 나선 모양

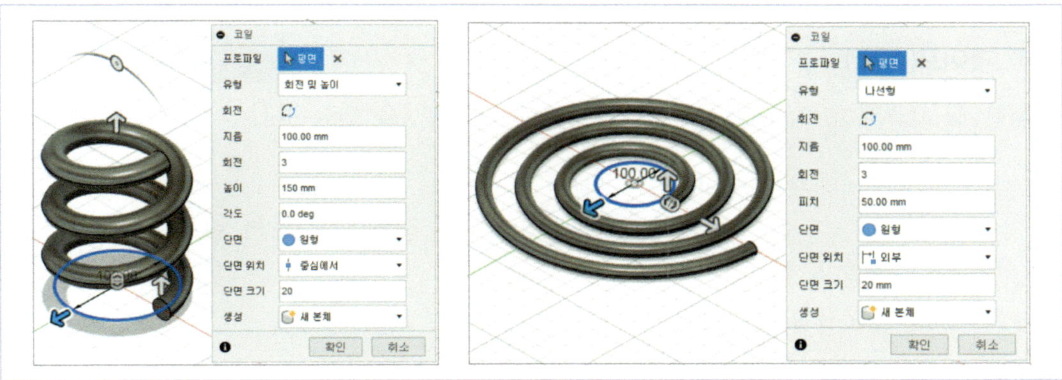

c) 회전 (Rotation) : 회전 방향 지정(시계 방향, 반시계방향)
d) 지름 (Diameter) : 코일 지름 입력
e) 회전 (Revolutions) : 코일의 감긴 횟수 입력
f) 높이 (Hight) : 코일의 높이 입력
g) 각도 (Angle) : 코일의 기울기 입력
h) 단면 (Section) : 코일의 단면형상 선택
    원형(Circular), 사각형(Square), 삼각형(외부)(Triangular(External)),
    삼각형(내부)(Triangular(Internal))
i) Section Position(단면의 기준선 위치) : 단면 기준선 위치
    Inside(내부), On Center(중심에서), Outside(외부)

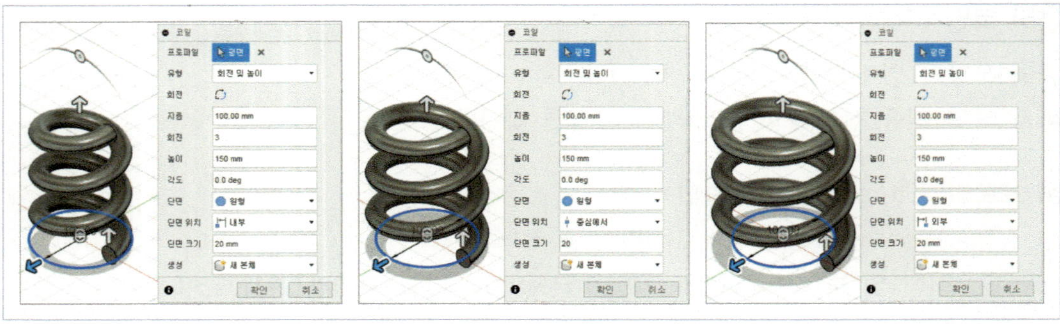

j) 단면 크기 (Section Size) : 단면의 지름 입력.
k) 생성 (Operation) : 이전 설명 참조

(16) 파이프(Pipe)

선택한 경로(스케치, 모서리 등등)에 따라 파이프 형상을 만듭니다.

a) 경로(Path) : 파이프 형상의 경로 선택
b) 체인 선택 (Chain Selection) : 선택 시 접선으로 연결된 선을 한 번에 선택
c) 거리 (Distance) : 0 < 입력값 ≤ 1
c) 단면 (Section) : 파이프 단면의 형상 선택
   원형(Circular), 사각형 (Square), 삼각형 (Triangular)

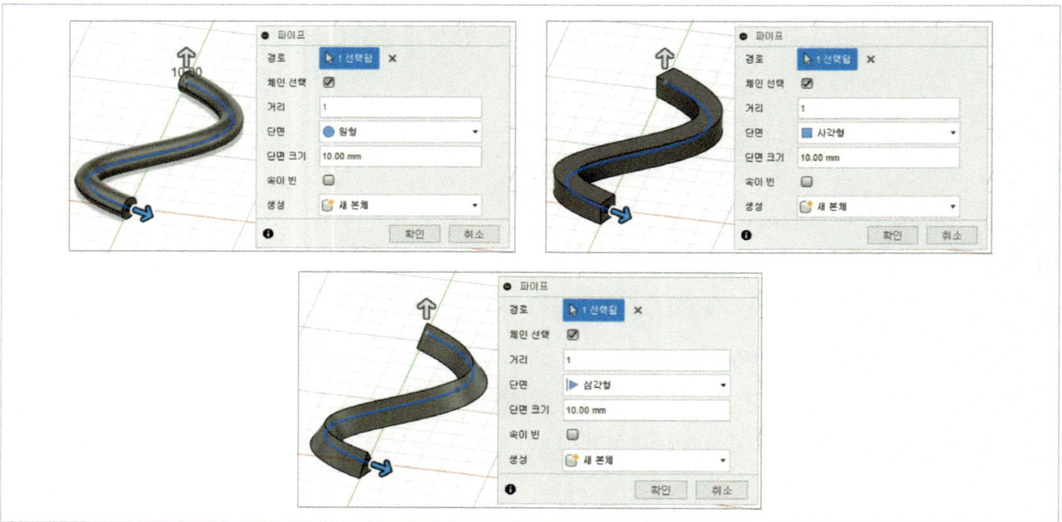

e) 속이 빈 (Hollow) : 선택 시 단면의 속이 비어 있는 형상으로 표현
단면 두께 값 입력

f) 생성 (Operation) : 이전 설명 참조

(17) 패턴(Pattern)

선택한 도형을 기준선이나 중심으로부터 복제합니다.

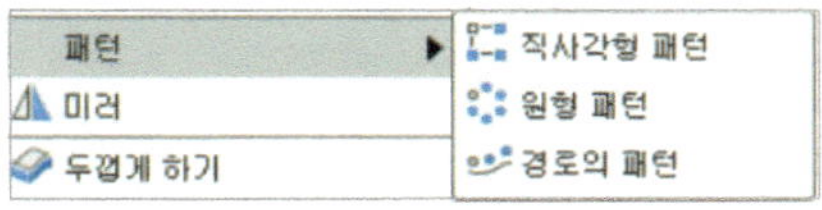

a) 직사각형 패턴 (Rectangular Pattern) : 직사각형 형태로 복제

Type (유형) : 대상물의 형식 선택

면(Face), 본체(Bodies), 피처(Features), 구성요소(Components)

객체 (Objects) : 대상물 선택

방향 (Direction) : 패턴 기준 방향 선택

거리 유형 (Distance Type) : 복제 간격 유형 선택

범위(Extent) : 전체거리, 간격(Spacing) : 각 객체 간의 거리

억제 (Suppress) : 선택 시 필요 없는 형상은 안 보이게 함

수량 (Quantity) : 선택한 방향으로 복제되는 수량 입력

거리 (Distance) : 복제되는 거리 입력

방향유형 (Direction Type) : 복제되는 방향의 형상 지정

한 방향(One Direction) : 한 방향으로 복제

대칭(Symmetric) : 대칭 방향으로 복제

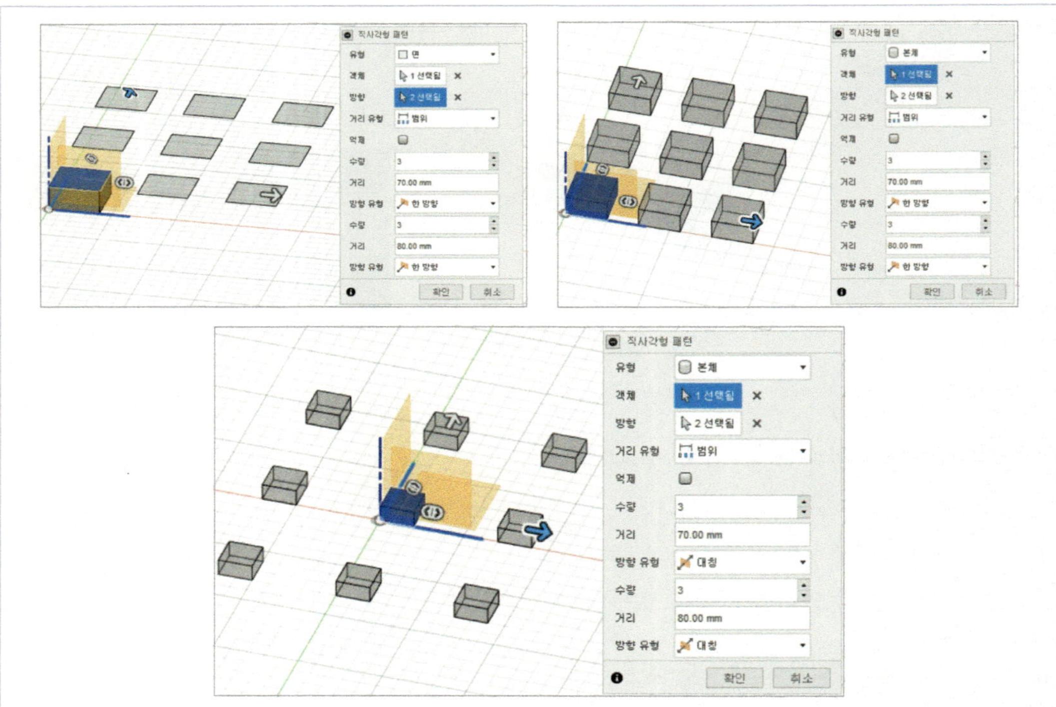

b) 원형 패턴 (Circular Pattern) : 원형 형태로 복제

유형 (Type) : 대상물의 형식 선택. (직사각형 패턴과 동일, 위 참조)

객체 (Objects) : 대상물 선택

축 (Axis) : 회전 중심축 선택

각도 간격 (Angular Spacing) : 복제되는 형상의 각도 입력

전체(Full) : 360도 회전, 각도(Angle)) : 회전각도 입력

대칭(Symmetric) : 대칭으로 복제되게 선택

억제 (Suppress) : 선택 시 필요 없는 형상은 안 보이게 함

전체 각도 (Total Angle) : 복제되는 각도 값 입력 (Full에선 없음)

수량 (Quantity) : 복제되는 수량 입력

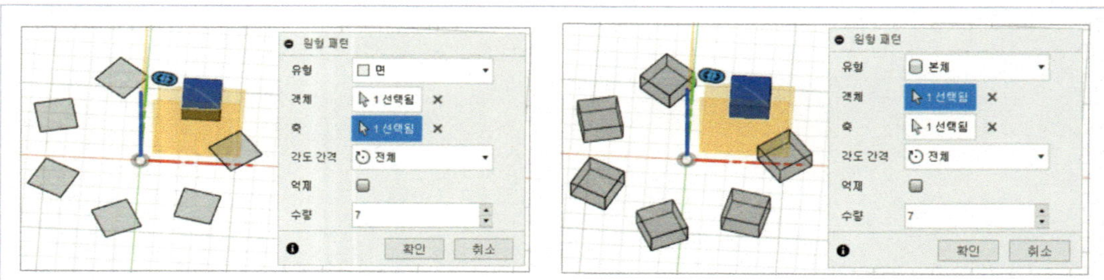

c) 경로의 패턴 (Pattern On Path) : 선택된 경로에 따라 입체 형상 복제

유형 (Type) : 대상물의 형식 선택 (직사각형 패턴과 동일, 위 참조)

객체 (Objects) : 대상물 선택

경로 (Path) : 복제되는 형상의 경로 선택 (선, 모서리 등)

억제 (Suppress) : 선택 시 필요 없는 형상은 안 보이게 함

수량 (Quantity) : 복제되는 수량 입력

거리 (Distance) : 복제되는 거리 입력

시작점 (Start Point) : 복제의 시작점 위치 입력

거리 유형 (Distance Type) : 복제 간격 유형 선택

범위(Extent) : 전체거리, 간격(Spacing) : 각 객체 간의 거리

방향 (Direction) : 복제되는 방향의 형상 지정

한 방향(One Direction), 대칭(Symmetric)

방향 (Orientation)

동일(Identical) : 경로와 평행하게 복제

경로 방향(Path Direction) : 경로에 수직 하게 복제

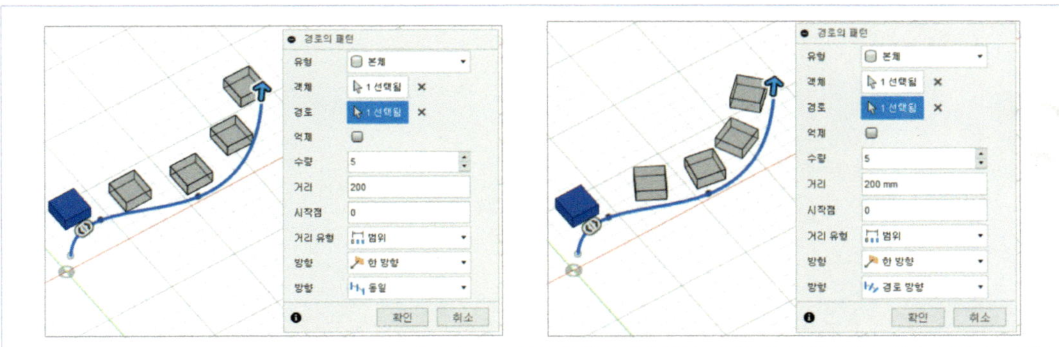

(18) 미러 (Mirror)

선택한 형상을 대칭으로 복제합니다.

a) Type (유형) : 대상물의 형식 선택

면(Face), 본체(Bodies), 피처(Features), 구성요소(Components)

b) 객체 (Objects) : 대상물 선택

c) 미러 평면 (Mirror Plane) : 미러 기준이 되는 면 선택

d) 생성 (Operation) : 이전 설명 참조.

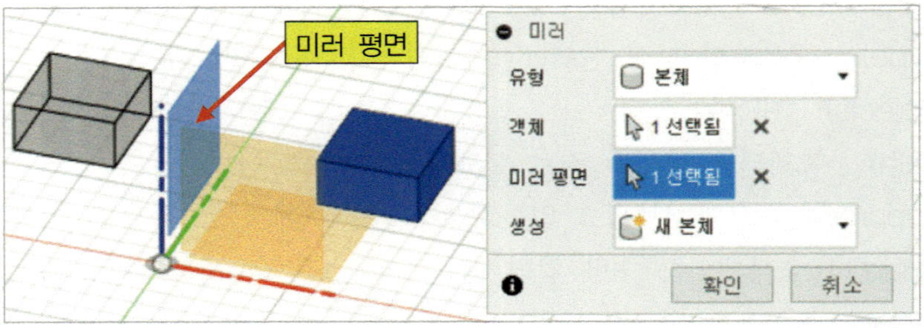
미러 평면
미러
유형
본체
객체
1 선택됨
미러 평면
1 선택됨
생성
새 본체
확인
취소

2) 수정 (Modify) 메뉴

생성된 입체도형을 수정, 결합 및 이동 등을 할 수 있는 메뉴로 구성되어 있습니다.

(1) 밀고 당기기 (Press Pull)

생성된 형상의 크기 및 형상을 변경할 수 있습니다.

a) 면 (Face) : 변경할 면 선택

b) 간격 띄우기 유형 Offset Type) : 띄우기 유형 선택

기존 피처 수정 (Modify Existing Feature)

: 전체 길이를 기준으로 입력

새 간격 띄우기 (New Offset)

: 선택 면에서의 확장된 길이 입력

자동 (Automatic) : 자동으로 위 옵션이 선택됨

c) Distance(거리) : 변경할 거리 입력

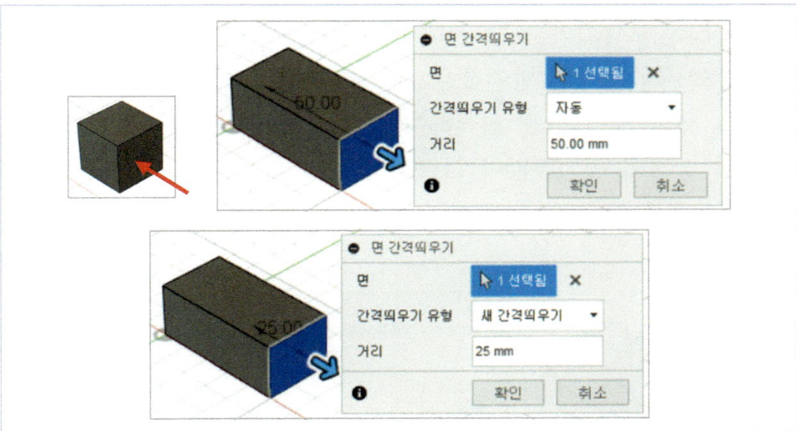

(2) 모깎기 (Fillet)

날카로운 모서리를 부드럽게(둥글게) 만듭니다.

a) 유형 (Type) : 선택하는 모서리 부분의 모깎기 유형을 선택

모깎기(Fillet) : 선택 모서리를 둥글게 만듦

규칙 모깎기(Rule Fillet) : 선택한 모서리를 규칙대로 둥글게 만듦

규칙(Rule)

모든 모서리(All Edges) : 선택 면에 있는 모든 모서리에 적용

면/피처 사이(Between Faces/Features) : 선택 면들이 만나는 모서리에 적용

전체 둥근 모깎기(Full Round Fillet) - 인접한 3개 면을 둥글게 만듦

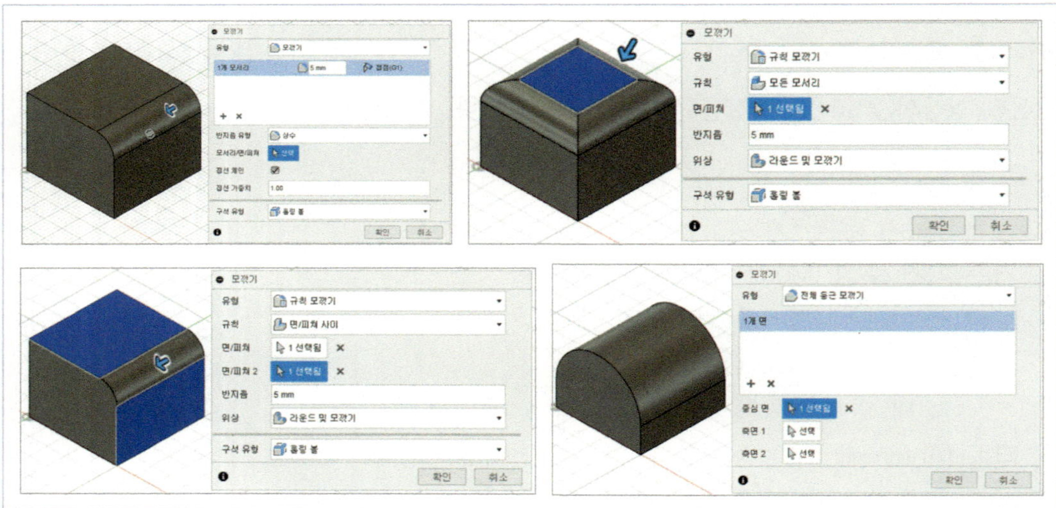

b) 반지름 유형 (Radius Type) : 모깎기의 유형 선택

상수(Constant) : 선택된 모서리가 단일 반지름을 가지며 생성

현 길이(Chord Length) : 현의 길이 값을 입력하여 모깎기 생성

변수(Variable) : 시작점과 끝점의 반지름값이 다르게 생성

추가로 모서리를 클릭해서 변수를 더 지정 가능함

c) 모서리/면/피처 (Edges/Faces/features) : 모서리/면/피처 부분을 선택

d) 접선 체인 (Tangent Chain) : 선택 시 접선으로 연결된 모서리를 한 번에 선택

e) 접선 가중치 (Tangency Weight) : 접선 가중치의 값을 수정

f) 구석 유형 (Corner Type) : 모서리 부분의 형상 선택

롤링 볼(Rolling Ball) : 구석에 둥근 모서리를 생성

세트백(Setback) : 둥근 모서리와 인접 면을 혼합 적용

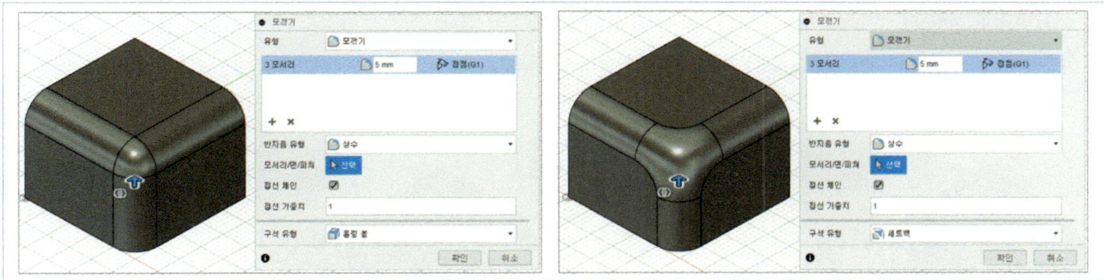

(3) 모따기 (Chamfer)

각진 모서리를 비스듬한 경사면으로 만듭니다.

a) 유형 (Type) : 경사면 유형 선택
동일한 거리(Equal Distance) : 가로와 세로의 길이가 동일. 거리 입력
두 거리(Two Distance) : 가로와 세로의 길이가 다름. 각각의 거리 입력
거리 및 각도(Distance and Angle) : 거리와 각도를 입력
b) 모서리 / 면 (Edges/Faces) : 모따기를 적용할 모서리나 면을 선택

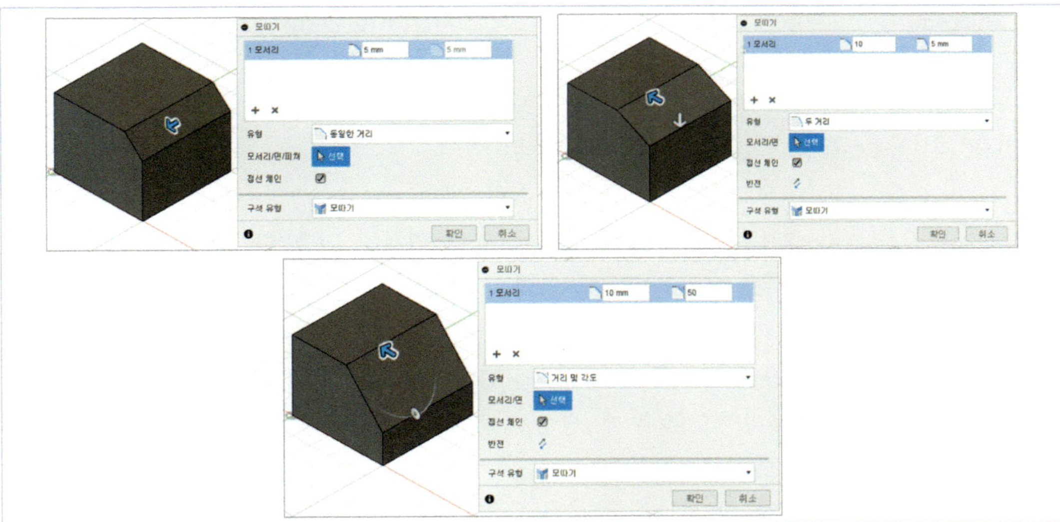

c) 접선 체인 (Tangent Chain) : 선택 시 접선으로 연결된 모서리를 한 번에 선택
d) 반전 (Flip) : 선택 부분이 반전됨
e) 구석 유형 (Corner Type) - 모서리 부분의 형상 선택
모따기(Chamfer) - 모서리 부분을 사선 형상으로 수정

마이터(Miter) - 모서리 부분을 점 형상으로 수정
혼합(Blend) - 인접 면에 혼합 형상으로 수정.

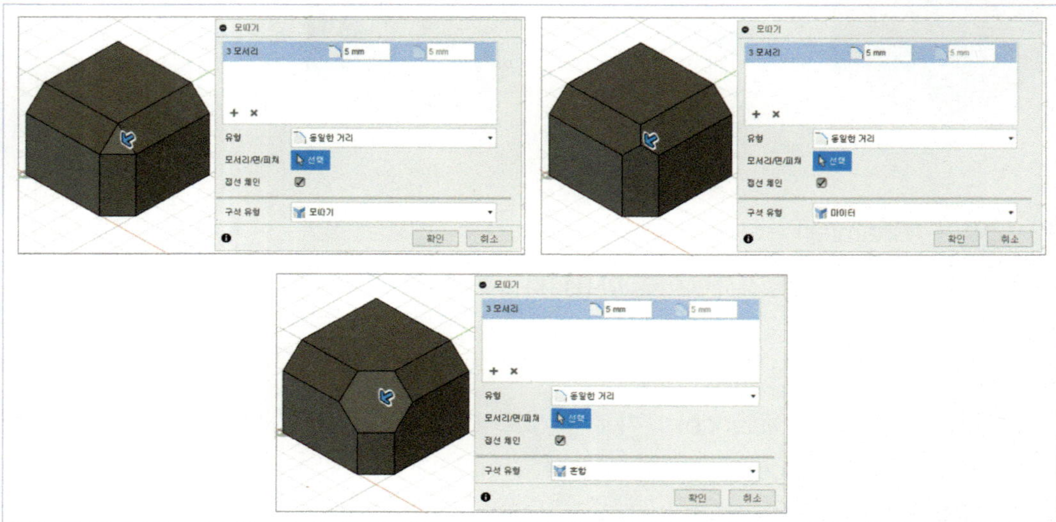

(4) 쉘(Shell)

물체 내부에 공간(두께)을 만듭니다.

a) 면/본체 (Face/Body) : 면 - 제거하려는 면 선택
본체 - 내부에 공간 생성

b) 접선 체인 (Tangent Chain) : 선택 시 접선으로 연결된 면을 한 번에 선택

c) 내부 두께 (Inside Thickness) : 두께 입력

d) 방향 (Direction) : 두께 적용 방향 선택
내부(Inside) - 내부방향으로 두께 생성
외부(Outside) - 외부방향으로 두께 생성
양쪽(Both) - 양방향으로 두께 지정

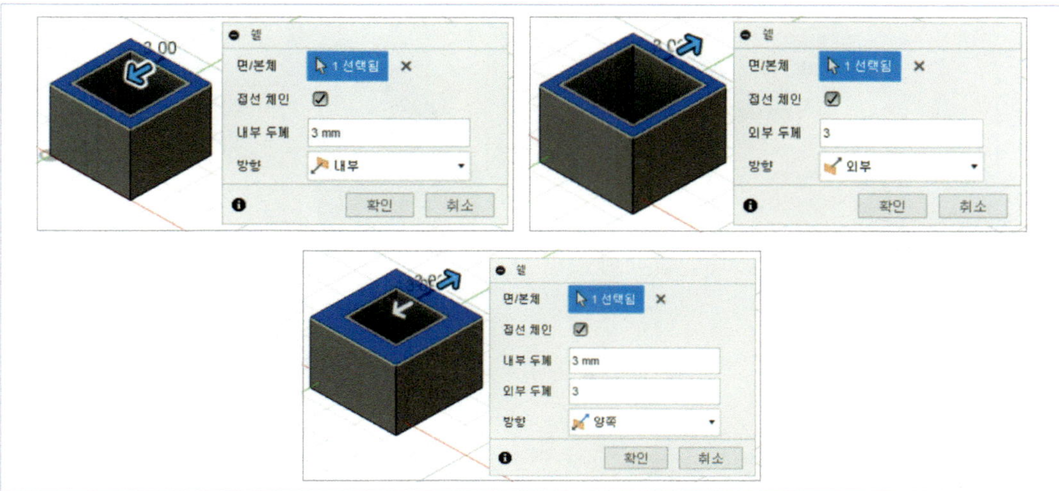

(5) 기울기 (Draft)

선택한 면을 경사지게 만듭니다.

a) 유형 (Type)

고정된 평면(Fixed Plane) : 선택 면(인장 방향)을 시작지점으로 기울기 적용.

분할선 (Parting Line) : 분할선을 기울기의 시작지점으로 적용.

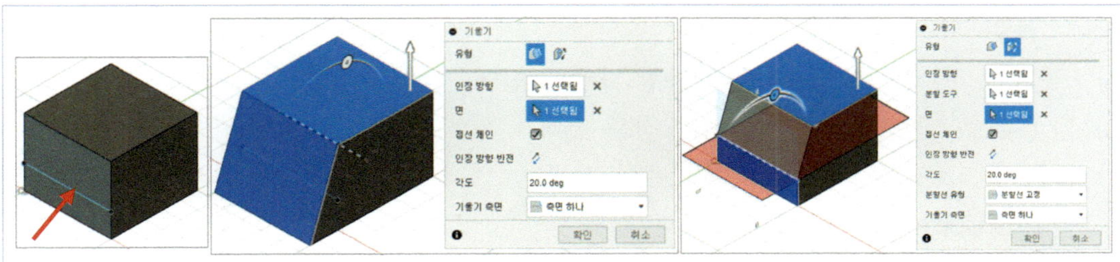

b) 인장 방향 (Pull Direction) : 인장 방향을 결정할 면이나 평면 선택

c) 면(Face) : 기울기가 적용될 면을 선택.

d) 접선 체인 (Tangent Chain) : 선택 시 접선으로 연결된 면을 한 번에 선택

e) 인장 방향 반전 (Flip Pull Direction) : 인장 방향이 반전됨

f) 각도 (Angle) : 기울기 각도 입력

e) 기울기 측면(Draft Sides) : 기울기 형식 선택

측면 하나(One Side) : 한쪽으로만 기울기 적용

두 방향(Two Side) : 선택 면을 기준으로 양쪽 기울기를 다르게 적용

대칭(Symmetric) : 선택 면을 기준으로 양쪽 같은 기울기 적용

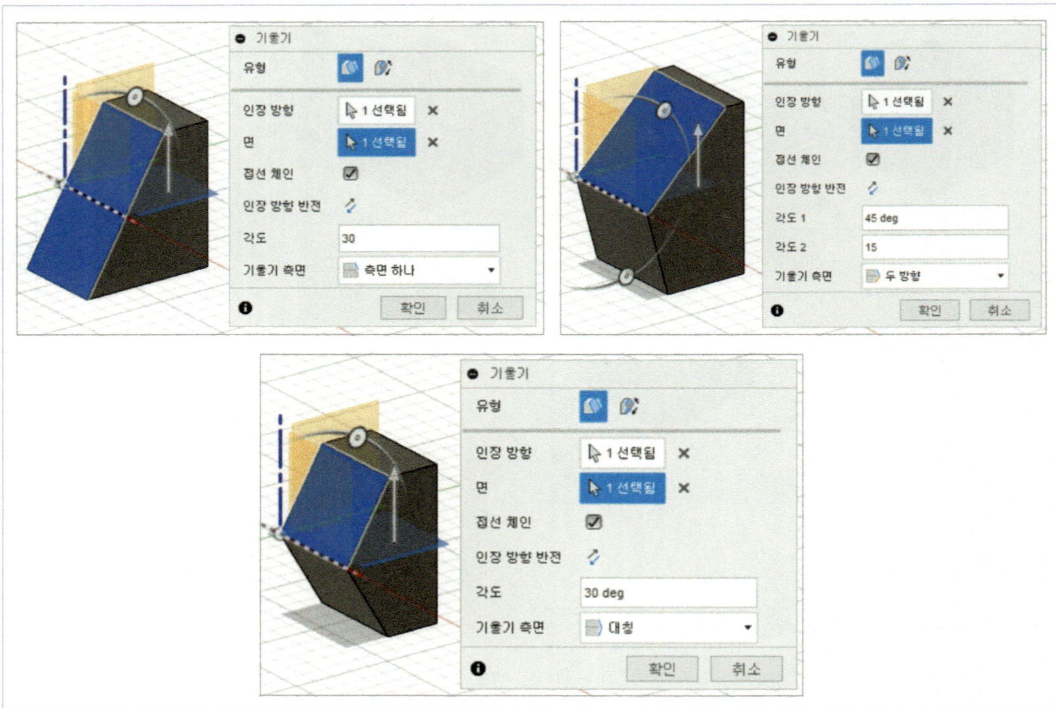

(6) 축척 (Scale)

선택된 객체를 축소/확대할 수 있습니다.

a) 도면요소 (Entities) : 축적을 적용할 대상을 선택
b) 점 (Point) : 축척의 기준이 되는 점을 선택
c) 축척 유형 (Scale Type) : 축척 유형 선택
균일(Uniform) : 동일 비율로 축적 적용
비균일(Non Uniform) : 각 방향에 따라 축척 비율 조정 가능

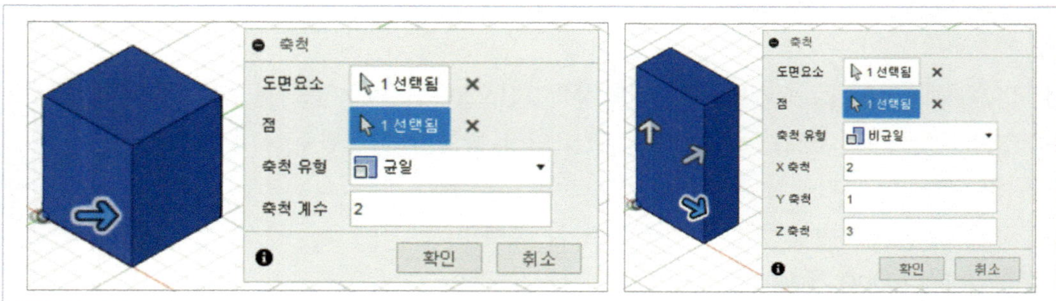

(7) 결합(Combine)

두 개 이상의 입체 형상을 결합하거나 잘라내기 등을 할 수 있습니다.

a) 대상 본체 (Target Body) : 기준이 되는 입체 형상 (실행 후에도 존재)
b) 도구 본체 (Tool Bodies) : 도구가 되는 입체 형상
c) 생성 (Operation) :
　접합(Join) – 선택한 입체 형상을 결합
　잘라내기(Cut) – 두 도형의 교차 부분을 제거
　교차(Intersect) – 두 도형의 교차 부분만 남기고 나머지는 제거

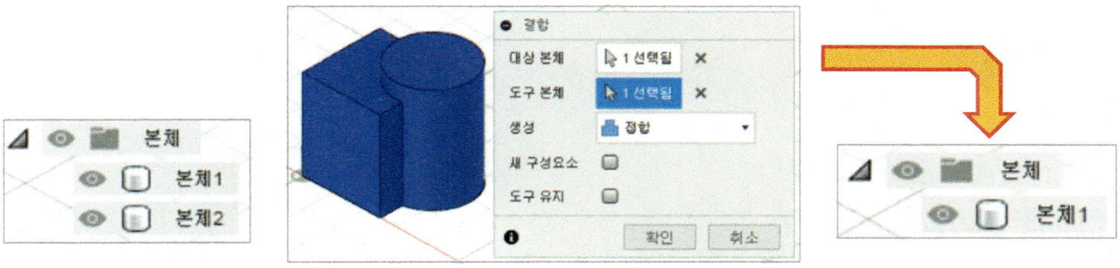

(일반적으로 명령 실행 후에는 하나의 본체(대상 본체)가 됩니다.)

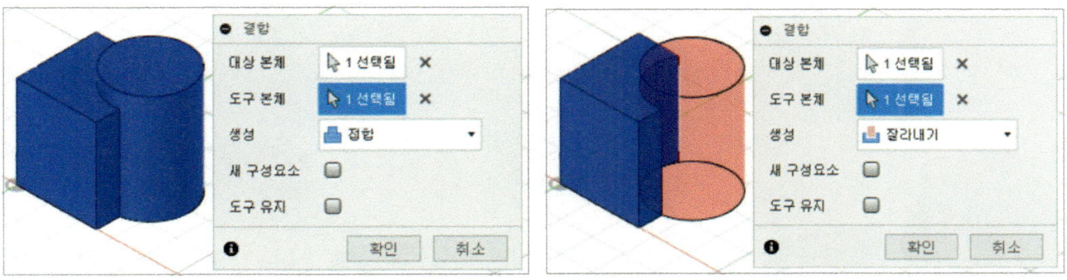

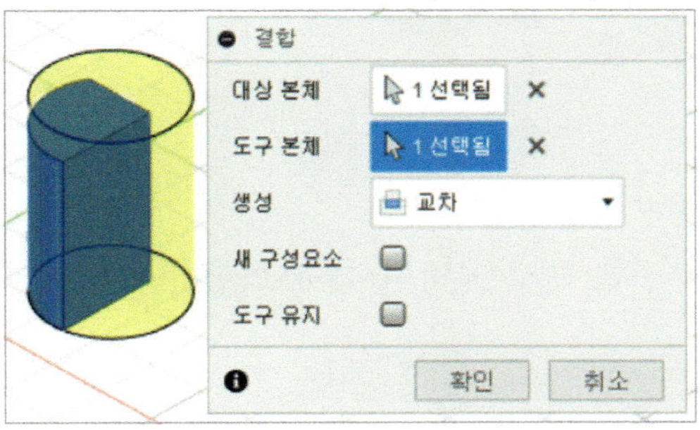

d) 새 구성요소 (New Component) - 결과물이 새로운 구성요소로 생성됨
e) 도구 유지 (Keep Tools) - 실행 후에도 Tool Bodies의 형태를 계속 유지

(8) 면 간격 띄우기 (Offset Face)

선택한 면을 일정한 간격으로 띄워서 수정할 수 있습니다.

a) 면 (Face) : 띄우기를 할 면을 선택
b) 거리 (Distance) : 띄우기 거리 입력

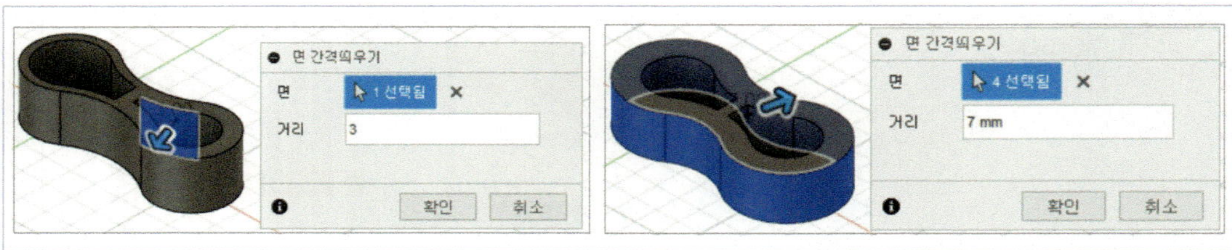

(9) 면 대체 (Replace Face)

선택한 면을 다른 면으로 대체합니다.

a) 원본 면 (Source Faces) : 수정 대상이 되는 면을 선택
b) 접선 체인 (Tangent Chain) : 선택 시 접선으로 연결된 면을 한 번에 선택
c) 대상 면 (Target Faces) : 대체하려는 면을 선택

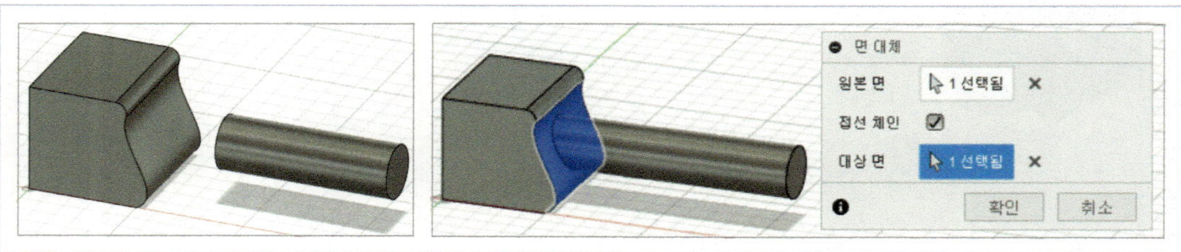

(10) 면 분할 (Spite Face)

선택한 면을 분할합니다. 선택 면(프로파일)이 분리됩니다.

a) 분할할 면 (Face to Split) : 분할 면을 선택
b) 분할 도구 (Splitting Tool) : 분할에 사용될 선, 면 등을 선택
c) 분할 유형 (Split Type) : 분할하는 유형을 선택

곡면으로 분할(Split with Surface) : 분할 도구에 수직 방향으로 분할선 생성
분할 도구 연장(Extend Splitting Tool) : 분할 도구로 지정한 객체를 연장 적용
벡터를 따라(Along Vector) : 투명 방향을 선택하여 분할선 생성
투영 방향(Project Direction) - 투영할 방향 선택
가장 가까운 점(Closest Point) : 가장 근접한 방향으로 투영

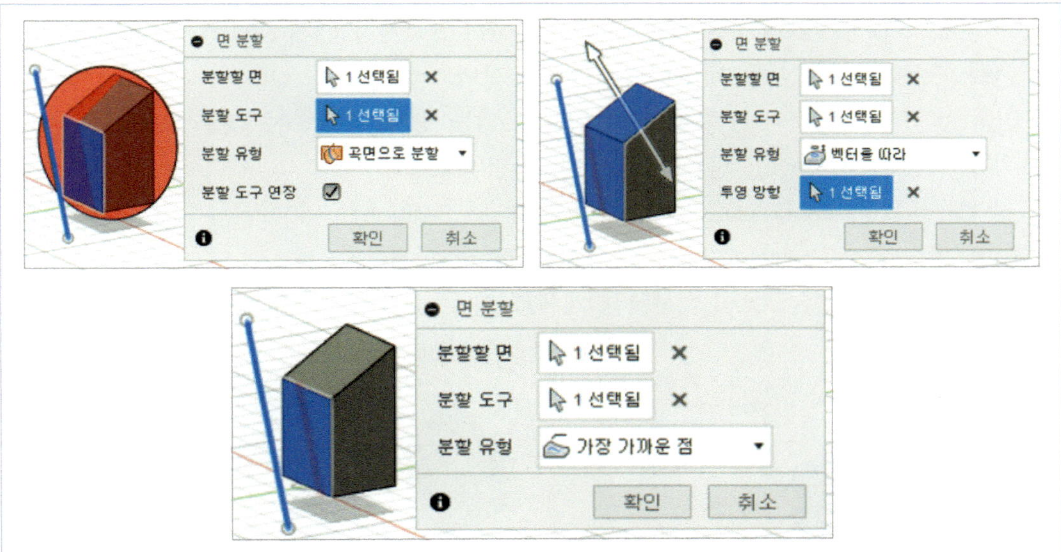

(11) 본체 분할 (Split Body)

선택한 본체를 분리합니다.
완료 후 본체가 여러 부분으로 나누어집니다. (본체 생성)

a) 분할할 본체 (Body to Split) : 분할할 본체 선택
b) 분할 도구 (Splitting Tool) : 분할에 사용될 선, 면 등을 선택
c) 분할 도구 연장 (Extend Splitting Tool) : 분할 도구로 지정한 객체를 연장 적용

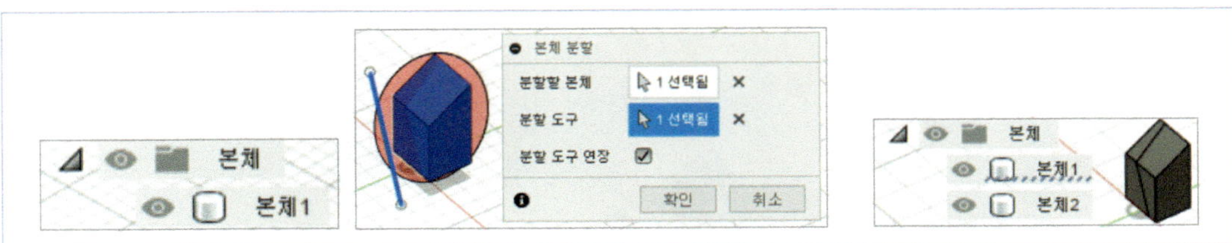

(12) 이동/복사 (Move/Copy)

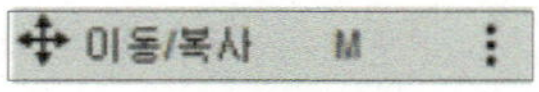

선택한 객체를 이동 및 복사를 합니다.
(적용하려는 본체를 검색기에서 선택 후 마우스 우클릭으로 실행해도 됩니다.)

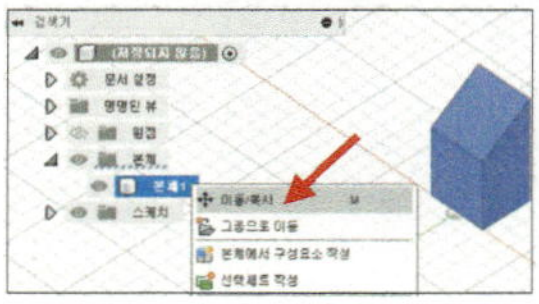

a) 객체 이동 (Move Object) : 이동할 객체 형식 선택
   구성요소(Components), 본체(Bodies), 면(Faces), 스케치 객체(Sketch Object)

b) 선택 (Selection) : 이동 및 복사할 객체를 선택

c) 이동 유형 (Move Type) : 이동 시 기준이 되는 방향, 회전, 점 등을 선택
   자유 이동(Free Move), 변환(Translate), 회전(Rotate)
   점 대 점(Point to Point), 점 대 위치(Point to Position)

d) 피벗 설정 (Set Pivot) : 자유 이동에서 원점 위치 재설정

e) 사본 저장 (Create Copy) : 선택한 개체를 이동 및 복제

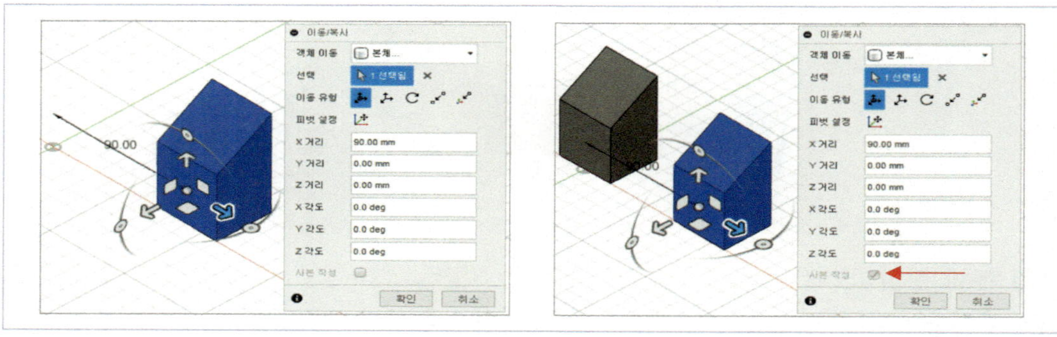

(13) 삭제 (Delete)

선택한 입체모형을 삭제합니다.

a) 도면요소 (Entities) : 삭제할 객체 선택.

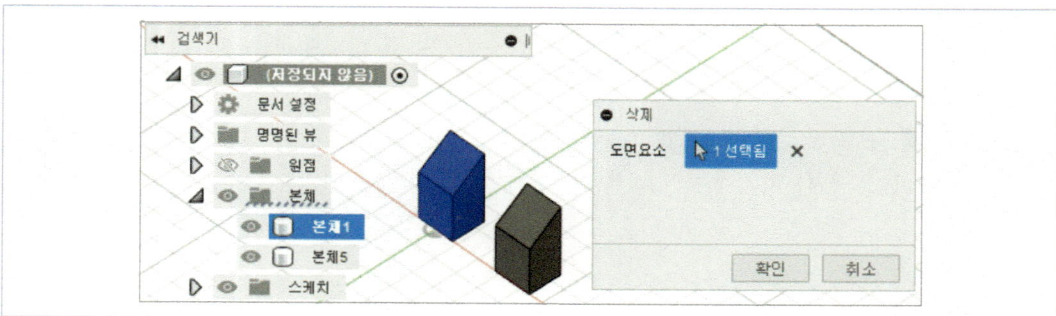

TIP

원하는 객체를 삭제할 때는 마우스 우클릭을 사용하여 실행하는 게 효율적입니다.

삭제하려는 객체 선택 ⇨ 마우스 우클릭 ⇨ 삭제 선택

(이동/복사도 같은 방법으로 진행하시면 됩니다.)

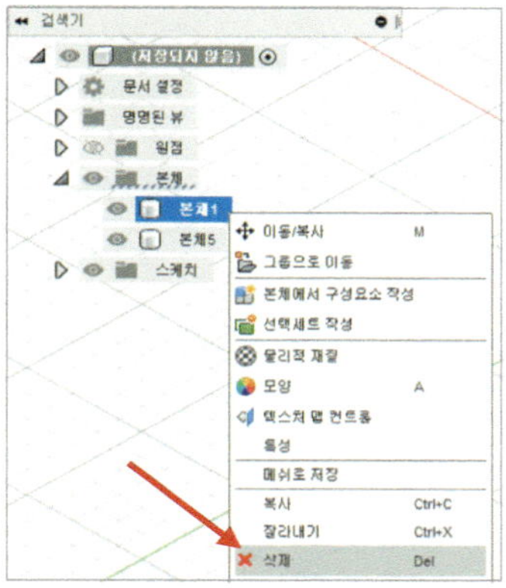

(14) 모양 (Appearance)

선택한 객체에 색상을 적용합니다.(엔지니어링 특성과는 연관성이 없습니다.)

a) 적용대상 (Apply To) : 적용대상의 형식 선택

본체/구성요소 (Bodies/Components) :

본체나 구성요소를 선택 (객체 전체에 적용)

면 (Faces) : 객체의 표면선택 (빨간색 화살표)

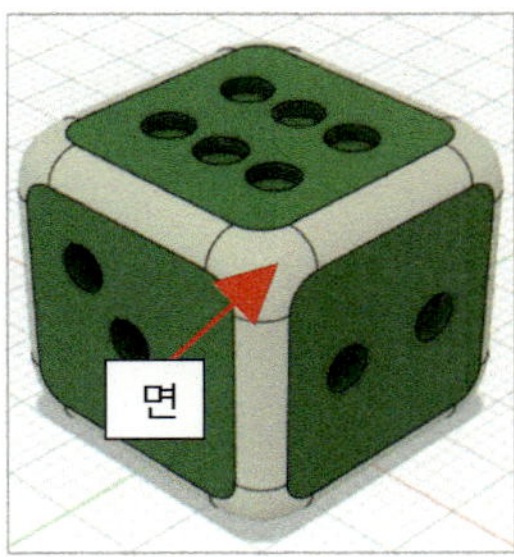

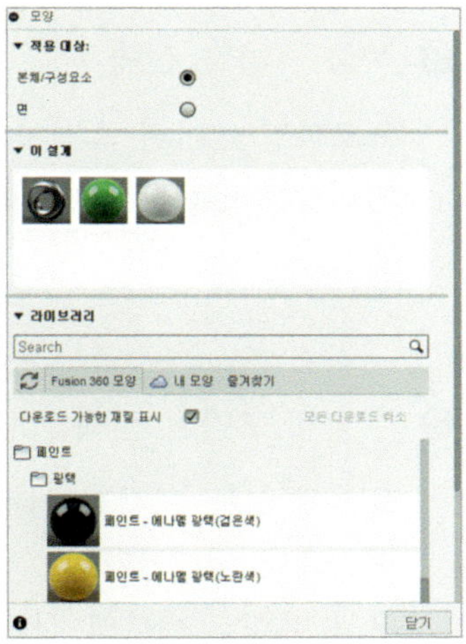

b) 이 설계(In This Design) : 적용 색상을 표시

c) 라이브러리 (Library) :

입체 모델링에 적용할 수 있는 다양한 색상을 선택할 수 있습니다.

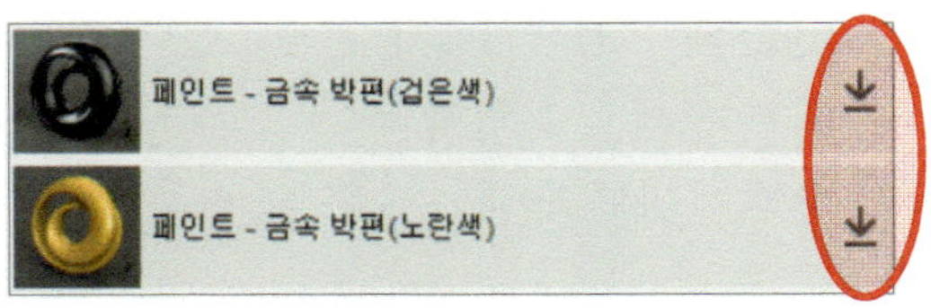

위 그림처럼 색상 우측에 화살표 표시가 있는 경우

: 화살표를 클릭하여 다운로드 후 사용할 수 있습니다.

연습문제 1-5

3D 모델링 연습문제 (주사위 만들기)

❶ 작성 / 스케치 작성 **선택**

작업면 : XY 평면

아래 그림과 같이 스케치 진행

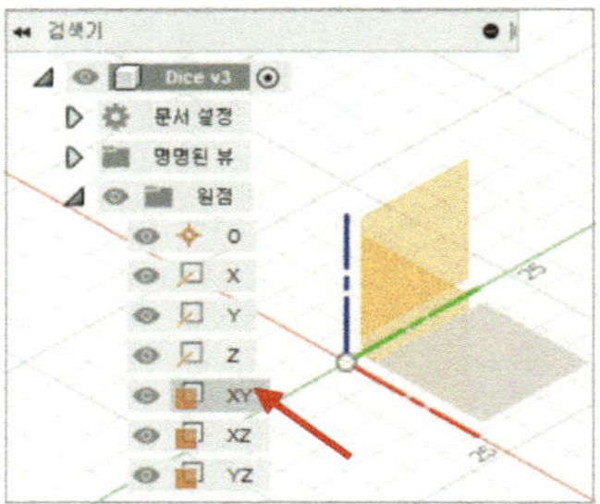

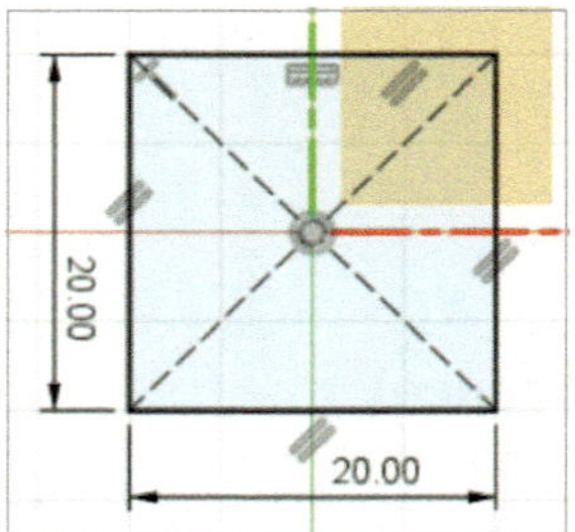

❷ 작성 / 돌출 **선택**

프로파일 : 이전 스케치의 프로파일 선택

거리 : 20mm (위 방향)

생성 : 새 본체

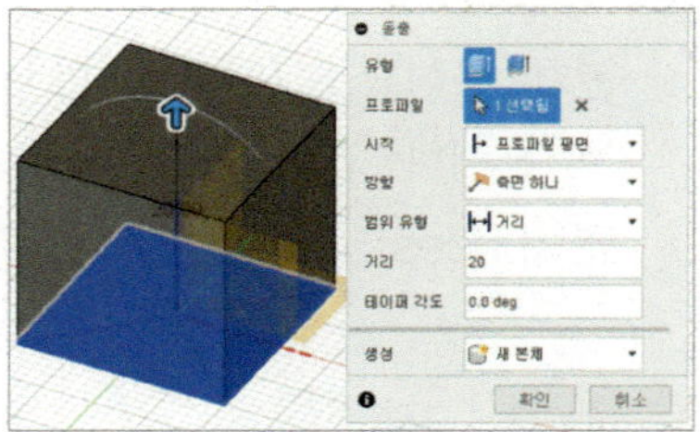

❸ 수정 / 모깎기 **선택**

육면체 모든 모서리 선택

반지름값 : 2 입력

구석 유형 : 세트백 선택

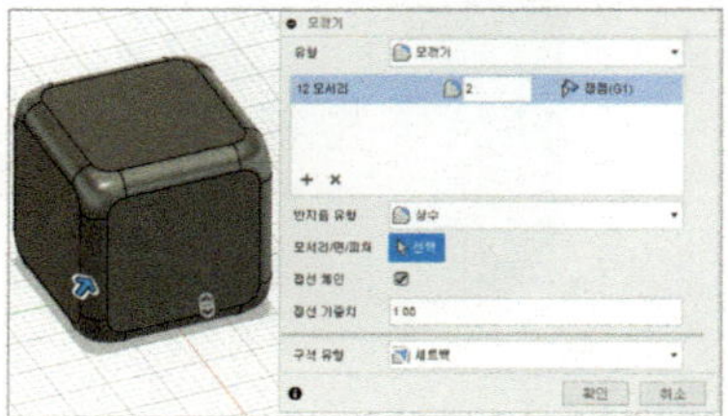

❹ 수정 / 쉘 **선택**

면/본체 : 검색기에서 본체1 선택

내부 두께 : 2 입력

방향 : 내부 선택

❺ 작성 / 스케치 작성 **선택**

작업면 : 하부 평면 선택
그림과 같이 스케치 진행

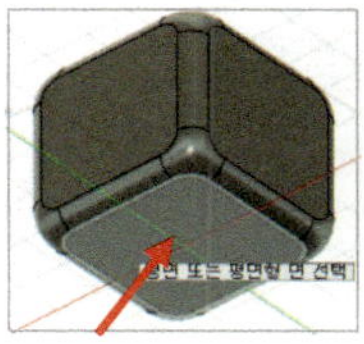

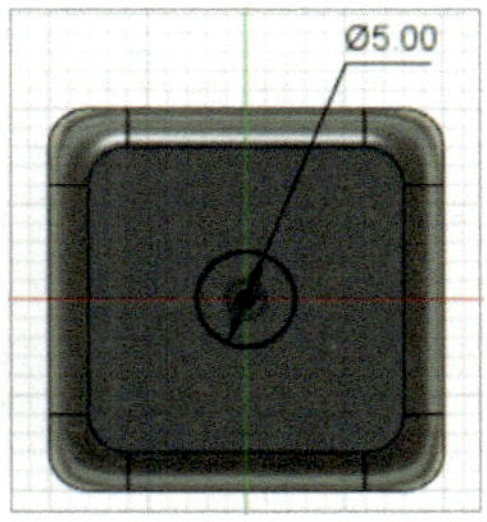

❻ 작성 / 돌출 **선택**

프로파일 : 이전 스케치의 프로파일 선택.
거리 : 충분한 거리 입력
(하단부만 관통되게… 내부방향)
생성 : 잘라내기

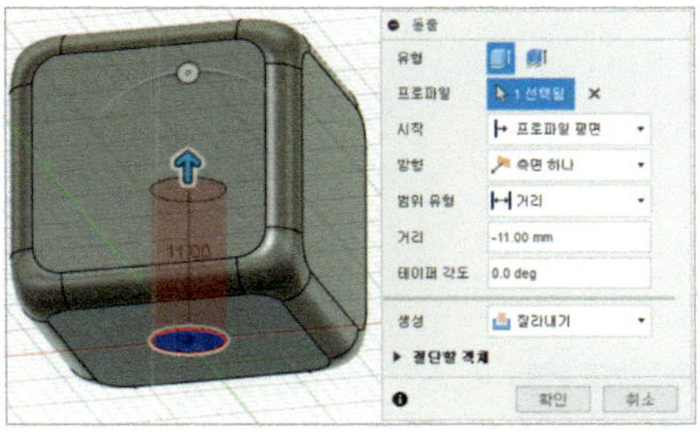

❼ 작성 / 스케치 작성 **선택**

작업면 : 상부 평면 선택
(이전 형상의 맞은편)
그림과 같이 스케치 진행

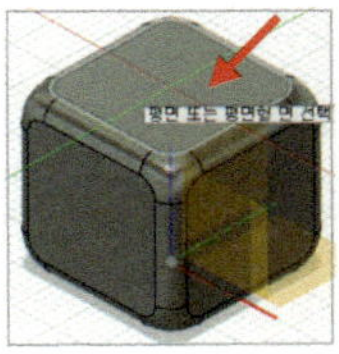

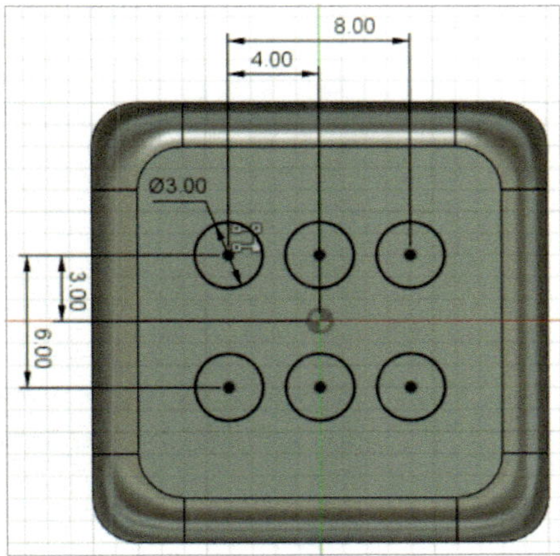

❽ 작성 / 돌출 **선택**

프로파일 : 이전 스케치의 프로파일 선택
거리 : -1 입력 (내부방향)
생성 : 잘라내기

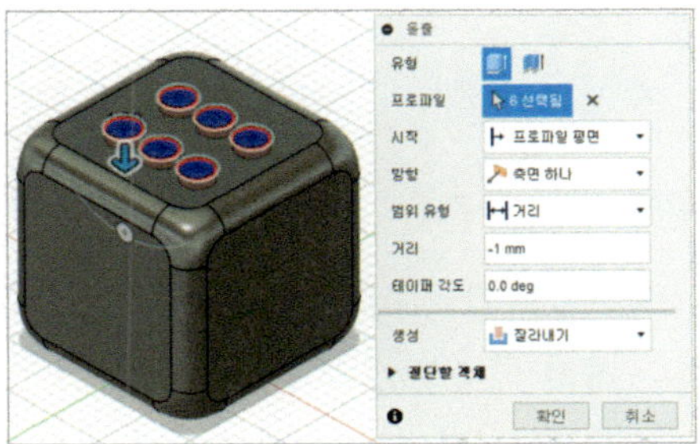

❾ 작성 / 스케치 작성 선택

작업면 : 전면부 평면 선택
그림과 같이 스케치 진행

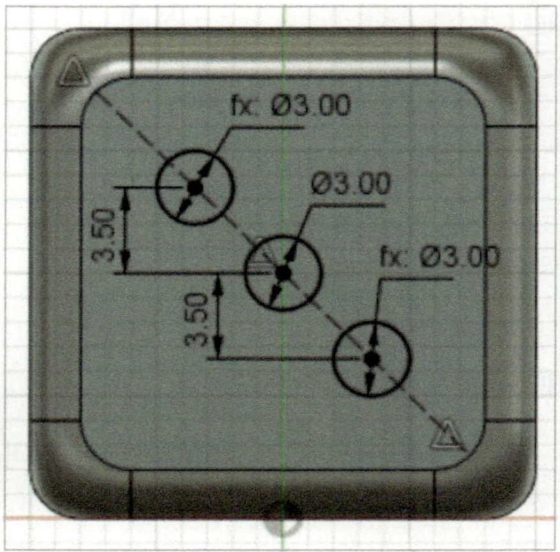

TIP

위 스케치 그림에서 fx라는 기호가 보입니다.
이렇게 스케치 작업에서 fx라는 문자가 보이게 되면 매개변수를 사용했다고 생각하면 됩니다.
(치수에 방정식을 추가하여 객체의 크기를 제어하는 방식, 컴퓨터가 자동 계산)

그림에서 위에 그려진 원의 치수를 더블클릭해 보면 d23이라는 문자가 나타납니다.
실제 d23은 중앙에 그려진 원의 치수 ∅3이 저장된 주소입니다.
결과적으로 위/아래에 그려진 원은 중앙 원의 크기와 동일하게 적용한다는 의미입니다.

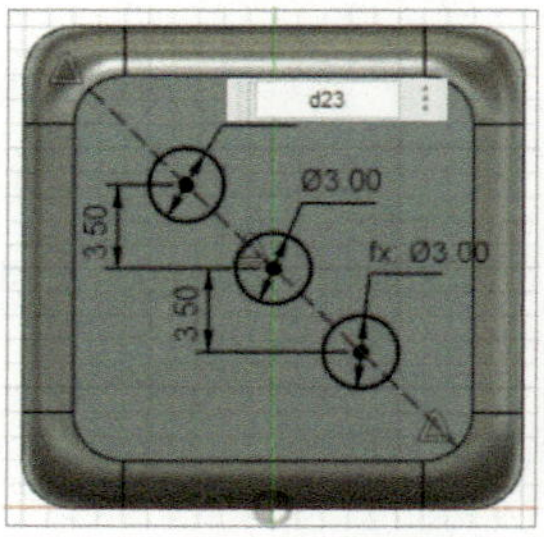

중앙 원의 크기를 변경하게 되면 자동으로 위/아래 그려진 원의 크기도 자동으로 변경됩니다.
다른 치수에도 동일하게 적용됩니다.

〈사용법〉
위/아래 원의 치수 입력 시 중앙 원의 치수를 선택하면 문자가 표시되면 Enter 키를 눌러 적용합니다. 그리고 치수 표시에 fx라는 문자를 표시합니다.

❿ 작성 / 돌출 선택

프로파일 : 이전 스케치의 프로파일 선택
거리 : 충분한 거리 입력
(전면부만 관통되게… 내부방향)
생성 : 잘라내기

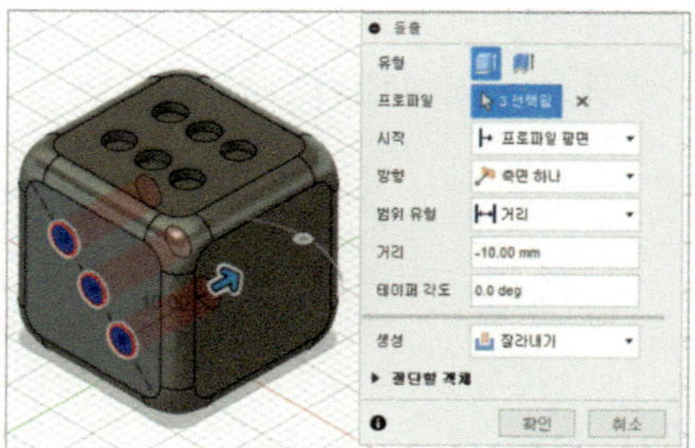

⓫ 작성 / 스케치 작성 **선택**

작업면 : 후면부 평면 선택
(이전 형상의 맞은편)

그림과 같이 스케치 진행

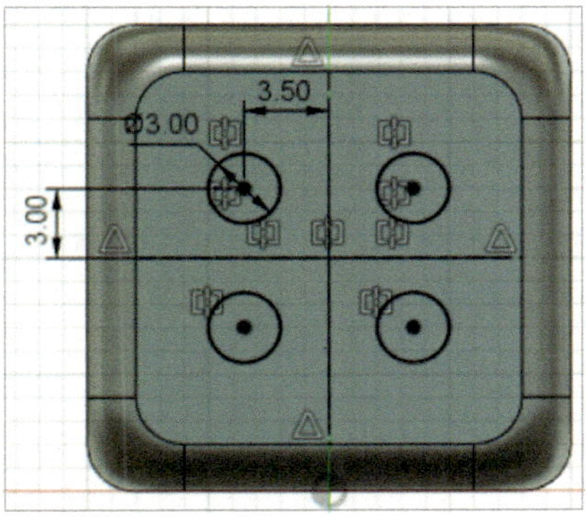

⓬ 작성 / 돌출 **선택**

프로파일 : 이전 스케치의 프로파일 선택

거리 : 충분한 거리 입력
(후면부만 관통되게… 내부방향)

생성 : 잘라내기

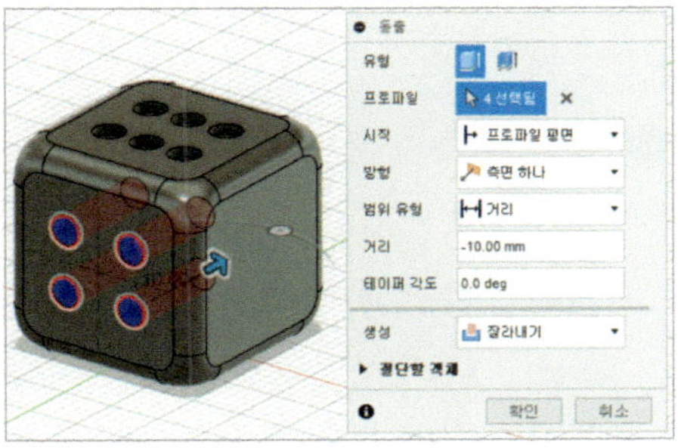

⓭ 작성 / 스케치 작성 **선택**

작업면 : 측면부 평면 선택

그림과 같이 스케치 진행

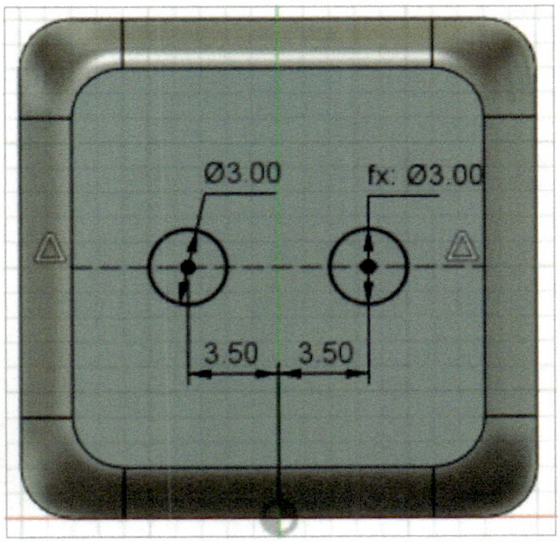

⓮ 작성 / 돌출 **선택**

프로파일 : 이전 스케치의 프로파일 선택

거리 : 충분한 거리 입력
(측면부만 관통되게… 내부방향)

생성 : 잘라내기

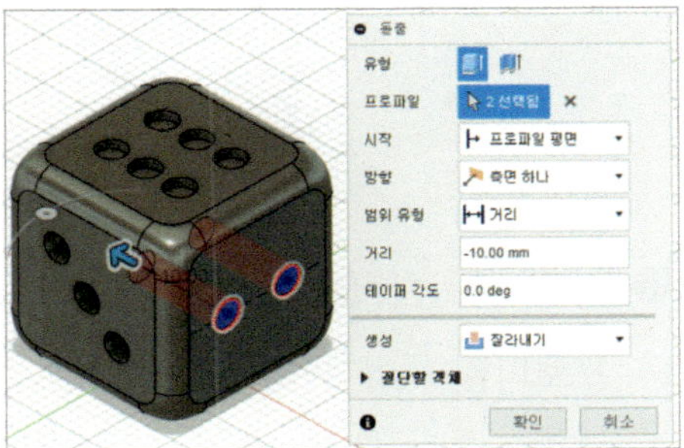

⓯ 작성 / 스케치 작성 **선택**

작업면 : 측면부 평면 선택
(이전 형상의 맞은편)
그림과 같이 스케치 진행

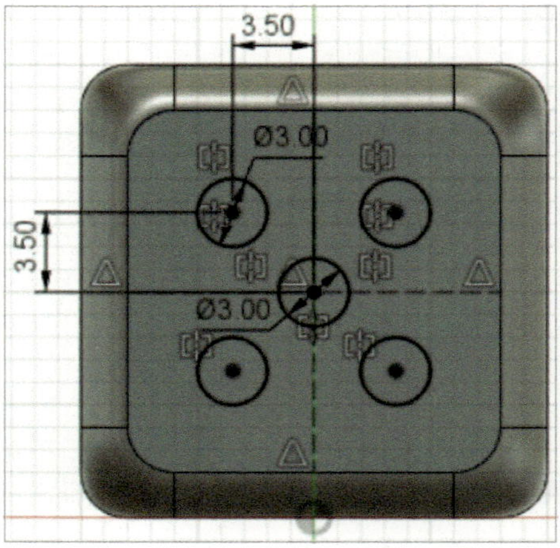

⓰ 작성 / 돌출 **선택**

프로파일 : 이전 스케치의 프로파일 선택
거리 : 충분한 거리 입력
(측면부만 관통되게… 내부방향)
생성 : 잘라내기

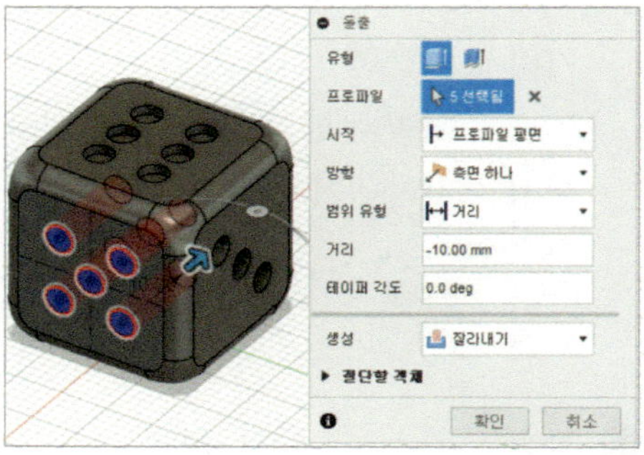

⓱ 작성 / 스케치 작성 **선택**

작업면 : XZ 평면
아래 그림과 같이 스케치 진행
(스케치 팔레트의 슬라이스 체크….)

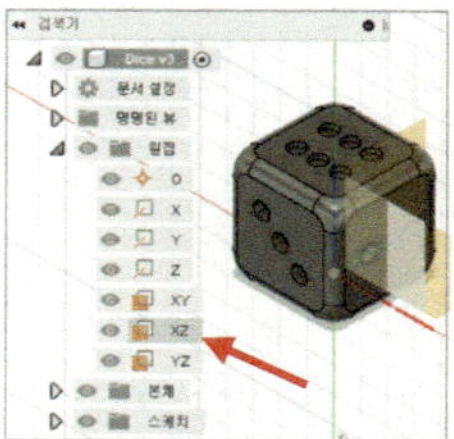

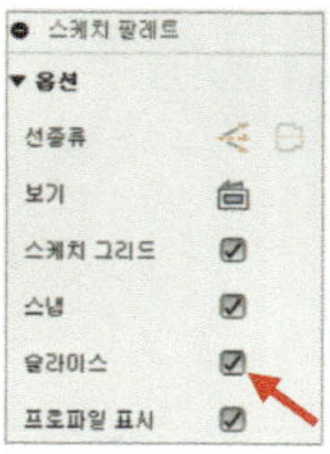

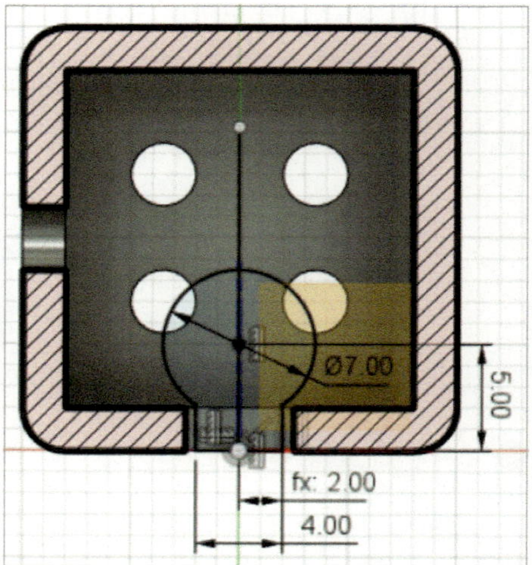

⓲ 작성 / 회전 **선택**

프로파일 : 이전 스케치에서 반 선택, 축 : Z축 또는 중심선 선택
유형 : 전체 선택, 생성 : 새 본체
방금 만들어진 스케치에서 프로파일이 본체1 내부에 있어서 선택하기가 어렵습니다.

그래서 이전에 만들어진 본체1을 잠시 감추기를 하면 방금 그린 스케치가 잘 나타나게 되어 원하는 프로파일을 선택하기가 쉬워집니다.

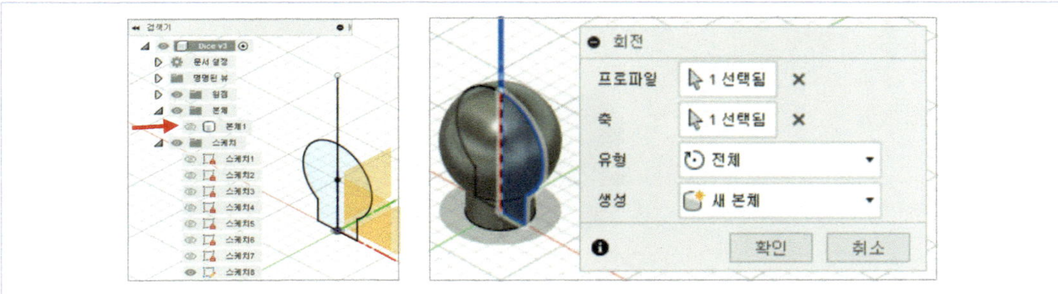

⑲ 수정 / 모따기 선택

모서리 선택
거리 값 : 1 입력
구석 유형 : 모따기

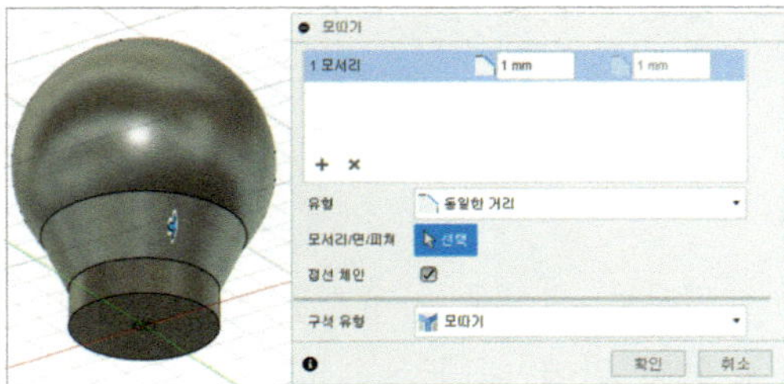

⑳ 수정 / 모따기 선택

내부 모서리 선택
거리 값 : 1 입력
구석 유형 : 모따기

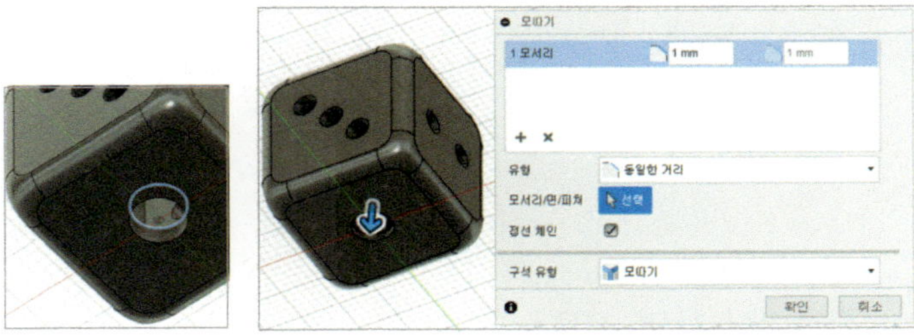

㉑ 검사 / 단면 분석 선택

절단면을 생성하여 안쪽 형상을 시각적으로 확인할 수 있습니다.
면 : YZ 평면

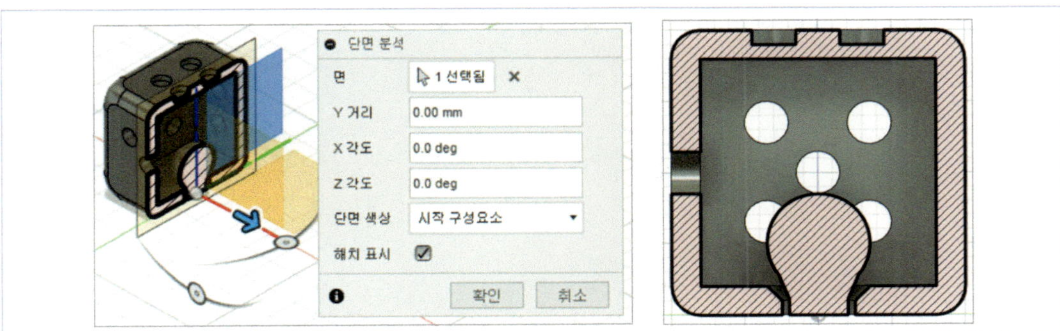

적용 후 검색기에 단면1이 만들어집니다.
필요에 따라 단면1 좌측에 있는 눈 모양 아이콘을 켜거나 꺼서 내부를 확인합니다.

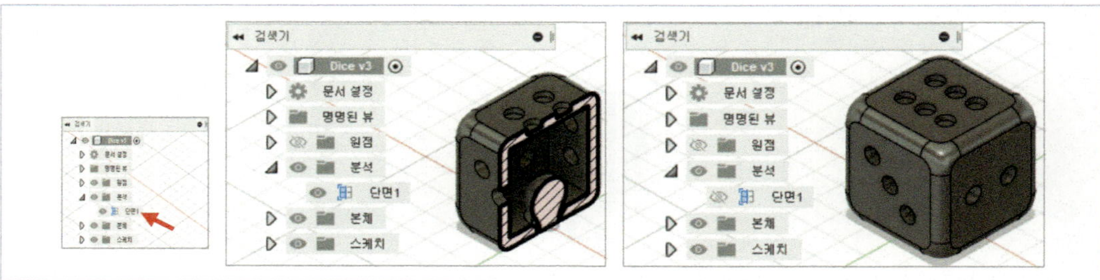

㉒ 수정 / 모양 선택

a) 적용대상 : 본체/구성요소 선택
⇨ 주사위 본체 선택

원하는 색상을 마우스로 드래그해서
형상 위에 내려놓습니다.

b) 적용대상 : 면 선택
⇨ 주사위 테두리 면 선택 (여러 번 선택해서 작업)
원하는 색상을 마우스로 드래그해서
면 위에 내려놓습니다.

최종 완성된 입체도형

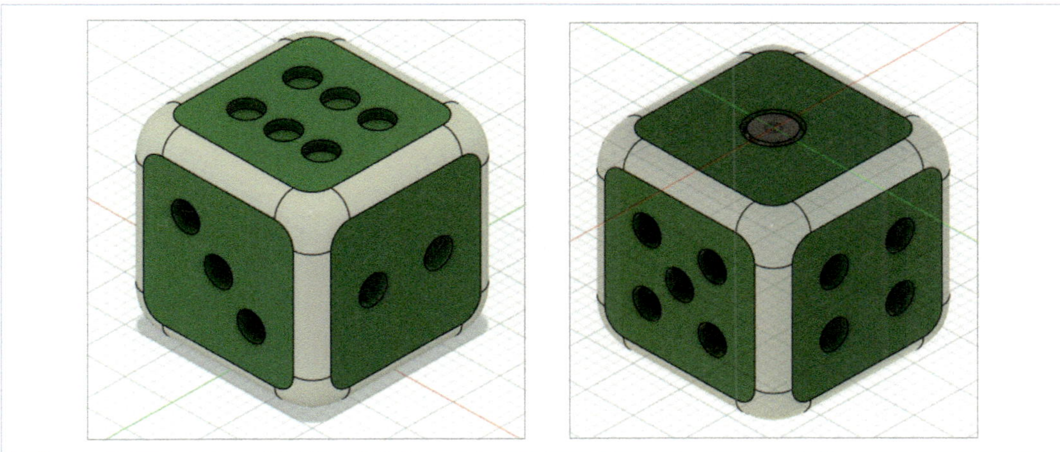

▌보급형 FDM 형식의 3D프린터로 출력 시 고려사항

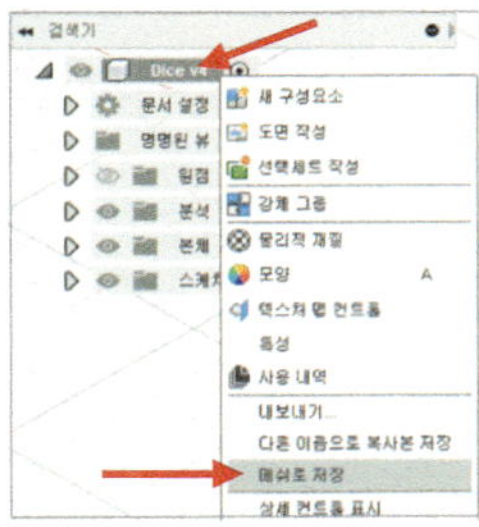

❶ STL 파일로 변환 (본체가 2개로 구성되어 있음)
최상위의 구성요소 선택 ⇨ 마우스 우클릭
⇨ 메쉬로 저장 선택

❷ 만들어진 STL 파일을 슬라이싱 프로그램으로 슬라이싱(G코드) 생성
슬라이싱 프로그램에서 옵션조건 선택에서...
a) 서포트 생성 없음(크기가 작아 출력 가능)
b) 빌드 플레이트 고정 유형 : 브림 선택

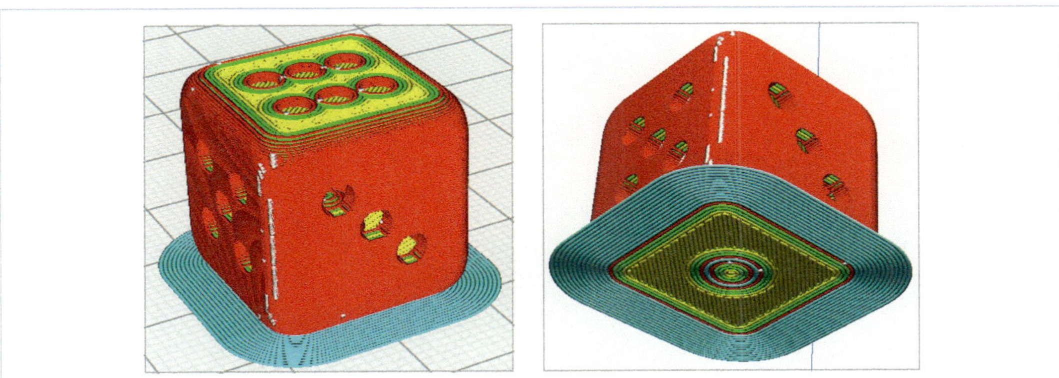

❸ 3D 프리터 출력 후 브림 부분 제거
특히 중앙의 볼 형상 부분은 가볍게 눌러서 안쪽으로 떨어지게 만듭니다.

이런 방식으로 하는 이유는

중앙 볼 형상 부분이 독립적으로 떨어져 있으므로 3D프린터 출력 시 노즐에 부딪혀 넘어질 수 있습니다.

그래서 **서로 브림으로 연결하면 3D프린터 출력 시 바닥에 고정이 잘 됩니다.**

3) 구성 (Construct) 메뉴

평면, 축, 점을 추가하여 모델링 작업의 편리성을 높여 줍니다.

(1) 평면 만들기(작업평면 만들기)

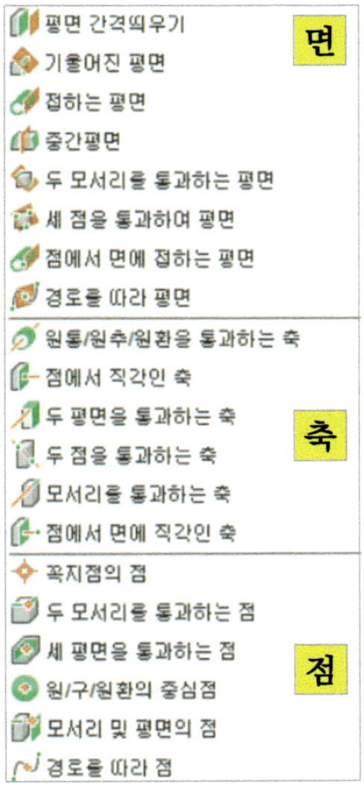

a) 평면 간격띄우기 (Offset Plane)

: 선택한 면에서 간격을 띄워 평행하게 평면이 생성

평면 (Plane) : 간격 띄우기를 할 평면 선택

범위 (Extent) : 생성 방식 선택

거리(Distance) : 떨어진 거리 입력 방식

객체로(To Object) : 선택 지점까지 생성 방식

거리 (Distance) : 떨어진 거리 입력

객체 (Object) : 생성하려는 지점(면, 점 등)을 선택

b) 기울어진 평면 (Plane at angle)

: 선택한 선을 지나고 각이 있는 평면 생성

선 (Line) : 모서리, 축, 직선 등을 선택

각도 (Angle) : 기울어진 각도 입력

c) 접하는 평면 (Tangent Plane)

: 원통 형상에 접하는 평면 생성

면 (Face) : 원통 형상의 측면(곡면) 선택

참조 평면 (Reference Plane)

: 각도의 기준이 될 참조 평면 선택

각도 (Angle) : 회전 각도 입력

d) 중간평면 (Midplane)

: 선택한 2개의 면에서 중간에 평면 생성

평면 (Planes) : 2개의 평면을 선택

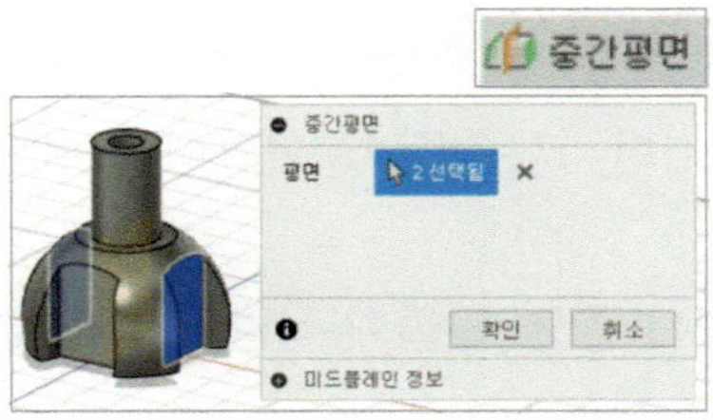

e) 두 모서리를 통과하는 평면

(Plane Through Two Edges)

: 2개의 모서리를 지나는 평면 생성

선 (Lines) : 2개의 모서리(직선) 선택

f) 세 점을 통과하는 평면

(Plane Through Three Points)

: 3점을 지나는 평면 생성

꼭지점(Vertices) : 3개의 정점 선택

g) 점에서 면에 접하는 평면

(Plane Tangent to Face Points)

: 곡면 위에 임의 점을 지나는 평면 생성

곡면 밖의 임의 점일 때 – 점에 수직인 평면 생성(곡면 위에 평면 생성)

면 및 점 (Face and Point) : 면과 점을 선택

h) 경로를 따라가는 평면 (Plane Along Path)

: 경로를 따라서 평면 생성(경로에 직각)

경로 (Path) : 참조할 경로 선택

거리형식 (Distance Type)

비율(Proportional) : 0~1 사이, 물리적(Physical) : 거리 입력

거리 (Distance) : 거리값 입력

(2) 축 만들기(새로운 축 만들기)

a) 원통/원추/원환을 통과하는 축

(Axis Through Cylinder/Cone/Torus)

: 원통, 원뿔, 원환 형상의 중심축 생성

면(Face) : 축을 생성할 면 선택

b) 점에서 직각인 축

(Axis Perpendicular at Point)

: 선택한 점에서 직각 축 생성

면(Face) : 축을 생성할 면 선택.

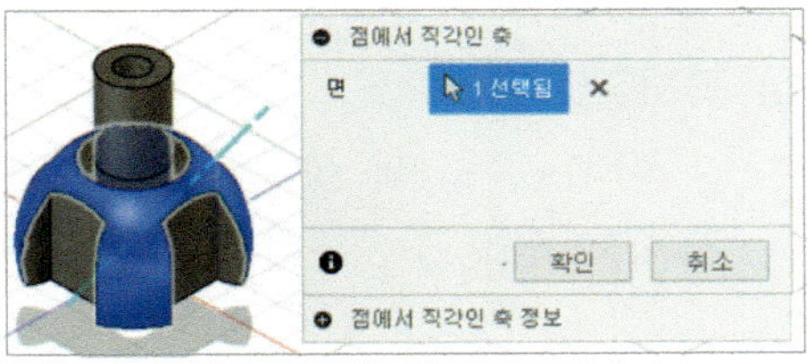

c) 두 평면을 통과하는 축

(Axis Through Two Plane)

: 두 평면을 지나는 축 생성

평면(Planes) : 2개의 평면 선택

d) 두 점을 통과하는 축

(Axis Through Two Point)

: 두 점을 지나는 축 생성

꼭지점(Vertices) : 2개의 모서리 선택.

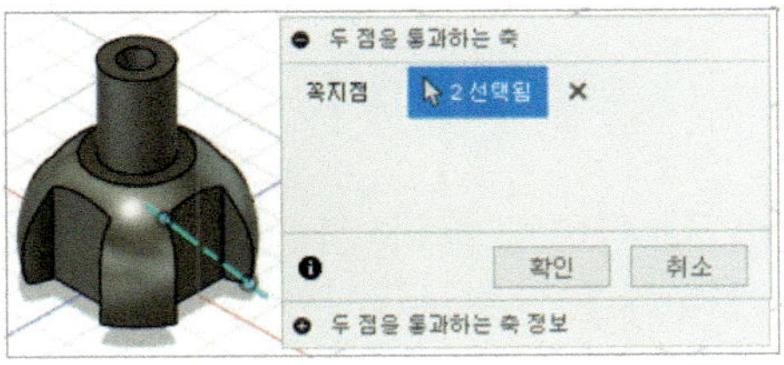

e) 모서리를 통과하는 축

(Axis Through Edge)

: 모서리를 지나는 축 생성

선(Line) : 모서리 선택 (곡선은 안됨)

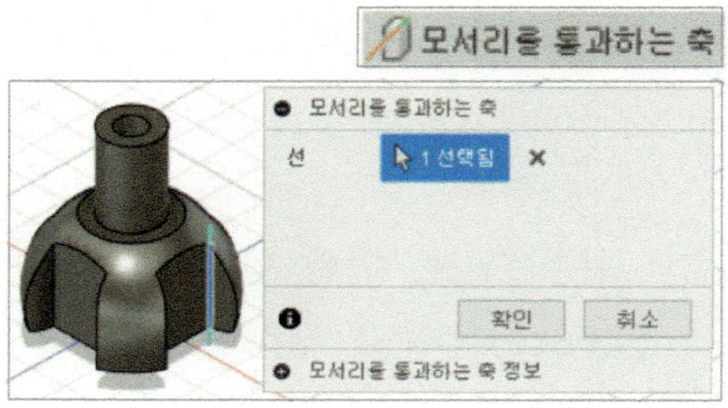

f) 점에서 면에 직각인 축

(Axis Perpendicular To Face Point)

: 선택한 면에 수직이고 점을 지나는 축 생성

면 및 점(Face and Point) : 면과 점을 선택

(3) 점 만들기(새로운 점 만들기)

a) 꼭지점의 점 (Point at Vertex)

: 선택된 꼭지에 점을 생성

꼭지점(Vertex) : 꼭지점(모서리) 선택

b) 두 모서리를 통과하는 점

(Point Through Two Edges)

: 두 모서리가 만나는 점에서 생성

선(Lines) : 2개의 모서리 선택

c) 세 평면을 통과 점

(Point Through Three Planes)

: 3개 평면이 통과하는 점 생성

평면(Planes) : 평면 3개 선택

d) 원/구/원환의 중심점

(Point at Center of Circle/Sphere/Torus)

: 원, 구, 원환의 중심점 생성

면/모서리(Face/Edge) : 면이나 모서리 선택

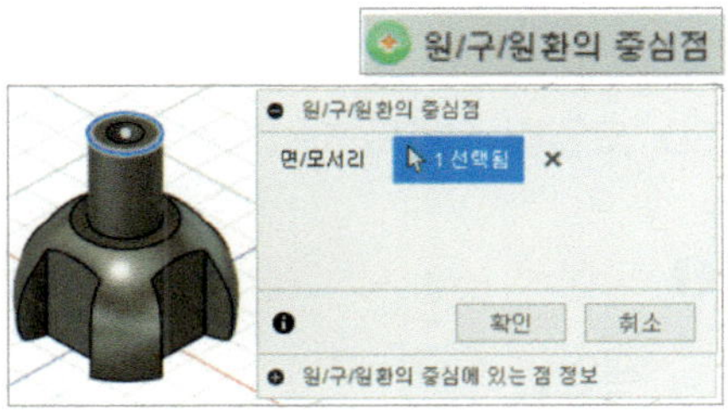

e) 모서리 및 평면의 점

(Point at Edge and Plane)

: 모서리와 면이 만나는 지점에 생성

선 및 평면(Line and Plane)

: 모서리와 평면 선택.

f) 경로를 따라 점 (Point Along Path)

: 경로 위에 점 생성

경로(Path) : 모서리나 선 선택.

접선 체인(Tangent Chain) : 선택 시 접선으로 연결된 선을 한 번에 선택

거리형식 (Distance Type)

비율(Proportional) : 0~1 사이, 물리적(Physical) : 거리 입력

거리(Distance) : 거리 값 입력

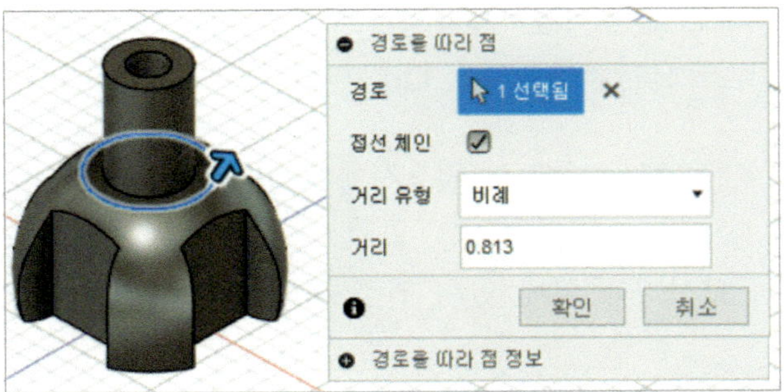

연습문제 1-6

3D 모델링 연습문제 (찻잔 만들기)

❶ 작성 / 스케치 작성 **선택**

작업면 : XY 평면

아래 그림과 같이 스케치 진행

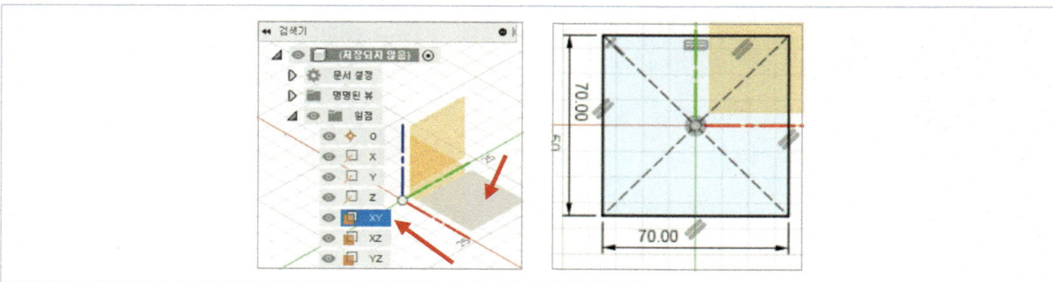

❷ 구성 / 평면 간격 띄우기 **선택**

평면 : XY 평면 선택

거리 : 120 입력

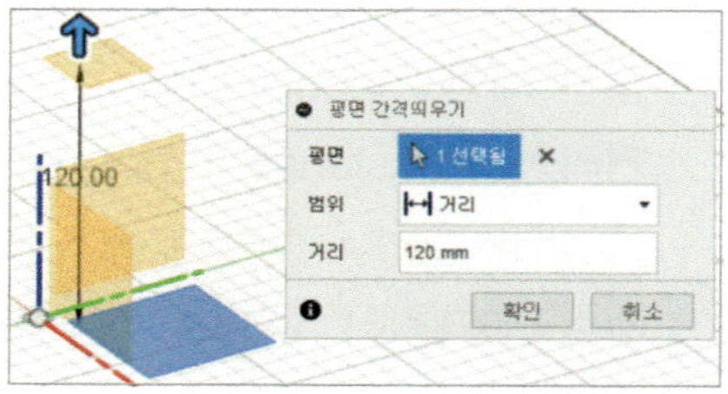

❸ 작성 / 스케치 작성 **선택**

작업면 : 이전에 새로 만든 평면 선택

아래 그림과 같이 스케치 진행 (지름 120, 원의 사분점에 점 4개 생성)

스케치 팔레트 / 3D 스케치 체크 (필요시에만 선택해서 사용)

작성 / 선 선택

아래 사각형의 모서리와 위에 있는 원주 위의 점을 그림처럼 각각 연결합니다.

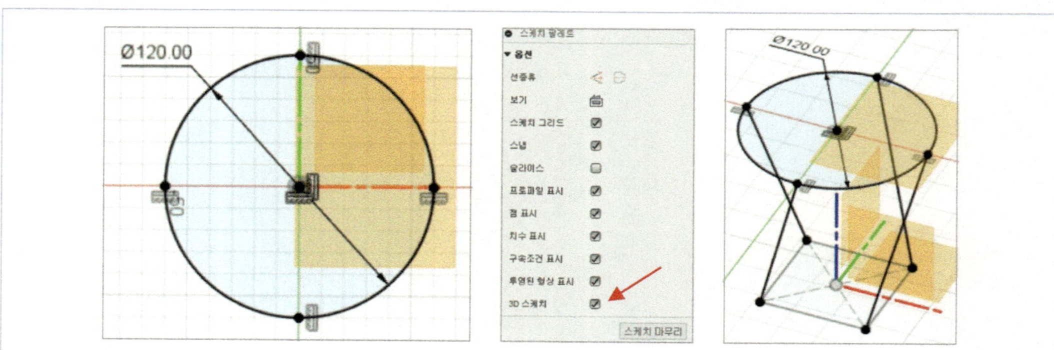

❹ 작성 / 로프트 **선택**

프로파일 : 아래 사각형과 위 원형 선택
안내 유형 : 레일
레일 : 위와 아래를 연결하는 4개의 직선 선택
생성 : 새 본체

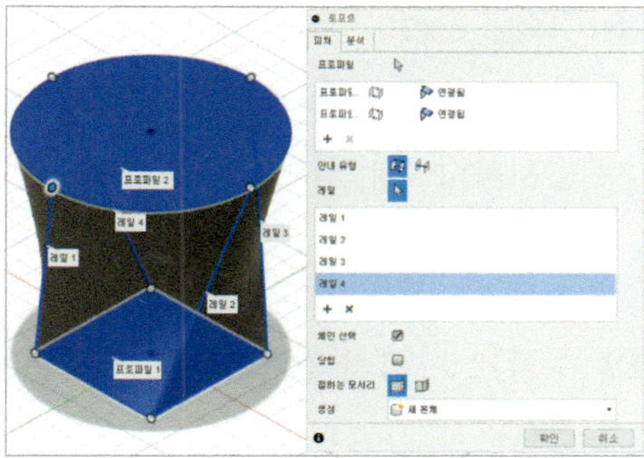

❺ 수정 / 쉘 **선택**

면/본체 : 윗면 선택
내부 두께 : 2 입력
방향 : 내부

❻ 작성 / 스케치 작성 **선택 (찻잔 받침 접시 부분)**

작업면 : XZ 평면 선택
아래 그림과 같이 스케치 진행 (우측 부분의 반만 그립니다.)

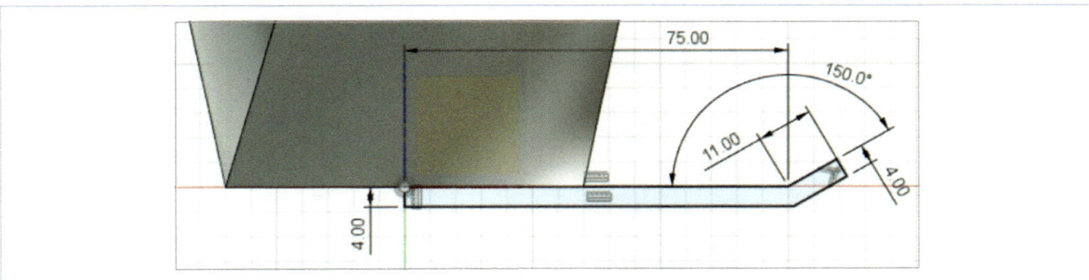

❼ 작성 / 회전 **선택**

프로파일 : 이전 스케치 프로파일 선택
축 : Y축
유형 : 전체 (또는 360도)
생성 : 새 본체

❽ 수정 / 모깎기 선택 (찻잔 받침 접시에서…)

날카로운 모서리 선택(4개소)

반지름값 : 1 입력

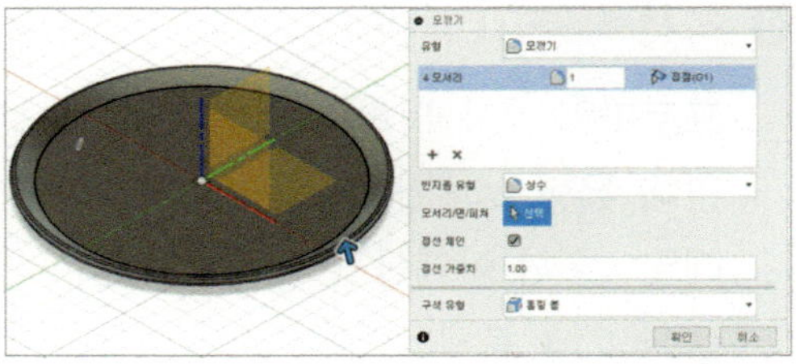

❾ 수정 / 모깎기 선택 (찻잔 윗부분에서….)

윗부분의 날카로운 모서리 선택

반지름값 : 0.5 입력

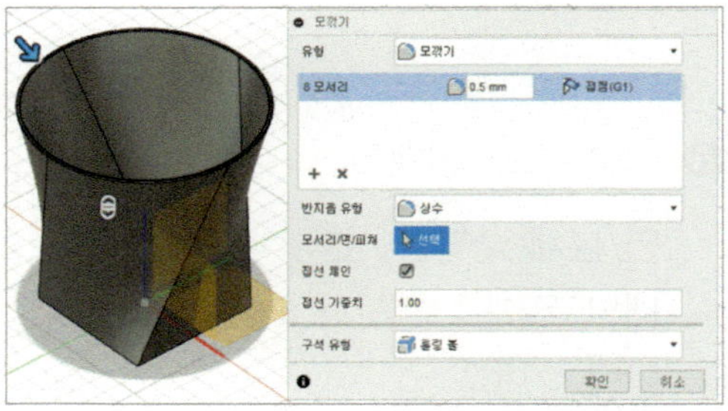

❿ 작성 / 스케치 작성 선택 (손잡이 부분)

작업면 : XZ 평면 선택

그림과 같이 스케치 진행

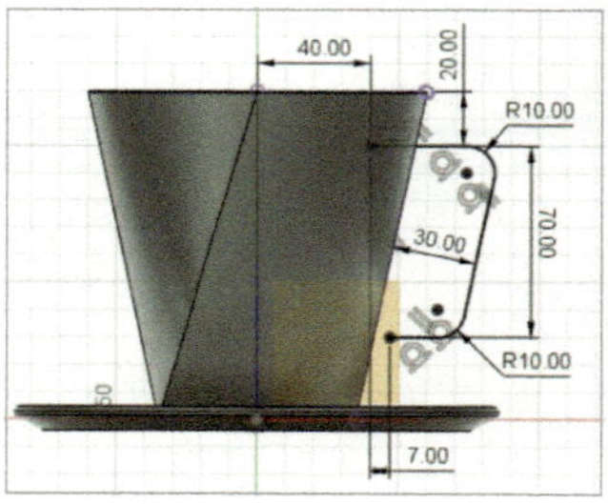

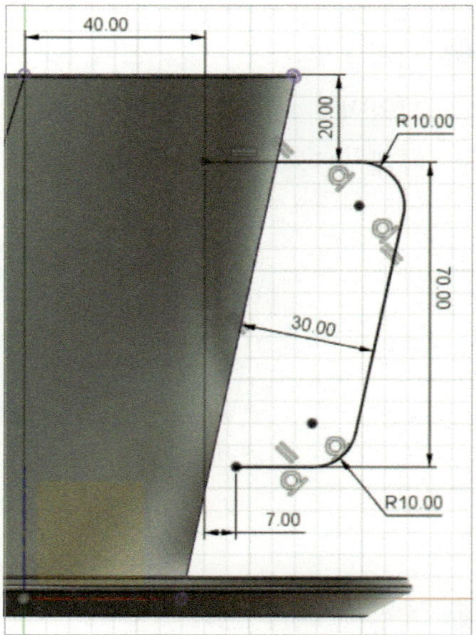

⓫ 구성 / 경로를 따라 평면 선택 (같은 방법으로 2번 실행)

경로 : 이전 스케치 형상 선택

거리 유형 : 비례

거리 : 0, 거리 : 1

(손잡이 경로를 따라 위와 아래에 각각 평면을 추가합니다.)

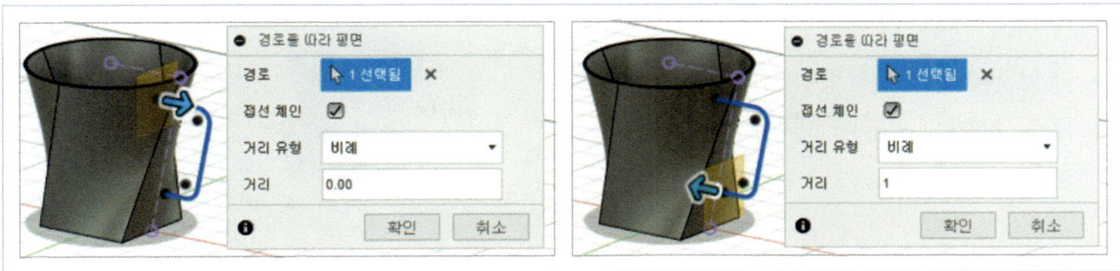

⑫ 작성 / 스케치 작성 선택 (손잡이 윗부분)

작업면 : 전에 만든 평면에서 위쪽 평면 선택
그림과 같이 스케치 진행 (타원형)

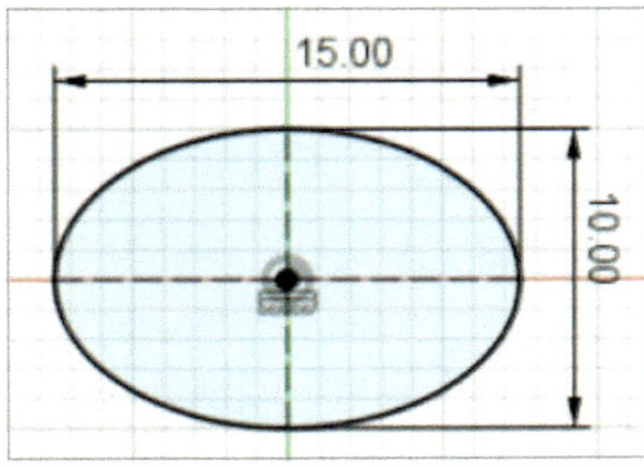

⑬ 작성 / 스케치 작성 선택 (손잡이 아랫부분)

작업면 : 전에 만든 평면에서 아래쪽 평면 선택
그림과 같이 스케치 진행 (사각형)

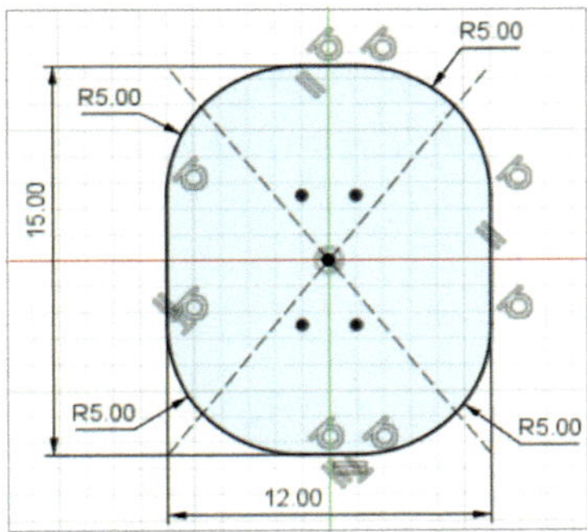

⑭ 작성 / 로프트 선택

프로파일 : 위/아래 추가 평면에 만든 2개의
　　　　　프로파일 선택
안내 유형 : 중심선 선택
중심선 : 손잡이 부분의 스케치 선택
생성 : 새 본체

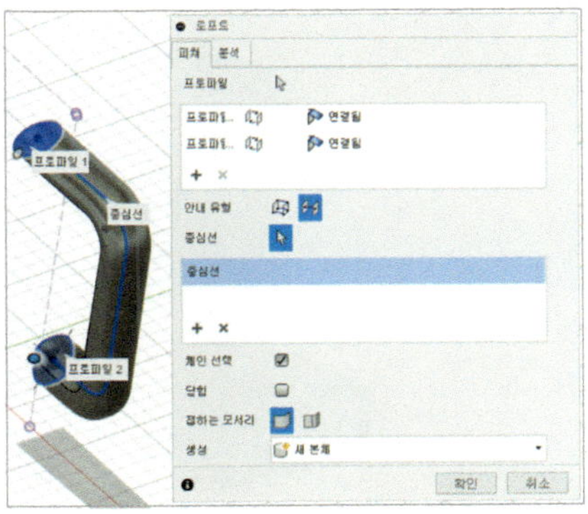

⓯ 수정 / 결합 선택

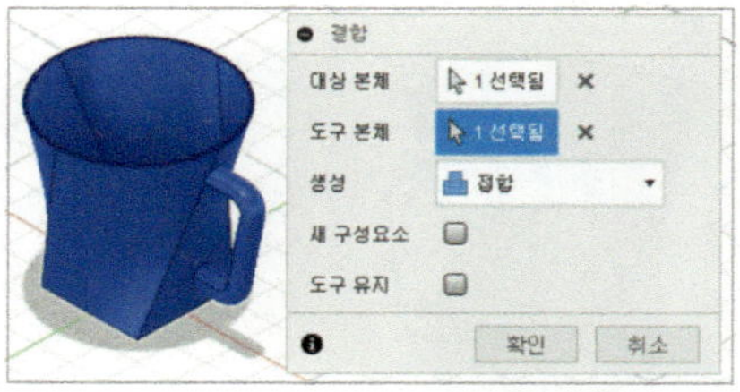

대상 본체 : 찻잔 형상 선택
도수 본체 : 손잡이 형상 선택
생성 : 결합

⓰ 수정 / 면 대체 선택

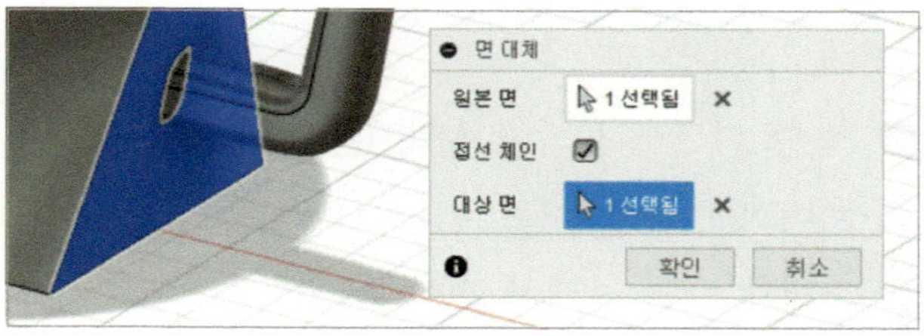

(손잡이 아랫부분 면을 컵의 표면까지 연장합니다.)
원본 면 : 손잡이 아랫면
대상 면 : 컵의 표면

⓱ 수정 / 삭제 선택

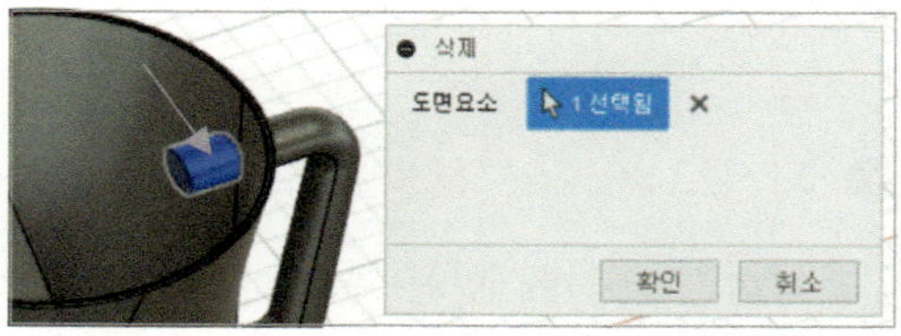

(손잡이 윗부분의 돌출된 형상을 삭제합니다.)
도면요소 : 내부에 돌출된 면 선택

⓲ 수정 / 모깎기 선택 (손잡이와 연결된 모서리 부분을 둥글게 만듭니다.)

모서리 : 손잡이 연결부 (위/아래) 모서리 선택
반지름값 : 3 입력

4) 조립 (Assemble) 메뉴

여러 부품을 조립하는 메뉴로 구성되어 있습니다.
조립의 대상 : 구성요소(Component) 단위로 선택됨

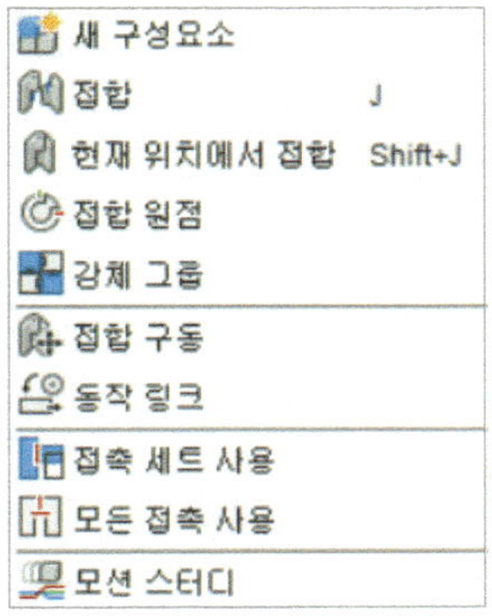

(1) 새 구성요소 (New Component)

새로운 구성요소를 만듭니다. (이전 설명 참조)

(2) 접합 (Joint)

서로 떨어져 있는 부품을 조립합니다.

● 위치 (Position)

a) 구성요소 1(Component 1) : 움직임이 있는 구성요소 선택
  모드 (Mode) : 접합 원점 유형 선택
  단순(Simple) : 면이나 모서리에 접합 원점 설정
  두 면 사이(Between Two Faces) : 선택한 두면 사이에 접합 원점 설정
  두 모서리 교차(Two Edge Intersection) : 선택한 두 모서리의 교차점에 설정
  스냅 (Snap) : 접합 원점이 위치되는 객체 선택

b) 구성요소 2(Component 2) : 상대 구성요소 선택, 세부내용은 동일

c) 접합 정렬(Joint Alignment) : 접합 원점의 세부 위치 설정

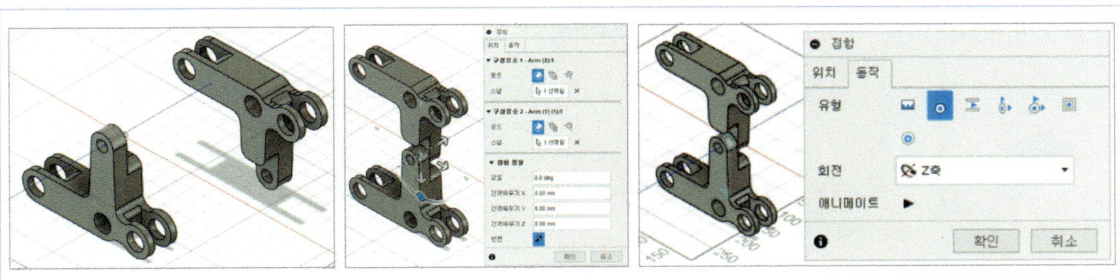

● 동작 (Position) : 움직이는 형태를 선택

a) 유형 (Type) : 목적에 맞는 움직임 형식을 선택

b) 회전, 슬라이드, 축, 일반 등 : 유형에 따라 항목이 변경되며 세부 축(방향)을 선택하여 움직임 방향과 일치하는 항목을 선택

c) 애니메이트 (Animate) : 움직임을 확인해 볼 수 있음

〈 접합 유형 〉

	유형	설명	모션 허용
	엄격한	구성요소를 함께 잠급니다. 모든 자유도를 제거합니다.	없음
	레볼루트	구성요소가 조인트 원점을 중심으로 회전합니다.	1회전
	슬라이더	구성 요소가 단일 축을 따라 이동합니다.	1 번역
	원통형	구성 요소가 단일 축을 따라 회전하고 이동합니다.	1 번역 1 회전
	핀 슬롯	구성 요소는 한 축을 중심으로 회전하고 다른 축을 따라 이동합니다.	1 번역 1 회전
	평면	구성 요소가 두 축을 따라 이동하고 단일 축을 중심으로 회전합니다.	2 번역 1 회전
	공	구성 요소는 짐벌 시스템을 사용하여 3개의 축 모두를 중심으로 회전합니다(3개의 중첩 회전).	3회전

(3) 현재 위치에서 접합 (As-built Joint)

위치이동 없이 현 위치에서 구성요소들을 조립합니다.
우선 조립되는 두 개의 구성요소(Component)가 정위치(조립 위치)에 모델링되어 있어야 합니다.
그런 다음 구성요소(Component)와 동작(Motion)을 선택합니다.
아래 그림은 Arm이 Arm(1)에 조립되어 회전운동을 하게 됩니다.
접합 유형(Joint Type)을 회전(Revolute)로 선택하고 스냅(Snap)을 원의 중심을 선택하면 됩니다.

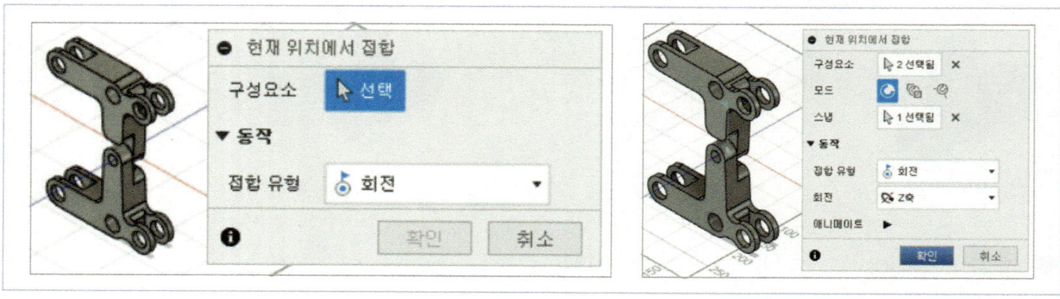

(4) 접합 원점 (Joint Origin)

구성요소에서 조립될 위치(연결점)를 지정합니다.
각 구성요소에 개별적으로 접합 원점을 미리 지정할 때 사용합니다.

a) 모드 (Mode) : 접합 원점 유형 선택

단순(Simple) : 면이나 모서리에 접합 원점 설정

두 면 사이(Between Two Faces) : 선택한 두면 사이에 접합 원점 설정

두 모서리 교차(Two Edge Intersection) : 선택한 두 모서리의 교차점에 설정

b) 스냅 (Snap) : 접합 원점이 위치되는 객체 선택

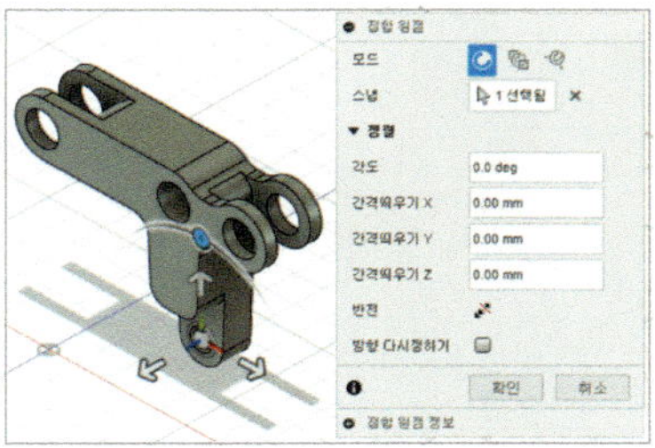

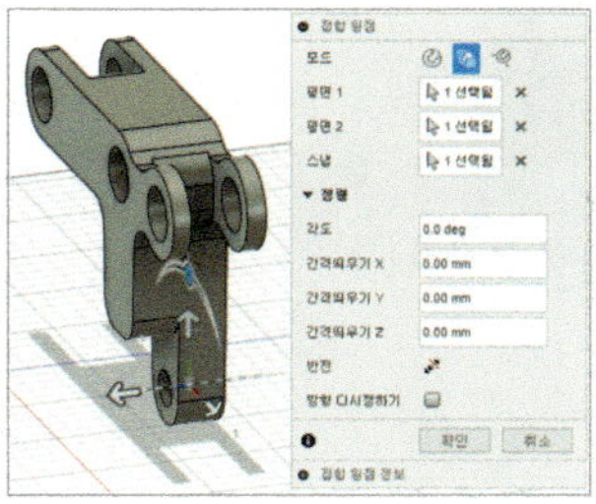

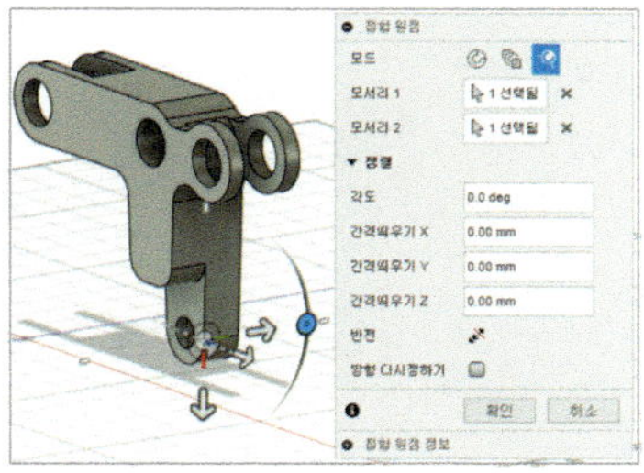

(5) 강제 그룹 (Rigid Group)

그룹으로 묶어 단일 객체로 취급되게 합니다.

일반적으로 서로 단단히 고정되는 부품들에 적용합니다. (상호 움직임 없음)

그림과 같이 선택된 두 개의 부품은 서로 단단히 고정되어 그룹화됩니다.

a) 구성요소 (Component) : 그룹화될 구성요소 선택

b) 하위 구성요소 포함 (Include Child Components) :

체크 표시가 있으면 선택된 구성요소 하위 그룹은 강제 그룹에 종속됩니다.

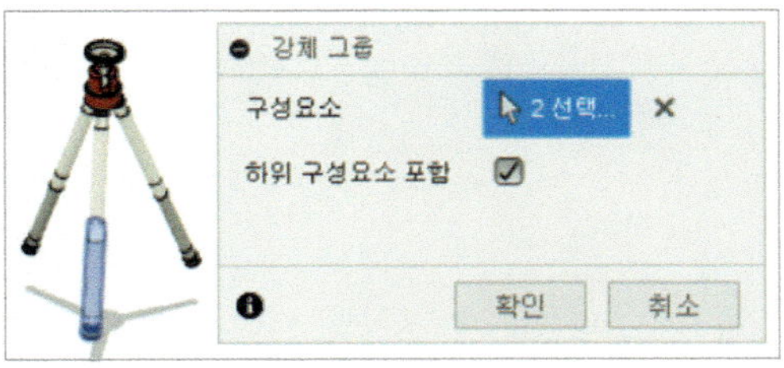

(6) 접합 구동 (Drive Joint)

접합 기호를 선택하여 거리 및 각도 등을 입력하여 움직임을 확인해 볼 수 있습니다.

입력된 지정 위치에서 3D모델링 상태를 확인할 수 있습니다.

(각각의 접합조건이 상호 유기적으로 작용하여 3D모델링에 변화를 줍니다.)

a) 접합 입력 (Joint Input) : 적용된 접합 기호 선택
b) 회전(Rotation), 거리(Distance) 등 : 접합 유형에 따라 설정값 입력

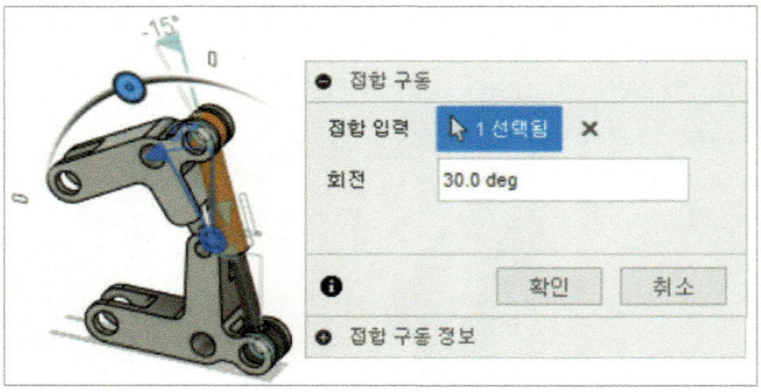

TIP

위치이동이 되면 화면 오른쪽 위에 그림과 같은 아이콘이 나타나게 됩니다.
변경된 위치로 지정할 건지 아니면 원위치로 돌아갈 건지 선택합니다.

위치 캡처(Capture Position) : 변경된 위치로 적용
되돌리기(Revert) : 변경 전의 위치로 돌아가기 적용

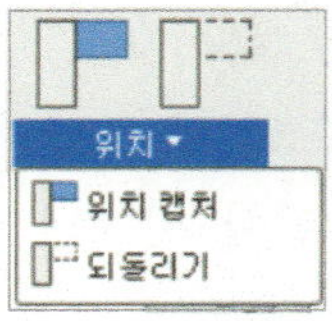

이동된 위치에서 다음 작업을 진행하시려면 위치 캡처를 적용하면 됩니다.

(7) 동작 링크 (Motion Link)

선택한 두 개의 접합에 대한 상호 움직임의 관계를 정의합니다.

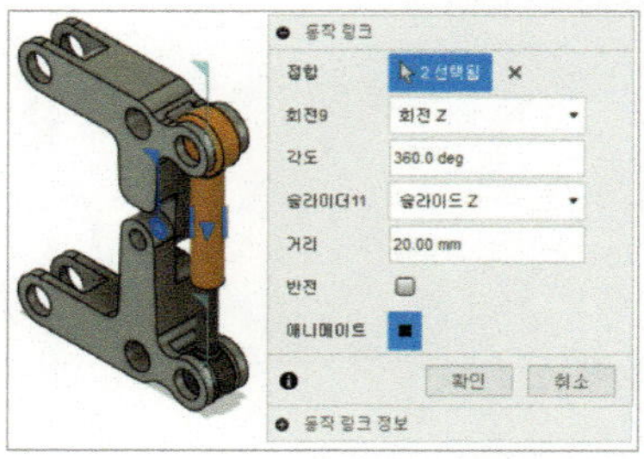

(8) 접촉 세트 사용 (Enable Contact Set)

구성요소 간 접촉분석을 위한 준비이며 검색기에서 관리됩니다.

a) 접촉 없음(No Contact,) : 접촉 세트 사용 해제
b) 모든 본체 접촉(All bodies contact,)
: 모든 구성요소 접촉분석 진행

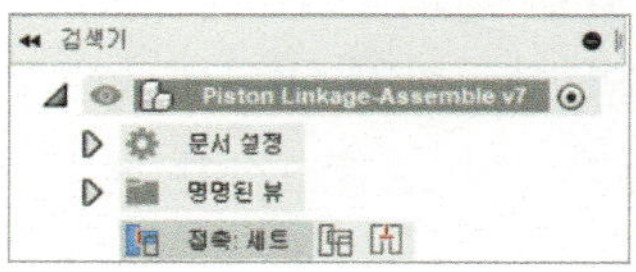

모든 본체 접속을 선택하면 각 구성요소 상호 간 간섭이 발생하기 전까지 동작합니다.
(모든 객체를 선택하면 PC가 분석하는데 상대적으로 시간이 오래 걸립니다.)

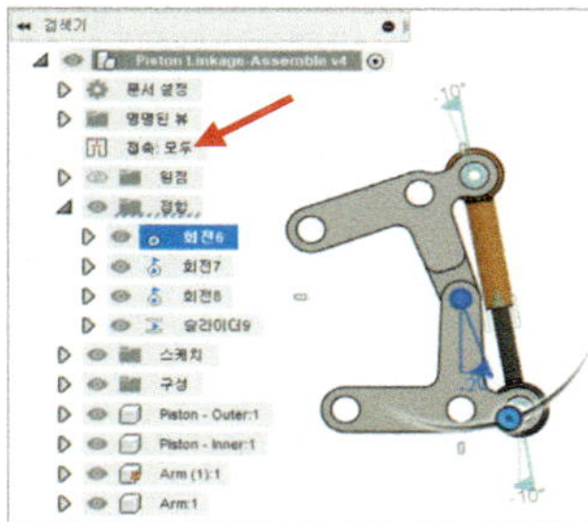

c) 새 접촉 세트(New Contact Set)

원하는 구성요소만 선택하여 접촉분석을 합니다.

접촉 : 세트(Contact:sets) 선택 ⇨ 마우스 우클릭 ⇨ 새 접촉 세트 선택

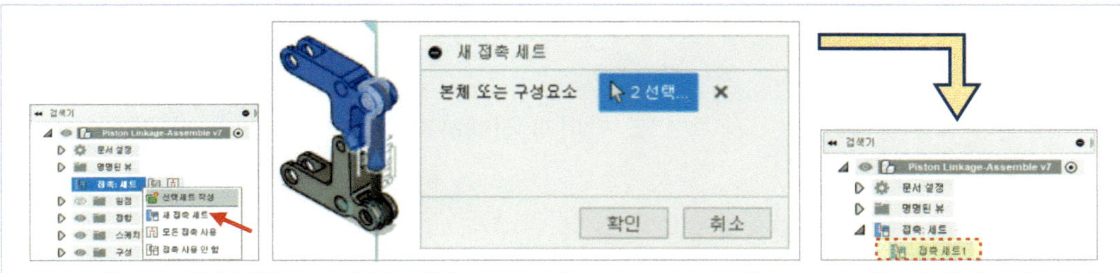

(9) 모션 스터디 (Motion Study)

선택 조건을 기준으로 애니메이션으로 확인해 볼 수 있습니다.
그래프에서 상세 조건을 입력하여 움직임을 확인해 볼 수 있습니다.

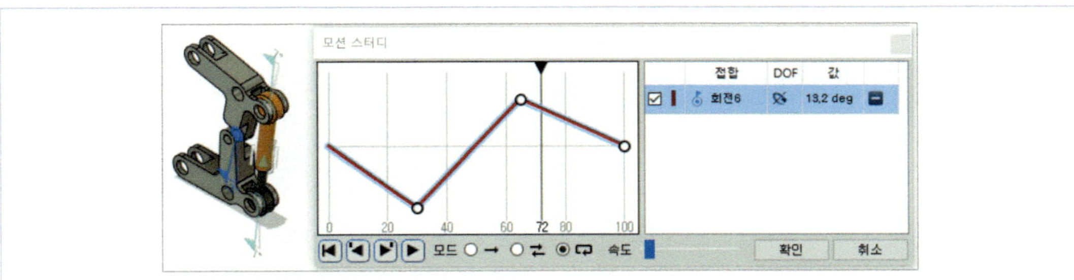

5) 검사 (Inspect) 메뉴

3D모델링에서 각 개체에서 다양한 측정값을 분석하여 확인할 수 있습니다.
(일반적으로 많이 사용하는 메뉴만 살펴보겠습니다.)

(1) 측정 (Measure)

선택한 객체의 거리, 각도, 면적 등을 측정할 수 있습니다.

a) 선택 필터 (Selection Filter) : 선택되는 객체의 유형을 선택
   면/모서리/꼭지점 선택, 본체 선택, 구성요소 선택
b) 정밀도 (Precision) : 측정 정밀도 선택
c) 보조 단위 (Secondary Units) : 보조 단위계 선택하지 않으면
   기본 단위계로 표시
d) 선택 다시 시작 (Restart Selection)
   : 기존선택을 삭제하여 다시 선택할 수 있게 함
e) 스냅 점 표시 (Show Snap Points)
   : 입체 형상에 스냅 점들을 표시하여
   마우스로 선택할 수 있게 함
f) 결과 (Results) : 측정 결과값을 표시
g) 선택 1 (Selection 1)
   : 처음 선택한 영역의 측정값을 표시
h) 선택 2 (Selection 2)
   : 두 번째 선택한 영역의 측정값을 표시

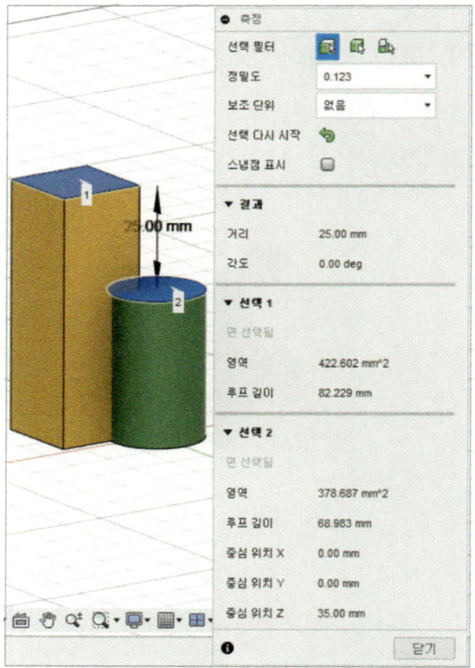

(2) 간섭 (Interference)

선택한 객체 간의 간섭상태를 확인할 수 있습니다.

a) 선택 (Select) : 간섭 체크 대상이 되는 구성요소들을 선택.

b) 일치 면 포함 (Include Coincident Faces) : 면 접촉 포함 유/무

c) 계산 (Compute) : 선택된 구성요소의 간섭상태 계산 진행

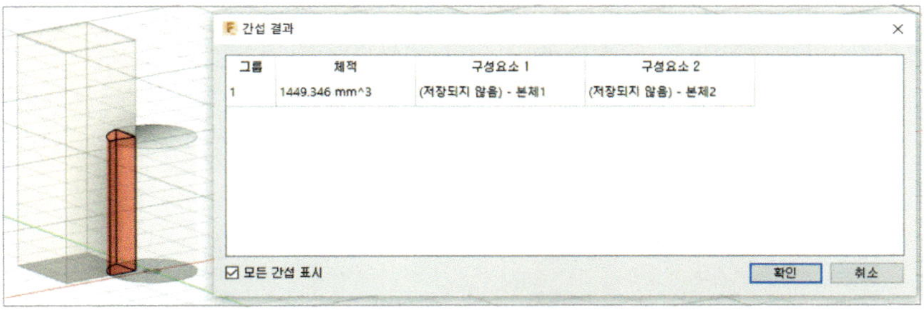

d) 위 그림과 같이 팝업창이 생기면서 계산 결과값이 나타납니다.

체적(Volume) : 간섭되는 부분의 부피 값을 표시

(결과적으로 체적이 표시된다는 것은 선택된 구성요소들이 상호 간섭이 된다는 의미입니다.)

e) 모든 간섭 표시 (Show All Interferences)

모든 간섭 부분을 시각적으로 확인할 수 있게 화면에 표시하는 옵션

(3) 단면 분석(Section Analysis)

선택된 면에 대해 절단면을 생성합니다.

완료 후에는 검색기에 분석항목이 추가됩니다.

a) 면 (Face) : 기준이 되는 절단면을 선택.

팝업창에서 위치나 각도를 조정하여 절단면 이동 가능

b) 단면 색상 (Section Color) : 단면 색상을 선택

c) 해치 표시 (Show Hatching) : 단면에 해칭선 표시 유/무

연습문제 1-7

3D모델링 검사 및 조립 관련 연습문제

❶ Fusion360에서 기본 제공하는 파일을 불러옵니다.

아래 그림과 같이 데이터 패널(Data Panel)에서 Piston Linkage를 선택합니다.
(Piston Linkage를 더블클릭하여 작업창에 나타나게 합니다.)

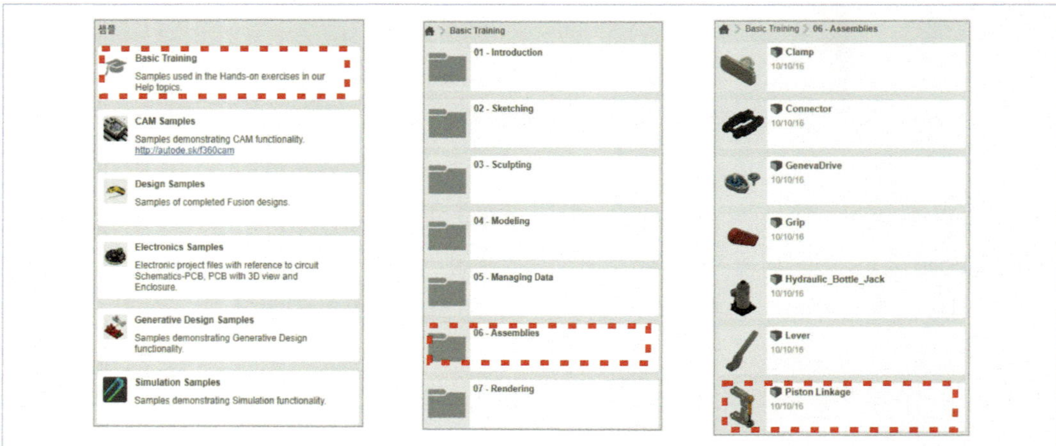

❷ 기존 3D모델링의 변경 및 편집을 위해 새롭게 데이터 저장이 필요합니다.

파일 / 다른 이름으로 저장 선택

1) 새 프로젝트 선택 ⇨ 프로젝트에서 연습문제 입력
   위치 : 연습문제
   이름 : Piston Linkage 입력 (다른 이름으로 변경 가능)
   저장 선택
2) 데이터 패널에서 연습문제 프로젝터 안에 새로 저장된 것을 확인할 수 있습니다.

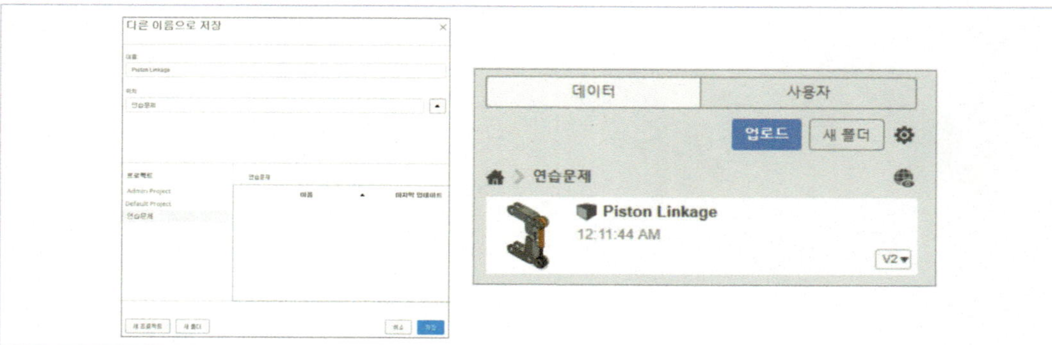

❸ 3D모델링에서 부품 간 서로 간섭이 있는지 확인을 합니다.

조립해서 움직임을 확인하기 위해선 서로 간섭이 있으면 안 됩니다.

검사 / 간섭 선택

선택 : 모든 구성품 선택(4개)

일치면 포함 ; 선택 시(결과로 면 접촉 부분도 표시, 체적 값은 없음)

선택해제(면 접촉은 제외하고 표시)

계산 : 실행

모든 간섭 표시 : 선택 (간섭이 발생하는 부분을 시각적으로 표시)

알림창에서 체적에 특정 값이 있으면 간섭이 있다는 의미입니다.
(3부분에서 간섭 발생, 일반적으로 일치면 포함은 선택하지 않고 진행)
위치를 잘 파악해서 각각의 부품에서 간섭 부분을 제거(수정)합니다.

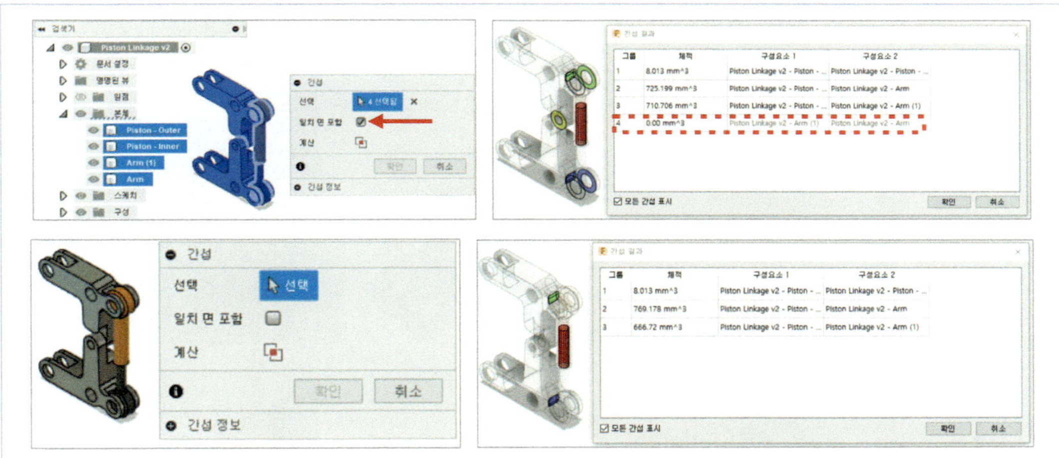

❹ 위에서 검토한 간섭 부분을 제거하기 위해 3D모델링을 수정합니다.

(1) Arm에서 간섭 부분 수정하기 (다른 구성품은 잠시 안 보이게 합니다.)

a) 작성 / 스케치 작성 선택

작업면 : 연결부 안쪽 면 선택

그림과 같이 양쪽 끝점을 연결하는 선 생성

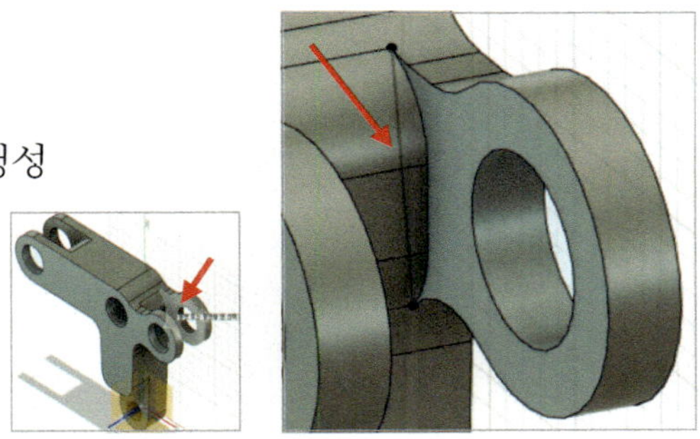

b) 작성 / 돌출 선택

프로파일 : 이전 생성된 프로파일 선택

범위 유형 : 객체로

객체 : 이전 스케치 면의 맞은편 면 선택

생성 : 잘라내기

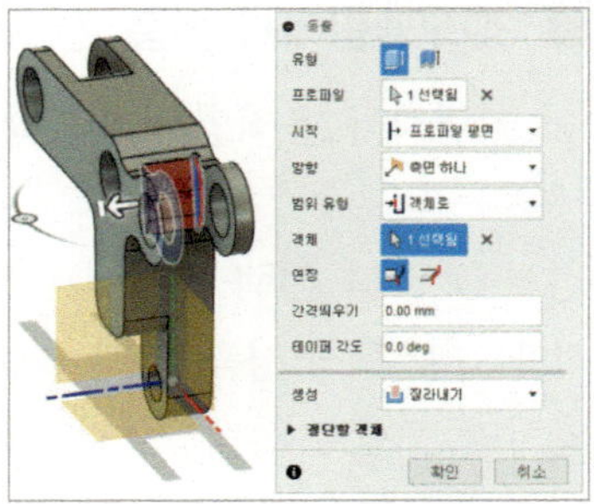

c) 수정 / 모깎기 선택

(날카로운 모서리를 둥글게 만듭니다.)

모서리 : 돌출 후 생성된 위/아래 부분의 모서리 선택(2개소)

반지름값 : 5 입력

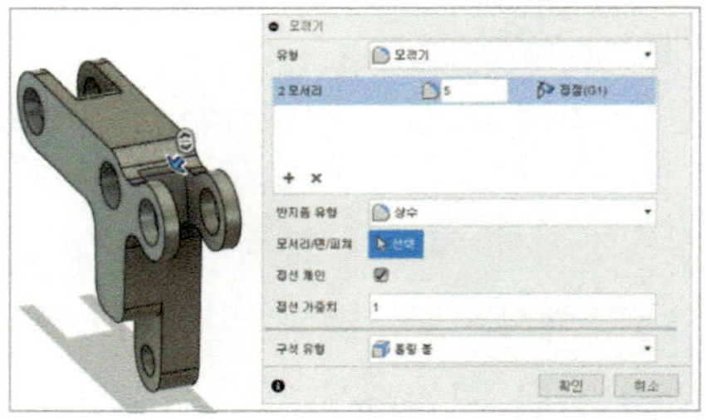

(2) Arm(1)에서 간섭 부분 수정하기. (다른 구성품은 잠시 안 보이게 합니다.)

a) 작성 / 스케치 작성 선택

작업면 : 연결부 안쪽 면 선택

그림과 같이 양쪽 끝점을 연결하는 선 생성

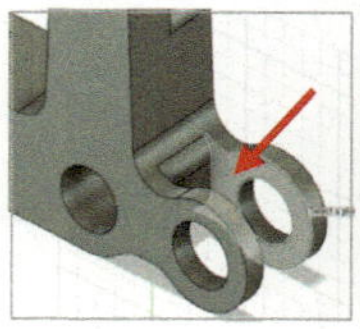

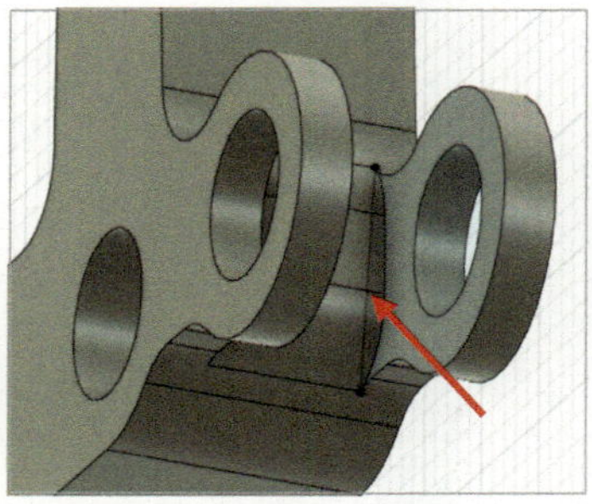

b) 작성 / 돌출 선택

프로파일 : 이전 생성된 프로파일 선택

범위 유형 : 객체로

객체 : 이전 스케치 면의 맞은편 면 선택

생성 : 잘라내기

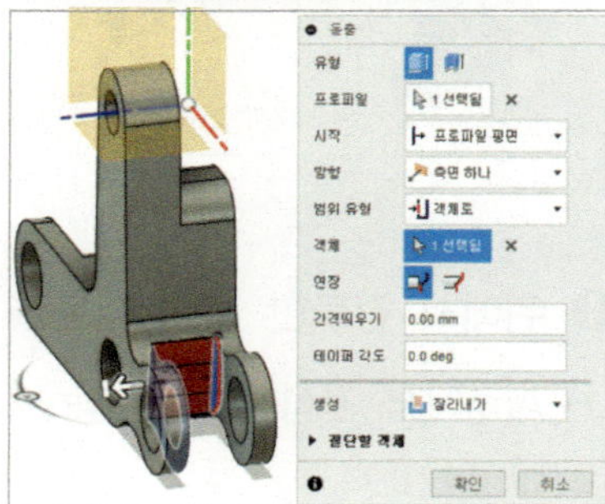

c) 수정 / 모깎기 선택

(날카로운 모서리를 둥글게 만듭니다.)

모서리 : 돌출 후 생성된 위/아래 부분의 모서리 선택(2개소)

반지름값 : 5 입력

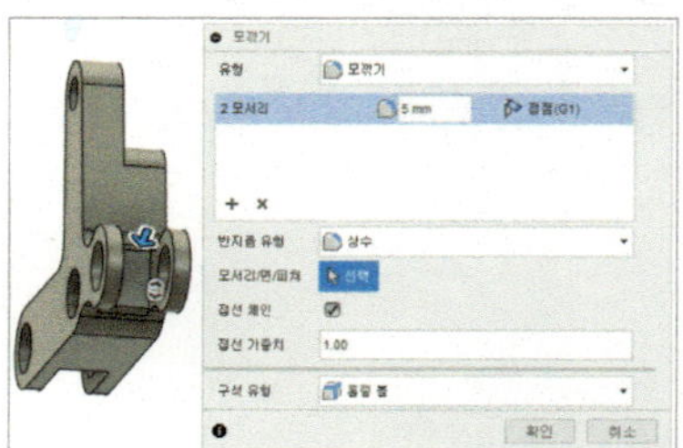

(3) Piston–Inner에서 간섭 부분 수정하기. (다른 구성품은 잠시 안 보이게 합니다.)

a) 수정 / 밀고 당기기 선택

(원기둥의 지름이 ∅10 ⇨ ∅9로 수정)

간격띄우기 유형 : 새 간격띄우기

거리 : -1 입력

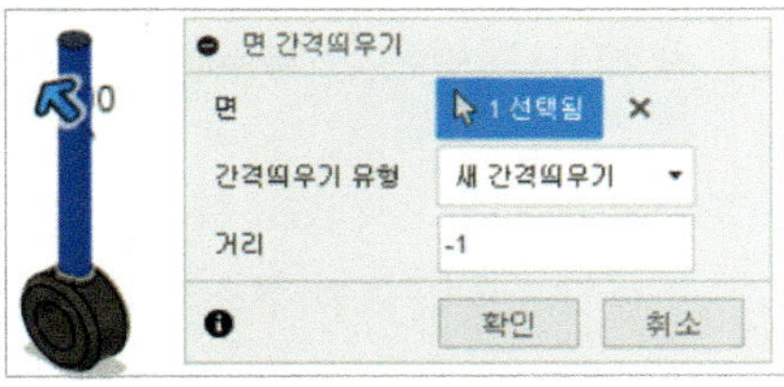

❺ 수정이 잘 되었는지 다시 한번 더 간섭 체크를 합니다.

(모든 구성품이 나타나게 합니다.)

(1) 검사 / 간섭 선택

a) 선택 : 모든 구성품 선택

b) 일치 면 포함 : 해제

c) 계산 : 실행

간섭실행 결과 '간섭이 탐지되지 않았습니다.'라는 메시지 확인.

(간섭 부분이 없이 수정이 잘 되었습니다.)

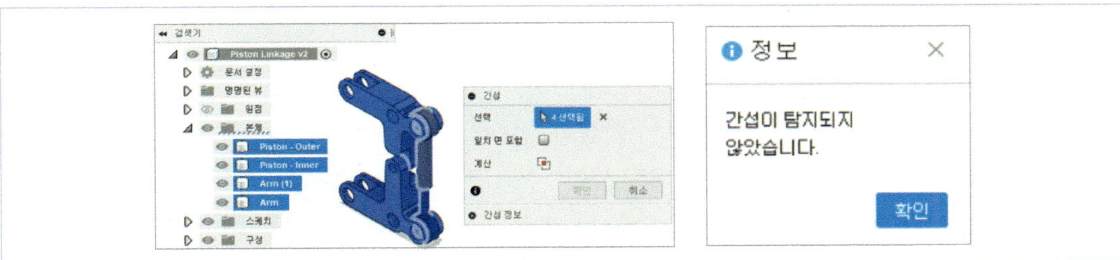

❻ 조립하기 위해선 각각의 본체를 구성요소로 만들어야 합니다.

(1) Piston–Outer 선택 ⇨ 마우스 우클릭 ⇨ 본체에서 구성요소 작성 선택

(2) 나머지 3개의 본체도 같은 방법으로 진행합니다.

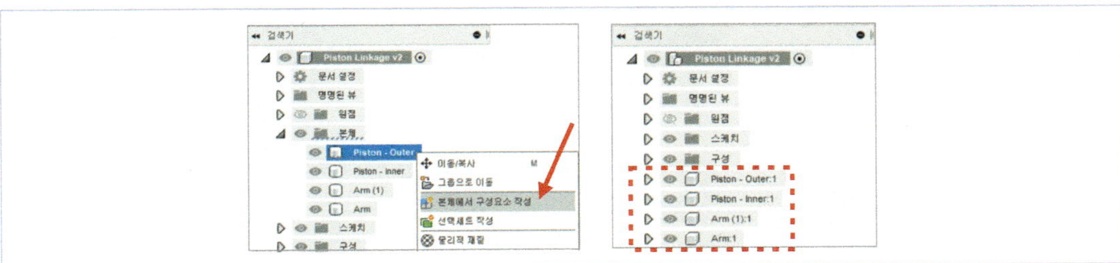

위 그림과 같이 4개의 구성요소가 생성되었습니다.

❼ 각각의 구성요소를 조립합니다.

위 3D모델링은 조립 위치에 모델링 되어있으므로 현재 위치에서 접합으로 진행합니다.

(1) 기본이 되는 구성요소를 고정합니다. (바닥 면에 고정되게 만듭니다.)
Arm(1) 선택 ⇨ 마우스 우클릭 ⇨ 고정 선택 (압정 모양이 생성)

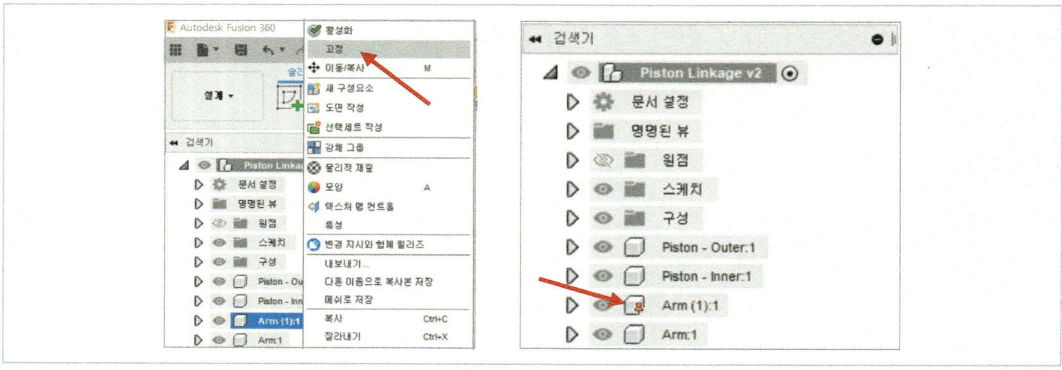

(2) 조립 / 현재 위치에서 접합 선택

a) **접합 유형** : 회전 선택

b) **구성요소** : Arm, Arm(1) 선택 (움직이는 Arm을 먼저 선택)

c) **스냅** : 회전운동에 기준이 되는 중심점 선택

c) **회전** : 회전 방향과 일치하는 축 선택

d) **애니메이트** : 원하는 방향으로 회전운동을 하는지 시각적으로 확인
(실행 후 검색기에 회전이 생성되고 3D모델링에도 아이콘이 생성됩니다.)

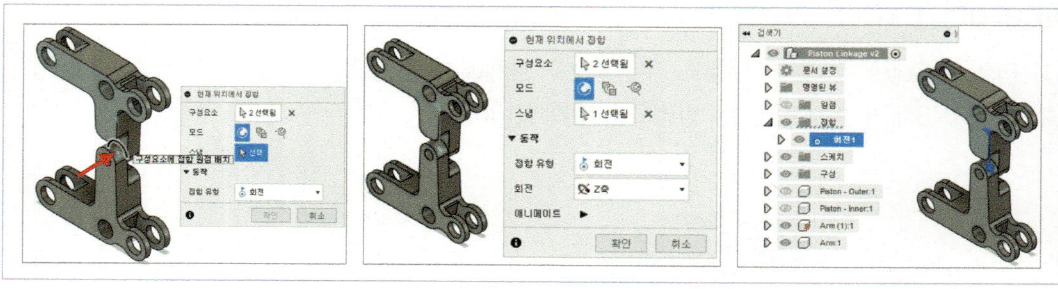

(3) 조립 / 현재 위치에서 접합 선택

a) **접합 유형** : 회전 선택

b) **구성요소** : Piston-Outer, Arm 선택 (움직이는 Piston-Outer를 먼저 선택)

c) **스냅** : 회전운동에 기준이 되는 중심점 선택

c) **회전** : 회전 방향과 일치하는 축 선택

d) **애니메이트** : 원하는 방향으로 회전운동을 하는지 시각적으로 확인
(실행 후 검색기에 회전이 생성되며, 3D모델링에도 아이콘이 생성됩니다.)

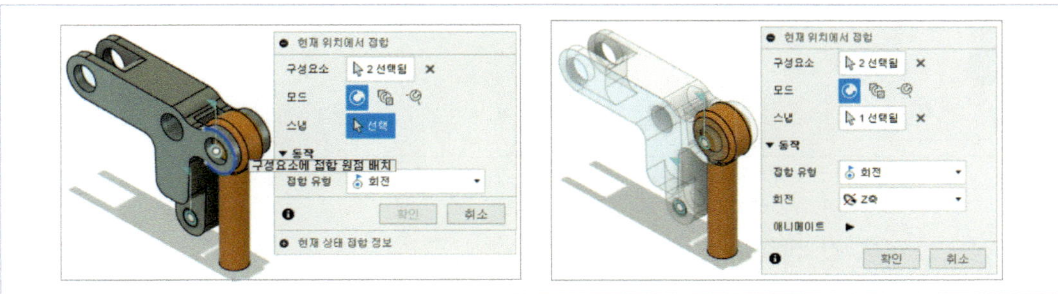

(4) 조립 / 현재 위치에서 접합 선택

a) **접합 유형** : 회전 선택

b) **구성요소** : Piston-Inner, Arm(1) 선택 (움직이는 Piston-Inner를 먼저 선택)

c) **스냅** : 회전운동에 기준이 되는 중심점 선택

c) **회전** : 회전 방향과 일치하는 축 선택

d) **애니메이트** : 원하는 방향으로 회전운동을 하는지 시각적으로 확인
(실행 후 검색기에 회전이 생성되며, 3D모델링에도 아이콘이 생성됩니다.)

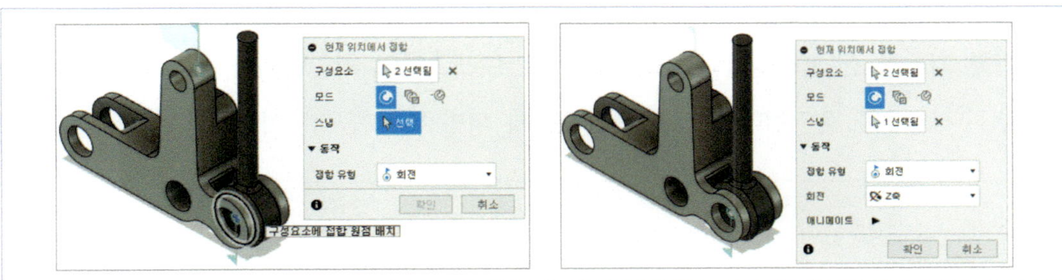

(5) 조립 / 현재 위치에서 접합 선택

a) **접합 유형** : 슬라이드 선택

b) **구성요소** : Piston-Outer, Piston-Inner 선택

c) **스냅** : 슬라이드 운동에 기준이 되는 Piston-Outer의 원기둥의 면 선택

c) **슬라이드** : 슬라이드 방향과 일치하는 축 선택

d) **애니메이트** : 원하는 방향으로 슬라이드 운동을 하는지 시각적으로 확인
(실행 후 검색기에 슬라이드가 생성되며, 3D모델링에도 아이콘이 생성됩니다.)

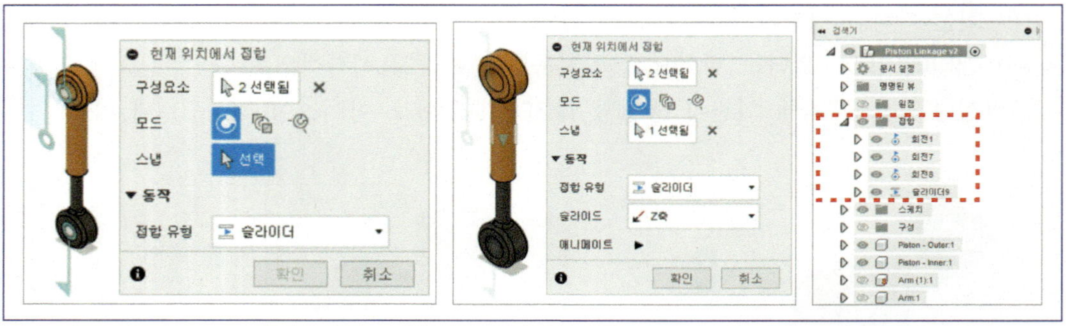

❽ 구성요소 상호 간 접촉 조건을 추가합니다.

(1) 조립 / 접촉 세트 사용 선택 (검색기에 접촉 세트 생성)

(2) 접촉 세트 선택 ⇨ 모든 본체 접속 선택 ⇨ 접속 : 모두로 변경됨

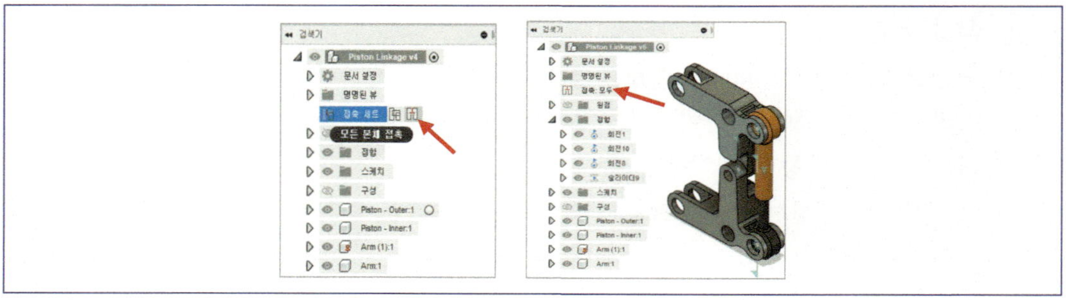

❾ 접합 기호를 선택(더블클릭)하여 마우스로 드래그하여 확인합니다.

각 구성요소가 움직이다가 간섭이 발생하게 되면 더는 움직임이 없이 멈추게 됩니다.

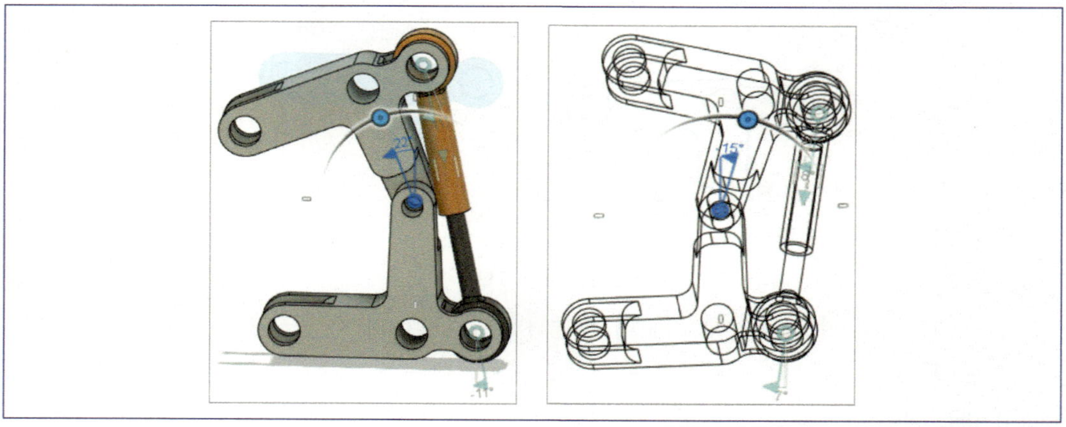

⑩ 연속적인 움직임을 화면에 나타나게 합니다.

(1) 모션 스터디 : 첫 번째 회전조건을 선택

- 각도 범위를 입력(슬라이딩 가능한 각도가 +22도 ~ -15도 사이 사용)
- 그래프 위에 클릭하여 각각의 각도와 단계를 입력 (3번 입력)

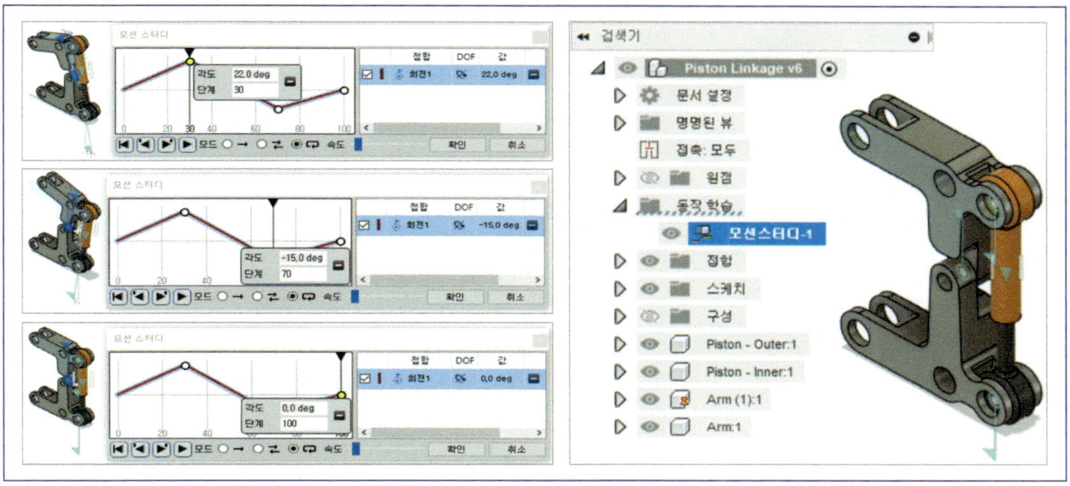

재생을 선택하면 연속 동작을 확인할 수 있습니다.

모드 : 한 번 재생 (한 번만 재생)

앞으로/뒤로 재생 (정/역방향으로 반복재생)

루프 재생 (정방향으로 반복재생)

속도 : 움직임 속도 조절

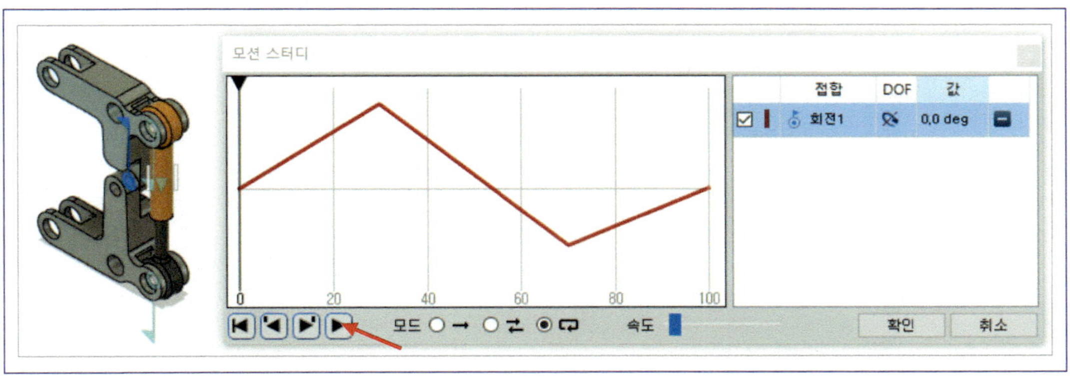

AUTODESK® FUSION 360™

CHAPTER 2

프로젝트 실습하기

(오토마타 (시소))

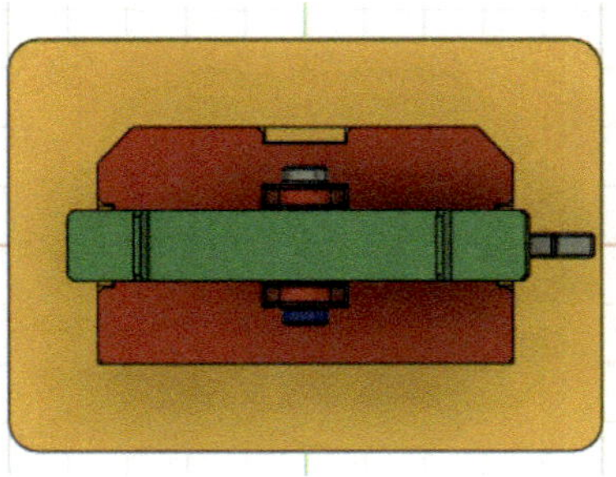

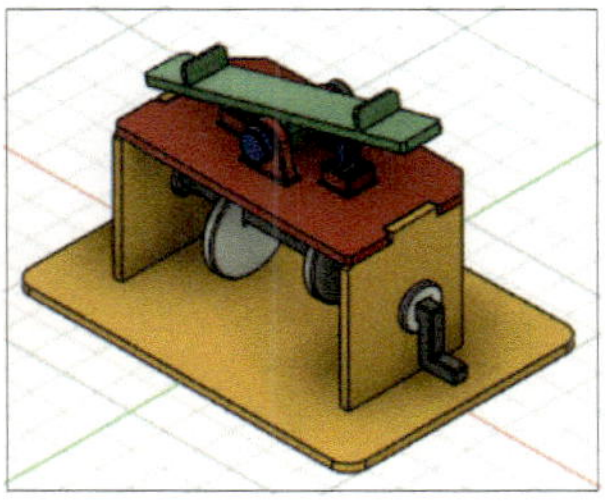

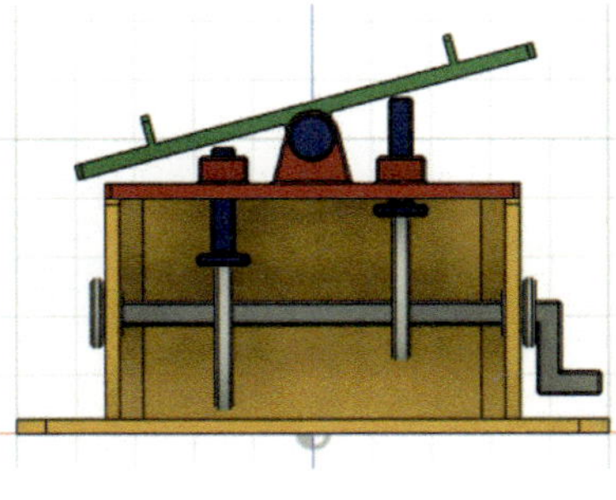

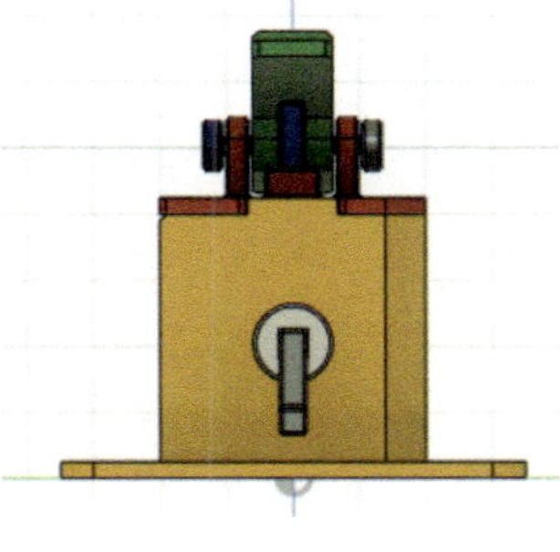

2.1 3D 모델링

1) 파일 / 저장 (또는 저장) 선택

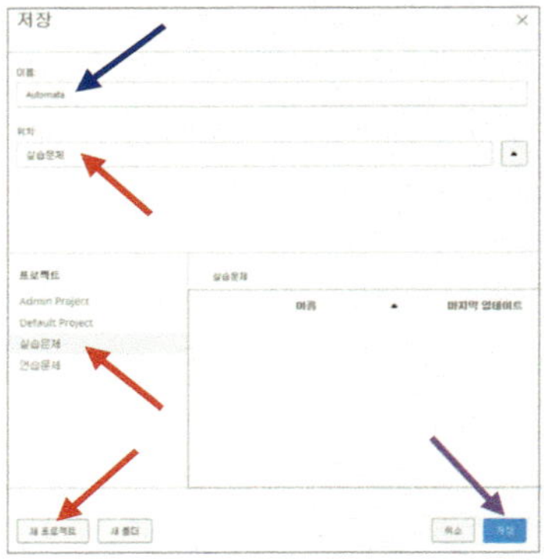

(신규 파일을 저장합니다.)

새 프로젝트 : 새로운 프로젝트 생성

위치 : 파일 저장 위치 확인

이름 : Automata(원하는 이름 입력)

2) 검색기 / Automata 선택 / 새 구성요소 선택

검색기 Automata 선택 ⇨ 마우스 우클릭 ⇨ 새 구성요소 선택

이름 : Main-Body 입력

(아래 그림과 같이 새로운 구성요소가 생성됩니다.)

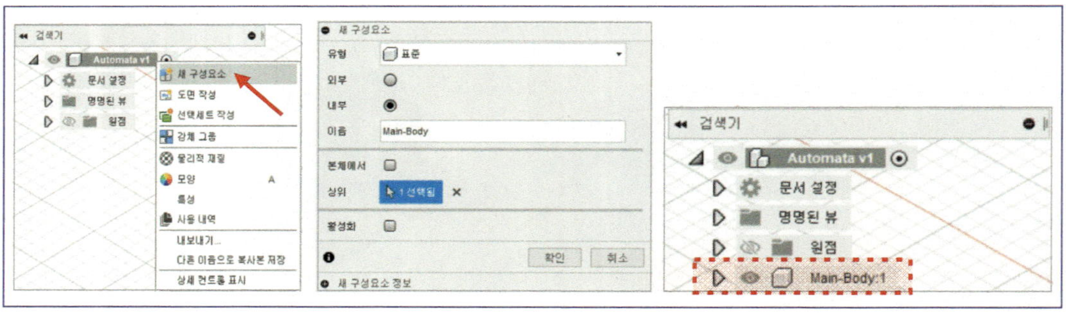

3) Main-Body 구성요소 활성화 선택

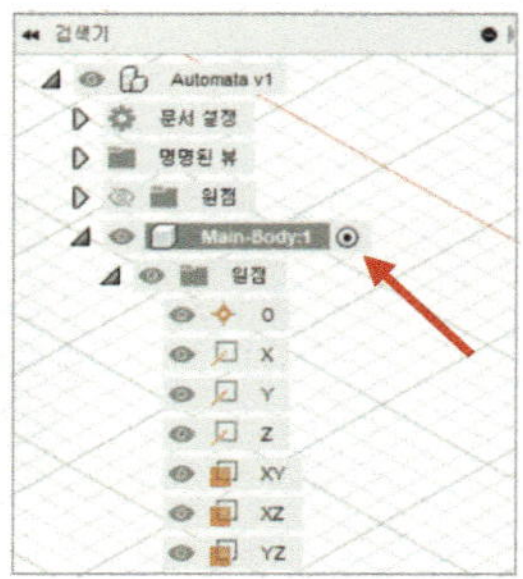

마우스로 Main-Body의 우측에 있는 원 선택

원점 보이게 선택 : 화면상에 좌표계가 보이게 설정

(상위에 있는 원점은 감추기를 합니다.)

(1) 작성 / 스케치 작성 **선택**

작업면 : XY 평면

아래 그림과 같이 스케치 진행

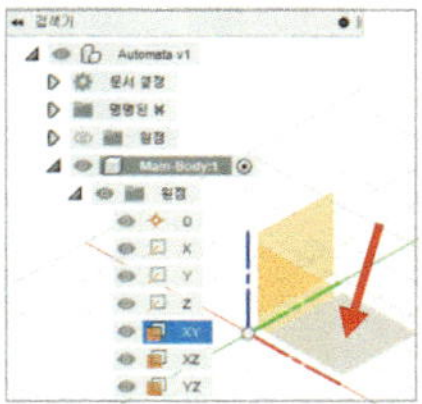

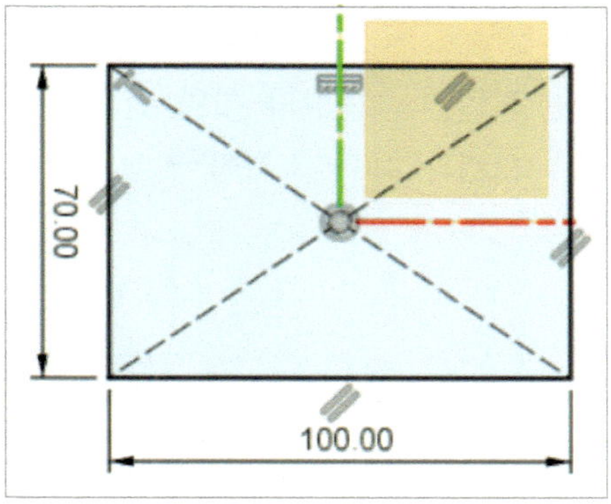

(2) 작성 / 돌출 **선택**

프로파일 : 이전 생성된 프로파일 선택

거리 : 2.5 입력(위 방향)

생성 : 새 본체 선택

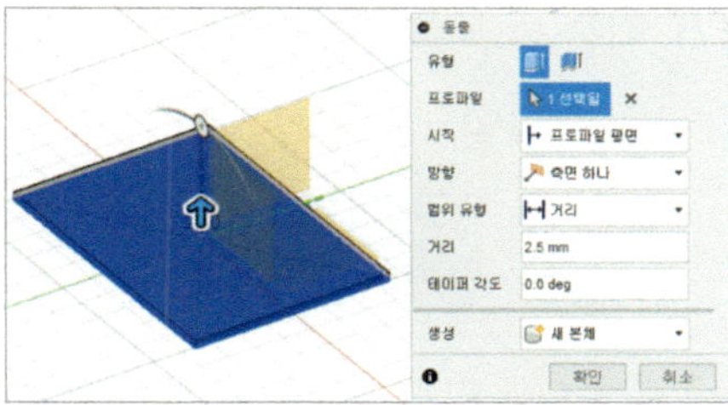

(3) 작성 / 스케치 작성 **선택**

작업면 : 이전 형상의 윗면 선택

그림과 같이 스케치 진행

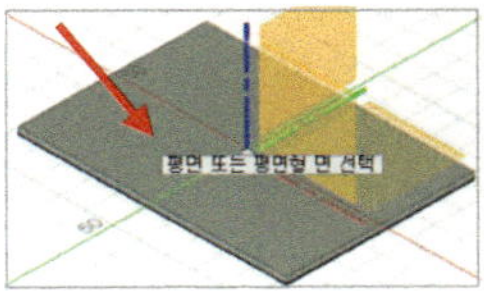

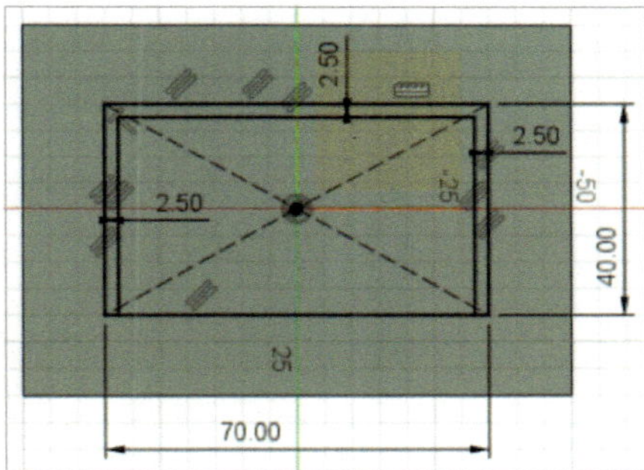

(4) 작성 / 돌출 **선택**

프로파일 : 그림과 같이 프로파일 선택

거리 : 40 입력.

생성 : 결합 선택

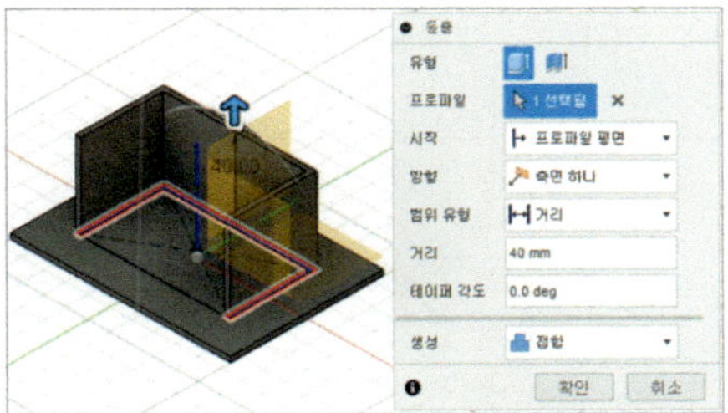

(5) 수정 / 모깎기 **선택**

바닥 형상의 모서리 4곳 선택

반지름값 : 5 입력

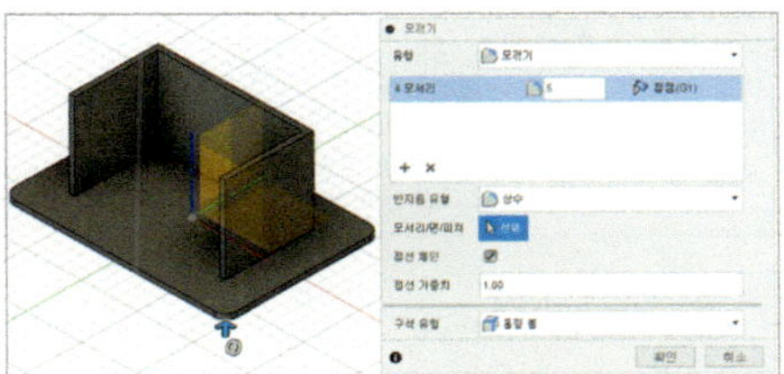

(6) 작성 / 스케치 작성 **선택**

작업면 : 형상의 윗면 선택

그림과 같이 스케치 진행

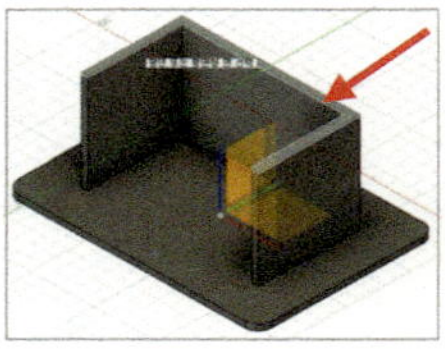

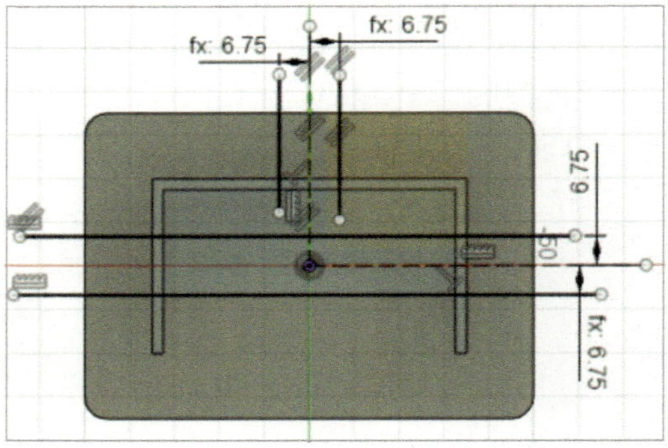

(7) 작성 / 돌출 **선택**

프로파일 : 그림과 같이 프로파일 선택

거리 : -2.5 입력.

생성 : 잘라내기 선택

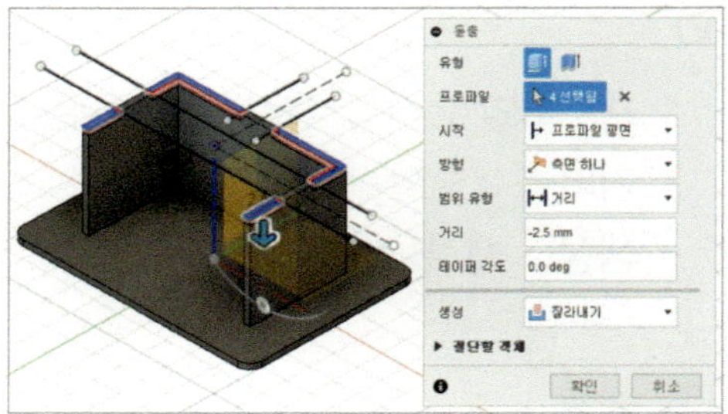

4) Automata 활성화 **선택**

마우스로 Automata의 우측에 있는 원 선택

(Main-Body의 원점은 감추기를 합니다.)

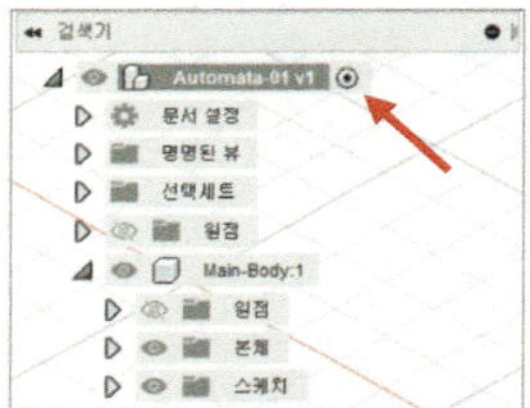

(1) 검색기 / Automata 선택 / 새 구성요소 **선택**

검색기에서 Automata 선택 ⇨ 마우스 우클릭 ⇨ 새 구성요소 선택

이름 : Top-Body 입력

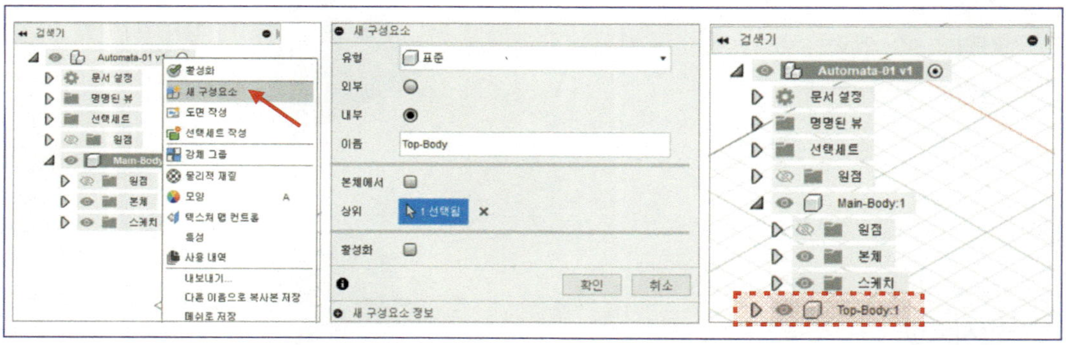

(2) Top-Body 위치이동 하기

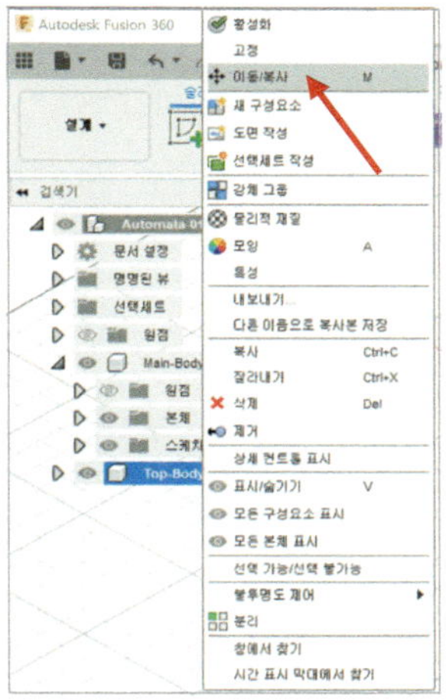

검색기에서 Top-Body 선택 ⇨ 마우스 우클릭
⇨ 이동/복사 선택
위 방향(Z 거리)으로 40 입력.
이동 후 위치 캡처 선택

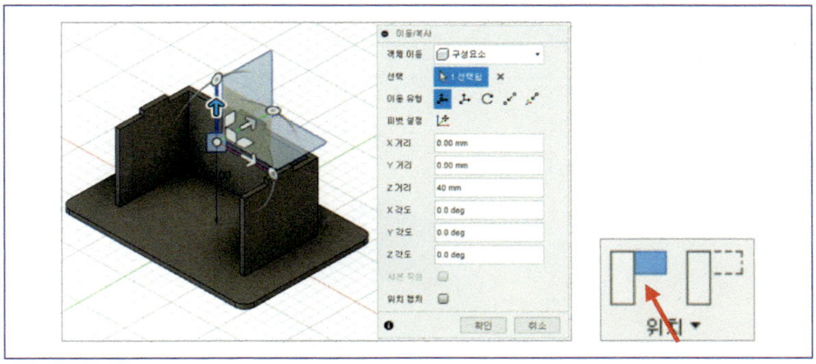

5) Top-Body 활성화 선택

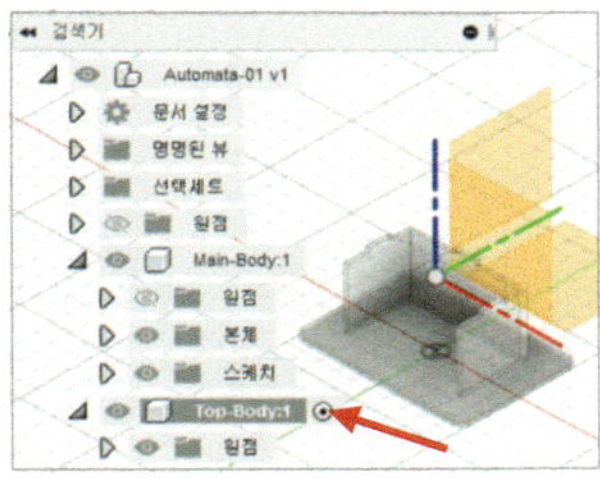

마우스로 Top-Body의 우측에 있는 원 선택
원점 보이게 선택(나머지 원점은 감추기 적용)

TIP

3D모델링이 여러 구성요소로 이루어져 있는 경우 특정 구성요소를 활성화하게 되면 나머지 구성요소는 반투명하게 변경됩니다.

설계자가 필요에 따라 나머지 구성요소를 보이게(반투명) 하거나 안 보이게(감추기) 적용하여 작업을 진행하면 됩니다.

객체를 보이게( ) 또는 감추기( )를 할 때는 눈 모양의 아이콘을 선택하여 설정하면 됩니다.

(1) 작성 / 스케치 작성 선택

작업면 : XY 평면 선택
그림과 같이 스케치 진행 (프로젝트 적용, 외측으로 0.3mm 간격띄우기 적용)

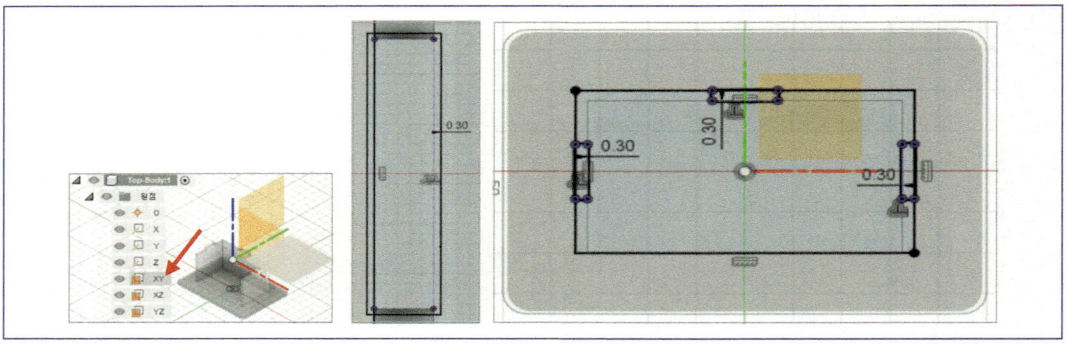

(2) 작성 / 돌출 **선택**

프로파일 : 그림과 같이 프로파일 선택
거리 : 2.5 입력(위 방향)
생성 : 새 본체 선택

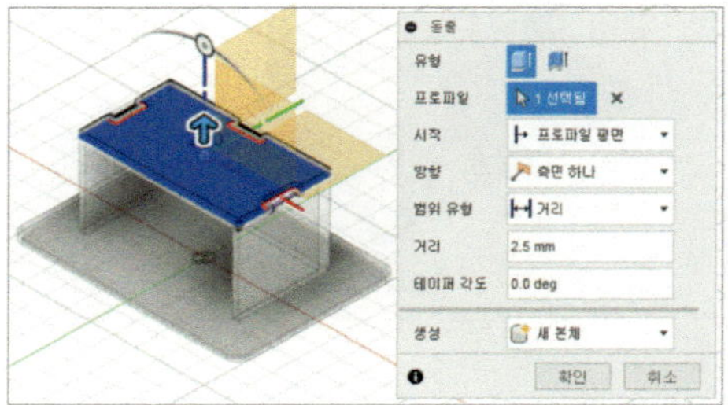

(3) 구성 / 평면 간격띄우기 **선택**

평면 : XZ 평면 선택.
거리 : -10 입력(전면 방향)

(4) 작성 / 스케치 작성 **선택**

작업면 : 이전에 생성된 평면 선택
그림과 같이 스케치 진행

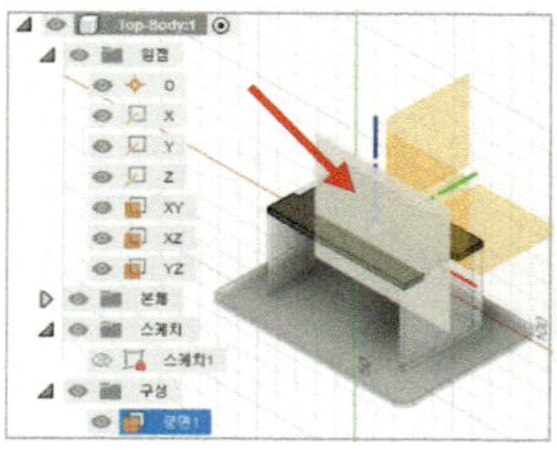

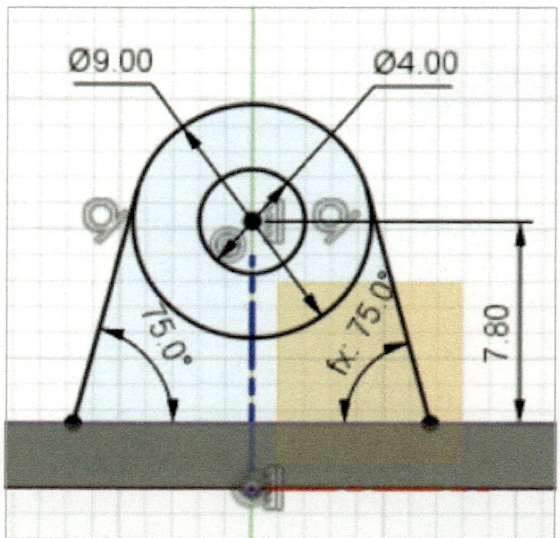

(5) 작성 / 돌출 **선택**

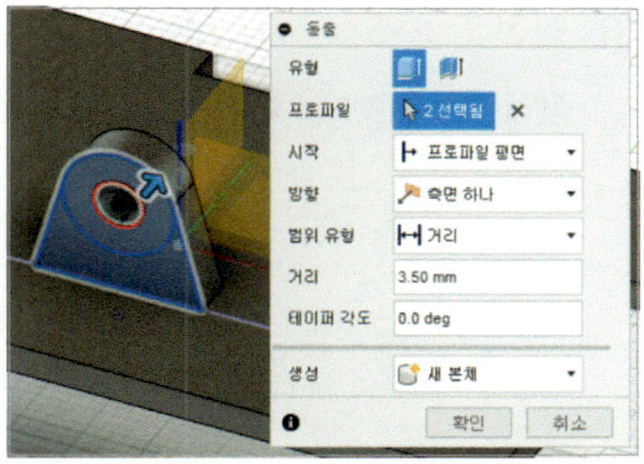

프로파일 : 그림과 같이 프로파일 선택
거리 : 3.5 입력(후면부 방향)
생성 : 새 본체 선택

(6) 작성 / 미러 **선택**

유형 ; 본체 선택, 객체 : 이전 형상 선택
미러 평면 : XZ 평면 선택, 생성 : 새 본체

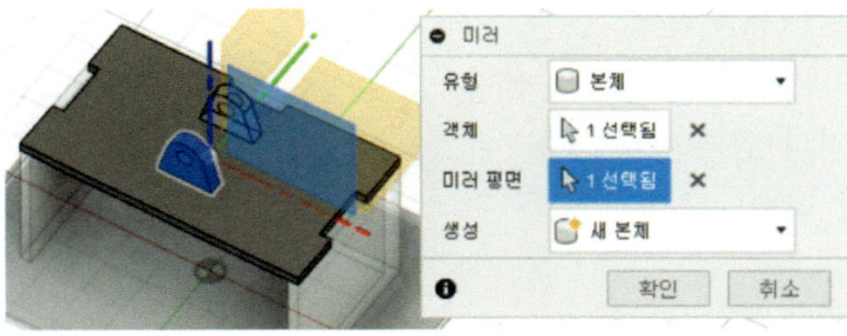

(7) 수정 / 결합 **선택**

대상 본체 : 아래 직사각형 형상 선택, 도구 본체 : 위에 만들어진 형상 2개 선택
생성 : 접합 선택

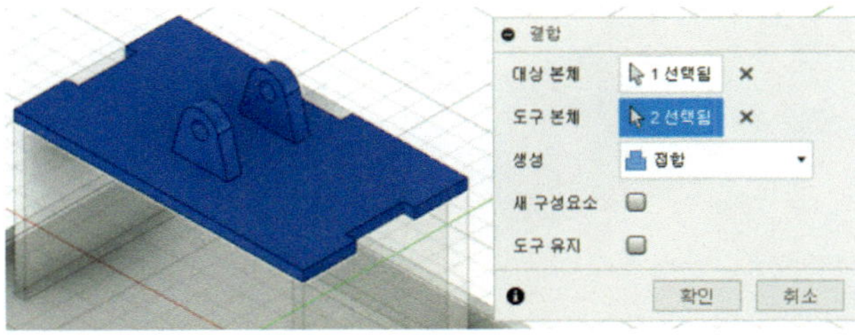

(8) 작성 / 스케치 작성 **선택**

작업면 : 형상의 윗면 선택, 그림과 같이 스케치 진행

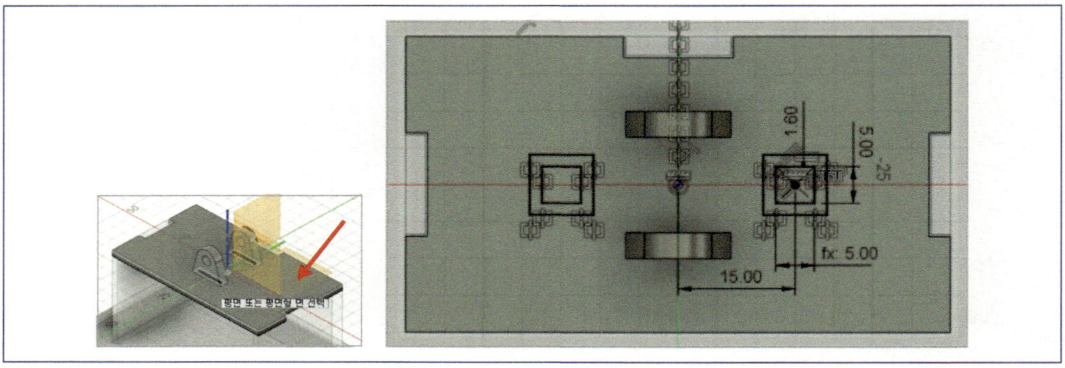

(9) 작성 / 돌출 **선택**

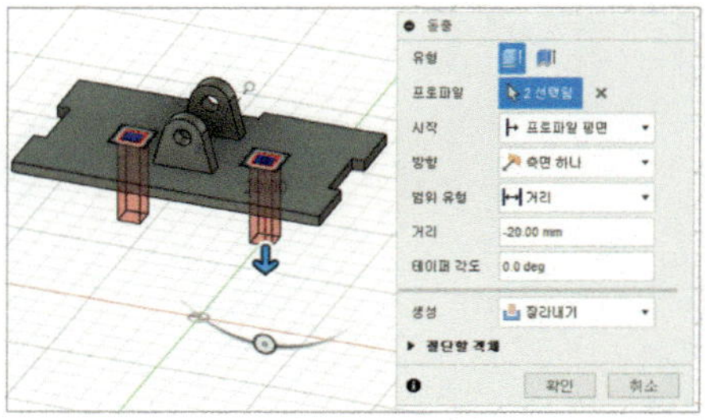

프로파일 : 그림과 같이 프로파일 선택
거리 : 충분한 거리 입력(아래 방향)
생성 : 잘라내기 선택

(10) 작성 / 돌출 **선택**

이전에 만든 스케치를 보이게 합니다.
프로파일 : 그림과 같이 프로파일 선택, **거리** : 4.5 입력(위 방향)
생성 : 접합 선택

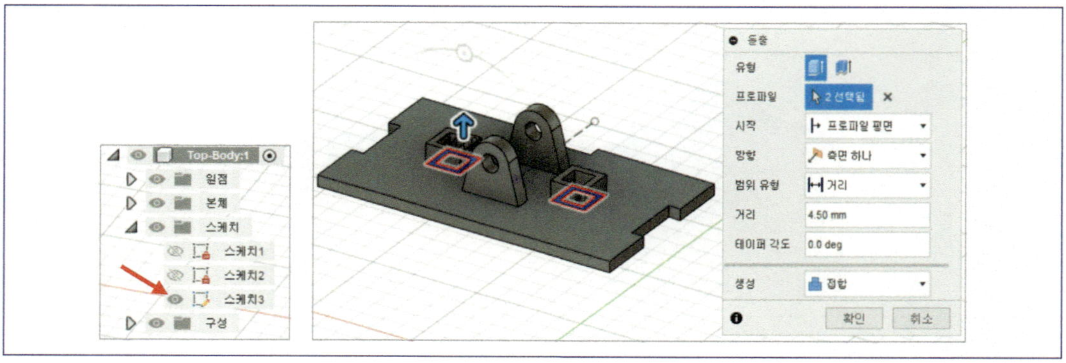

좀 전에 보이게 한 스케치를 다시 숨기기를 합니다.

TIP

처음 스케치 생성 후 3D 형상작업에 사용되고 난 후에는 자동으로 숨기기가 적용됩니다. (보이지 않게 됩니다.)

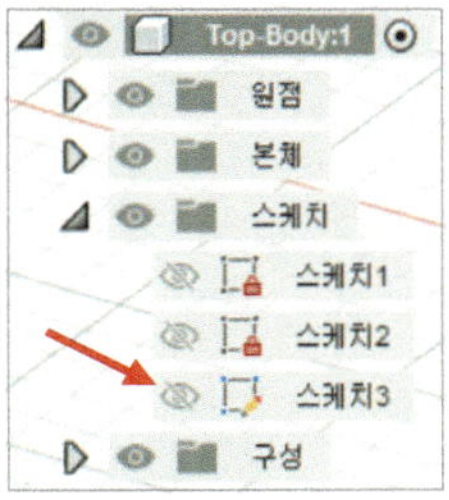

기본 설정으로는 자동 숨기기가 적용되어있음.

피쳐 작성 시 스케치 자동 숨기기 ☑

그래서 다시 이전 스케치를 사용하고자 할 때는 필요한 스케치를 선택하여 보이게(눈 모양 아이콘 활성화) 한 후 사용하시면 됩니다.

또한, 수동으로 보이게 한 스케치는 사용 후 자동으로 숨기기가 적용되지 않습니다. (계속 화면에 표시됩니다.)
더 이상 사용하지 않는 스케치는 수동으로 숨기기(눈 모양 아이콘 해제)를 적용하면 됩니다.

6) 검색기 / Automata 선택 / 새 구성요소 선택

검색기에서 Automata 선택 ⇨ 마우스 우클릭 ⇨ 새 구성요소 선택
이름 : Chair 입력
활성화 : 선택
(활성화를 선택하여 새 구성요소를 만들게 되면 구성요소 생성과 동시에 활성화가 적용됩니다.)

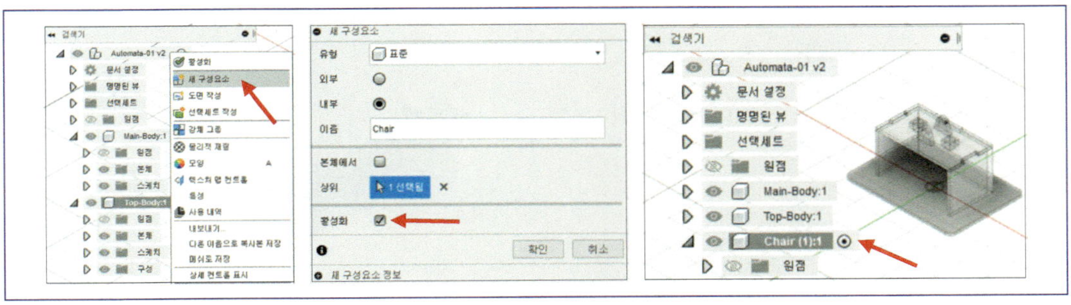

(Chair의 원점을 보이게 적용, 나머지 구성요소의 원점은 감추기 적용)

(1) Chair 위치이동 하기

검색기에서 Chair 선택 ⇨ 마우스 우클릭 ⇨ 이동/복사 선택
위 방향(Z 거리)으로 50.3 입력, 이동 후 위치 캡처 선택

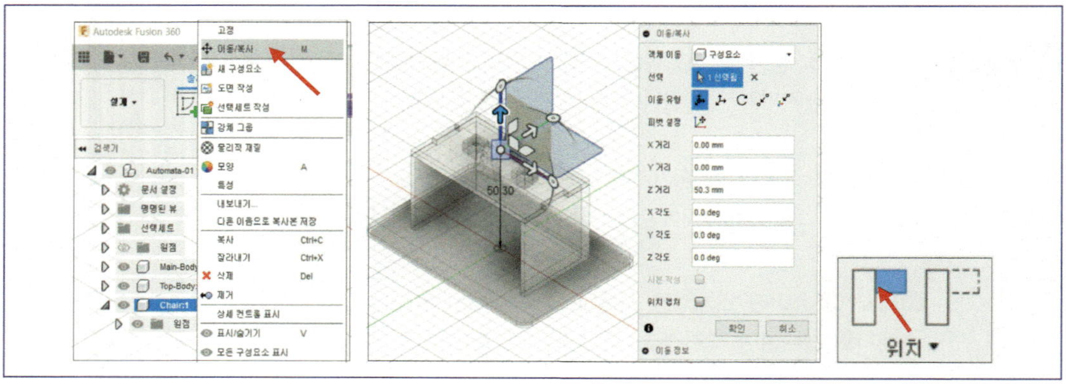

(2) 작성 / 스케치 작성 **선택**

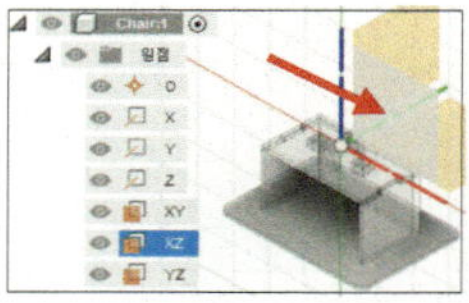

작업면 : XZ 평면 선택, 그림과 같이 스케치 진행

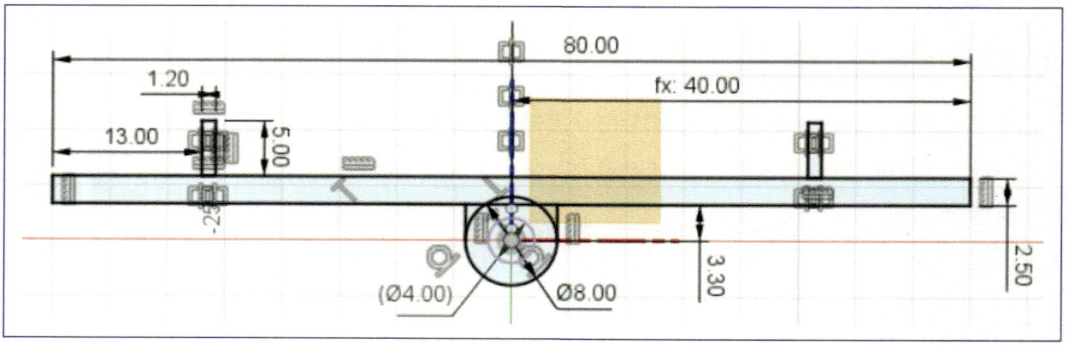

(3) 작성 / 돌출 **선택**

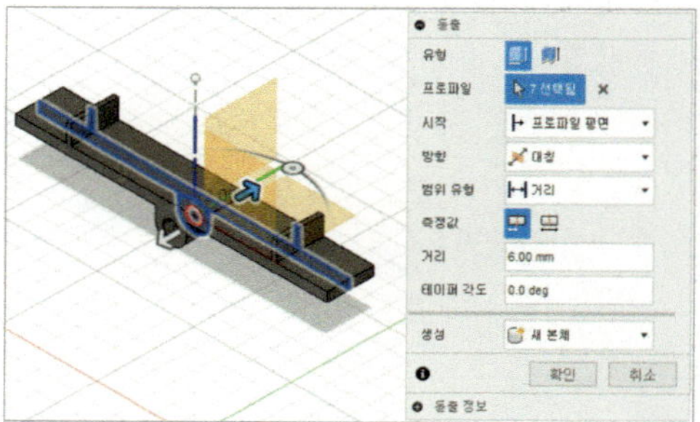

프로파일 : 그림과 같이 프로파일 선택
방향 : 대칭 선택
측정값 : 절반 길이
거리 : 6 입력
생성 : 새 본체 선택

(4) 수정 / 모따기 **선택**

외형의 모서리(8곳) 선택
1 입력
유형 : 동일한 거리 선택
구석 유형 : 모따기 선택

(5) 수정 / 모따기 선택

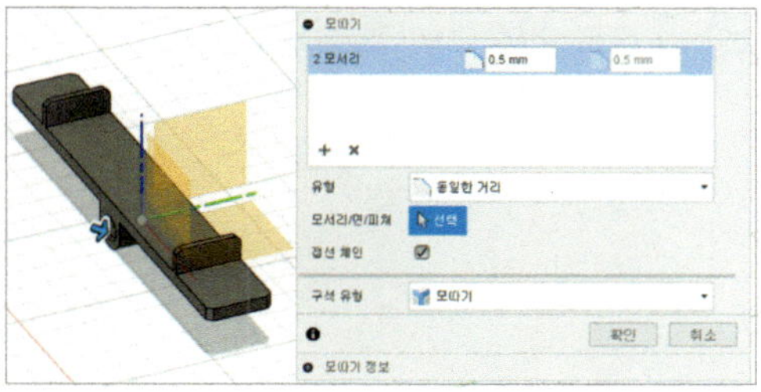

중앙의 내측 원 모서리(2곳) 선택
0.5 입력
유형 : 동일한 거리 선택
구성 유형 : 모따기 선택

7) Main-Body 활성화 선택

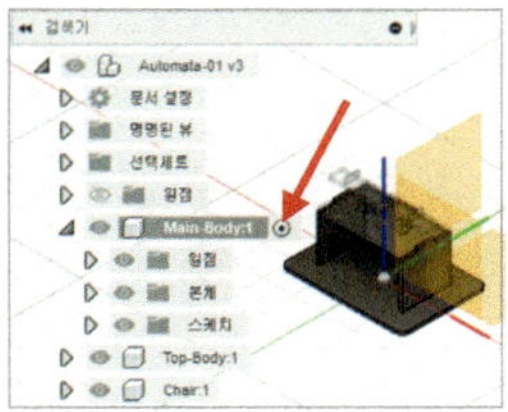

마우스로 Main-Body의 우측에 있는 원 선택
원점 보이게 선택
(나머지 원점은 감추기 적용)

(1) 수정 / 모따기 선택

내측 모서리(2곳) 선택
4 입력
유형 : 동일한 거리 선택
구성 유형 : 모따기 선택

(2) 수정 / 모따기 선택

외측 모서리(2곳) 선택
6 입력
유형 : 동일한 거리 선택
구성 유형 : 모따기 선택

(3) 수정 / 모따기 선택

윗면 모서리(2곳) 선택
1 입력
유형 : 동일한 거리 선택
구성 유형 : 모따기 선택

8) Top-Body 활성화 선택

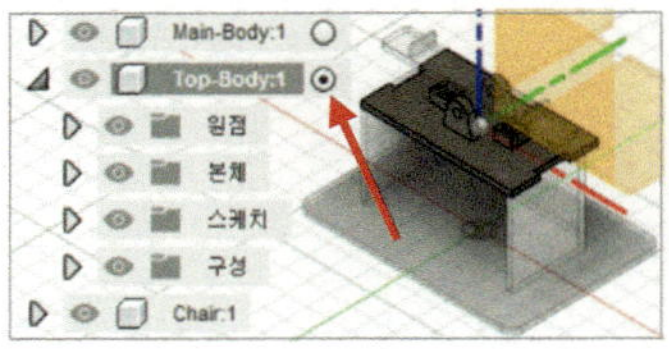

마우스로 Top-Body의 우측에 있는 원 선택

원점 보이게 선택

(나머지 원점은 감추기 적용)

(1) 수정 / 모따기 선택

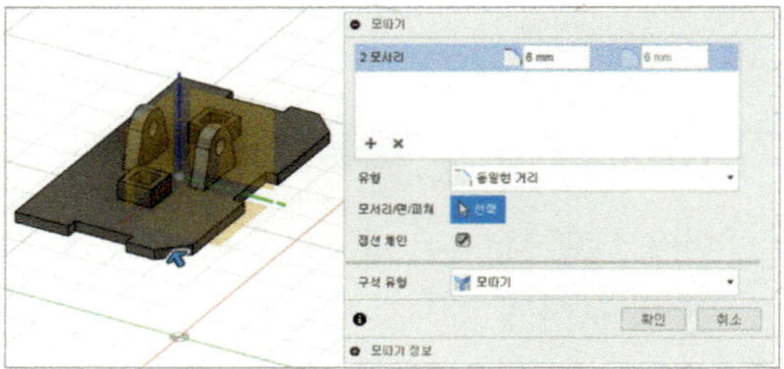

후면부 측면 모서리(2곳) 선택

6 입력

유형 : 동일한 거리 선택

구석 유형 : 모따기 선택

(2) 수정 / 모따기 선택

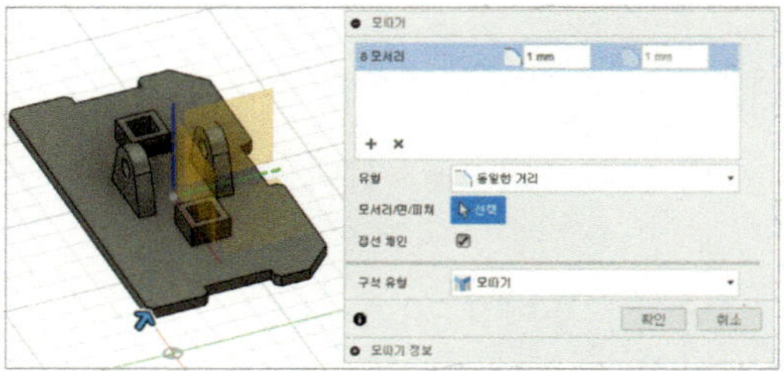

전/측면부 측면 모서리(8곳) 선택

1 입력

유형 : 동일한 거리 선택

구석 유형 : 모따기 선택

9) 검색기 / Automata 선택 / 새 구성요소 선택

검색기에서 Automata 선택 ⇨ 마우스 우클릭 ⇨ 새 구성요소 선택

이름 : Shaft 입력

활성화 : 선택

(활성화를 선택하여 새 구성요소를 만들게 되면 구성요소 생성과 동시에 활성화가 적용됩니다.)

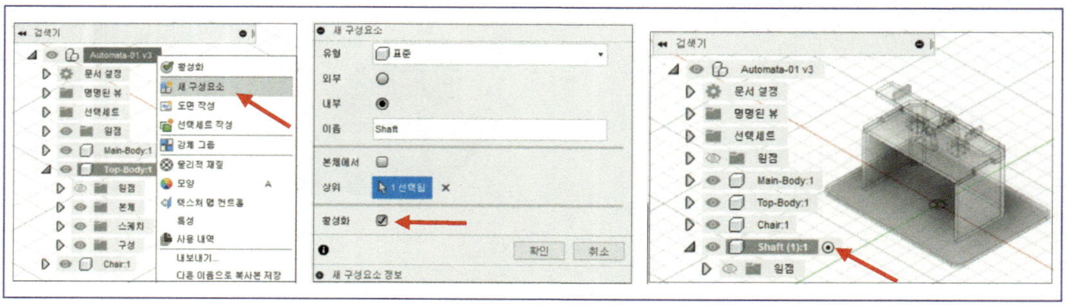

(Chair의 원점을 보이게 적용, 나머지 구성요소의 원점은 감추기 적용)

(1) Shaft 위치이동 하기

검색기에서 Shaft 선택 ⇨ 마우스 우클릭 ⇨ 이동/복사 선택
위 방향(Z 거리)으로 50.3 입력, 이동 후 위치 캡처 선택

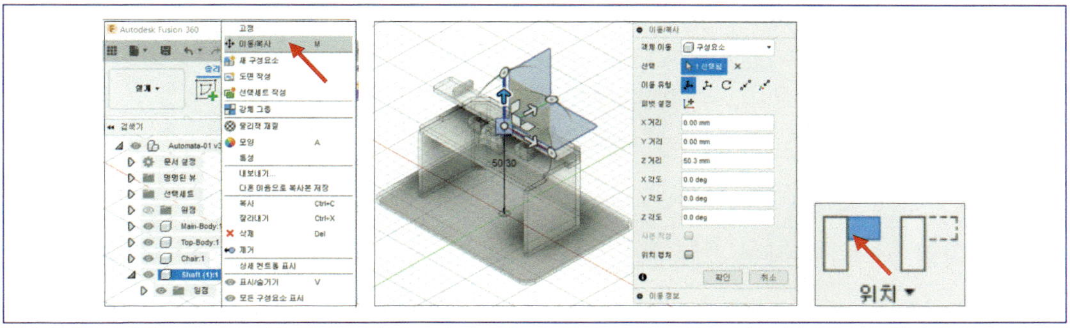

(2) 작성 / 스케치 작성 선택

작업면 : XZ 평면 선택
그림과 같이 스케치 진행

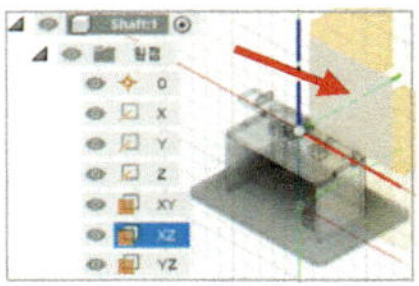

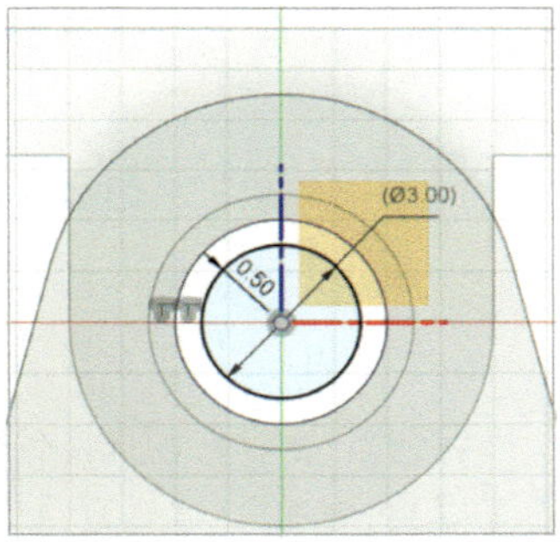

(3) 작성 / 돌출 선택

프로파일 : 그림과 같이 프로파일 선택
방향 : 두 방향 선택
측정 1 (후면 방향)
　　거리 : 12.5 입력
측정 2 (전면 방향)
　　거리 : 13.5 입력
생성 : 새 본체 선택

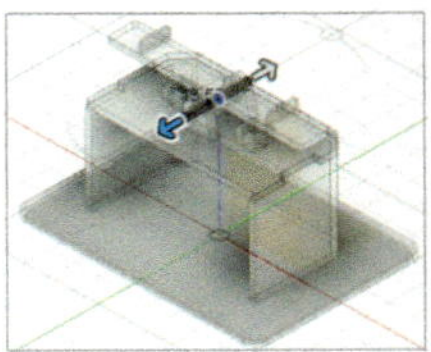

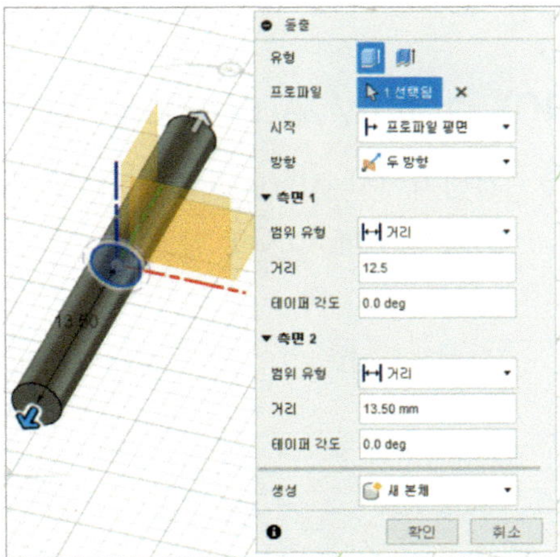

(4) 작성 / 스케치 작성 선택

작업면 : 이전 형상의 전면부 선택

그림과 같이 스케치 진행

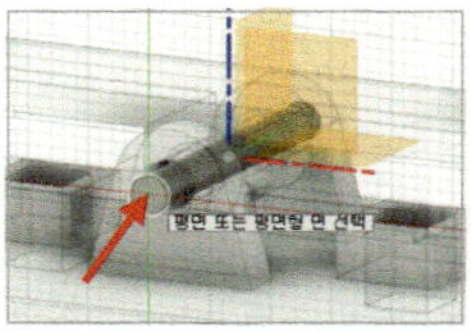

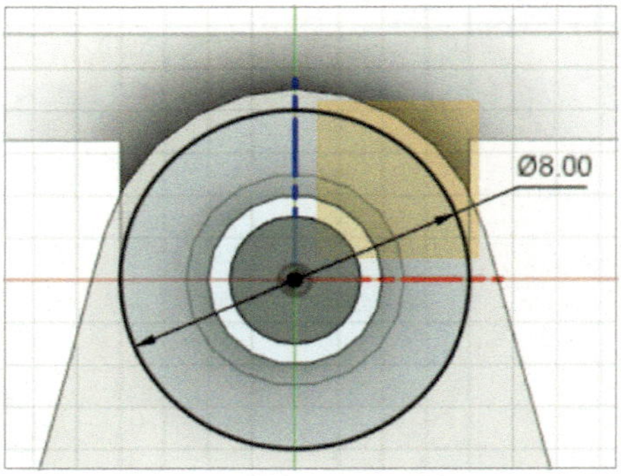

(5) 작성 / 돌출 선택

프로파일 : 그림과 같이 프로파일 선택

거리 : -3 입력

생성 : 접합 선택

(6) 수정 / 모따기 선택

모서리(3곳) 선택

0.5 입력

유형 : 동일한 거리 선택

구석 유형 : 모따기 선택

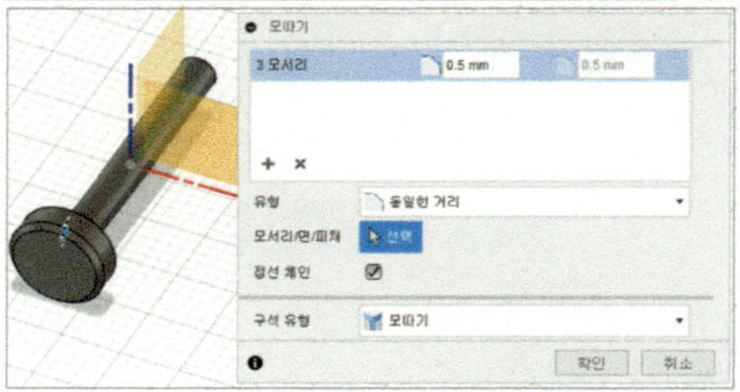

10) 검색기 / Automata 선택 / 새 구성요소 선택

검색기에서 Automata 선택 ⇨ 마우스 우클릭 ⇨ 새 구성요소 선택

이름 : Shaft-Cover 입력

활성화 : 선택

(활성화를 선택하여 새 구성요소를 만들게 되면 구성요소 생성과 동시에 활성화가 적용됩니다.)

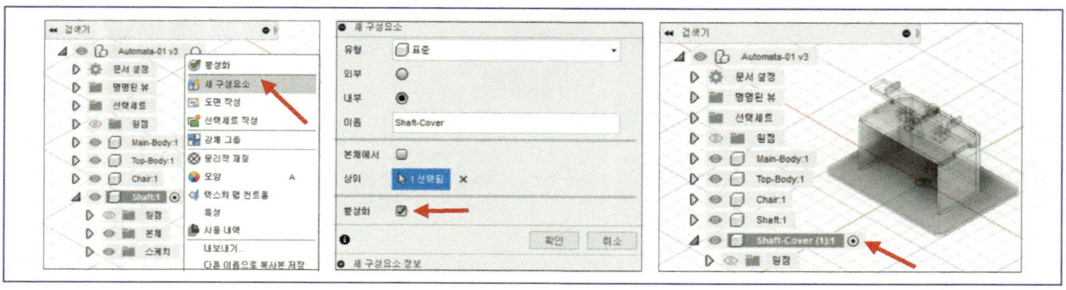

(Shaft-Cover의 원점을 보이게 적용, 나머지 구성요소의 원점은 감추기 적용)

(1) Shaft-Cover 위치이동 하기

검색기에서 Shaft-Cover 선택 ⇨ 마우스 우클릭 ⇨ 이동/복사 선택

이동 유형 : 점 대 점

원점 : Shaft-Cover의 원점의 0 선택, **대상점** : Shaft 후면의 중심점 선택

이동 후 위치 캡처 선택

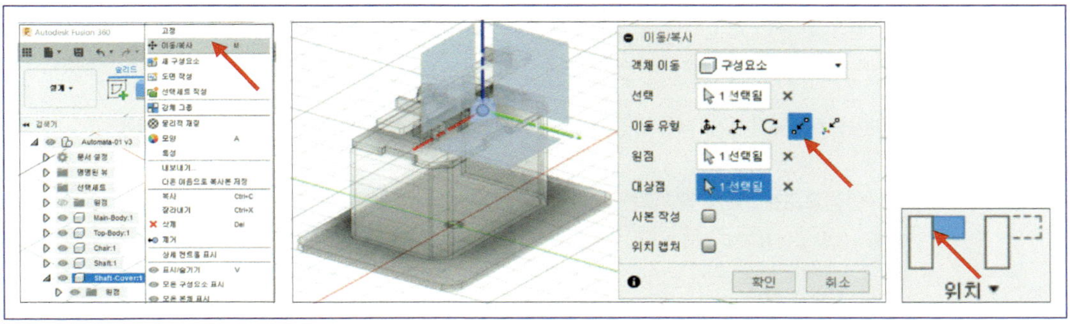

(2) 작성 / 스케치 작성 선택

작업면 : XZ 평면 선택

그림과 같이 스케치 진행

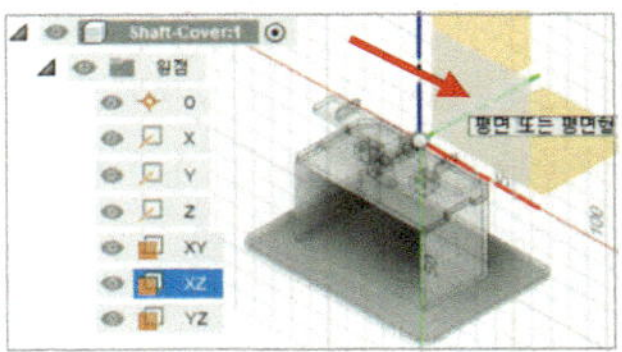

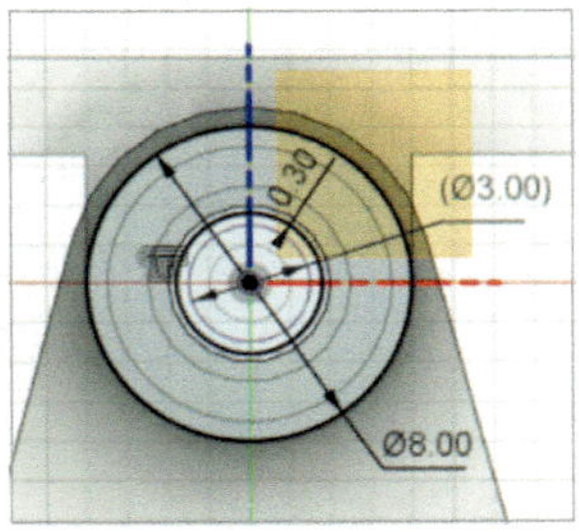

(3) 작성 / 돌출 선택

프로파일 : 그림과 같이 프로파일 선택

방향 : 두 방향 선택

측정 1 (후면 방향)

거리 : 1 입력

측정 2 (전면 방향)

거리 : 2 입력

생성 : 새 본체 선택

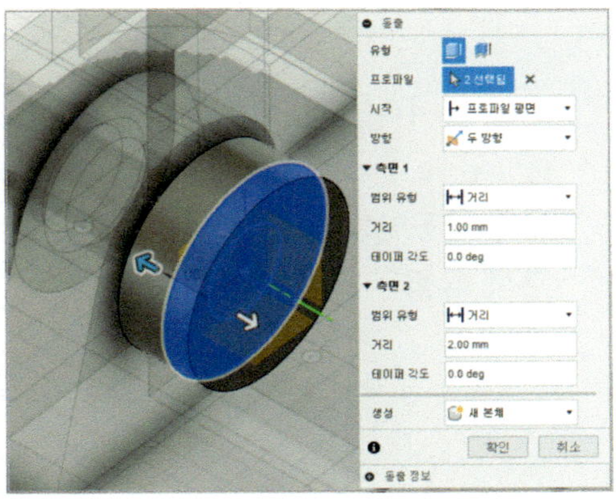

(4) 작성 / 돌출 선택

프로파일 : 그림과 같이 프로파일 선택
(이전 스케치에서 작은 원 선택)

거리 : 충분한 거리 입력

생성 : 잘라내기 선택

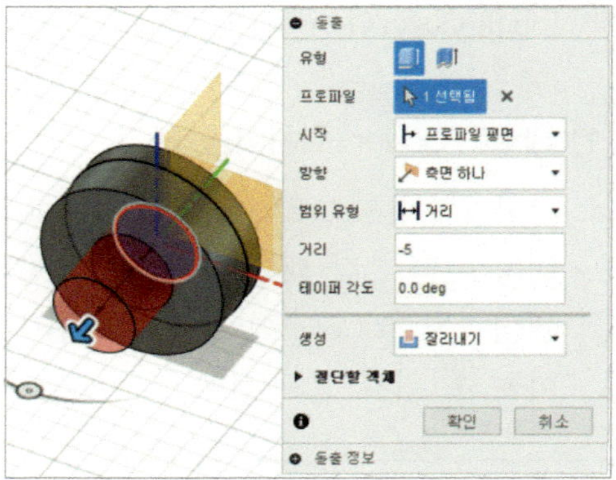

TIP

1. 자동으로 숨기기가 적용되었던 스케치를 보이게 선택합니다. (이전 내용 참조)

기본 설정으로는 자동 숨기기가 적용되어있음.

피쳐 작성 시 스케치 자동 숨기기 ☑

수동으로 보이게 선택된 스케치는 자동으로 숨기기가 적용되지 않습니다.
더 이상 사용하지 않을 때는 수동으로 숨기기(눈 모양 아이콘 해제)를 적용하시면 됩니다

2. 또한, 위와 같이 스케치가 3D모델링의 내부에 있는 경우에는
원하는 프로파일 선택이 잘 안 되거나 어렵습니다.
이런 경우에는 기존 생성된 본체를 잠시 숨기기를 하고 원하는 프로파일 선택 후
조금 전 숨기기가 적용된 본체를 보이게 한 후 작업을 진행하면 됩니다.

(5) 수정 / 모따기 선택

원형 모서리(3곳) 선택

0.5 입력

유형 : 동일한 거리 선택

구석 유형 : 모따기 선택

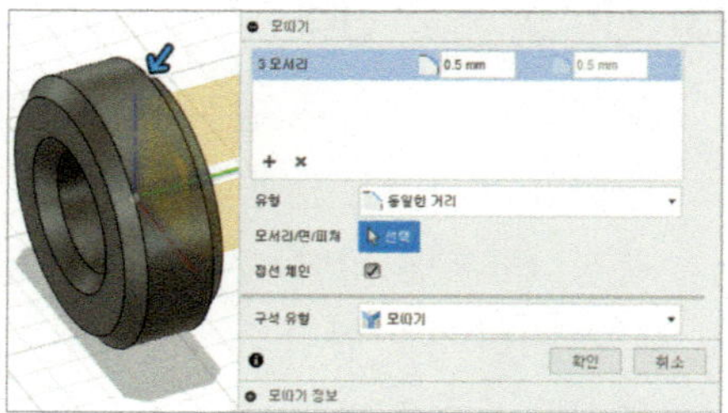

(6) 작성 / 스케치 작성 **선택**

작업면 : 이전 형상의 후면부 선택
그림과 같이 스케치 진행

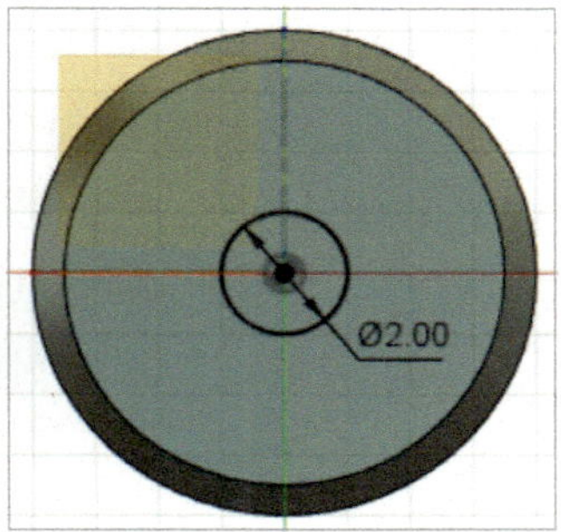

(7) 작성 / 돌출 **선택**

프로파일 : 그림과 같이 프로파일 선택
거리 : 충분한 거리 입력
생성 : 잘라내기 선택

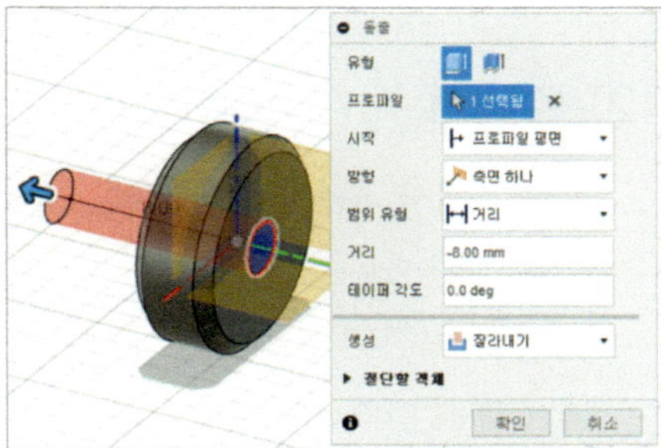

11) Main-Body 활성화 **선택**

마우스로 Main-Body의 우측에 있는 원 선택
원점 보이게 선택 (나머지 원점은 감추기 적용)

(1) 작성 / 스케치 작성 **선택**

작업면 : 형상의 측면부 선택
그림과 같이 스케치 진행

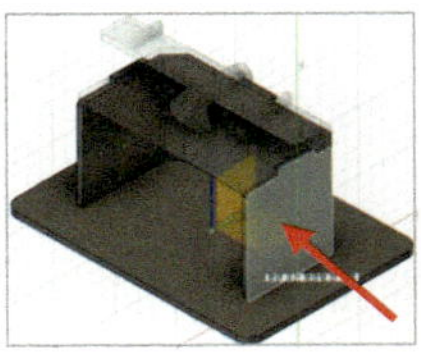

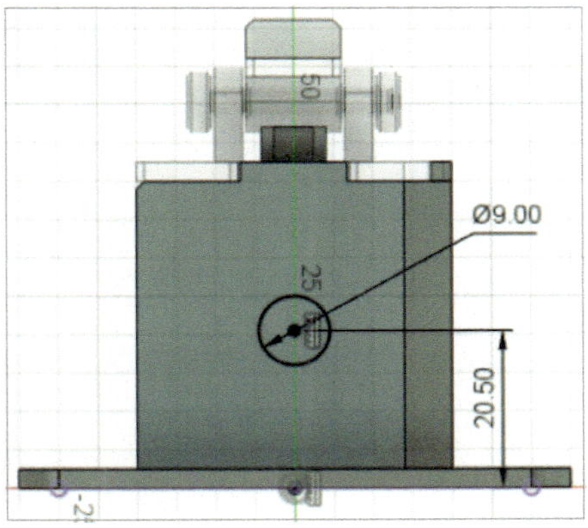

(2) 작성 / 돌출 **선택**

프로파일 : 그림과 같이 프로파일 선택
거리 : 충분한 거리 입력
생성 : 잘라내기 선택

(3) 수정 / 모따기 선택

원형 모서리(4곳) 선택
0.5 입력
유형 : 동일한 거리 선택
구석 유형 : 모따기 선택

12) 검색기 / Automata 선택 / 새 구성요소 선택

검색기에서 Automata 선택 ⇨ 마우스 우클릭 ⇨ 새 구성요소 선택
이름 : Holder 입력
활성화 : 선택
(활성화를 선택하여 새 구성요소를 만들게 되면 구성요소 생성과 동시에 활성화가 적용됩니다.)

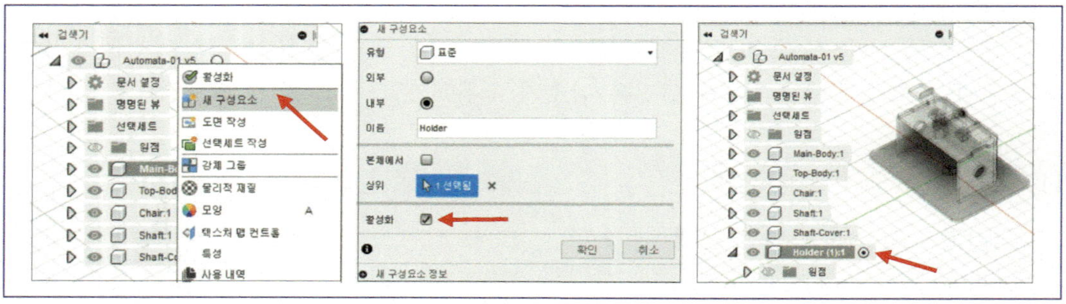

(1) Holder 위치이동 하기

Holder 선택 ⇨ 마우스 우클릭 ⇨ 이동/복사 선택

a) 이동 유형 : 점 대 점
   원점 : Holder 원점의 0 선택, 대상점 : Main-Body 측면의 원 중심점 선택

b) 이동 유형 : 자유이동
   측면(X 거리)으로 0.5 이동

c) 이동 후 위치 캡처 선택

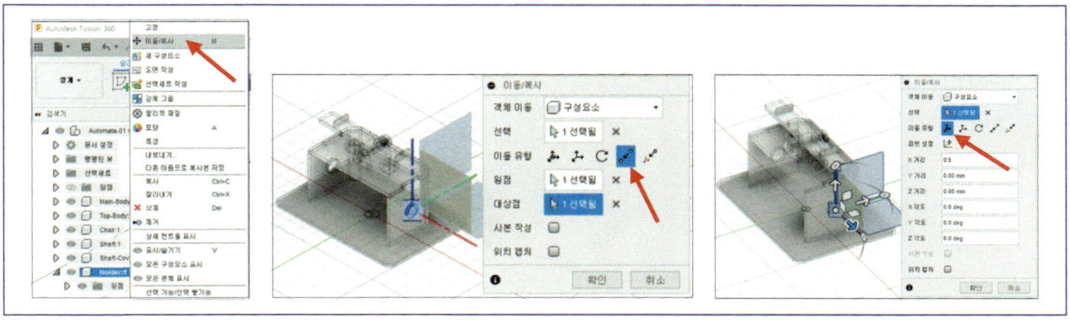

(2) 작성 / 스케치 작성 **선택**

작업면 : YZ 평면 선택

그림과 같이 스케치 진행

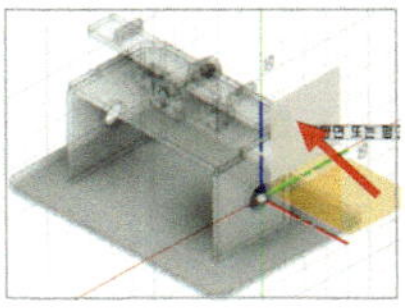

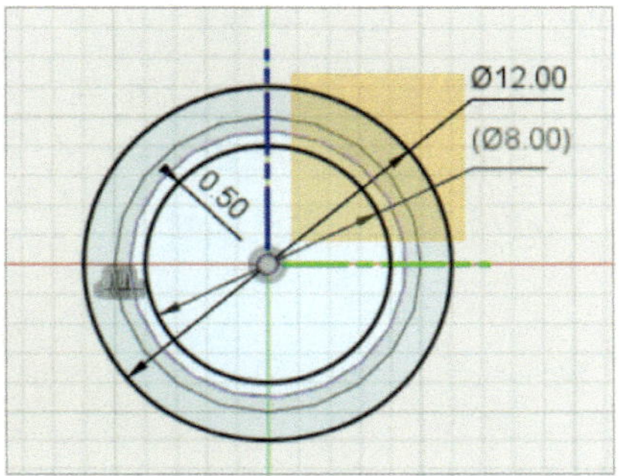

(3) 작성 / 돌출 **선택**

프로파일 : 그림과 같이 프로파일 선택

거리 : (외부방향) 2 입력

생성 : 새 본체 선택

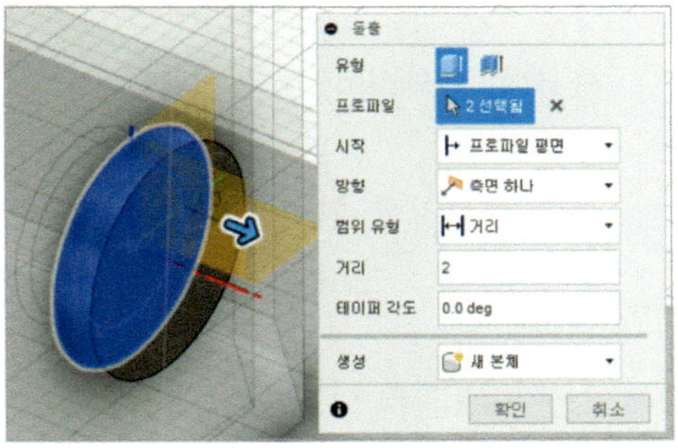

(4) 작성 / 돌출 **선택**

프로파일 : 그림과 같이 프로파일 선택

거리 : (내부방향) -3.5 입력

생성 : 접합 선택

(5) 작성 / 스케치 작성 선택

작업면 : 이전 형상의 측면 선택

그림과 같이 스케치 진행

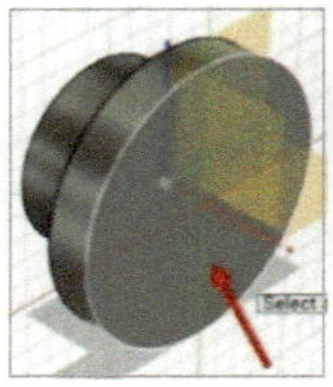

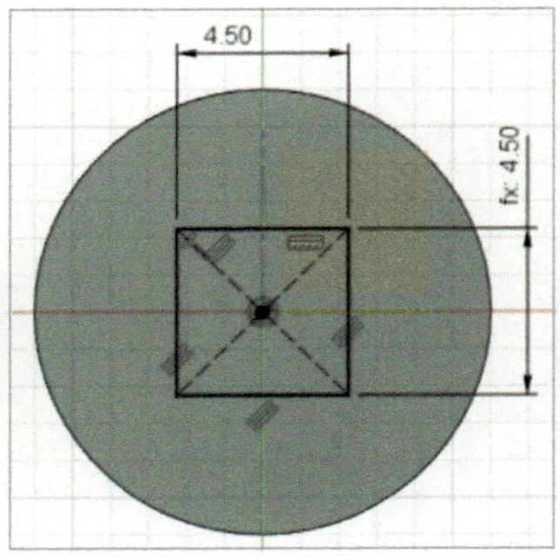

(6) 작성 / 돌출 선택

프로파일 : 그림과 같이 프로파일 선택

거리 : 충분한 거리 입력

생성 : 잘라내기 선택

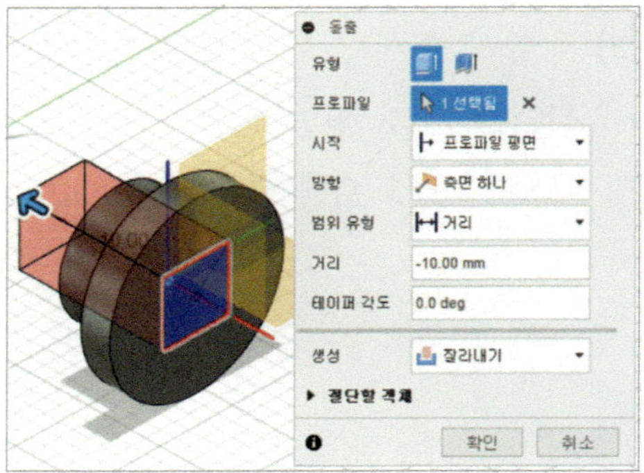

(7) 수정 / 모따기 선택

사각형 모서리(4곳) 선택

0.5 입력

유형 : 동일한 거리 선택

구석 유형 : 모따기 선택

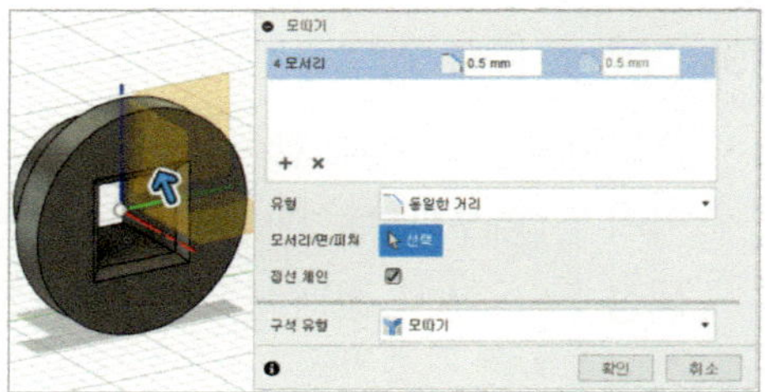

13) Automata 활성화 선택

마우스로 Automata의 우측에 있는 원 선택

(원점을 보이게 선택, 나머지 원점은 감추기 적용)

(1) 수정 / 모양 선택

각 부품의 색상 변경

(여러 부품이 조립된 경우 색상을 적용하면 구분하시면 편리합니다)

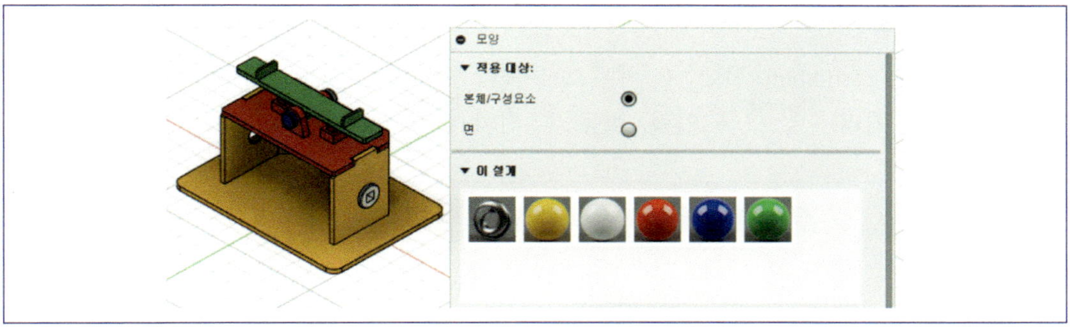

(2) Holder 동일부품 추가

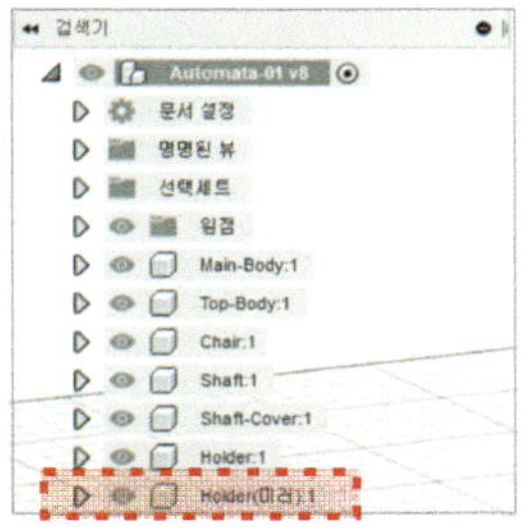

작성 / 미러 선택

유형 : 구성요소

객체 : Holder 선택

미러 평면 : YZ 평면 선택

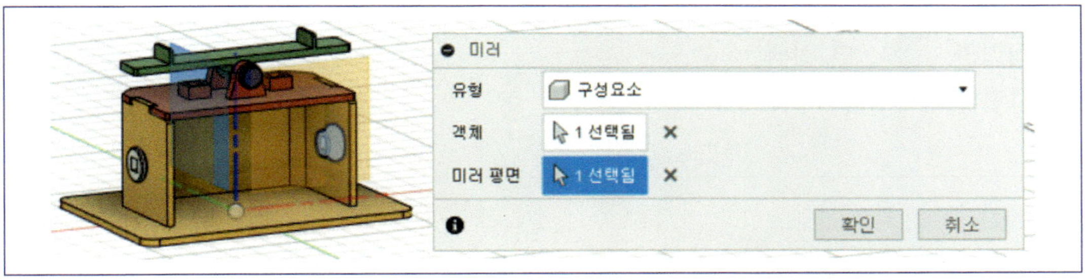

14) 검색기 / Automata 선택 / 새 구성요소 선택

검색기에서 Automata 선택 ⇨ 마우스 우클릭 ⇨ 새 구성요소 선택

이름 : Cam-Shaft 입력

활성화 : 선택

(활성화를 선택하여 새 구성요소를 만들게 되면 구성요소 생성과 동시에 활성화가 적용됩니다.)

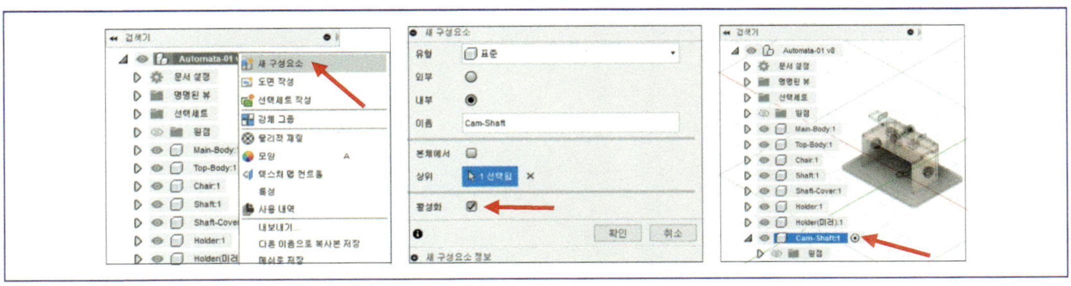

(1) 위치이동 하기

검색기에서 Cam-Shaft 선택 ⇨ 마우스 우클릭 ⇨ 이동/복사 선택
위 방향(Z 거리)으로 20.5 입력, 이동 후 위치 캡처 선택

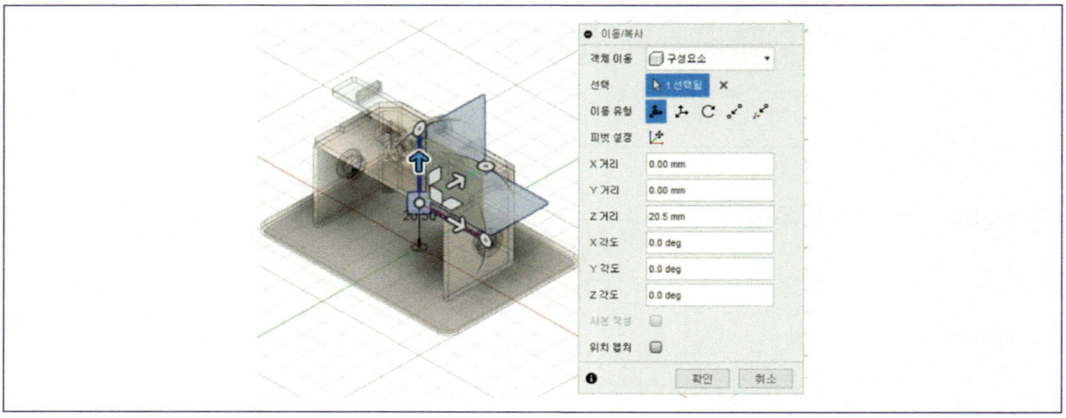

(2) 작성 / 스케치 작성 선택

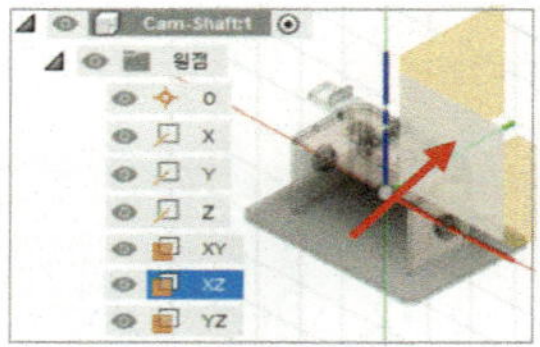

작업면 : XZ 면 선택
그림과 같이 스케치 진행

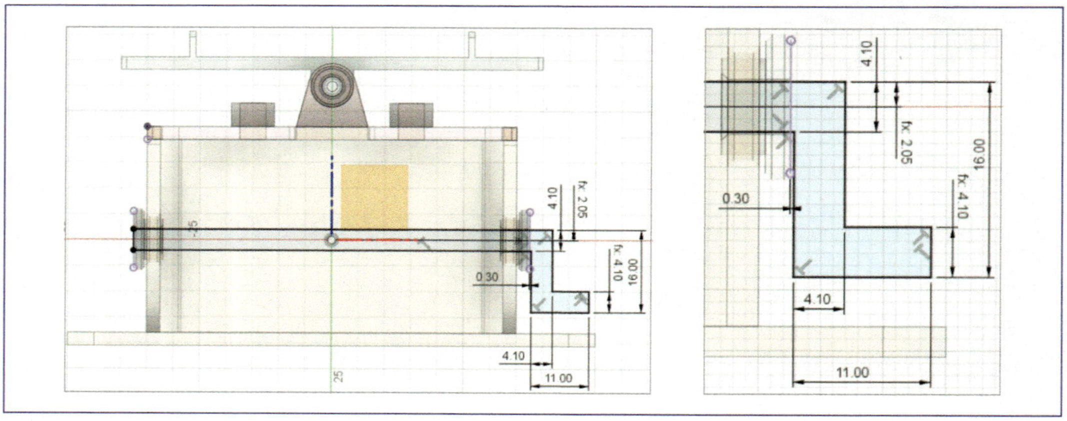

(3) 작성 / 돌출 **선택**

프로파일 : 그림과 같이 프로파일 선택
방향 : 대칭 선택
측정값 : 전체 길이 선택
거리 : 4.1 입력
생성 : 새 본체 선택

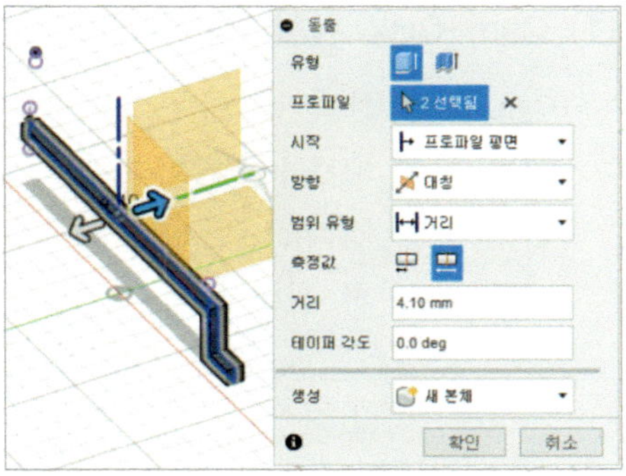

(4) 수정 / 모따기 **선택**

형상의 모든 모서리 선택
(마우스로 드래그하여 선택)
0.5 입력
유형 : 동일한 거리 선택
구석 유형 : 모따기 선택

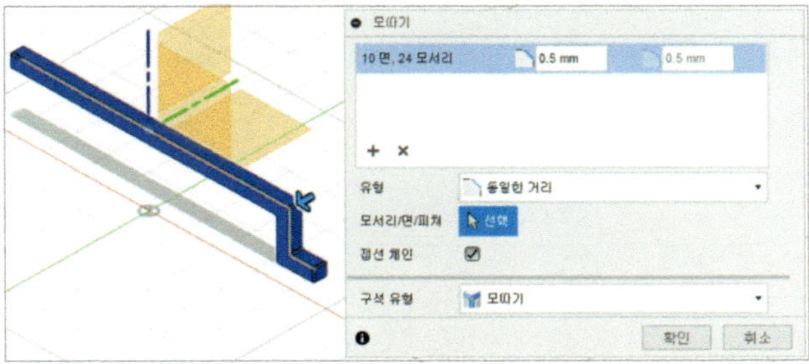

15) 검색기 / Automata 선택 / 새 구성요소 **선택**

검색기에서 Automata 선택 ⇨ 마우스 우클릭 ⇨ 새 구성요소 선택
이름 : Cam-Disk 입력
활성화 : 선택
(활성화를 선택하여 새 구성요소를 만들게 되면 구성요소 생성과 동시에 활성화가 적용됩니다.)

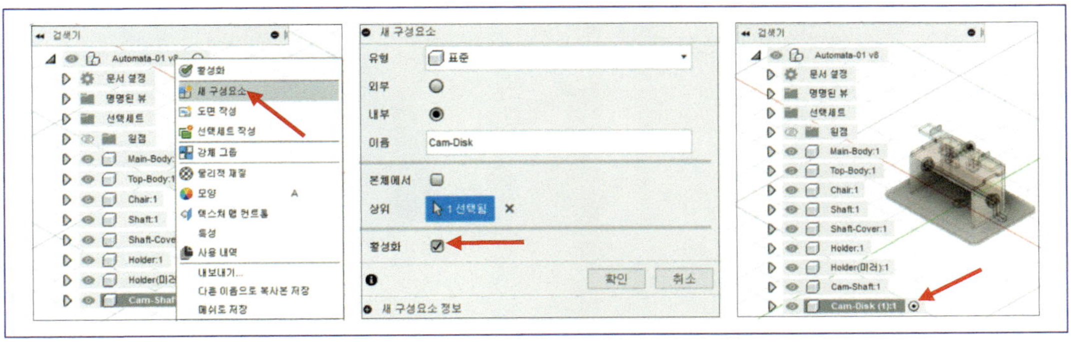

(1) Cam-Disk 위치이동 하기

Cam-Disk 선택 ⇨ 마우스 우클릭 ⇨ 이동/복사 선택

이동 유형 : 자유이동

위 방향(Z 거리)으로 20.5 입력, 우측(X 거리)으로 15 입력

이동 후 위치 캡처 선택

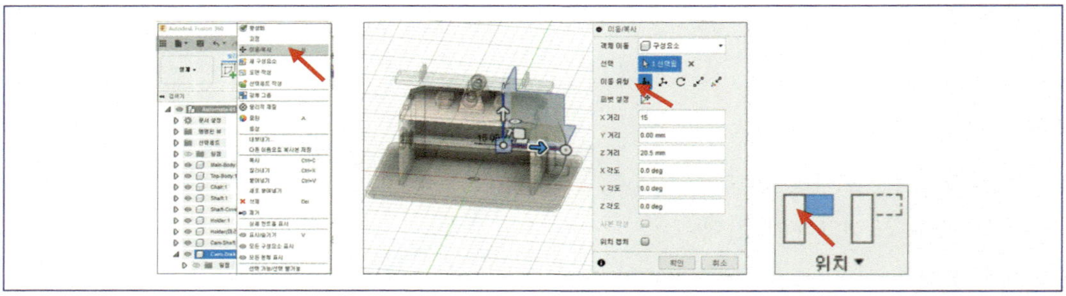

(2) 작성 / 스케치 작성 선택

작업면 : YZ 평면 선택

그림과 같이 스케치

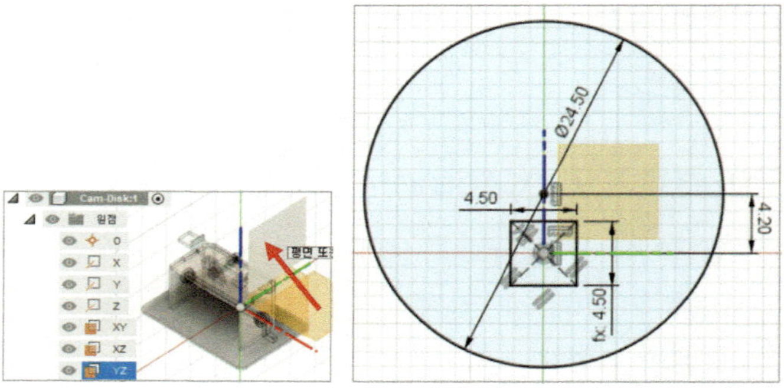

(3) 작성 / 돌출 선택

프로파일 : 그림과 같이 프로파일 선택

방향 : 대칭 선택

측정값 : 전체 길이

거리 : 3 입력

생성 : 새 본체 선택

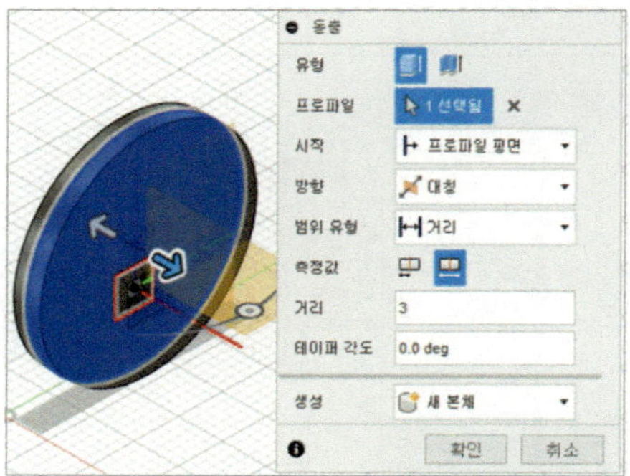

(4) 수정 / 모따기 선택

외측 모든 모서리 선택
0.5 입력
유형 : 동일한 거리 선택
구석 유형 : 모따기 선택

TIP 위 명령어처럼 3D 형상에서 객체를 선택하는 경우에서….

1. 선택하고자 하는 객체가 일부분(부분적)일 경우
   : 변경하고자 하는 부분의 객체만 선택 후 다음 작업 진행

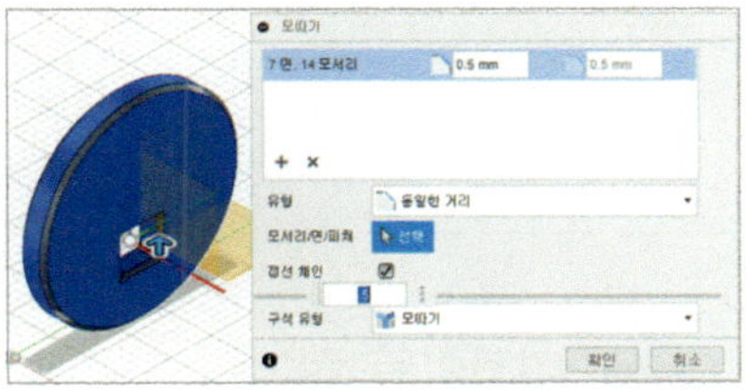

2. 선택하고자 하는 객체가 전체적 일 경우
   : 마우스로 드래그(전체 선택)하여 선택 후 다음 작업 진행

위 연습문제 (4)번의 경우는 1번, 2번 어느 방법을 적용하나 결과는 같습니다.

16) Automata 활성화 선택

마우스로 Automata의 우측에 있는 원 선택

(1) Cam-Disk 동일부품 추가

Cam-Disk 선택 ⇨ Ctr+C ⇨ Ctr+V 실행
아래 그림처럼 좌측으로 이동합니다.
이동 유형 : 자유 이동
X 거리 : -30, Z 거리 : 16.8, X 각도 : 180

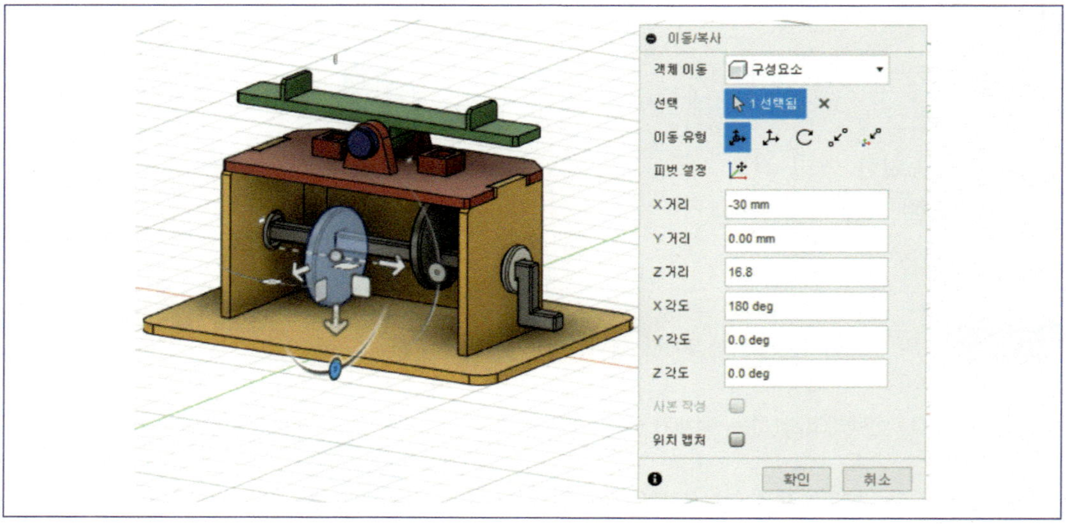

(2) Chair 위치이동 하기

검색기에서 Chair 선택 ⇨ 마우스 우클릭 ⇨ 이동/복사 선택

이동 유형 : 회전 선택, **축** : 회전 중심축(원 중심) 선택, **각도** : -15 입력

이동 후 위치 캡처 선택

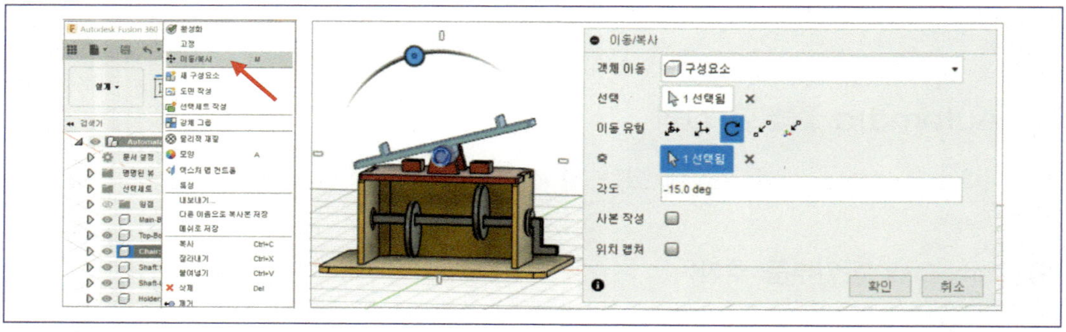

17) 검색기 / Automata 선택 / 새 구성요소 선택

검색기에서 Automata 선택 ⇨ 마우스 우클릭 ⇨ 새 구성요소 선택

이름 : Rod 입력

활성화 : 선택

(활성화를 선택하여 새 구성요소를 만들게 되면 구성요소 생성과 동시에 활성화가 적용됩니다.)

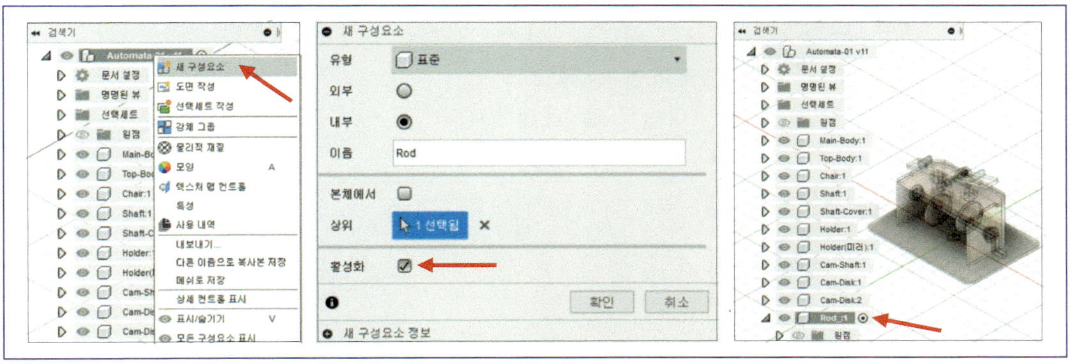

(1) Rod 위치이동 하기

검색기에서 Shaft-Cover 선택 ⇨ 마우스 우클릭 ⇨ 이동/복사 선택

이동 유형 : 변환

위 방향(Z 거리)으로 36.95 입력

우측(X 거리)으로 15 입력

이동 후 Capture Position 선택

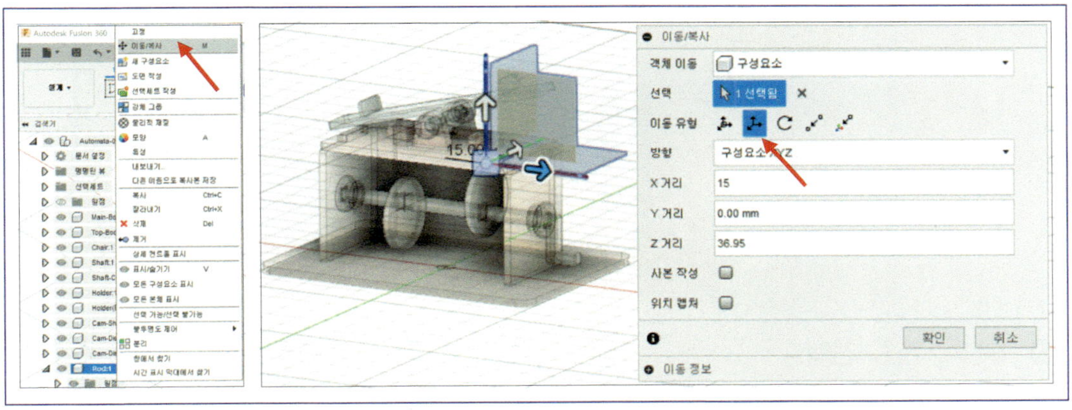

(2) 작성 / 스케치 작성 선택

작업면 : XY 평면 선택

그림과 같이 스케치 진행

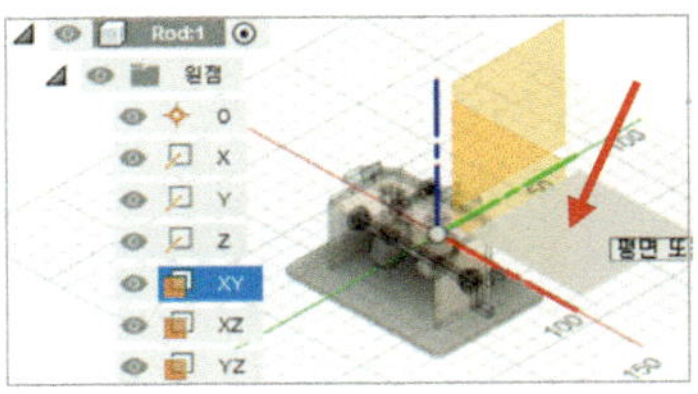

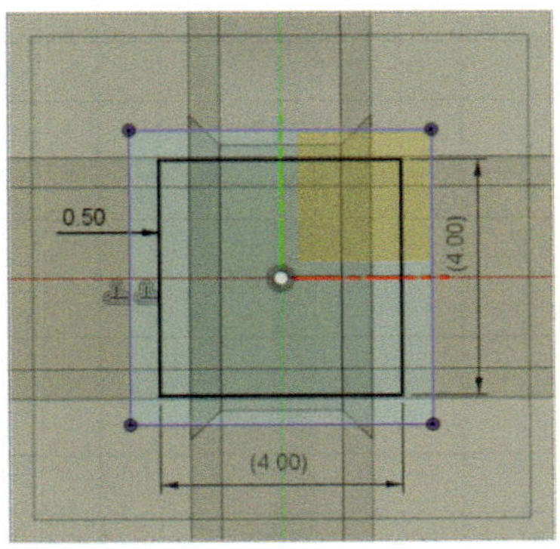

(3) 작성 / 돌출 **선택**

프로파일 : 그림과 같이 프로파일 선택

거리 : (위 방향) 20 입력, **생성** : 새 본체 선택

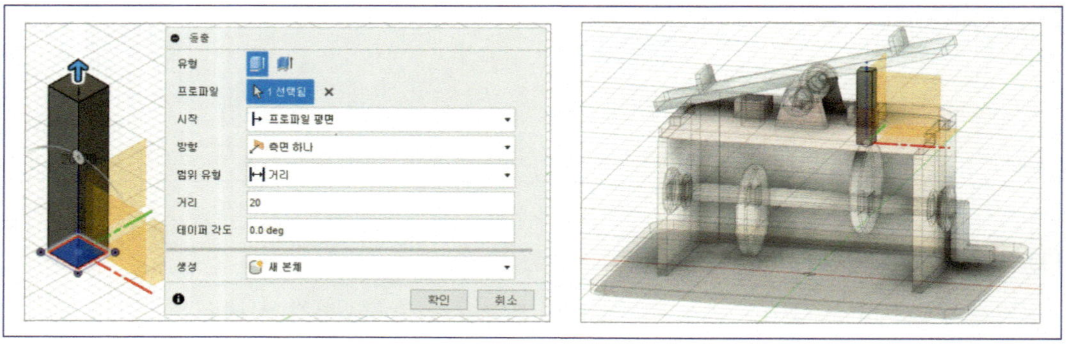

(4) 작성 / 스케치 작성 **선택**

작업면 : 이전 형상의 바닥면 선택

그림과 같이 스케치 진행

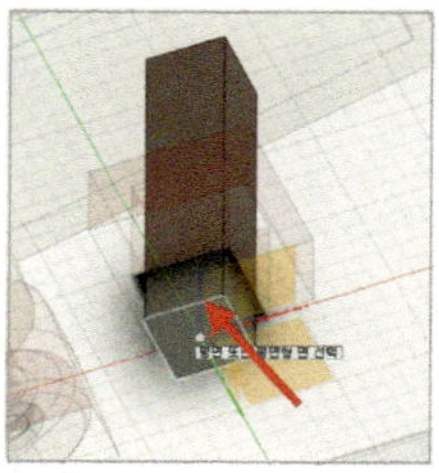

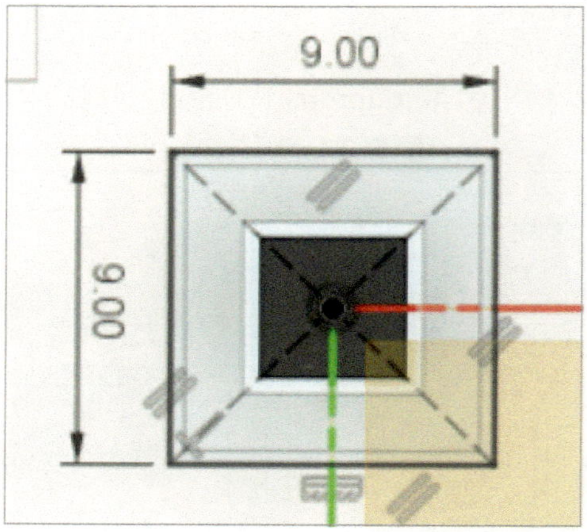

(5) 작성 / 돌출 **선택**

프로파일 : 그림과 같이 프로파일 선택

거리 : (위 방향) -2 입력

생성 : 접합 선택

(6) 수정 / 모따기 선택

바닥면 측면 모서리(4곳) 선택
1 입력
유형 : 동일한 거리 선택
구석 유형 : 모따기 선택

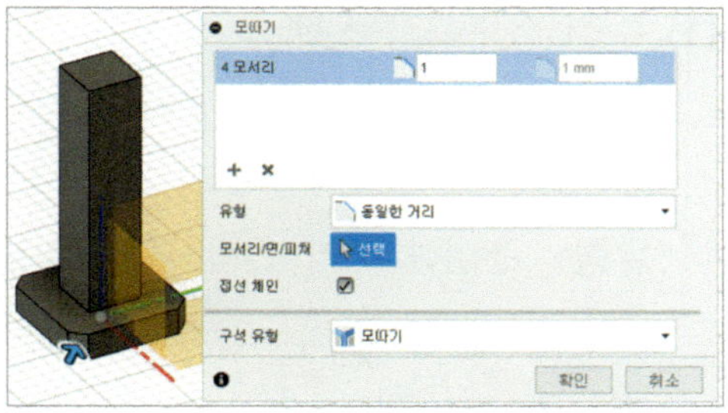

(7) 수정 / 모따기 선택

형상 전체 선택
0.5 입력
유형 : 동일한 거리 선택
구석 유형 : 모따기 선택

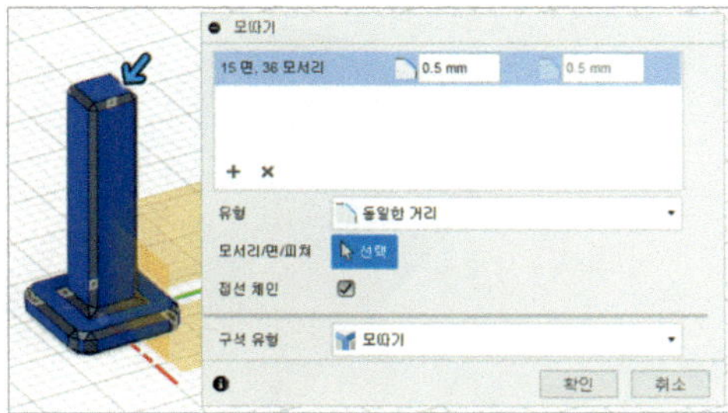

18) Automata 활성화 선택

마우스로 Automata의 우측에 있는 원 선택

(1) 동일부품 추가

Rod 선택 ⇨ Ctr+C ⇨ Ctr+V 실행
이동 유형 : 변환, 아래 방향(Z 거리)으로 -8.4, 좌측(X 거리)으로 -30

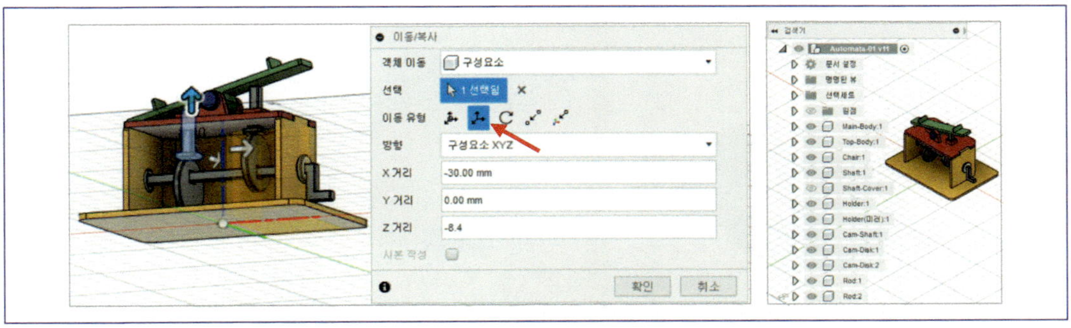

19) Top-Body 활성화 선택

마우스로 Top-Body의 우측에 있는 원 선택
(다른 구성요소는 감추기를 합니다.)

(1) 수정 / 모따기 **선택**

면 위에 돌출된 형상의 표면선택

0.5 입력

유형 : 동일한 거리 선택, **구석 유형** : 모따기 선택

(2) 수정 / 모따기 **선택**

바닥면의 내부에 있는 사각형 모서리 선택

0.5 입력

유형 : 동일한 거리 선택, **구석 유형** : 모따기 선택

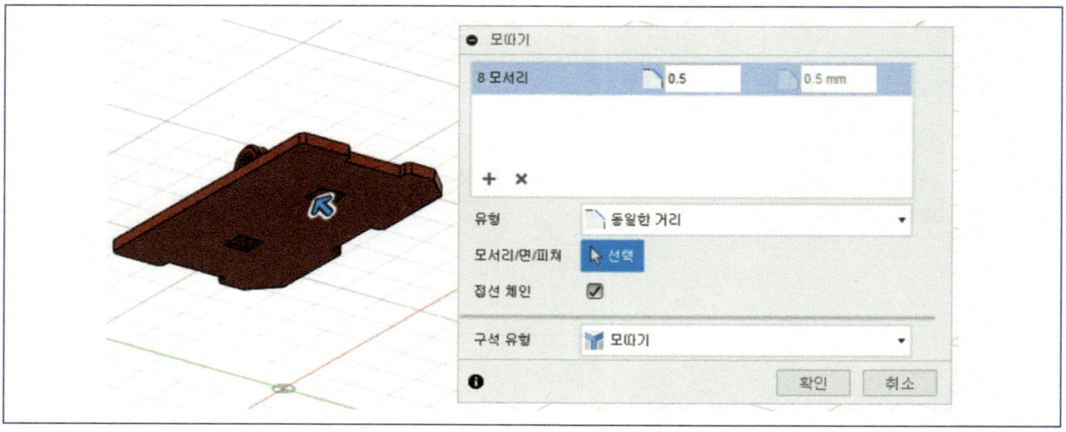

20) Automata 활성화 선택

마우스로 Automata의 우측에 있는 원 선택
(모든 구성요소 보이게 설정)

(1) 수정 / 모양 선택

나머지 구성요소 색상 적용
(여러 부품이 조립된 경우 색상을 적용하면 구분하시면 편리합니다)

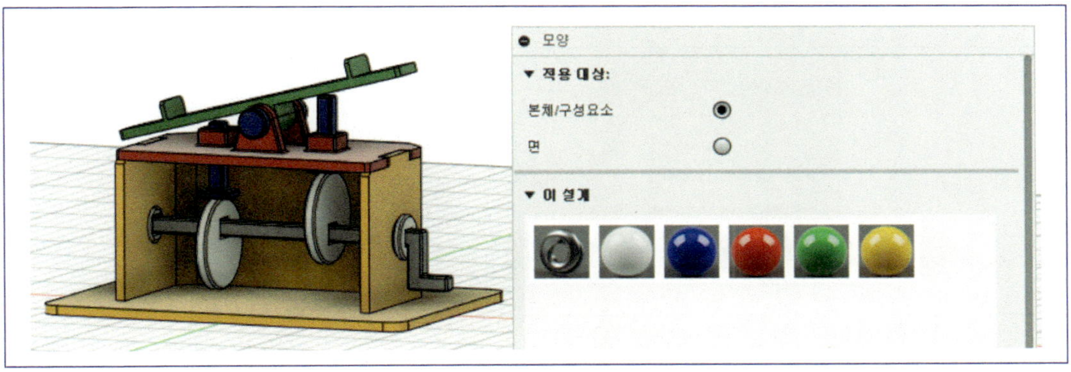

▌오토마타(시소) 3D모델링 완료

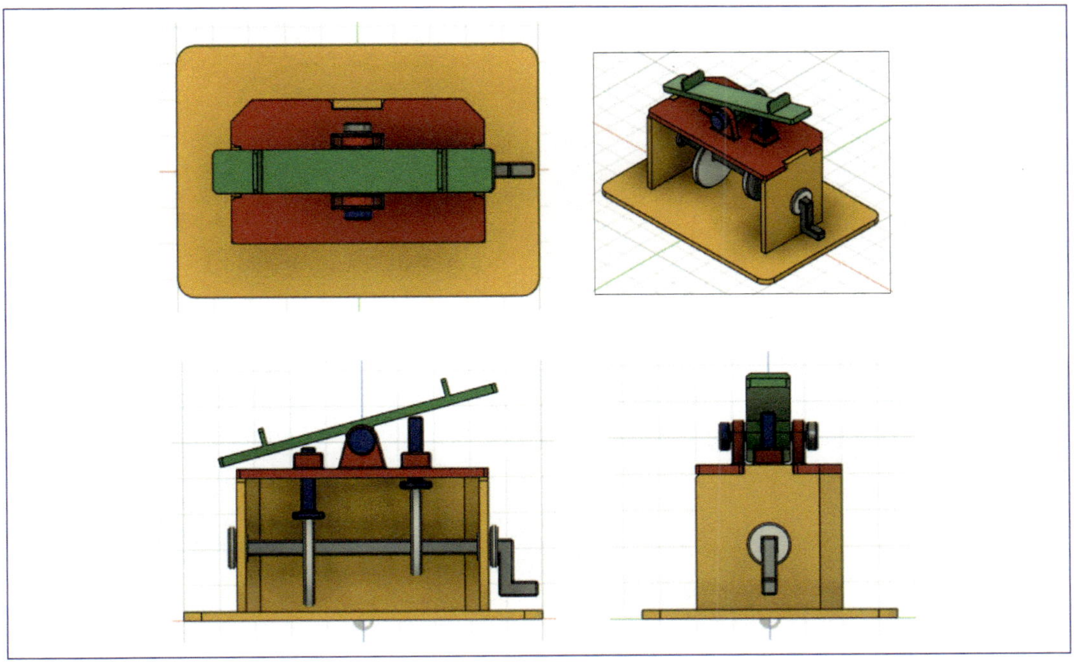

2.2 구성요소 조립

1) 바닥에 고정하기

전체 조립에서 기준이 되는 구성요소를 고정합니다. (적용 후에는 움직이지 않음)

Main–Body 선택 ⇨ 마우스 우클릭 ⇨ 고정 선택
아래 그림과 같이 적용 후 압정표시가 나타납니다.

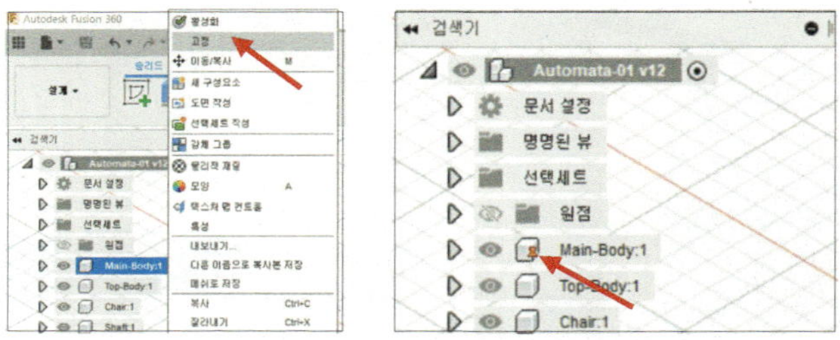

2) 조립 / 강체 그룹 선택

서로 그룹으로 묶어 단일 객체로 취급되게 합니다. (3번 실행)

(1) 구성요소 :

Main-Body
Top-Body

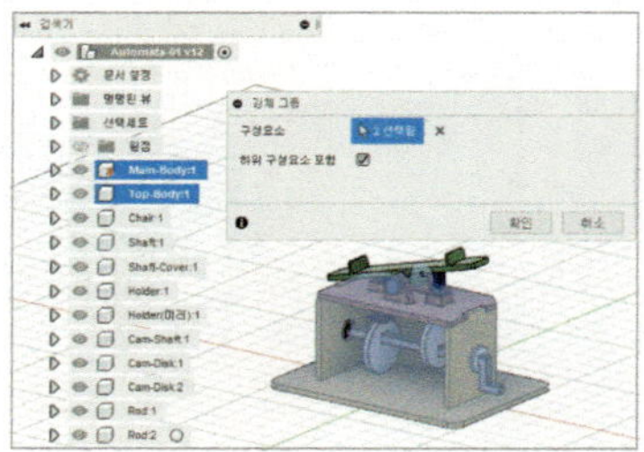

(2) 구성요소 :

Holder(2개)
Cam-Shaft
Cam-Disk(2개)

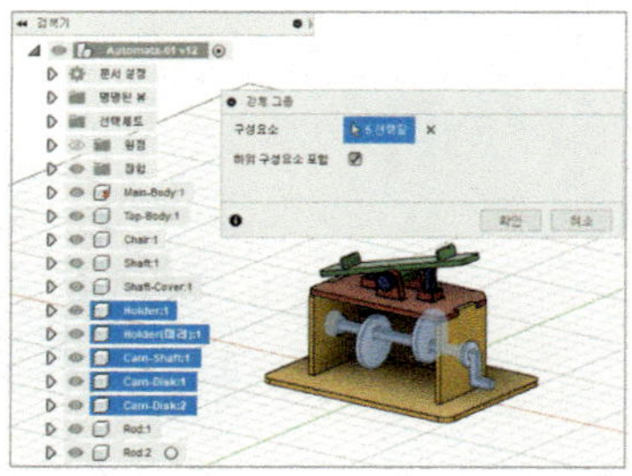

(3) 구성요소 :

Shaft

Shaft-Cover

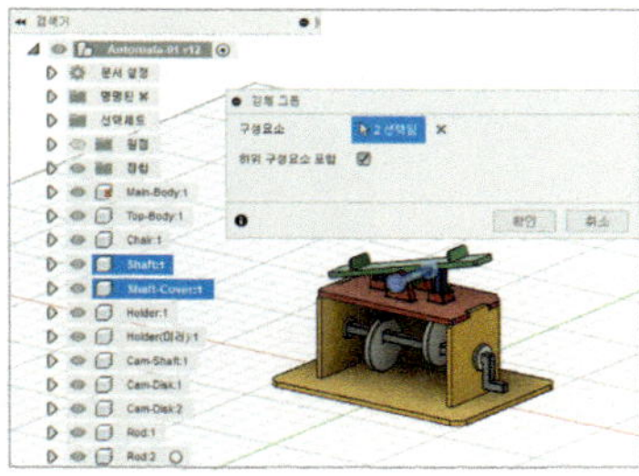

3) 현재 위치에서 접합 적용

3D모델링의 각 구성요소가 정위치(조립 위치)에 맞게 진행되어 있어 그 자리에서 (위치이동 없음) 조립을 적용하면 됩니다.

(1) 조립 / 현재 위치에서 접합 선택

구성 요소 : Cam-Shaft, Main-Body 선택

접합 유형 : 회전

스냅 : Holder의 원형 외측 선택(중심 선택)

회전 : 방향 확인(Z축)

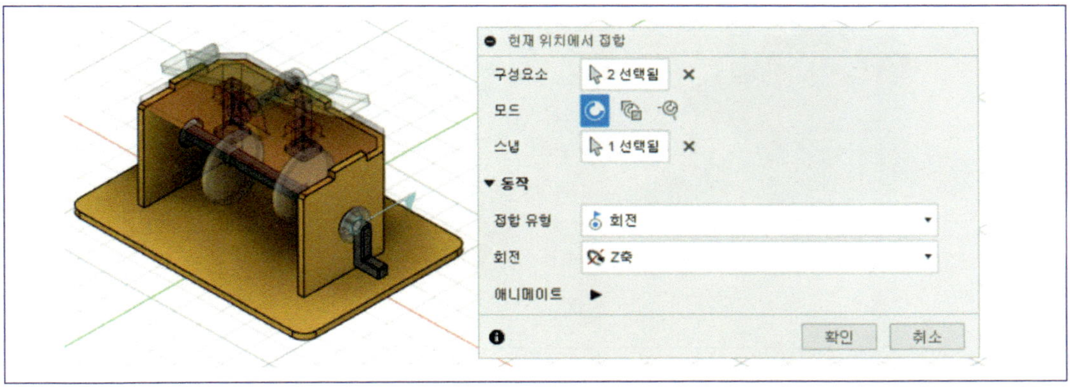

(2) 조립 / 현재 위치에서 접합 선택

구성 요소 : Chair, Top-Body 선택

접합 유형 : 회전

스냅 : 회전운동 중심축을 지나는 점 선택(중심 선택)

회전 : 방향 확인(Z축)

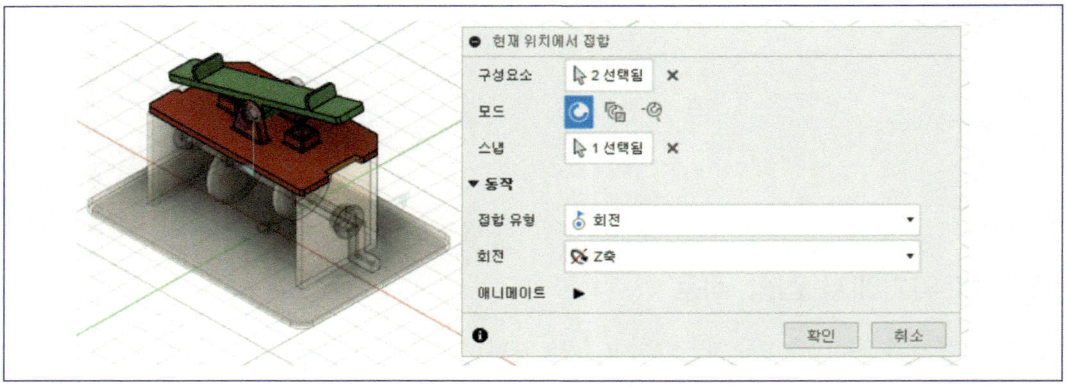

(3) 조립 / 현재 위치에서 접합 **선택**

구성 요소 : Shaft, Top-Body 선택

접합 유형 : 회전

스냅 : Shaft 전면 중심점 선택(회전운동 중심축을 지나는 점)

회전 : 방향 확인(Z축)

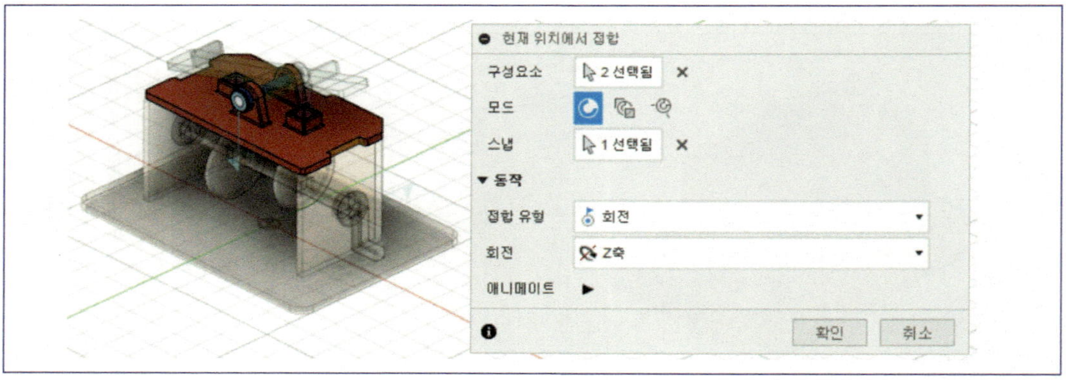

(4) 조립 / 현재 위치에서 접합 **선택**

구성 요소 : Rod, Top-Body 선택

접합 유형 : 슬라이더

스냅 : Rod 아래면 선택

슬라이드 : 방향 확인(Z축)

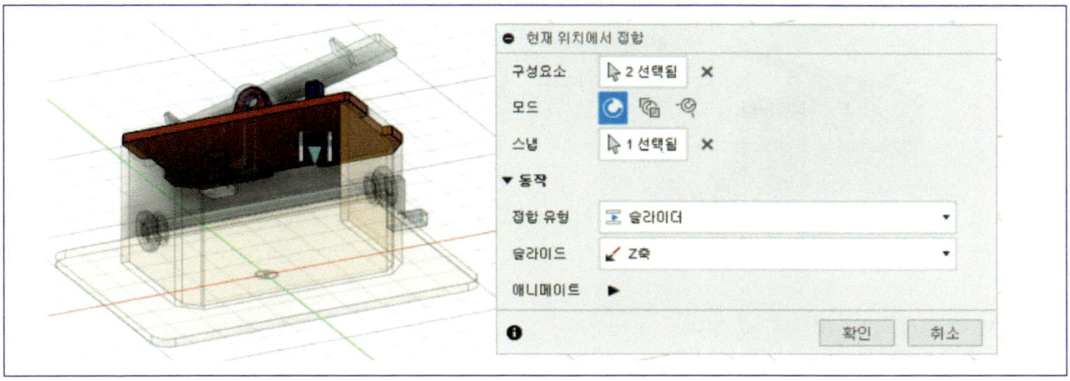

(5) 조립 / 현재 위치에서 접합 **선택**

구성 요소 : Rod, Top-Body 선택

접합 유형 : 슬라이더, 스냅 : Rod 아래면 선택, 슬라이드 : 방향 확인(Z축)

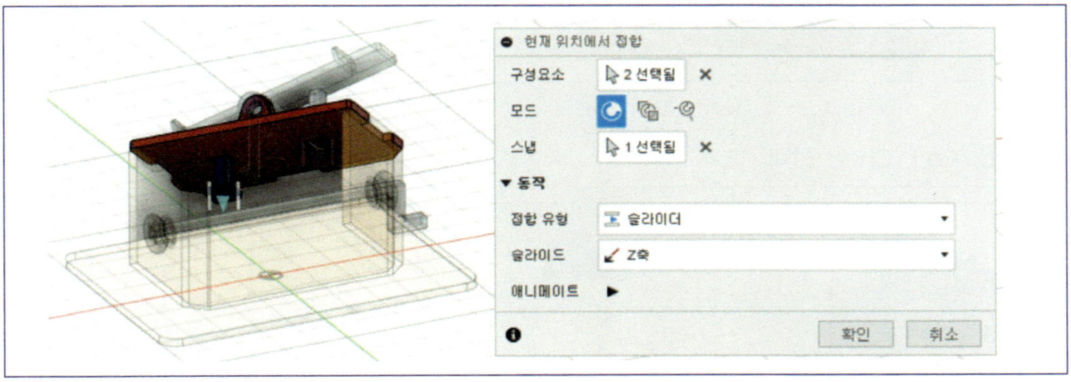

(6) 접촉 세트 사용 **선택**

각 구성요소의 접촉 부분을 컴퓨터로 계산해서 3D 형상의 움직임을 시각적으로 표현해 줍니다.

(7) 조립 / 접촉 세트 사용 **선택**

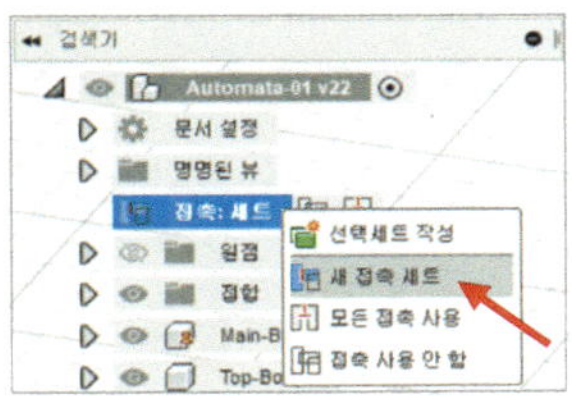

a) 검색기에서 접속 : 세트 선택 ⇨ 마우스 우클릭 ⇨ 새 접촉 세트 선택

Cam-Disk와 Rod 선택(접하고 있는 부품 선택)

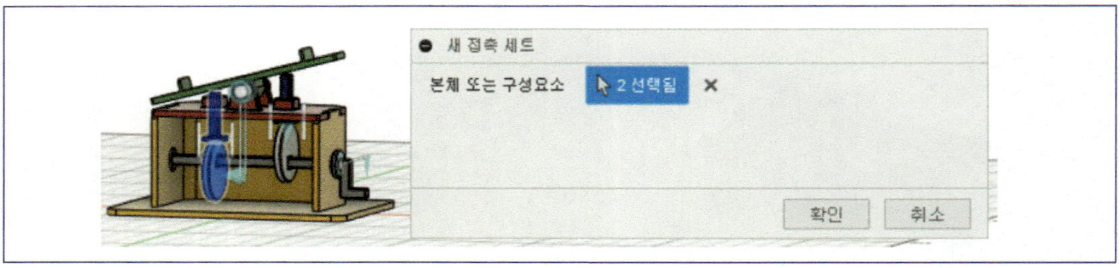

같은 방법으로 2번 더 진행

b) Cam–Disk와 Rod 선택

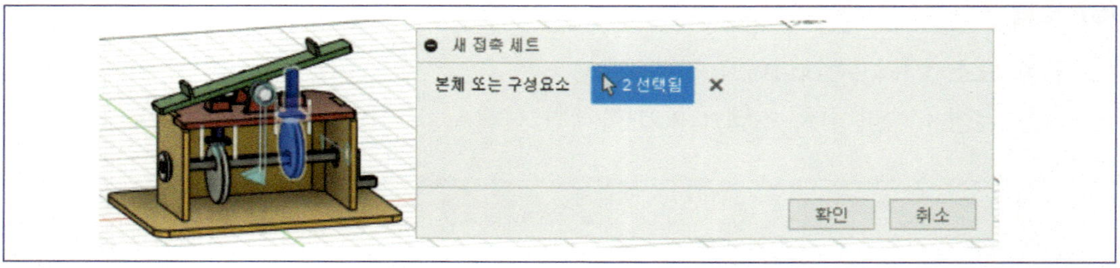

c) Rod, Rod, Chair 선택

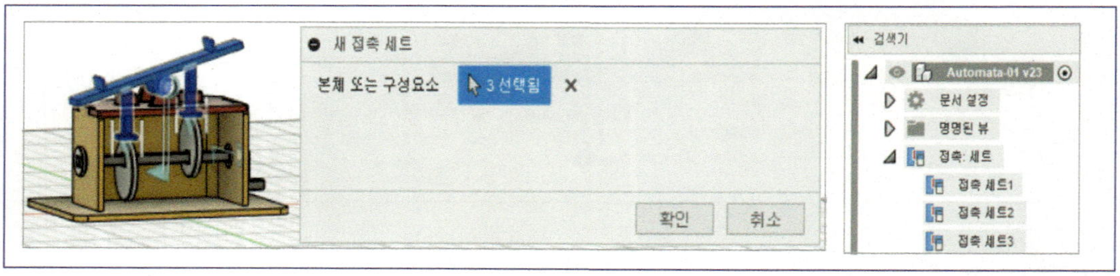

(8) 접합 제한 편집 적용하기

a) 슬라이더 선택 ⇨ 마우스 우클릭 ⇨ 접합 제한 편집 선택

레스트 선택, 8.4 입력

(레스트 : 동작 범위 내에서 부품의 정지 위치를 설정, 슬라이드의 경우 최저점 위치 입력)

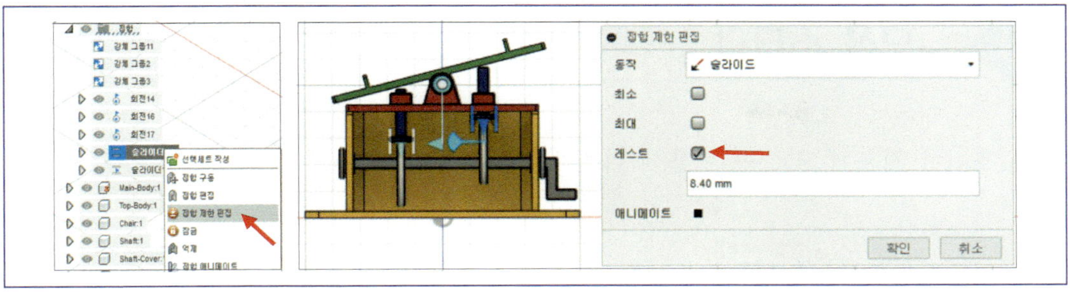

b) 슬라이더 선택 ⇨ 마우스 우클릭 ⇨ 접합 제한 편집 선택

레스트 선택, 0 입력

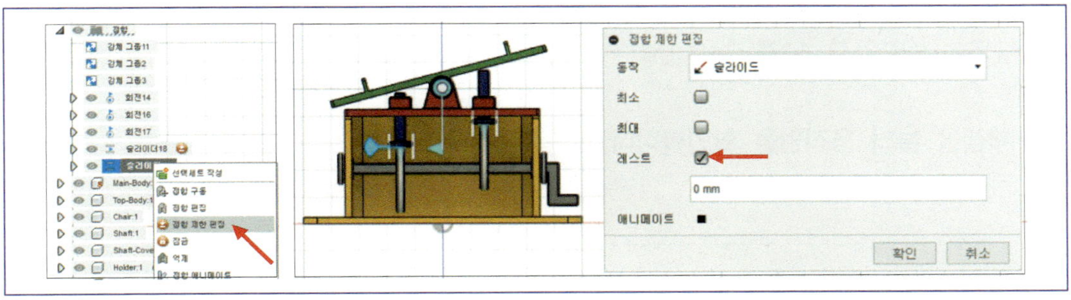

(9) 직접 실행하면서 움직임 검토하기

핸들 부분을 마우스로 돌려가면서 움직임을 확인합니다.

PC 성능에 따라 자연스러운 움직임에 차이가 발생합니다.

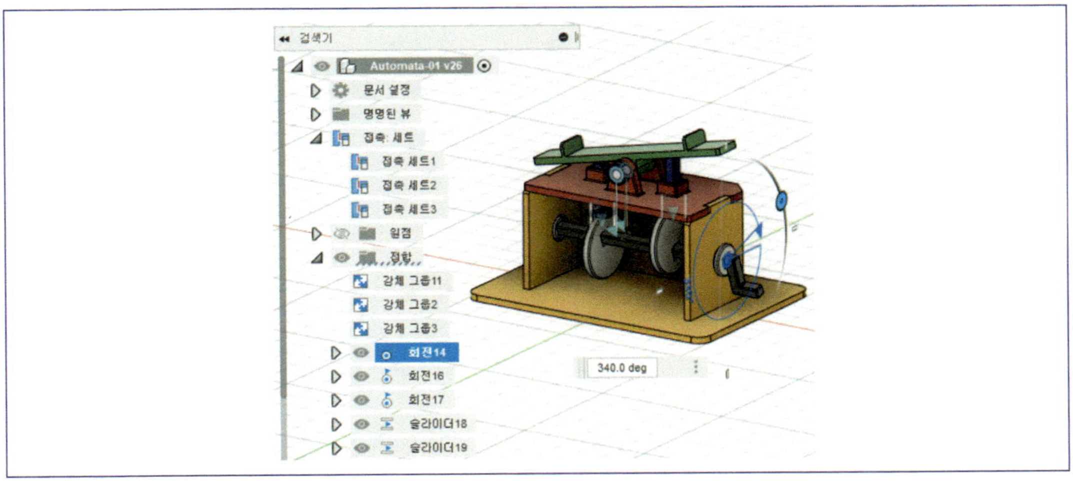

2.3 모션 스터디

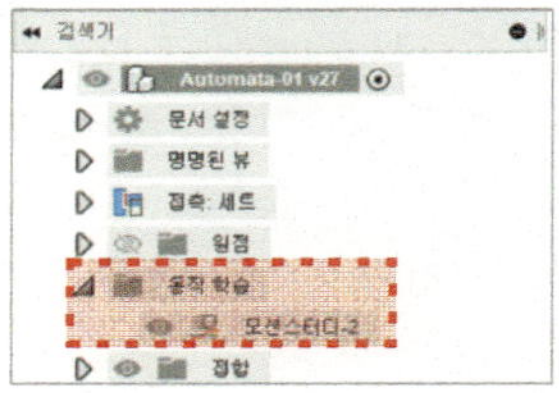

조립 조건이 적용된 3D 모델링을 애니메이션 할 수 있습니다.

(1) 조립 / 모션 스터디 선택

(2) Cam-Shaft의 회전조건 선택

(3) 우측의 모션 스터디 창의 그래프 선택

각도 : 360 입력, 단계 : 100 입력

(4) 재생을 눌러 움직임을 확인합니다.

(애니메이션 확인)

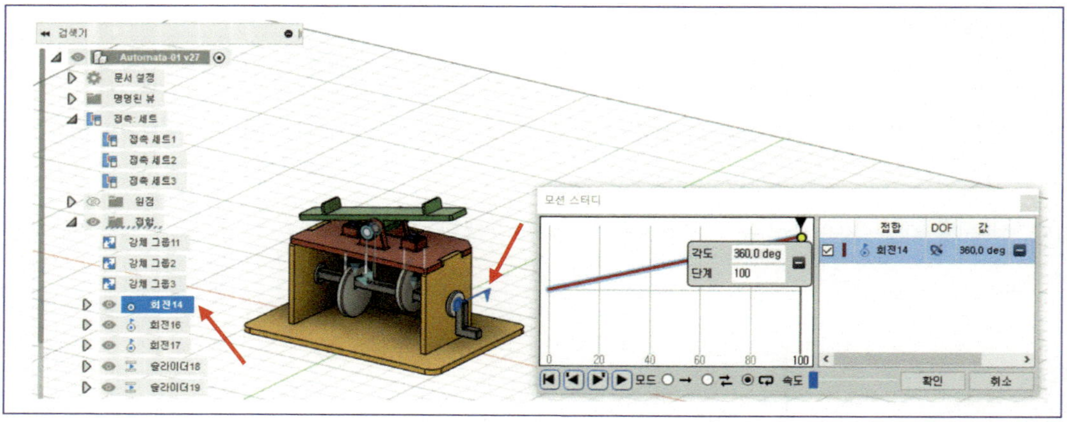

2.4 STL 파일로 변환하기

3D프린터로 출력하기 위해서는 출력하고자 하는 3D모델링을 STL 파일로 변환해 주어야 합니다.

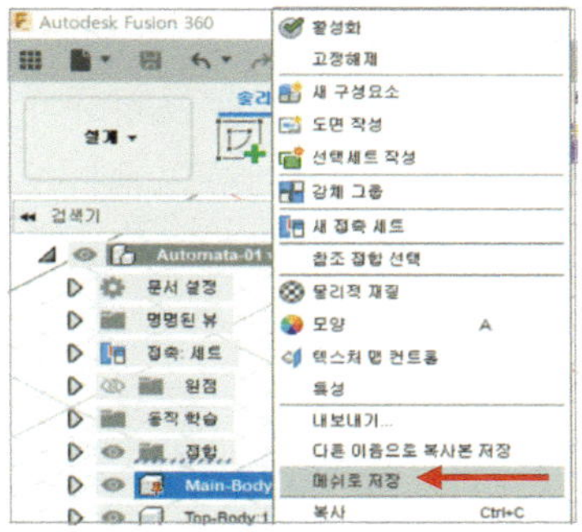

(1) 변환하고자 하는 구성요소 선택

마우스 우클릭 ⇨ 메쉬로 저장 선택

(2) 팝업창에서…

형식 : STL(이진) 선택

(3MF, STL(이진), STL(ASCII), OBJ - 여러 형식으로 변환되며 대부분의 슬라이싱 프로그램에서 사용 가능합니다.)

3D프린터 운용 기능사 실기시험에는 STL(이진)을 선택 추천해 드립니다.

메쉬 미리보기 : 선택 (변환된 형상을 미리 보여줍니다.)

미세조정 : 높음 설정

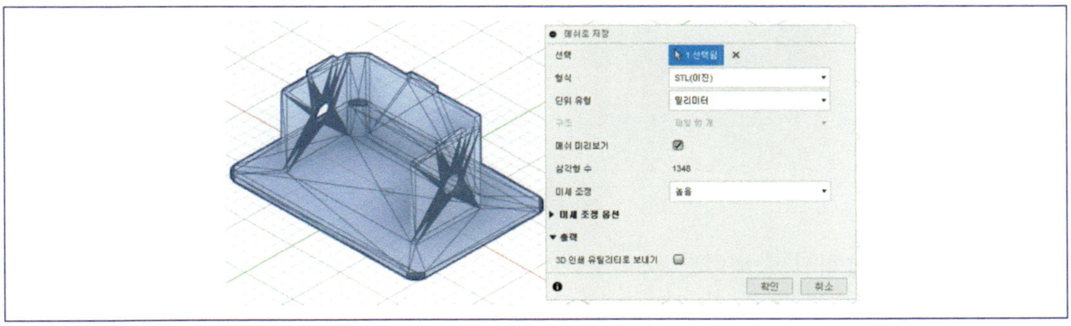

(3) 원하는 위치에 저장합니다.

(파일 이름 변경 가능)

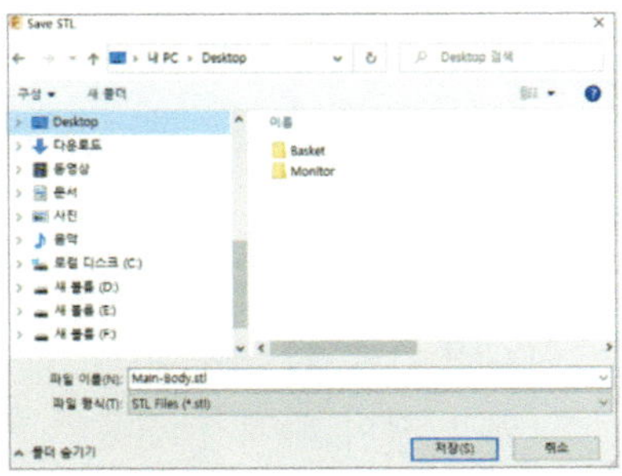

(4) 기타 구성요소도 같은 방법으로 변경하면 됩니다.

2.5 3D 프린터 출력 전 추가적인 고려사항

완료된 3D data를 3D프린터로 출력 시 생각보다는 많은 시간이 걸립니다. 그래서 슬라이싱 프로그램의 설정을 조정하여 출력품질과 출력시간을 합리적으로 조절할 수 있습니다. 여기서는 3D모델링을 수정하여 출력시간을 줄이는 방법에 대해 생각해보려 합니다.

선택사항으로 디자인이 중요하다면 3D data를 수정 없이 진행하면 되고 기능적으로 작동성을 중요시한다면 3D 출력시간을 줄이기 위해 기존 3D data를 수정하면 됩니다.
상대적으로 출력시간을 줄일 수 있는 부품이 Rod와 Shaft입니다.

1) Rod의 3D data 수정하기

(1) 수정 전 큐라에서 출력 시 위치별 출력시간 비교

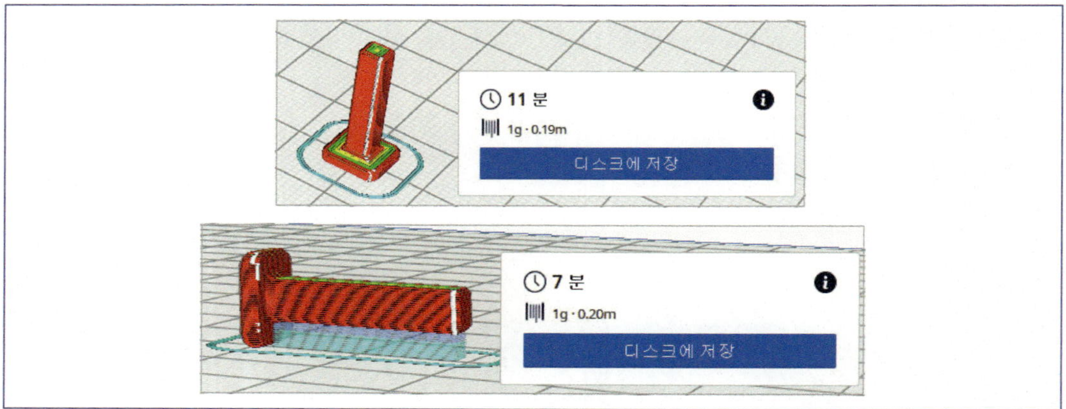

위 그림과 같이 눕혀서 출력하면 출력시간이 많이 단축됩니다.
또한, 출력 시 서포터가 생기지 않게 3D모델링이 된다면 출력시간은 더 단축됩니다.

(2) Rod 활성화 선택

마우스로 Rod의 우측에 있는 원 선택

a) 작성 / 스케치 작성 선택

작업면 : 측면 선택

그림과 같이 스케치 진행

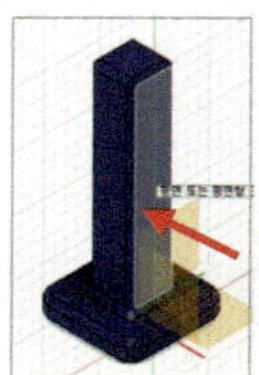

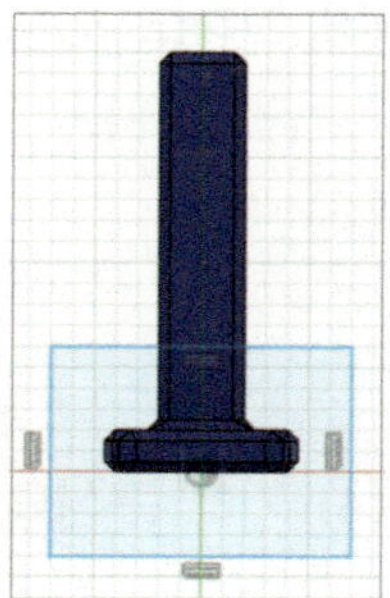

b) 작성 / 돌출 선택

프로파일 : 그림과 같이 프로파일 선택

거리 : 충분한 거리 입력

생성 : 잘라내기 선택

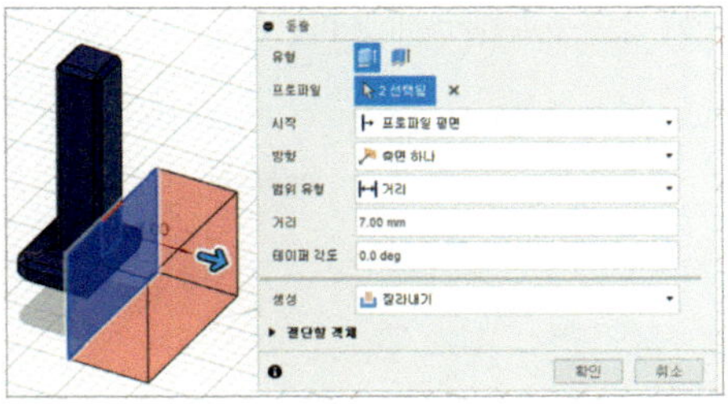

(3) 수정된 3D data를 기준으로 STL 파일을 만들어서 적용하면…

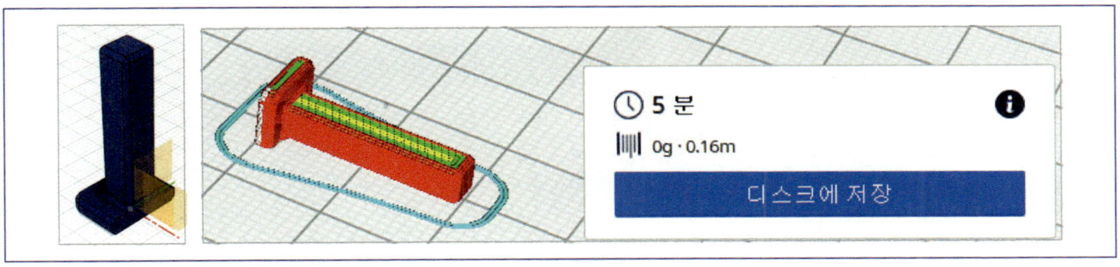

출력시간이 단축되었습니다.

출력시간이 많이 필요한 큰 치수의 형상이나 서포트가 많이 만들어지는 형상에 적용하면 도움이 됩니다.

2) Shaft의 3D data 수정하기

(1) 수정 전 큐라에서 출력 시 위치별 출력시간 비교

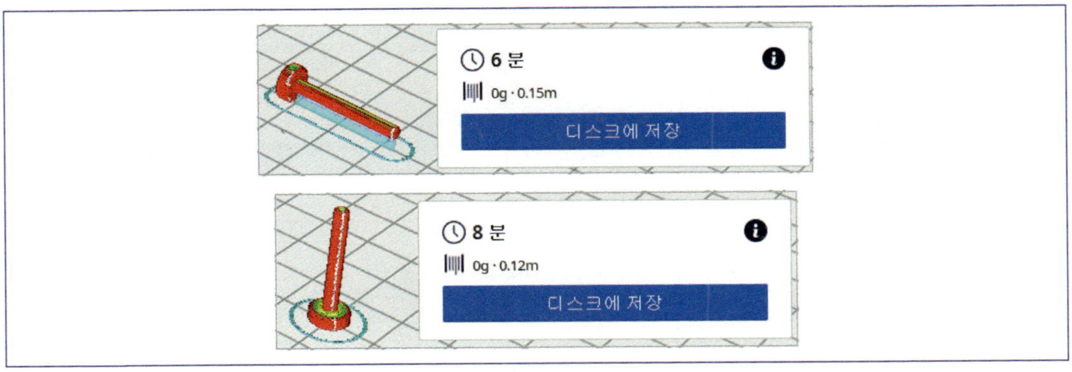

그림과 같이 눕혀서 출력하면 출력시간이 많이 단축됩니다.

또한, 출력 시 서포터가 생기지 않게 3D모델링이 된다면 출력시간은 더 단축됩니다.

(2) Shaft 활성화 **선택**

마우스로 Rod의 우측에 있는 원 선택

a) 작성 / 스케치 작성 선택

작업면 : YZ 면 선택

그림과 같이 스케치 진행

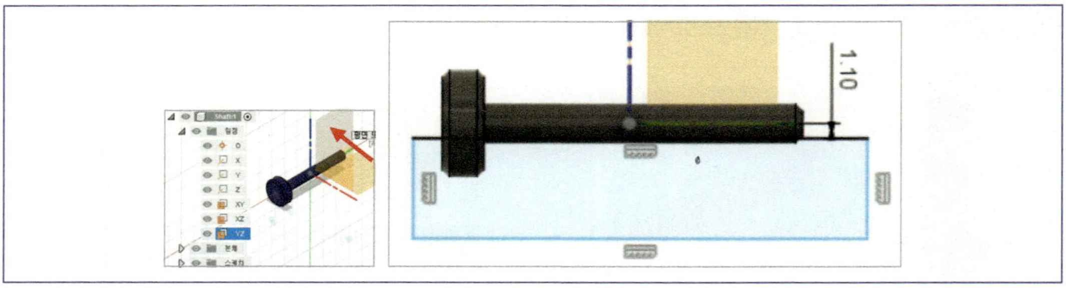

b) 작성 / 돌출 선택

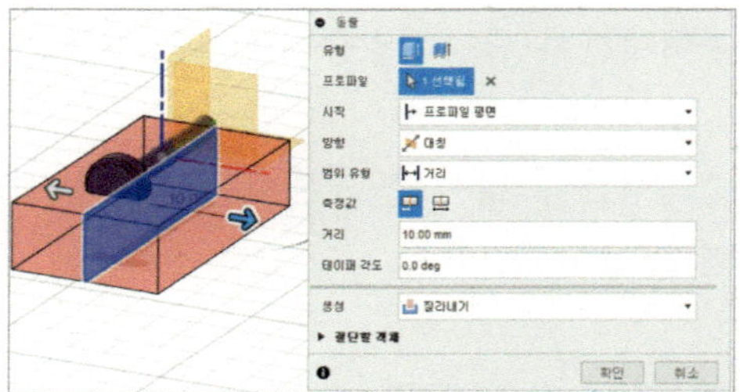

프로파일 : 그림과 같이 프로파일 선택

방향 : 대칭 선택

거리 : 충분한 거리 입력

생성 : 잘라내기 선택

(3) 수정된 3D data를 기준으로 STL 파일을 만들어서 적용하면…

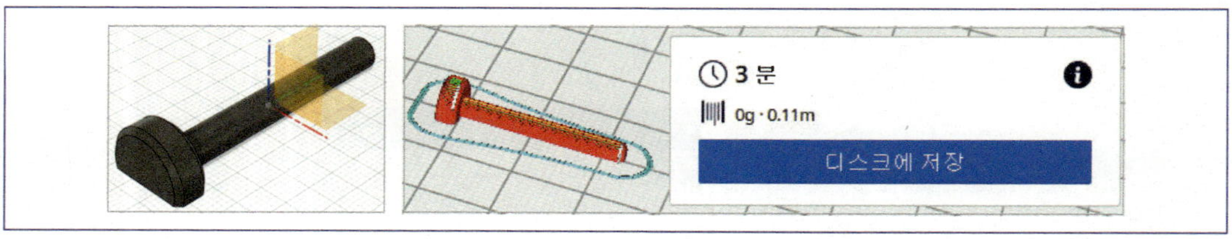

출력시간이 단축되었습니다.

출력시간이 많이 필요한 큰 치수의 형상이나 서포트가 많이 만들어지는 형상에 적용하면 도움이 됩니다.

최종 3D모델링 형상

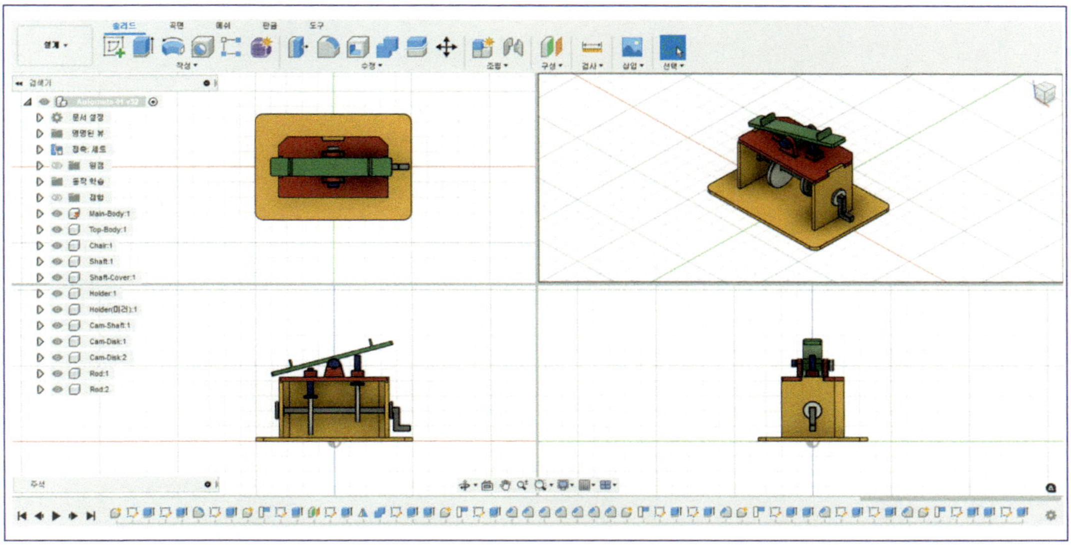

Main-Body:1
Top-Body:1
Chair:1
Shaft:1
Shaft-Cover:1
Holder:1
Holder(미러):1
Cam-Shaft:1
Cam-Disk:1
Cam-Disk:2
Rod:1
Rod:2

AUTODESK®
FUSION 360™

CHAPTER 3

3D프린터 운용기능사 실기

(문제풀이)

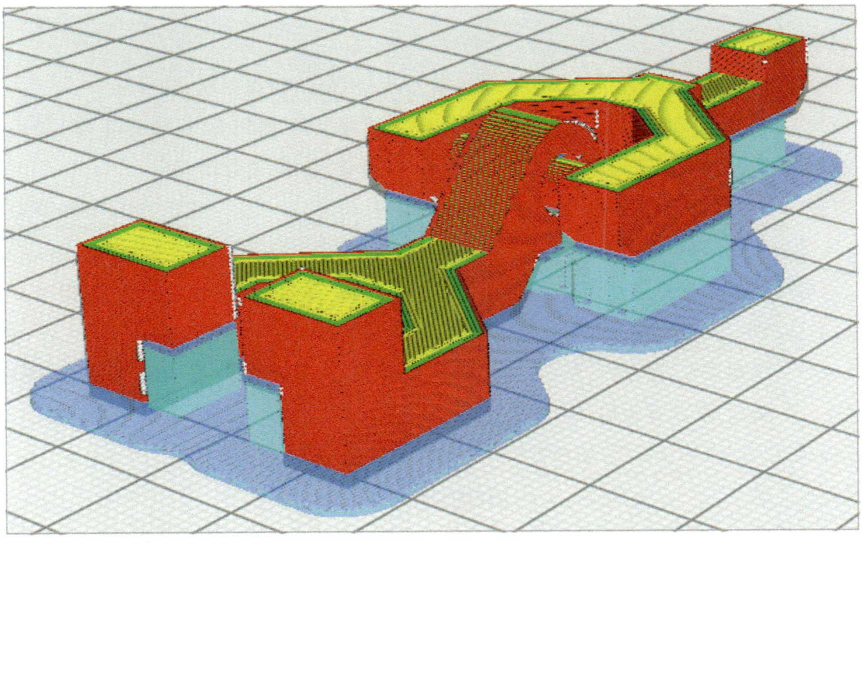

[공개]

국가기술자격 실기시험문제

자격종목	3D프린터운용기능사	[시험 1] 과제명	3D모델링작업

※ 문제지는 시험종료 후 본인이 가져갈 수 있습니다.

비번호		시험일시		시험장명	

※ 시험시간 : [시험 1] 1시간

1. 요구사항

※ 지급된 재료 및 시설을 사용하여 아래 작업을 완성하시오.

※ 작업순서는 가. 3D모델링 → 나. 어셈블리 → 다. 슬라이싱 순서로 작업하시오.

가. 3D모델링

1) 주어진 도면의 부품①, 부품②를 1:1척도로 3D모델링 하시오.

2) 상호 움직임이 발생하는 부위의 치수 A, B는 수험자가 결정하시오.

(단, **해당부위의 기준치수와 차이를 ±1㎜ 이하로** 하시오.)

3) 도면과 같이 지정된 위치에 부여받은 비번호를 모델링에 각인하시오.

(단, 글자체, 글자 크기, 글자 깊이 등은 별도의 정보가 없으므로 **도면과 유사한 모양 및 크기로** 작업하시오.

예시) 비번호 2번을 부여받은 경우 2 또는 02와 같이 각인하시오.)

나. 어셈블리

1) 각 부품을 도면과 같이 1:1척도 및 조립된 상태로 어셈블리 하시오.

(단, 도면과 같이 지정된 위치에 부여받은 비번호가 각인되어 있어야 합니다.)

2) 어셈블리 파일은 하나의 조립된 형태로 다음과 같이 저장하시오.

가) '수험자가 사용하는 소프트웨어의 기본 확장자' 및 'STP(STEP) 확장자' 2가지로 저장하시오.

(단, STP 확장자 저장 시 버전이 여러 가지일 경우 상위 버전으로 저장하시오.)

나) 슬라이싱 작업을 위하여 STL 확장자로 저장하시오.

(단, 어셈블리 형상의 움직이는 부분은 **출력을 고려하여** 움직임 범위 내에서 임의로 이동시킬 수 있습니다.)

다) 파일명은 부여받은 비번호로 저장하시오.

HRDK 5 - 1

[공개]

자격종목	3D프린터운용기능사	[시험 1] 과제명	3D모델링작업

다. 슬라이싱

1) 어셈블리 형상을 1:1척도 및 조립된 상태로 출력할 수 있도록 슬라이싱 하시오.

2) 작업 전 반드시 수험자가 직접 출력할 3D프린터 기종을 확인한 후 슬라이서 소프트웨어의 설정값을 수험자가 결정하여 작업하시오.

(단, 3D프린터의 사양을 고려하여 슬라이서 소프트웨어에서 3D프린팅 출력시간이 1시간 20분 이내가 되도록 설정값을 결정하시오.)

3) 슬라이싱 작업 파일은 다음과 같이 저장하시오.

가) 시험장의 3D프린터로 출력이 가능한 확장자로 저장하시오.

나) 파일명은 부여받은 비번호로 저장하시오.

※ 최종 제출파일 목록

구분	작업명	파일명 (비번호 02인 경우)	비고
1	어셈블리	02.***	확장자: 수험자 사용 소프트웨어 규격
2		02.STP	채점용 (※ 비번호 각인 확인)
3		02.STL	슬라이서 소프트웨어 작업용
4	슬라이싱	02.***	3D프린터 출력용 확장자: 수험자 사용 소프트웨어 규격

1) 슬라이서 소프트웨어 상 출력예상시간을 시험감독위원에게 확인받고, 최종 제출파일을 지급된 저장매체(USB 또는 SD-card)에 저장하여 제출하시오.

2) 모델링 채점 시 STP확장자 파일을 기준으로 평가하오니, 이를 유의하여 변환하시오.

(단, 시험감독위원이 정확한 평가를 위해 최종 제출파일 목록 외의 수험자가 작업한 다른 파일을 요구할 수 있습니다.)

HRDK 5 - 2

[공개]

자격종목	3D프린터운용기능사	[시험 1] 과제명	3D모델링작업

2. 수험자 유의사항

※ 다음의 유의사항을 고려하여 요구사항을 완성하시오.

1) 시험 시작 전 장비 이상유무를 확인합니다.
2) 시험 시작 전 시험감독위원이 지정한 위치에 본인 비번호로 폴더를 생성 후 작업내용을 저장하고, 파일 제출 및 시험 종료 후 저장한 작업내용을 삭제합니다.
3) 인터넷 등 네트워크가 차단된 환경에서 작업합니다.
4) 정전 또는 기계고장을 대비하여 수시로 저장하시기 바랍니다.
   (단, 이러한 문제 발생 시 "작업정지시간 + 5분"의 추가시간을 부여합니다.)
5) 시험 중에는 반드시 시험감독위원의 지시에 따라야 합니다.
6) 다음 사항에 대해서는 채점대상에서 제외하니 특히 유의하시기 바랍니다.
   가) 기권
      (1) 수험자 본인이 수험 도중 시험에 대한 포기의사를 표하는 경우
      (2) 실기시험 과정 중 1개 과정이라도 불참한 경우
   나) 실격
      (1) 시설·장비의 조작 또는 재료의 취급이 미숙하여 위해를 일으킬 것으로 시험감독위원 전원이 합의하여 판단한 경우
      (2) 시험 중 봉인을 훼손하거나 저장매체를 주고받는 행위를 할 경우
      (3) 시험 중 휴대폰을 소지/사용하거나 인터넷 및 네트워크 환경을 이용할 경우
      (4) 3D프린터운용기능사 실기시험 3D모델링작업, 3D프린팅작업 중 하나라도 0점인 과제가 있는 경우
      (5) 시험감독위원의 정당한 지시에 불응한 경우
   다) 미완성
      (1) 시험시간 내에 작품을 제출하지 못한 경우
      (2) 요구사항의 최종 제출파일 목록(어셈블리, 슬라이싱)을 1가지라도 제출하지 않은 경우
   라) 오작
      (1) 슬라이싱 소프트웨어 설정 상 출력 예상시간이 1시간 20분을 초과하는 경우
      (2) 어셈블리 STP파일에 비번호 각인을 누락하거나 다른 비번호를 각인한 경우
      (3) 어셈블리 STP파일에 비번호 각인을 지정된 위치에 하지 않은 경우
      (4) 채점용 어셈블리 형상을 1:1척도로 제출하지 않은 경우
      (5) 채점용 어셈블리 형상을 조립된 상태로 제출하지 않은 경우
      (6) 모델링 형상 치수가 1개소라도 ±2㎜를 초과하도록 작업한 경우

※ 국가기술자격 시험문제는 저작권법상 보호되는 저작물이고, 저작권자는 한국산업인력공단입니다. 시험문제의 일부 또는 전부를 무단 복제, 배포, (전자)출판하는 등 저작권을 침해하는 일체의 행위를 금합니다.

<국가기술자격 부정행위 예방 캠페인 : "부정행위, 묵인하면 계속됩니다.">

HRDK 5 - 3

[공개]

3. 지급재료 목록			자격종목	3D프린터운용기능사	
일련번호	재 료 명	규 격	단위	수 량	비 고
1	저장매체 (USB 또는 SD-card)	16GB 이상	개	1	1인당

※ 국가기술자격 실기시험 지급재료는 시험종료 후(기권, 결시자 포함) 수험자에게 지급하지 않습니다.

3D프린터운용기능사 실기시험 합격기준

취득방법

① 시 행 처: 한국산업인력공단
② 시험과목
- 필기: 1. 3D스캐너, 2. 3D모델링, 3. 3D프린터설정, 4. 3D프린터 출력 및 후가공, 5. 3D프린터 교정 및 유지보수
- 실기: 3D프린팅 운용실무

③ 검정방법
- 필기: 객관식 4지 택일형 60문항(60분)
- 실기: 작업형(3시간, 100점)

④ 합격기준
- 필기: 100점을 만점으로 하여 60점 이상
- 실기: 100점을 만점으로 하여 60점 이상

작업형 실기시험 기본정보

안전등급(safety Level) : 4 등급

위험 | 경고 | 주의 | 관심

· 시험장소 구분	실내
· 주요시설 및 장비	3D프린터, 필라멘트, 칼, 니퍼 등
· 보호구	방진마스크, 보호장갑

- 보호구(작업복 등) 착용, 정리정돈 상태, 안전사항 등이 채점 대상이 될수 있습니다. 반드시 수험자 지참공구 목록을 확인하여 주시기 바랍니다.

[공개]

국가기술자격 실기시험문제

자격종목	3D프린터운용기능사	[시험 2] 과제명	3D프린팅작업

※ 문제지는 시험종료 후 본인이 가져갈 수 있습니다.

비번호		시험일시		시험장명	

※ 시험시간 : [시험 2] 2시간

1. 요구사항

※ 지급된 재료 및 시설을 사용하여 아래 작업을 완성하시오.

※ 작업순서는 [가. 3D프린터 세팅] → [나. 3D프린팅] → [다. 후처리] 순서로 작업시간의 구분 없이 작업하시오.

가. 3D프린터 세팅

1) 노즐, 베드 등에 이물질을 제거하여 출력 시 방해요소가 없도록 세팅하시오.
2) PLA 필라멘트 장착 여부 등 소재의 이상여부를 점검하고 정상 작동하도록 세팅하시오.
3) 베드 레벨링 기능 등을 활용하여 베드 위치를 세팅하시오.

※ 별도의 샘플 프로그램을 작성하여 출력테스트를 할 수 없습니다.

나. 3D프린팅

1) 출력용 파일을 3D프린터로 수험자가 직접 입력하시오.
   (단, 무선 네트워크를 이용한 데이터 전송 기능은 사용할 수 없습니다.)
2) 3D프린터의 장비 설정값을 수험자가 결정하시오.
3) 설정작업이 완료되면 3D모델링 형상을 도면치수와 같이 1:1척도 및 조립된 상태로 출력하시오.

다. 후처리

1) 출력을 완료한 후 서포트 및 거스러미를 제거하여 제출하시오.
2) 출력 후 노즐 및 베드 등 사용한 3D프린터를 시험 전 상태와 같이 정리하고 시험감독위원에게 확인받으시오.

HRDK 3 - 1

[공개]

자격종목	3D프린터운용기능사	[시험 2] 과제명	3D프린팅작업

2. 수험자 유의사항

※ 다음의 유의사항을 고려하여 요구사항을 완성하시오.

1) 시험 시작 전 장비 이상유무를 확인합니다.
2) 출력용 파일은 1회 이상 출력이 가능하나, 시험시간 내에 작품을 제출해야 합니다.
3) 정전 또는 기계고장을 대비하여 수시로 체크하시기 바랍니다.
   (단, 이러한 문제 발생 시 "작업정지시간 + 5분"의 추가시간을 부여합니다.)
   (단, 작업 중간부터 재시작이 불가능하다고 시험감독위원이 판단할 경우 3D프린팅작업을 처음부터 다시 시작합니다.)
4) 시험 중 장비에 손상을 가할 수 있으므로 공구 및 재료는 사용 전 관리위원에게 확인을 받으시기 바랍니다.
5) 시험 중에는 반드시 시험감독위원의 지시에 따라야 합니다.
6) 시험 중 날이 있는 공구, 고온의 노즐 등으로부터 위험 방지를 위해 보호장갑을 착용하여야 하며, 미착용 시 채점상의 불이익을 받을 수 있습니다.
7) 3D프린터 출력 중에는 유해가스 차단을 위해 방진마스크를 반드시 착용하여야 하며, 미착용 시 채점상의 불이익을 받을 수 있습니다.
8) 3D프린터 작업은 창문개방, 환풍기 가동 등을 통해 충분한 환기상태를 유지하며 수행하시기 바랍니다.
9) 다음사항에 대해서는 채점대상에서 제외하니 특히 유의하시기 바랍니다.
   가) 기권
      (1) 수험자 본인이 수험 도중 시험에 대한 포기의사를 표하는 경우
      (2) 실기시험 과정 중 1개 과정이라도 불참한 경우
   나) 실격
      (1) 시설·장비의 조작 또는 재료의 취급이 미숙하여 위해를 일으킬 것으로 시험감독위원 전원이 합의하여 판단한 경우
      (2) 시험 중 봉인을 훼손하거나 저장매체를 주고받는 행위를 할 경우
      (3) 시험 중 휴대폰을 소지/사용하거나 인터넷 및 네트워크 환경을 이용할 경우
      (4) 수험자가 직접 3D프린터 세팅을 하지 못하는 경우
      (5) 수험자의 확인 미숙으로 3D프린터 설정조건 및 프로그램으로 3D프린팅이 되지 않는 경우
      (6) 서포트를 제거하지 않고 제출한 경우
      (7) 3D프린터운용기능사 실기시험 3D모델링작업, 3D프린팅작업 중 하나라도 0점인 과제가 있는 경우
      (8) 시험감독위원의 정당한 지시에 불응한 경우
   다) 미완성
      (1) 시험시간 내에 작품을 제출하지 못한 경우
   라) 오작
      (1) 도면에 제시된 동작범위를 100% 만족하지 못하거나, 제시된 동작범위를 초과하여 움직이는 경우
      (2) 일부 형상이 누락되었거나, 없는 형상이 포함되어 도면과 상이한 작품
      (3) 형상이 불완전하여 시험감독위원이 합의하여 채점 대상에서 제외된 작품
      (4) 서포트 제거 등 후처리 과정에서 파손된 작품
      (5) 3D모델링 어셈블리 형상을 1:1척도 및 조립된 상태로 출력하지 않은 작품
      (6) 출력물에 비번호 각인을 누락하거나 다른 비번호를 각인한 작품

※ 국가기술자격 시험문제는 저작권법상 보호되는 저작물이고, 저작권자는 한국산업인력공단입니다. 시험문제의 일부 또는 전부를 무단 복제, 배포, (전자)출판하는 등 저작권을 침해하는 일체의 행위를 금합니다.
<국가기술자격 부정행위 예방 캠페인 : "부정행위, 묵인하면 계속됩니다.">

HRDK 3 - 2

▌ 2022년도 3D프린터운용기능사 시험 일정 ▌

검정형 자격 시험일정

구분	필기원서접수(인터넷)(휴일제외)	필기시험	필기합격(예정자)발표	실기원서접수(휴일제외)	실기시험	최종합격자 발표일
2022년 정기 기능사 1회	2022.01.04 ~ 2022.01.07	2022.01.23 ~ 2022.01.29	2022.02.09	2022.02.15 ~ 2022.02.18	2022.03.20~ 2022.04.06	2022.04.22
2022년 정기 기능사 2회	2022.03.07 ~ 2022.03.11	2022.03.27 ~ 2022.04.02	2022.04.13	2022.04.26 ~ 2022.04.29	2022.05.29~ 2022.06.15	2022.06.24
2022년 정기 기능사	산업수요 맞춤형 고등학교 및 특성화 고등학교 필기시험 면제자 검정 ※ 일반인 필기시험 면제자 응시 불가			2022.05.10 ~ 2022.05.13	2022.06.20~ 2022.07.01	2022.07.22
2022년 정기 기능사 4회	2022.08.02 ~ 2022.08.05	2022.08.28 ~ 2022.09.03	2022.09.21	2022.09.26 ~ 2022.09.29	2022.11.06~ 2022.11.23	2022.12.02

큐넷에 접속하여 3D프린터운용기능사 관련 자료를 확인할 수 있습니다.

공개문제

각종서식 | 출제기준 | 기출문제(기술사) | **공개문제** | 관련법령 | 국가자격동향지

제목	[공개문제]3D프린터운용기능사(2022년도)		
담당부서	기술자격출제실 생활과학출제부	**등록일**	2021.12.30
첨부파일	3D프린터운용기능사 공개문제(2022년 기능사 제1회 부터).pdf		

다음과 같이 실기시험 문제를 공개하오니, 시험 준비에 참고하시기 바랍니다.

- 적용시기: 2022년 기능사 제1회 부터
- 공개자료: 3D프린터운용기능사 공개문제(도면 21형별 포함)
- 전년대비 변경사항
  1) 19~21형 도면 추가 공개
  2) 도면 치수 삭제하여 공개(형상만 공개)
  (단, 실제 시험에서는 치수가 포함된 도면이 출제됩니다.)
  3) 제출파일 목록 등 일부 요구사항 변경 등

※ 일부 내용은 변경될 수 있으니 이점 유의하여 준비하시기 바랍니다.

위와 같이 공개된 실기문제 도면은 치수와 주서 부분이 삭제되어 제공됩니다.

1) 1번~18번 문제 : 이전 형상과 유사하므로 기존(2021년) 기출문제로 풀이 진행.

2) 19번~21번 문제 : 추정한 치수로 실기문제 풀이 진행.

▌실기시험 시 개인 준비물 ▌

※ 지참준비물 목록

번호	재료명	규격	단위	수량	비고
1	PC(노트북)	비고란 참고	대	1	필요 시 지참
2	니퍼	범용	EA	1	서포트 제거용
3	롱노우즈플라이어	범용	EA	1	서포트 제거용
4	방진마스크	산업안전용	EA	1	
5	보호장갑	서포터 제거용	개	1	
6	칼혹은가위	소형	EA	1	서포트 제거용
7	테이프/시트	베드 안착용	개	1	탈부착이 용이한 것
8	헤라	플라스틱 등	개	1	출력물 회수용

1. 시험장의 소프트웨어 사용이 어려운 경우, 개인 PC를 지참하여 시험에 응시 가능
   (단, PC포맷 및 정품 소프트웨어 설치 여부 등을 감독위원 확인 후 사용가능하며,
   시험에서 요구하는 소프트웨어 기능이 모두 포함되어야 함.)
2. 시험장에서는 시험 전, 후를 포함하여 시험 중 인터넷 사용이 불가능하오니 온라인 인증이 필요한 소프트웨어 사용 시 반드시 사전에 인증 완료
   (시험 전 인증불가 등의 문제로 소프트웨어 사용이 어려울 경우, 불이익은 수험자 개인 책임)

(위 준비물은 예전 사항입니다. 환경에 따라 변경사항이 발행할 수 있으니 반드시 수험표에 안내된 준비물을 확인하여 지참해 가시면 됩니다.)

실기시험은 여러 번 연습하셔서 자신만의 효율적인 방법으로 준비하시면 됩니다.

3D모델링(설계)은 개인마다 조직(회사)마다 접근방법이 다릅니다.
100% 정답은 없습니다.

또한, 유튜브에 3D프린터운용기능사 실기문제 풀이 방법이 많이 소개되어 있습니다.
추가로 시청하시면 실기시험에 많은 도움이 됩니다.

아래 소개되는 풀이 형식은 다양한 풀이법 중의 하나이며 초보자들이 더 효율적으로 3D모델링을 할 수 있는 풀이 방법으로 이해하시면 됩니다.

그리고
실기시험 장소마다 제공되는 3D프린터의 종류가 다릅니다.
실기시험 전에 반드시 자신이 사용하게 될 3D프린터에 대한 사용법을 충분히 익히시고 실기시험에 참여하시면 됩니다.

[공개] ①

4. 도 면

자격종목	3D프린터운용기능사	[시험 1] 과제명	3D모델링작업	척도	NS

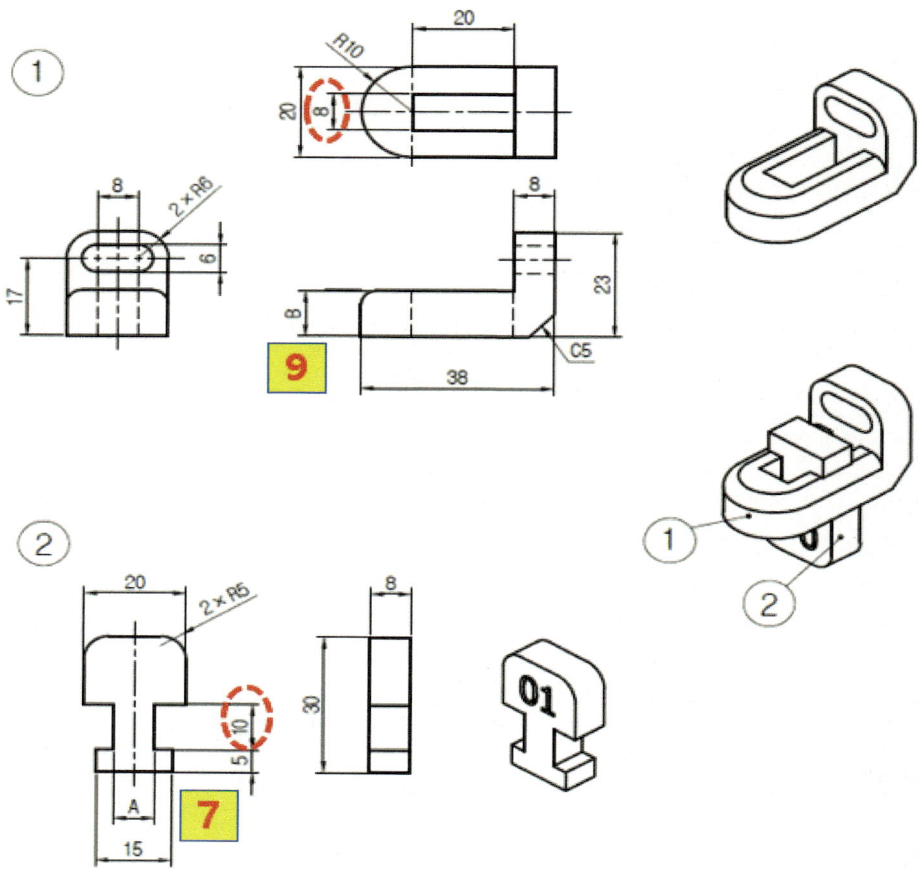

주서

1. 도시되고 지시없는 라운드는 R3

- **공차 적용** (모든 공개문제에서 같은 방법을 적용합니다.)

  1) 조립도에서 각 문자부분이 어떻게 조립되어 있는지 파악합니다.

  2) 각 문자와 조립되는 상대편 치수를 찾습니다.(빨간색 점선)

  3) 아래와 같은 방법으로 문자 A, B의 값을 계산합니다.

     A, B 문자 치수 : 상대편 치수와 공차를 ± 1mm로 계산(편 측 0.5mm)

     A = 8 - 1 = 7, B = 10 - 1 = 9

- **도면에 형상 표현은 되어 있으나 치수표기가 없는 경우 :**

  주서 부분의 내용에 따라 3D모델링 진행

1) 폴더 생성 및 구성요소 생성

(1) 실기 시험장소에서는 인터넷 접속이 차단됩니다.

- 처음 Fusion360 사용을 위해 잠시 인터넷을 연결하여 로그인합니다.
- Fusion360 사용이 가능하면 오프라인(인터넷 차단)으로 실기시험을 진행합니다.

(2) 감독관의 지시에 따라 배정받은 PC에서 폴더를 만듭니다.

폴더명 : 자신의 비번

(아래 문제 풀이에선 01을 비번으로 가정하겠습니다.)

(3) 구성요소 생성 (2번 반복)

: 검색기에서 (저장되지 않음) 선택 → 마우스 우클릭 → 새 구성요소 선택

(아래 그림과 같이 구성요소 생성 : 01_01, 01_02 생성)

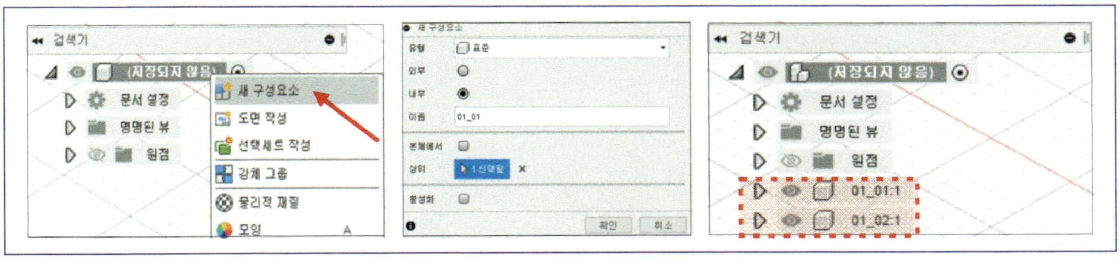

2) 01 부품 3D모델링 하기

(1) 01 구성요소 활성화

마우스로 우측에 있는 원 선택

원점 보이게 선택(나머지 원점은 감추기 적용)

(2) 작성 / 스케치 작성 선택

작업평면 : XY 평면 선택

그림과 같이 스케치 진행

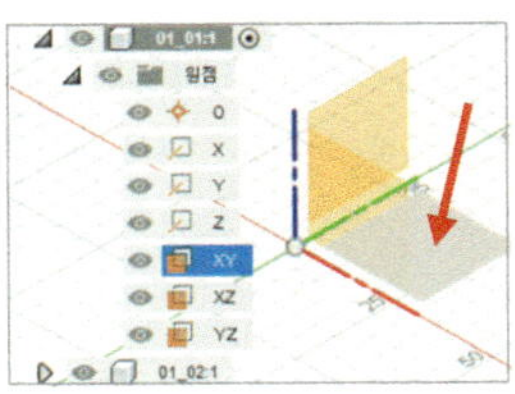

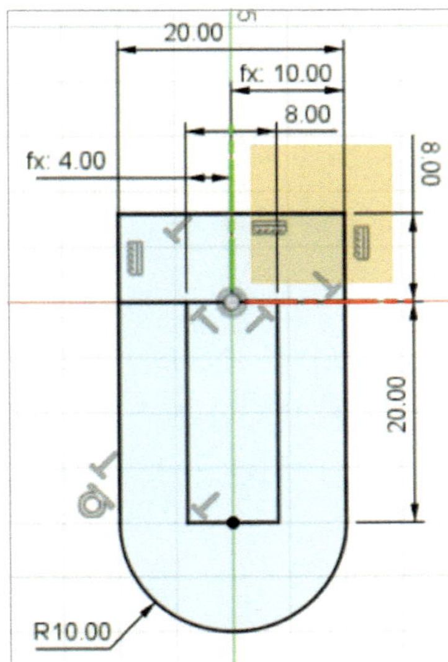

TIP CHAPTER 1에서 설명한 매개변수 적용방법에 대해 추가로 더 알아보겠습니다.

위 스케치 그림에서 fx라는 기호가 있습니다.
적용 예) fx: 10.00 , fx: 4.00

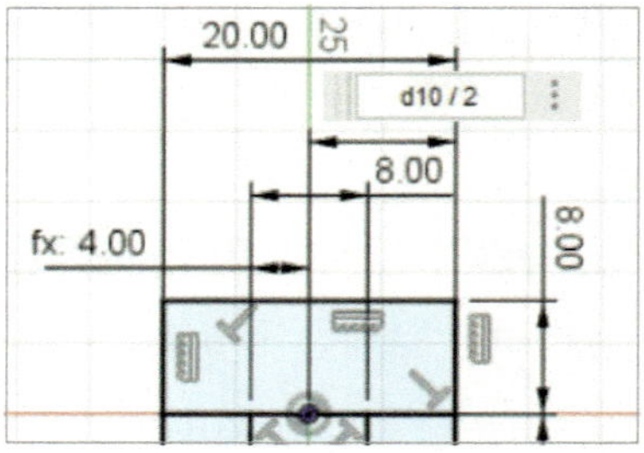

먼저 fx: 10.00은 길이가 10mm이며
위에 표시된 치수 20.00의 절반입니다.

fx: 10.00을 더블클릭하면 우측그림과 같이
d10 / 2로 표시됩니다.
여기서 d10은 20.00(위에 있는 치수)의 저장소입니다.
/ 2는 나누기 2라는 표현입니다. (+;더하기, −:빼기, *:곱하기, /:나누기)
즉 d10에는 20mm 가 저장되어 있는데 20/2을 계산한 결과값이 10이 됩니다.

이렇게 함수를 적용하면 컴퓨터가 자동으로 계산하여 결과값을 적용합니다.
(위 20의 치수를 변경해도 자동 계산이 되므로 대칭 형상에 사용하면 편리합니다.)

기타사항도 동일하게 적용됩니다.

(3) 작성 / 돌출 선택 (2번 실행)

a) **프로파일** : 그림과 같이 프로파일 선택
   거리 : 9 입력
   생성 : 새 본체 선택

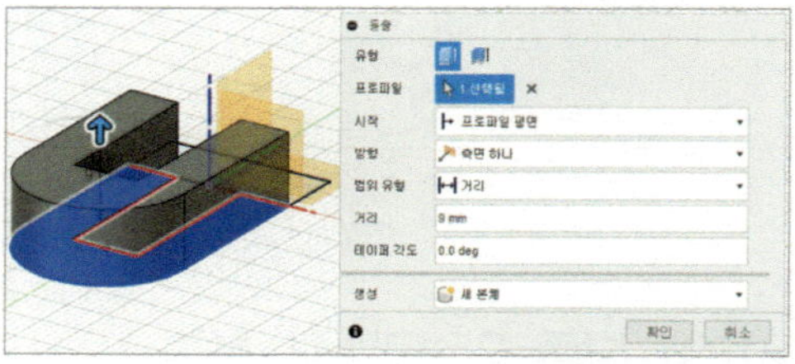

b) 이전에 만든 스케치를 보이게 합니다.

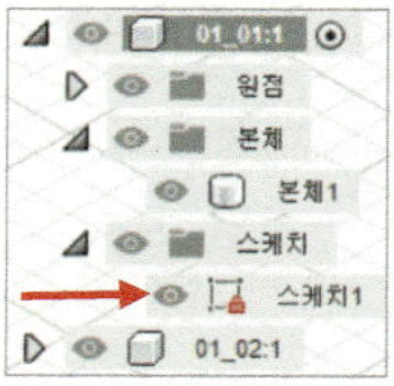

c) **프로파일** : 그림과 같이 프로파일 선택
   거리 : 23 입력
   생성 : 접합 선택

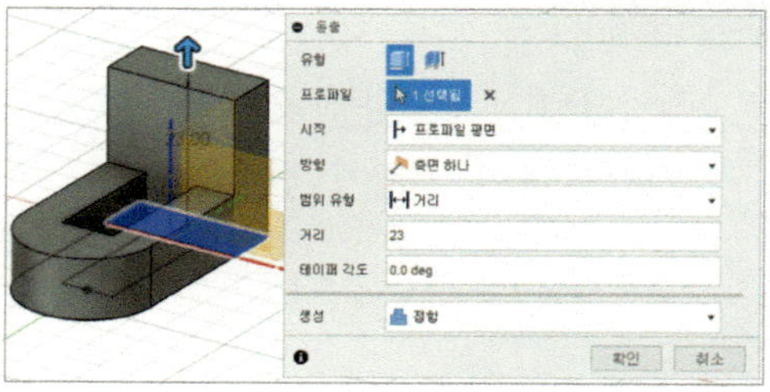

d) 스케치에서 감추기를 적용합니다.

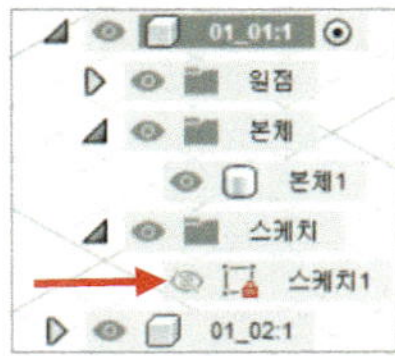

(4) 작성 / 스케치 작성 선택

작업평면 : 이전 형상의 전면부 선택

그림과 같이 스케치 진행

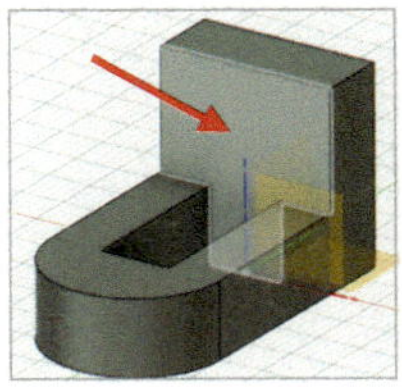

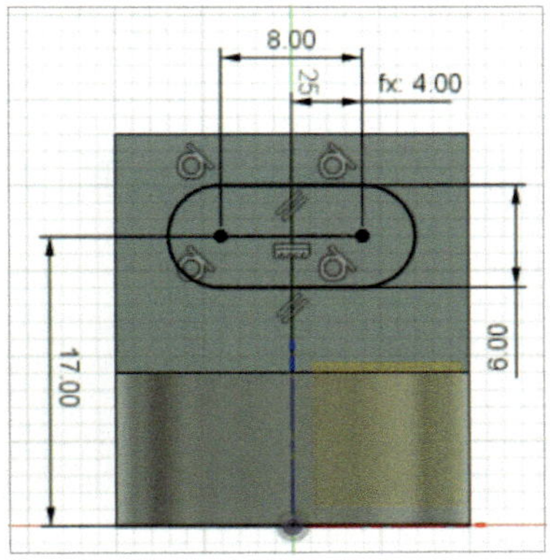

(5) 작성 / 돌출 선택

프로파일 : 그림과 같이 프로파일 선택

거리 : 충분한 거리 입력(뒤 방향)

생성 : 잘라내기 선택

(6) 수정 / 모깎기 선택 (2번 실행)

a) 윗면 모서리 2개 선택, 반지름값 : 6 입력, 구석 유형 : 롤링 볼

b) 전면 돌출부의 윗면 모서리 1개 선택, 반지름값 : 3 입력, 구석 유형 : 롤링 볼

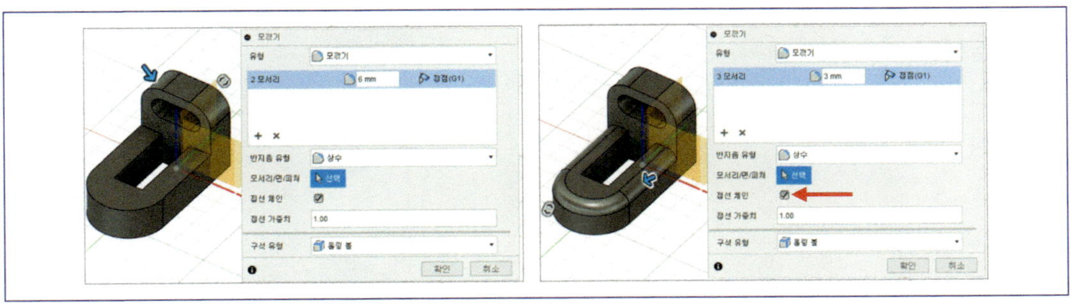

(7) 수정 / 모따기 **선택**

바닥면 모서리 선택
5 입력
유형 : 동일한 거리 선택
구석 유형 : 모따기 선택

3) 02 부품 3D모델링 하기

(1) 02 구성요소 활성화

마우스로 우측에 있는 원 선택
원점 보이게 선택
(나머지 원점은 감추기 적용)

(2) 작성 / 스케치 작성 **선택**

작업평면 : XZ 평면 선택
그림과 같이 스케치 진행

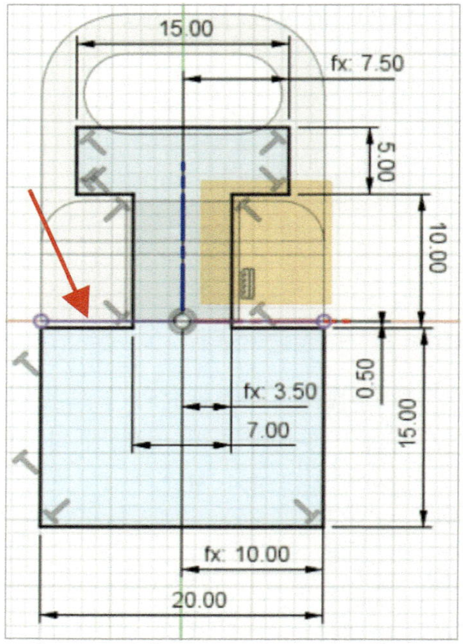

- 프로젝트 적용 : 01_01부품에서 모서리 부분을 선택 (보라색 선)

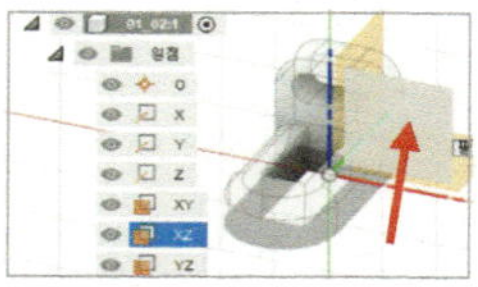

(3) 작성 / 돌출 **선택**

프로파일 : 그림과 같이 프로파일 선택
거리 : -8 입력
생성 : 새 본체 선택

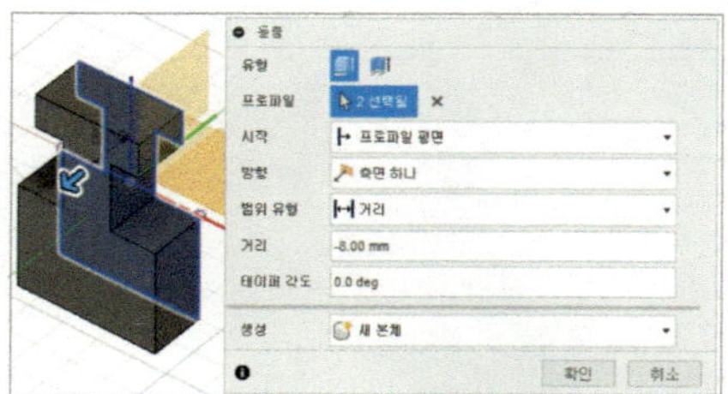

(4) 수정 / 모깎기 **선택**

밑면 모서리(2곳) 선택
반지름값 : 5 입력
구석 유형 : 롤링 볼

(5) 작성 / 스케치 작성 **선택**

작업평면 : 전면부 선택
그림과 같이 문자 적용 (작업면 회전)
(문자 위치 및 크기는 정해진 것이
없습니다.
도면에 나온 이미지와 비슷하게
적용하면 됩니다.)

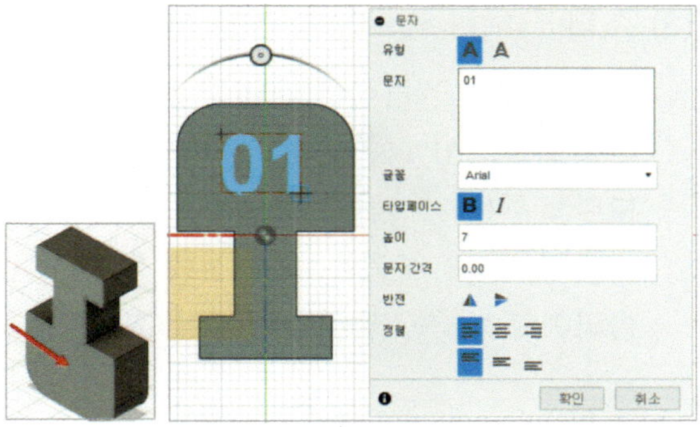

(6) 작성 / 돌출 **선택**

프로파일 : 그림과 같이 문자 선택
거리 : -1 입력
생성 : 잘라내기 선택

4) 3D모델링 조립하기

(1) (저장되지 않음) 활성화

: 최상위 구성요소에서 원형선택
(모든 원점은 감추기 적용)

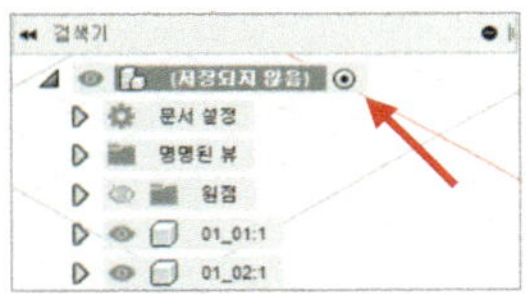

(2) 하나의 부품(구성요소) 고정하기

01_01 선택 ⇨ 마우스 우클릭 ⇨ 고정 선택
(바닥에 고정되면서 압정표시가 생김)

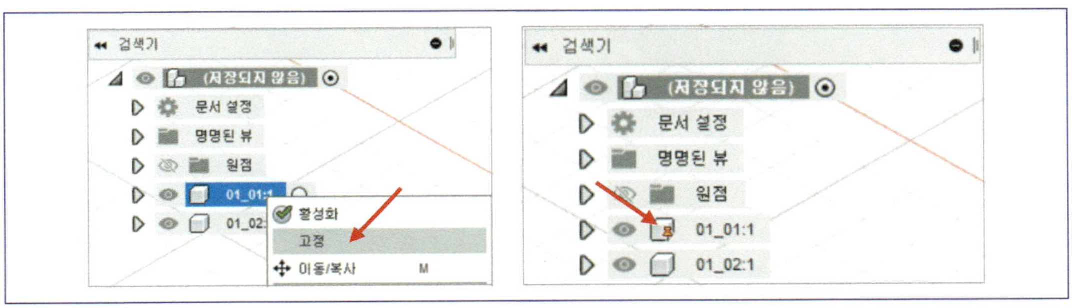

(3) 조립 / 현재 위치에서 접합 선택

접합 유형 : 슬라이더 선택

구성요소 : 01_02, 01_01 선택 (움직이는 부품을 먼저 선택)

모드 : 단순

스냅 : 01_02 부품의 전면 선택 (움직이는 방향과 동일한 면이나 모서리 선택)

슬라이드 : Z축 (움직임 방향을 확인 후 선택)

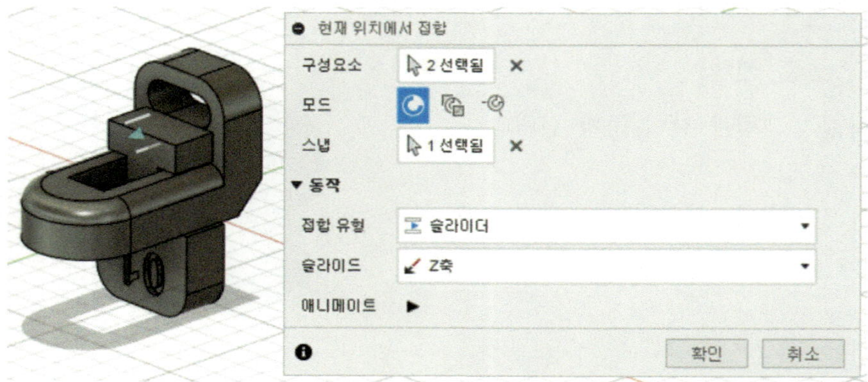

(4) 부품(구성요소) 이동하기

- 마우스로 01_02 부품의 슬라이더 표시 아이콘을 더블 클릭

  : 01_02 부품이 중앙에 위치하게 이동 (6mm)

  (정해진 위치는 없습니다. 대략 중앙 부분에 01_02 부품이 위치하면 됩니다.)
- 이동 후 위치 캡쳐 선택

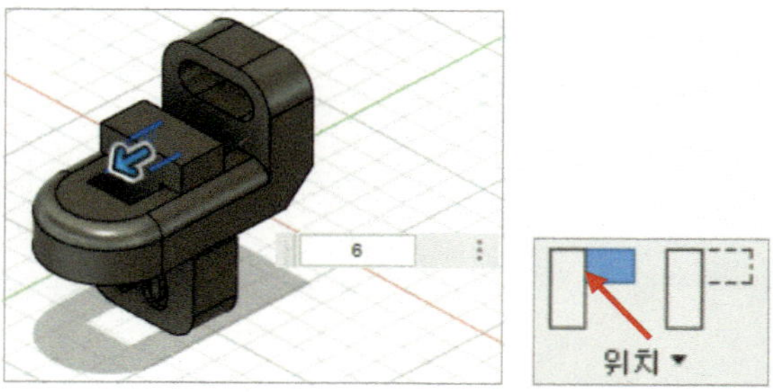

TIP

1. 위 그림처럼 거리에서 +, − 는 방향을 나타냅니다.

선택 조건(스냅)에 따라(면이나 모서리 등) 움직임 방향이 다르게 표시될 수 있습니다.
그러므로 이동하고자 하는 방향(+방향 또는 −방향)에 주의하여 진행합니다.

2. 구성요소가 위치이동을 하게 되면 항상 위치이동 관련한 아이콘이 생성됩니다.

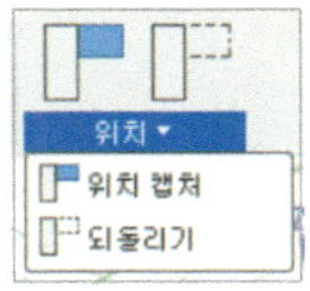

이동된 위치가 잘 적용되었으면 위치 캡처를 선택하면 됩니다.
이동 전 위치로 돌아가려면 되돌리기를 선택하면 됩니다.

5) 3D모델링 검토하기

(1) 검사 / 간섭 선택

: 조립된 두 부품이 서로 간섭(겹치는지….)이 있는지 확인합니다.

선택 : 2개의 부품 선택

계산 : 간섭 유/무 확인

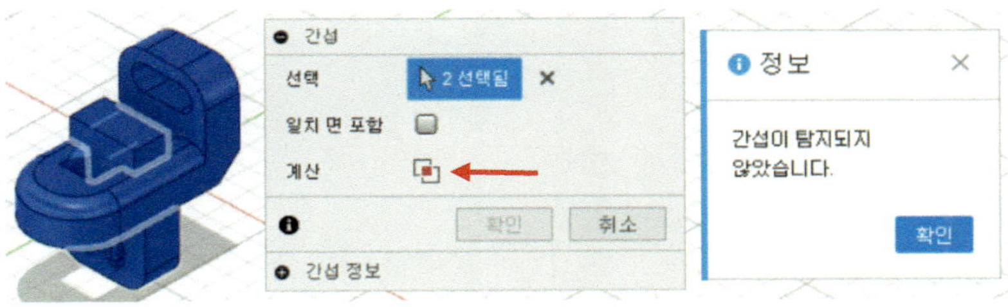

위 그림과 같이 부품 상호 간에 간섭이 없음을 확인하시면 됩니다.
(만약 부품 간 간섭이 있으면 팝업창에 간섭 부분의 체적 값이 표시됩니다.)

(2) 검사 / 단면 분석 선택

: 조립 및 중요 부분에 절단면을 생성하여 시각적으로 확인합니다.
부품 간 서로 간섭 부분, 접하는 부분이 있는지 확인합니다.

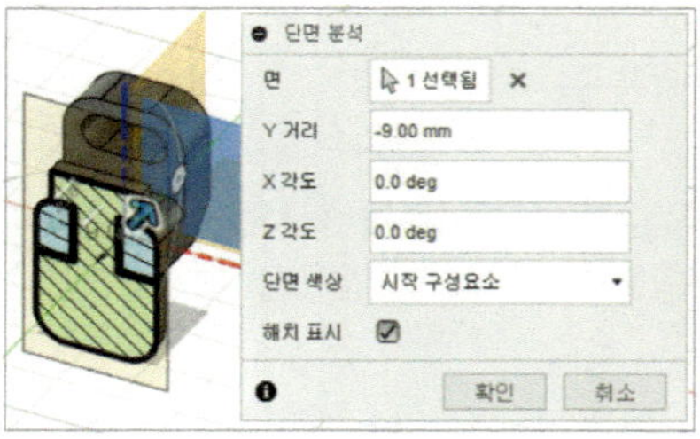

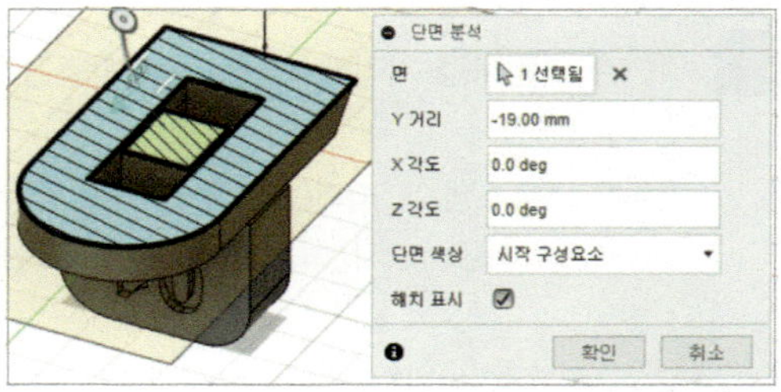

(3) 검사 / 측정 선택

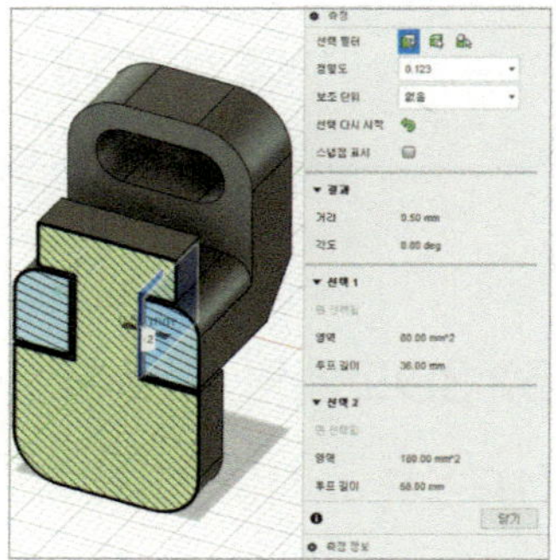

: 도면에 맞게 3D모델링 되었는지 치수 측정을 합니다. 특히 조립 부분에서 조립 공차가 잘 적용되었는지 확인합니다. (절단면 보이게 한 후 측정)

만약 부품이 한쪽으로 많이 치우쳐 있다면 출력 및 후처리에 문제가 발생될 수 있습니다.

6) 완성된 3D모델링 저장하기

(1) Fusion360 파일로 저장하기

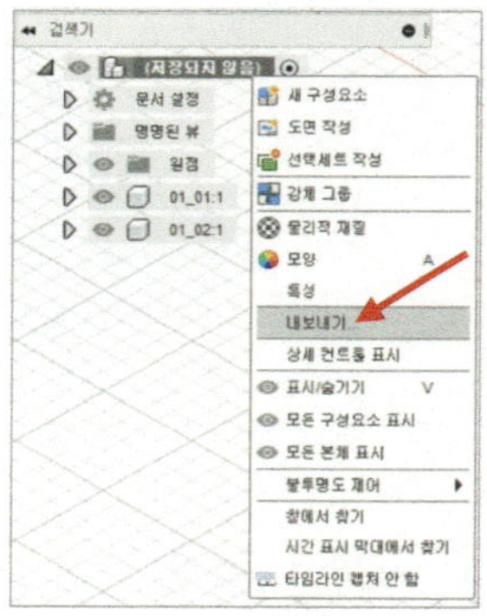

검색기에서 (저장되지 않음) 선택
⇨ 마우스 우클릭 ⇨ 내보내기 선택
(개인 비번을 01롤 가정하겠습니다.)

유형 : Fusion 파일(*.f3d) 선택
(우측에 있는 화살표를 선택하여 원하는 유형 선택)
내 컴퓨터에 저장 : 체크 (파란색 화살표)
 선택 (보라색 화살표) : 새로운 창이 나타납니다.

비번으로 만든 폴더를 찾습니다.
파일 이름 : 01 (또는 01.f3d) 입력 (검은색 화살표)
저장 선택 (빨간색 화살표)

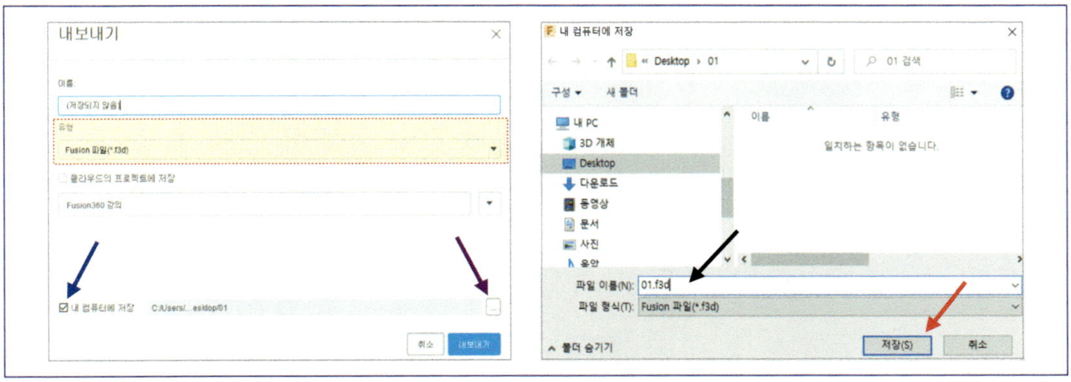

그림과 같이 Fusion360 파일이 생성됩니다.

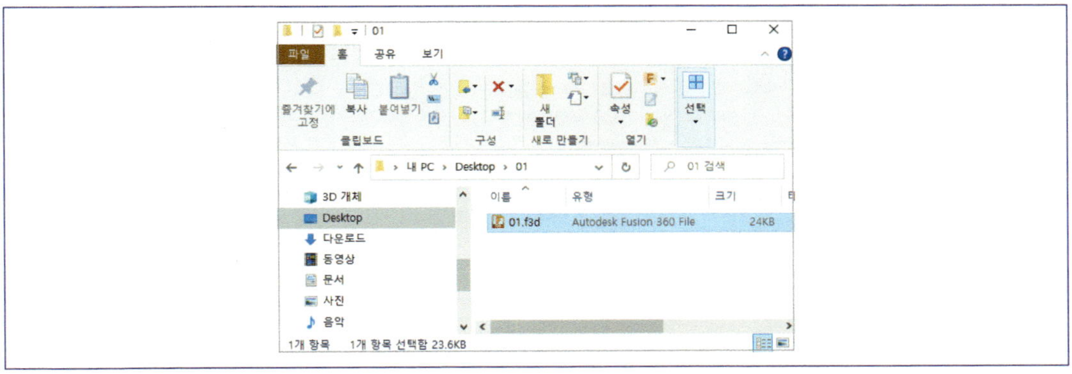

(2) STP 파일로 저장하기

검색기에서 (저장되지 않음) 선택 ⇨ 마우스 우클릭 ⇨ 내보내기 선택
(위와 동일한 방법으로 진행)

유형 : STEP 파일(*.stp, *.step) 선택
(우측에 있는 화살표를 선택하여 원하는 유형 선택)
내 컴퓨터에 저장 : 체크 (파란색 화살표)
 선택 (보라색 화살표) : 새로운 창이 나타납니다.

비번으로 만든 폴더를 찾습니다.
파일 이름 : 01 (또는 01.stp) 입력 (검은색 화살표)
저장 선택 (빨간색 화살표)

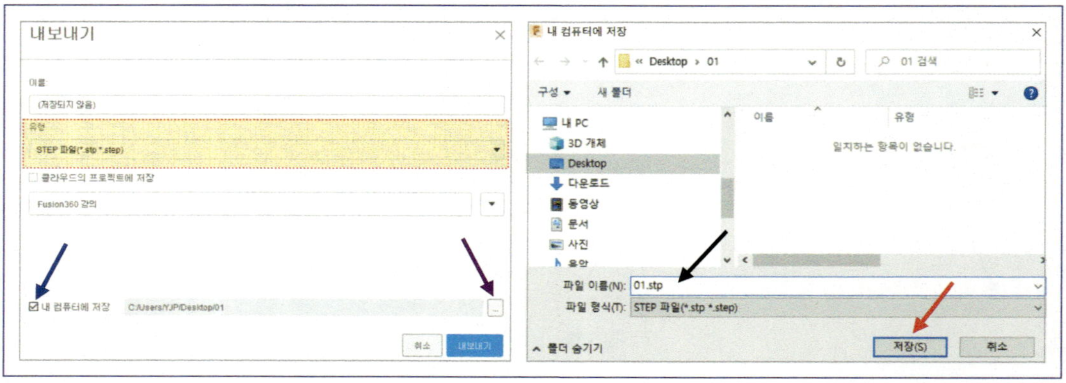

그림과 같이 STP 파일이 생성됩니다.

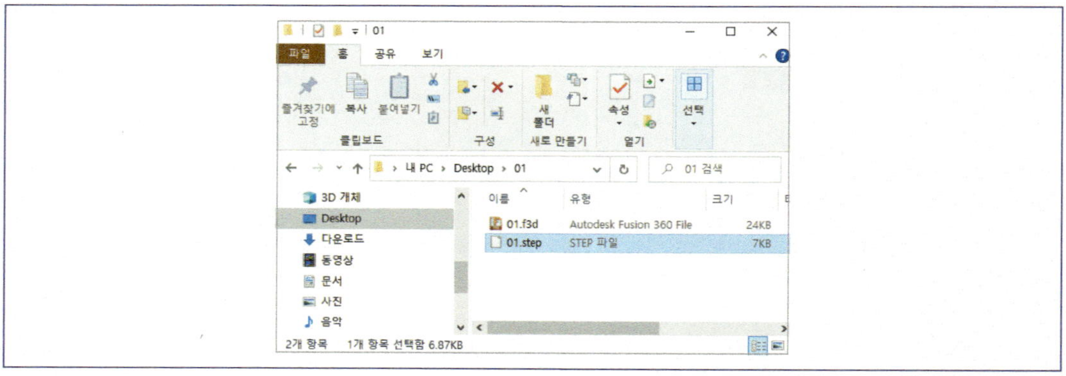

(3) 저장된 Fusion360 파일 및 STP 파일 확인하기

- f3d 파일 : 1개, stp 파일 : 1개
- 위에서 만든 파일이 잘 저장이 되었는지 확인합니다.

a) 파일 / 열기 선택

내 컴퓨터에서 열기 선택 ⇨ 새로운 창에서 파일선택 ⇨ 열기 선택

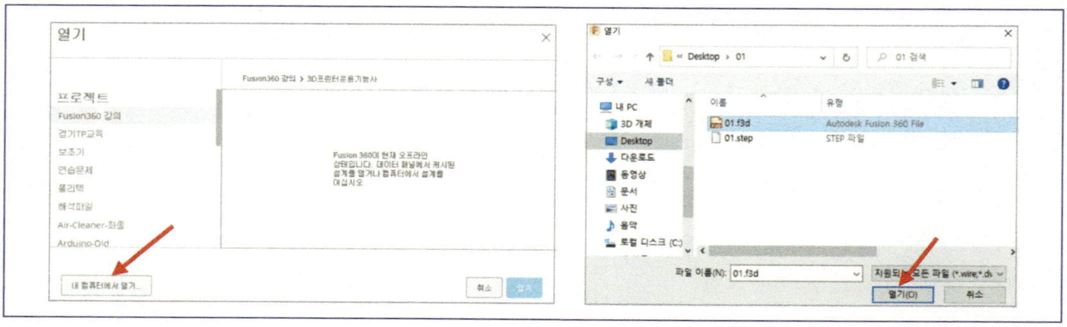

b) f3d(Fusion360)파일과 stp파일 비교

아래 그림에서

좌측그림 : Fusion360 형식으로 저장된 파일
하단에 타임라인이 있음
3D모델링 단계별로 추척, 편집 가능

우측그림 : stp 형식으로 저장된 파일
하단에 타임라인이 없음
최종 결과물만 표현되므로 단계별 편집 불가능

검색기 세부 항목에서도 많은 차이가 있습니다.

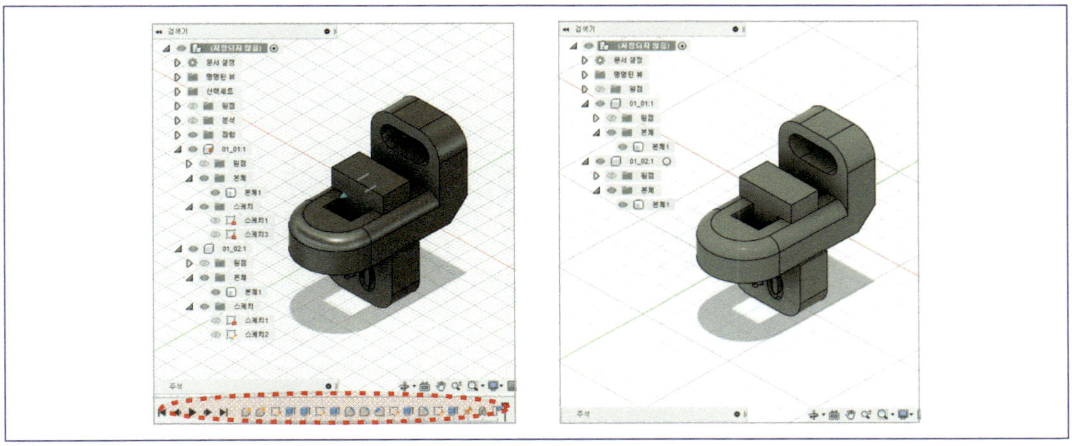

7) STL 파일변환 및 슬라이싱 파일 생성하기

> 개인이나 3D프린터 장비마다 차이가 있으므로 여러 번 출력해 보고 최적의 위치 및 조건을 선정하여 적용하시면 됩니다. 아래 방법은 참조 사항입니다.

일반적으로

STL 파일변환 및 슬라이싱 파일 생성 시 아래 조건 등을 고려하여 각 부품의 위치를 이동 및 회전 등을 적용하여 파일을 저장합니다.

- 3D프린터로 출력이 잘되는 위치
- 3D프린터로 출력 시 시간이 단축되는 위치 (출력시간 : 1시간 20분 이내)

• 서포터가 적게 발생하는 위치
• 서포터 제거가 쉬운 위치

또한, STL 파일 및 슬라이싱 파일은 파일변환 시 파일명은 01.stl , 01.***(슬라이싱 파일)로 생성합니다.

(1) STL파일로 변환하기

a) 공개문제 1번의 경우는
추가 이동 없이 현 위치에서 STL 파일로 변환합니다.

b) 검색기에서 (저장되지 않음) 선택 ⇨ 마우스 우클릭 ⇨ 메쉬로 저장 선택
형식 : STL(이진), 메쉬 미리보기 : 선택, 미세조정 : 높음

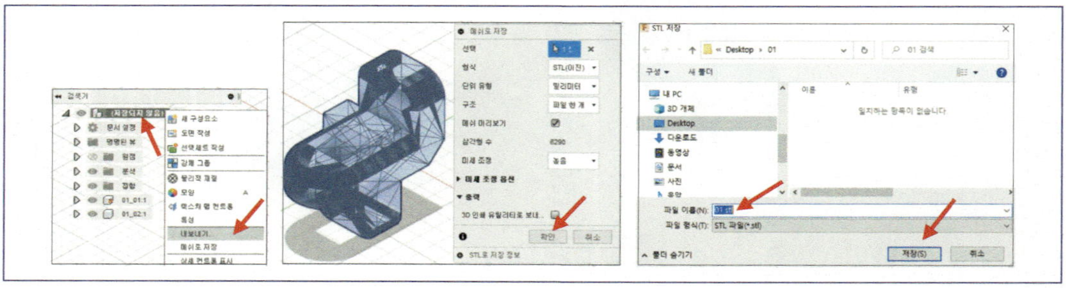

저장 위치 : 이전에 만든 비번 폴더
파일 이름 : 01 입력

(2) 슬라이싱 파일 만들기

실기시험 장소마다 사용하는 3D프린터가 다르므로 그에 맞는 슬라이싱 프로그램을 사용하여 파일을 생성합니다.
슬라이싱 프로그램에서 01.stl 파일을 불러와 슬라이싱 파일을 생성합니다.
슬라이싱 프로그램 중 하나인 Cura를 사용하면 01.gcode 파일을 만들 수 있습니다.
(참고로 슬라이싱 파일은 슬라이싱 프로그램마다 확장자가 다릅니다.)

* 그림처럼 위치하여 출력하는 것을 추천해 드립니다. (슬라이싱 파일 생성)

그림과 같이 최종적으로 4개 파일이 만들어집니다.

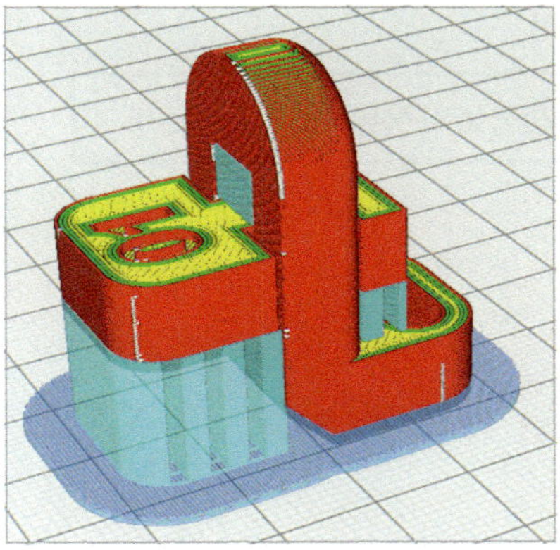

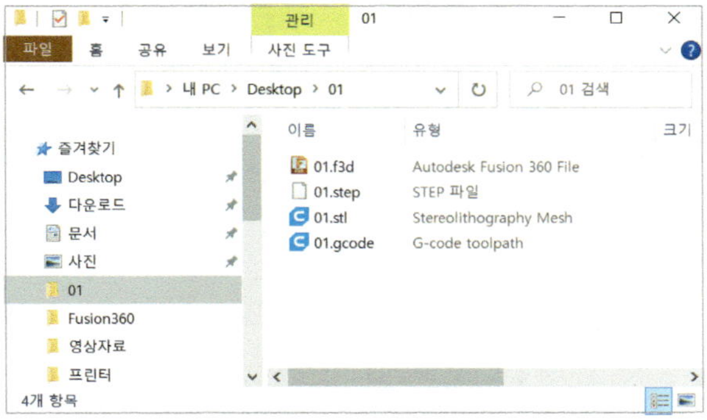

최종 완성된 4개 파일을 지급된 저장매체(USB 또는 SD-card)에 저장하여 제출합니다.

[공개] ②

4. 도 면

자격종목	3D프린터운용기능사	[시험 1] 과제명	3D모델링작업	척도	NS

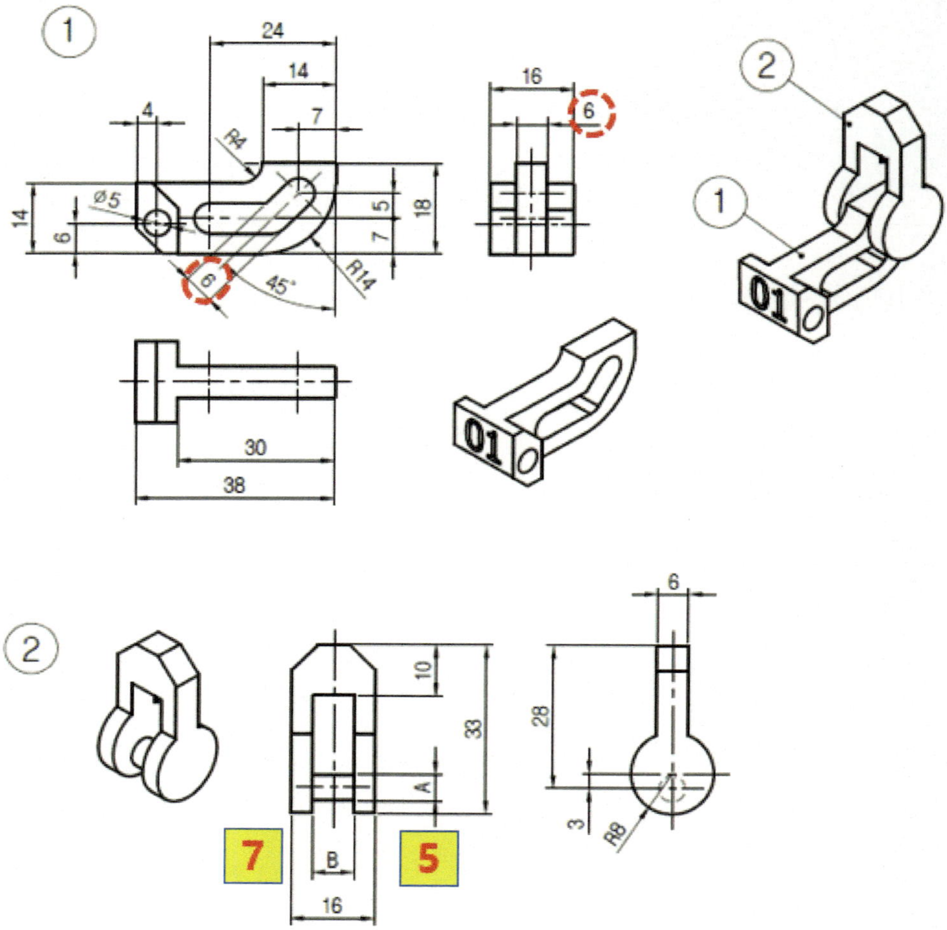

주서

1. 도시되고 지시없는 모떼기는 C5, 라운드는 R3

공차 적용

A,B 문자 치수 : 기준 치수와 차이를 ± 1mm 이하

→ 편 측으로 0.5mm 이하로 적용

1) 폴더 생성 및 구성요소 생성

공개 1번 문제 풀이와 같은 방법으로 진행하면 됩니다. (문제 풀이 참조)

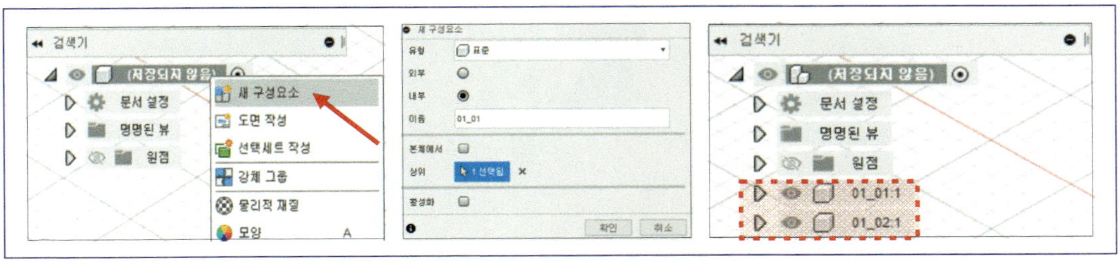

2) 01 부품 3D모델링 하기

(1) 01 구성요소 활성화

마우스로 우측에 있는 원 선택

원점 보이게 선택(나머지 원점은 감추기 적용)

(2) 작성 / 스케치 작성 **선택**

작업평면 : YZ 평면 선택

그림과 같이 스케치 진행

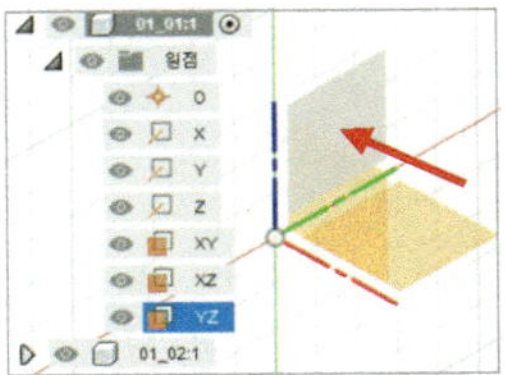

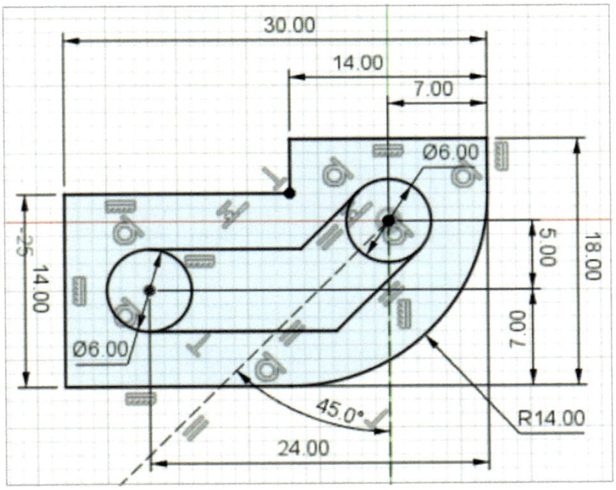

(3) 작성 / 돌출 **선택**

프로파일 : 그림과 같이 프로파일 선택

방향 : 대칭

측정값 : 전체 길이 선택

거리 : 6 입력

생성 : 새 본체 선택

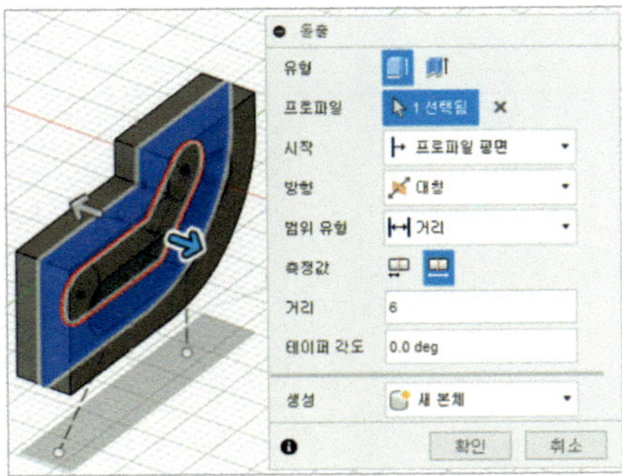

(4) 작성 / 스케치 작성 **선택**

작업평면 : YZ 평면 선택
그림과 같이 스케치 진행

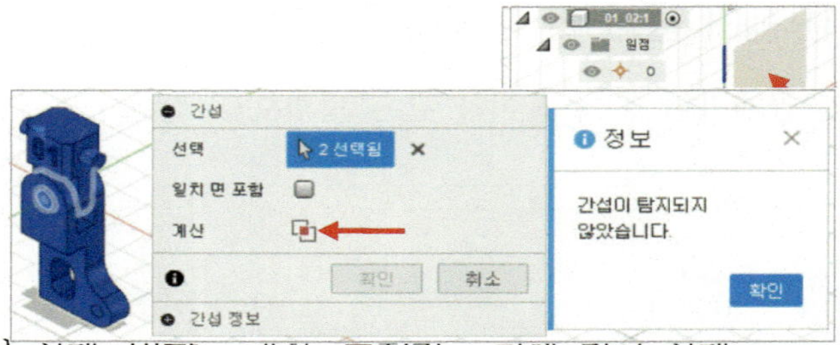

(5) 작성 / 돌출 **선택**

프로파일 : 그림과 같이 프로파일 선택, **방향** : 대칭, **측정값** : 전체 길이 선택
거리 : 16 입력, **생성** : 접합 선택

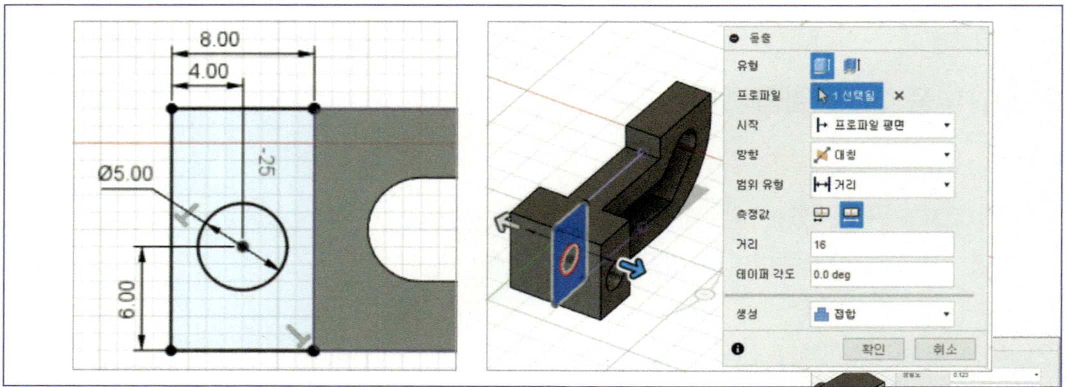

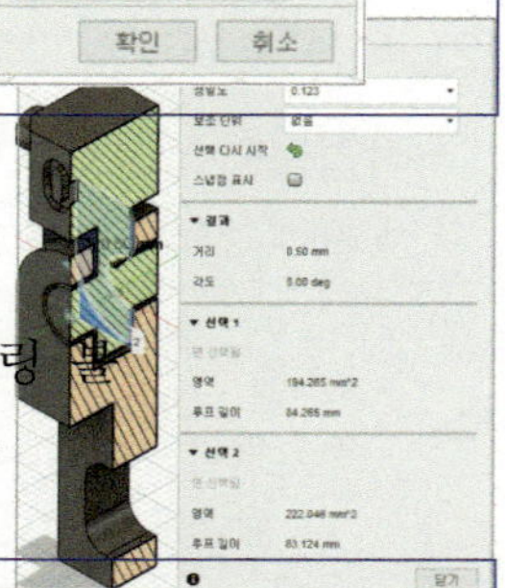

(6) 수정 / 모깎기 **선택 (2번 실행)**

a) 외형 윗면 모서리 1곳 선택, 반지름값 : 4 입력, 구석 유형 : 롤링 볼
b) 내부 모서리 1곳 선택, 반지름값 : 3 입력, 구석 유형 : 롤링 볼

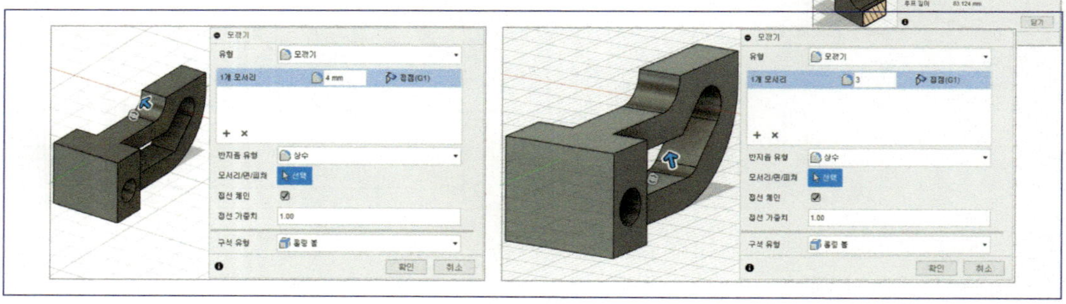

(7) 수정 / 모따기 **선택**

그림과 같이 모서리 3곳 선택
5 입력

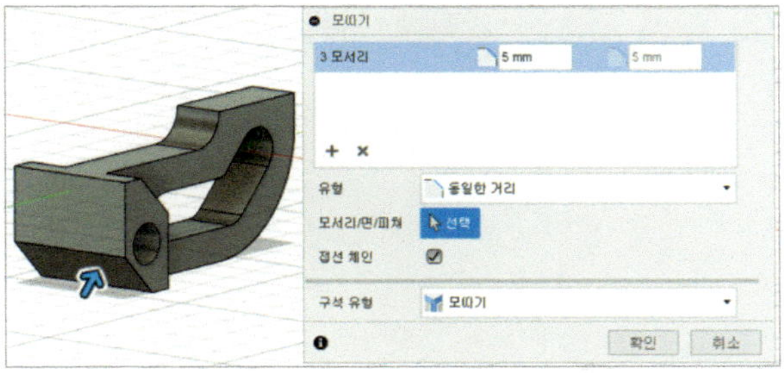

(8) 작성 / 스케치 작성 **선택**

작업평면 : 이전 형상의 전면부 선택
그림과 같이 문자 생성

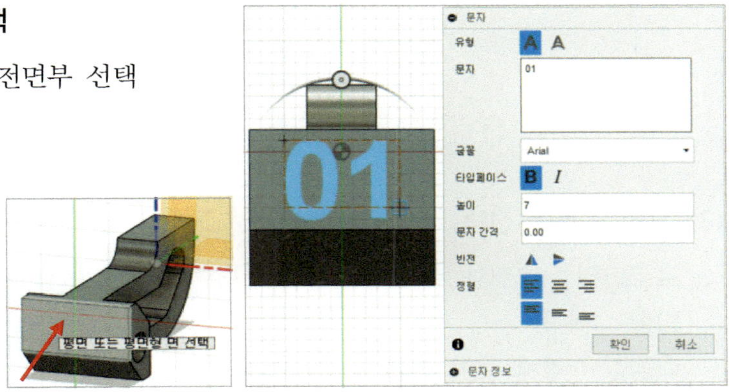

(9) 작성 / 돌출 **선택**

프로파일 : 그림과 같이 문자 선택
거리 : -1 입력
생성 : 잘라내기 선택

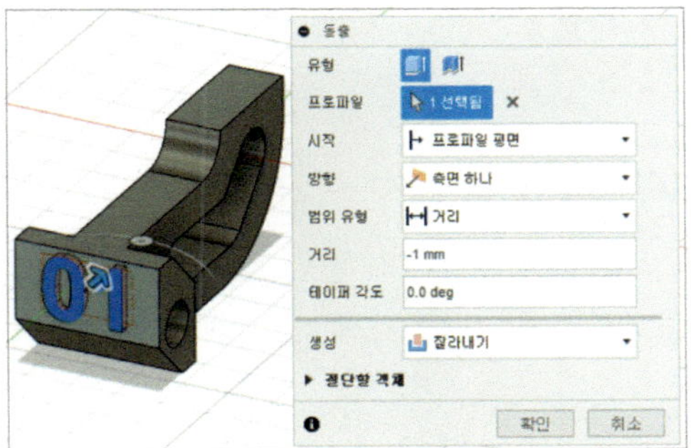

3) 02 부품 3D모델링 하기

(1) 02 구성요소 활성화

마우스로 우측에 있는 원 선택
원점 보이게 선택(나머지 원점은 감추기 적용)

(2) 작성 / 스케치 작성 **선택**

작업평면 : YZ 평면 선택

그림과 같이 스케치 진행

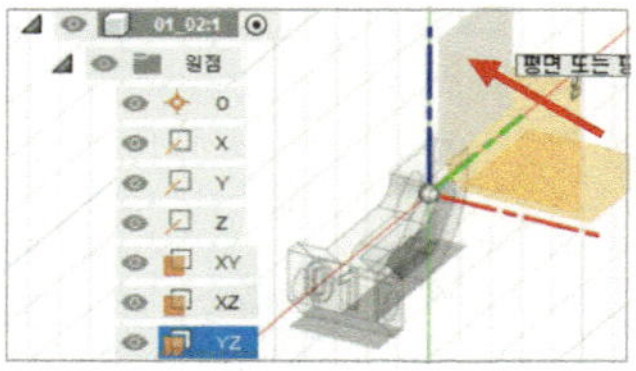

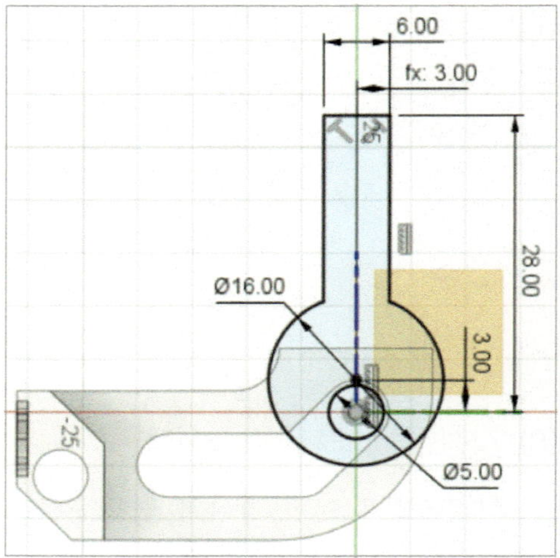

(3) 작성 / 돌출 **선택**

프로파일 : 그림과 같이 프로파일 선택

방향 : 대칭

측정값 : 전체 길이 선택

거리 : 16 입력

생성 : 새 본체 선택

(4) 작성 / 스케치 작성 **선택**

작업평면 : XZ 평면 선택

그림과 같이 스케치 진행

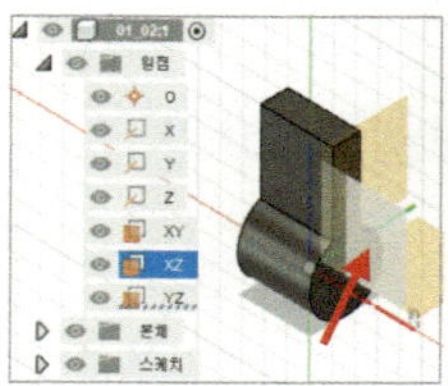

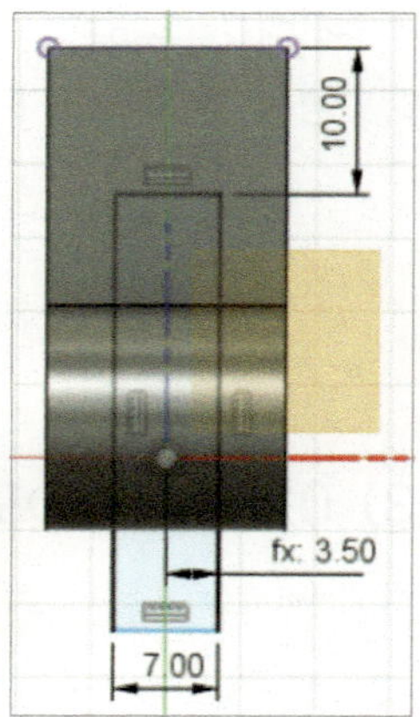

(5) 작성 / 돌출 선택

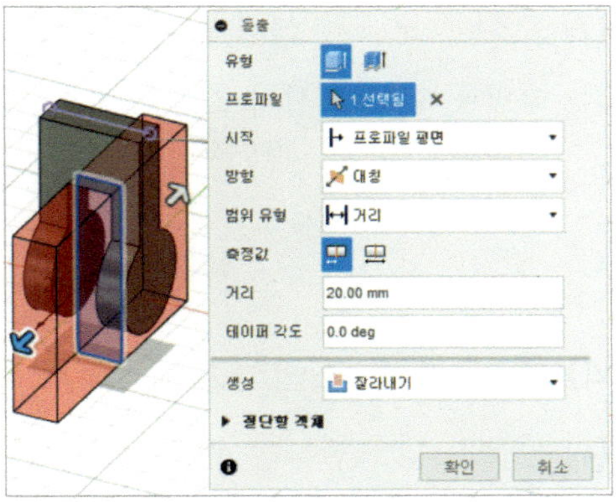

프로파일 : 그림과 같이 프로파일 선택
방향 : 대칭
측정값 : 절반 길이 선택
거리 : 충분한 거리 입력
생성 : 잘라내기 선택

(6) 작성 / 돌출 선택

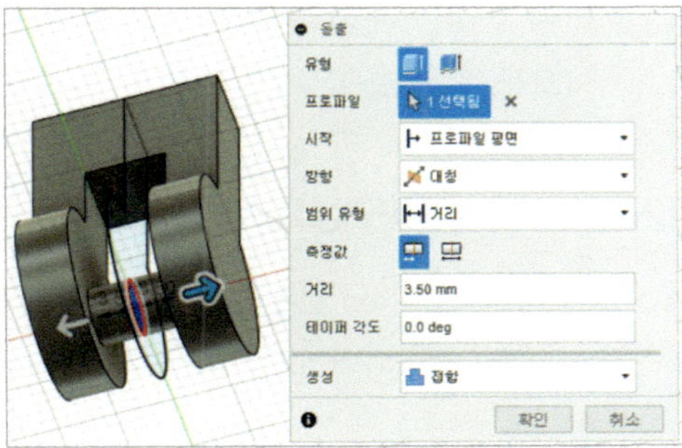

(이전에 생성된 2D 스케치 보이게 설정)
(추가 설명 참조)
프로파일 : 그림과 같이 프로파일 선택
방향 : 대칭
측정값 : 절반 길이 선택
거리 : 3.5 입력
생성 : 접합 선택
(사용한 2D 스케치 감추기 설정)

추가 설명

2D 스케치 후 3D 형상 관련 명령을 사용하면 작업 완료 후 2D 스케치는 자동으로 보이지 않게 설정되어 있습니다. (기본 설정으로 지정되어 있음)

만약 다시 이전에 작업한 2D 스케치를 사용하려면 검색기에서 해당 스케치의 눈 모양 아이콘을 클릭하면 2D 스케치가 보이게 됩니다.

이런 방법으로 2D 스케치를 수동으로 보이게 하면 작업 완료 후 자동으로 숨겨지지 않습니다. 2D 스케치를 더는 사용하지 않아 감추기를 하려면 수동으로 아이콘을 선택하여 감추기를 적용하여야 합니다.

(7) 수정 / 모따기 선택

그림과 같이 모서리 2곳 선택

5 입력

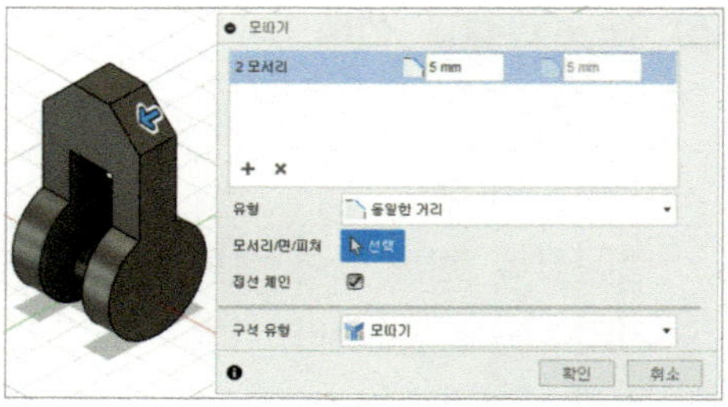

4) 3D모델링 조립하기

(1) (저장되지 않음) 활성화

: 최상위 구성요소에서 원형선택

(모든 원점은 감추기 적용)

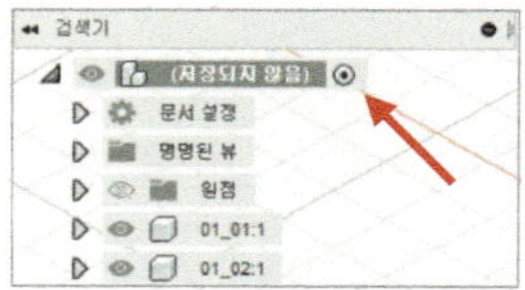

(2) 하나의 부품(구성요소) 고정하기

01_01 선택 ⇨ 마우스 우클릭 ⇨ 고정 선택

(바닥에 고정되면서 압정표시가 생김)

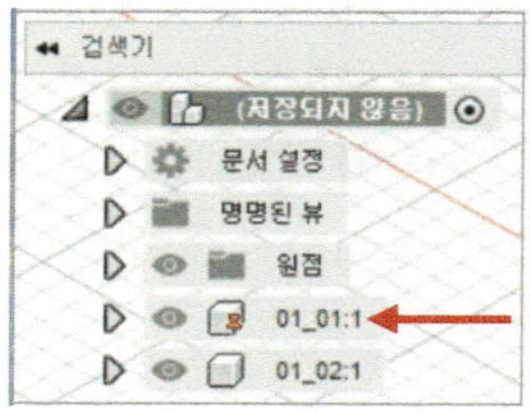

(3) 조립 / 현재 위치에서 접합 선택

접합 유형 : 회전 선택

구성요소 : 01_02, 01_01 선택 (움직이는 부품을 먼저 선택)

모드 : 단순

스냅 : 01_02 부품에서 내부 작은 원통의 모서리 선택

회전 : Z축 (움직임 방향을 확인 후 선택)

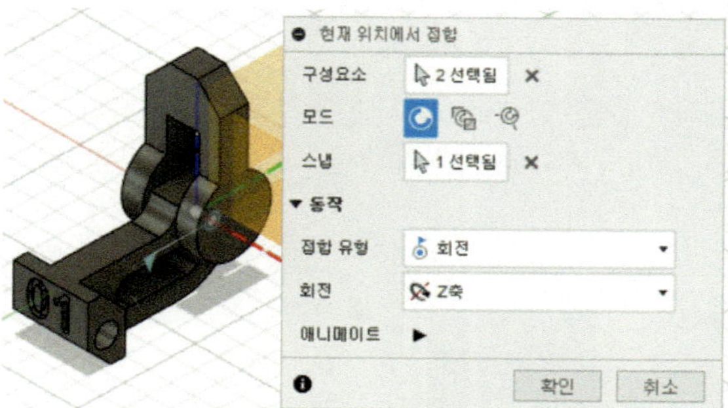

5) 3D모델링 검토하기 (1번 문제 풀이 참조)

(1) 검사 / 간섭 선택

선택 : 2개의 부품 선택

계산 : 간섭 유/무 확인

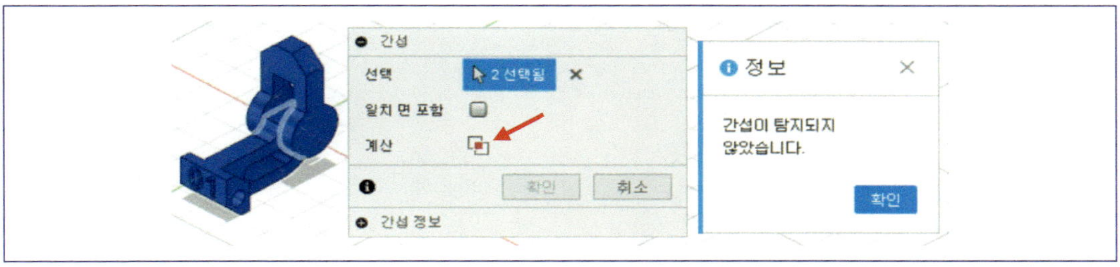

(2) 검사 / 단면 분석 선택

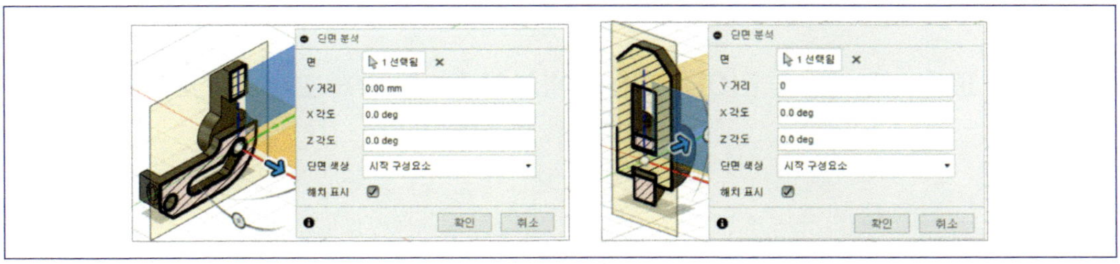

(3) 검사 / 측정 선택

: 주요 부분 치수 측정

특히 조립 공차 적용 부분 치수 확인

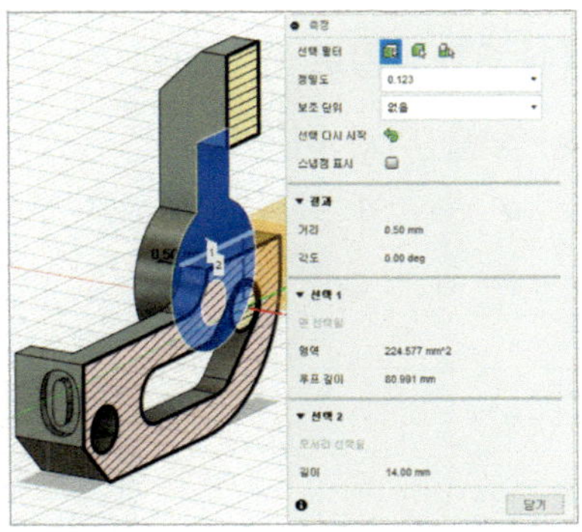

6) 완성된 3D모델링 저장하기 (1번 문제 풀이 참조, Fusion360 파일 및 STP 파일)

조립 형상은 이전 문제 풀이와 동일한 방법으로 진행하면 됩니다.

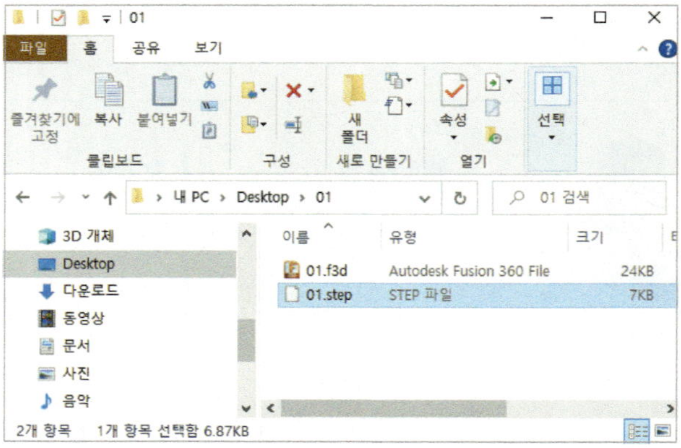

7) STL 파일변환 및 슬라이싱 파일 생성하기 (1번 문제 풀이 참조)

> 개인이나 3D프린터 기계마다 차이가 있으므로 여러 번 출력해 보고 최적의 위치 및 조건을 선정하여 적용하시면 됩니다. 아래 방법은 참조 사항입니다.

(1) STL파일로 변환하기

a) 부품 위치 이동하기

- 조립의 회전 아이콘을 더블클릭 ⇨ 그림과 같이 -180도 회전합니다.
- 위치 캡처 선택

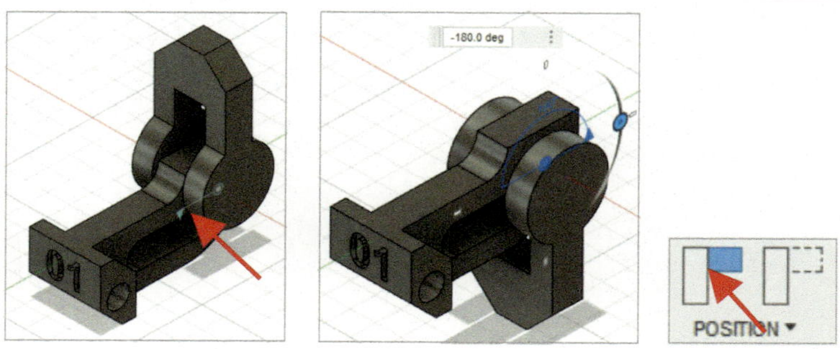

b) 검색기에서 (저장되지 않음) 선택 ⇨ 마우스 우클릭 ⇨ 메쉬로 저장 선택
저장 위치 : 이전에 만든 비번 폴더
파일 이름 : 01.stl 입력

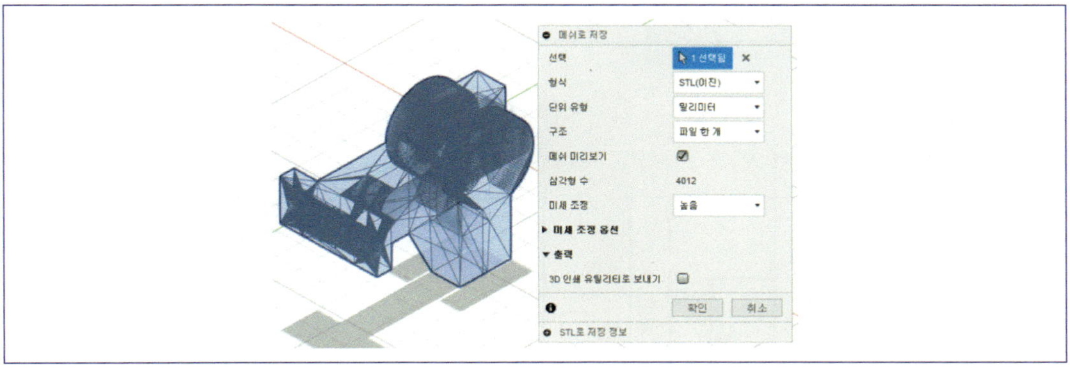

(2) 슬라이싱 파일 만들기 (1번 문제 풀이 참조)

그림처럼 위치하여 출력하는 것을 추천해 드립니다. (슬라이싱 파일 생성)

그림과 같이 최종적으로 4개 파일이 만들어집니다.

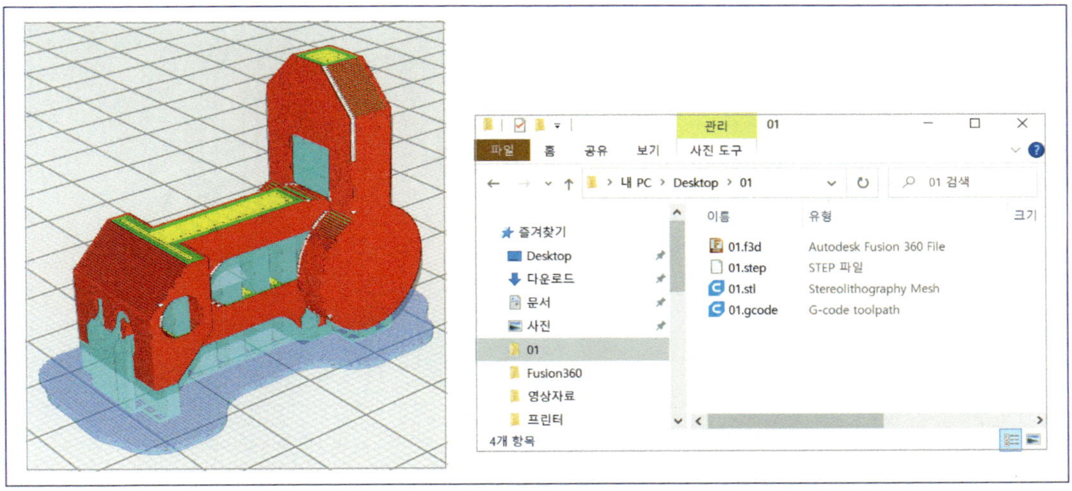

[공개] ③

4. 도면

자격종목	3D프린터운용기능사	[시험 1] 과제명	3D모델링작업	척도	NS

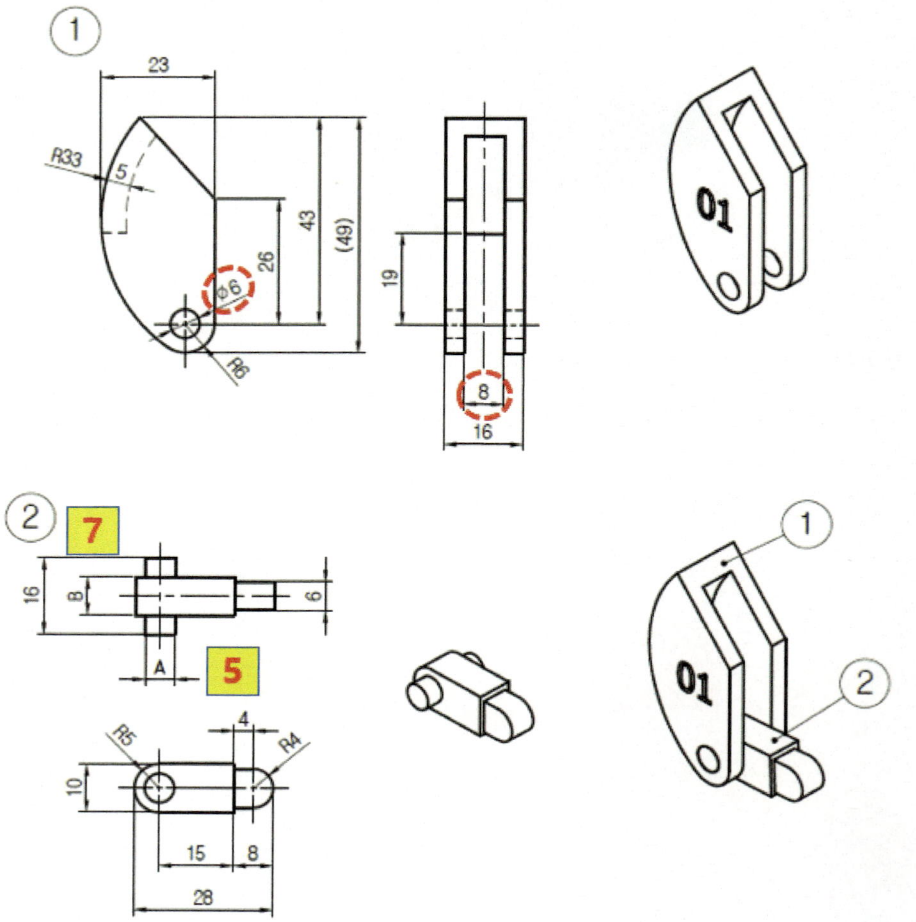

공차 적용.

A, B 문자 치수 : 기준 치수와 차이를 ± 1mm 이하

→ 편 측으로 0.5mm 이하로 적용

1) 폴더 생성 및 구성요소 생성

공개 1번 문제 풀이와 같은 방법으로 진행하면 됩니다. (문제 풀이 참조)

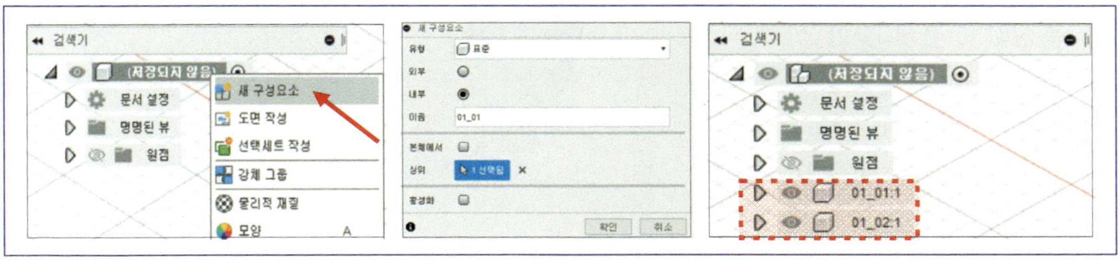

2) 01 부품 3D모델링 하기

(1) 01 구성요소 활성화

마우스로 우측에 있는 원 선택
원점 보이게 선택(나머지 원점은 감추기 적용)

(2) 작성 / 스케치 작성 선택

작업평면 : XZ 평면 선택
그림과 같이 스케치 진행

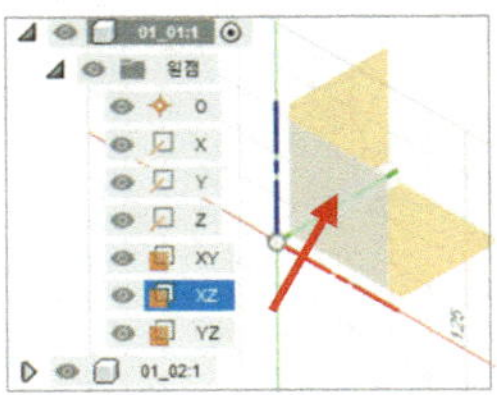

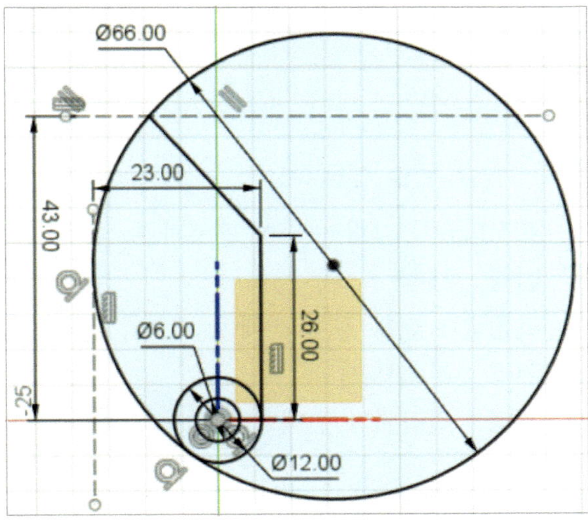

(3) 작성 / 돌출 선택

프로파일 : 그림과 같이 프로파일 선택
방향 : 대칭
측정값 : 전체 길이 선택
거리 : 16 입력
생성 : 새 본체 선택

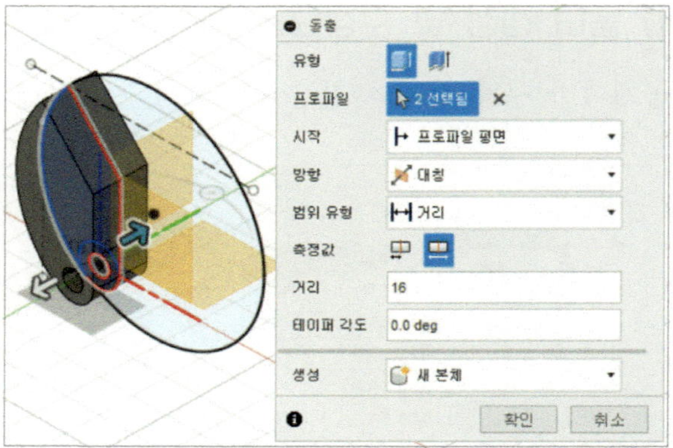

(4) 작성 / 스케치 작성 선택

작업평면 : XZ 평면 선택
그림과 같이 스케치 진행

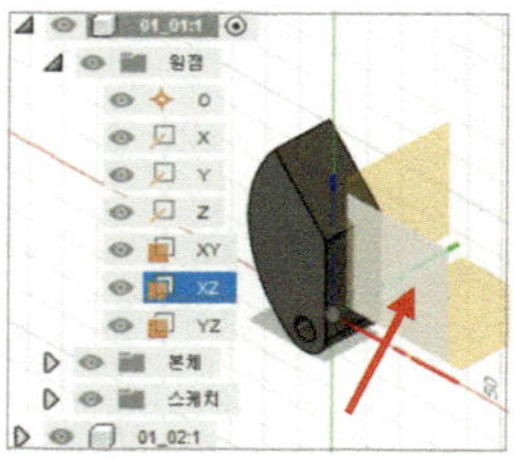

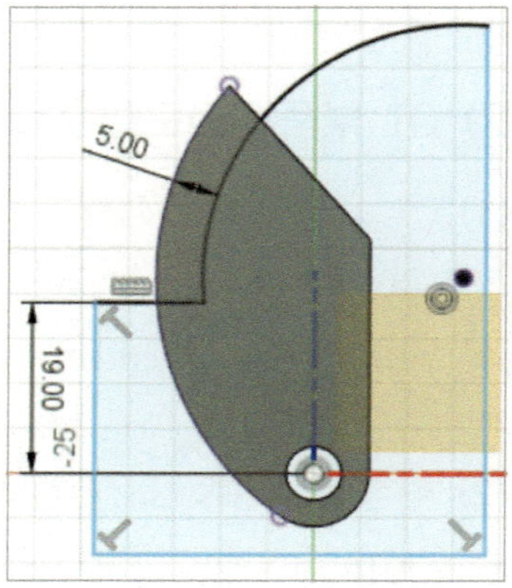

(5) 작성 / 돌출 선택

프로파일 : 그림과 같이 프로파일 선택
방향 : 대칭
측정값 : 전체 길이 선택
거리 : 8 입력
생성 : 잘라내기 선택

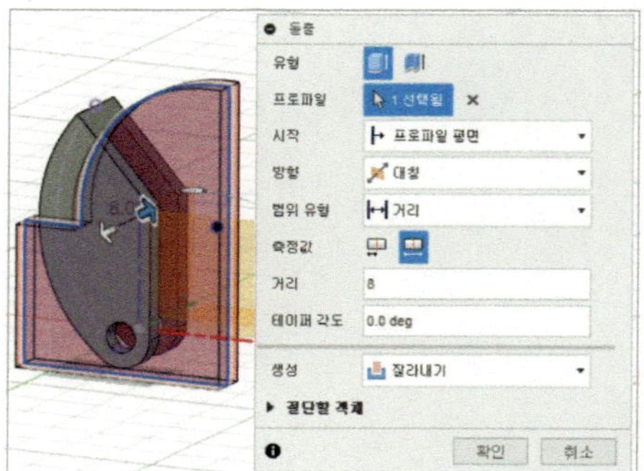

(6) 작성 / 스케치 작성 **선택**

작업평면 : 이전 형상의 전면부 선택
그림과 같이 문자 생성

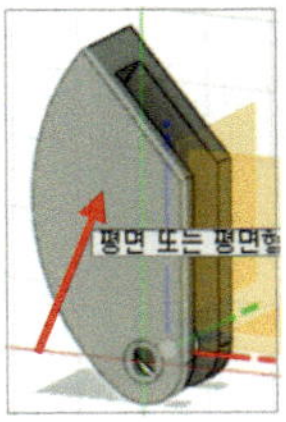

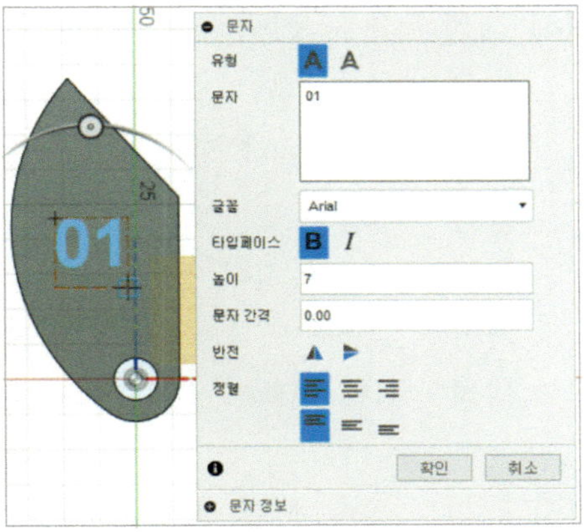

(7) 작성 / 돌출 **선택**

프로파일 : 그림과 같이 문자 선택
거리 : -1 입력
생성 : 잘라내기 선택

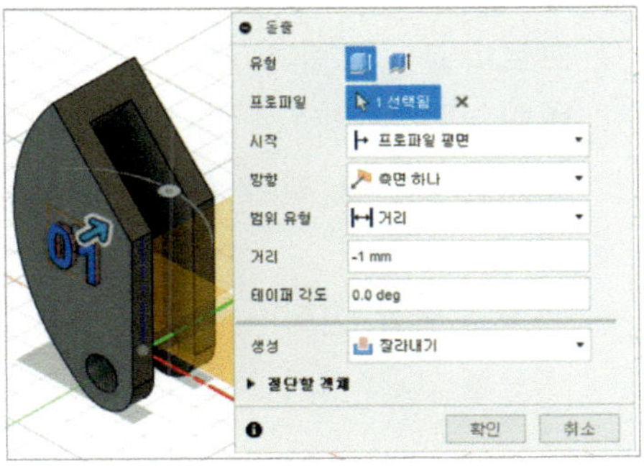

3) 02 부품 3D모델링 하기

(1) 02 구성요소 활성화

마우스로 우측에 있는 원 선택, 원점 보이게 선택(나머지 원점은 감추기 적용)

(2) 작성 / 스케치 작성 **선택**

작업평면 : XZ 평면 선택
그림과 같이 스케치 진행

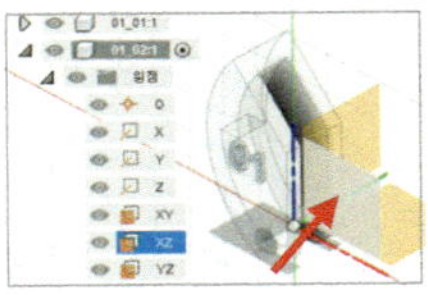

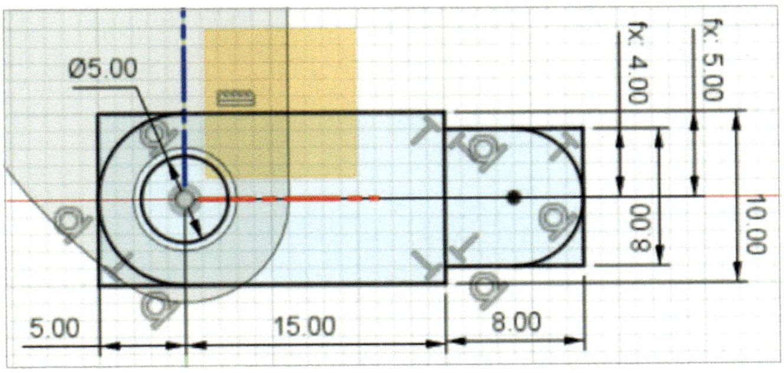

(3) 작성 / 돌출 **선택**

프로파일 : 그림과 같이 프로파일 선택
방향 : 대칭
측정값 : 전체 길이 선택
거리 : 16 입력
생성 : 새 본체 선택

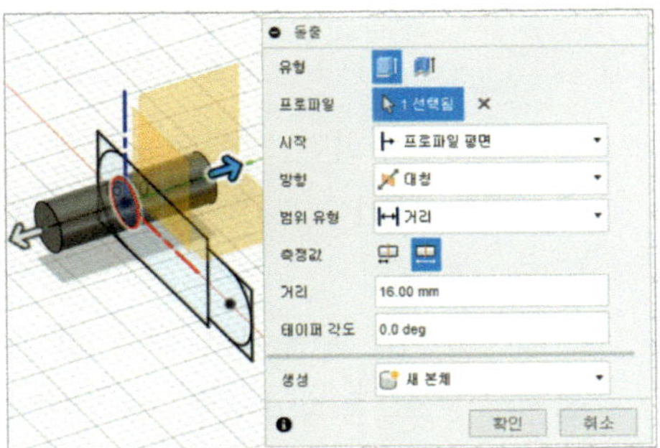

(4) 작성 / 돌출 **선택**

(이전에 생성된 2D 스케치 보이게 설정)

프로파일 : 그림과 같이 프로파일 선택

방향 : 대칭

측정값 : 전체 길이 선택

거리 : 7 입력

생성 : 접합 선택

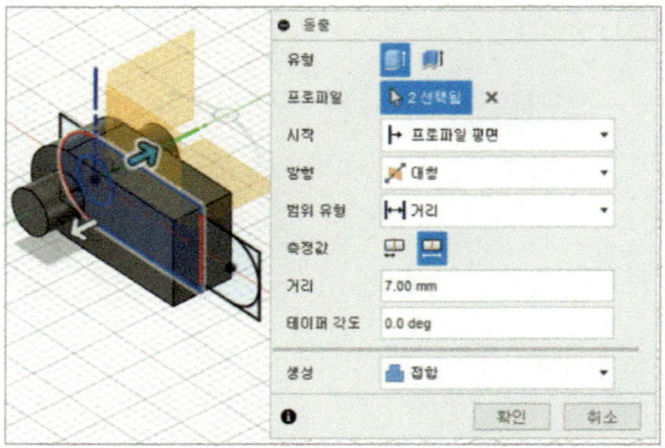

(5) 작성 / 돌출 **선택**

프로파일 : 그림과 같이 프로파일 선택

방향 : 대칭

측정값 : 전체 길이 선택

거리 : 6 입력

생성 : 접합 선택

(사용한 2D 스케치 감추기 설정)

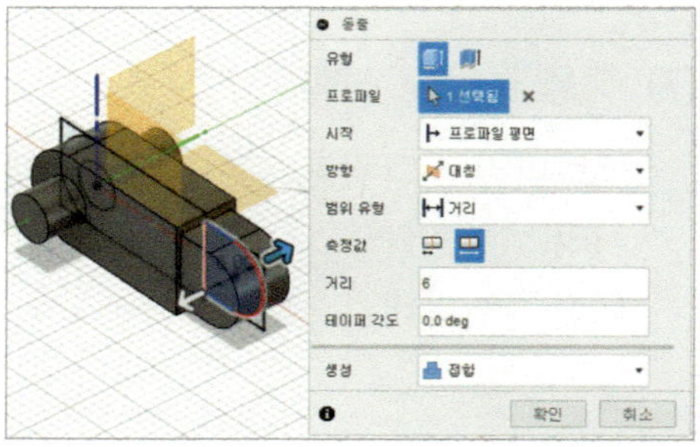

4) 3D모델링 조립하기

(1) (저장되지 않음) 활성화

: 최상위 구성요소에서 원형선택

(모든 원점은 감추기 적용)

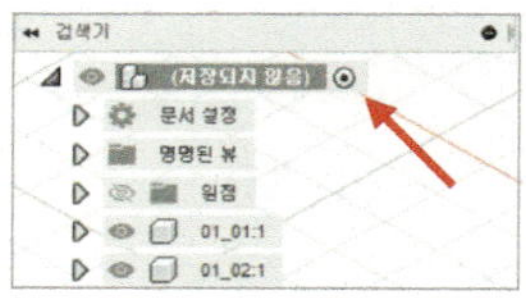

(2) **하나의 부품(구성요소) 고정하기**

01_01 선택 ⇨ 마우스 우클릭 ⇨ 고정 선택

(바닥에 고정되면서 압정표시가 생김)

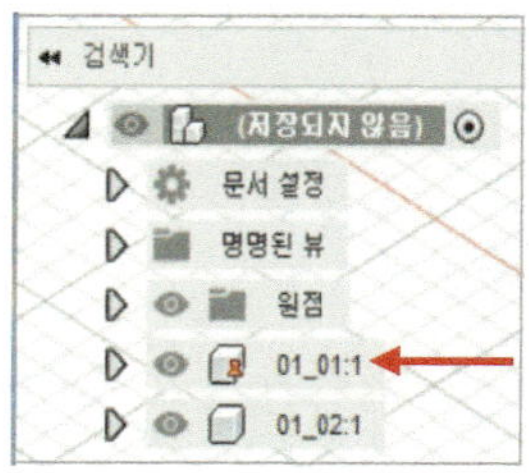

(3) 조립 / 현재 위치에서 접합 **선택**

접합 유형 : 회전 선택

구성요소 : 01_02, 01_01 선택 (움직이는 부품을 먼저 선택)

모드 : 단순

스냅 : 01_02 부품에서 내부 작은 원통의 중심 선택

회전 : Z축 (움직임 방향을 확인 후 선택)

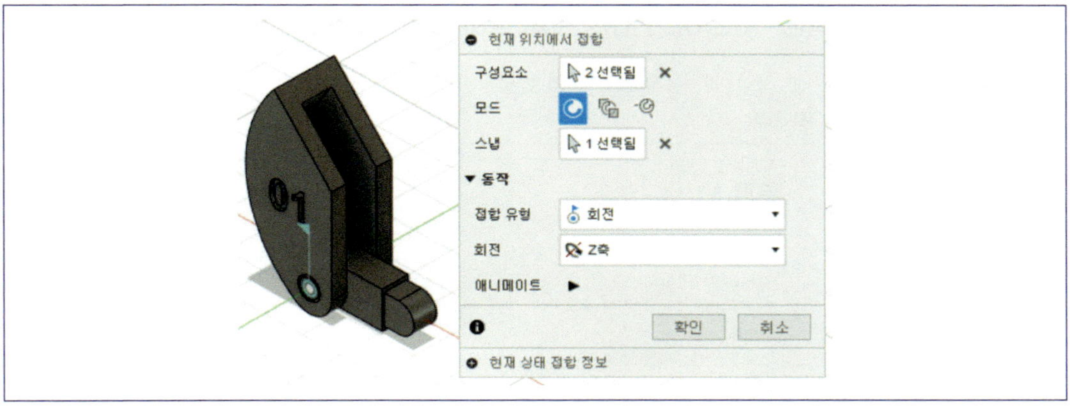

5) 3D모델링 검토하기 (1번 문제 풀이 참조)

(1) 검사 / 간섭 선택

선택 : 2개의 부품 선택

계산 : 간섭 유/무 확인

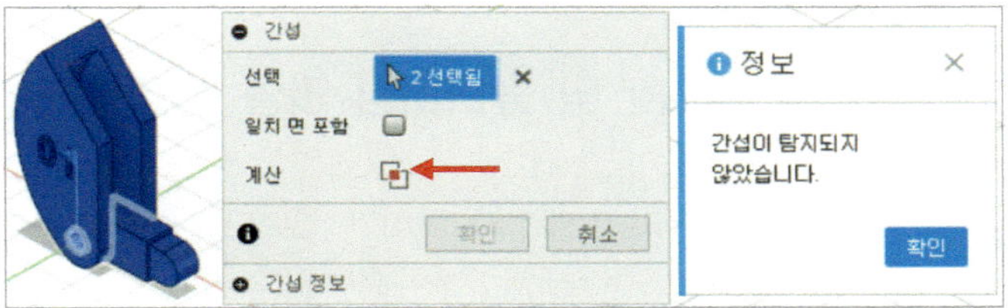

(2) 검사 / 단면 분석 선택

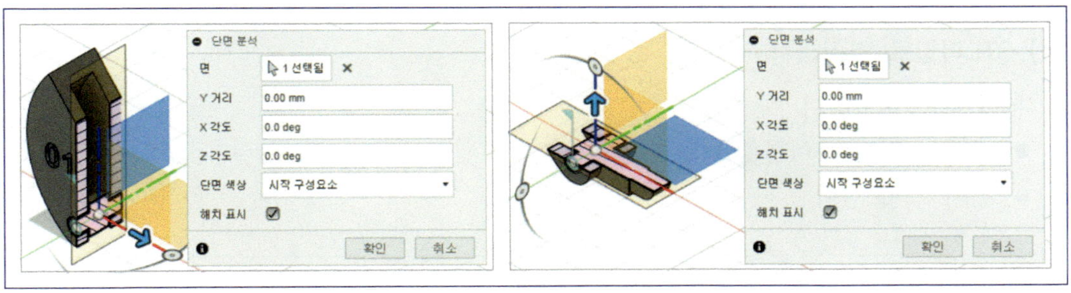

(3) 검사 / 측정 선택

: 주요 부분 치수 측정

특히 조립 공차 적용 부분 치수 확인

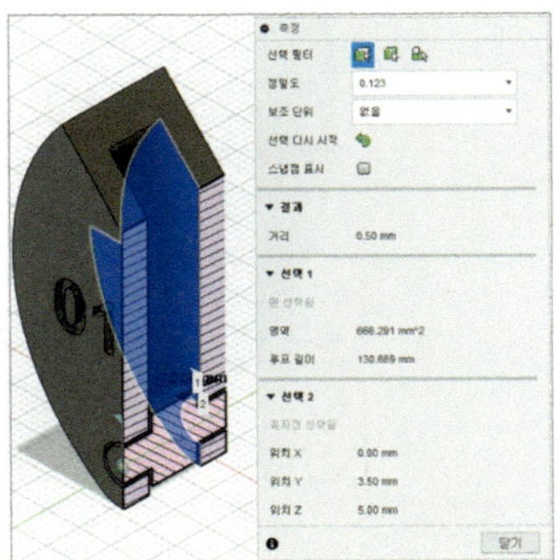

6) 완성된 3D모델링 저장하기 (1번 문제 풀이 참조, Fusion360 파일 및 STP 파일)

조립 형상은 이전 문제 풀이와 동일한 방법으로 진행하면 됩니다.

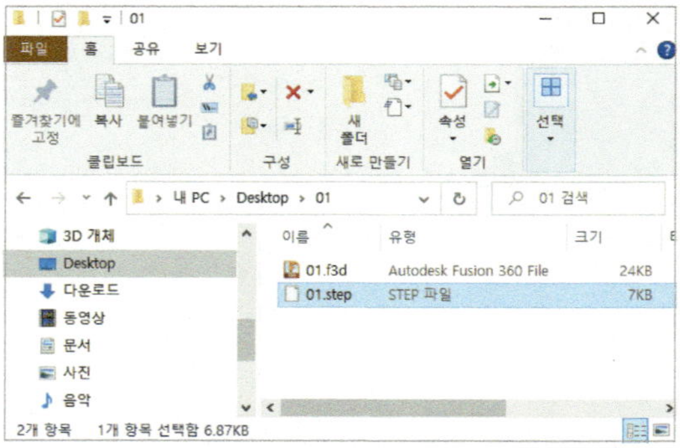

7) STL 파일변환 및 슬라이싱 파일 생성하기 (1번 문제 풀이 참조)

> 개인이나 3D프린터 기계마다 차이가 있으므로 여러 번 출력해 보고 최적의 위치 및 조건을 선정하여 적용하시면 됩니다. 아래 방법은 참조 사항입니다.

(1) STL파일로 변환하기

a) 부품 위치 이동하기

- 조립의 회전 아이콘을 더블클릭 ⇨ 그림과 같이 180도 회전합니다.
- 위치 캡처 선택

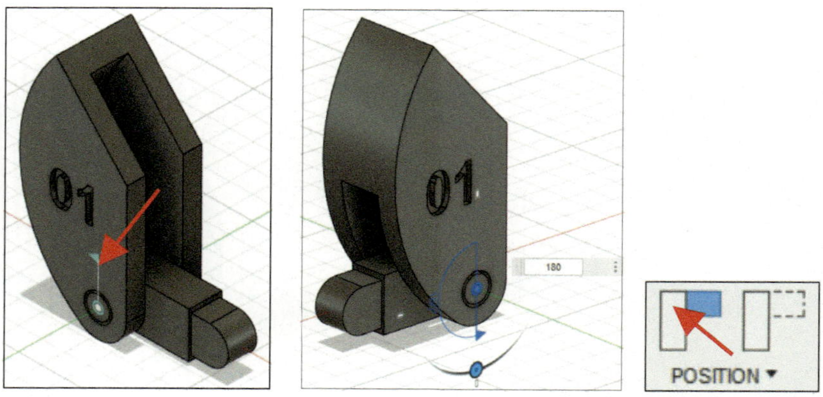

b) 검색기에서 (저장되지 않음) 선택
⇨ 마우스 우클릭 ⇨ 메쉬로 저장 선택
저장 위치 : 이전에 만든 비번 폴더
파일 이름 : 01.stl 입력

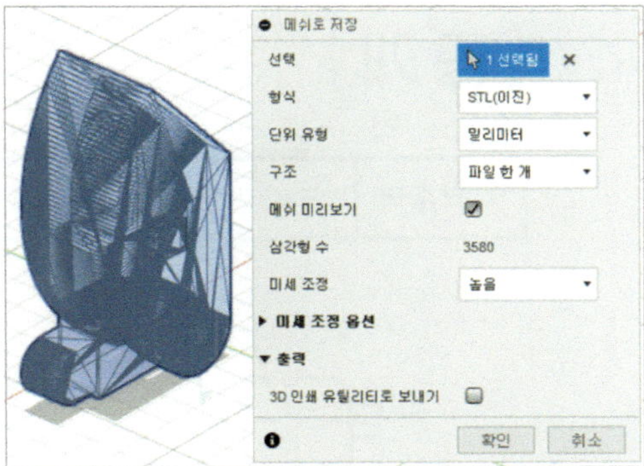

(2) 슬라이싱 파일 만들기 (1번 문제 풀이 참조)

그림처럼 위치하여 출력하는 것을 추천해 드립니다. (슬라이싱 파일 생성)
그림과 같이 최종적으로 4개 파일이 만들어집니다.

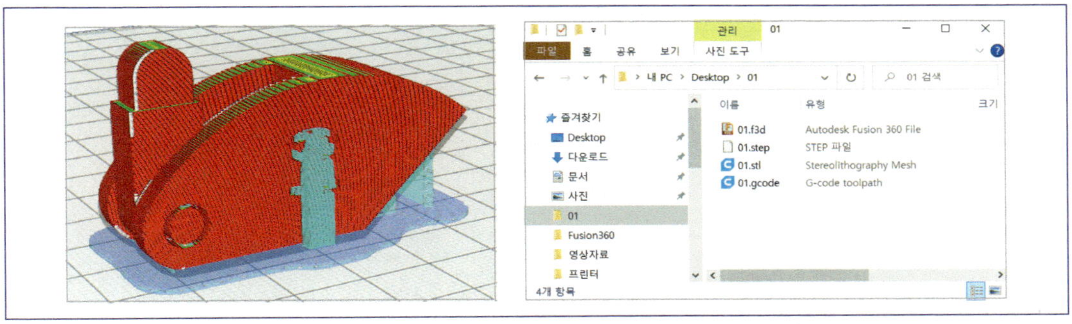

[공개]

④

4. 도 면

자격종목	3D프린터운용기능사	[시험 1] 과제명	3D모델링작업	척도	NS

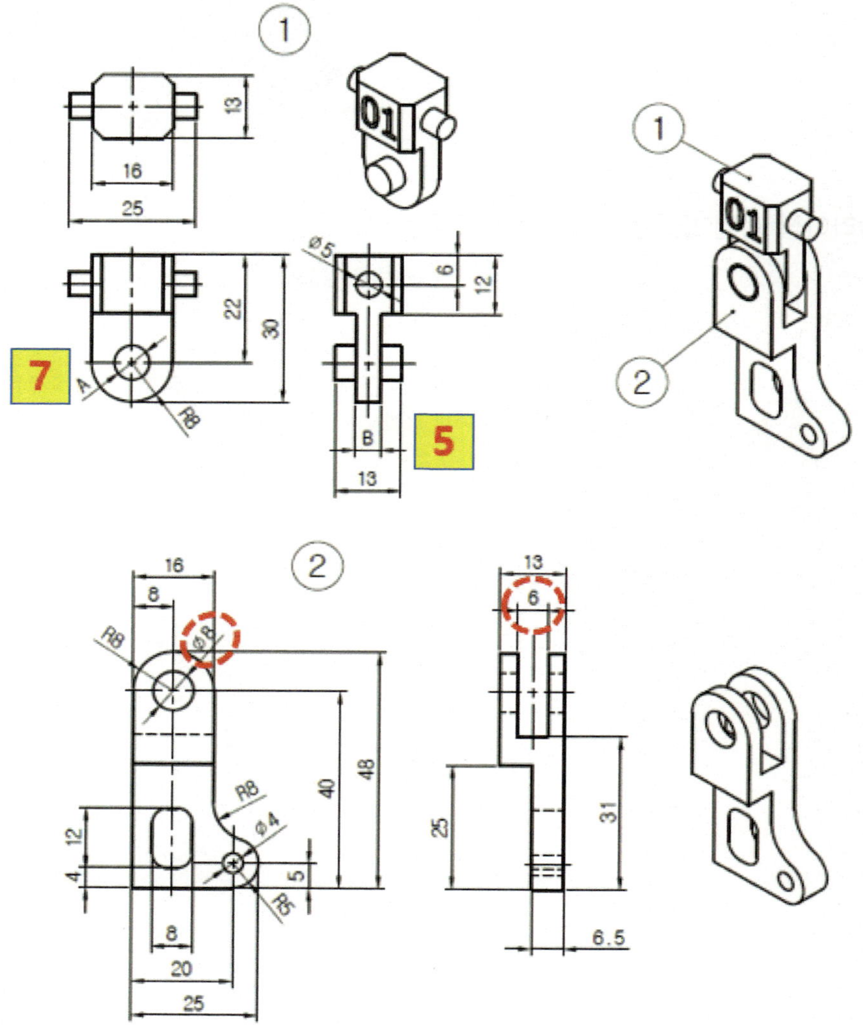

주서

1. 도시되고 지시없는 모떼기는 C2, 라운드는 R3

공차 적용

A, B 문자 치수 : 기준 치수와 차이를 ± 1mm 이하

→ 편 측으로 0.5mm 이하로 적용

1) 폴더 생성 및 구성요소 생성

공개 1번 문제 풀이와 같은 방법으로 진행하면 됩니다. (문제 풀이 참조)

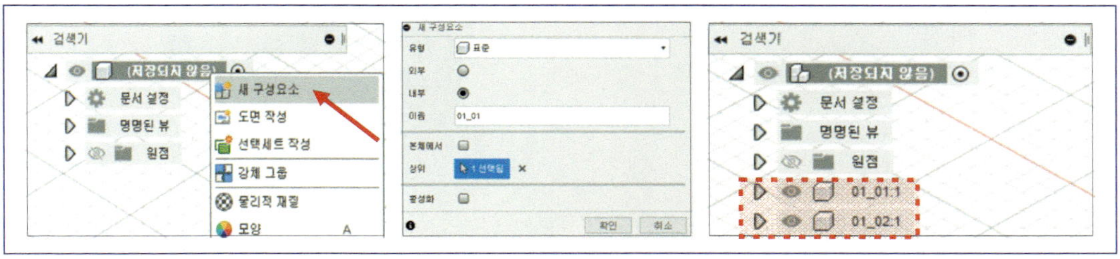

2) 01 부품 3D모델링 하기

(1) 01 구성요소 활성화

마우스로 우측에 있는 원 선택

원점 보이게 선택(나머지 원점은 감추기 적용)

(2) 작성 / 스케치 작성 선택

작업평면 : XZ 평면 선택

그림과 같이 스케치 진행

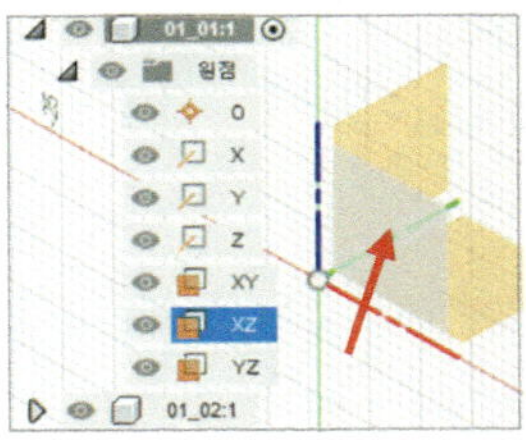

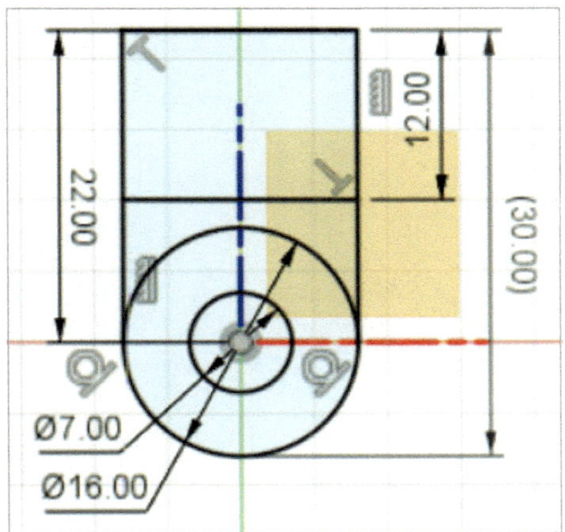

(3) 작성 / 돌출 선택

프로파일 : 그림과 같이 프로파일 선택

방향 : 대칭

측정값 : 전체 길이 선택

거리 : 5 입력

생성 : 새 본체 선택

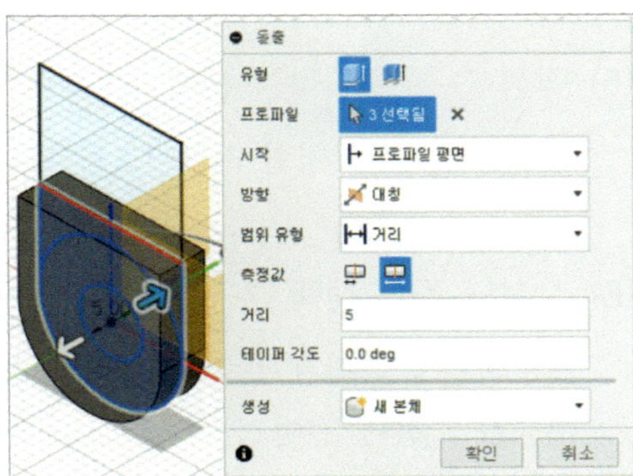

(4) 작성 / 돌출 **선택**

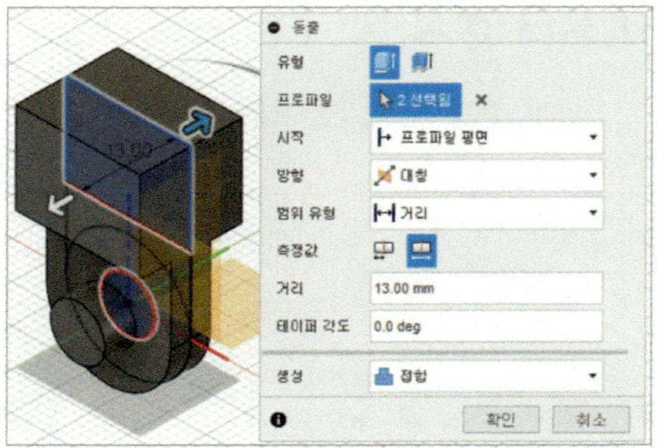

(이전에 생성된 스케치를 보이게 설정)

프로파일 : 그림과 같이 프로파일 선택

방향 : 대칭

측정값 : 전체 길이 선택

거리 : 13 입력

생성 : 접합 선택

(작업 완료 후 사용한 2D 스케치는 감추기 적용)

추가 설명

입체 형상 안에 2D 스케치가 있으며 그 2D 스케치에서 특정 프로파일 선택이 잘 안 됩니다. 이 같은 경우는 생성된 본체 (입체 형상)을 잠시 안 보이게 한 후 2D 스케치에서 프로파일을 선택하면 쉽게 선택이 됩니다.

검색기에서 감추기를 할 본체의 눈 모양 아이콘을 클릭하여 잠시 안 보이게 한 후 필요한 프로파일을 선택합니다.

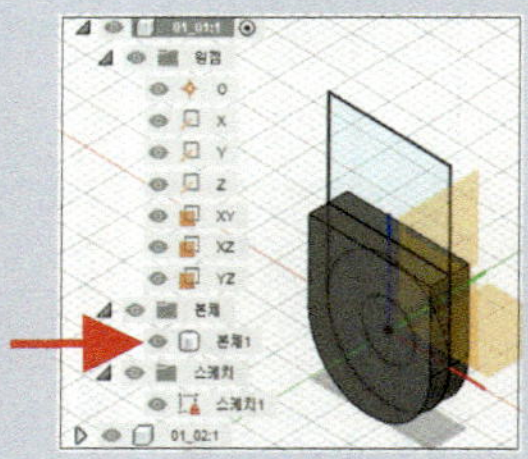

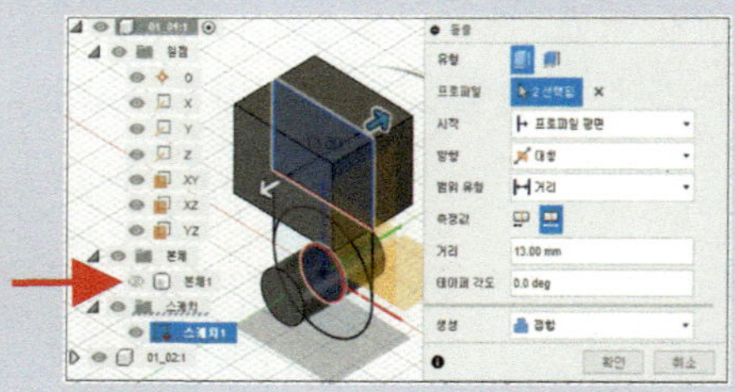

선택한 프로파일과 기존의 본체가 상호 추가적인 관계가 필요하다면 감춰진 본체를 다시 보이게 하여 생성 관계(접합, 잘라내기 등등)를 적용하면 됩니다.

(5) 작성 / 스케치 작성 **선택**

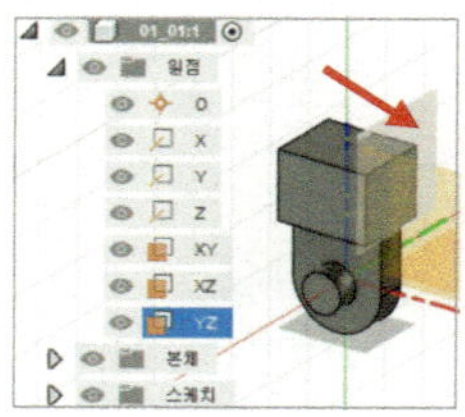

작업평면 : YZ 평면 선택, 그림과 같이 스케치 진행

(6) 작성 / 돌출 **선택**

프로파일 : 그림과 같이 프로파일 선택, **방향** : 대칭

측정값 : 전체 길이 선택, **거리** : 25 입력, **생성** : 접합 선택

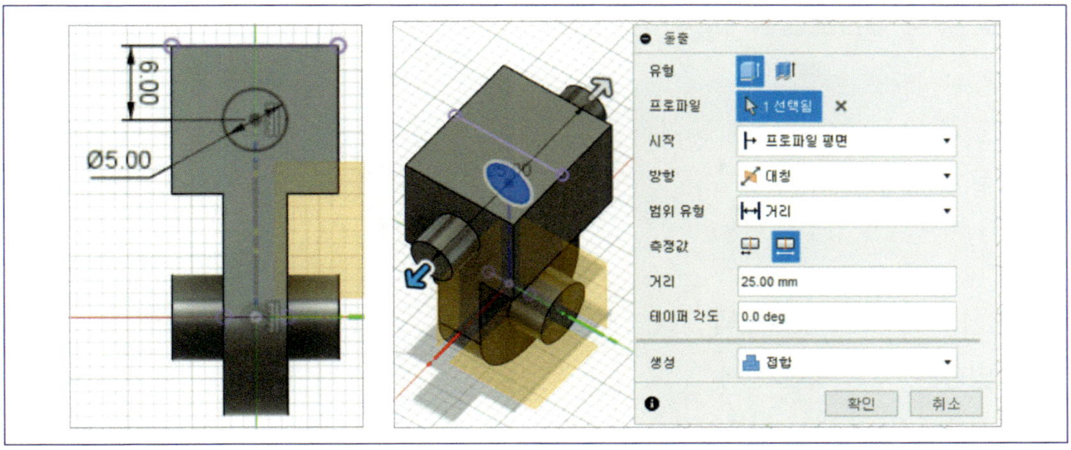

(7) 수정 / 모따기 **선택**

그림과 같이 모서리 4곳 선택
2 입력

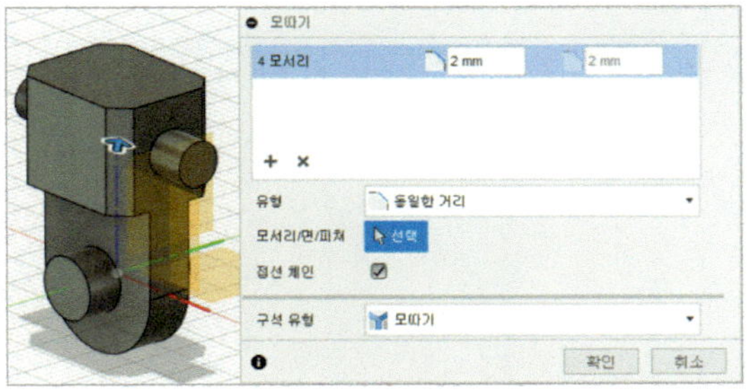

(8) 작성 / 스케치 작성 **선택**

작업평면 : 이전 형상의 전면부 선택, 그림과 같이 문자 생성

(9) 작성 / 돌출 **선택**

프로파일 : 그림과 같이 문자 선택, **거리** : -1 입력, **생성** : 잘라내기 선택

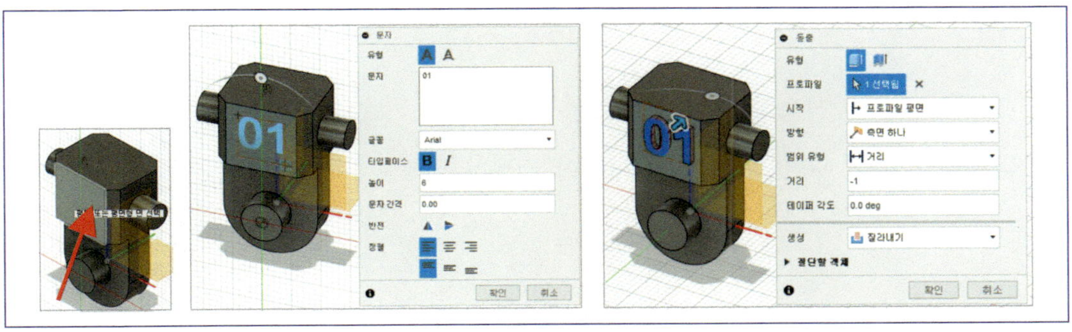

3) 02 부품 3D모델링 하기

(1) 02 구성요소 활성화

마우스로 우측에 있는 원 선택
원점 보이게 선택
(나머지 원점은 감추기 적용)

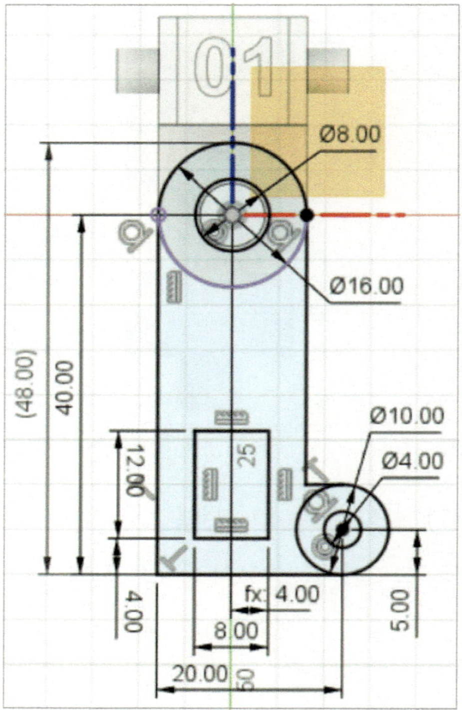

(2) 작성 / 스케치 작성 **선택**

작업평면 : XZ 평면 선택
그림과 같이 스케치 진행

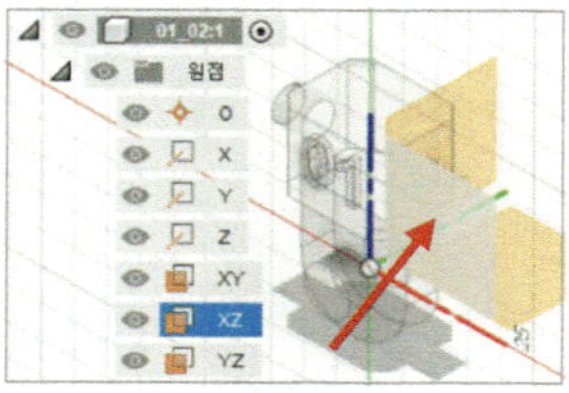

(3) 작성 / 돌출 **선택**

프로파일 : 그림과 같이 프로파일 선택
방향 : 대칭
측정값 : 전체 길이 선택
거리 : 13 입력
생성 : 새 본체 선택

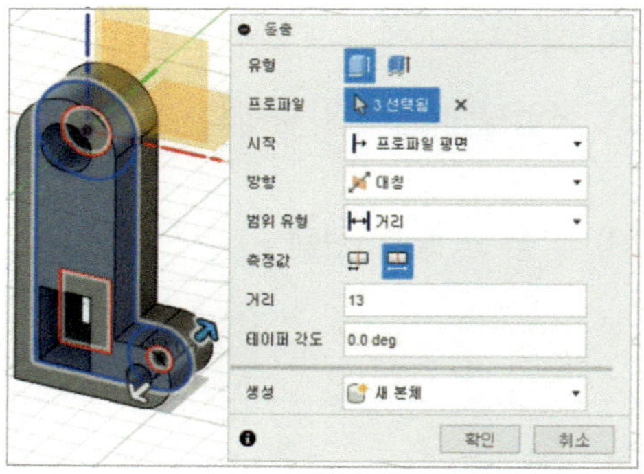

(4) 작성 / 스케치 작성 **선택**

작업평면 : YZ 평면 선택, 그림과 같이 스케치 진행

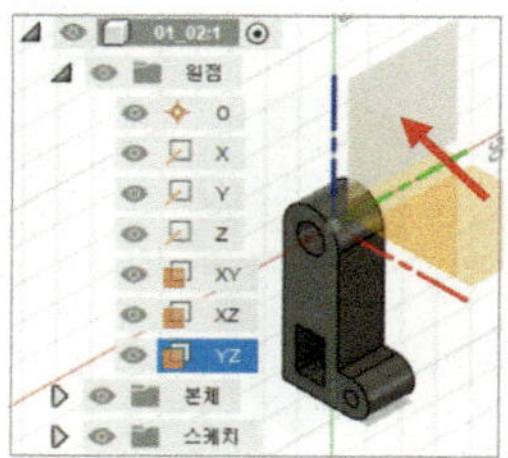

(5) 작성 / 돌출 **선택**

프로파일 : 그림과 같이 프로파일 선택, **방향** : 대칭
측정값 : 절반 길이 선택, **거리** : 충분한 거리 입력
생성 : 잘라내기 선택

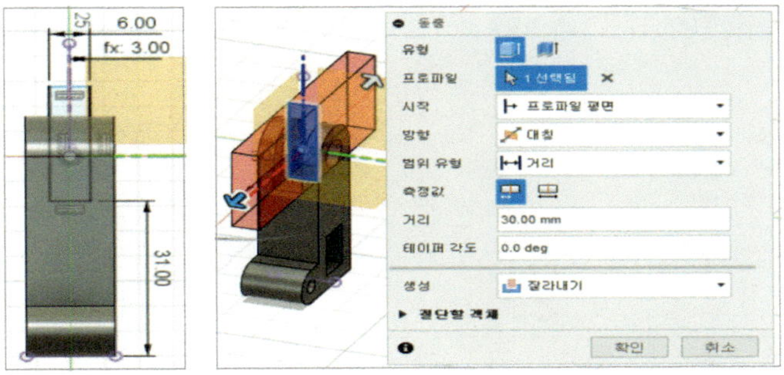

(6) 작성 / 스케치 작성 **선택**

작업평면 : 이전 형상의 측면 선택, 그림과 같이 스케치 진행

(7) 작성 / 돌출 **선택**

프로파일 : 그림과 같이 프로파일 선택
거리 : -6.5 입력, **생성** : 잘라내기 선택

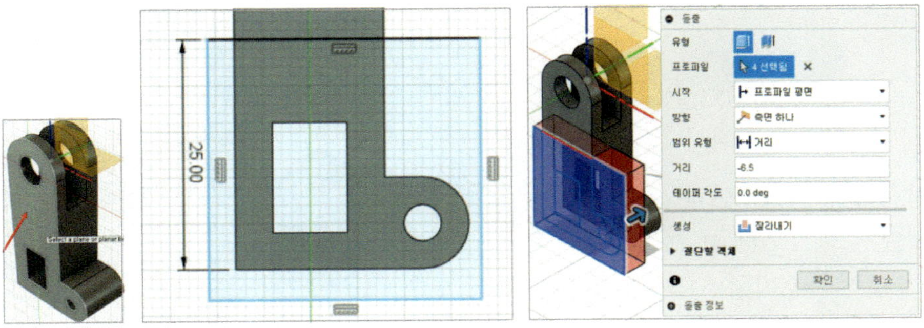

(8) 수정 / 모깎기 선택 (2번 실행)

a) 그림과 같이 외측 모서리 1곳 선택, 8 입력

b) 그림과 같이 내측 사각 홀의 모서리 4곳 선택, 3 입력

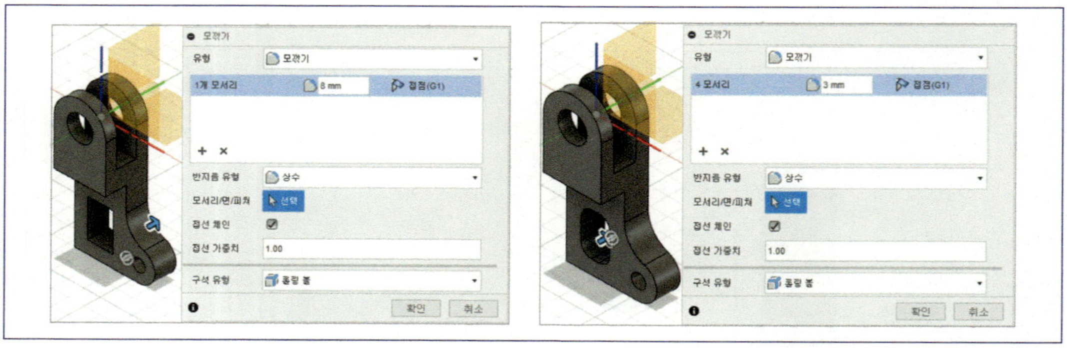

4) 3D모델링 조립하기

(1) (저장되지 않음) 활성화

: 최상위 구성요소에서 원형선택 (모든 원점은 감추기 적용)

(2) 하나의 부품(구성요소) 고정하기

01_02 선택 ⇨ 마우스 우클릭 ⇨ 고정 선택

(바닥에 고정되면서 압정표시가 생김)

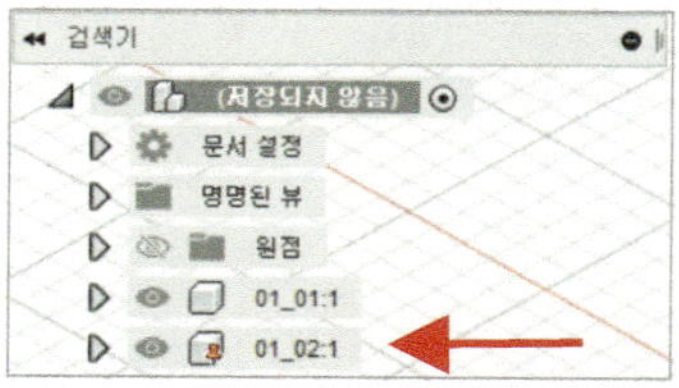

(3) 조립 / 현재 위치에서 접합 선택

접합 유형 : 회전 선택

구성요소 : 01_01, 01_02 선택

(움직이는 부품을 먼저 선택)

모드 : 단순

스냅 : 그림과 같이 원의 중심 선택

회전 : Z축 (움직임 방향을 확인 후 선택)

5) 3D모델링 검토하기 (1번 문제 풀이 참조)

(1) 검사 / 간섭 선택

선택 : 2개의 부품 선택,

계산 : 간섭 유/무 확인

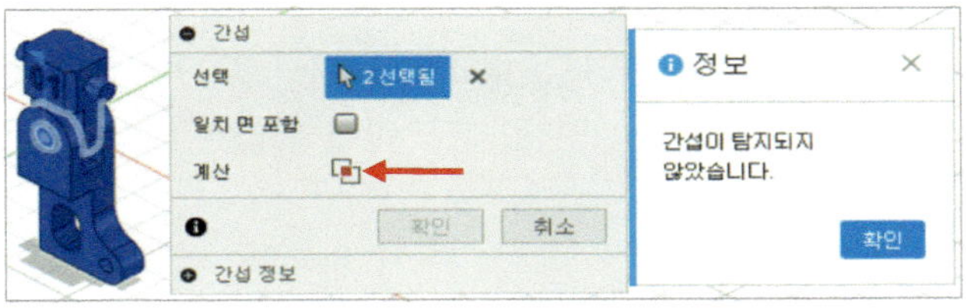

(2) 검사 / 단면 분석 선택

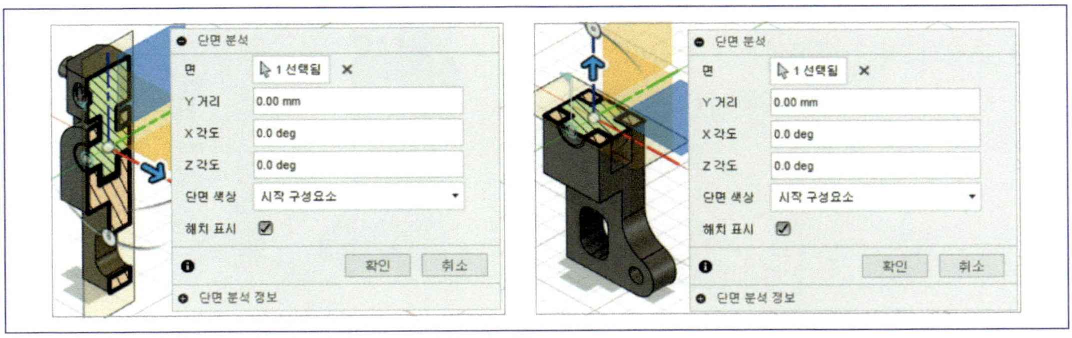

(3) 검사 / 측정 선택

: 주요 부분 치수 측정

특히 조립 공차 적용 부분 치수 확인

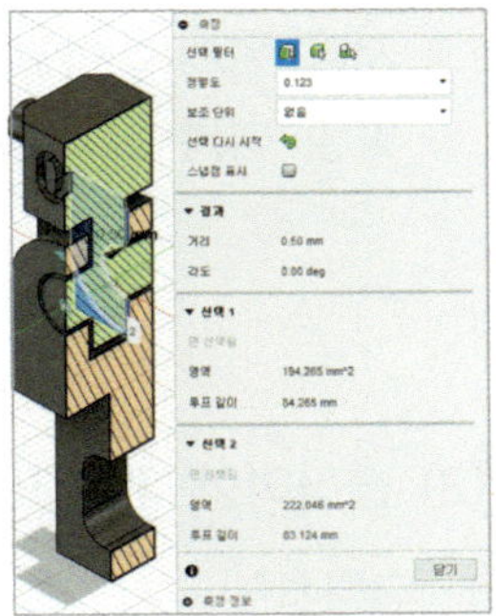

6) 완성된 3D모델링 저장하기 (1번 문제 풀이 참조, Fusion360 파일 및 STP 파일)

조립 형상은 이전 문제 풀이와 동일한 방법으로 진행하면 됩니다.

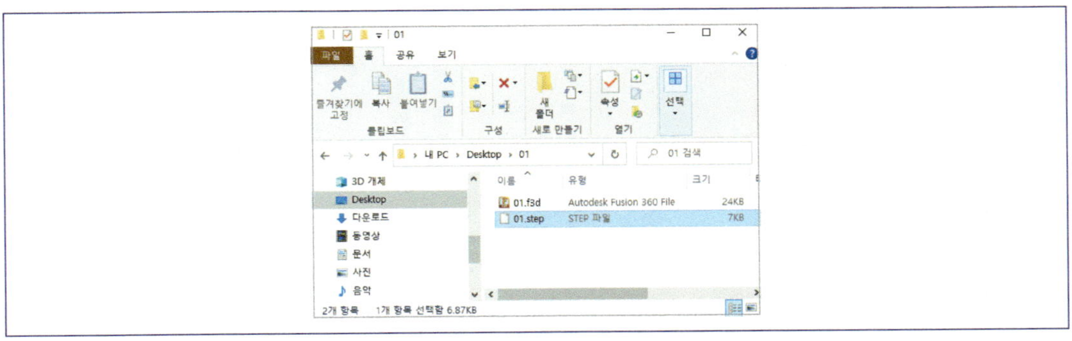

7) STL 파일변환 및 슬라이싱 파일 생성하기 (1번 문제 풀이 참조)

개인이나 3D프린터 기계마다 차이가 있으므로 여러 번 출력해 보고 최적의 위치 및 조건을 선정하여 적용하시면 됩니다. 아래 방법은 참조 사항입니다.

(1) STL파일로 변환하기

a) 부품 위치 이동하기

- 조립의 회전 아이콘을 더블클릭
  ⇨ 그림과 같이 -45도 회전합니다.
- 위치 캡처 선택

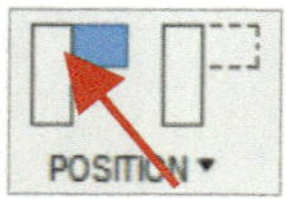

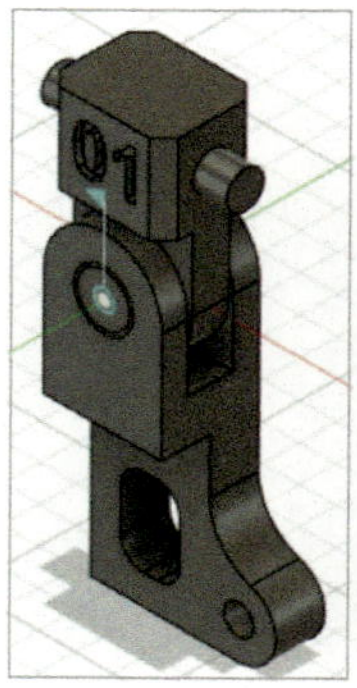

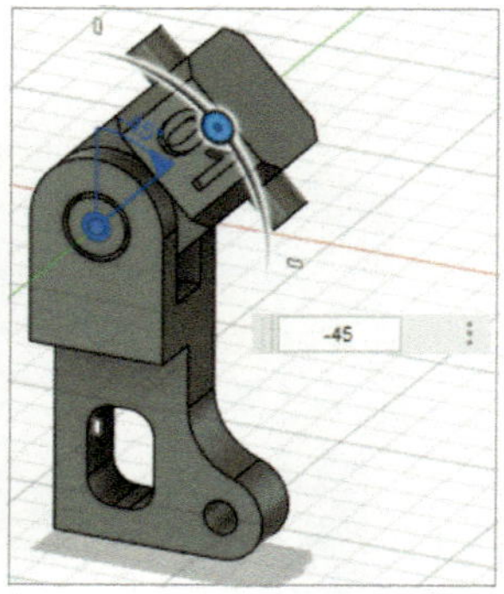

b) 검색기에서 (저장되지 않음) 선택
⇨ 마우스 우클릭 ⇨ 메쉬로 저장 선택
저장 위치 : 이전에 만든 비번 폴더
파일 이름 : 01.stl 입력

(2) 슬라이싱 파일 만들기 (1번 문제 풀이 참조)

그림처럼 위치하여 출력하는 것을 추천해 드립니다. (슬라이싱 파일 생성)

그림과 같이 최종적으로 4개 파일이 만들어집니다.

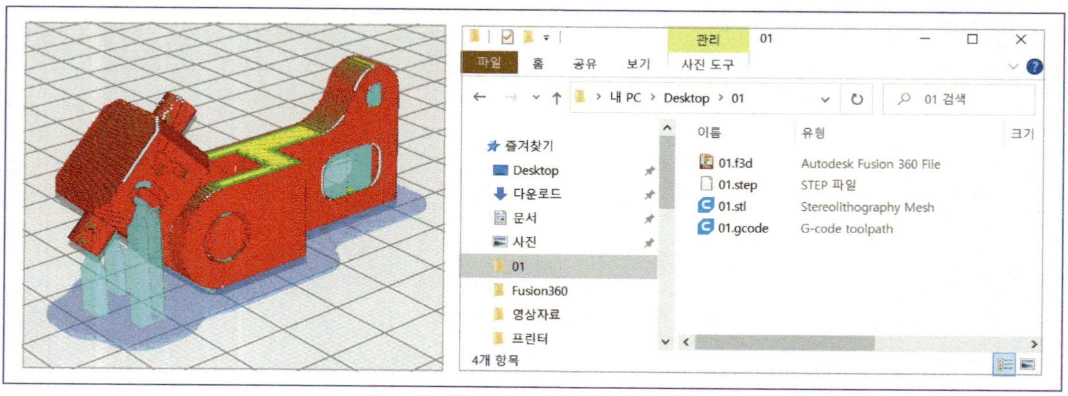

[공개] ⑤

4. 도 면

자격종목	3D프린터운용기능사	[시험 1] 과제명	3D모델링작업	척도	NS

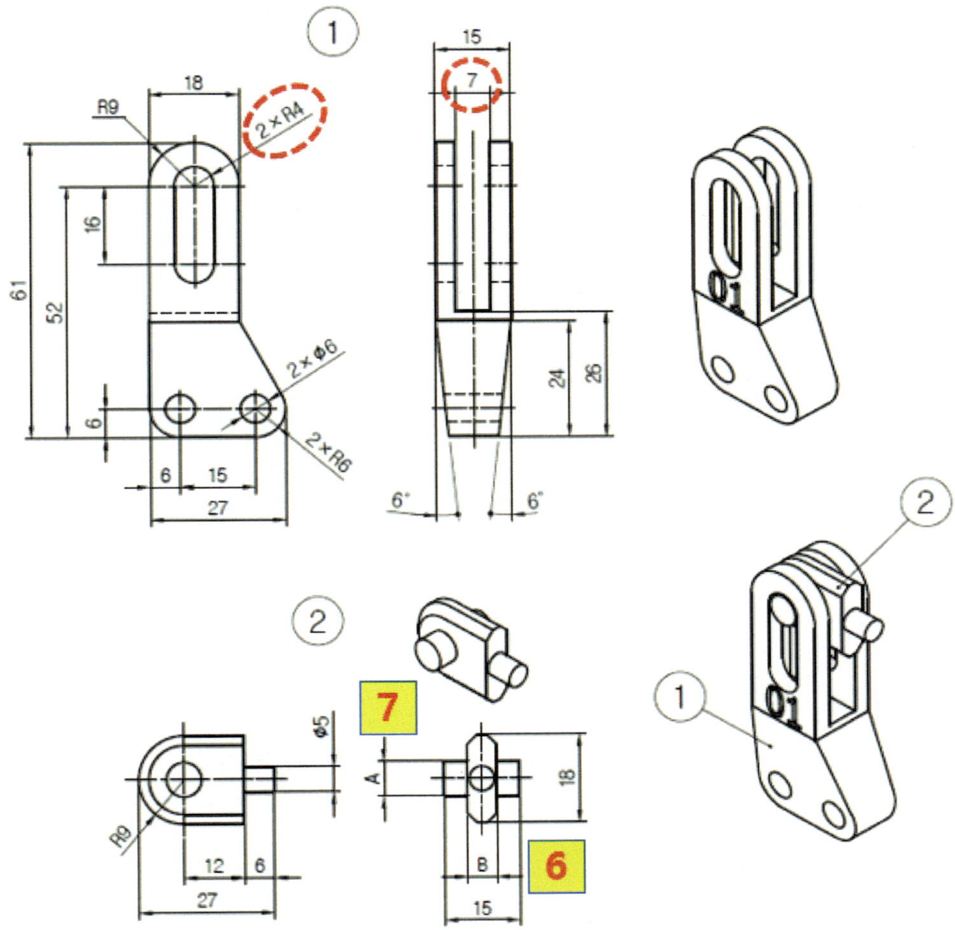

주서

1. 도시되고 지시없는 모떼기는 C2

공차 적용.

A, B 문자 치수 : 기준 치수와 차이를 ± 1mm 이하

→ 편 측으로 0.5mm 이하로 적용

1) 폴더 생성 및 구성요소 생성

공개 1번 문제 풀이와 같은 방법으로 진행하면 됩니다. (문제 풀이 참조)

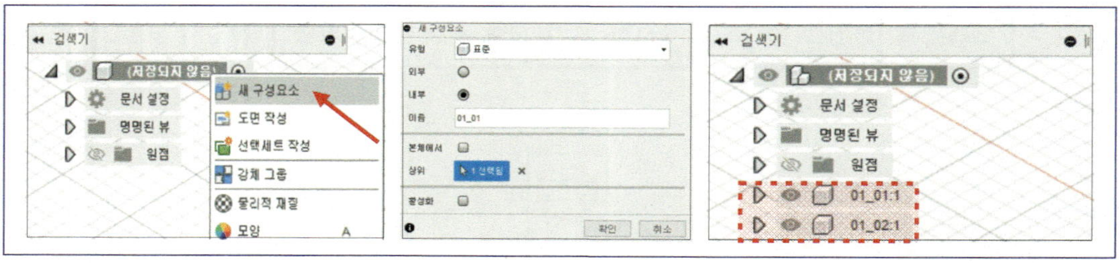

2) 01 부품 3D모델링 하기

(1) 01 구성요소 활성화

마우스로 우측에 있는 원 선택

원점 보이게 선택(나머지 원점은 감추기 적용)

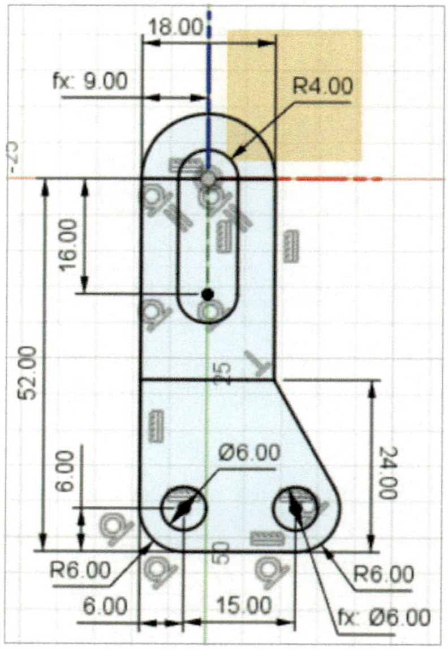

(2) 작성 / 스케치 작성 선택

작업평면 : XZ 평면 선택

그림과 같이 스케치 진행

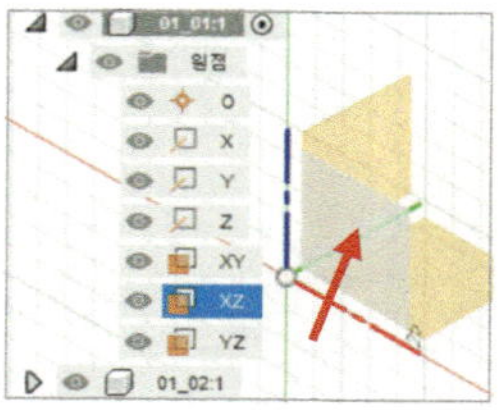

(3) 작성 / 돌출 선택

프로파일 : 그림과 같이 프로파일 선택

방향 : 대칭 선택

측정값 : 전체 길이 선택

거리 : 15 입력

생성 : 새 본체 선택

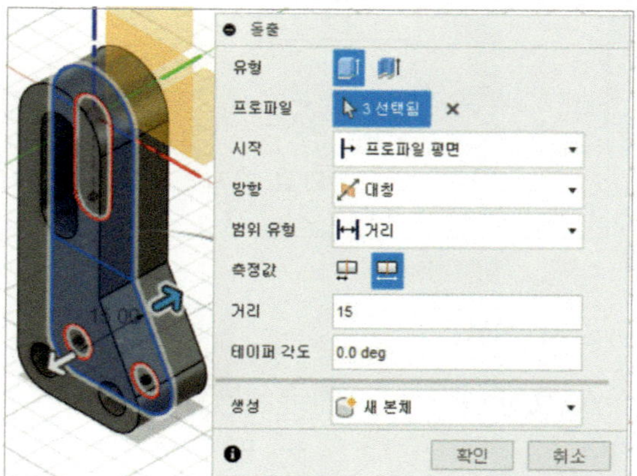

(4) 작성 / 스케치 작성 **선택**

작업평면 : XZ 평면 선택

그림과 같이 스케치 진행

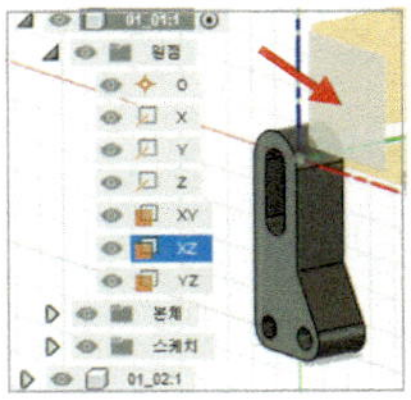

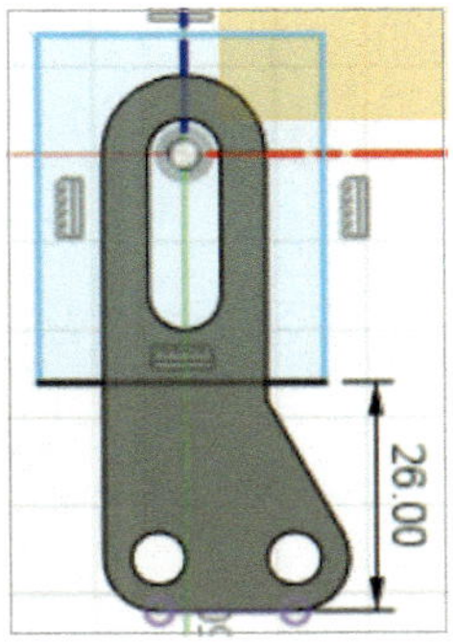

(5) 작성 / 돌출 **선택**

프로파일 : 그림과 같이 프로파일 선택

방향 : 대칭 선택

측정값 : 전체 길이 선택

거리 : 7 입력

생성 : 잘라내기 선택

(6) 작성 / 스케치 작성 **선택**

작업평면 : YZ평면, 그림과 같이 스케치 진행

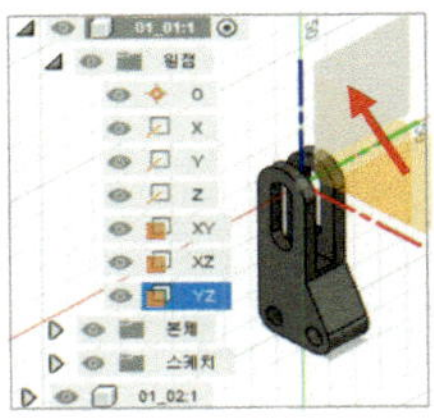

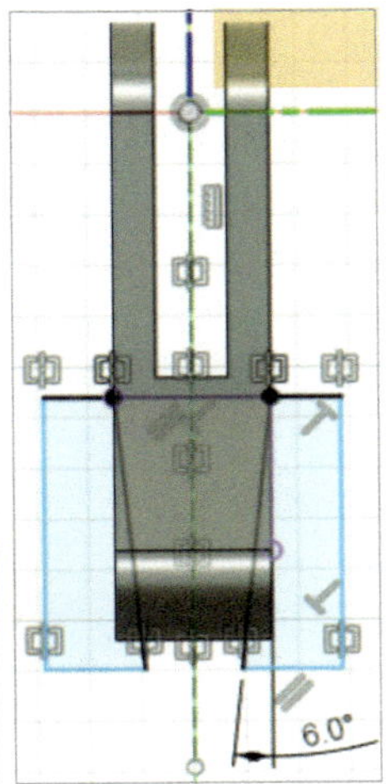

(7) 작성 / 돌출 **선택**

프로파일 : 그림과 같이 프로파일 선택

방향 : 대칭 선택

측정값 : 절반 길이 선택

거리 : 충분한 거리 입력

생성 : 잘라내기 선택

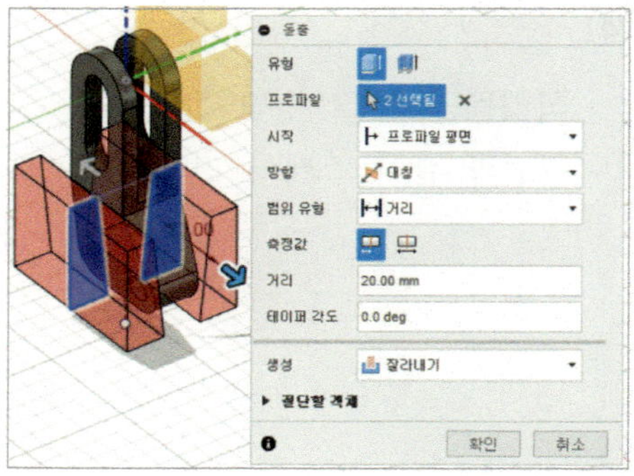

(8) 작성 / 스케치 작성 **선택**

작업평면 : 이전 형상의 측면부 선택

그림과 같이 문자 생성

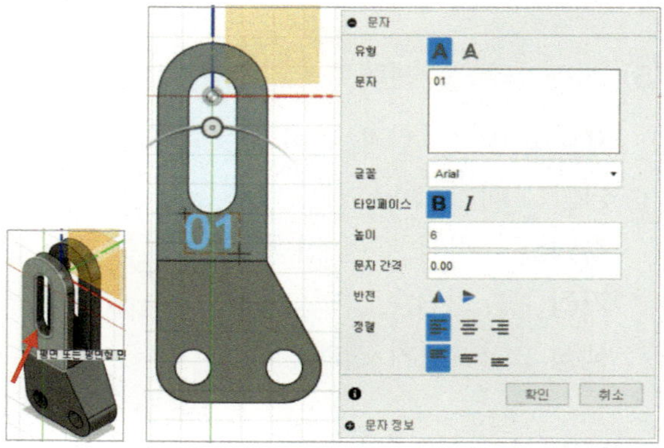

(9) 작성 / 돌출 **선택**

프로파일 : 그림과 같이 문자 선택

거리 : -1 입력

생성 : 잘라내기 선택

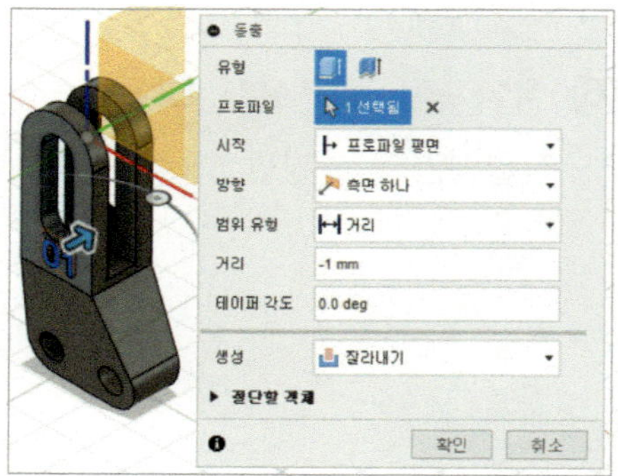

3) 02 부품 3D모델링 하기

(1) 02 구성요소 활성화

마우스로 우측에 있는 원 선택, 원점 보이게 선택(나머지 원점은 감추기 적용)

(2) 작성 / 스케치 작성 **선택**

작업평면 : XZ 평면 선택

그림과 같이 스케치 진행

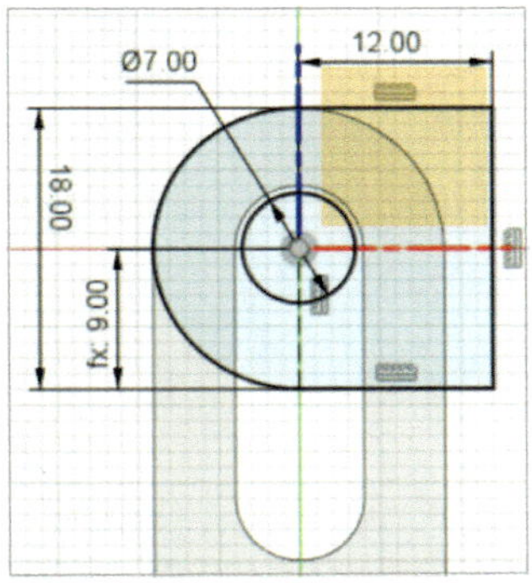

(3) 작성 / 돌출 **선택**

a) **프로파일** : 그림과 같이 프로파일 선택, **방향** : 대칭

측정값 : 전체 길이 선택, **거리** : 6 입력, **생성** : 새 본체 선택

b) (이전에 생성된 2D 스케치 보이게 설정)

프로파일 : 중앙의 원 선택(170페이지 추가 설명 참조), **방향** : 대칭

측정값 : 전체 길이 선택, **거리** : 15 입력, **생성** : 접합 선택

(사용한 2D 스케치 감추기 설정)

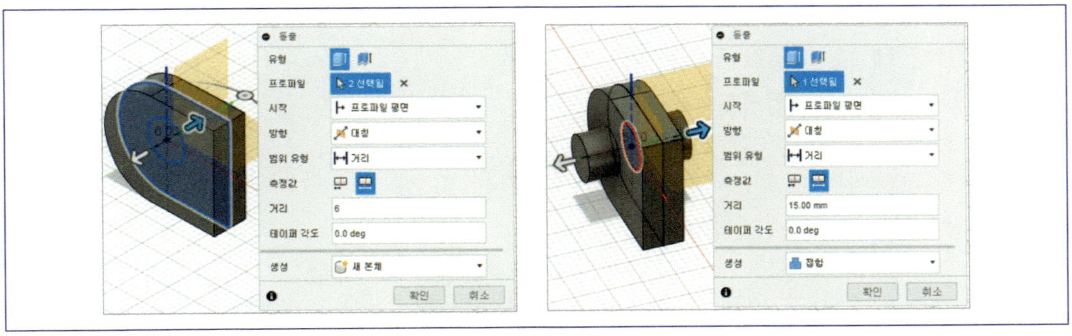

(4) 작성 / 스케치 작성 **선택**

작업평면 : 이전 형상의 우측면 선택

그림과 같이 스케치 진행

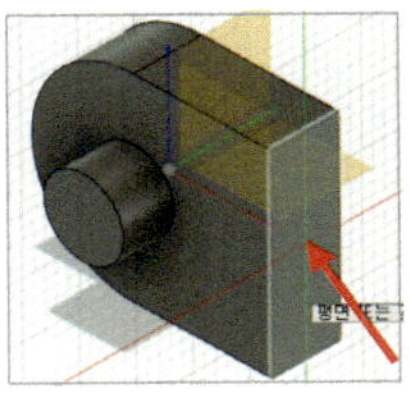

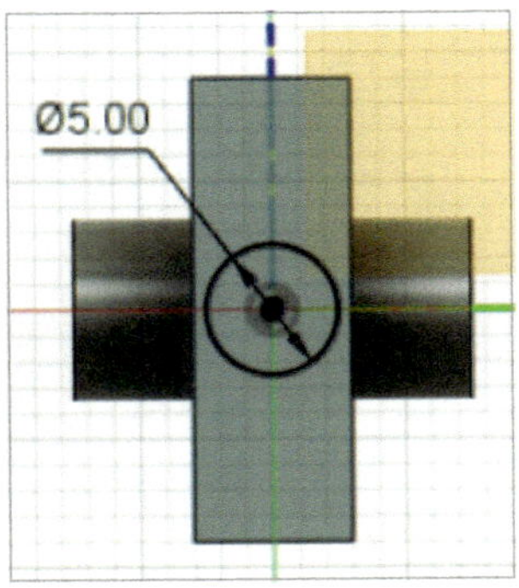

(5) 작성 / 돌출 **선택**

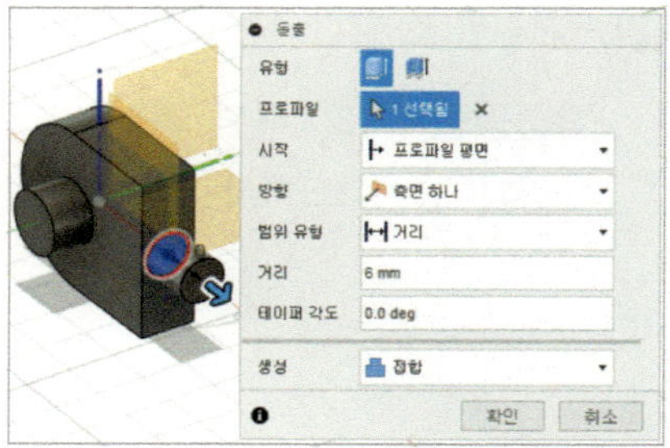

프로파일 : 그림과 같이 프로파일 선택
거리 : 6 입력
생성 : 접합 선택

(6) 수정 / 모따기 **선택**

그림과 같이 모서리 2곳 선택
2 입력

4) 3D모델링 조립하기

(1) (저장되지 않음) 활성화

: 최상위 구성요소에서 원형선택 (모든 원점은 감추기 적용)

(2) **하나의 부품(구성요소) 고정하기**

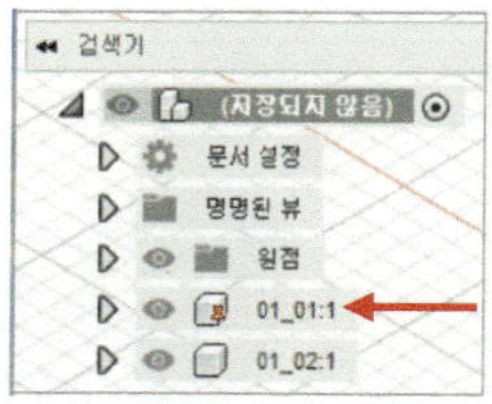

01_01 선택 ⇨ 마우스 우클릭 ⇨ 고정 선택
(바닥에 고정되면서 압정표시가 생김)

(3) 조립 / 현재 위치에서 접합 **선택**

접합 유형 : 핀-슬롯 선택
구성요소 : 01_02, 01_01 선택
(움직이는 부품을 먼저 선택)
모드 : 단순
스냅 : 작은 원통의 모서리 선택
회전 : Z축
(움직임 방향을 확인 후 선택)
슬라이드 : Y축
(움직임 방향을 확인 후 선택)

5) 3D모델링 검토하기 (1번 문제 풀이 참조)

(1) 검사 / 간섭 선택

선택 : 2개의 부품 선택

계산 : 간섭 유/무 확인

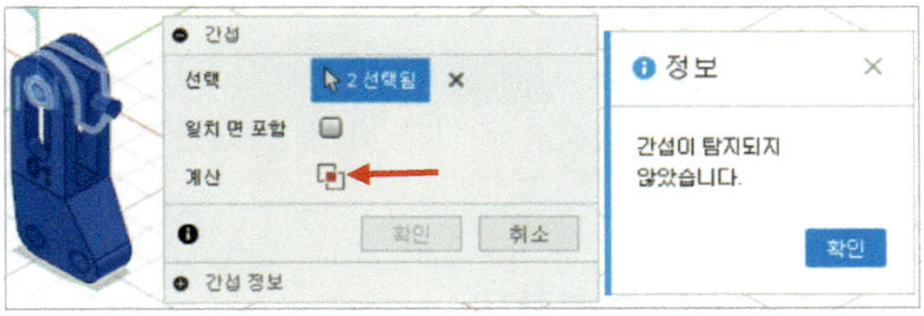

(2) 검사 / 단면 분석 선택

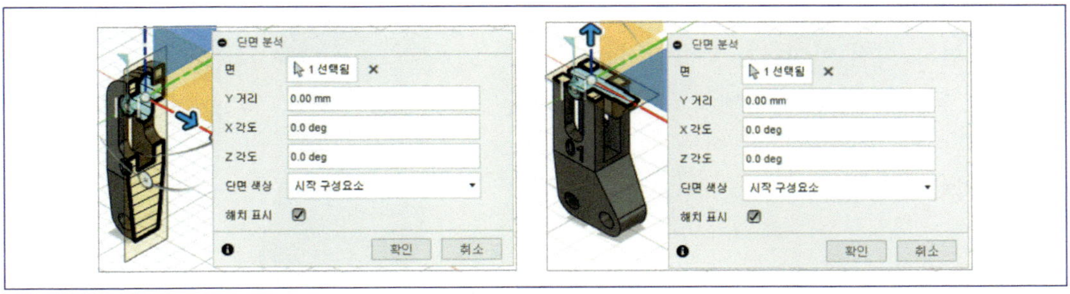

(3) 검사 / 측정 선택

: 주요 부분 치수 측정

특히 조립 공차 적용 부분 치수 확인

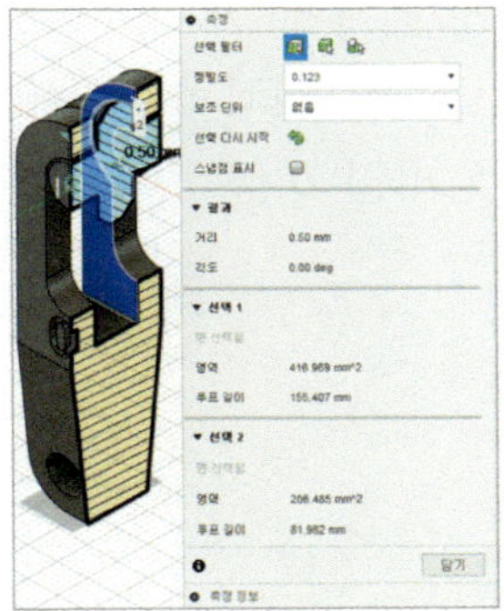

6) 완성된 3D모델링 저장하기 (1번 문제 풀이 참조)

조립 형상은 이전 문제 풀이와 동일한 방법으로 진행하면 됩니다.

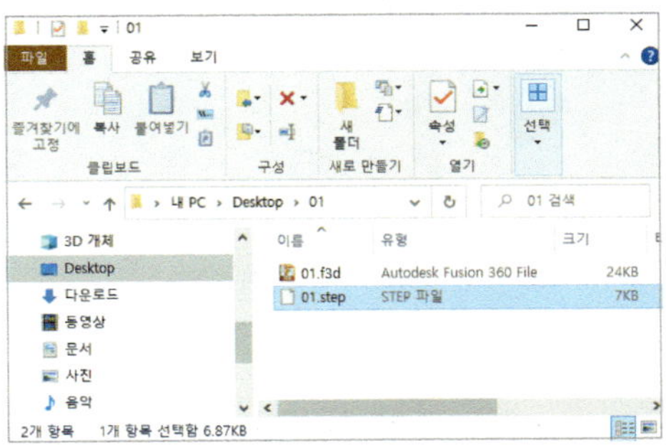

7) STL 파일변환 및 슬라이싱 파일 생성하기(1번 문제 풀이 참조)

개인이나 3D프린터 기계마다 차이가 있으므로 여러 번 출력해 보고 최적의 위치 및 조건을 선정하여 적용하시면 됩니다. 아래 방법은 참조 사항입니다.

(1) STL파일로 변환하기

a) ● 부품 위치 이동하기

조립의 회전 아이콘을 더블클릭

⇨ 그림과 화살표 선택

⇨ 아래 방향으로 -8 이동

● 위치 캡쳐 선택

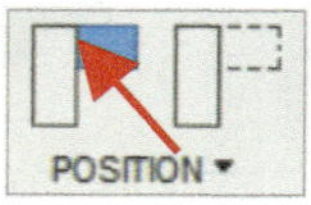

b) 검색기에서 (저장되지 않음) 선택 ⇨ 마우스 우클릭 ⇨ 메쉬로 저장 선택

저장 위치 : 이전에 만든 비번 폴더

파일 이름 : 01.stl 입력

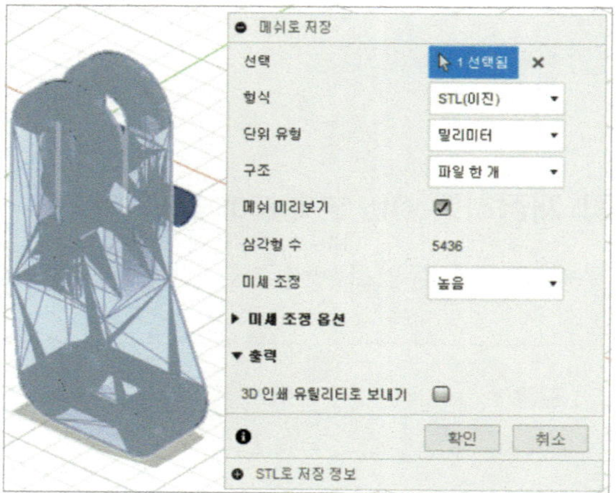

(2) 슬라이싱 파일 만들기 (1번 문제 풀이 참조)

그림처럼 위치하여 출력하는 것을 추천해 드립니다. (슬라이싱 파일 생성)

그림과 같이 최종적으로 4개 파일이 만들어집니다.

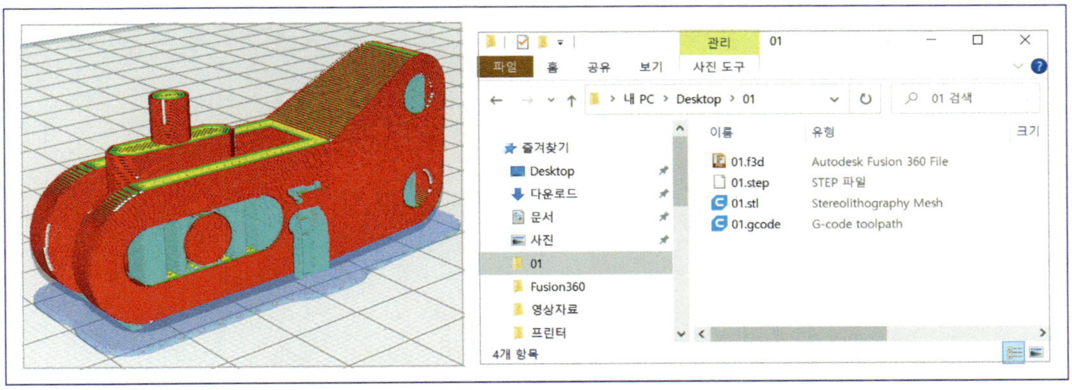

[공개] ⑥

4. 도 면

자격종목	3D프린터운용기능사	[시험 1] 과제명	3D모델링작업	척도	NS

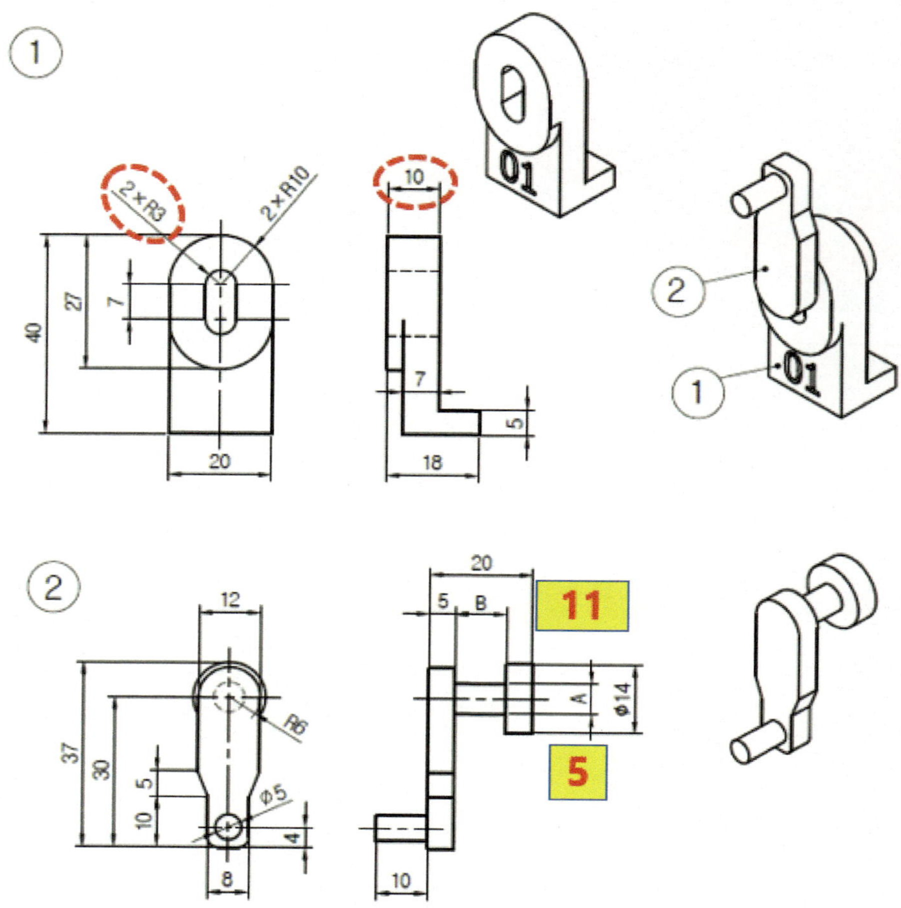

주서

1. 도시되고 지시없는 라운드는 R2

공차 적용.

A, B 문자 치수 : 기준 치수와 차이를 ± 1mm 이하

→ 편 측으로 0.5mm 이하로 적용

1) 폴더 생성 및 구성요소 생성

공개 1번 문제 풀이와 같은 방법으로 진행하면 됩니다. (문제 풀이 참조)

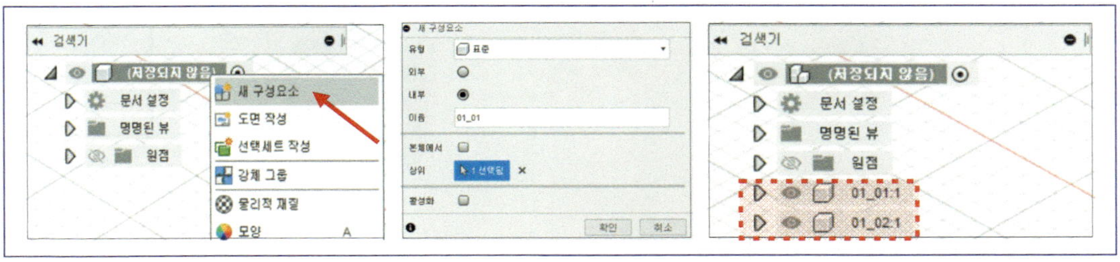

2) 01 부품 3D모델링 하기

(1) 01 구성요소 활성화

마우스로 우측에 있는 원 선택

원점 보이게 선택

(나머지 원점은 감추기 적용)

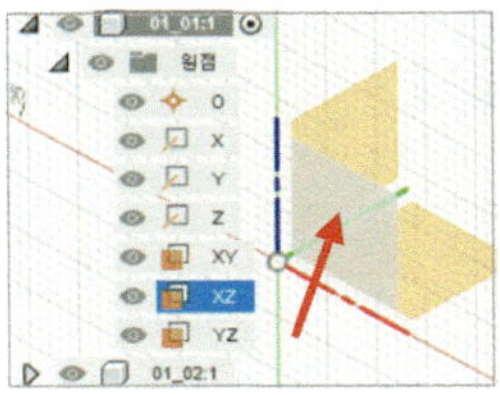

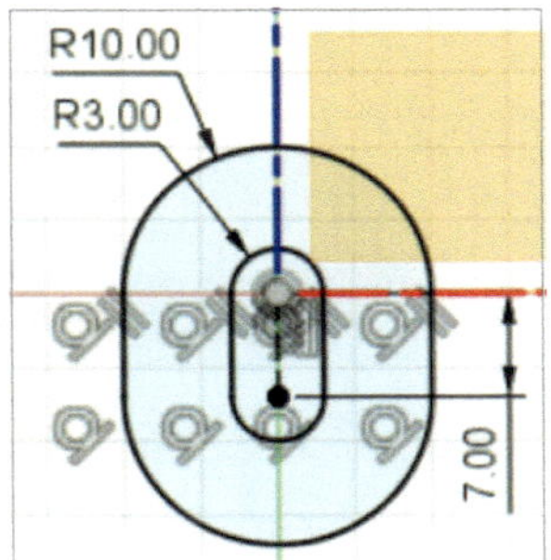

(2) 작성 / 스케치 작성 **선택**

작업평면 : XZ 평면 선택

그림과 같이 스케치 진행

(3) 작성 / 돌출 **선택**

프로파일 : 그림과 같이 프로파일 선택

방향 : 대칭

측정값 : 전체 길이 선택

거리 : 13 입력

생성 : 새 본체 선택

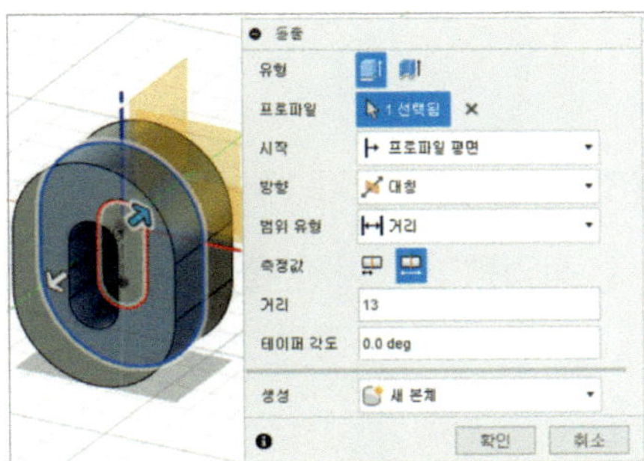

(4) 작성 / 스케치 작성 선택

작업평면 : 이전 형상의 후면부 선택
그림과 같이 스케치 진행

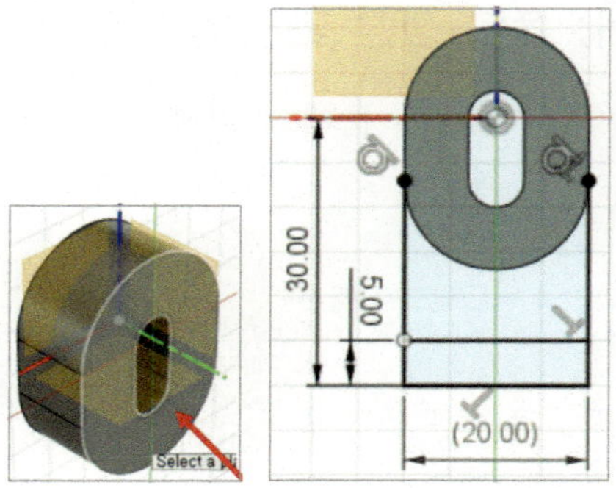

(5) 작성 / 돌출 선택 (2번 실행)

a) **프로파일** : 그림과 같이 프로파일 선택, **거리** : -7 입력, **생성** : 접합 선택
b) (이전에 생성된 2D 스케치 보이게 설정)
프로파일 : 그림과 같이 프로파일 선택, **거리** : 8 입력, **생성** : 접합 선택
(사용한 2D 스케치 감추기 설정)

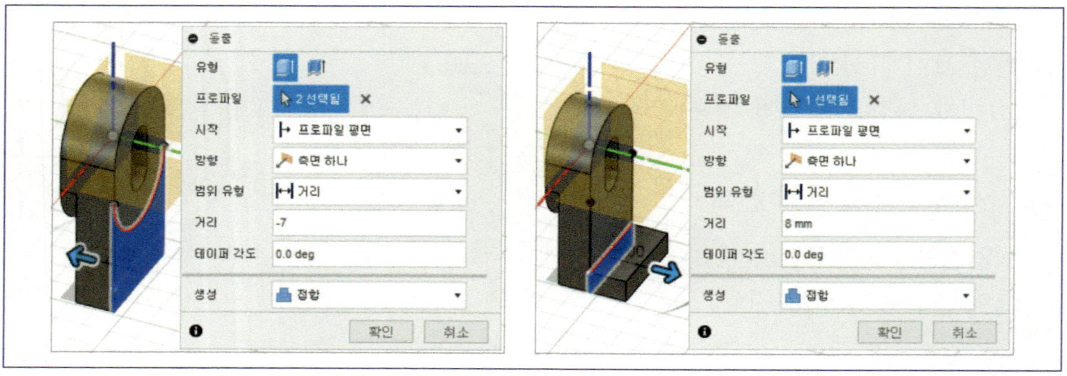

(6) 작성 / 스케치 작성 선택

작업평면 : 이전 형상의 전면 하단부 선택
그림과 같이 문자 생성

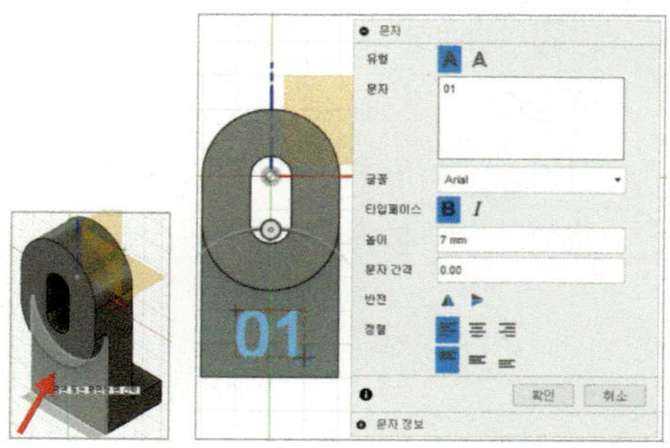

(7) 작성 / 돌출 **선택**

프로파일 : 그림과 같이 문자 선택
거리 : -1 입력
생성 : 잘라내기 선택

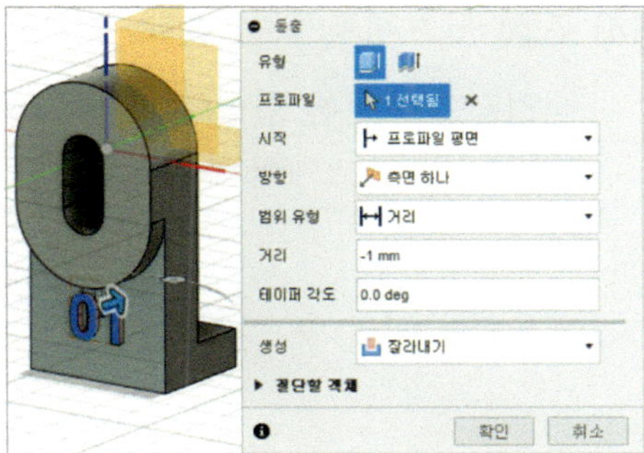

3) 02 부품 3D모델링 하기

(1) 02 구성요소 활성화

마우스로 우측에 있는 원 선택, 원점 보이게 선택(나머지 원점은 감추기 적용)

(2) 작성 / 스케치 작성 **선택**

작업평면 : XZ 평면 선택
그림과 같이 스케치 진행

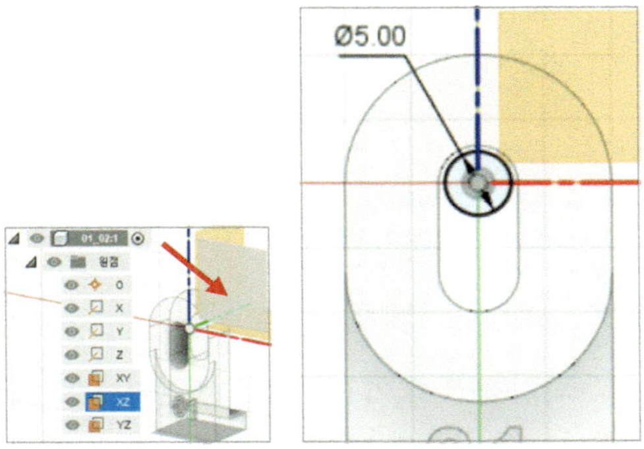

(3) 작성 / 돌출 **선택**

프로파일 : 그림과 같이 프로파일 선택
방향 : 대칭
측정값 : 전체 길이 선택
거리 : 11 입력
생성 : 새 본체 선택

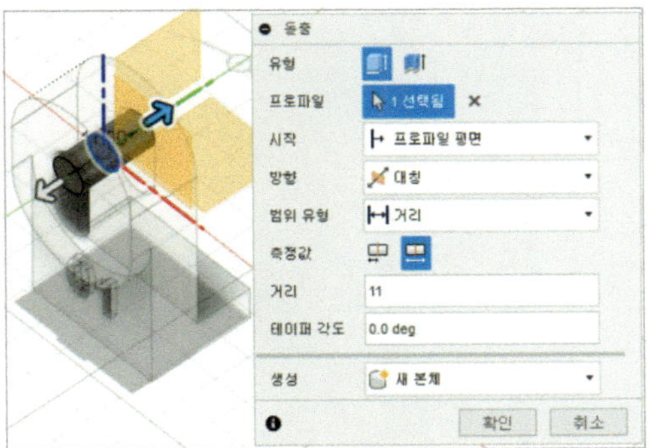

(4) 작성 / 스케치 작성 **선택**

작업평면 : 이전 형상의 후면부 선택
그림과 같이 스케치 진행

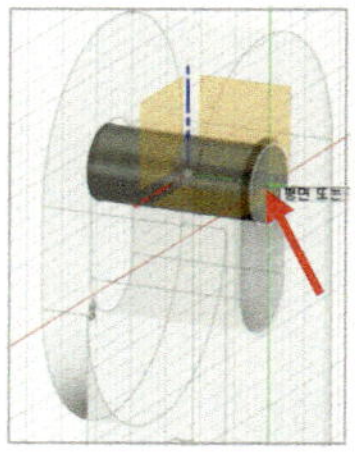

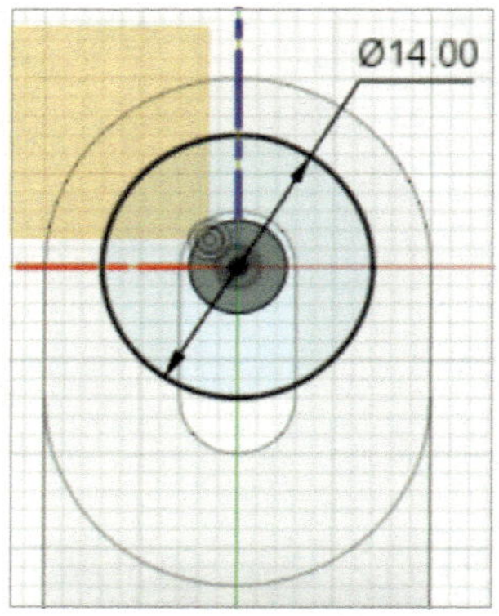

(5) 작성 / 돌출 **선택**

프로파일 : 그림과 같이 프로파일 선택
거리 : 4 입력
생성 : 접합 선택

(6) 작성 / 스케치 작성 **선택**

작업평면 : 이전 형상의 전면부 선택
그림과 같이 스케치 진행

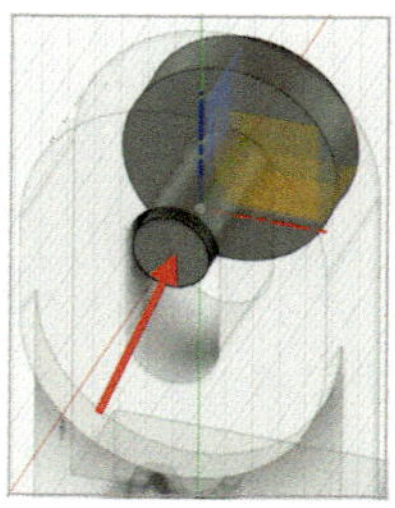

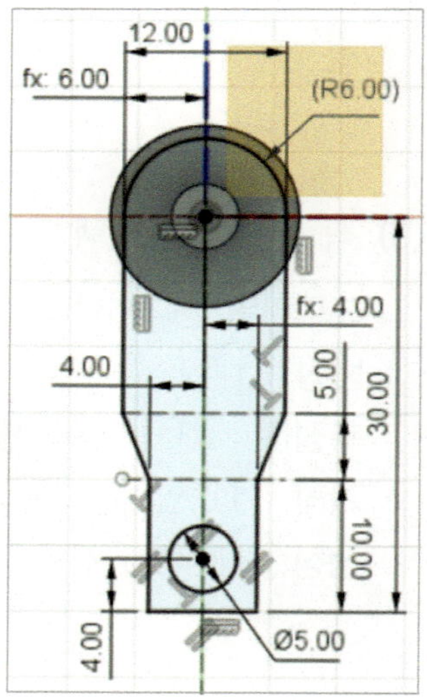

(7) 작성 / 돌출 **선택 (2번 실행)**

a) **프로파일** : 그림과 같이 프로파일 선택, **거리** : 5 입력, **생성** : 접합 선택
b) (이전에 생성된 2D 스케치 보이게 설정)
프로파일 : 그림과 같이 프로파일 선택, **거리** : 15 입력, **생성** : 접합 선택
(사용한 2D 스케치 감추기 설정)

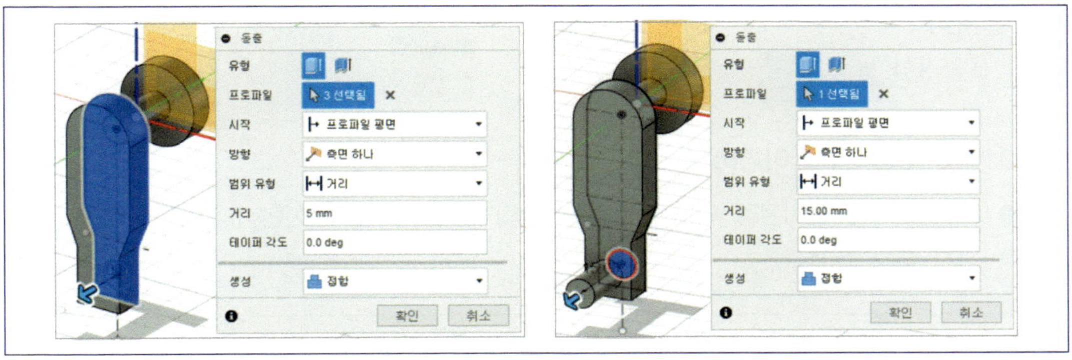

(8) 수정 / 모깎기 선택

외측 하부 모서리 2곳 선택

반지름값 : 2 입력

구석 유형 : 롤링 볼

4) 3D모델링 조립하기

(1) (저장되지 않음) 활성화

: 최상위 구성요소에서 원형선택

(모든 원점은 감추기 적용)

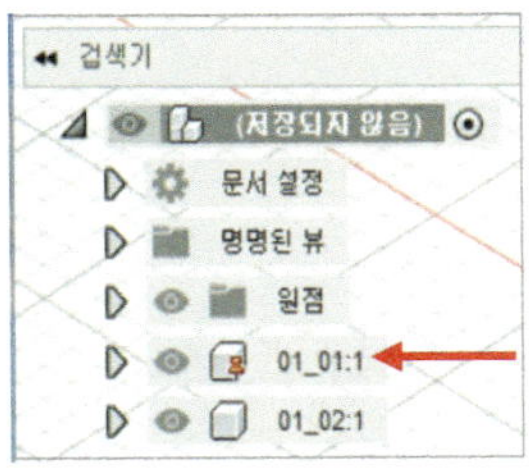

(2) 하나의 부품(구성요소) 고정하기

01_01 선택 ⇨ 마우스 우클릭 ⇨ 고정 선택

(바닥에 고정되면서 압정표시가 생김)

(3) 조립 / 현재 위치에서 접합 선택

접합 유형 : 핀-슬롯 선택

구성요소 : 01_02, 01_01 선택

(움직이는 부품을 먼저 선택)

모드 : 단순

스냅 : 전면 형상의 중심 선택

회전 : Z축

(움직임 방향을 확인 후 선택)

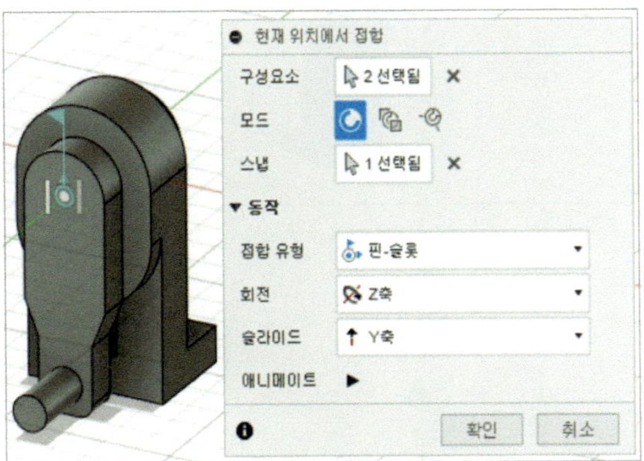

슬라이드 : Y축
(움직임 방향을 확인 후 선택)

(4) 01_02 부품 위치 이동하기

- 조립의 회전 아이콘을 더블클릭 ⇨ 그림과 같이 180도 회전합니다.
- 위치 캡쳐 선택

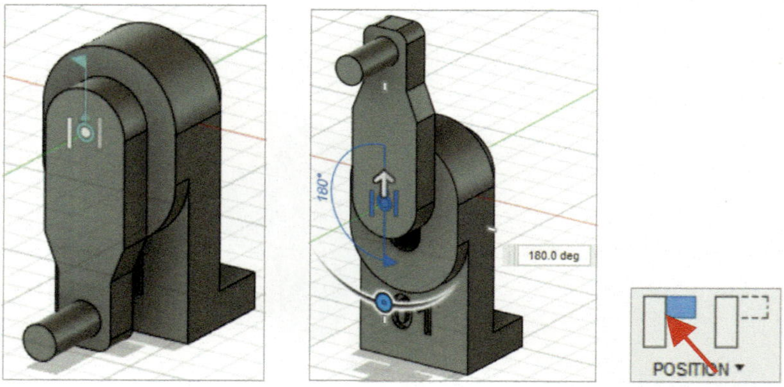

5) 3D모델링 검토하기 (1번 문제 풀이 참조)

(1) 검사 / 간섭 선택

선택 : 2개의 부품 선택
계산 : 간섭 유/무 확인

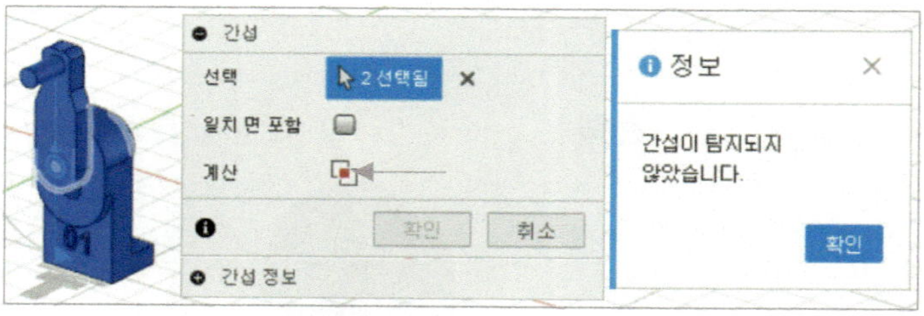

(2) 검사 / 단면 분석 선택

(3) 검사 / 측정 선택

: 주요 부분 치수 측정

특히 조립 공차 적용 부분 치수 확인

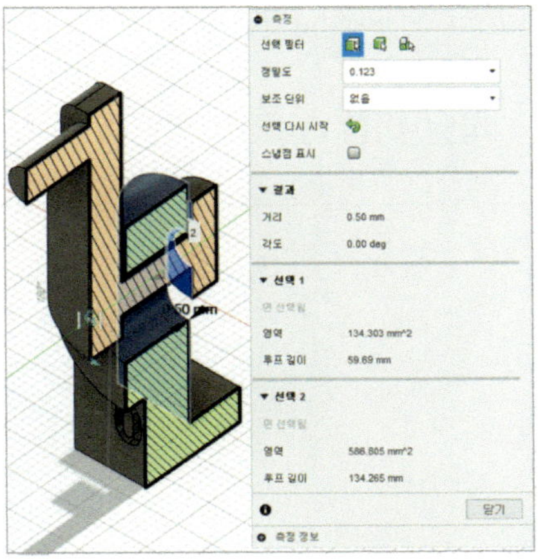

6) 완성된 3D모델링 저장하기 (1번 문제 풀이 참조, Fusion360 파일 및 STP 파일)

조립 형상은 이전 문제 풀이와 동일한 방법으로 진행하면 됩니다.

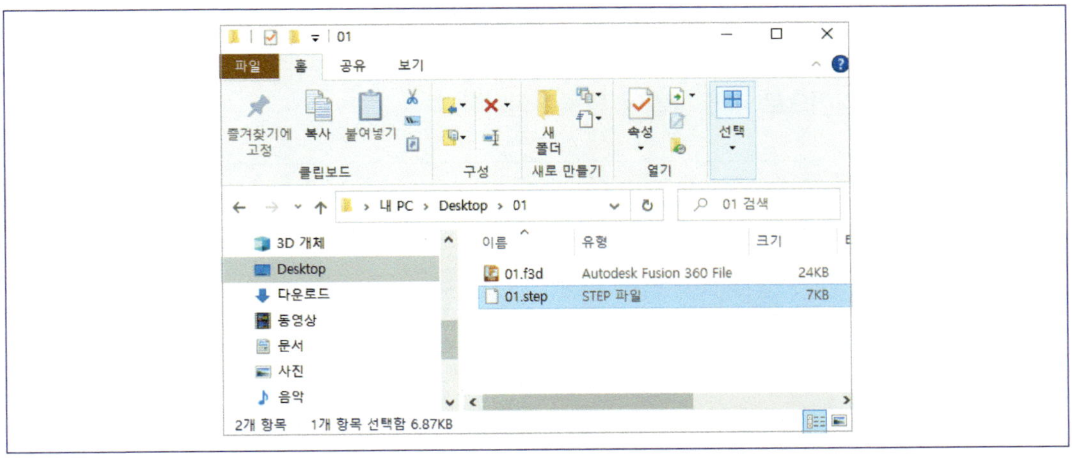

7) STL 파일변환 및 슬라이싱 파일 생성하기(1번 문제 풀이 참조)

개인이나 3D프린터 기계마다 차이가 있으므로 여러 번 출력해 보고 최적의 위치 및 조건을 선정하여 적용하시면 됩니다. 아래 방법은 참조 사항입니다.

(1) STL파일로 변환하기

a) 부품 위치 이동하기

추가 이동 없이 현 위치에서 STL 파일로 변환합니다.

b) 검색기에서 (저장되지 않음) 선택 ⇨ 마우스 우클릭 ⇨ 메쉬로 저장 선택

저장 위치 : 이전에 만든 비번 폴더

파일 이름 : 01.stl 입력

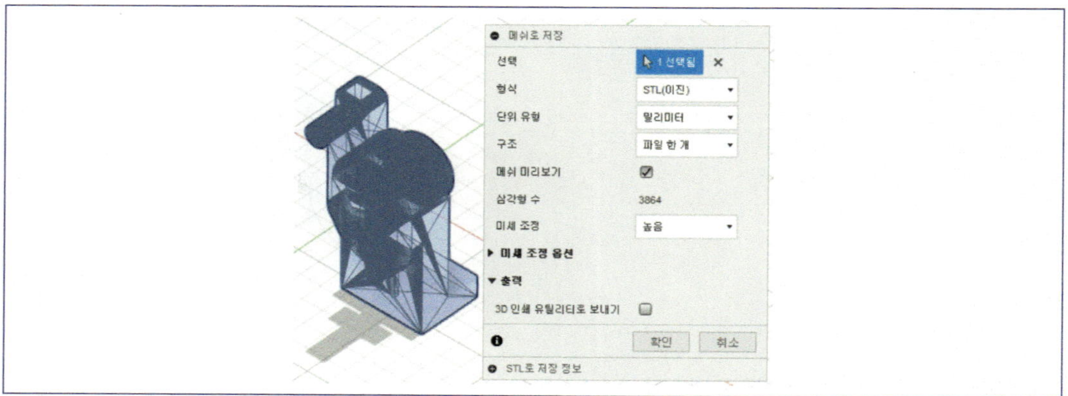

(2) 슬라이싱 파일 만들기 (1번 문제 풀이 참조)

그림처럼 위치하여 출력하는 것을 추천해 드립니다. (슬라이싱 파일 생성)

그림과 같이 최종적으로 4개 파일이 만들어집니다.

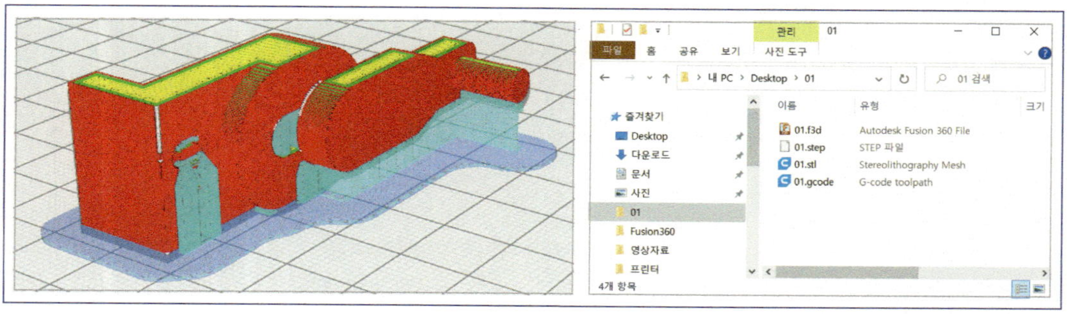

[공개]

⑦

4. 도 면

자격종목	3D프린터운용기능사	[시험 1] 과제명	3D모델링작업	척도	NS

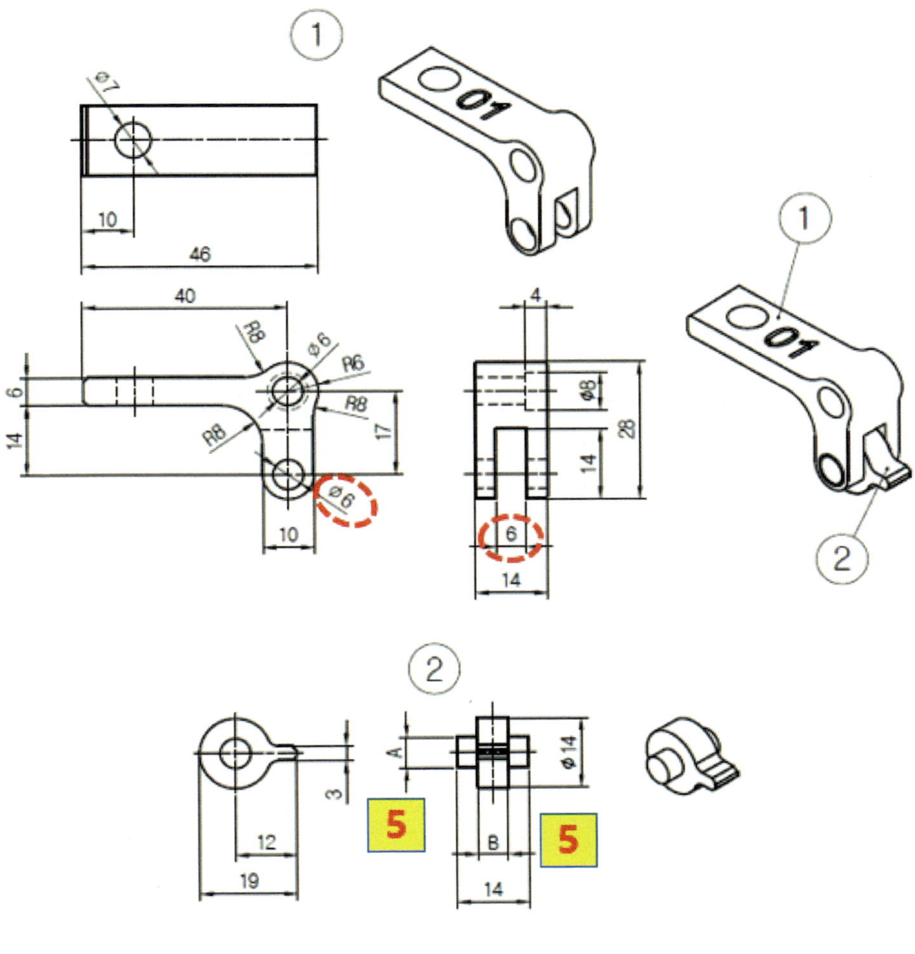

주서

1. 도시되고 지시없는 모떼기는 C1, 라운드는 R2

공차 적용.

A, B 문자 치수 : 기준 치수와 차이를 ± 1mm 이하

→ 편 측으로 0.5mm 이하로 적용

1) 폴더 생성 및 구성요소 생성

공개 1번 문제 풀이와 같은 방법으로 진행하면 됩니다. (문제 풀이 참조)

2) 01 부품 3D모델링 하기

(1) 01 구성요소 활성화

마우스로 우측에 있는 원 선택

원점 보이게 선택(나머지 원점은 감추기 적용)

(2) 작성 / 스케치 작성 선택

작업평면 : XZ 평면 선택

그림과 같이 스케치 진행

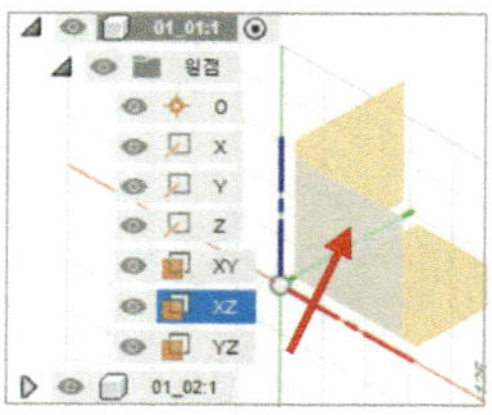

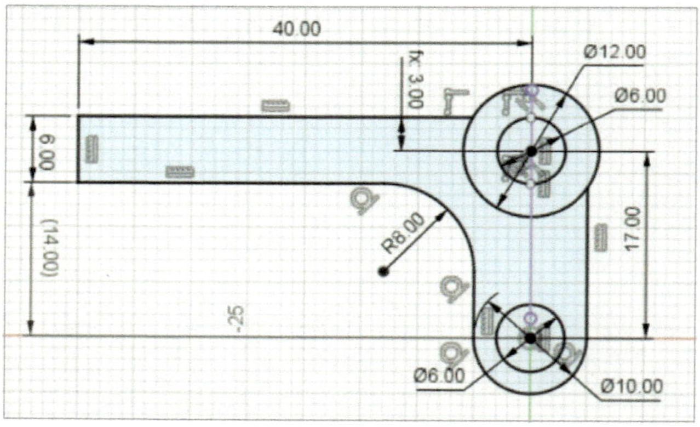

(3) 작성 / 돌출 선택

프로파일

: 그림과 같이 프로파일 선택

방향 : 대칭

측정값 : 전체 길이 선택

거리 : 14 입력

생성 : 새 본체 선택

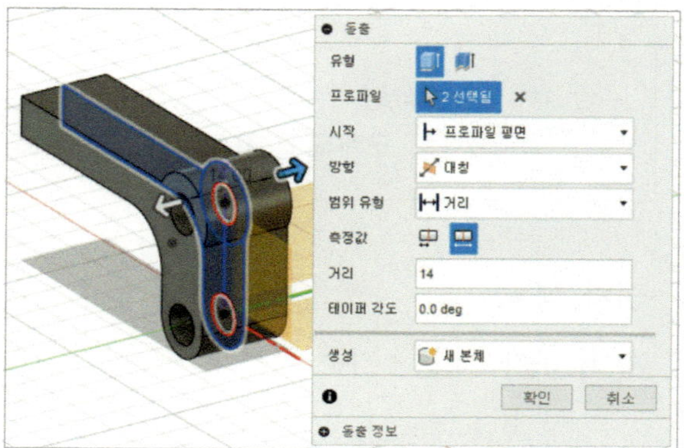

(4) 작성 / 스케치 작성 **선택**

작업평면 : 이전 형상 후면부 선택, 그림과 같이 스케치 진행

(5) 작성 / 돌출 **선택**

프로파일 : 그림과 같이 프로파일 선택, **거리** : -4 입력, **생성** : 잘라내기 선택

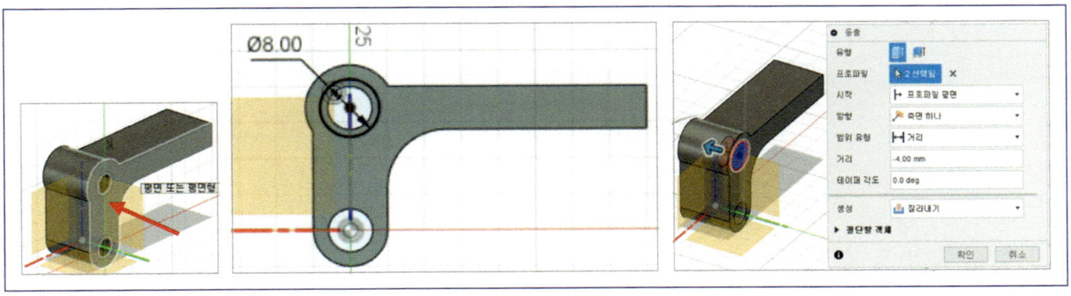

(6) 작성 / 스케치 작성 **선택**

작업평면 : XZ 평면 선택

그림과 같이 스케치 진행

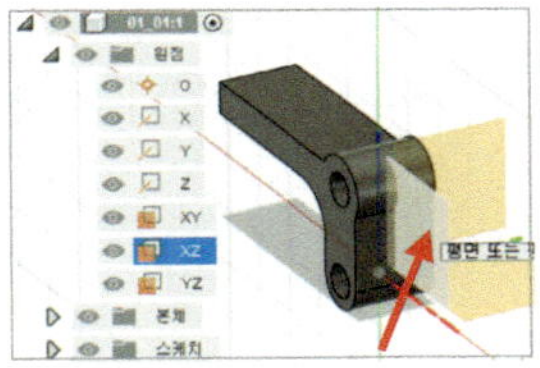

(7) 작성 / 돌출 **선택**

프로파일 : 그림과 같이 프로파일 선택, **방향** : 대칭

측정값 : 전체 길이 선택, **거리** : 6 입력, **생성** : 잘라내기 선택

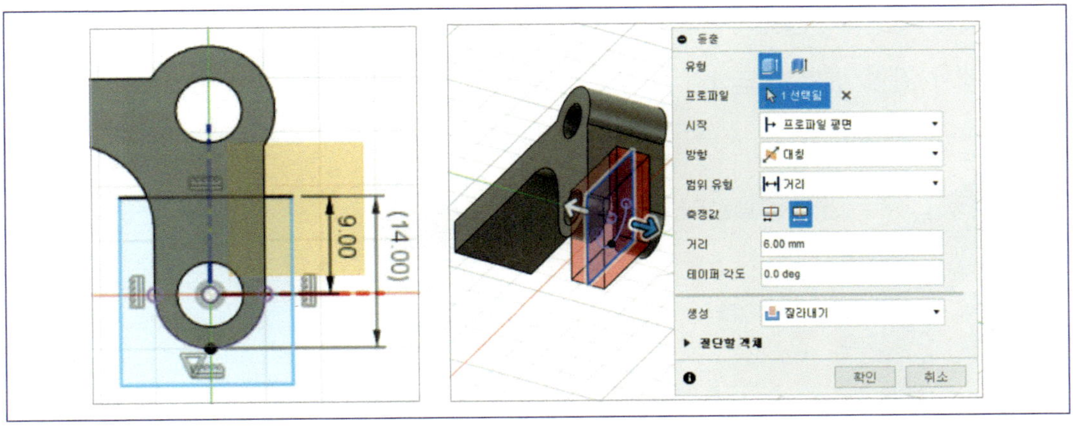

(8) 작성 / 스케치 작성 **선택**

작업평면 : 이전 형상의 윗면 선택, 아래 그림과 같이 스케치 진행

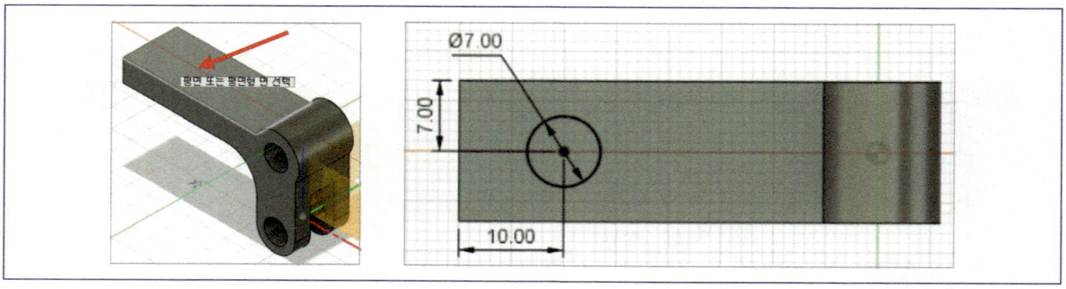

(9) 작성 / 돌출 **선택**

프로파일 : 그림과 같이 프로파일 선택

거리 : 충분한 거리 입력

생성 : 잘라내기 선택

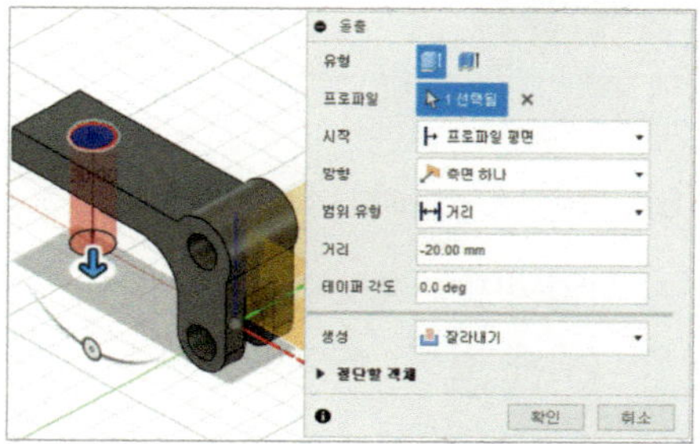

(10) 수정 / 모깎기 **선택**

외형 모서리 2곳 선택, 반지름값 : 8 입력, 구석 유형 : 롤링 볼

(11) 수정 / 모따기 **선택**

그림과 같이 전면부 모서리 2곳 선택, 1 입력

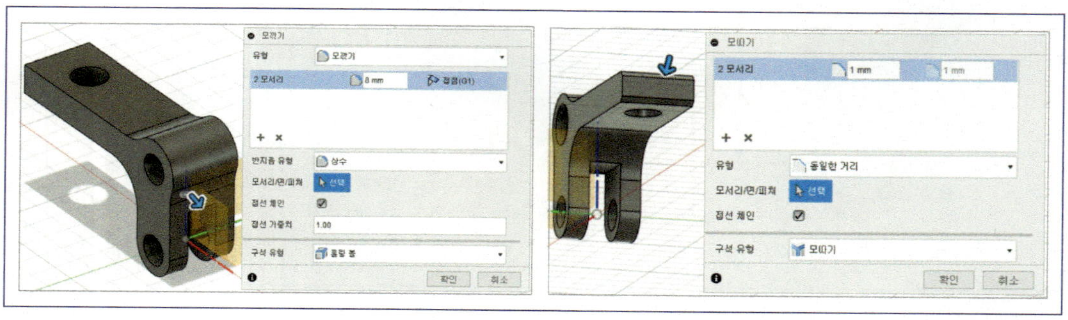

(12) 작성 / 스케치 작성 **선택**

작업평면 : 이전 형상의 윗변 선택

그림과 같이 문자 생성

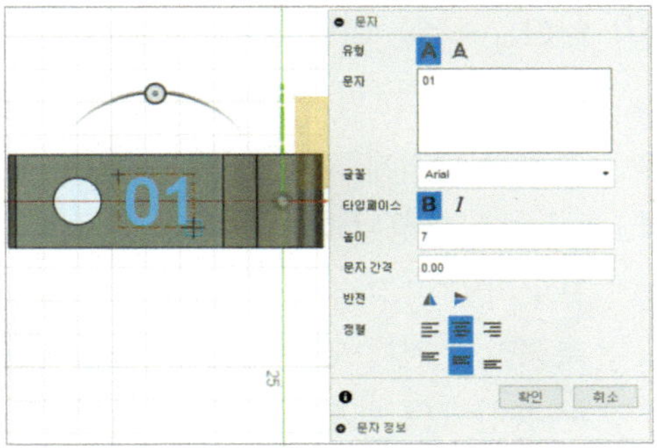

(13) 작성 / 돌출 **선택**

프로파일 : 그림과 같이 문자 선택

거리 : -1 입력

생성 : 잘라내기 선택

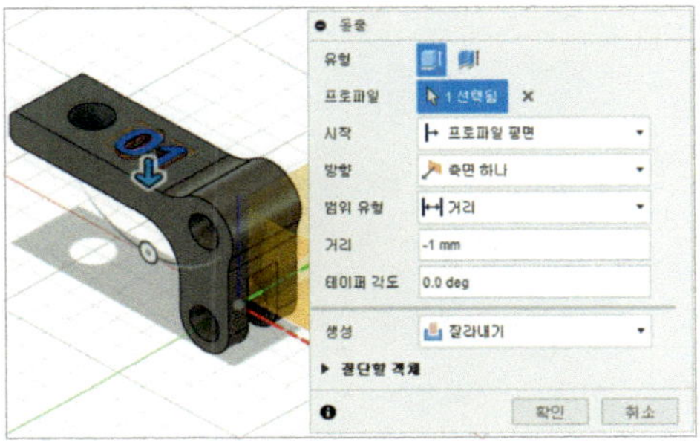

3) 02 부품 3D모델링 하기

(1) 02 구성요소 활성화

마우스로 우측에 있는 원 선택, 원점 보이게 선택(나머지 원점은 감추기 적용)

(2) 작성 / 스케치 작성 **선택**

작업평면 : XZ 평면 선택

그림과 같이 스케치 진행

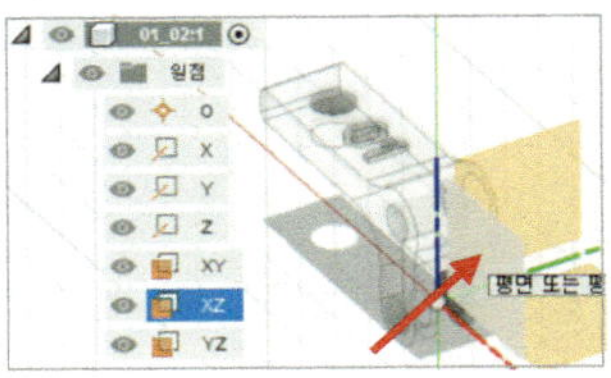

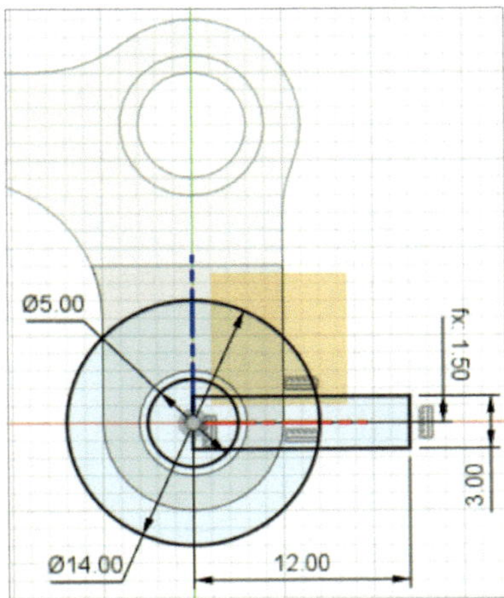

3) 작성 / 돌출 선택 (2번 실행)

a) **프로파일** : 그림과 같이 프로파일 선택, **방향** : 대칭

측정값 : 전체 길이 선택, **거리** : 5 입력, **생성** : 새 본체 선택

b) (이전에 생성된 2D 스케치 보이게 설정)

프로파일 : 그림과 같이 프로파일 선택, **방향** : 대칭

측정값 : 전체 길이 선택, **거리** : 14 입력, **생성** : 접합 선택

(사용한 2D 스케치 감추기 설정)

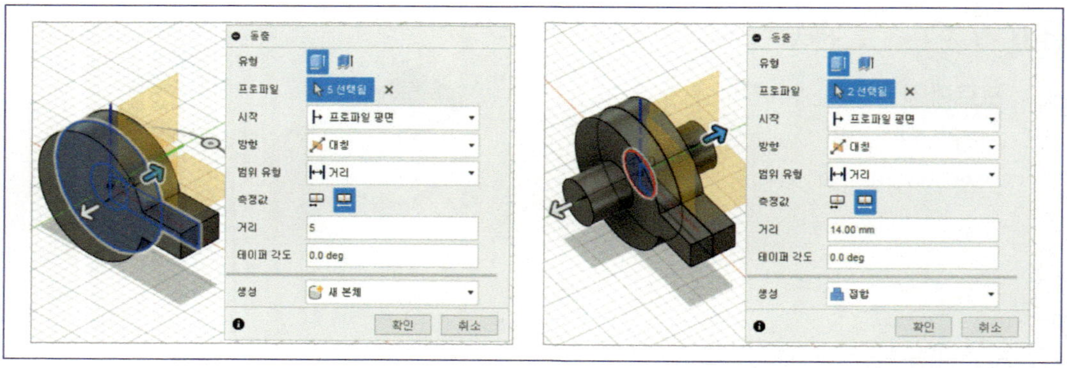

(4) 수정 / 모깎기 선택

외형 모서리 2곳 선택

반지름값 : 2 입력

구석 유형 : 롤링 볼

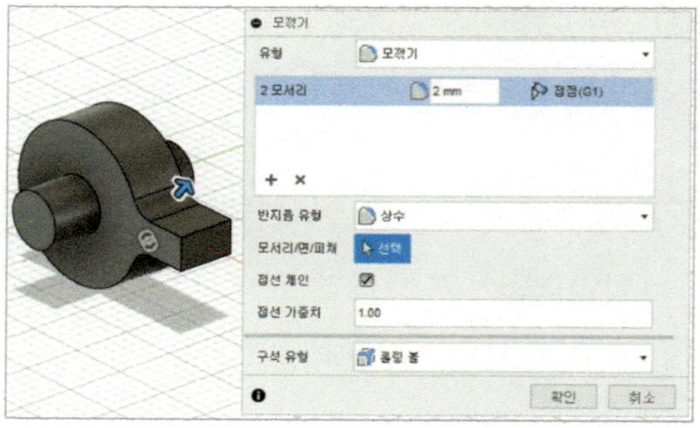

(5) 수정 / 모따기 선택

그림과 같이 전면 모서리 2곳 선택

1 입력

4) 3D모델링 조립하기

(1) (저장되지 않음) 활성화

: 최상위 구성요소에서 원형선택(모든 원점은 감추기 적용)

(2) 하나의 부품(구성요소) 고정하기

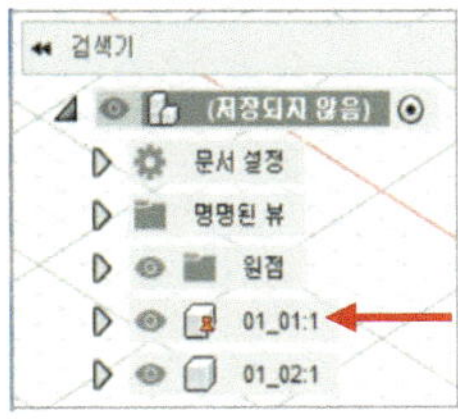

01_01 선택 ⇨ 마우스 우클릭 ⇨ 고정 선택
(바닥에 고정되면서 압정표시가 생김)

(3) 조립 / 현재 위치에서 접합 선택

접합 유형 : 회전 선택
구성요소 : 01_02, 01_01 선택
(움직이는 부품을 먼저 선택)
모드 : 단순
스냅 : 회전축의 중심점 선택
회전 : Z축
(움직임 방향을 확인 후 선택)

5) 3D모델링 검토하기 (1번 문제 풀이 참조)

(1) 검사 / 간섭 선택

선택 : 2개의 부품 선택
계산 : 간섭 유/무 확인

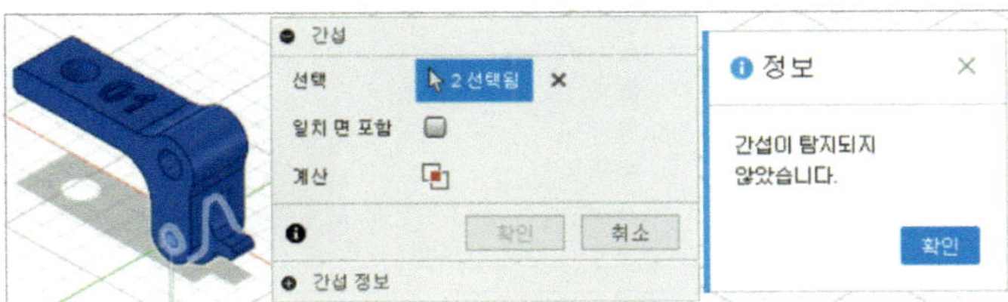

(2) 검사 / 단면 분석 선택

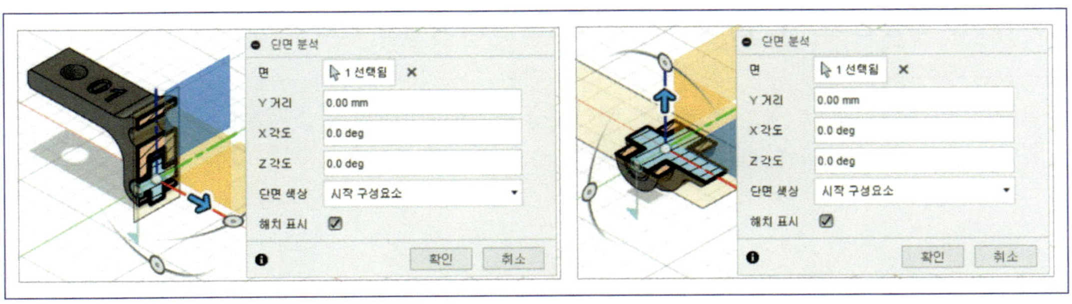

(3) 검사 / 측정 **선택**

: 주요 부분 치수 측정
  특히 조립 공차 적용 부분 치수 확인

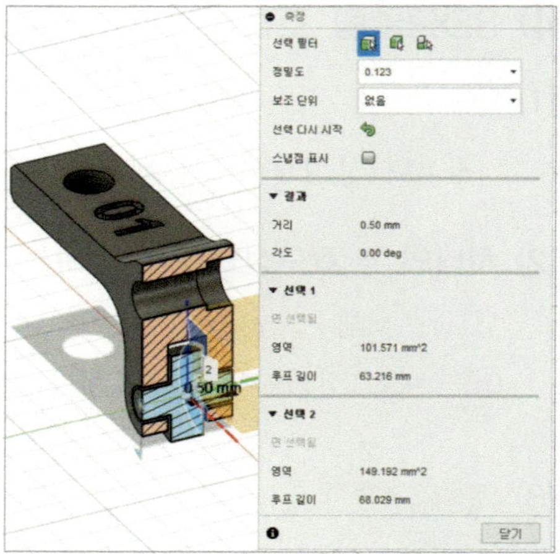

6) 완성된 3D모델링 저장하기 (1번 문제 풀이 참조, Fusion360 파일 및 STP 파일)

조립 형상은 이전 문제 풀이와 동일한 방법으로 진행하면 됩니다.

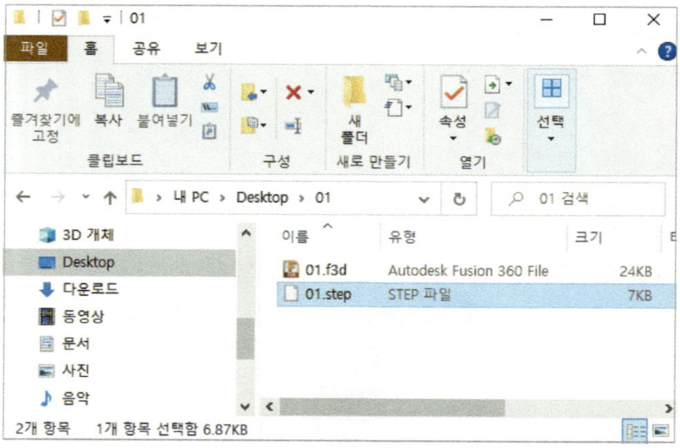

7) STL 파일변환 및 슬라이싱 파일 생성하기 (1번 문제 풀이 참조)

> 개인이나 3D프린터 기계마다 차이가 있으므로 여러 번 출력해 보고 최적의 위치 및 조건을 선정하여 적용하시면 됩니다. 아래 방법은 참조 사항입니다.

(1) STL파일로 변환하기

a) 부품 위치 이동하기

- 조립의 회전 아이콘을 더블클릭 ⇨ 그림과 같이 180도 회전합니다.
- 위치 캡처 선택

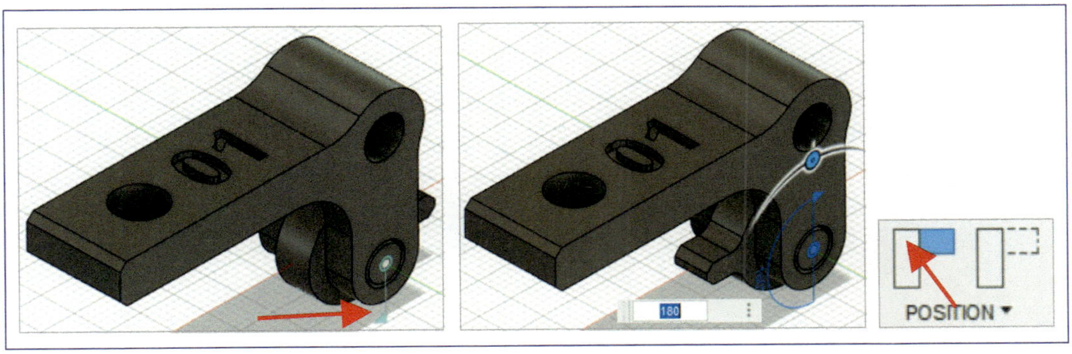

b) 검색기에서 (저장되지 않음) 선택 ⇨ 마우스 우클릭 ⇨ 메쉬로 저장 선택

저장 위치 : 이전에 만든 비번 폴더

파일 이름 : 01.stl 입력

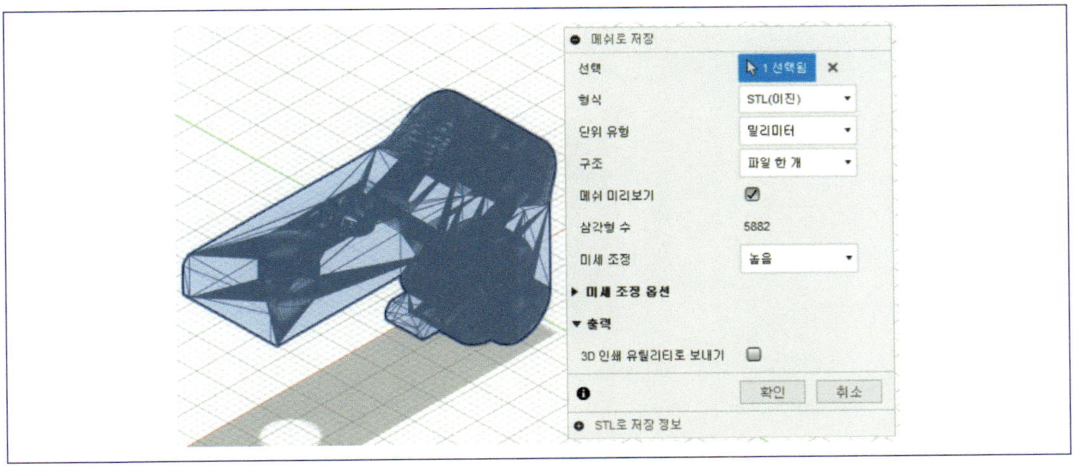

(2) 슬라이싱 파일 만들기 (1번 문제 풀이 참조)

그림처럼 위치하여 출력하는 것을 추천해 드립니다. (슬라이싱 파일 생성)

그림과 같이 최종적으로 4개 파일이 만들어집니다.

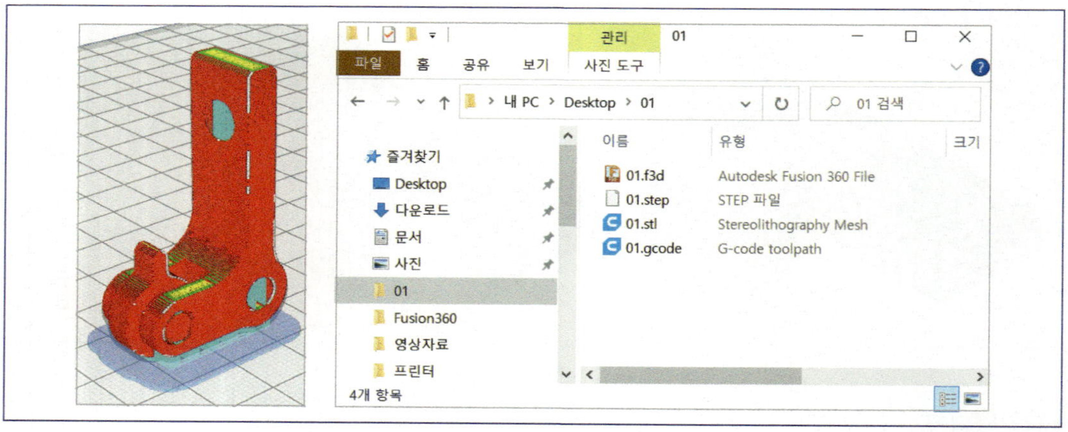

[공개] ⑧

4. 도 면

자격종목	3D프린터운용기능사	[시험 1] 과제명	3D모델링작업	척도	NS

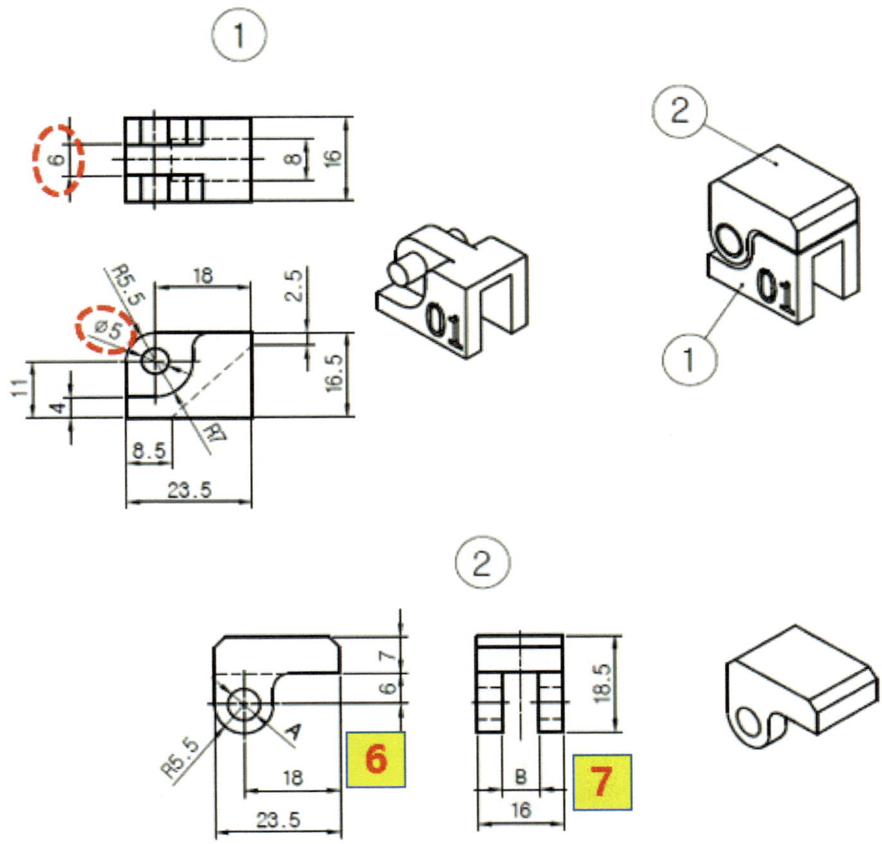

주서

1. 도시되고 지시없는 모떼기는 C2, 라운드는 R3

공차 적용.

A, B 문자 치수 : 기준 치수와 차이를 ± 1mm 이하

→ 편 측으로 0.5mm 이하로 적용

1) 폴더 생성 및 구성요소 생성

공개 1번 문제 풀이와 같은 방법으로 진행하면 됩니다. (문제 풀이 참조)

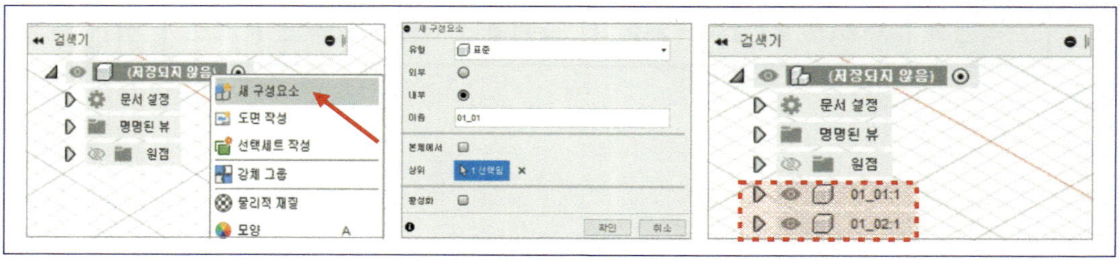

2) 01 부품 3D모델링 하기

(1) 01 구성요소 활성화

마우스로 우측에 있는 원 선택

원점 보이게 선택(나머지 원점은 감추기 적용)

(2) 작성 / 스케치 작성 선택

작업평면 : XZ 평면 선택

그림과 같이 스케치 진행

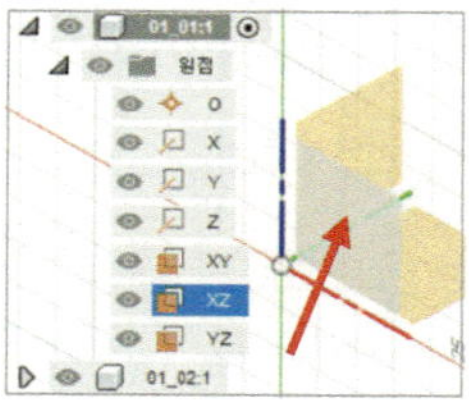

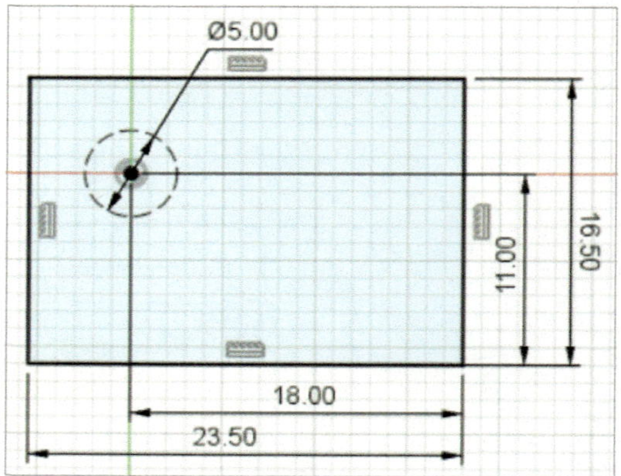

(3) 작성 / 돌출 선택

프로파일 : 그림과 같이 프로파일 선택

방향 : 대칭

측정값 : 전체 길이 선택

거리 : 16 입력

생성 : 새 본체 선택

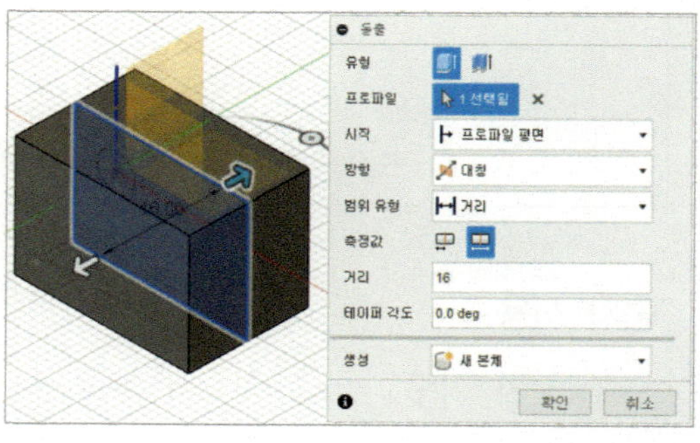

(4) 작성 / 스케치 작성 **선택**

작업평면 : 이전 형상의 전면부 선택, 그림과 같이 스케치 진행

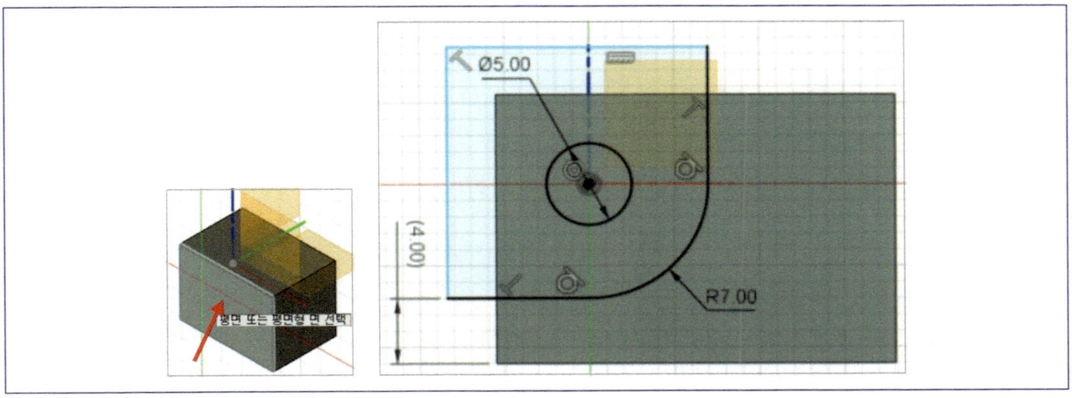

(5) 작성 / 돌출 **선택**

프로파일 : 그림과 같이 프로파일 선택
방향 : 대칭
측정값 : 절반 길이 선택
거리 : 5 입력
생성 : 새 본체 선택

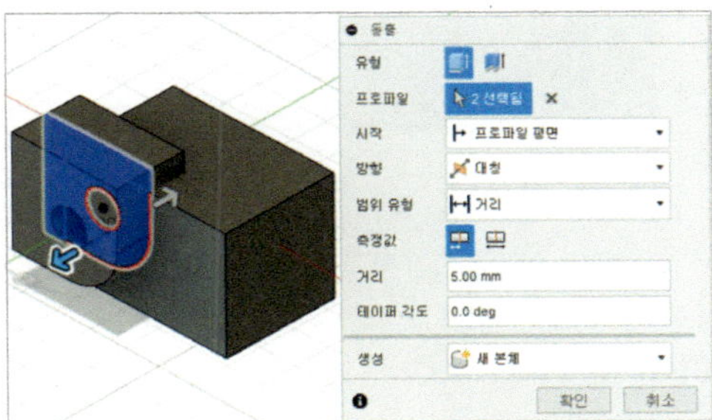

(6) 작성 / 미러 **선택**

유형 : 본체 선택
객체 : 이전 3D 형상 선택
미러 평면 : XZ 평면
작업 : 새 본체 선택

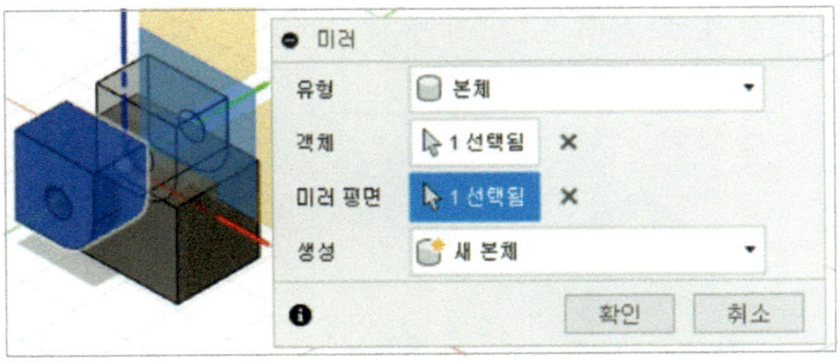

(7) 수정 / 결합 **선택**

대상 본체 : 가운데 형상 선택
도구 본체 : 미러 형상 2개 선택
생성 : 잘라내기 선택

(8) 작성 / 스케치 작성 **선택**

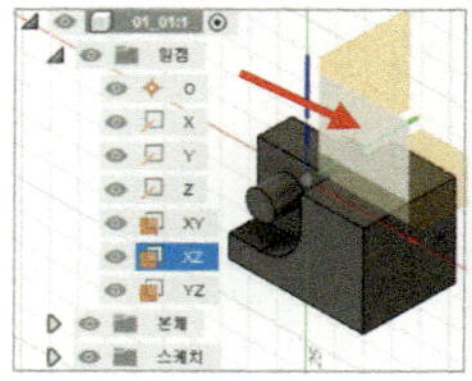

작업평면 : XZ 평면 선택
그림과 같이 스케치 진행

(9) 작성 / 돌출 **선택**

프로파일 : 그림과 같이 프로파일 선택, 방향 : 대칭
측정값 : 전체 길이 선택, 거리 : 8 입력, 생성 : 잘라내기 선택

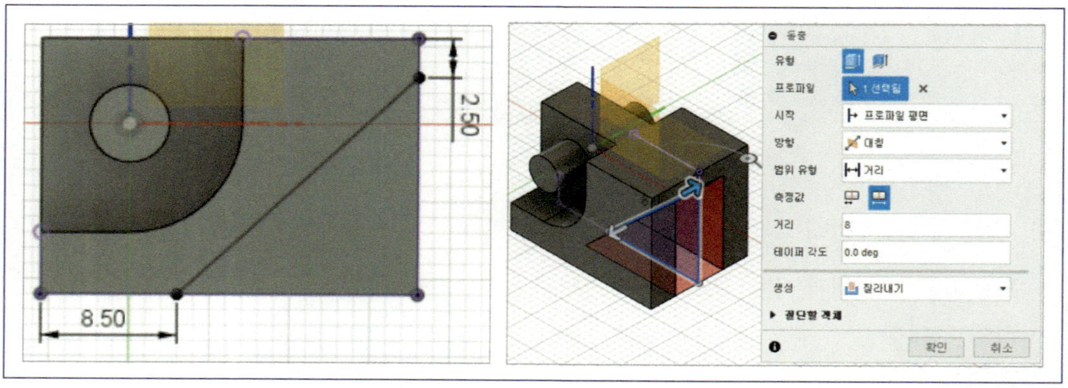

(10) 수정 / 모깎기 **선택 (2번 실행)**

a) 외형 윗면 모서리 1곳 선택, 반지름값 : 5.5 입력, 구석 유형 : 롤링 볼
b) 윗면 중앙부 모서리 2곳 선택, 반지름값 : 3 입력, 구석 유형 : 롤링 볼

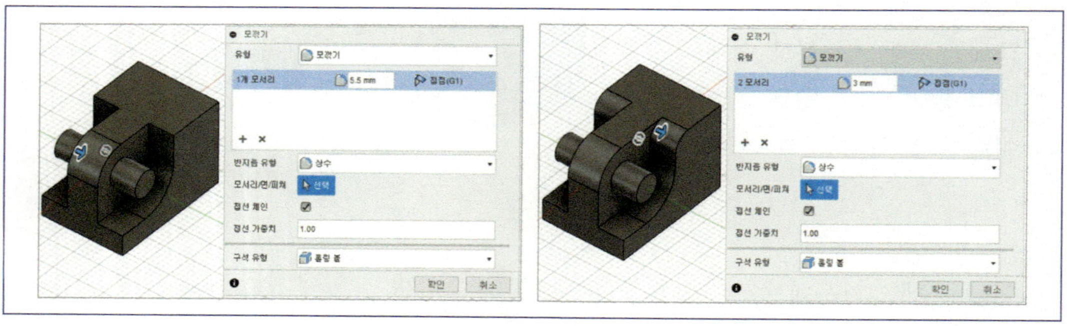

(11) 작성 / 스케치 작성 **선택**

작업평면 : 이전 형상의 전면부 선택

그림과 같이 문자 생성

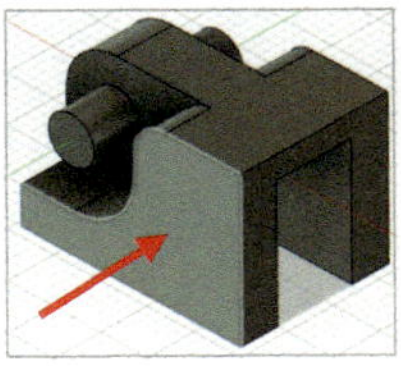

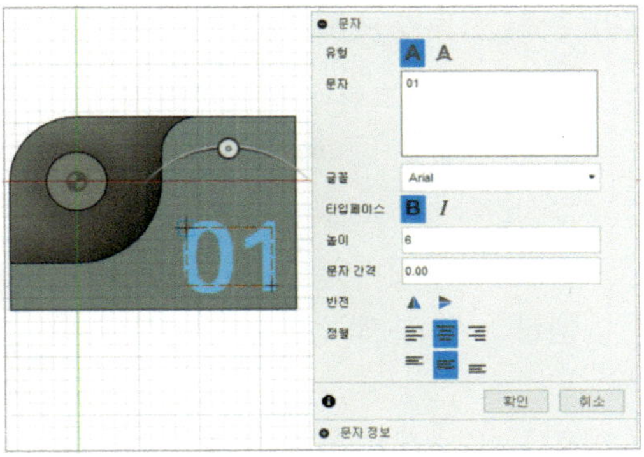

(12) 작성 / 돌출 **선택**

프로파일 : 그림과 같이 문자 선택

거리 : -1 입력

생성 : 잘라내기 선택

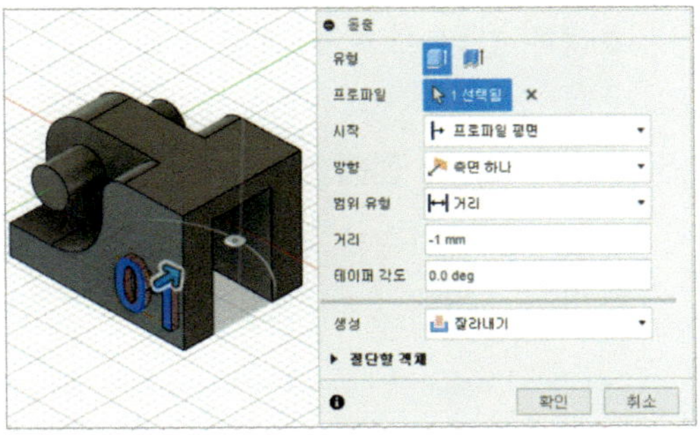

3) 02 부품 3D모델링 하기

(1) 02 구성요소 활성화

마우스로 우측에 있는 원 선택, 원점 보이게 선택(나머지 원점은 감추기 적용)

(2) 작성 / 스케치 작성 **선택**

작업평면 : XZ 평면 선택

그림과 같이 스케치 진행

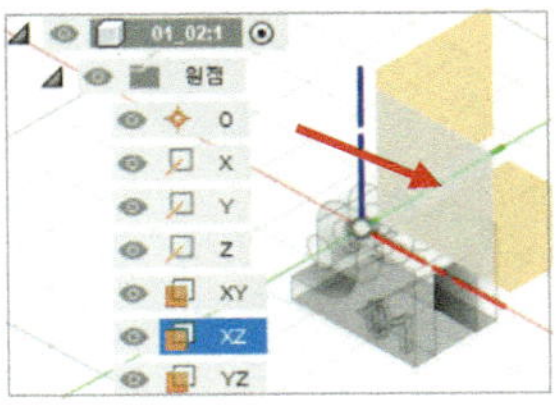

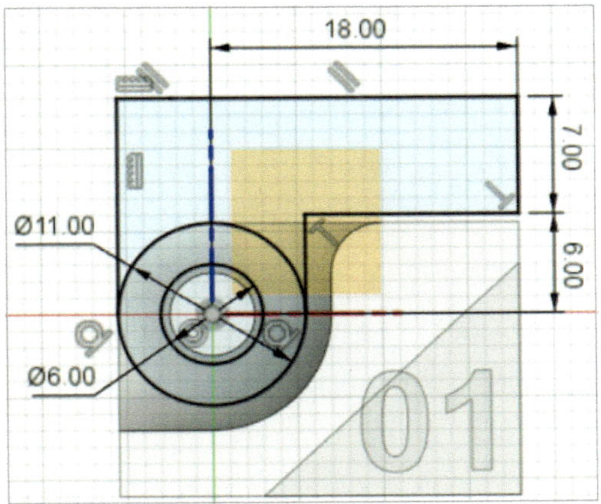

(3) 작성 / 돌출 **선택**

프로파일 : 그림과 같이 프로파일 선택
방향 : 대칭
측정값 : 전체 길이 선택
거리 : 16 입력
생성 : 새 본체 선택

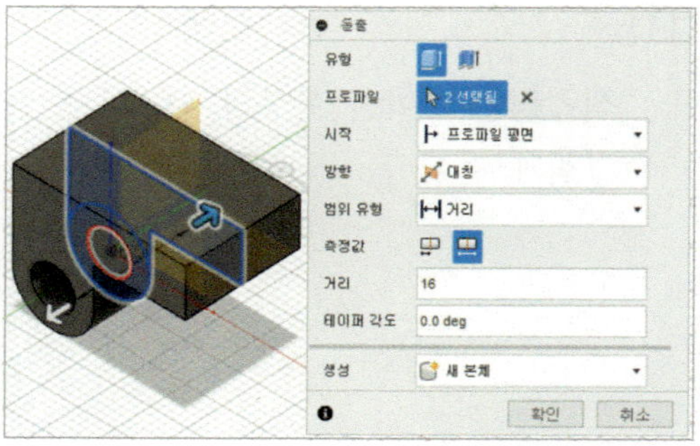

(4) 작성 / 스케치 작성 **선택**

작업평면 : XZ 평면 선택
그림과 같이 스케치 진행

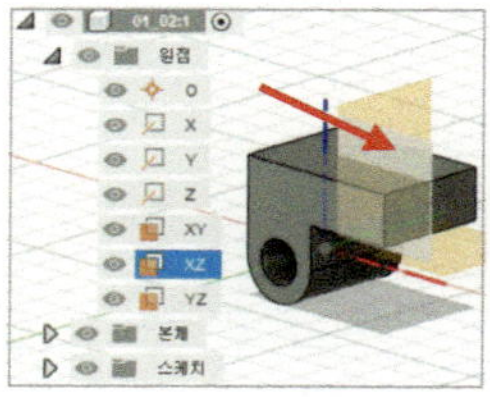

(5) 작성 / 돌출 **선택**

프로파일 : 그림과 같이 프로파일 선택, **방향** : 대칭
측정값 : 전체 길이 선택, **거리** : 7 입력, **생성** : 잘라내기 선택

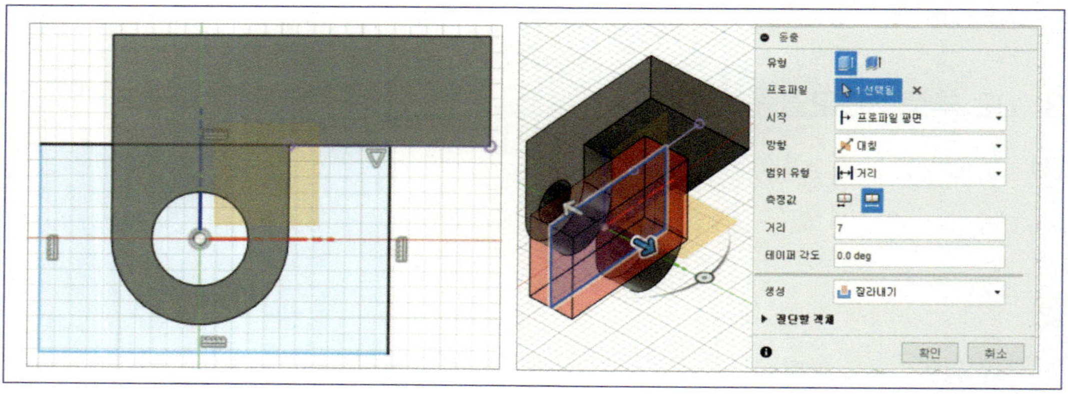

(6) 수정 / 모깎기 **선택**

외형 내측 모서리 2곳 선택
반지름값 : 3 입력
구석 유형 : 롤링 볼

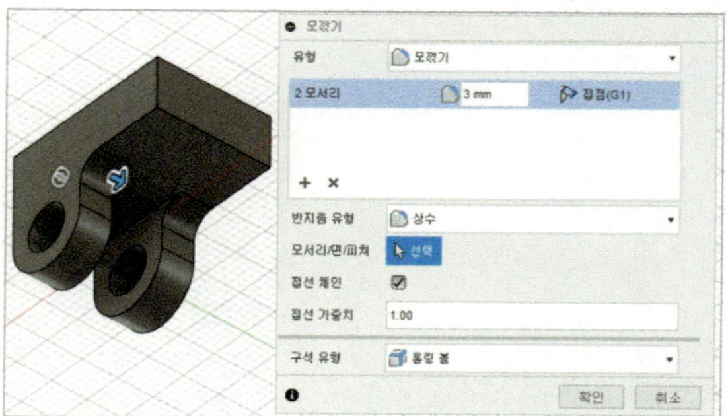

(7) 수정 / 모따기 **선택**

그림과 같이 모서리 2곳 선택

2 입력

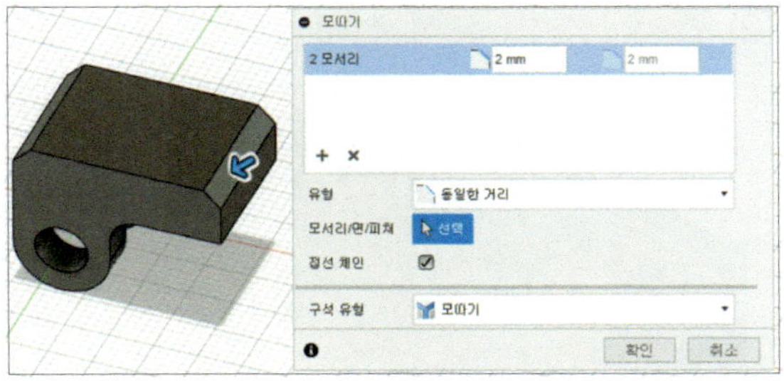

4) 3D모델링 조립하기

(1) (저장되지 않음) 활성화

: 최상위 구성요소에서 원형선택 (모든 원점은 감추기 적용)

(2) **하나의 부품(구성요소) 고정하기**

01_01 선택 ⇨ 마우스 우클릭 ⇨ 고정 **선택**

(바닥에 고정되면서 압정표시가 생김)

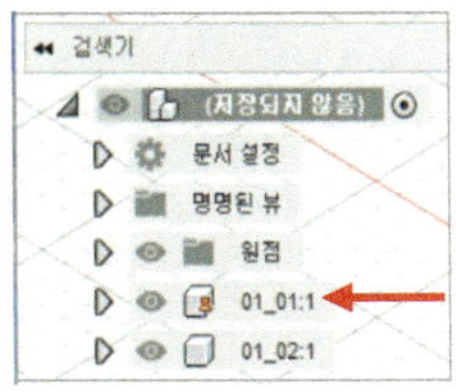

(3) 조립 / 현재 위치에서 접합 **선택**

접합 유형 : 회전 선택

구성요소 : 01_02, 01_01 선택

(움직이는 부품을 먼저 선택)

모드 : 단순

스냅 : 회전축의 중심점 선택

회전 : Z축

(움직임 방향을 확인 후 선택)

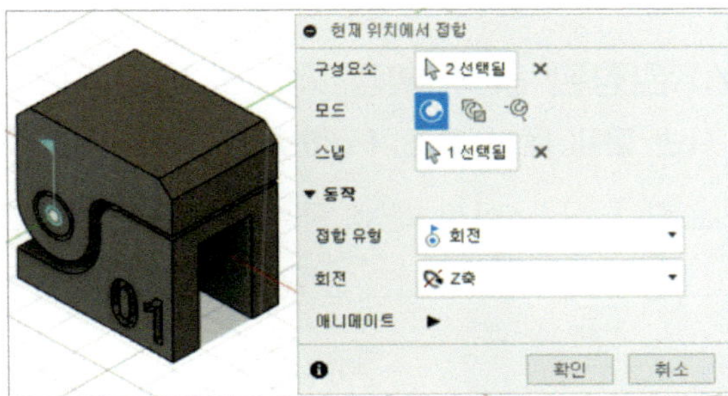

5) 3D모델링 검토하기 (1번 문제 풀이 참조)

(1) 검사 / 간섭 **선택**

선택 : 2개의 부품 선택

계산 : 간섭 유/무 확인

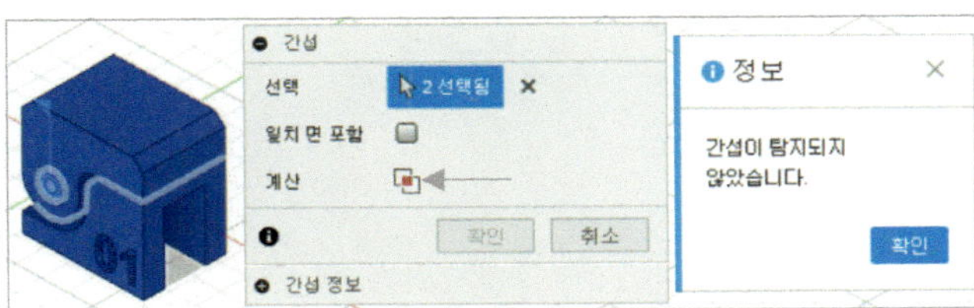

(2) 검사 / 단면 분석 선택

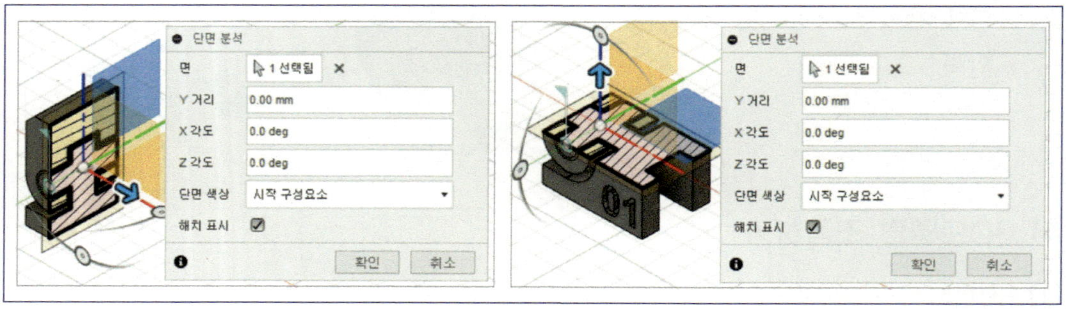

(3) 검사 / 측정 선택

: 주요 부분 치수 측정
특히 조립 공차 적용 부분 치수 확인

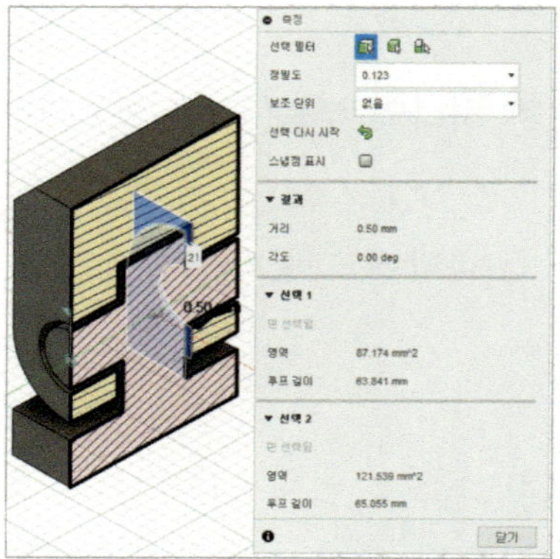

6) 완성된 3D모델링 저장하기

(1번 문제 풀이 참조, Fusion360 파일 및 STP 파일)

조립 형상은 이전 문제 풀이와 동일한 방법으로 진행하면 됩니다.

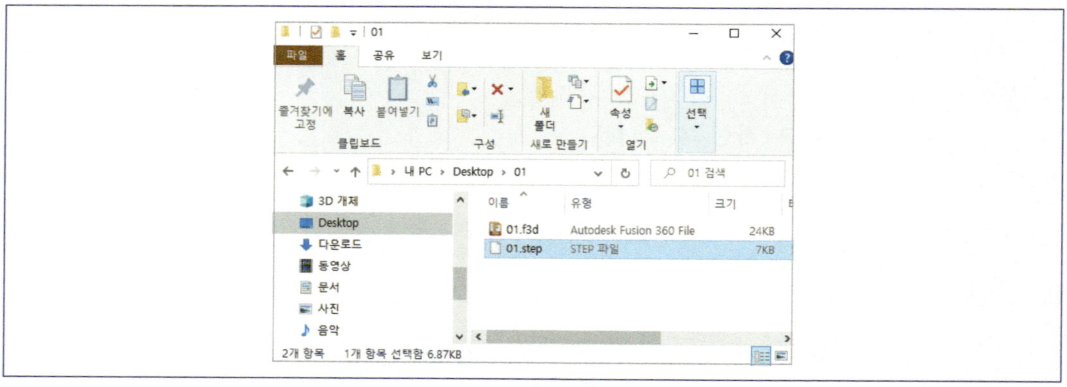

7) STL 파일변환 및 슬라이싱 파일 생성하기(1번 문제 풀이 참조)

개인이나 3D프린터 기계마다 차이가 있으므로 여러 번 출력해 보고 최적의 위치 및 조건을 선정하여 적용하시면 됩니다. 아래 방법은 참조 사항입니다.

(1) STL파일로 변환하기

a) 부품 위치 이동하기

- 조립의 회전 아이콘을 더블클릭 ⇨ 그림과 같이 45도 회전합니다.
- 위치 캡처 선택

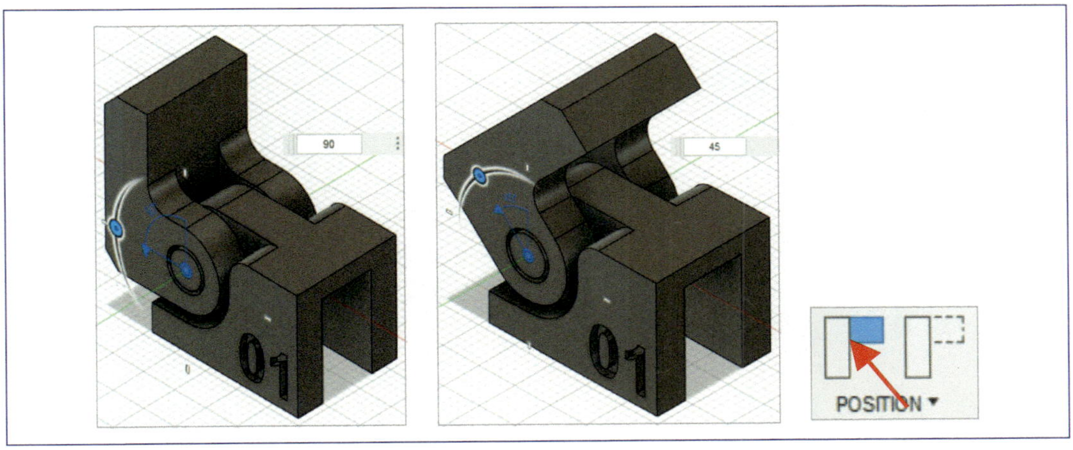

b) 검색기에서 (저장되지 않음) 선택 ⇨ 마우스 우클릭 ⇨ 메쉬로 저장 선택

저장 위치 : 이전에 만든 비번 폴더

파일 이름 : 01.stl 입력

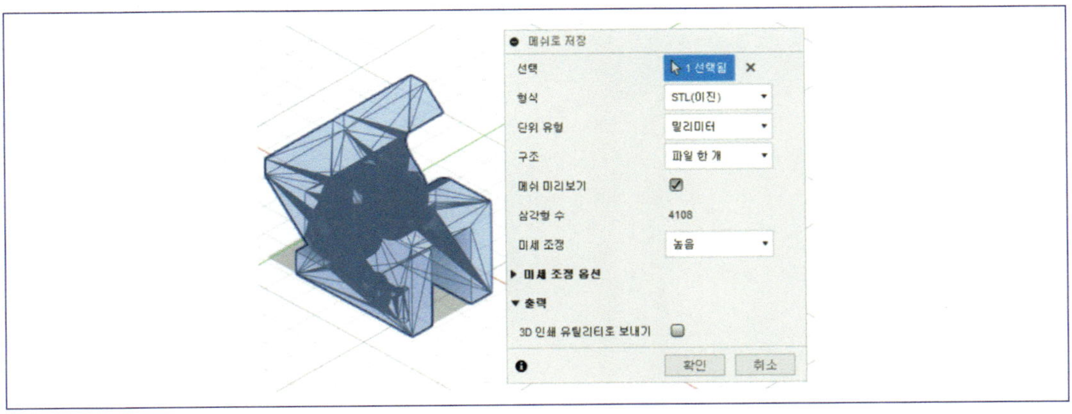

(2) 슬라이싱 파일 만들기 (1번 문제 풀이 참조)

그림처럼 위치하여 출력하는 것을 추천해 드립니다. (슬라이싱 파일 생성)

그림과 같이 최종적으로 4개 파일이 만들어집니다.

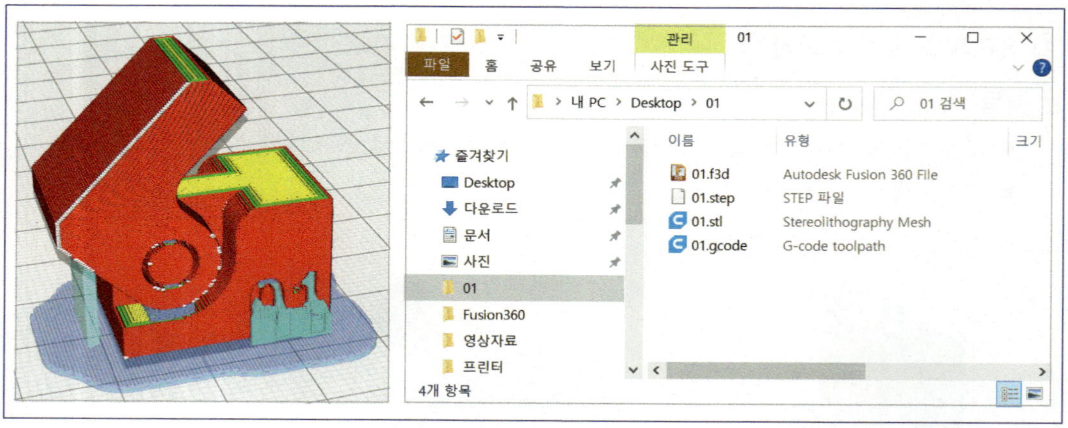

[공개] ⑨

4. 도 면

자격종목	3D프린터운용기능사	[시험 1] 과제명	3D모델링작업	척도	NS

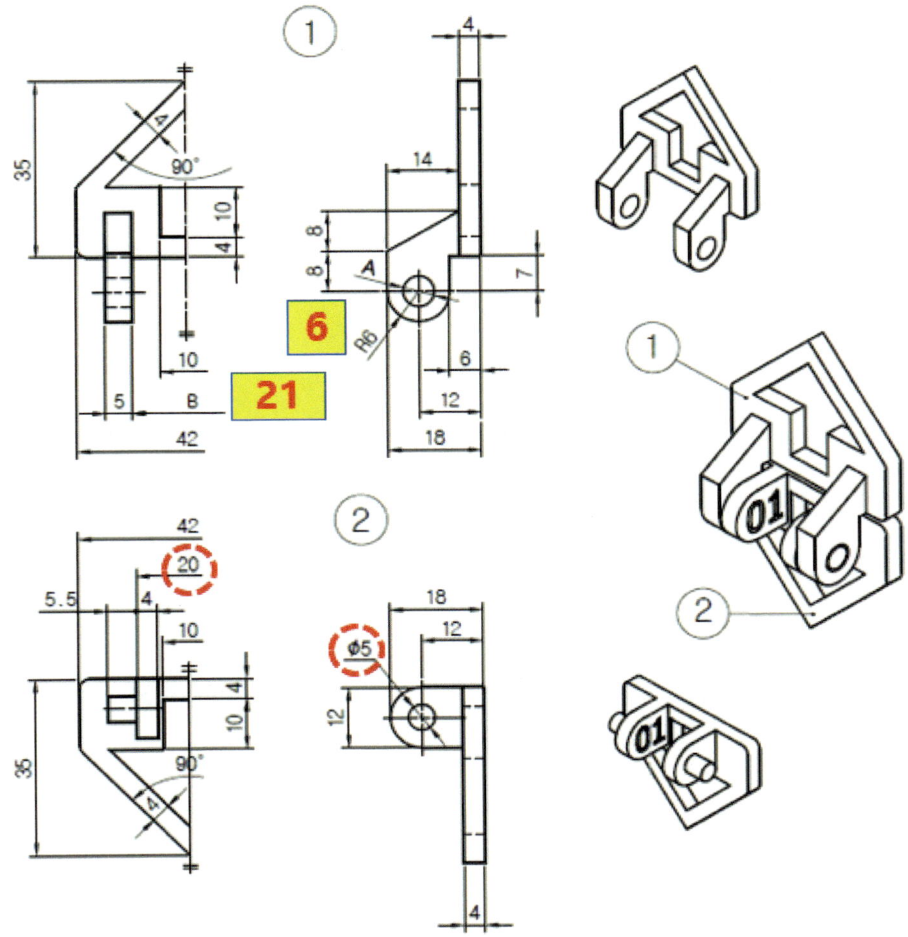

주서

1. 도시되고 지시없는 라운드는 R2
2. 해당도면은 좌우대칭임

공차 적용

A, B 문자 치수 : 기준 치수와 차이를 ± 1mm 이하

→ 편 측으로 0.5mm 이하로 적용

1) 폴더 생성 및 구성요소 생성

공개 1번 문제 풀이와 같은 방법으로 진행하면 됩니다. (문제 풀이 참조)

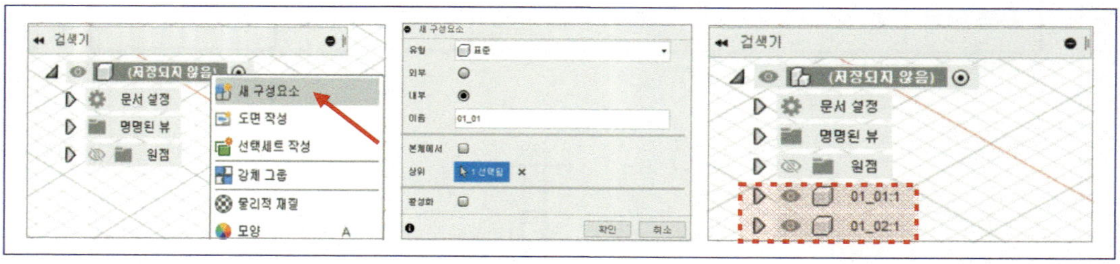

2) 01 부품 3D모델링 하기

(1) 01 구성요소 활성화

마우스로 우측에 있는 원 선택

원점 보이게 선택(나머지 원점은 감추기 적용)

(2) 작성 / 스케치 작성 선택

작업평면 : XZ 평면 선택

그림과 같이 스케치 진행

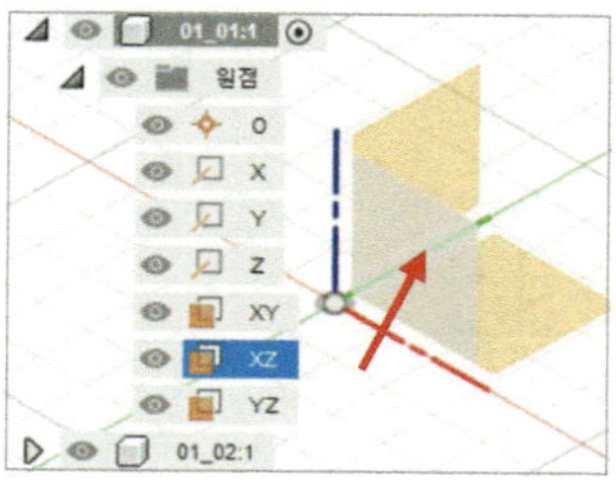

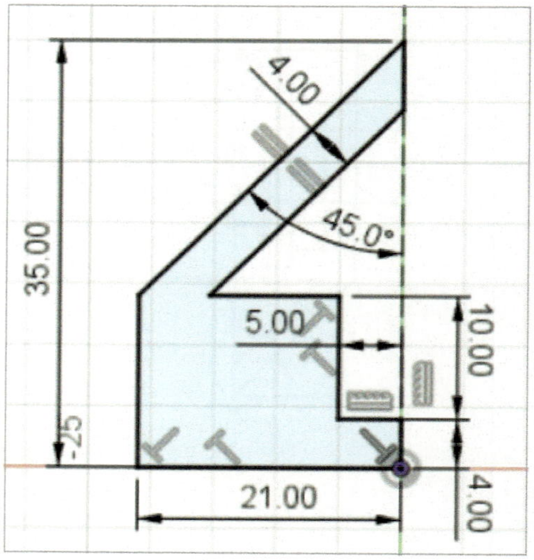

(3) 작성 / 돌출 **선택**

프로파일 : 그림과 같이 프로파일 선택

거리 : 4 입력

생성 : 새 본체 선택

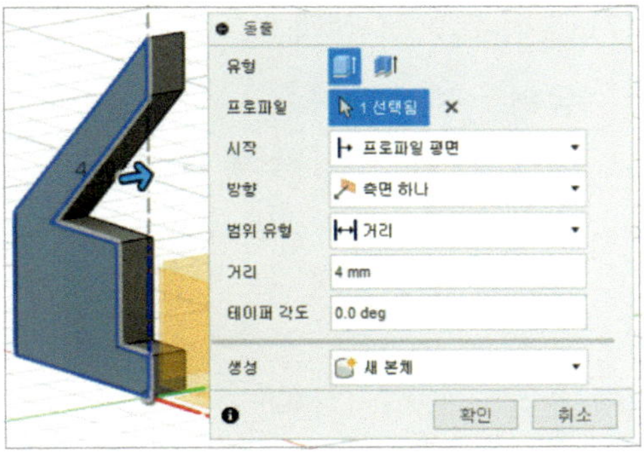

(4) 구성 / 평면 간격띄우기 **선택**

평면 : YZ 평면 선택

범위 : 거리 선택

거리 : -10.5 입력

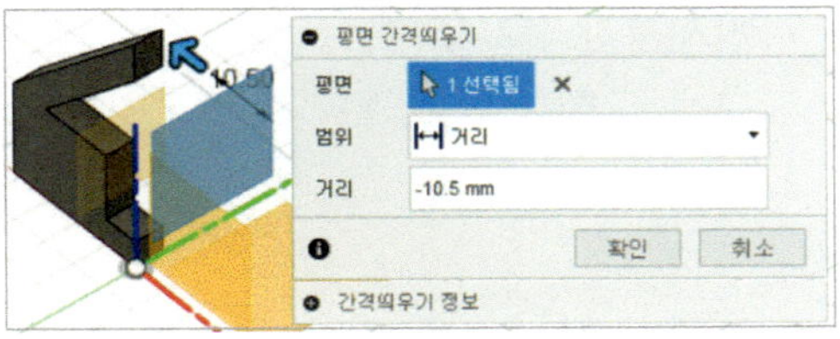

(5) 작성 / 스케치 작성 **선택**

작업평면 : 이전 생성된 평면 선택

그림과 같이 스케치 진행

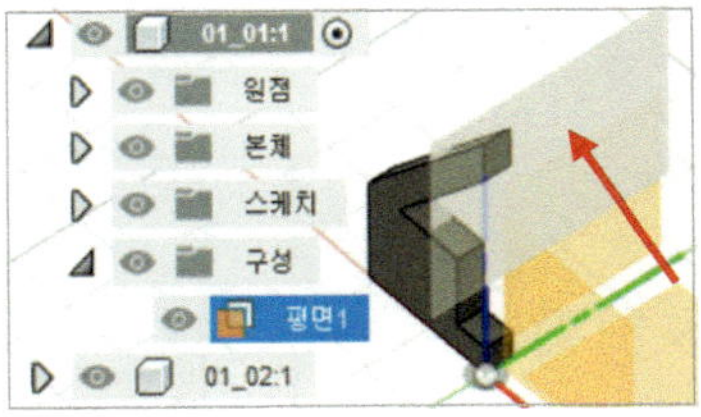

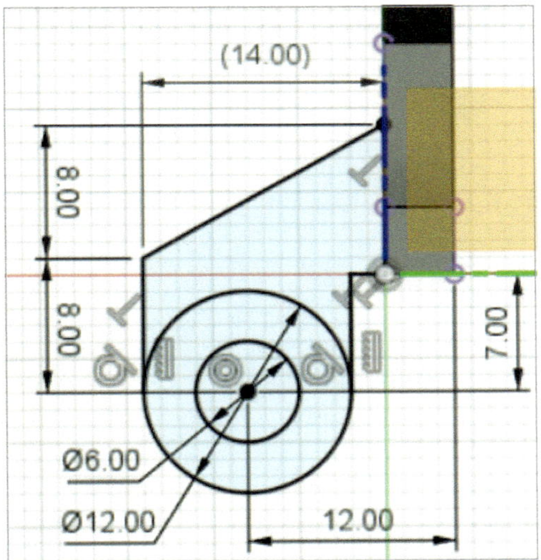

(6) 작성 / 돌출 **선택**

프로파일 : 그림과 같이
프로파일 선택

거리 : -5 입력

생성 : 접합 선택

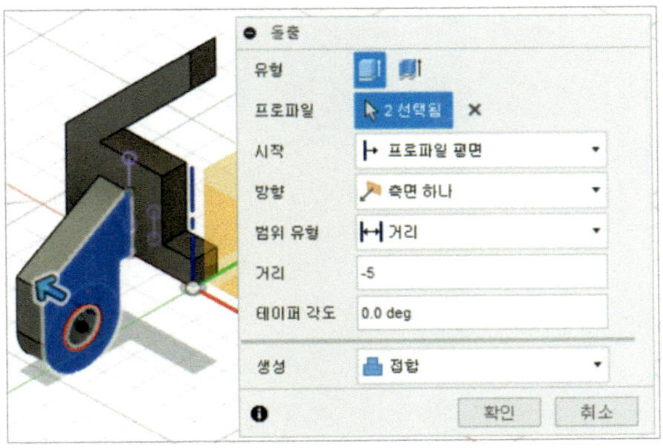

(7) 작성 / 미러 선택

유형 : 본체 선택
객체 : 이전 형상 선택
미러 평면 : YZ 평면 선택
생성 : 접합 선택

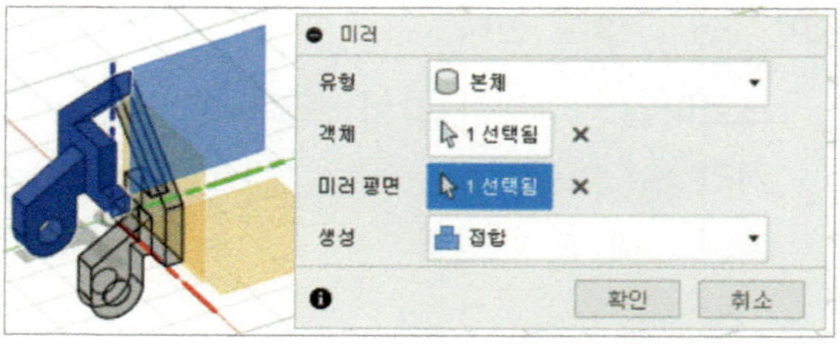

(8) 수정 / 모깎기 선택

외형 모서리 4곳 선택
반지름값 : 2 입력
구석 유형 : 롤링 볼

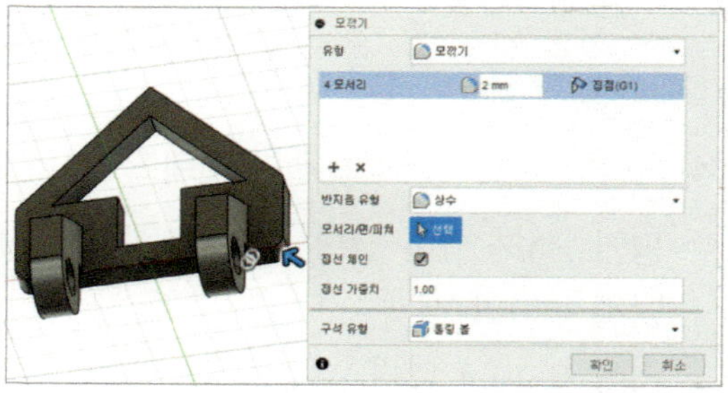

3) 02 부품 3D모델링 하기

(1) 02 구성요소 활성화

마우스로 우측에 있는 원 선택, 원점 보이게 선택(나머지 원점은 감추기 적용)

(2) 작성 / 스케치 작성 선택

작업평면 : XZ 평면 선택
그림과 같이 스케치 진행

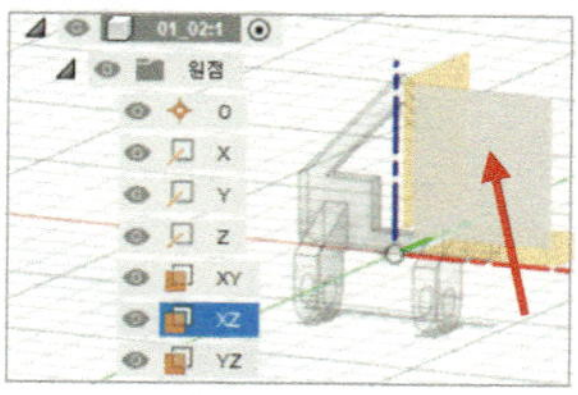

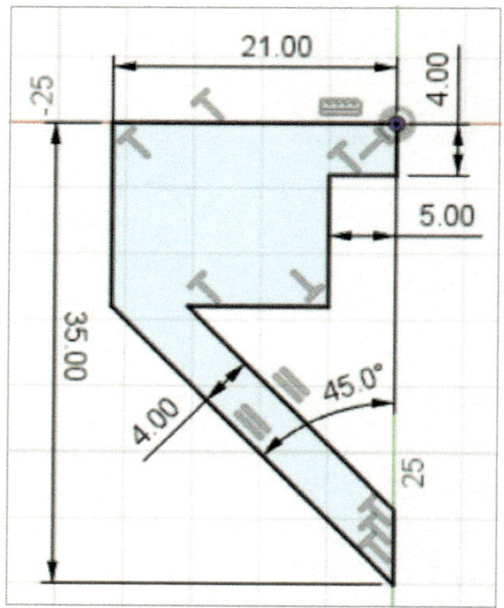

(3) 작성 / 돌출 **선택**

프로파일 : 그림과 같이 프로파일 선택
거리 : 4 입력
생성 : 새 본체 선택

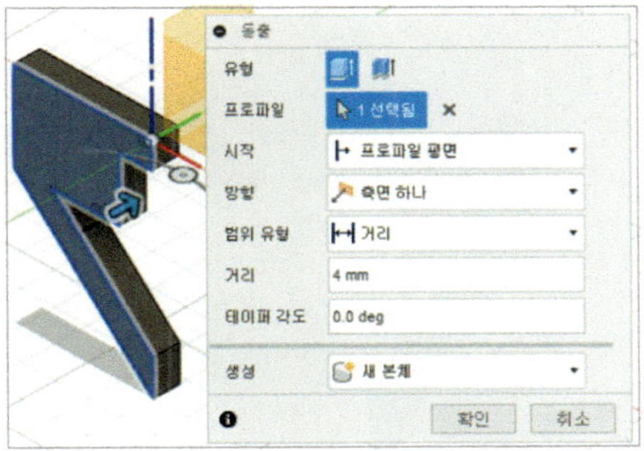

(4) 구성 / 평면 간격띄우기 **선택**

평면 : YZ 평면 선택
범위 : 거리 선택
거리 : -10 입력

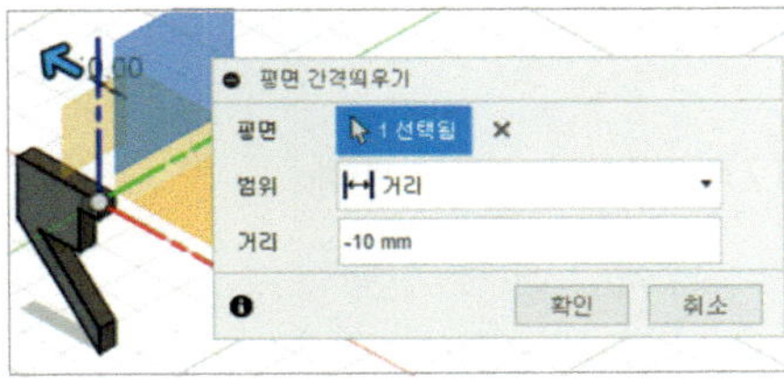

(5) 작성 / 스케치 작성 **선택**

작업평면 : 이전 생성된 평면 선택
그림과 같이 스케치 진행

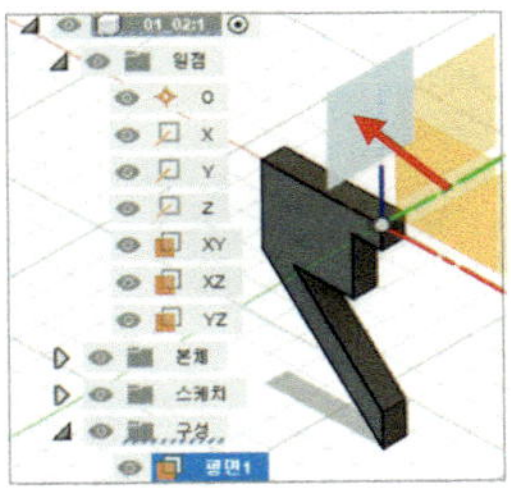

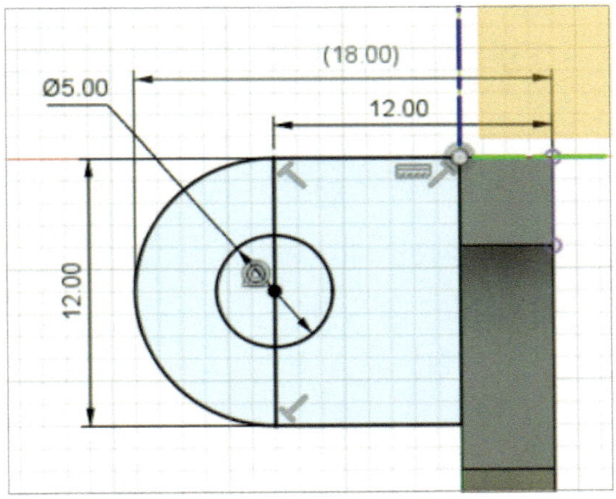

(6) **작성 / 돌출 선택 (2번 실행)**

a) 프로파일 : 그림과 같이 프로파일 선택, 거리 : 4 입력, 생성 : 접합 선택
b) (이전에 생성된 2D 스케치 보이게 설정)
프로파일 : 그림과 같이 프로파일 선택, 거리 : -5.5 입력, 생성 : 접합 선택
(사용한 2D 스케치 감추기 설정)

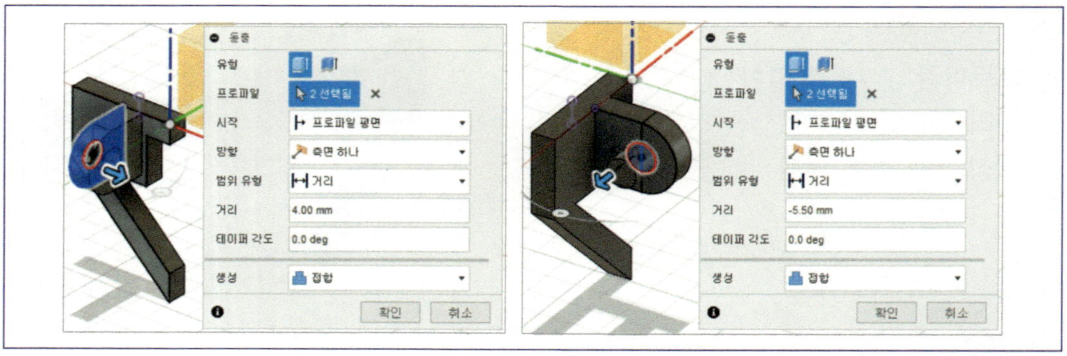

(7) 작성 / 미러 **선택**

유형 : 본체 선택

객체 : 이전 형상 선택

미러 평면 : YZ 평면 선택

생성 : 접합 선택

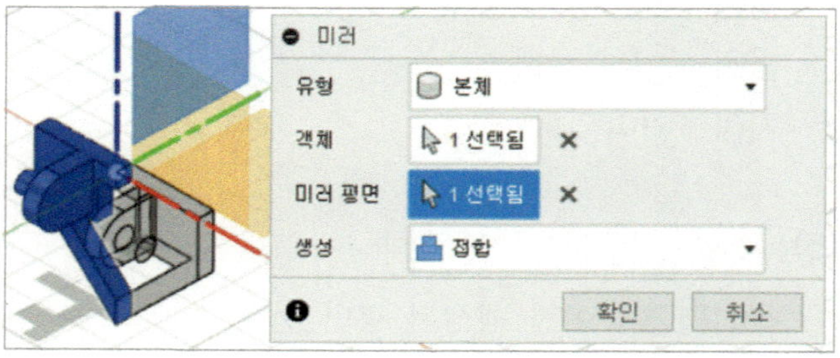

(8) 수정 / 모깎기 **선택**

외형 모서리 4곳 선택

반지름값 : 2 입력

구석 유형 : 롤링 볼

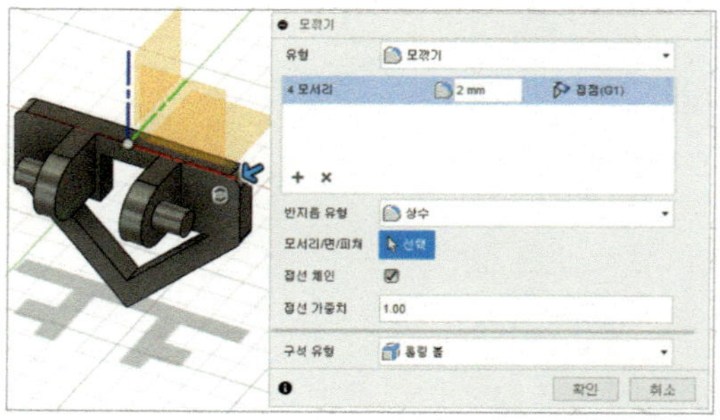

(9) 작성 / 스케치 작성 **선택**

작업평면 : 돌출 형상의 측면부 선택, 그림과 같이 문자 생성

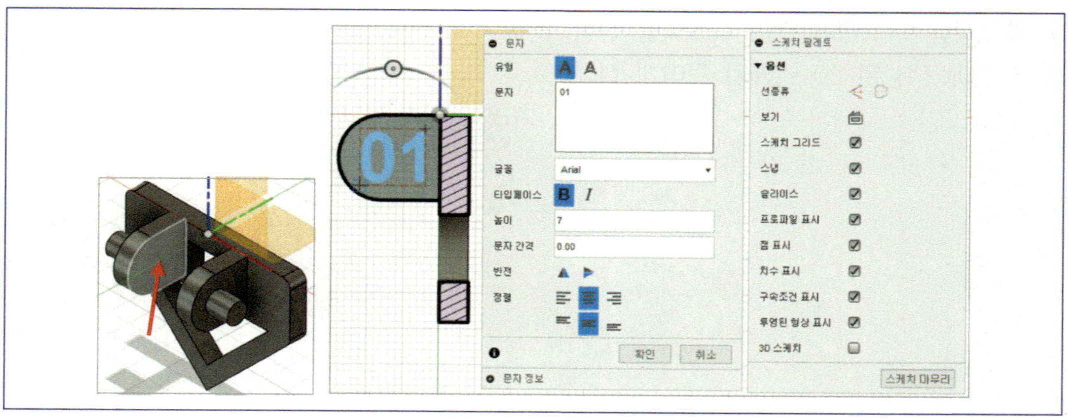

TIP 위 경우와 같이 스케치 평면이 전면 형상으로 일부분 가려지는 경우….
스케치 부분이 잘 보이게 스케치 팔레트의 슬라이스를 선택하여 작업을 진행하면 편리합니다.

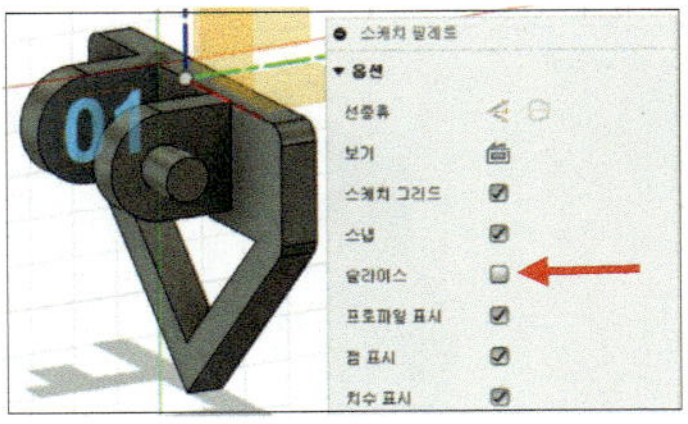

슬라이스를 적용하면 스케치 작업 면이 잘 보여 스케치 작업이 편리해집니다.
작업이 완료되면 슬라이스 선택을 해제합니다.
(개인 취향에 따라 선택하여 적용하시면 됩니다.)

(10) 작성 / 돌출 선택

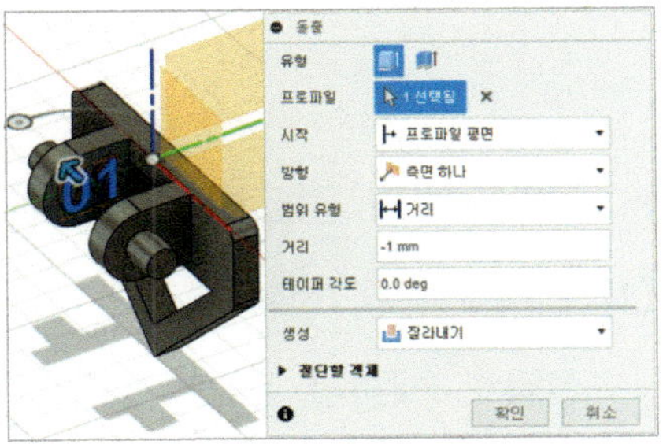

프로파일 : 그림과 같이 문자 선택
거리 : -1 입력
생성 : 잘라내기 선택

4) 3D모델링 조립하기

(1) (저장되지 않음) 활성화

: 최상위 구성요소에서 원형선택 (모든 원점은 감추기 적용)

(2) 하나의 부품(구성요소) 고정하기

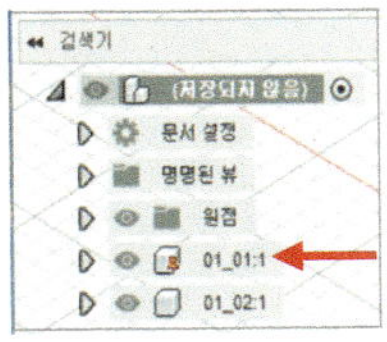

01_01 선택 ⇨ 마우스 우클릭 ⇨ 고정 선택
(바닥에 고정되면서 압정표시가 생김)

(3) 조립 / 접합 선택 (각 부품이 떨어져 있을 때 사용)

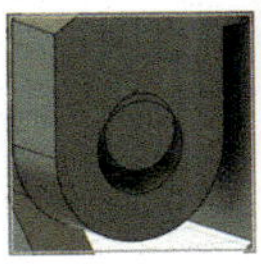
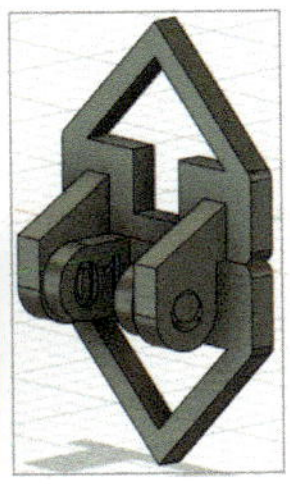

a) 위치 탭 선택
구성요소 1
모드 : 단순 선택
스냅 : 구성요소 02의 회전 부분의 원 중심 선택

구성요소 2

모드 : 단순 선택

스냅 : 구성요소 01의 회전 부분의 원 중심 선택

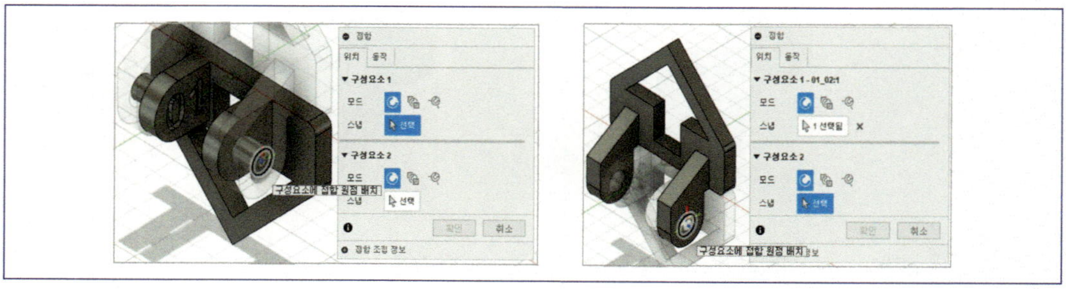

b) 동작 탭 선택

유형 : 회전 선택

회전 : Z축 선택(움직임 방향을 확인 후 선택)

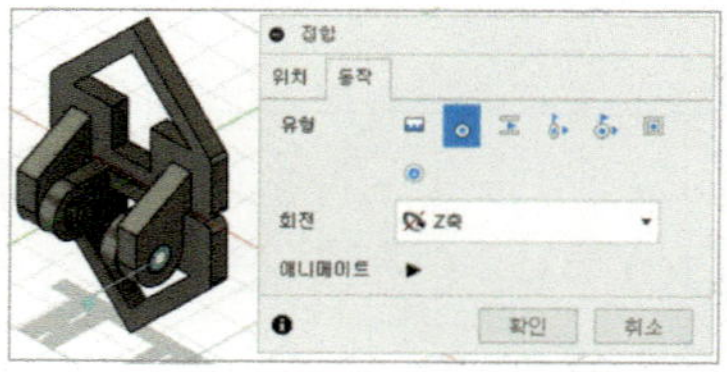

5) 3D모델링 검토하기 (1번 문제 풀이 참조)

(1) 검사 / 간섭 선택

선택 : 2개의 부품 선택

계산 : 간섭 유/무 확인

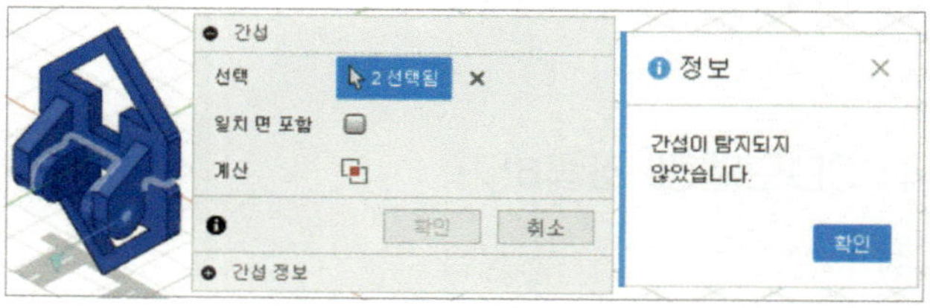

(2) 검사 / 단면 분석 선택

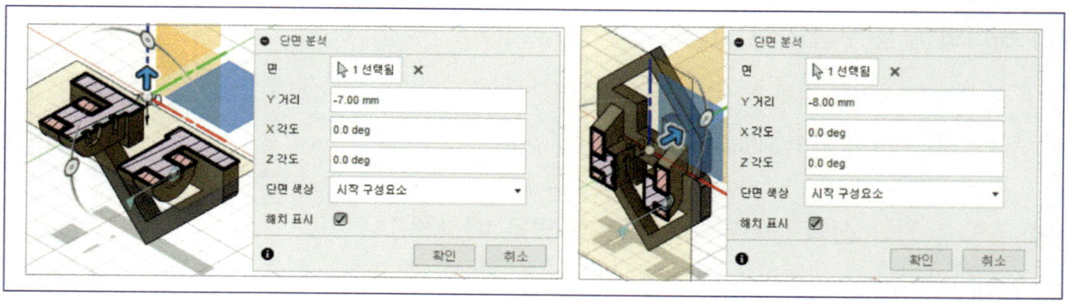

(3) 검사 / 측정 선택

: 주요 부분 치수 측정

특히 조립 공차 적용 부분 치수 확인

6) 완성된 3D모델링 저장하기 (1번 문제 풀이 참조, Fusion360 파일 및 STP 파일)

조립 형상은 이전 문제 풀이와 동일한 방법으로 진행하면 됩니다.

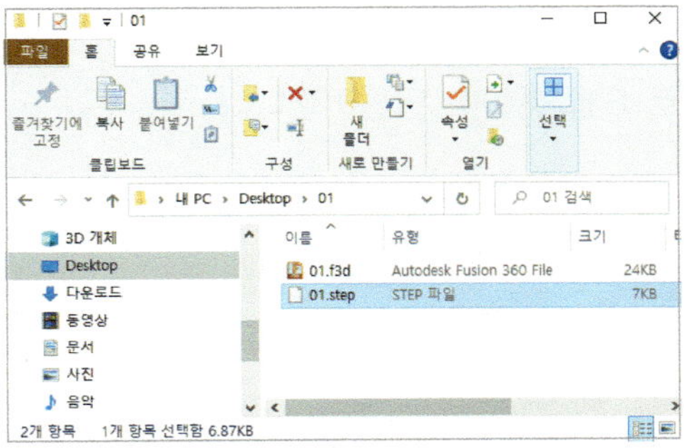

7) STL 파일변환 및 슬라이싱 파일 생성하기 (1번 문제 풀이 참조)

> 개인이나 3D프린터 기계마다 차이가 있으므로 여러 번 출력해 보고 최적의 위치 및 조건을 선정하여 적용하시면 됩니다. 아래 방법은 참조 사항입니다.

(1) STL파일로 변환하기

a) 부품 위치 이동하기

추가 이동 없이 현 위치에서 STL 파일로 변환합니다.

b) 검색기에서 (저장되지 않음) 선택 ⇨ 마우스 우클릭 ⇨ 메쉬로 저장 선택

저장 위치 : 이전에 만든 비번 폴더

파일 이름 : 01.stl 입력

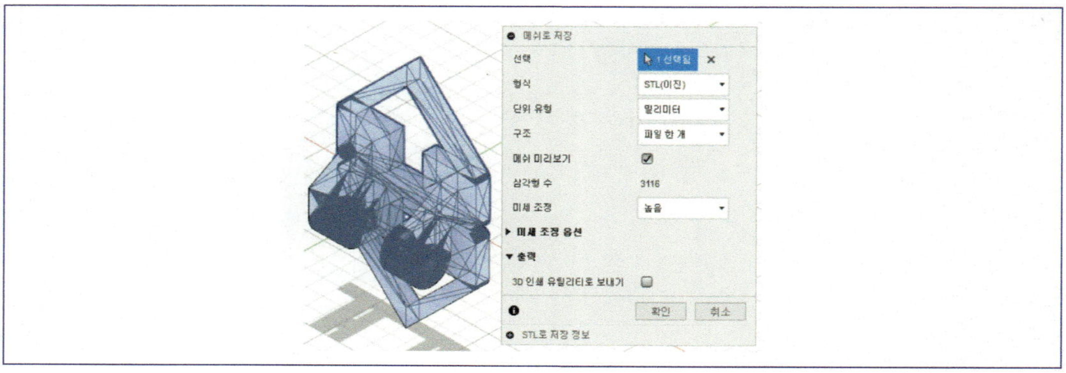

(2) 슬라이싱 파일 만들기 (1번 문제 풀이 참조)

그림처럼 위치하여 출력하는 것을 추천해 드립니다. (슬라이싱 파일 생성)

그림과 같이 최종적으로 8개 파일이 만들어집니다.

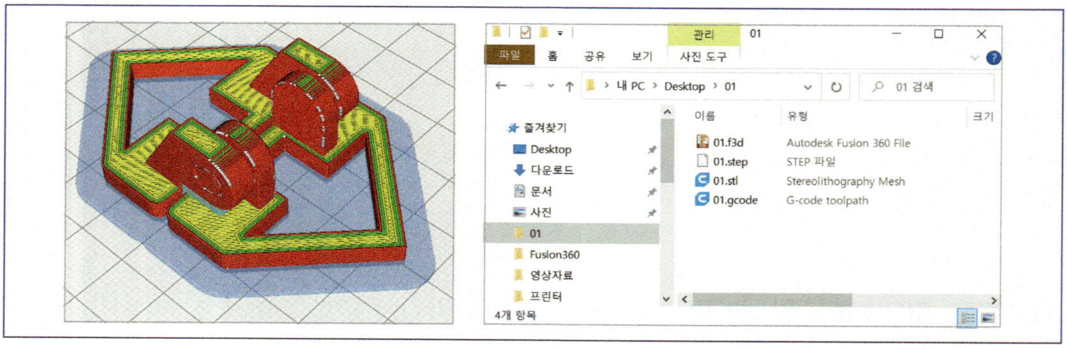

[공개]

⑩

4. 도 면

자격종목	3D프린터운용기능사	[시험 1] 과제명	3D모델링작업	척도	NS

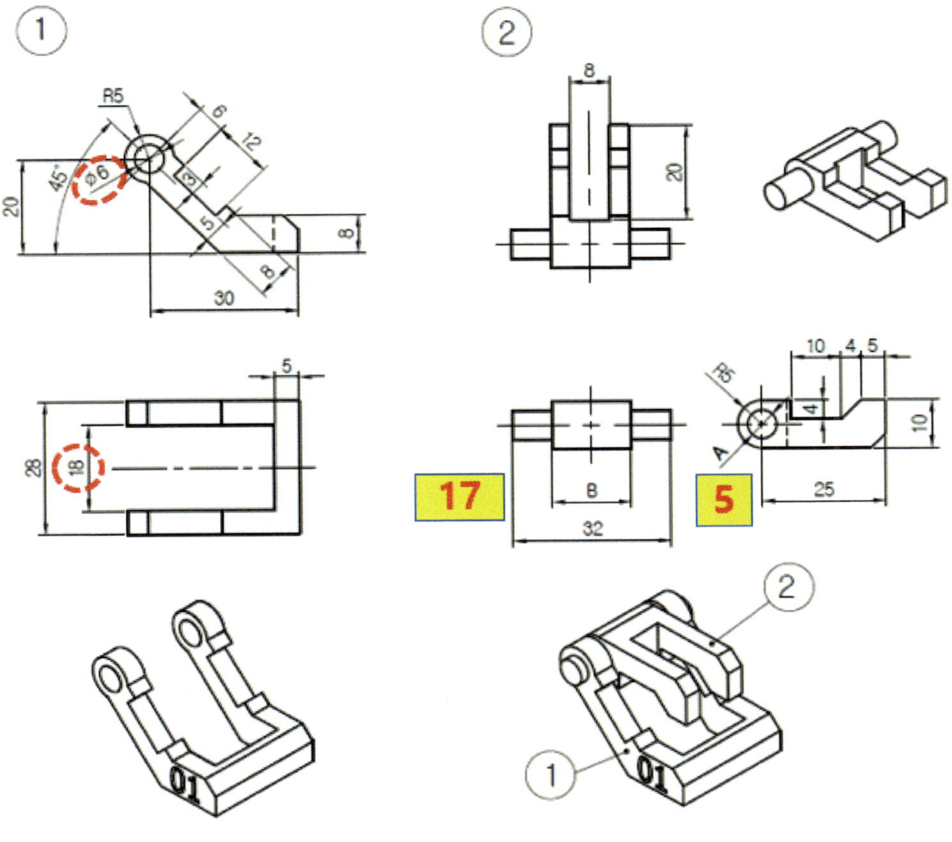

주서

1. 도시되고 지시없는 모떼기는 C3

공차 적용

A, B 문자 치수 : 기준 치수와 차이를 ± 1mm 이하

→ 편 측으로 0.5mm 이하로 적용

1) 폴더 생성 및 구성요소 생성

공개 1번 문제 풀이와 같은 방법으로 진행하면 됩니다. (문제 풀이 참조)

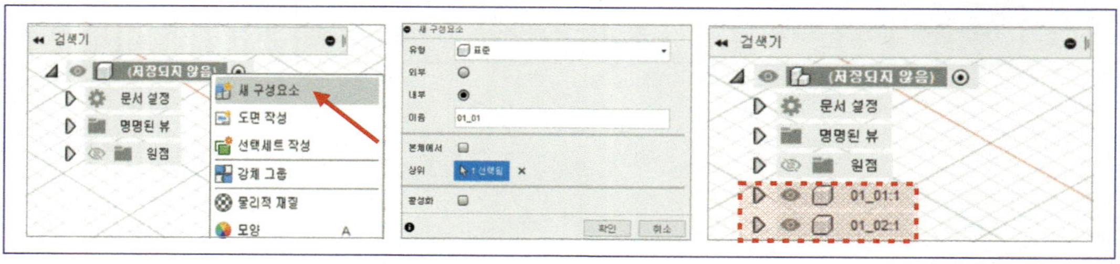

2) 01 부품 3D모델링 하기

(1) 01 구성요소 활성화

마우스로 우측에 있는 원 선택

원점 보이게 선택(나머지 원점은 감추기 적용)

(2) 작성 / 스케치 작성 선택

작업평면 : XZ 평면 선택

그림과 같이 스케치 진행

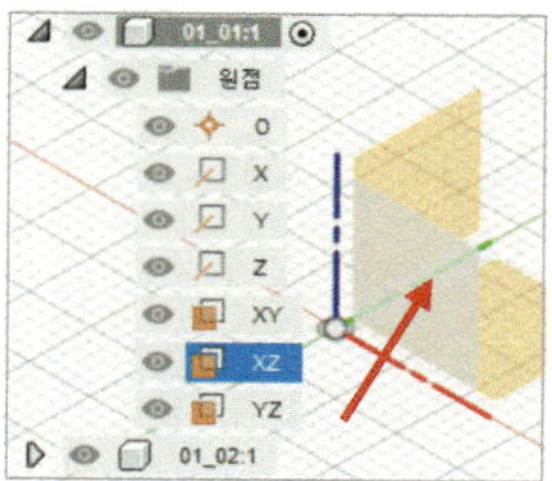

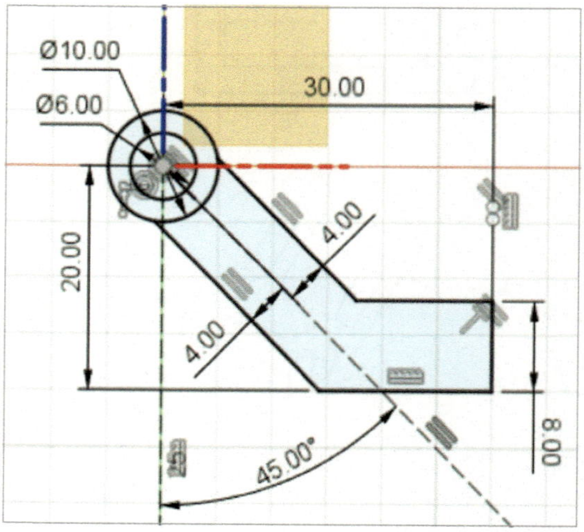

(3) 작성 / 돌출 **선택**

프로파일

: 그림과 같이 프로파일 선택

방향 : 대칭

측정값 : 전체 길이 선택

거리 : 28 입력

생성 : 새 본체 선택

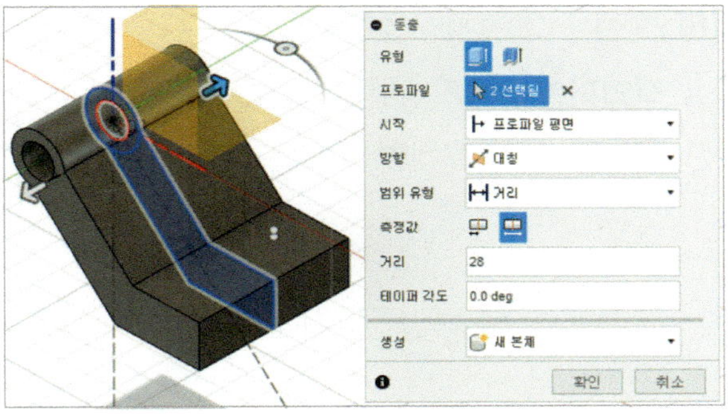

(4) 작성 / 스케치 작성 **선택**

작업평면 : 이전형상 측면부 선택, 그림과 같이 스케치 진행

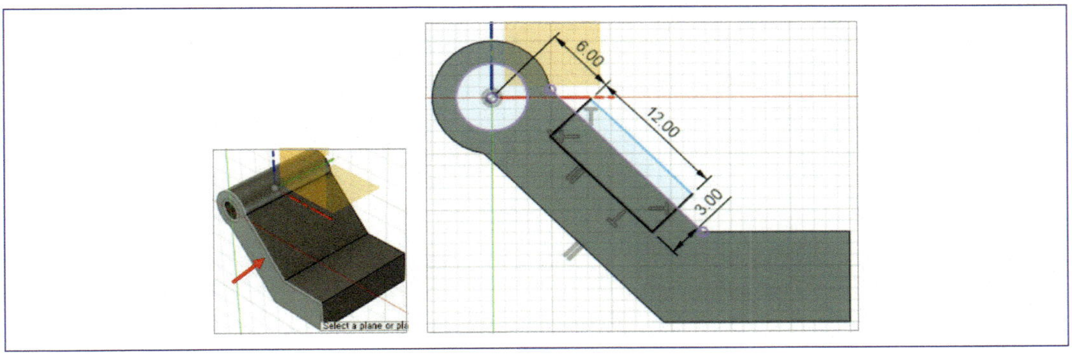

(5) 작성 / 돌출 **선택**

프로파일 : 그림과 같이 프로파일 선택

거리 : 충분한 거리 입력

생성 : 잘라내기 선택

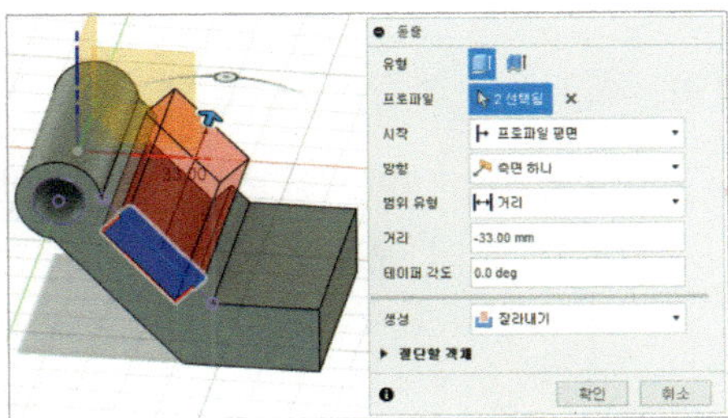

(6) 작성 / 스케치 작성 **선택**

작업평면 : XY 평면 선택

그림과 같이 스케치 진행

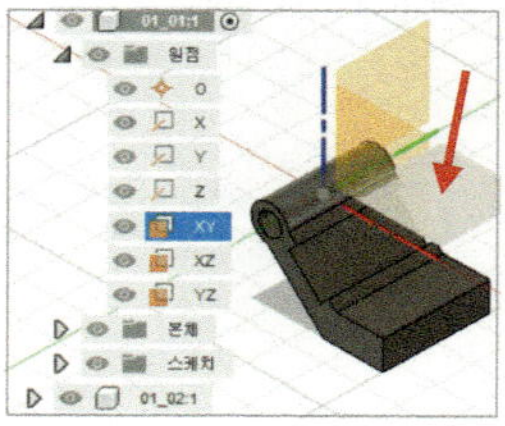

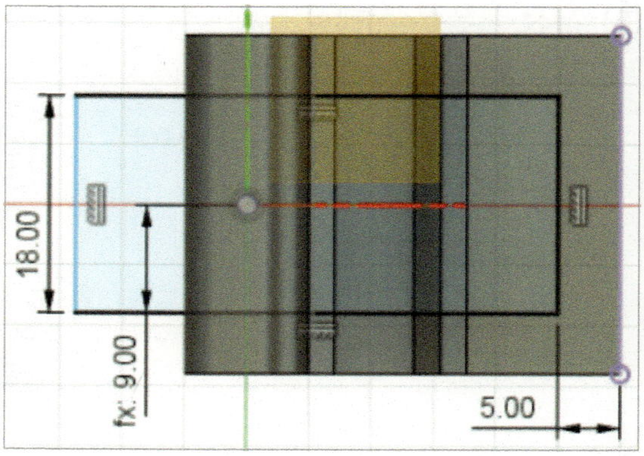

(7) 작성 / 돌출 **선택**

프로파일

: 그림과 같이 프로파일 선택

방향 : 대칭

측정값 : 절반 길이 선택

거리 : 충분한 거리 입력

생성 : 잘라내기 선택

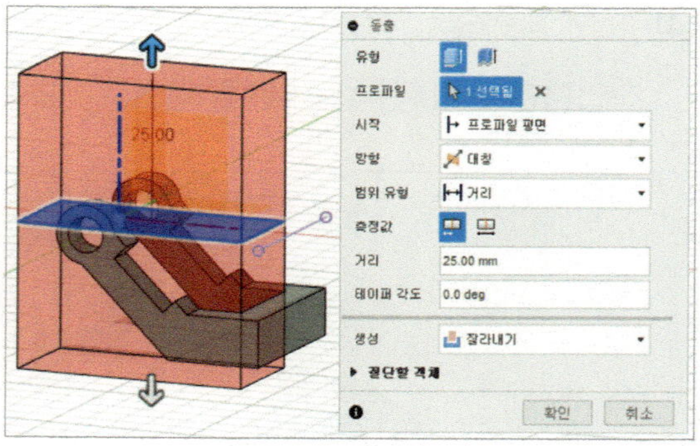

(8) 수정 / 모따기 **선택**

그림과 같이 전면부 모서리 1곳 선택

3 입력

(9) 작성 / 스케치 작성 **선택**

작업평면 : 이전 형상의 측면 선택

그림과 같이 문자 생성

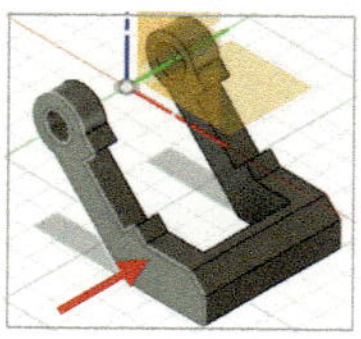

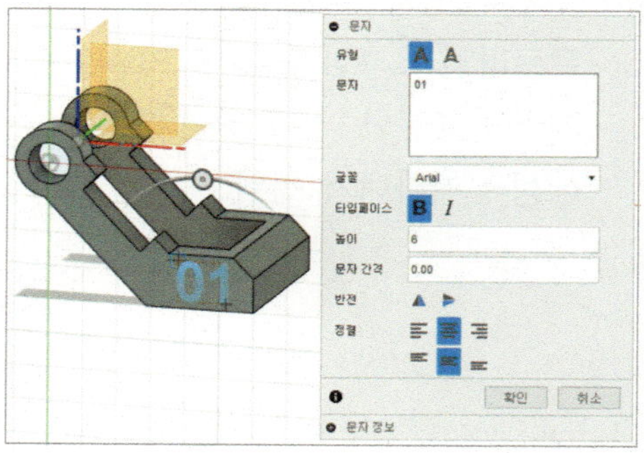

(10) 작성 / 돌출 **선택**

프로파일 : 그림과 같이 문자 선택
거리 : -1 입력
생성 : 잘라내기 선택

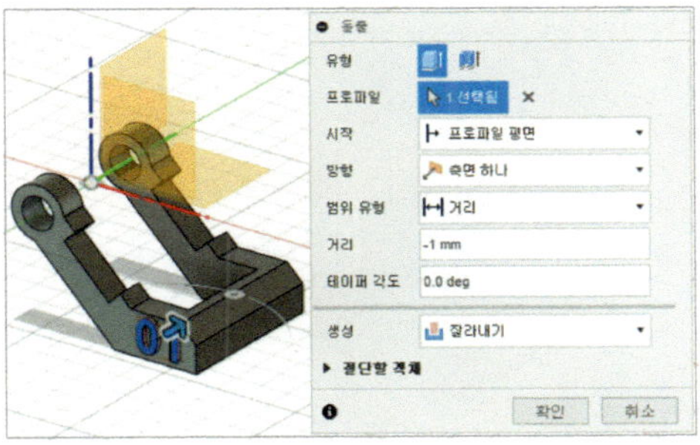

3) 02 부품 3D모델링 하기

(1) 02 구성요소 활성화

마우스로 우측에 있는 원 선택, 원점 보이게 선택(나머지 원점은 감추기 적용)

(2) 작성 / 스케치 작성 **선택**

작업평면 : XZ 평면 선택
그림과 같이 스케치 진행

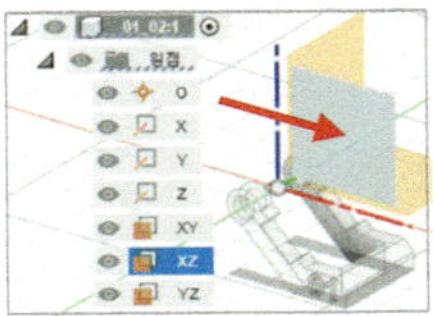

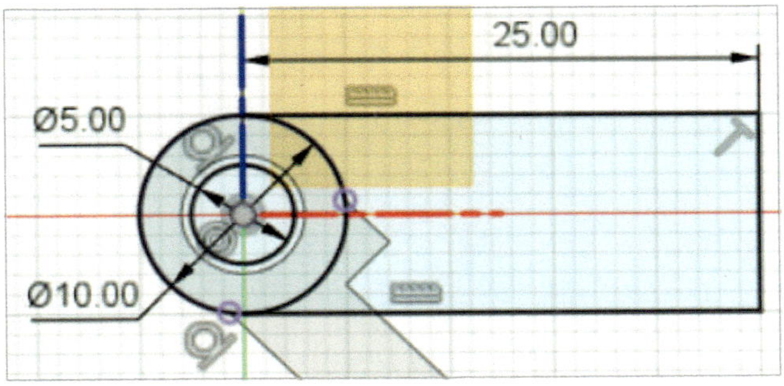

(3) 작성 / 돌출 **선택 (2번 실행)**

a) **프로파일** : 그림과 같이 프로파일 선택, **방향** : 대칭
측정값 : 전체 길이 선택, **거리** : 17 입력, **생성** : 새 본체 선택

b) (이전에 생성된 2D 스케치 보이게 설정)
프로파일 : 그림과 같이 프로파일 선택, **방향** : 대칭
측정값 : 전체 길이 선택, **거리** : 32 입력, **생성** : 접합 선택
(사용한 2D 스케치 감추기 설정)

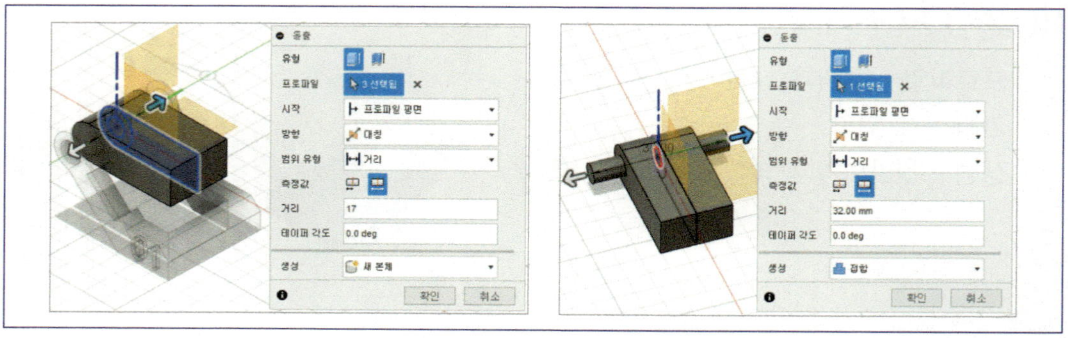

(4) 작성 / 스케치 작성 **선택**

작업평면 : 이전 형상의 측면 선택
그림과 같이 스케치 진행

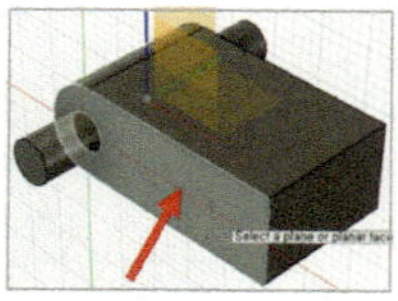

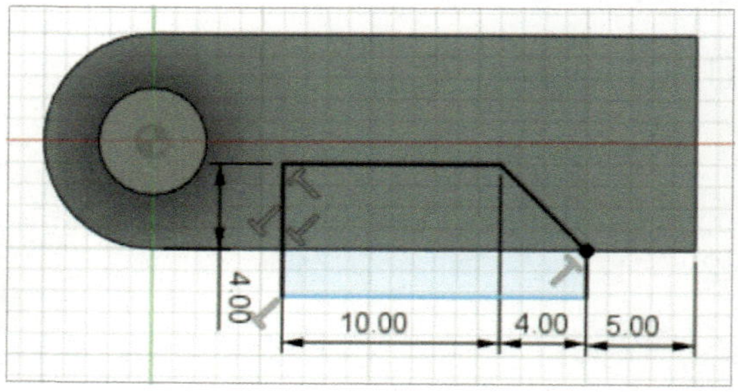

(5) 작성 / 돌출 **선택**

프로파일
: 그림과 같이 프로파일 선택
거리 : 충분한 거리 입력
생성 : 잘라내기 선택

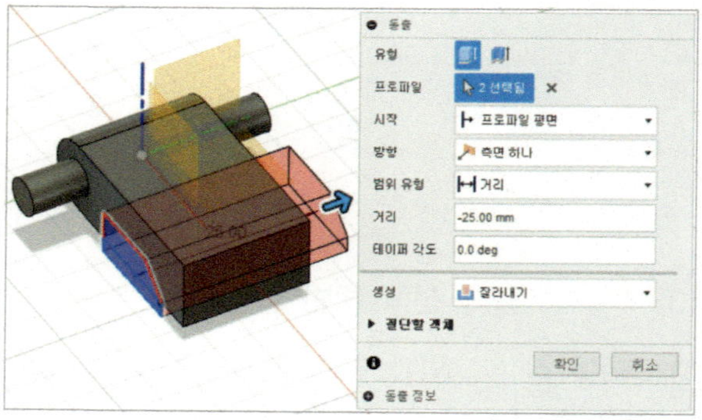

(6) 작성 / 스케치 작성 **선택**

작업평면 : 이전 형상의 윗면 선택
그림과 같이 스케치 진행

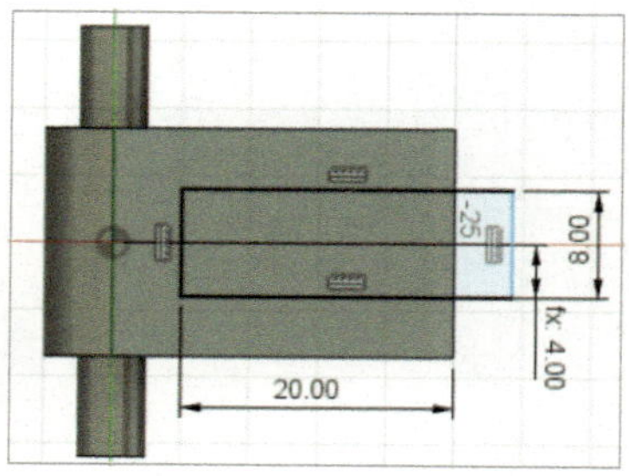

(7) 작성 / 돌출 **선택**

프로파일 : 그림과 같이 프로파일 선택

거리 : 충분한 거리 입력

생성 : 잘라내기 선택

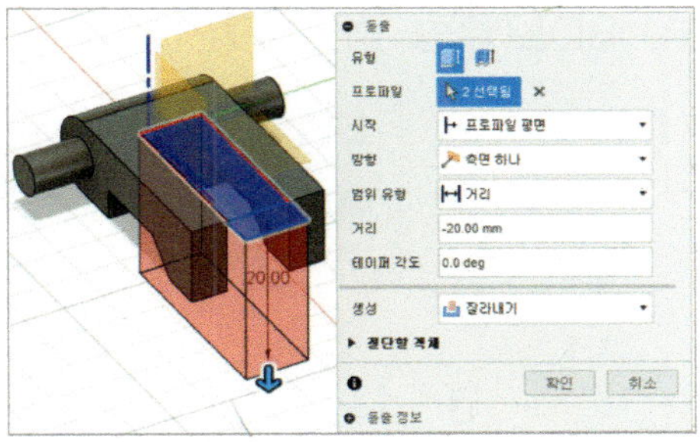

(8) 수정 / 모따기_**선택**

그림과 같이 전면부 모서리 2곳 선택

3 입력

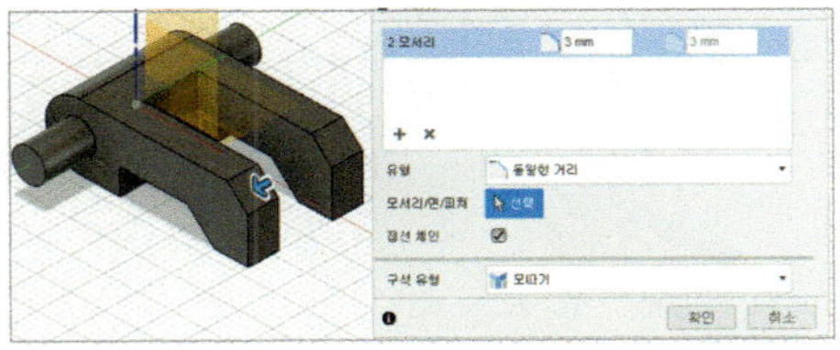

4) 3D모델링 조립하기

(1) (저장되지 않음) 활성화

: 최상위 구성요소에서 원형선택 (모든 원점은 감추기 적용)

(2) **하나의 부품(구성요소) 고정하기**

01_01 선택 ⇨ 마우스 우클릭 ⇨ 고정 선택

(바닥에 고정되면서 압정표시가 생김)

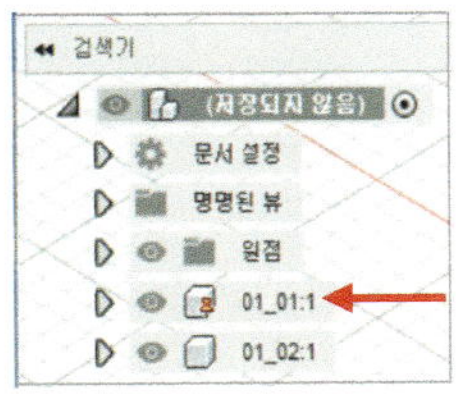

(3) 조립 / 현재 위치에서 접합 **선택**

접합 유형 : 회전 선택

구성요소 : 01_02, 01_01 선택

모드 : 단순

스냅 : 회전축의 중심점 선택

회전 : Z축

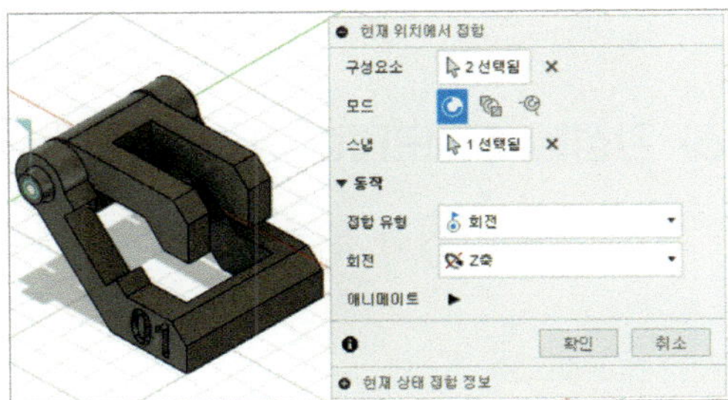

5) 3D모델링 검토하기 (1번 문제 풀이 참조)

(1) 검사 / 간섭 선택

선택 : 2개의 부품 선택

계산 : 간섭 유/무 확인

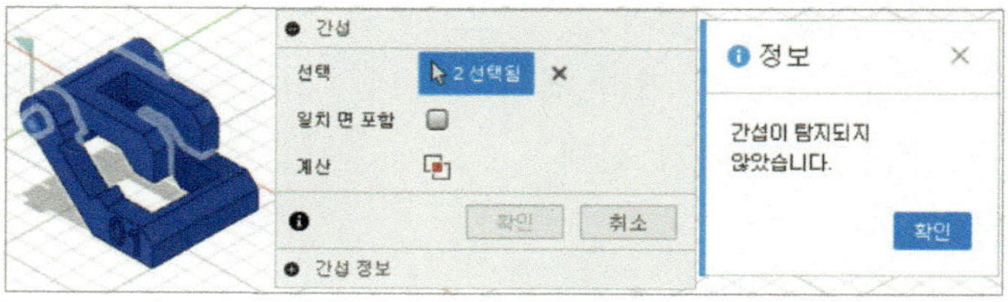

(2) 검사 / 단면 분석 선택

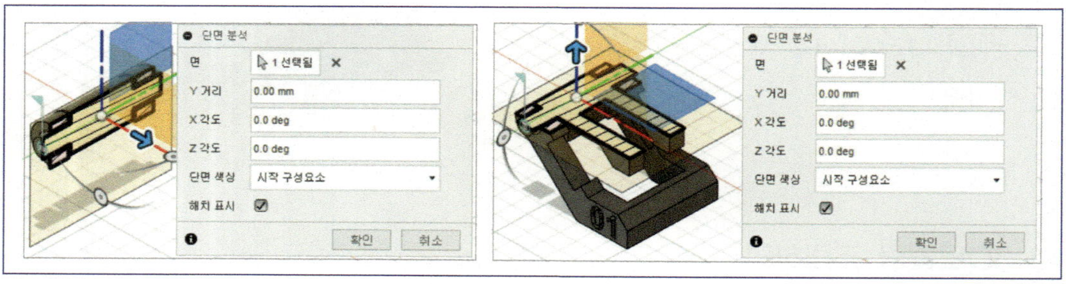

(3) 검사 / 측정 선택

: 주요 부분 치수 측정

특히 조립 공차 적용 부분 치수 확인

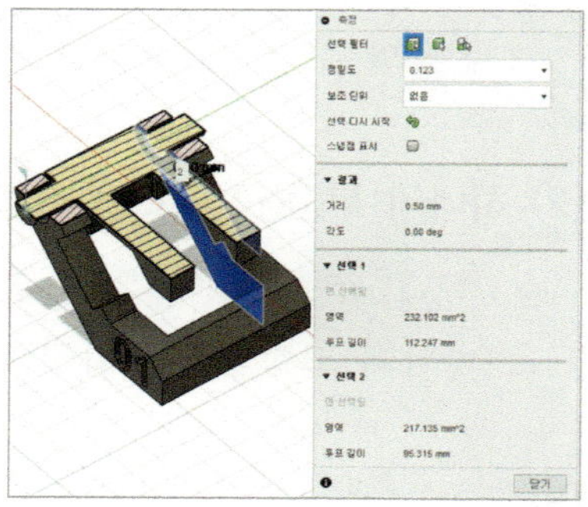

6) 완성된 3D모델링 저장하기 (1번 문제 풀이 참조, Fusion360 파일 및 STP 파일)

조립 형상은 이전 문제 풀이와 동일한 방법으로 진행하면 됩니다.

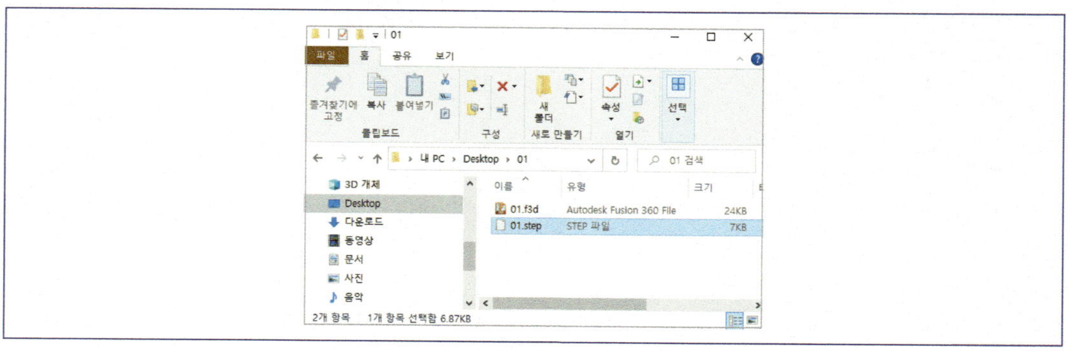

7) STL 파일변환 및 슬라이싱 파일 생성하기(1번 문제 풀이 참조)

개인이나 3D프린터 기계마다 차이가 있으므로 여러 번 출력해 보고 최적의 위치 및 조건을 선정하여 적용하시면 됩니다. 아래 방법은 참조 사항입니다.

(1) STL파일로 변환하기

a) 부품 위치 이동하기

- 조립의 회전 아이콘을 더블클릭 ⇨ 그림과 같이 135도 회전합니다.
- 위치 캡처 선택

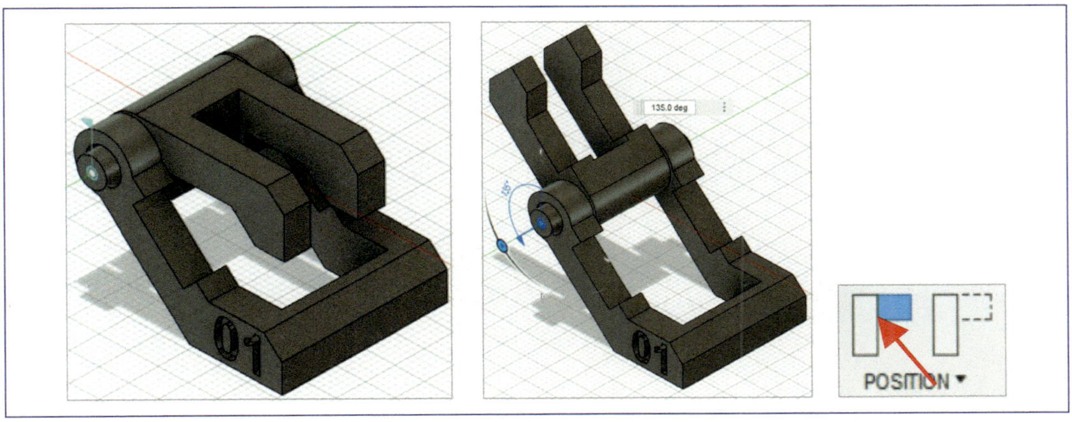

b) 검색기에서 (저장되지 않음) 선택 ⇨ 마우스 우클릭 ⇨ 메쉬로 저장 선택

저장 위치 : 이전에 만든 비번 폴더

파일 이름 : 01.stl 입력

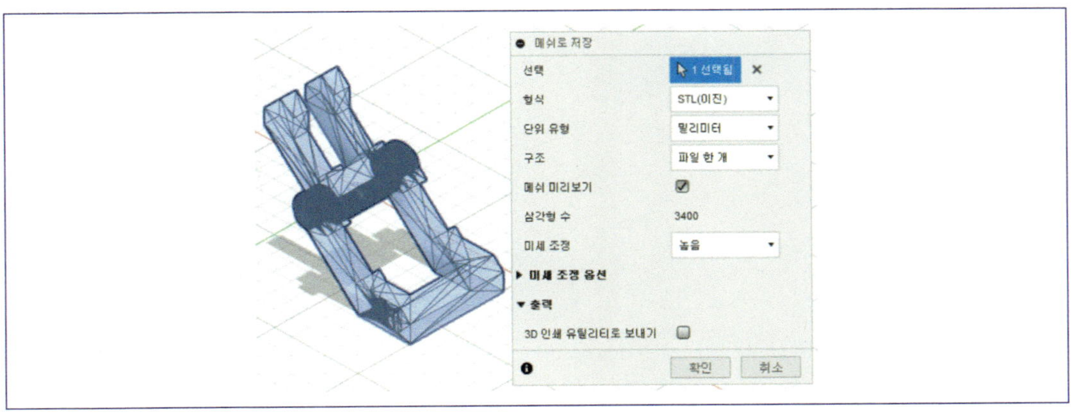

(2) 슬라이싱 파일 만들기 (1번 문제 풀이 참조)

그림처럼 위치하여 출력하는 것을 추천해 드립니다. (슬라이싱 파일 생성)

그림과 같이 최종적으로 4개 파일이 만들어집니다.

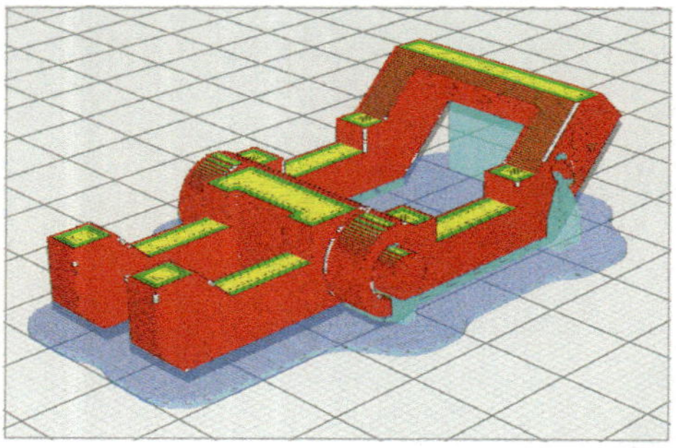

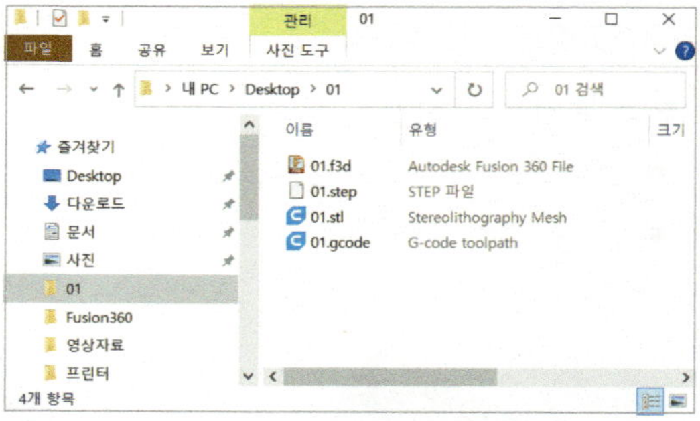

[공개]

⑪

4. 도 면

자격종목	3D프린터운용기능사	[시험 1] 과제명	3D모델링작업	척도	NS

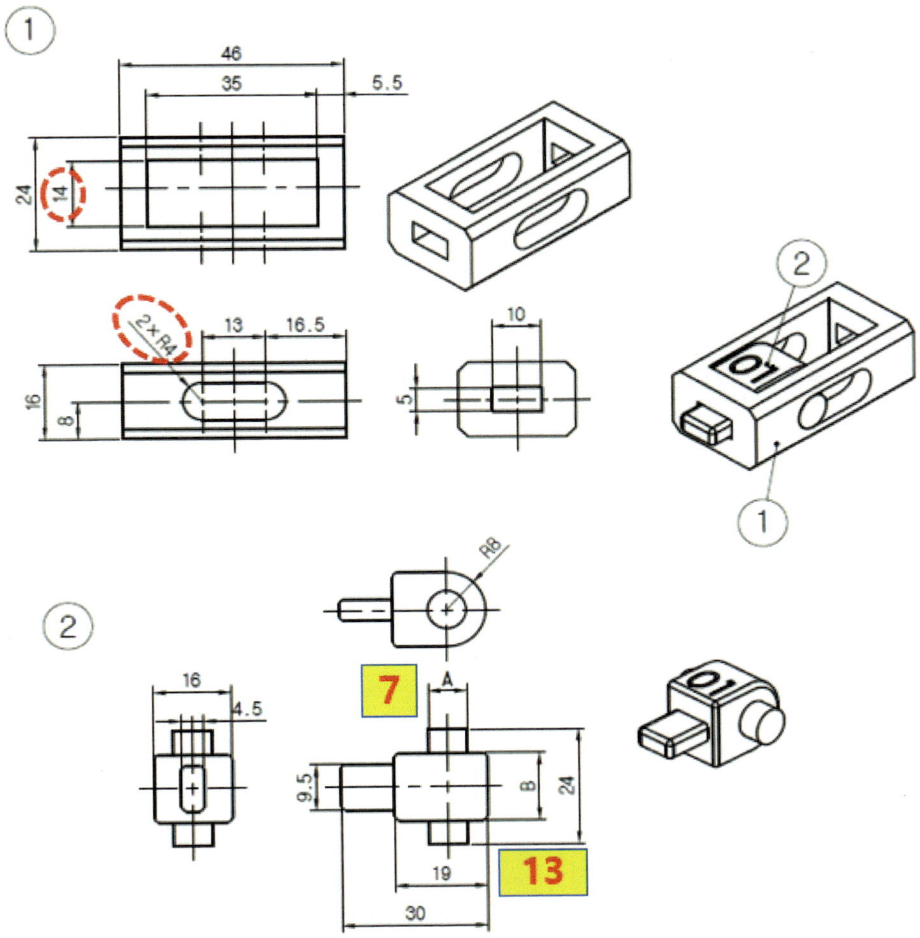

주서

1. 도시되고 지시없는 모떼기는 C2, 라운드는 R1

공차 적용.

A, B 문자 치수 : 기준 치수와 차이를 ± 1mm 이하

→ 편 측으로 0.5mm 이하로 적용

1) 폴더 생성 및 구성요소 생성

공개 1번 문제 풀이와 같은 방법으로 진행하면 됩니다. (문제 풀이 참조)

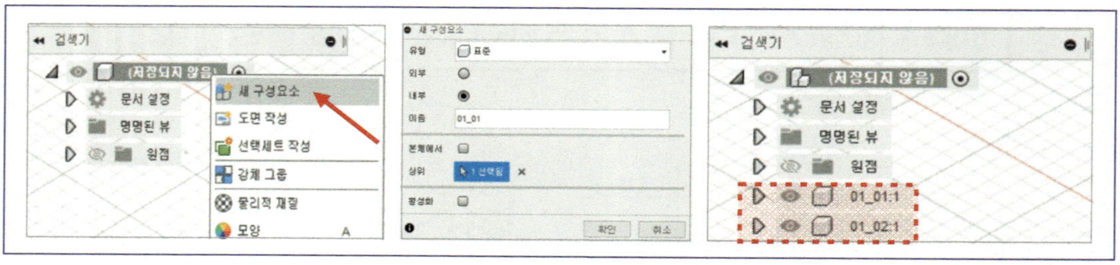

2) 01 부품 3D모델링 하기

(1) 01 구성요소 활성화

마우스로 우측에 있는 원 선택

원점 보이게 선택(나머지 원점은 감추기 적용)

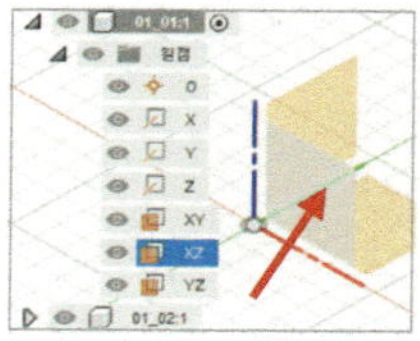

(2) 작성 / 스케치 작성 선택

작업평면 : XZ 평면 선택, 그림과 같이 스케치 진행

(3) 작성 / 돌출 선택

프로파일 : 그림과 같이 프로파일 선택, **거리** : 46 입력, **생성** : 새 본체 선택

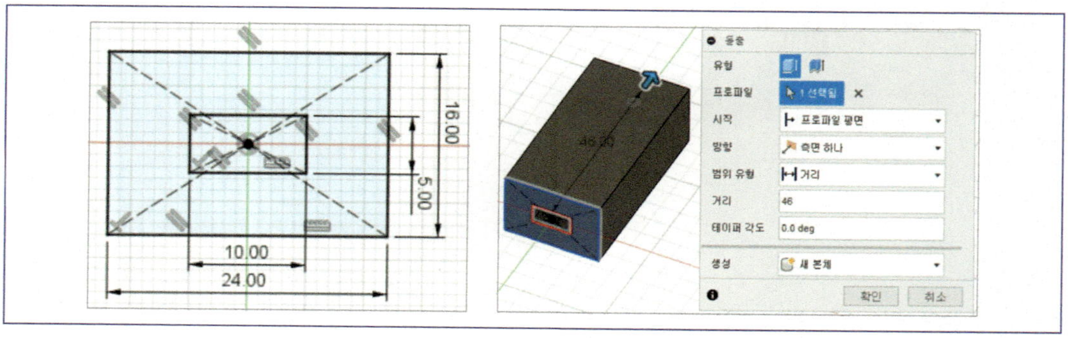

(4) 작성 / 스케치 작성 **선택**

작업평면 : 이전 형상의 윗면 선택
그림과 같이 스케치 진행

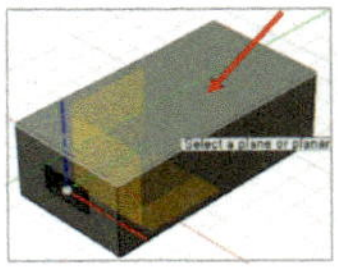

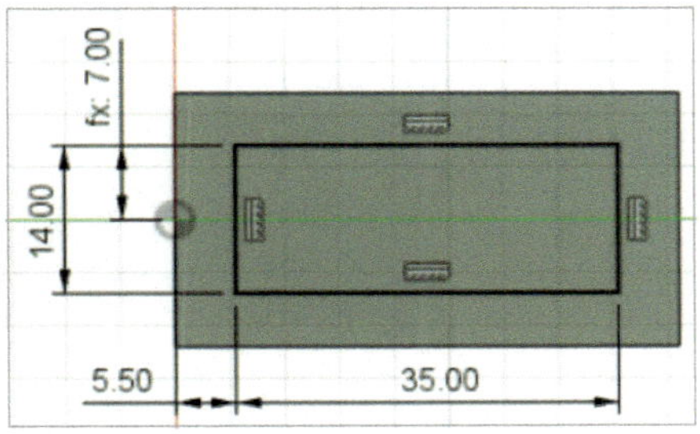

(5) 작성 / 돌출 **선택**

프로파일 : 그림과 같이 프로파일 선택
거리 : 충분한 거리 입력
생성 : 잘라내기 선택

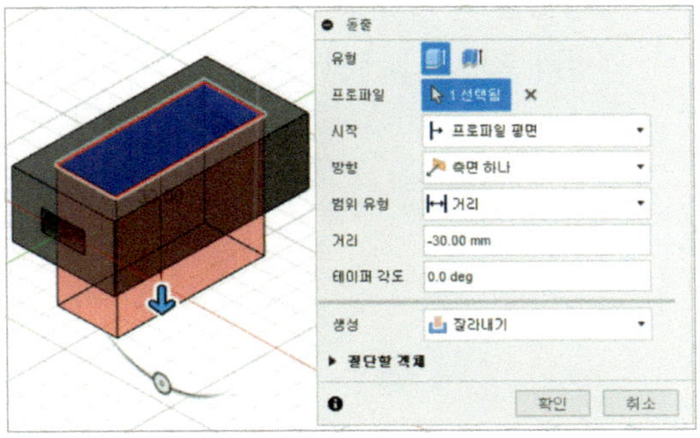

(6) 작성 / 스케치 작성 **선택**

작업평면 : 이전 형상의 측면 선택
그림과 같이 스케치 진행

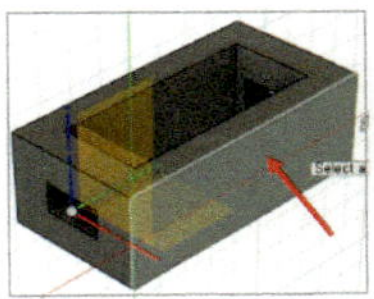

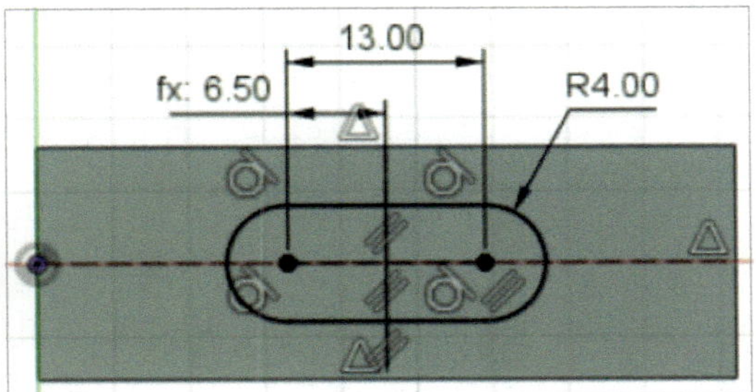

(7) 작성 / 돌출 **선택**

프로파일 : 그림과 같이 프로파일 선택
거리 : 충분한 거리 입력
생성 : 잘라내기 선택

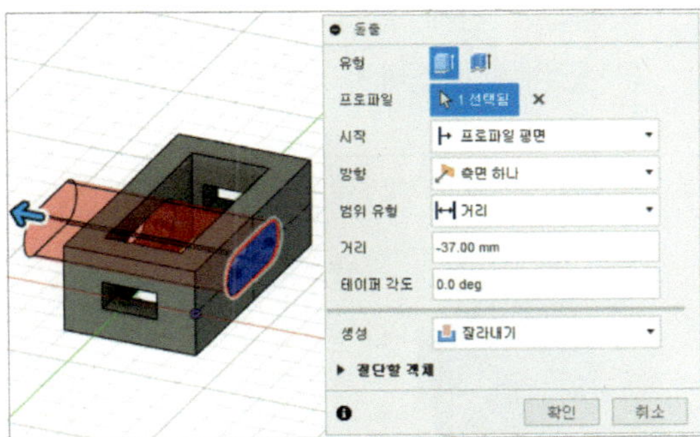

(8) 수정 / 모따기 **선택**

그림과 같이 모서리 4곳 선택
2 입력

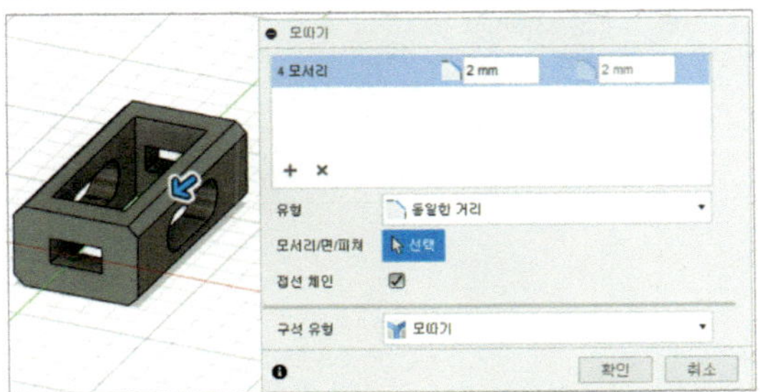

3) 02 부품 3D모델링 하기

(1) 02 구성요소 활성화

마우스로 우측에 있는 원 선택, 원점 보이게 선택(나머지 원점은 감추기 적용)

(2) 작성 / 스케치 작성 선택

작업평면 : YZ 평면 선택

그림과 같이 스케치 진행

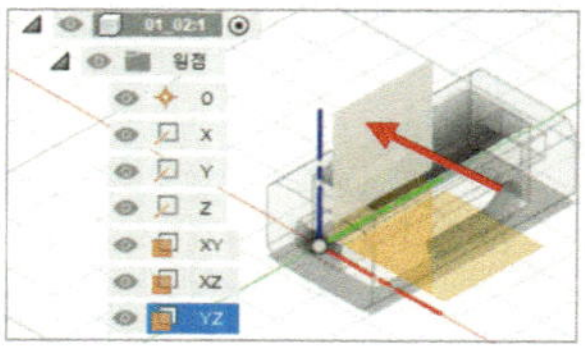

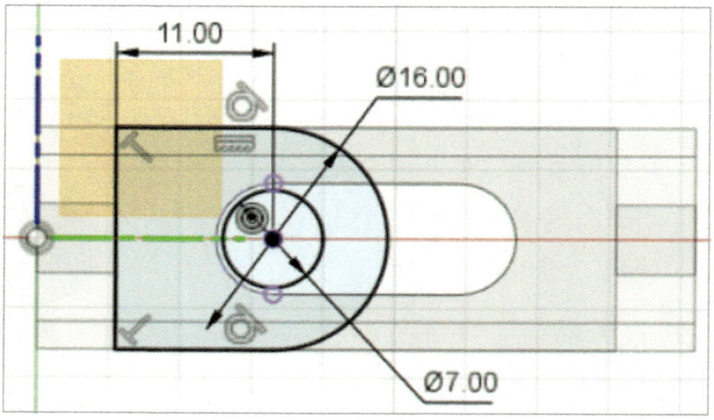

(3) 작성 / 돌출 선택 (2번 실행)

a) **프로파일** : 그림과 같이 프로파일 선택, **방향** : 대칭

측정값 : 전체 길이 선택, **거리** : 13 입력, **생성** : 새 본체 선택

b) (이전에 생성된 2D 스케치 보이게 설정)

프로파일 : 그림과 같이 프로파일 선택, **방향** : 대칭

측정값 : 전체 길이 선택, **거리** : 24 입력, **생성** : 접합 선택

(사용한 2D 스케치 감추기 설정)

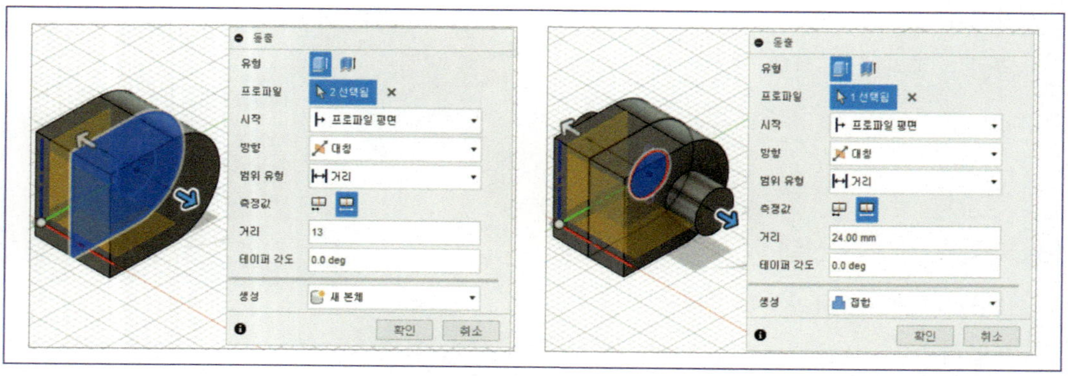

(4) 작성 / 스케치 작성 **선택**

작업평면 : 이전 형상의 전면
그림과 같이 스케치 진행

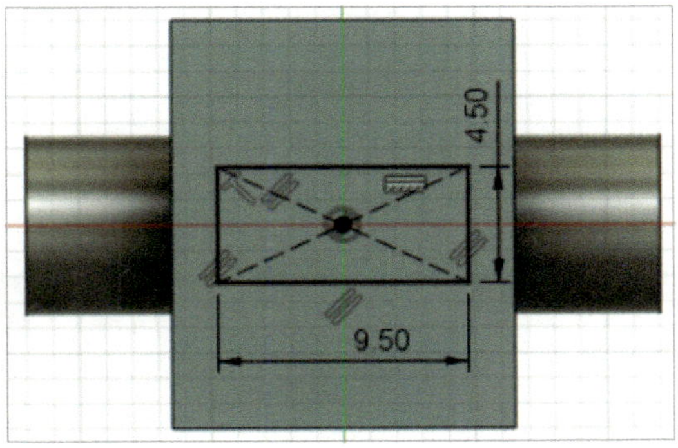

(5) 작성 / 돌출 **선택**

프로파일 : 그림과 같이 프로파일 선택
거리 : 11 입력
생성 : 접합 선택

(6) 수정 / 모깎기 **선택**

외형 모서리 선택
(원기둥 형상의 모서리는 제외)
반지름값 : 1 입력
구석 유형 : 롤링 볼

(7) 작성 / 스케치 작성 **선택**

작업평면 : 돌출 형상의 윗면 선택
그림과 같이 문자 생성

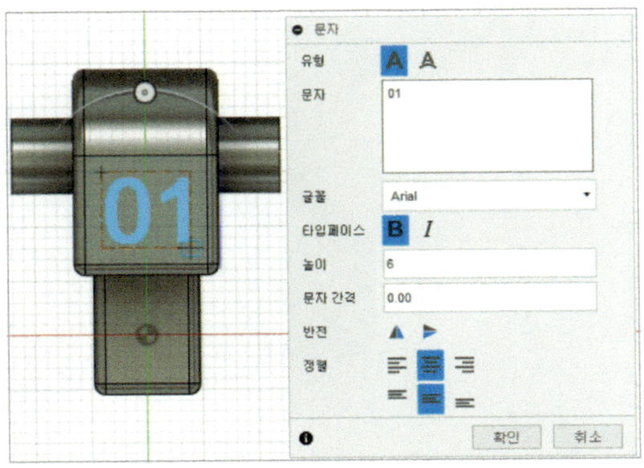

(8) 작성 / 돌출 **선택**

프로파일 : 그림과 같이 문자 선택
거리 : -1 입력
생성 : 잘라내기 선택

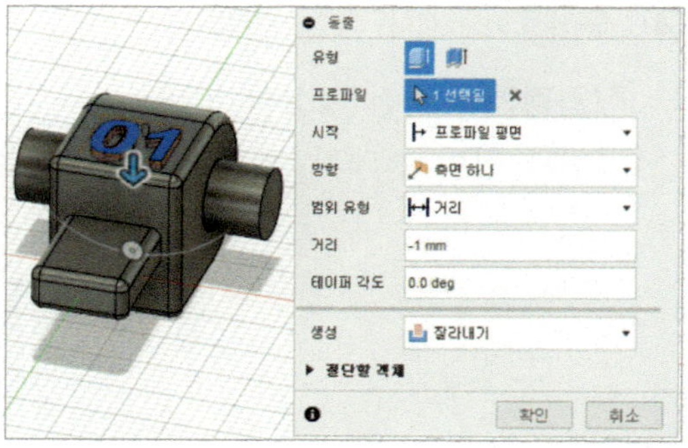

4) 3D모델링 조립하기

(1) (저장되지 않음) 활성화

: 최상위 구성요소에서 원형선택 (모든 원점은 감추기 적용)

(2) **하나의 부품(구성요소) 고정하기**

01_01 선택 ⇨ 마우스 우클릭 ⇨ 고정 **선택**
(바닥에 고정되면서 압정표시가 생김)

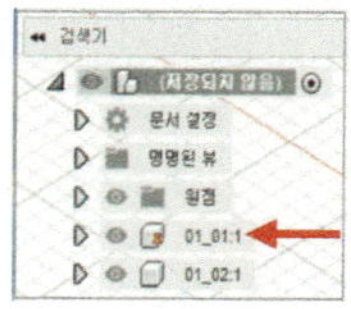

(3) 조립 / 현재 위치에서 접합 **선택**

접합 유형 : 핀-슬롯 선택
구성요소 : 01_02, 01_01 선택(움직이는 부품을 먼저 선택)
모드 : 단순, 스냅 : 측면 원형상의 중심 선택
회전 : Z축(움직임 방향을 확인 후 선택)
슬라이드 : Y축(움직임 방향을 확인 후 선택)

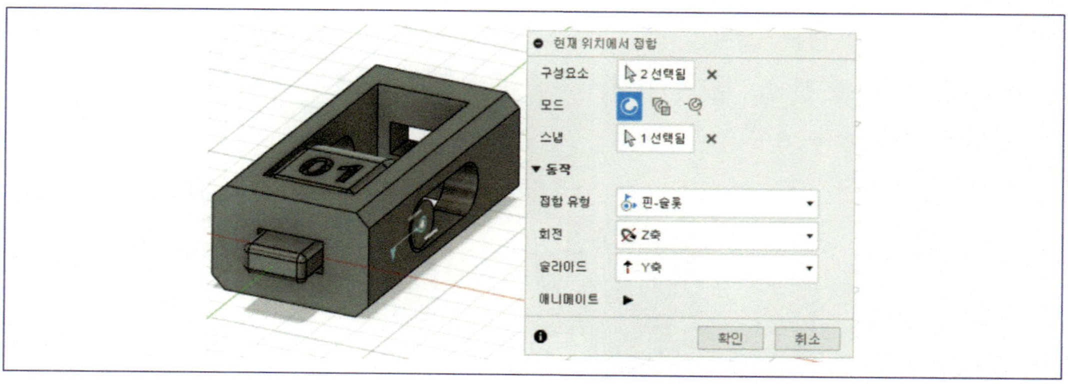

5) 3D모델링 검토하기 (1번 문제 풀이 참조)

(1) 검사 / 간섭 **선택**

선택 : 2개의 부품 선택

계산 : 간섭 유/무 확인

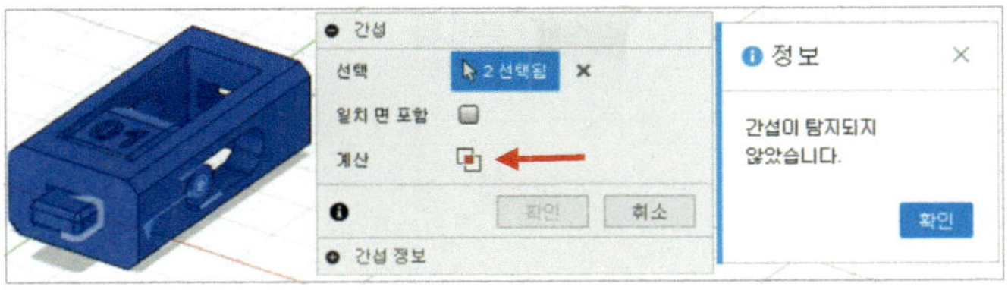

(2) 검사 / 단면 분석 **선택**

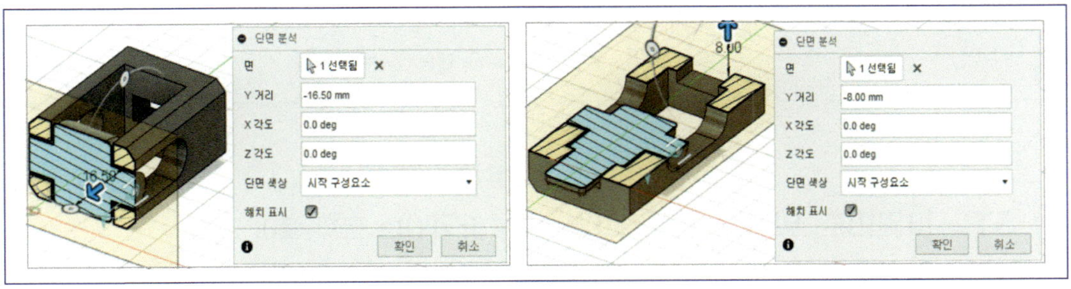

(3) 검사 / 측정 **선택**

: 주요 부분 치수 측정

특히 조립 공차 적용 부분 치수 확인

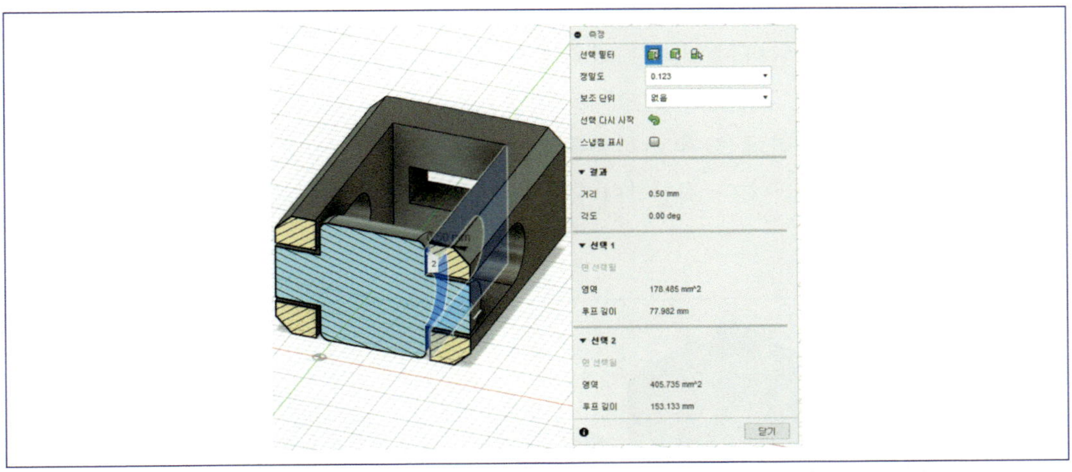

6) 완성된 3D모델링 저장하기 (1번 문제 풀이 참조, Fusion360 파일 및 STP 파일)

조립 형상은 이전 문제 풀이와 동일한 방법으로 진행하면 됩니다.

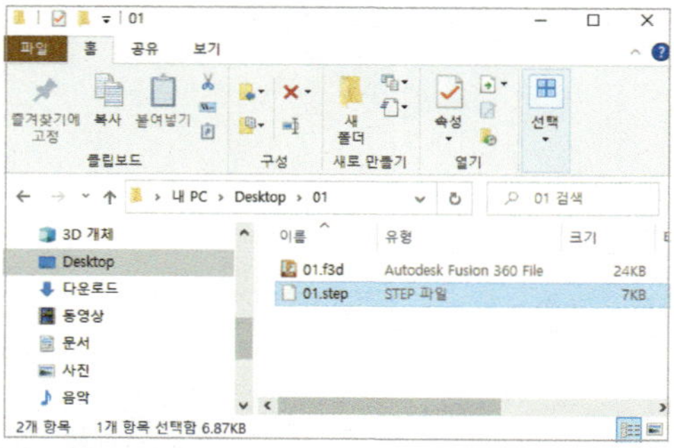

7) STL 파일변환 및 슬라이싱 파일 생성하기 (1번 문제 풀이 참조)

개인이나 3D프린터 기계마다 차이가 있으므로 여러 번 출력해 보고 최적의 위치 및 조건을 선정하여 적용하시면 됩니다. 아래 방법은 참조 사항입니다.

(1) STL파일로 변환하기

a) 부품 위치 이동하기

- 3D모델링에서 조립의 슬라이드 아이콘을 더블클릭
  ⇨ 그림과 같이 -6.5mm 정도 이동합니다.
- 3D모델링에서 조립의 회전 아이콘을 선택
  ⇨ 그림과 같이 -90도 회전합니다.
- 위치 캡쳐 선택

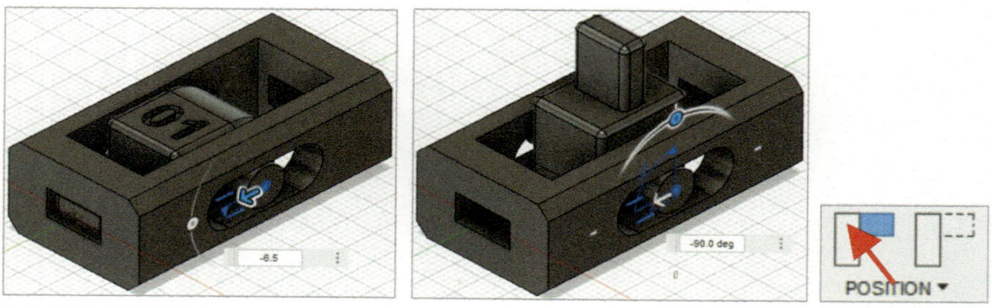

b) 검색기에서 (저장되지 않음) 선택 ⇨ 마우스 우클릭 ⇨ 메쉬로 저장 선택

저장 위치 : 이전에 만든 비번 폴더

파일 이름 : 01.stl 입력

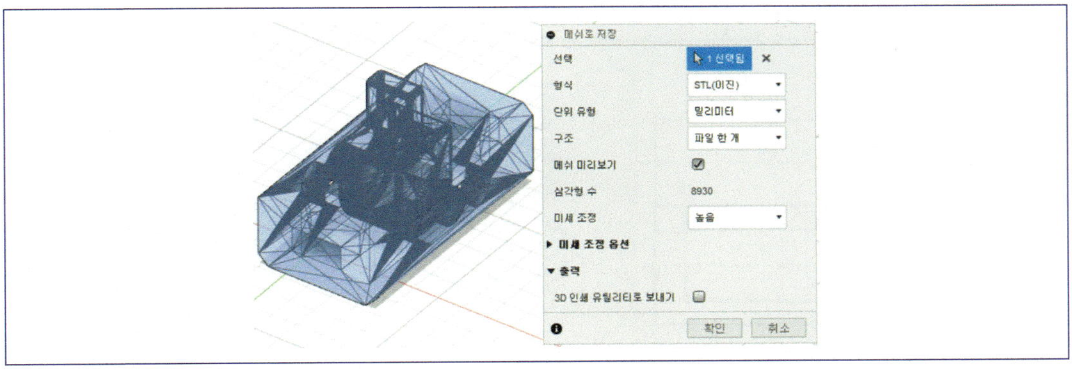

(2) 슬라이싱 파일 만들기 (1번 문제 풀이 참조)

그림처럼 위치하여 출력하는 것을 추천해 드립니다. (슬라이싱 파일 생성)

그림과 같이 최종적으로 4개 파일이 만들어집니다.

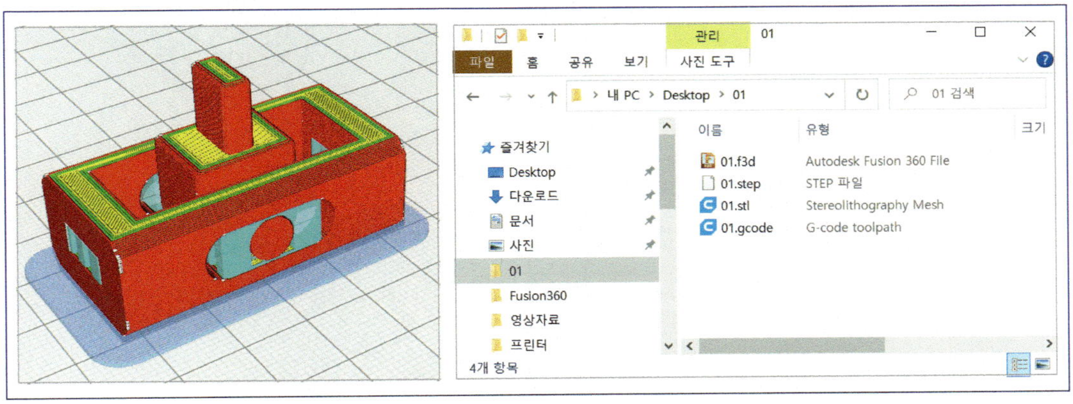

[공개] ⑫

4. 도 면

자격종목	3D프린터운용기능사	[시험 1] 과제명	3D모델링작업	척도	NS

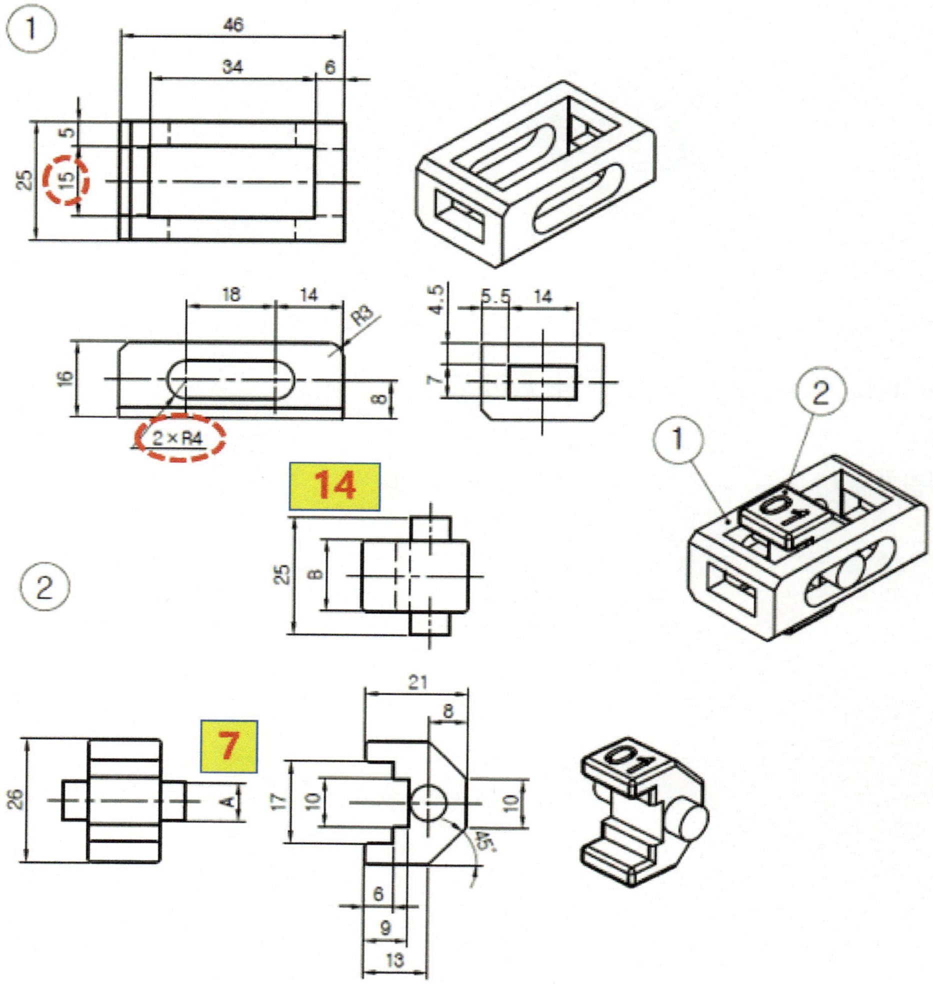

주서

1. 도시되고 지시없는 모떼기는 C2, 라운드는 R1

공차 적용.

A, B 문자 치수 : 기준 치수와 차이를 ± 1mm 이하

→ 편 측으로 0.5mm 이하로 적용

1) 폴더 생성 및 구성요소 생성

공개 1번 문제 풀이와 같은 방법으로 진행하면 됩니다. (문제 풀이 참조)

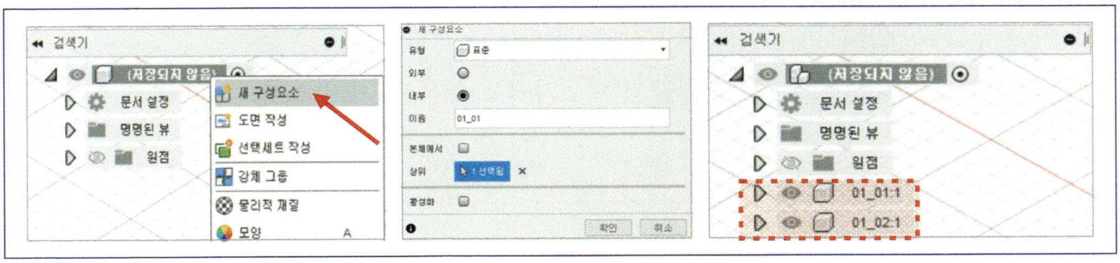

2) 01 부품 3D모델링 하기

(1) 01 구성요소 활성화

마우스로 우측에 있는 원 선택, 원점 보이게 선택(나머지 원점은 감추기 적용)

(2) 작성 / 스케치 작성 선택

작업평면 : YZ 평면 선택

그림과 같이 스케치 진행

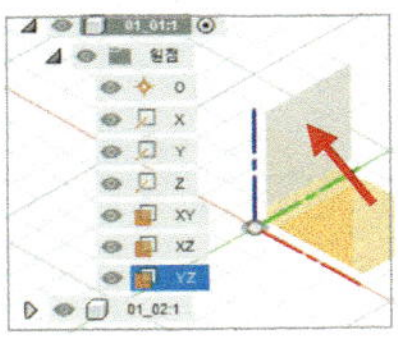

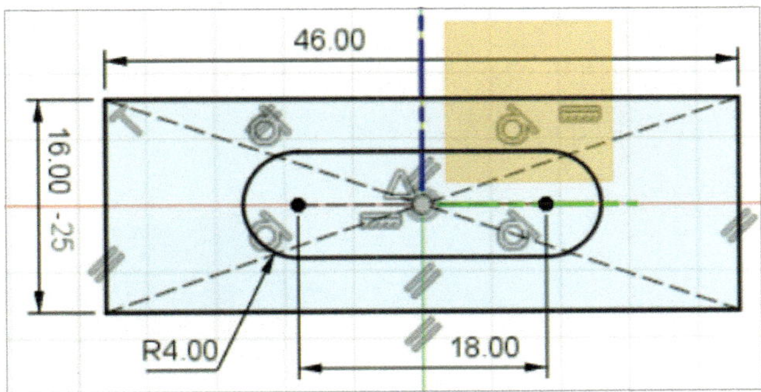

(3) 작성 / 돌출 선택

프로파일 : 그림과 같이 선택

방향 : 대칭 선택

측정값 : 전체 길이 선택

거리 : 25 입력

생성 : 새 본체 선택

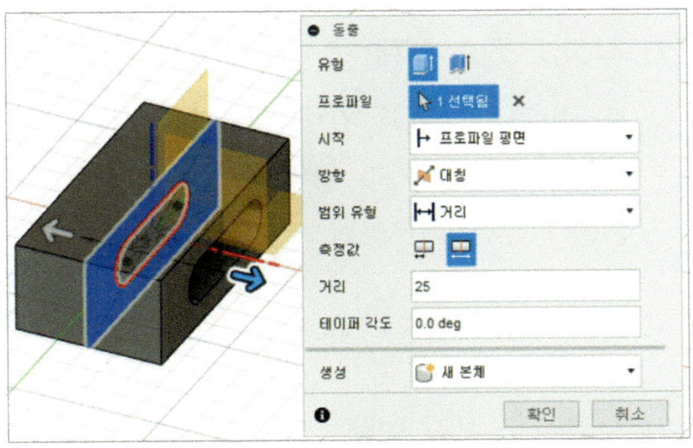

(4) 작성 / 스케치 작성 **선택**

작업평면 : 이전 형상의 윗면 선택, 그림과 같이 스케치 진행

(5) 작성 / 돌출 **선택**

프로파일 : 그림과 같이 프로파일 선택, **거리** : 충분한 거리 입력
생성 : 잘라내기 선택

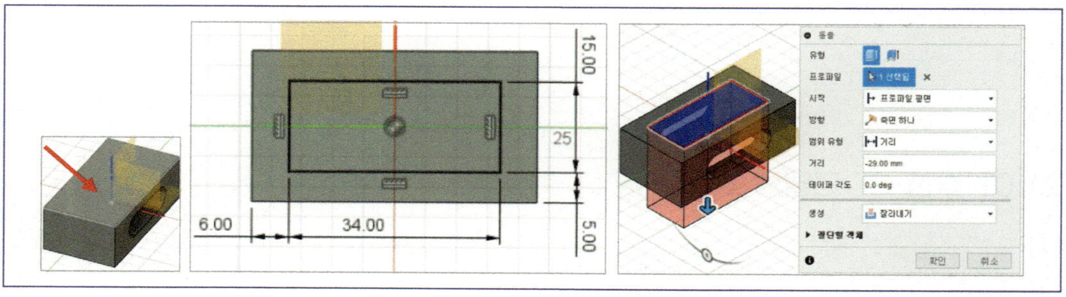

(6) 작성 / 스케치 작성 **선택**

작업평면 : 이전 형상의 전면 선택
그림과 같이 스케치 진행

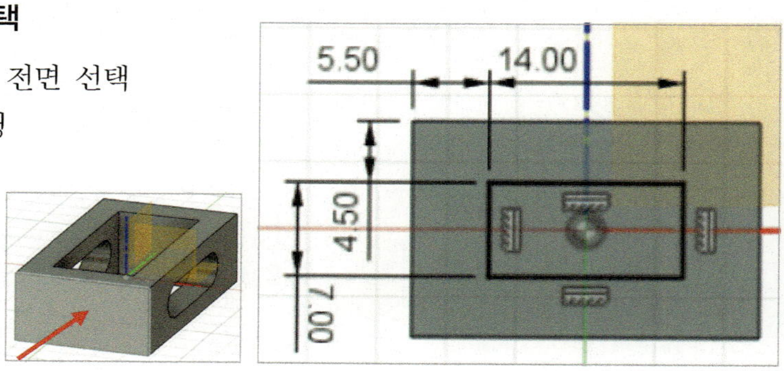

(7) 작성 / 돌출 **선택**

프로파일 : 그림과 같이 프로파일 선택
거리 : 충분한 거리 입력
생성 : 잘라내기 선택

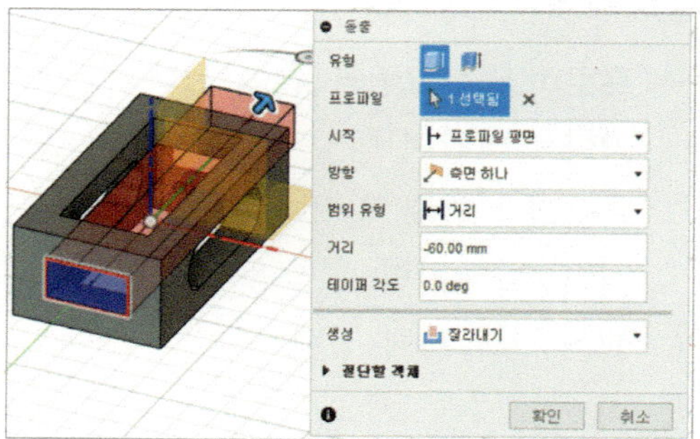

(8) 수정 / 모따기 **선택**

그림과 같이 모서리 3곳 선택, 2 입력

(9) 수정 / 모깎기 선택

그림과 같이 후면부 모서리 1곳 선택

반지름값 : 1 입력, **구석 유형** : 롤링 볼

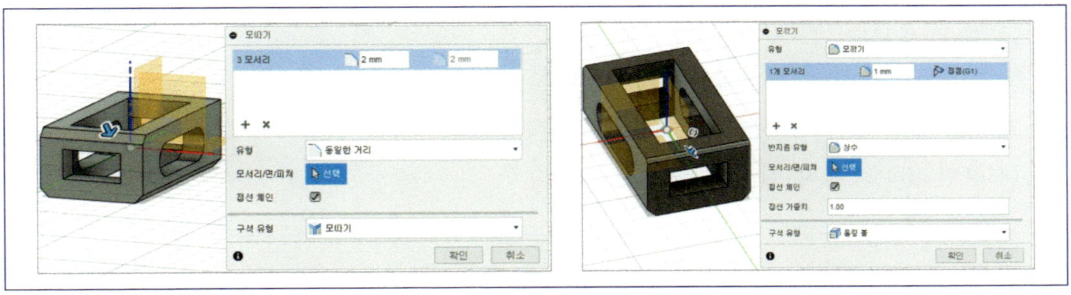

3) 02 부품 3D모델링 하기

(1) 02 구성요소 활성화

마우스로 우측에 있는 원 선택, 원점 보이게 선택(나머지 원점은 감추기 적용)

(2) 작성 / 스케치 작성 선택

작업평면 : YZ 평면 선택

그림과 같이 스케치 진행

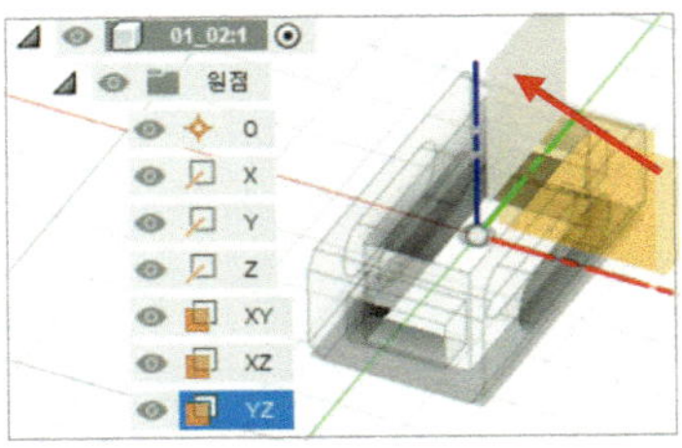

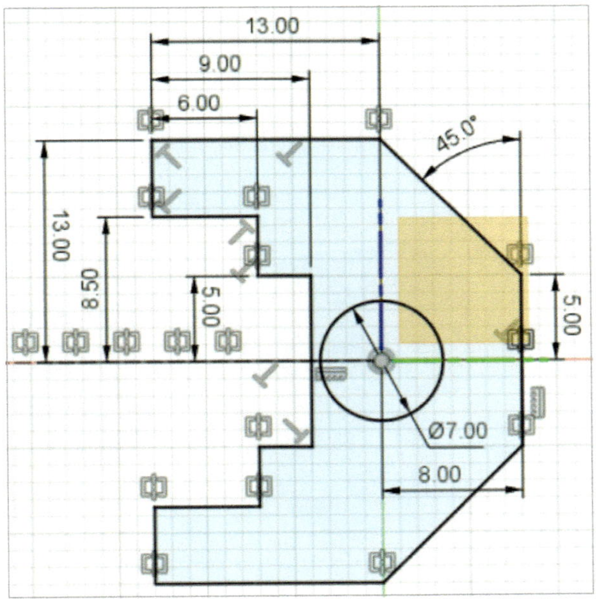

(3) 작성 / 돌출 선택 (2번 실행)

a) **프로파일** : 그림과 같이 프로파일 선택, **방향** : 대칭
측정값 : 전체 길이 선택, **거리** : 14 입력, **생성** : 새 본체 선택

b) (이전에 생성된 2D 스케치 보이게 설정)
프로파일 : 내부에 있는 원 선택, **방향** : 대칭
측정값 : 전체 길이 선택, **거리** : 25 입력, **생성** : 접합 선택
(사용한 2D 스케치 감추기 설정)

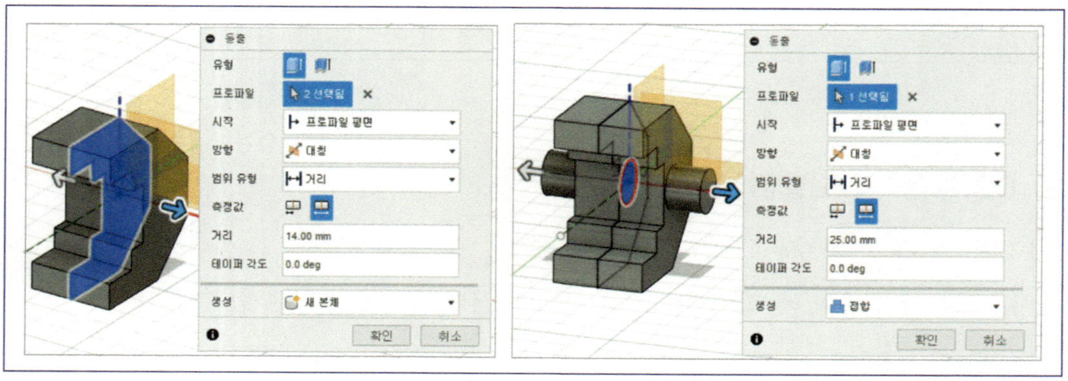

(4) 수정 / 모깎기 선택

그림과 같이 모서리 선택 입력, 1 입력

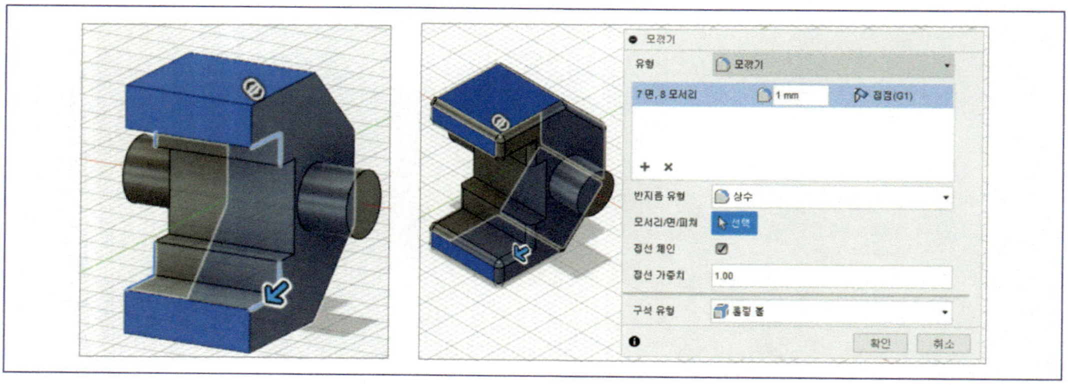

(7) 작성 / 스케치 작성 선택

작업평면 : 돌출 형상의 윗면 선택

그림과 같이 문자 생성

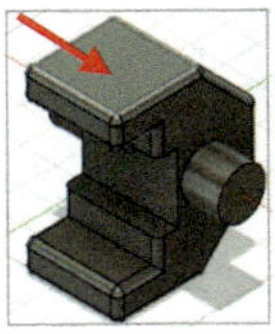

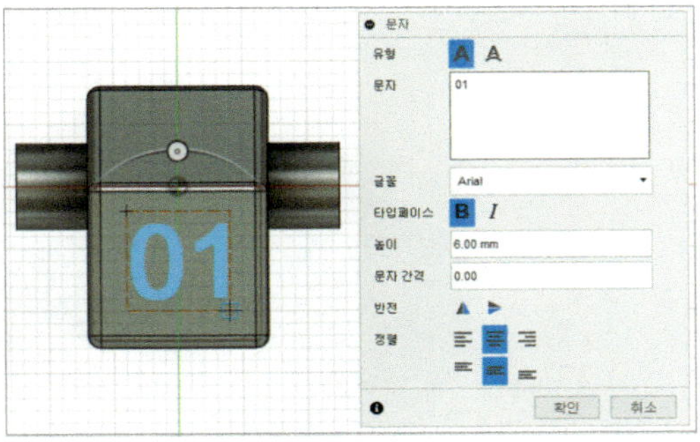

(8) 작성 / 돌출 선택

프로파일 : 그림과 같이 문자 선택

거리 : -1 입력

생성 : 잘라내기 선택

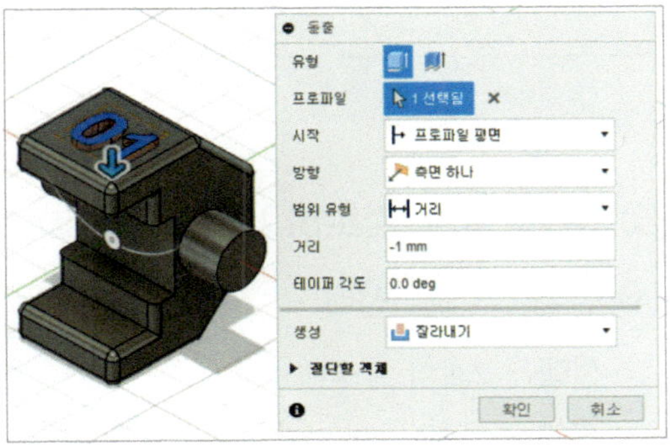

4) 3D모델링 조립하기

(1) (저장되지 않음) 활성화

: 최상위 구성요소에서 원형선택 (모든 원점은 감추기 적용)

(2) 하나의 부품(구성요소) 고정하기

01_01 선택 ⇨ 마우스 우클릭 ⇨ 고정 선택

(바닥에 고정되면서 압정표시가 생김)

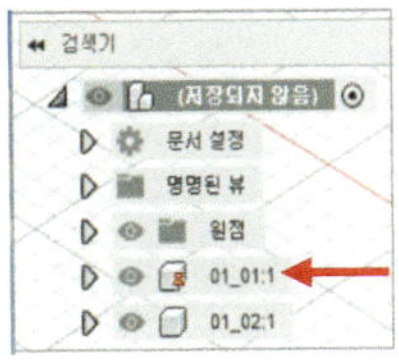

(3) 조립 / 현재 위치에서 접합 선택

접합 유형 : 핀-슬롯 선택

구성요소 : 01_02, 01_01 선택(움직이는 부품을 먼저 선택)

모드 : 단순, 스냅 : 측면 원 형상의 중심 선택

회전 : Z축(움직임 방향을 확인 후 선택)

슬라이드 : Y축(움직임 방향을 확인 후 선택)

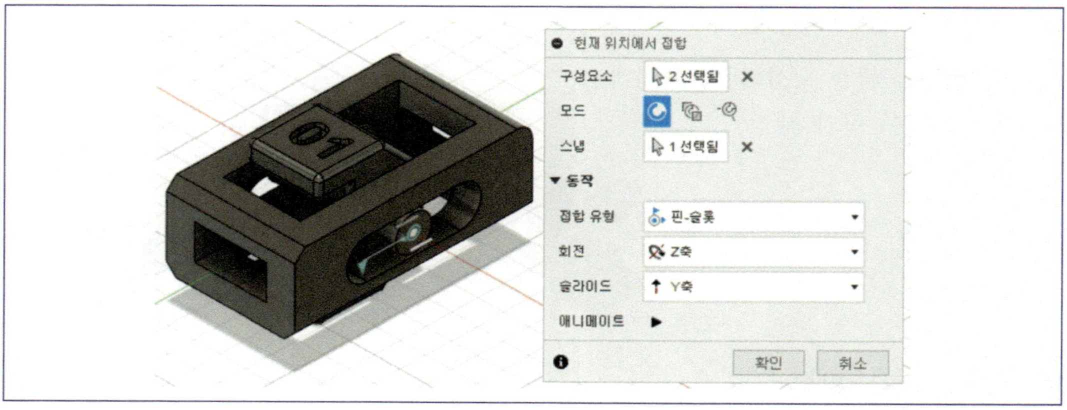

5) 3D모델링 검토하기 (1번 문제 풀이 참조)

(1) 검사 / 간섭 선택

선택 : 2개의 부품 선택

계산 : 간섭 유/무 확인

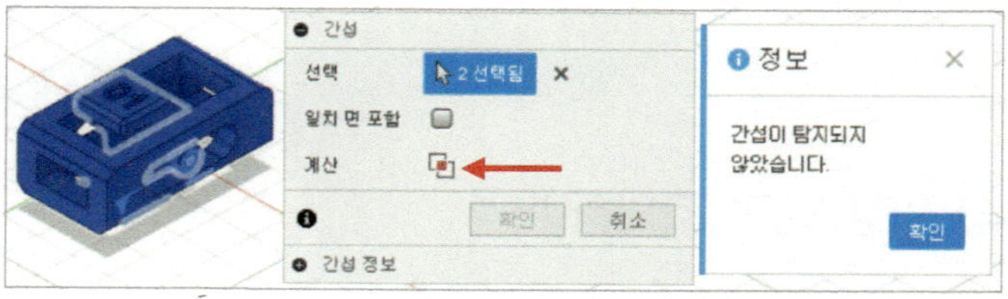

(2) 검사 / 단면 분석 선택

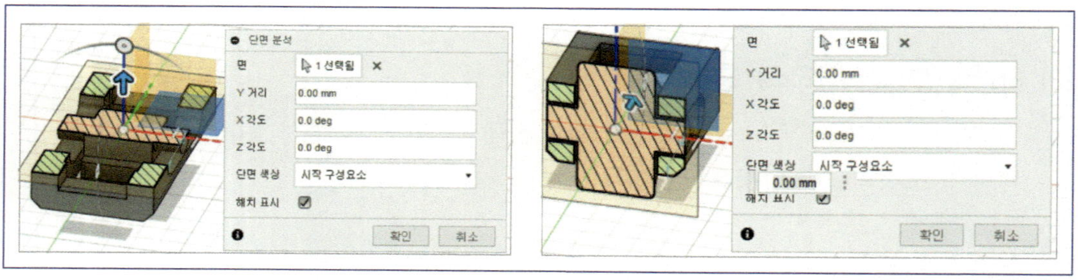

(3) 검사 / 측정 선택

: 주요 부분 치수 측정

특히 조립 공차 적용 부분 치수 확인

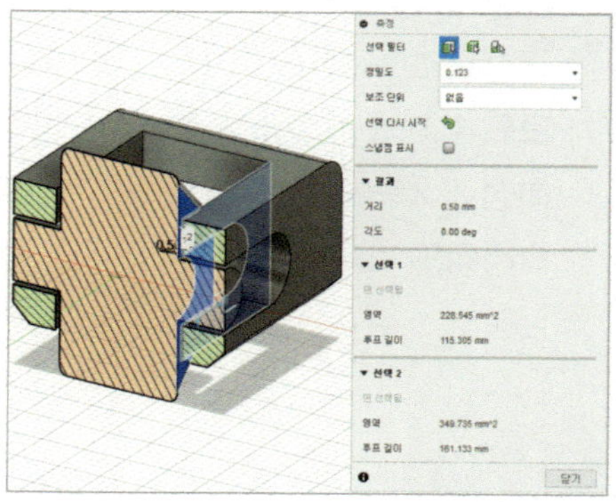

6) 완성된 3D모델링 저장하기 (1번 문제 풀이 참조, Fusion360 파일 및 STP 파일)

조립 형상은 이전 문제 풀이와 동일한 방법으로 진행하면 됩니다.

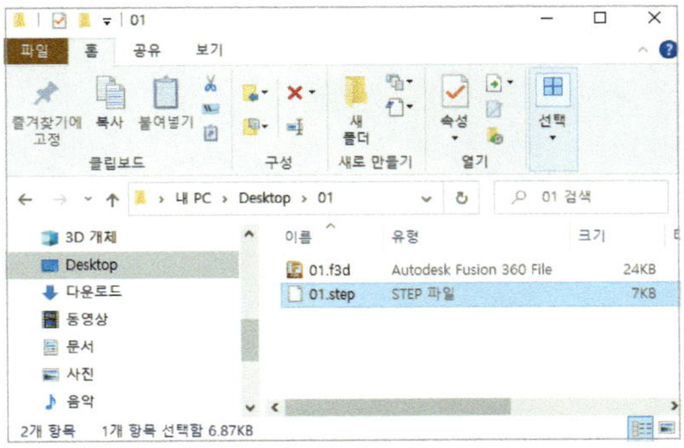

7) STL 파일변환 및 슬라이싱 파일 생성하기 (1번 문제 풀이 참조)

개인이나 3D프린터 기계마다 차이가 있으므로 여러 번 출력해 보고 최적의 위치 및 조건을 선정하여 적용하시면 됩니다. 아래 방법은 참조 사항입니다.

(1) STL파일로 변환하기

a) 부품 위치 이동하기

- 3D모델링에서 조립의 회전 아이콘을 더블클릭
  ⇨ 그림과 같이 -90도 회전합니다.
- 위치 캡쳐 선택

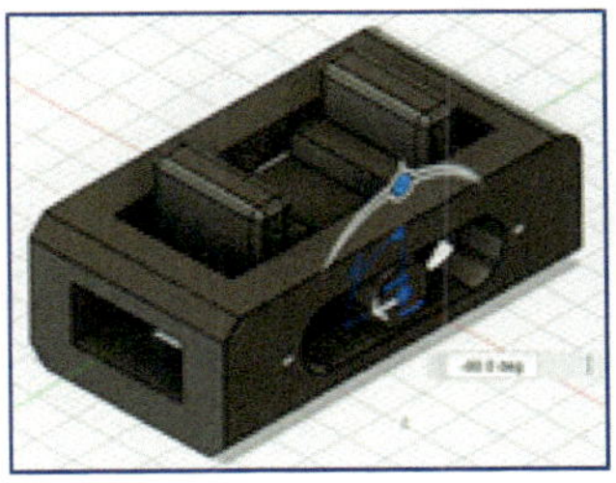

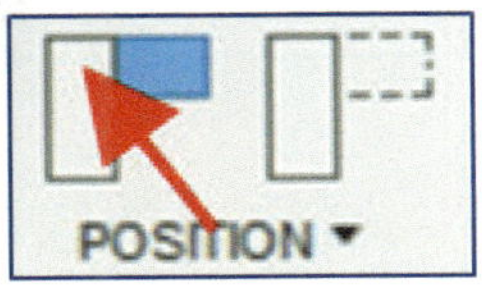

b) 검색기에서 (저장되지 않음) 선택 ⇨ 마우스 우클릭 ⇨ 메쉬로 저장 선택

저장 위치 : 이전에 만든 비번 폴더

파일 이름 : 01.stl 입력

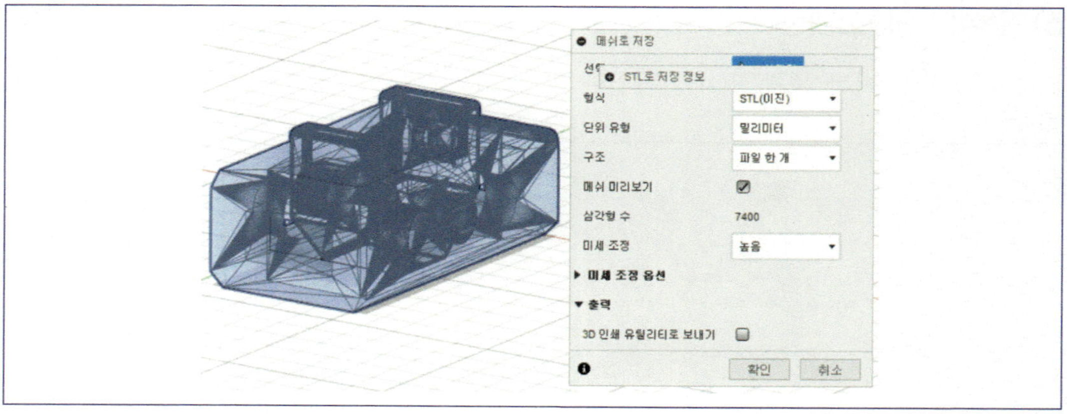

(2) 슬라이싱 파일 만들기 (1번 문제 풀이 참조)

그림처럼 위치하여 출력하는 것을 추천해 드립니다. (슬라이싱 파일 생성)

그림과 같이 최종적으로 8개 파일이 만들어집니다.

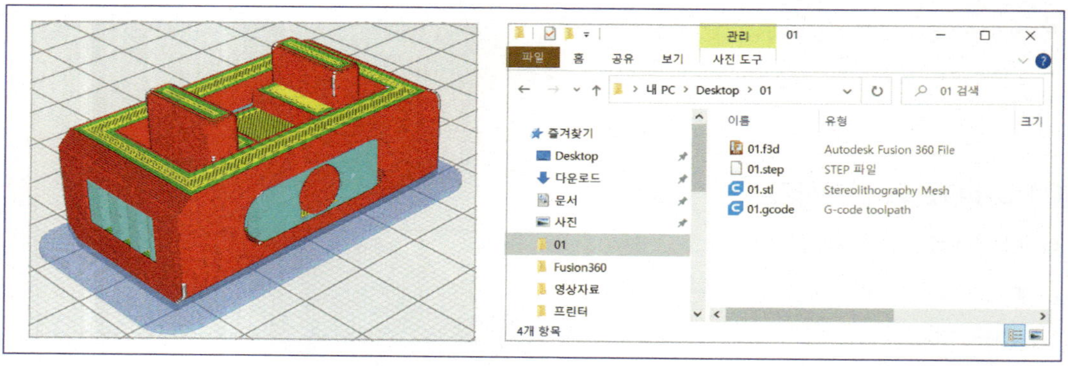

[공개] ⑬

4. 도 면

자격종목	3D프린터운용기능사	[시험 1] 과제명	3D모델링작업	척도	NS

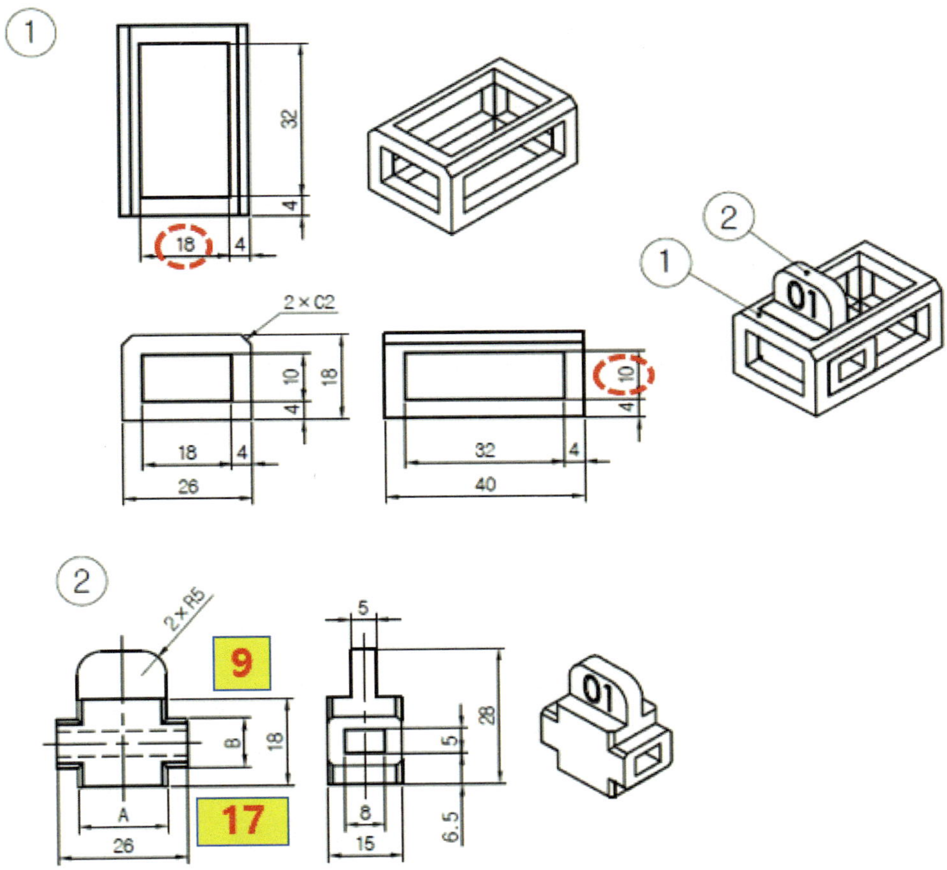

주서

1. 도시되고 지시없는 모떼기는 C1

공차 적용.

A, B 문자 치수 : 기준 치수와 차이를 ± 1mm 이하

→ 편 측으로 0.5mm 이하로 적용

1) 폴더 생성 및 구성요소 생성

공개 1번 문제 풀이와 같은 방법으로 진행하면 됩니다. (문제 풀이 참조)

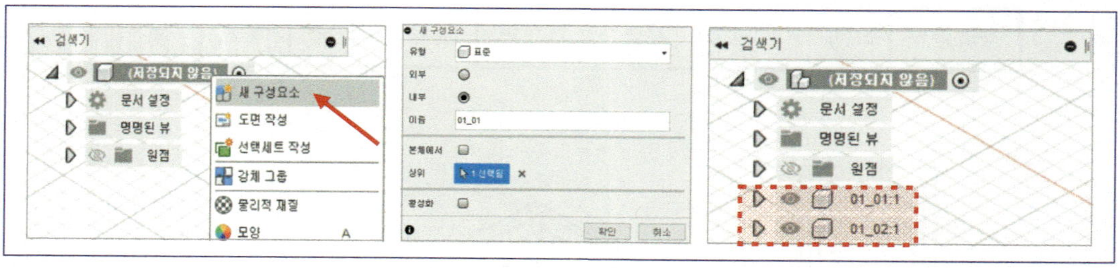

2) 01 부품 3D모델링 하기

(1) 01 구성요소 활성화

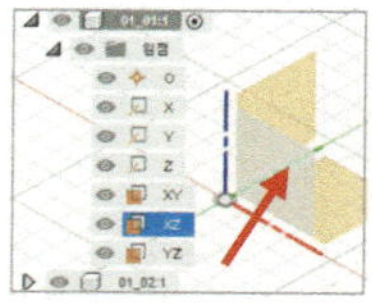

마우스로 우측에 있는 원 선택
원점 보이게 선택
(나머지 원점은 감추기 적용)

(2) 작성 / 스케치 작성 선택

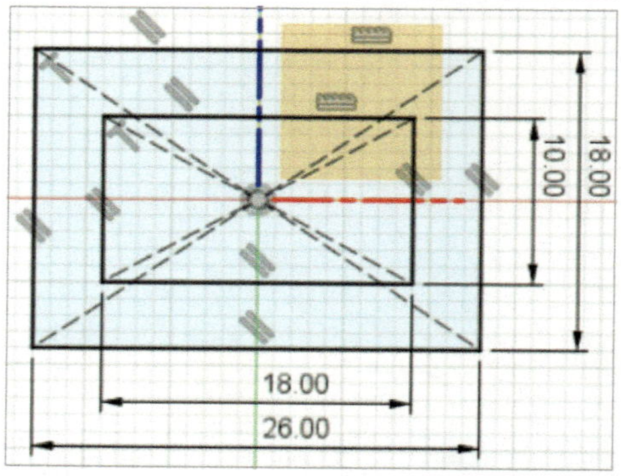

작업평면 : XZ 평면 선택
그림과 같이 스케치 진행

(3) 작성 / 돌출 선택

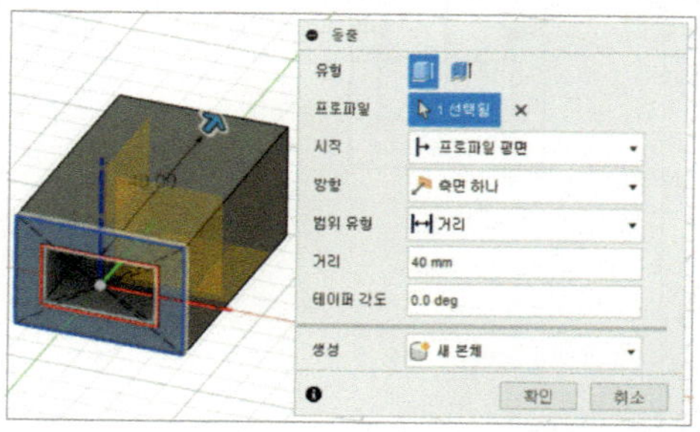

프로파일 : 그림과 같이 프로파일 선택
거리 : 40 입력
생성 : 새 본체 선택

(4) 작성 / 스케치 작성 **선택**

작업평면 : 이전 형상의 윗면 선택
그림과 같이 스케치 진행

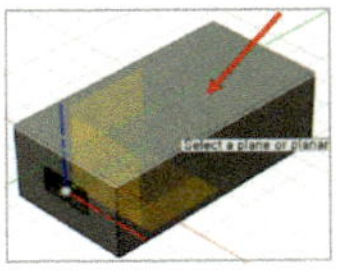

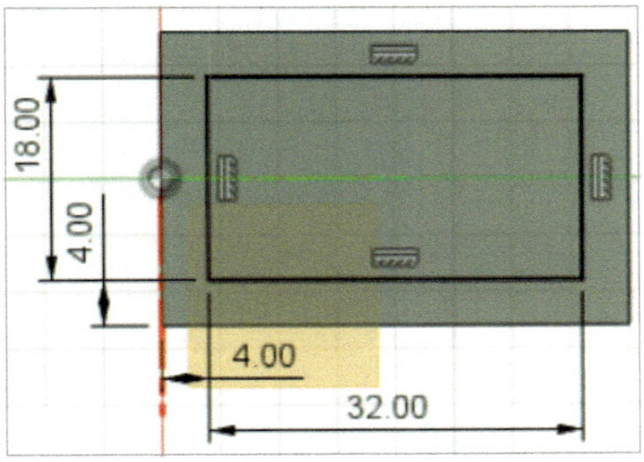

(5) 작성 / 돌출 **선택**

프로파일 : 그림과 같이 프로파일 선택
거리 : 충분한 거리 입력
생성 : 잘라내기 선택

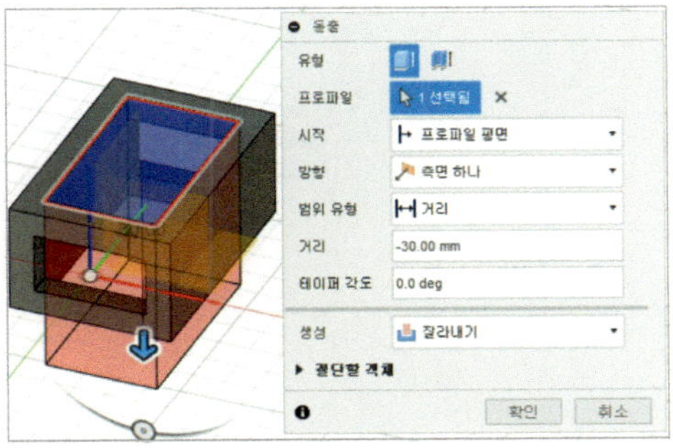

(6) 작성 / 스케치 작성 **선택**

작업평면 : 이전 형상의 측면 선택
그림과 같이 스케치 진행

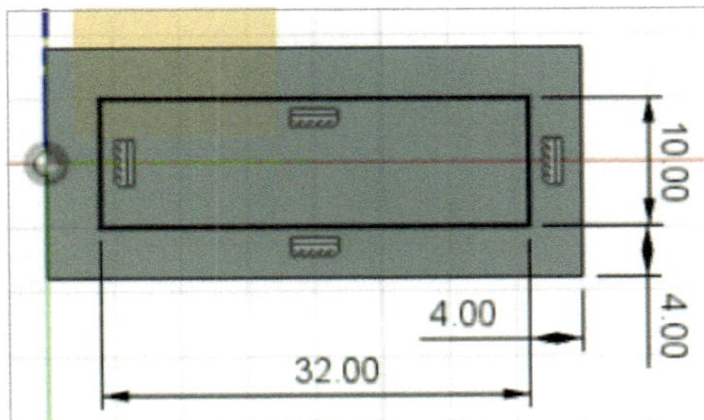

(7) 작성 / 돌출 **선택**

프로파일 : 그림과 같이 프로파일 선택
거리 : 충분한 거리 입력
생성 : 잘라내기 선택

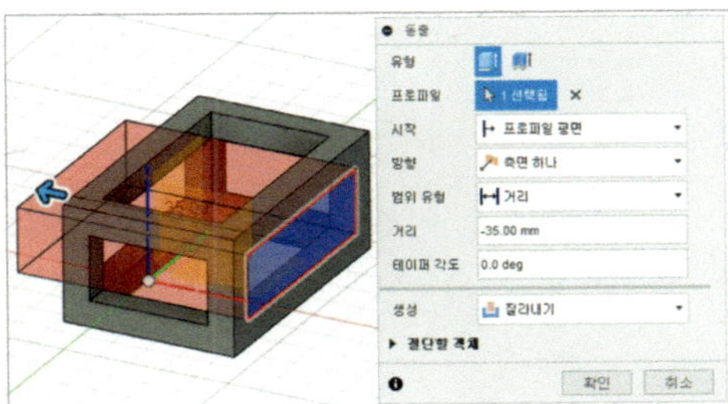

(8) 수정 / 모따기 **선택**

윗면 좌/우 모서리 2곳 선택
2 입력

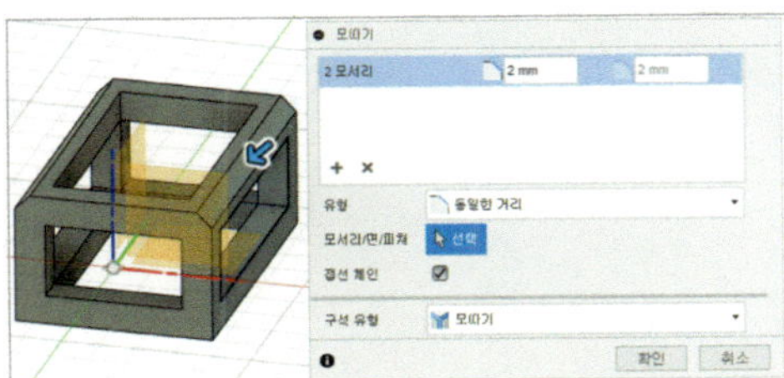

3) 02 부품 3D모델링 하기

(1) 02 구성요소 활성화

마우스로 우측에 있는 원 선택

원점 보이게 선택(나머지 원점은 감추기 적용)

(2) 작성 / 스케치 작성 선택

작업평면 : XZ 평면 선택

그림과 같이 스케치 진행

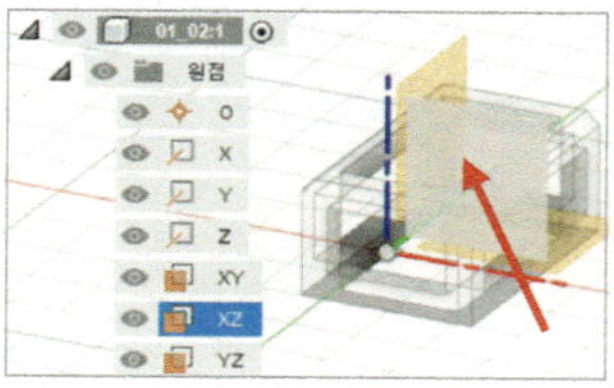

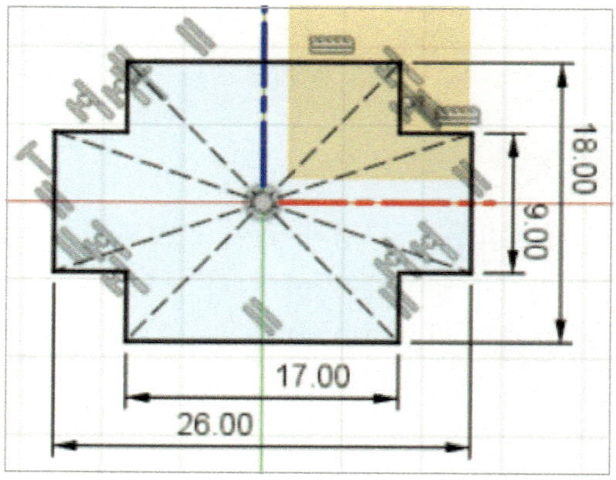

(3) 작성 / 돌출 선택

프로파일 : 그림과 같이 프로파일 선택

거리 : 15 입력

생성 : 새 본체 선택

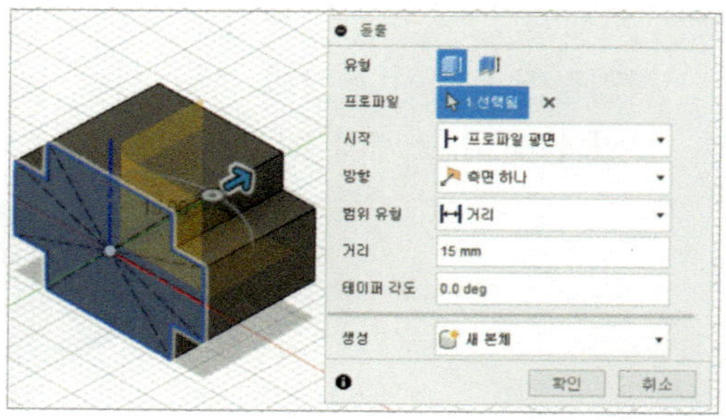

(4) 작성 / 스케치 작성 선택

작업평면 : 이전 형상의 윗면 선택

그림과 같이 스케치 진행

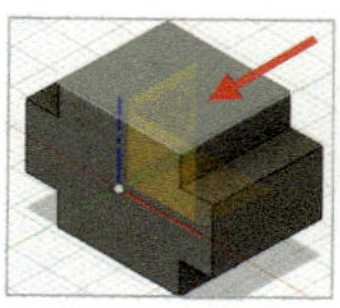

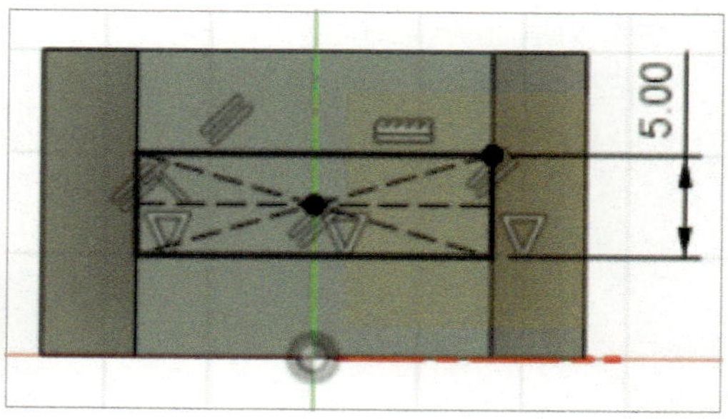

(5) 작성 / 돌출 **선택**

프로파일 : 그림과 같이 프로파일 선택
거리 : 10 입력
생성 : 접합 선택

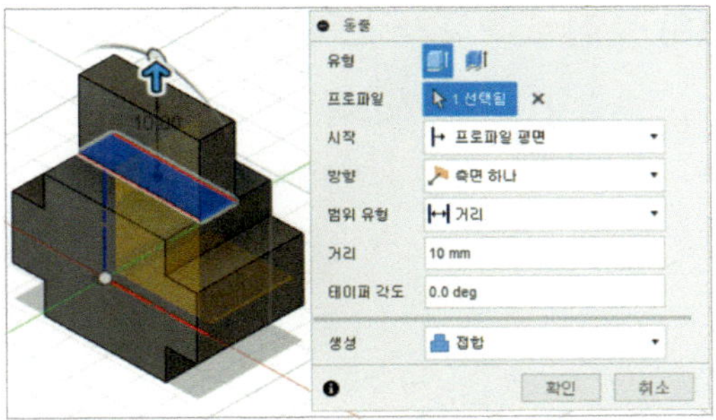

(6) 작성 / 스케치 작성 **선택**

작업평면 : 이전 형상의 측면 선택, 그림과 같이 스케치 진행

(7) 작성 / 돌출 **선택**

프로파일 : 그림과 같이 프로파일 선택,
거리 : 충분한 거리 입력, **생성** : 잘라내기 선택

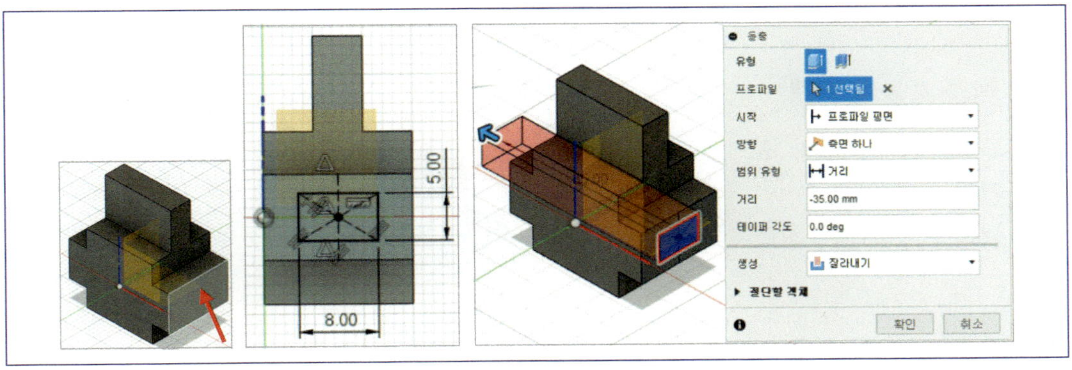

(8) 수정 / 모깎기 **선택**

그림과 같이 윗면 모서리 2곳 선택
반지름값 : 5 입력
구석 유형 : 롤링 볼

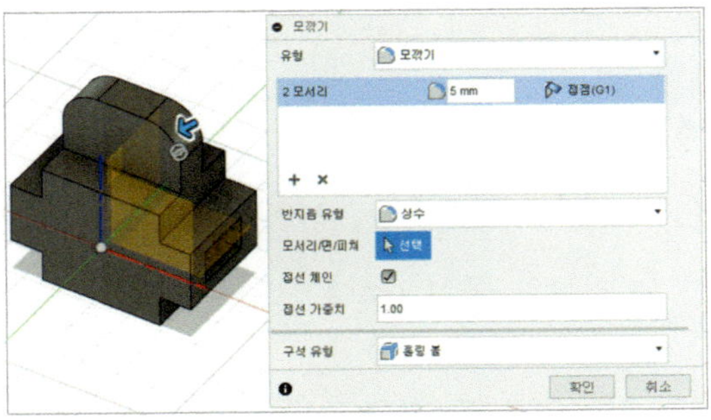

(9) 수정 / 모따기 선택

그림과 같이 모서리 16곳 선택
1 입력

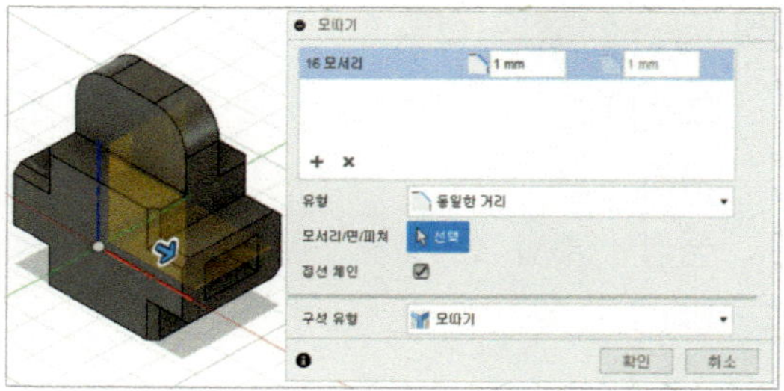

(10) 작성 / 스케치 작성 선택

작업평면 : 이전 형상의 전면 선택
그림과 같이 문자 생성

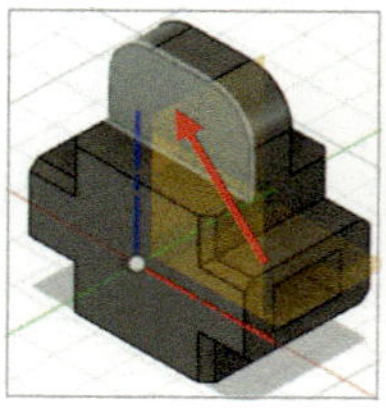

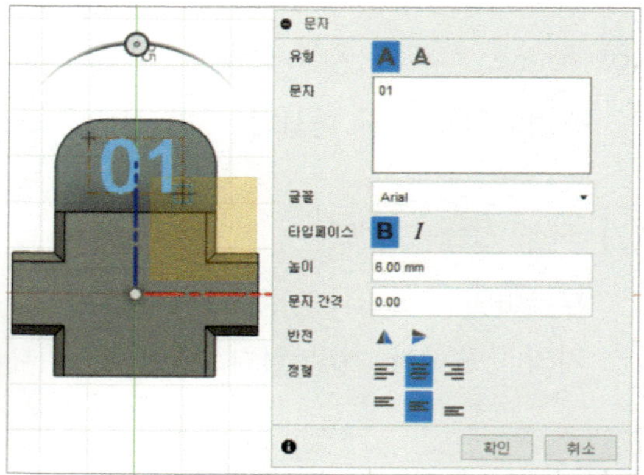

(11) 작성 / 돌출 선택

프로파일 : 그림과 같이 문자 선택
거리 : -1 입력
생성 : 잘라내기 선택

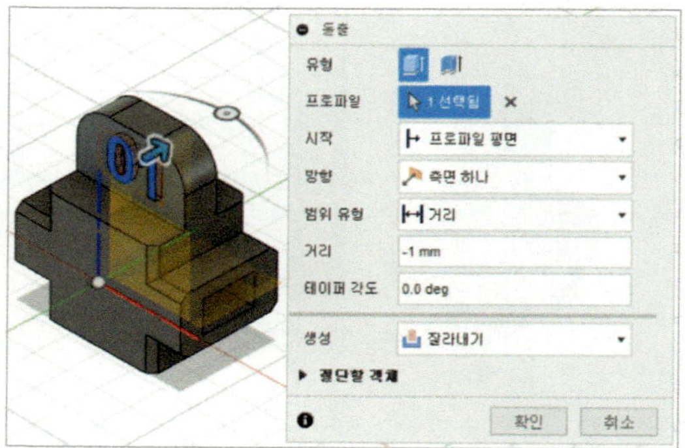

4) 3D모델링 조립하기

(1) (저장되지 않음) 활성화

: 최상위 구성요소에서 원형선택 (모든 원점은 감추기 적용)

(2) 하나의 부품(구성요소) 고정하기

01_01 선택 ⇨ 마우스 우클릭 ⇨ 고정 선택
(바닥에 고정되면서 압정표시가 생김)

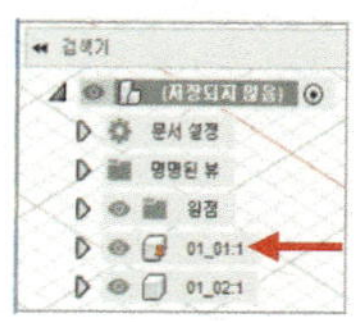

(3) 조립 / 현재 위치에서 접합 **선택**

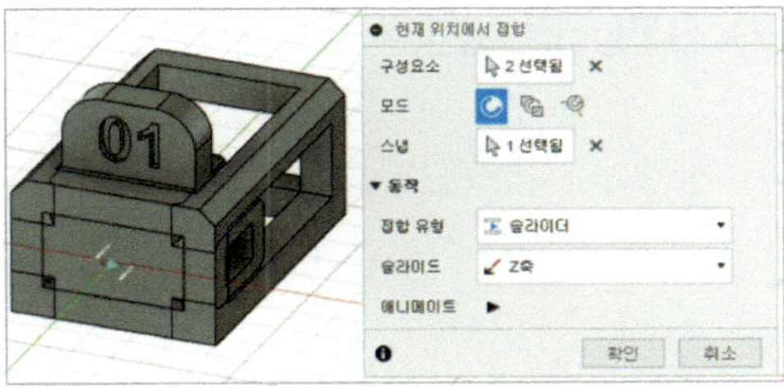

접합 유형 : 슬라이드 선택
구성요소 : 01_02, 01_01 선택
(움직이는 부품을 먼저 선택)
모드 : 단순
스냅 : 전면 중심 선택
슬라이드 : Z축(움직임 방향을 확인 후 선택)

(4) 01_02 부품 이동하기

- 3D모델링에서 조립의 슬라이드 아이콘을 더블클릭
  ⇨ 그림과 같이 -5mm 정도 이동합니다.
- Capture Position(위치 캡처) 선택

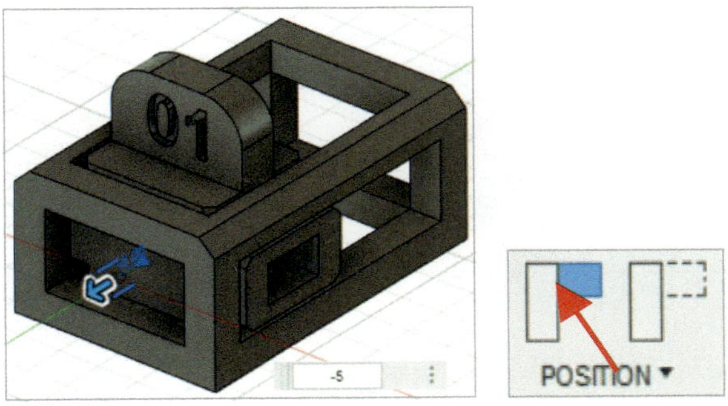

6) 완성된 3D모델링 저장하기 (1번 문제 풀이 참조, Fusion360 파일 및 STP 파일)

조립 형상은 이전 문제 풀이와 동일한 방법으로 진행하면 됩니다.

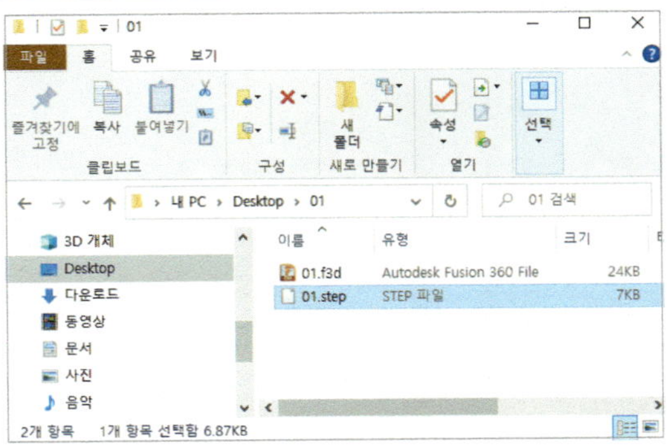

7) STL 파일변환 및 슬라이싱 파일 생성하기 (1번 문제 풀이 참조)

개인이나 3D프린터 기계마다 차이가 있으므로 여러 번 출력해 보고 최적의 위치 및 조건을 선정하여 적용하시면 됩니다. 아래 방법은 참조 사항입니다.

(1) STL파일로 변환하기

a) 부품 위치 이동하기

- 3D모델링에서 조립의 슬라이드 아이콘을 더블클릭
  ⇨ 그림과 같이 01_02이 부품이 중앙에 위치하게 추가 이동합니다.
- 위치 캡쳐 선택

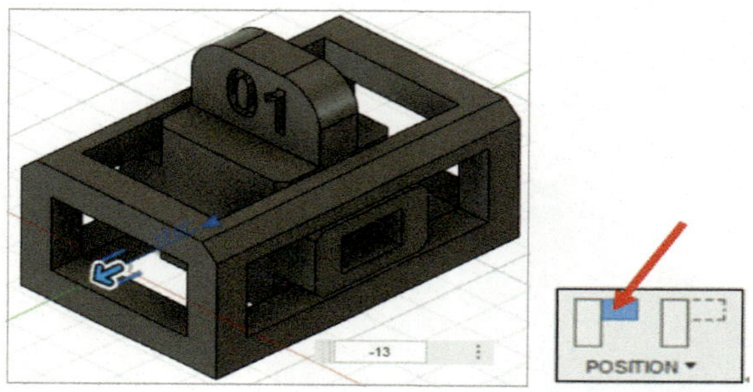

b) 검색기에서 (저장되지 않음) 선택 ⇨ 마우스 우클릭 ⇨ 메쉬로 저장 선택
저장 위치 : 이전에 만든 비번 폴더
파일 이름 : 01.stl 입력

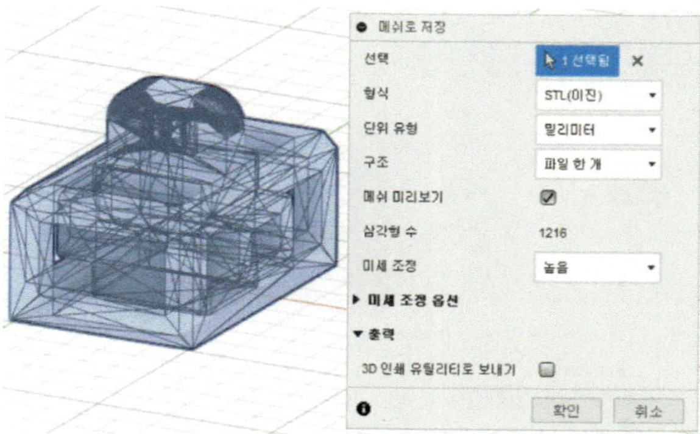

(2) 슬라이싱 파일 만들기 (1번 문제 풀이 참조)

그림처럼 위치하여 출력하는 것을 추천해 드립니다. (슬라이싱 파일 생성)

그림과 같이 최종적으로 4개 파일이 만들어집니다.

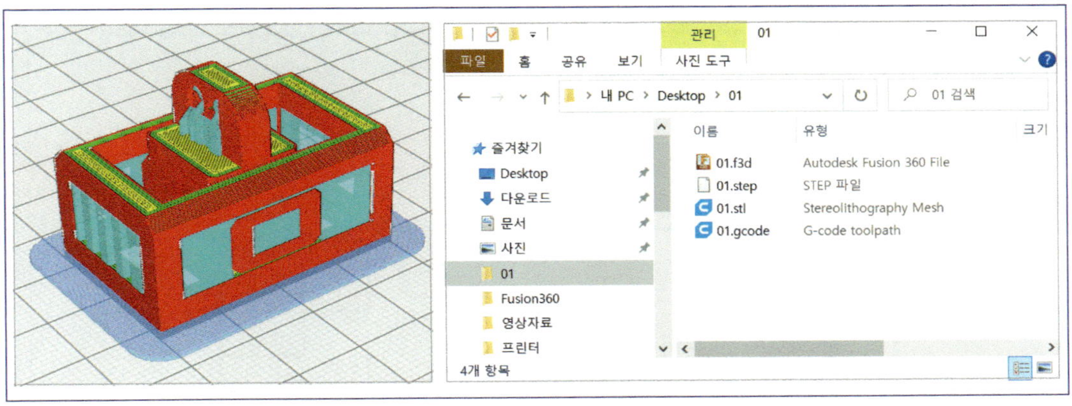

[공개] ⑭

4. 도 면

자격종목	3D프린터운용기능사	[시험 1] 과제명	3D모델링작업	척도	NS

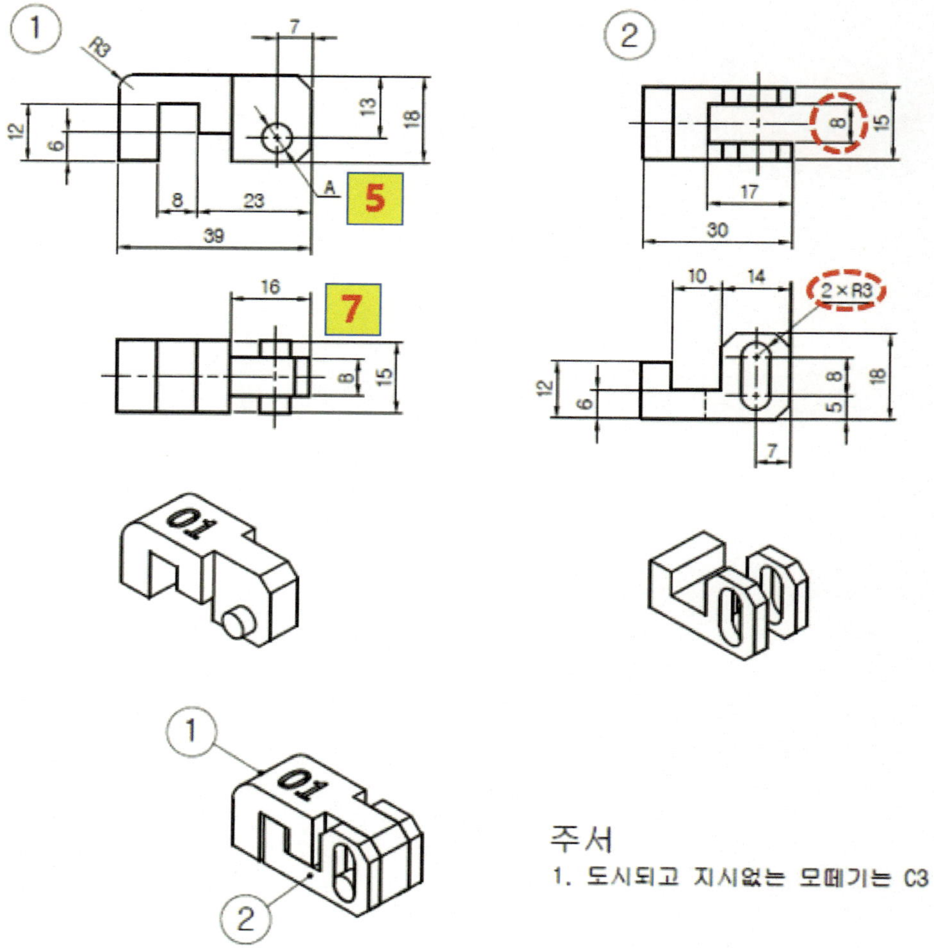

주서

1. 도시되고 지시없는 모떼기는 C3

공차 적용.

A, B 문자 치수 : 기준 치수와 차이를 ± 1mm 이하

→ 편 측으로 0.5mm 이하로 적용

1) 폴더 생성 및 구성요소 생성

공개 1번 문제 풀이와 같은 방법으로 진행하면 됩니다. (문제 풀이 참조)

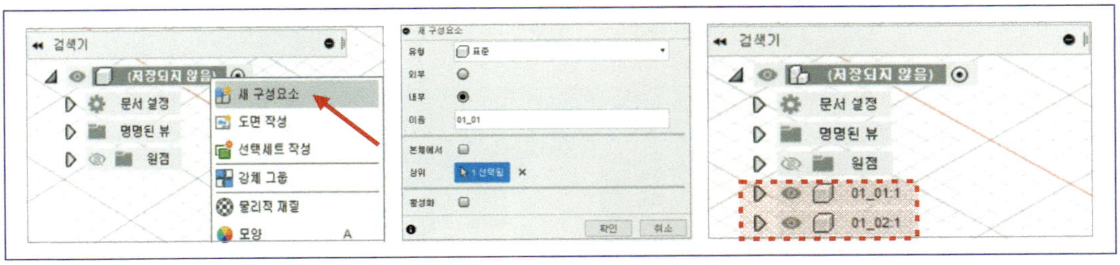

2) 01 부품 3D모델링 하기

(1) 01 구성요소 활성화

마우스로 우측에 있는 원 선택

원점 보이게 선택(나머지 원점은 감추기 적용)

(2) 작성 / 스케치 작성 선택

작업평면 : XZ 평면 선택

그림과 같이 스케치 진행

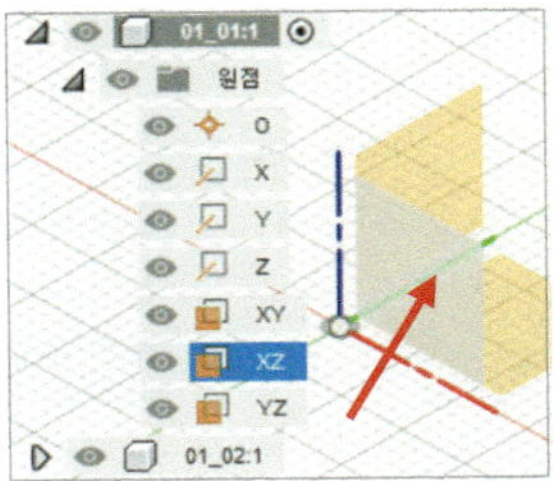

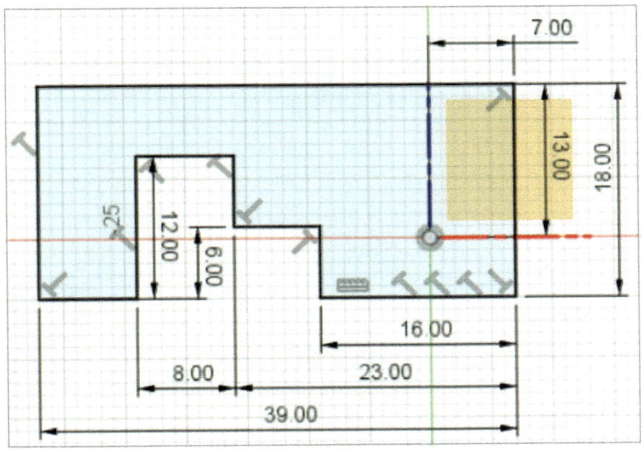

(3) 작성 / 돌출 선택

프로파일 : 그림과 같이 프로파일 선택

방향 : 대칭

측정값 : 전체 길이 선택

거리 : 15 입력

생성 : 새 본체 선택

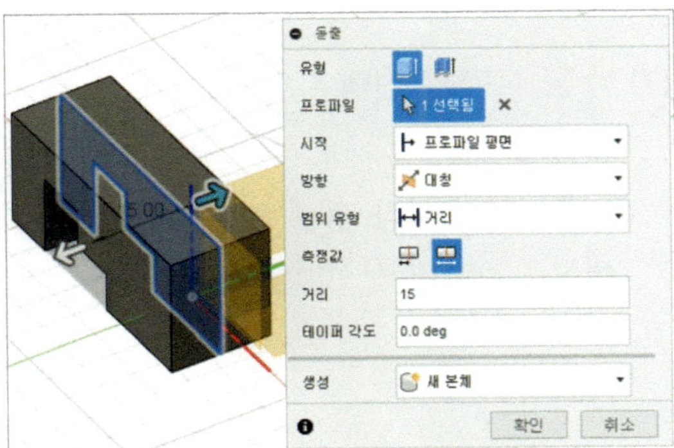

(4) 작성 / 스케치 작성 **선택**

작업평면 : 이전 형상 전면부 선택, 그림과 같이 스케치 진행

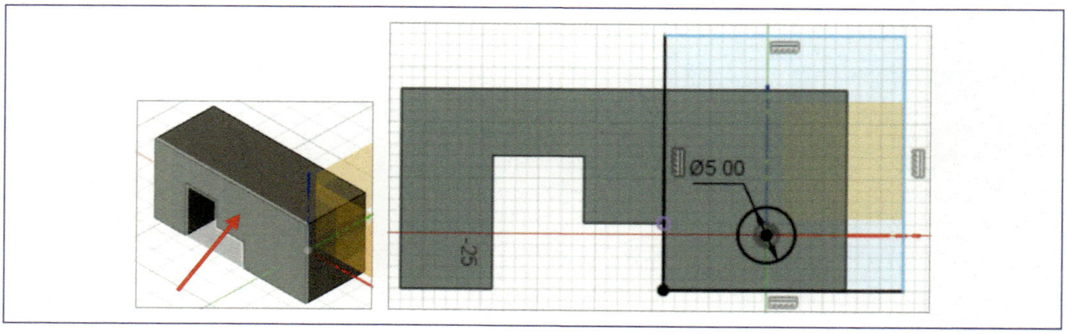

(5) 작성 / 돌출 **선택**

프로파일

: 그림과 같이 프로파일 선택

방향 : 대칭

측정값 : 절반 길이 선택

거리 : 4 입력

생성 : 새 본체 선택

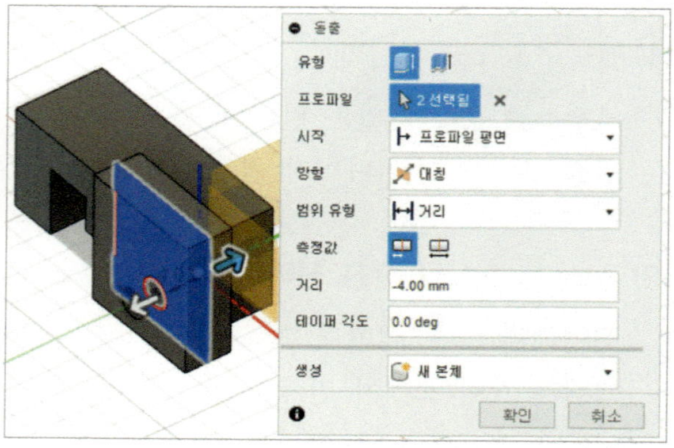

(6) 작성 / 미러 **선택**

유형 : 본체 선택

객체 : 이전 3D 형상 선택

미러 평면 : XZ 평면

작업 : 새 본체 선택

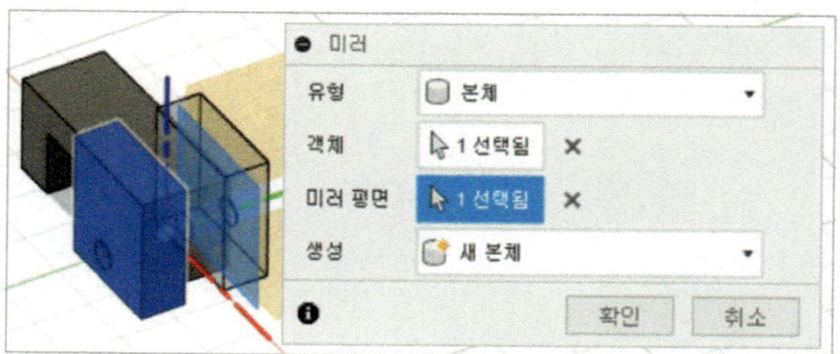

(7) 수정 / 결합 **선택**

대상 본체 : 가운데 형상 선택

도구 본체: 미러 형상 2개 선택

생성 : 잘라내기 선택

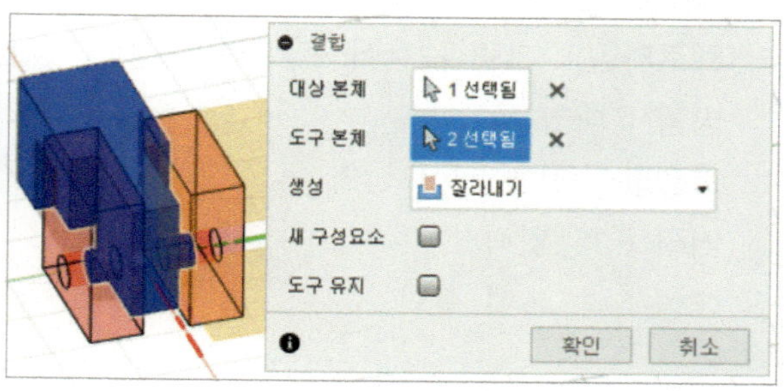

(8) 수정 / 모따기 **선택**

그림과 같이 전면 모서리 2곳 선택
3 입력

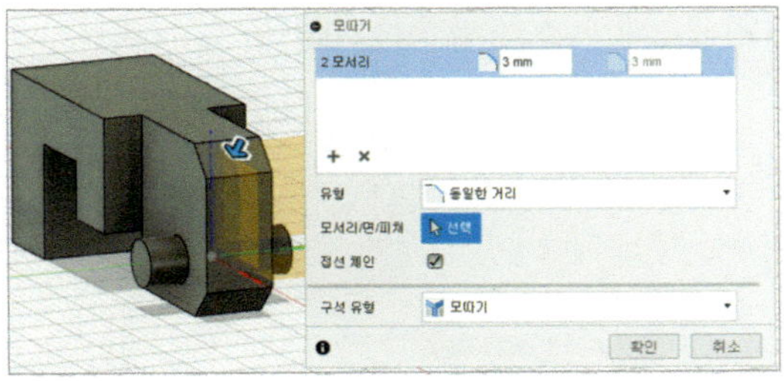

(9) 수정 / 모깎기 **선택**

그림과 같이 후면 모서리 1곳 선택
반지름값 : 3 입력
구석 유형 : 롤링 볼

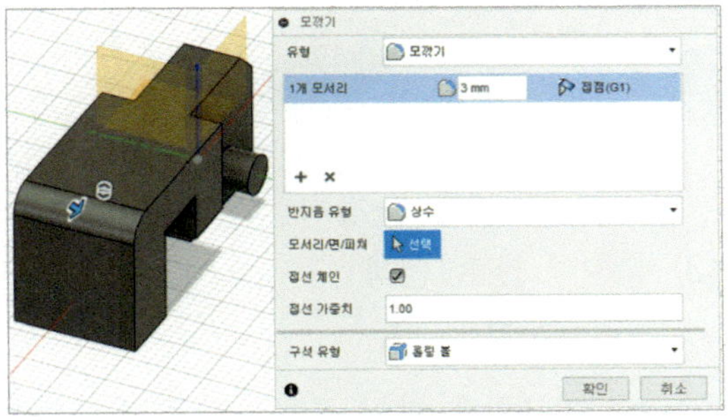

(10) 작성 / 스케치 작성 **선택**

작업평면 : 이전 형상의 윗면 선택
그림과 같이
문자 생성

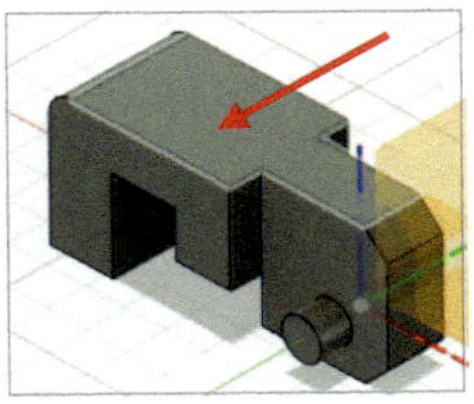

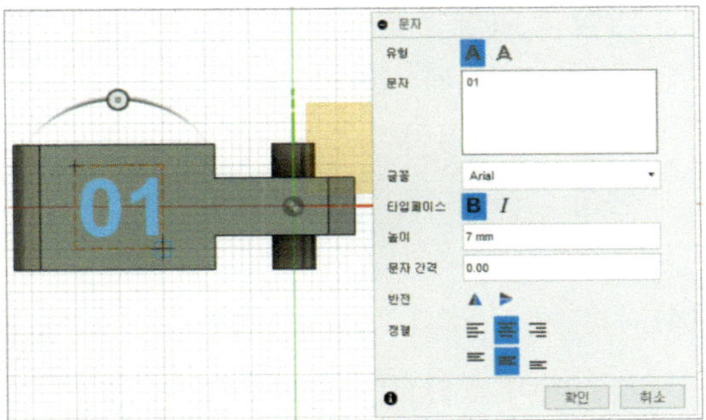

(11) 작성 / 돌출 **선택**

프로파일 : 그림과 같이 문자 선택
거리 : -1 입력
생성 : 잘라내기 선택

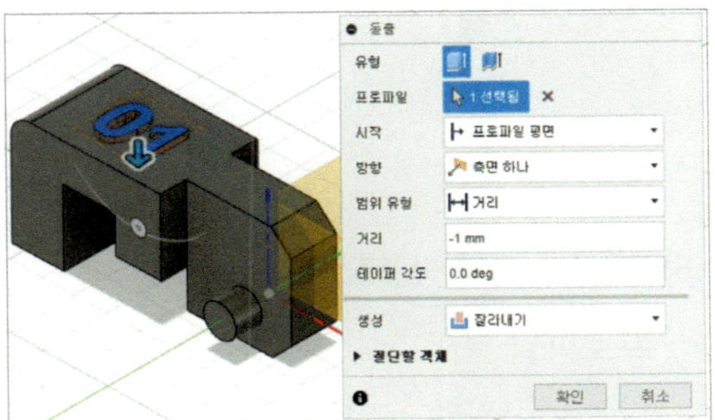

3) 02 부품 3D모델링 하기

(1) 02 구성요소 활성화

마우스로 우측에 있는 원 선택, 원점 보이게 선택(나머지 원점은 감추기 적용)

(2) 작성 / 스케치 작성 **선택**

작업평면 : XZ 평면 선택

그림과 같이 스케치 진행

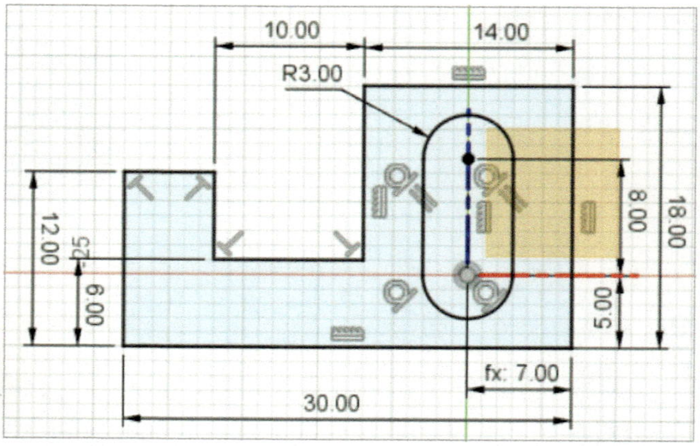

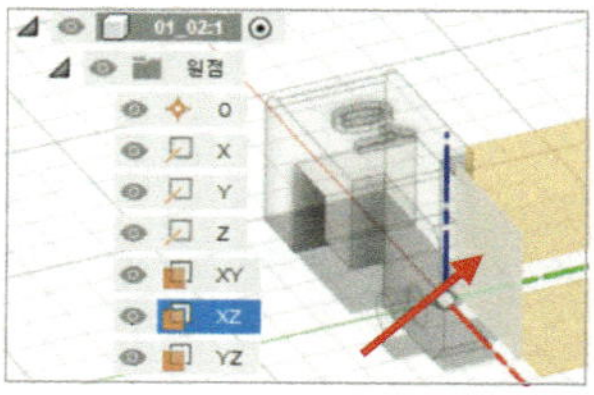

(3) 작성 / 돌출 **선택**

프로파일

: 그림과 같이 프로파일 선택

방향 : 대칭

측정값 : 전체 길이 선택

거리 : 15 입력

생성 : 새 본체 선택

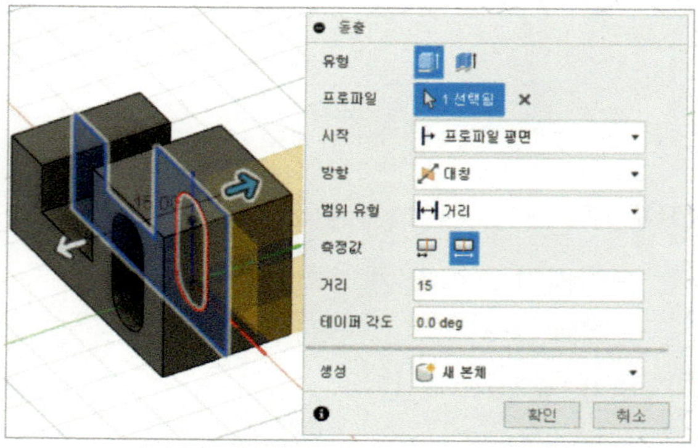

(4) 작성 / 스케치 작성 **선택**

작업평면 : 이전 형상의 바닥면 선택

그림과 같이

스케치 진행

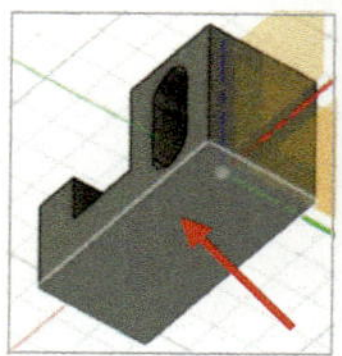

(5) 작성 / 돌출 **선택**

프로파일

: 그림과 같이 프로파일 선택

거리 : 충분한 거리 입력

생성 : 잘라내기 선택

(6) 수정 / 모따기 선택

그림과 같이 전면 모서리 6곳 선택

3 입력

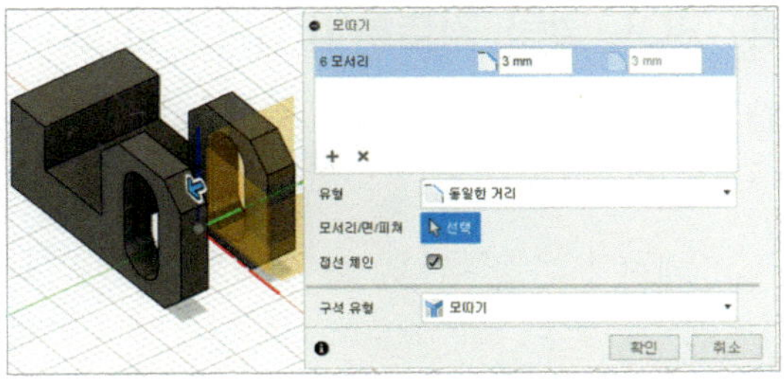

4) 3D모델링 조립하기

(1) (저장되지 않음) 활성화

: 최상위 구성요소에서 원형선택 (모든 원점은 감추기 적용)

(2) 하나의 부품(구성요소) 고정하기

01_02 선택 ⇨ 마우스 우클릭 ⇨ 고정 선택

(바닥에 고정되면서 압정표시가 생김)

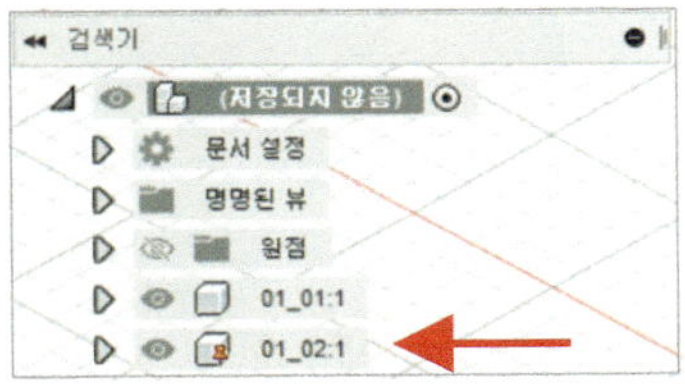

(3) 조립 / 현재 위치에서 접합 선택

접합 유형 : 핀-슬롯 선택

구성요소 : 01_01, 01_02 선택 (움직이는 부품을 먼저 선택)

모드 : 단순, 스냅 : 작은 원의 중심점 선택

회전 : Z축 (움직임 방향을 확인 후 선택)

슬라이드 : Y축 (움직임 방향을 확인 후 선택)

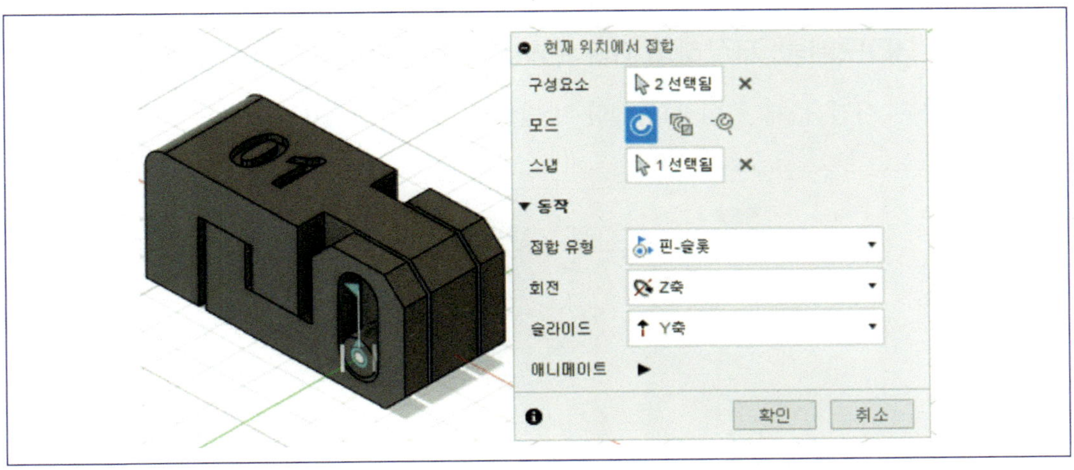

5) 3D모델링 검토하기 (1번 문제 풀이 참조)

(1) 검사 / 간섭 선택

선택 : 2개의 부품 선택,

계산 : 간섭 유/무 확인

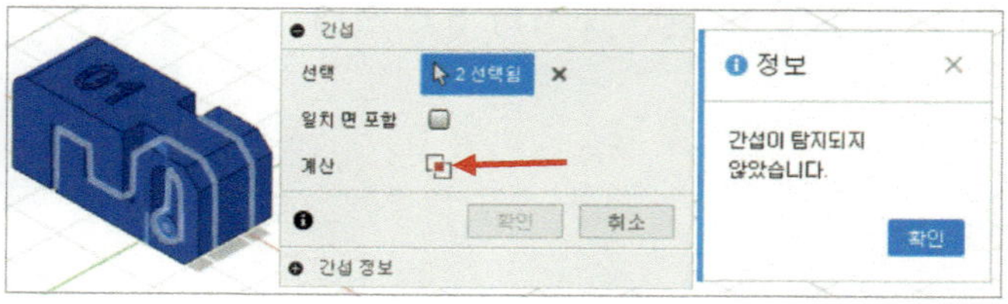

(2) 검사 / 단면 분석 선택

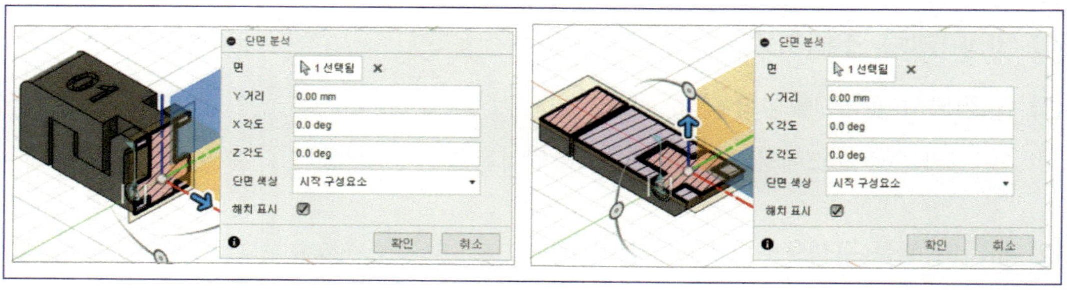

(3) 검사 / 측정 선택

: 주요 부분 치수 측정

특히 조립 공차 적용 부분 치수 확인

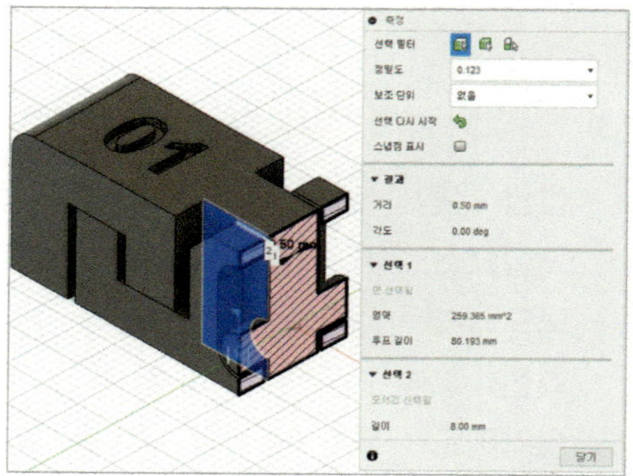

6) 완성된 3D모델링 저장하기 (1번 문제 풀이 참조, Fusion360 파일 및 STP 파일)

조립 형상은 이전 문제 풀이와 동일한 방법으로 진행하면 됩니다.

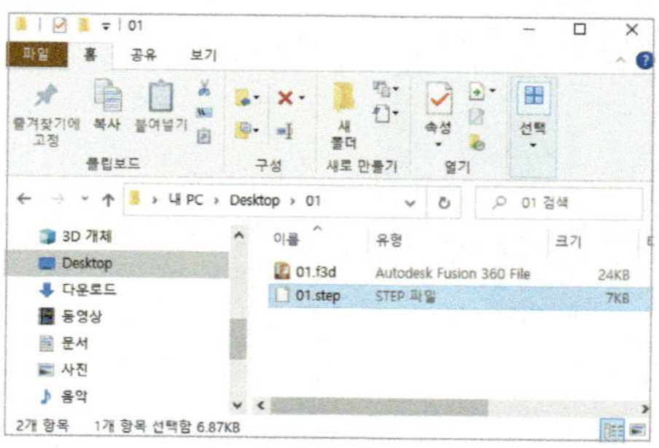

7) STL 파일변환 및 슬라이싱 파일 생성하기 (1번 문제 풀이 참조)

> 개인이나 3D프린터 기계마다 차이가 있으므로 여러 번 출력해 보고 최적의 위치 및 조건을 선정하여 적용하시면 됩니다. 아래 방법은 참조 사항입니다.

(1) STL파일로 변환하기

a) 부품 위치 이동하기

- 3D모델링에서 조립의 회전 아이콘을 더블클릭
  ⇨ 그림과 같이 -180도 회전합니다.
- 3D모델링에서 조립의 슬라이드 아이콘을 더블클릭
  ⇨ 그림과 같이 8mm 이동합니다.
- 위치 캡처 선택

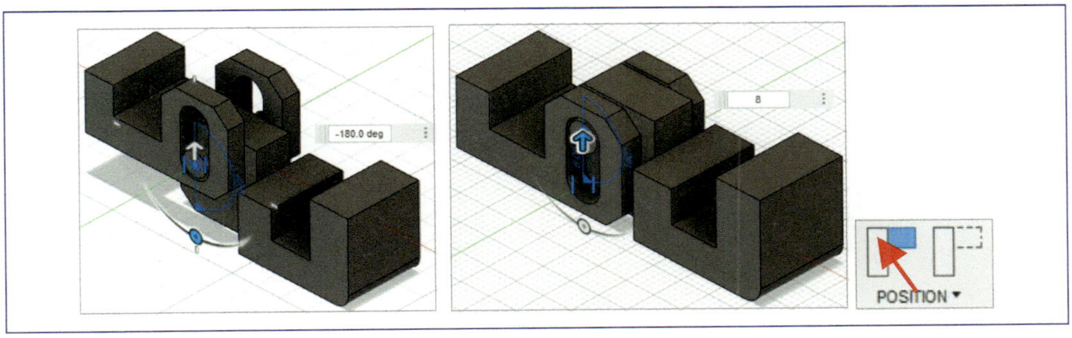

b) 검색기에서 (저장되지 않음) 선택 ⇨ 마우스 우클릭 ⇨ 메쉬로 저장 선택

저장 위치 : 이전에 만든 비번 폴더

파일 이름 : 01.stl 입력

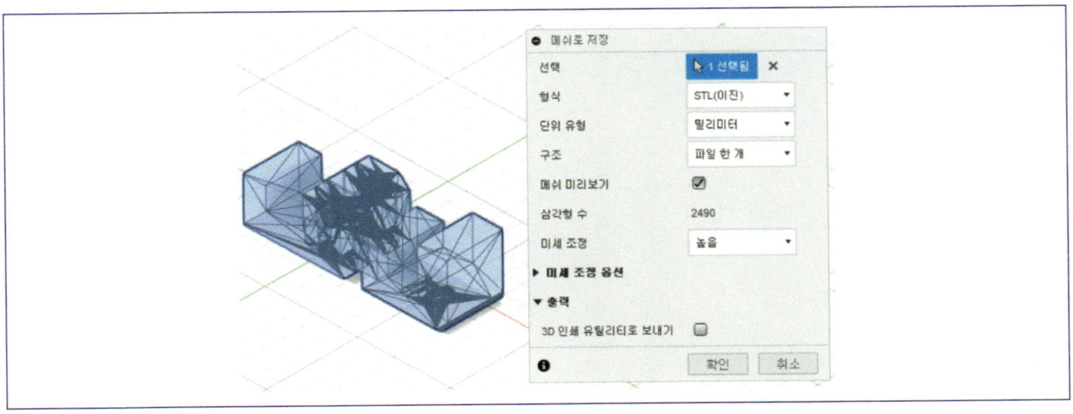

(2) 슬라이싱 파일 만들기 (1번 문제 풀이 참조)

그림처럼 위치하여 출력하는 것을 추천해 드립니다. (슬라이싱 파일 생성)

그림과 같이 최종적으로 4개 파일이 만들어집니다.

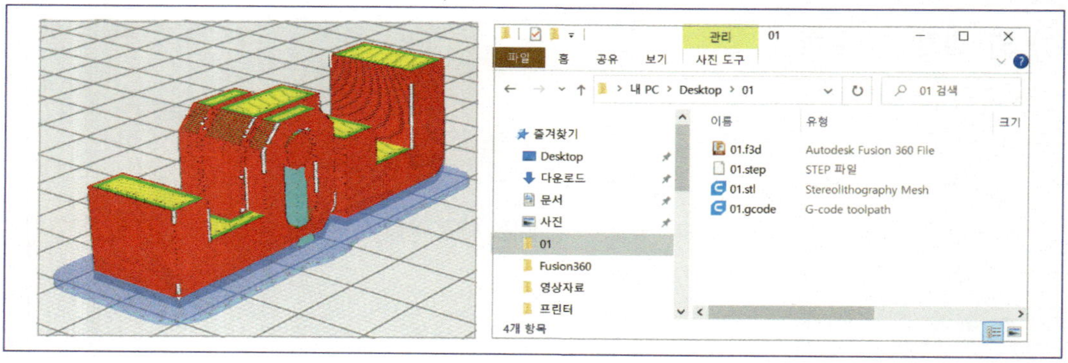

[공개] ⑮

4. 도 면

자격종목	3D프린터운용기능사	[시험 1] 과제명	3D모델링작업	척도	NS

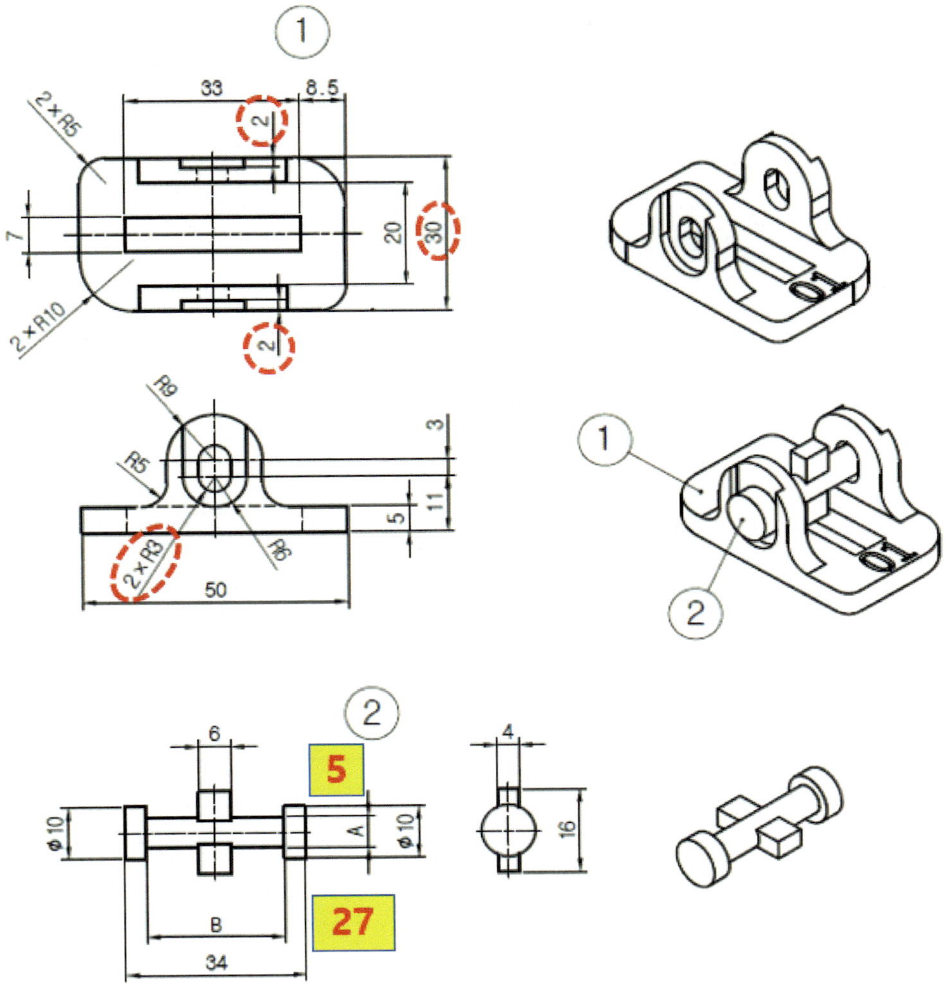

공차 적용.

A, B 문자 치수 : 기준 치수와 차이를 ± 1mm 이하

→ 편 측으로 0.5mm 이하로 적용

1) 폴더 생성 및 구성요소 생성

공개 1번 문제 풀이와 같은 방법으로 진행하면 됩니다. (문제 풀이 참조)

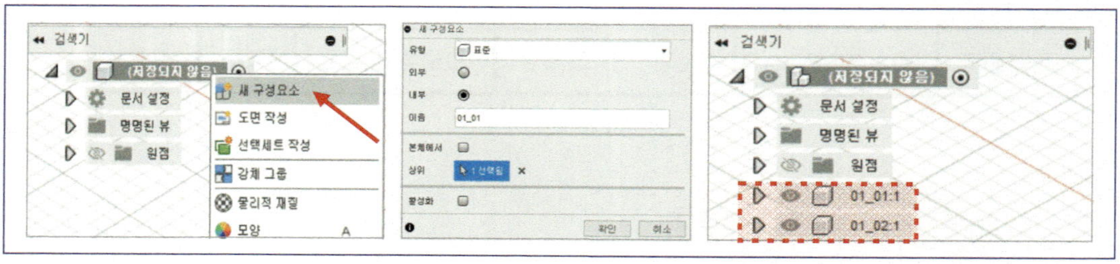

2) 01 부품 3D모델링 하기

(1) 01 구성요소 활성화

마우스로 우측에 있는 원 선택

원점 보이게 선택(나머지 원점은 감추기 적용)

(2) 작성 / 스케치 작성 선택

작업평면 : XY 평면 선택

그림과 같이 스케치 진행

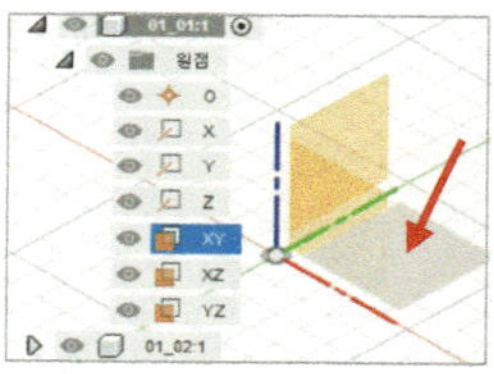

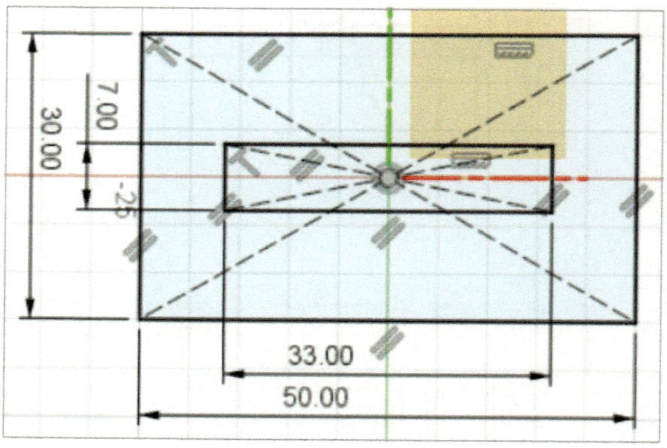

(3) 작성 / 돌출 선택

프로파일

: 그림과 같이 프로파일 선택

거리 : 5 입력

생성 : 새 본체 선택

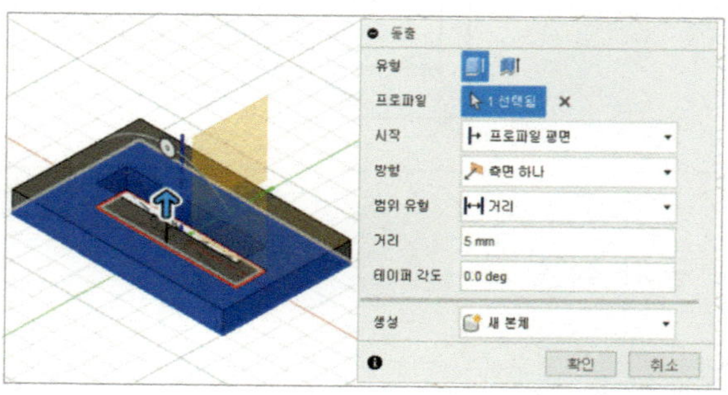

(4) 작성 / 스케치 작성 선택

작업평면 : 이전 형상의 전면, 아래 그림과 같이 스케치 진행

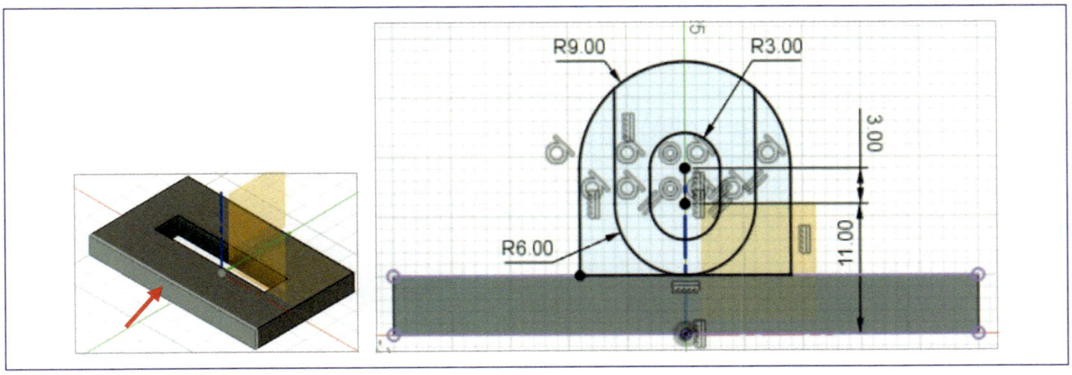

(5) 작성 / 돌출 선택 (2번 실행)

a) **프로파일** : 그림과 같이 프로파일 선택, **거리** : -5 입력, **생성** : 새 본체 선택

b) (이전에 생성된 2D 스케치 보이게 설정)

프로파일 : 그림과 같이 프로파일 선택, **거리** : -2 입력, **생성** : 잘라내기 선택

(사용한 2D 스케치 감추기 설정)

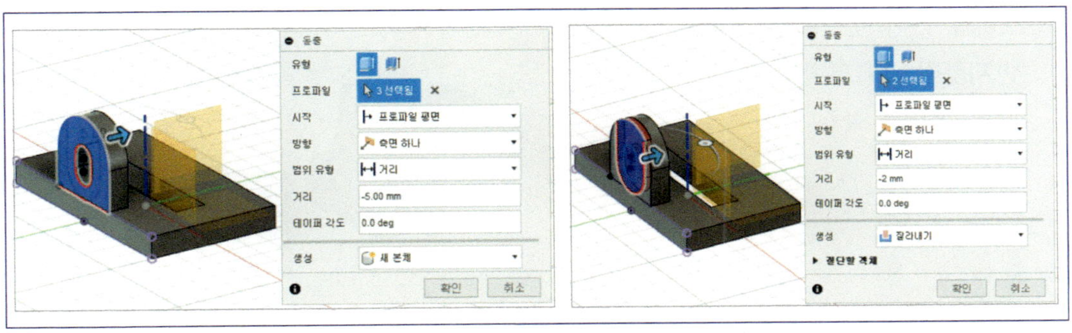

(6) 작성 / 미러 선택

유형 : 본체 선택

객체 : 이전 3D 형상 선택

미러 평면 : XZ 평면

작업 : 새 본체 선택

(7) 수정 / 결합 **선택**

대상 본체 : 가운데 형상 선택
도구 본체 : 미러 형상 2개 선택
생성 : 접합 선택

(8) 수정 / 모깎기 **선택 (3번 실행)**

a) 상호 대각선 방향으로 그림과 같이 하단부 모서리 2곳 선택
반지름값 : 10 입력
구석 유형 : 롤링 볼

b) 상호 대각선 방향으로 그림과 같이 하단부 모서리 2곳 선택
반지름값 : 5 입력
구석 유형 : 롤링 볼

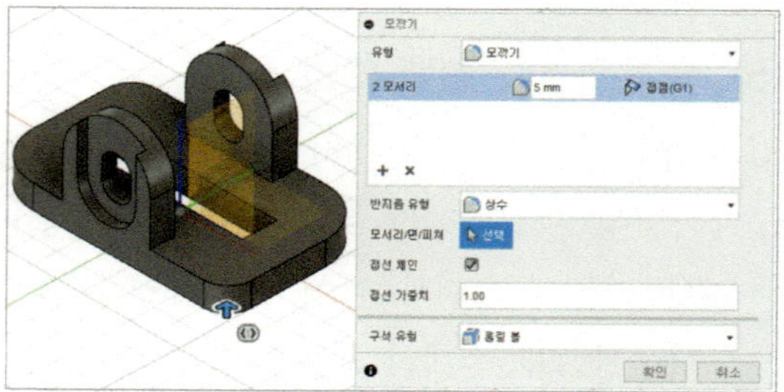

c) 그림과 같이 모서리 4곳 선택
반지름값 : 5 입력
구석 유형 : 롤링 볼

(9) 작성 / 스케치 작성 **선택**

작업평면 : 형상의 윗면 선택
그림과 같이 문자 생성

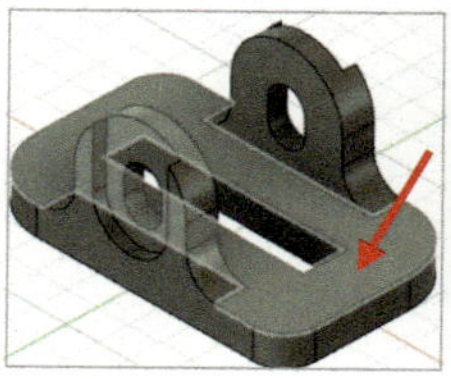

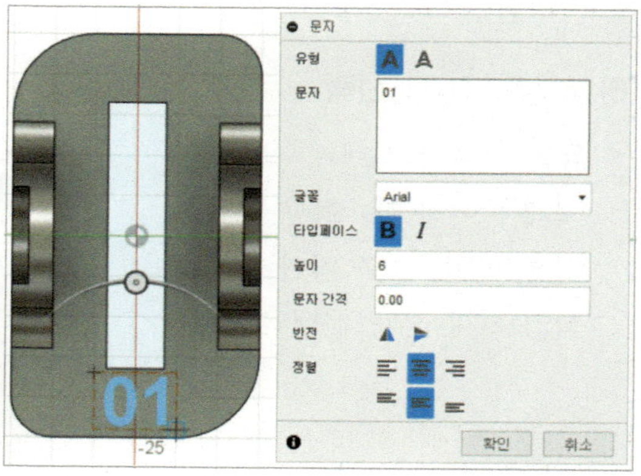

(10) 작성 / 돌출 **선택**

프로파일 : 그림과 같이 문자 선택
거리 : -1 입력
생성 : 잘라내기 선택

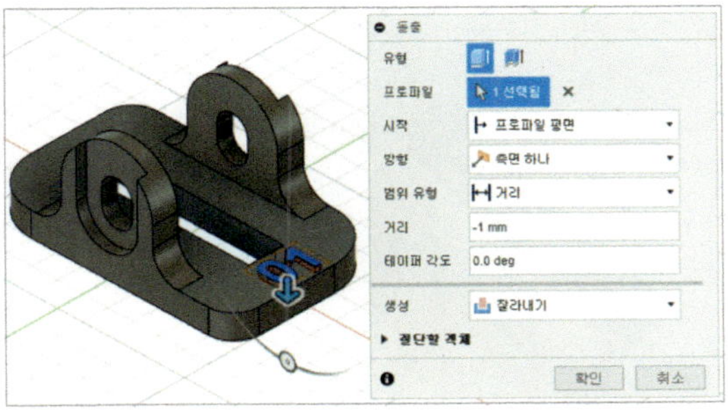

3) 02 부품 3D모델링 하기

(1) 02 구성요소 활성화

마우스로 우측에 있는 원 선택
원점 보이게 선택 (나머지 원점은 감추기 적용)

(2) 작성 / 스케치 작성 **선택**

작업평면 : XZ 평면 선택
그림과 같이 스케치 진행

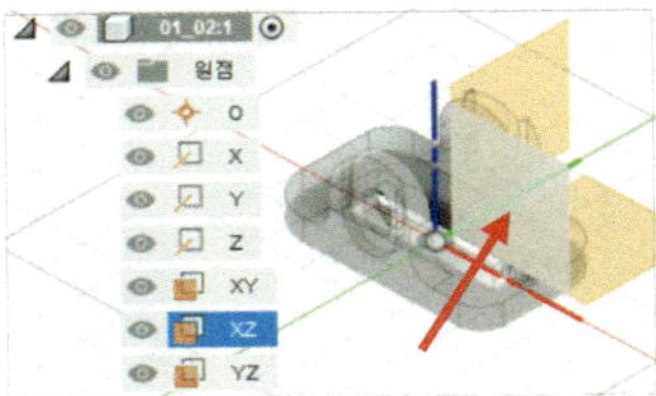

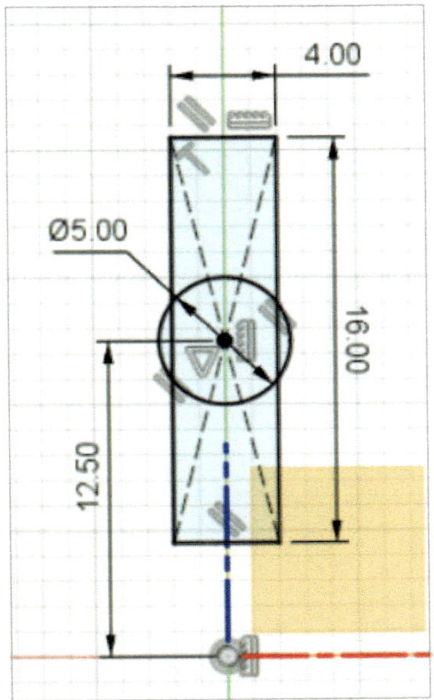

(3) 작성 / 돌출 **선택 (2번 실행)**

a) **프로파일** : 그림과 같이 프로파일 선택, **방향** : 대칭
측정값 : 전체 길이 선택, **거리** : 27 입력, **생성** : 새 본체 선택

b) (이전에 생성된 2D 스케치 보이게 설정)
프로파일 : 그림과 같이 프로파일 선택, **방향** : 대칭
측정값 : 전체 길이 선택, **거리** : 6 입력, **생성** : 접합 선택
(사용한 2D 스케치 감추기 설정)

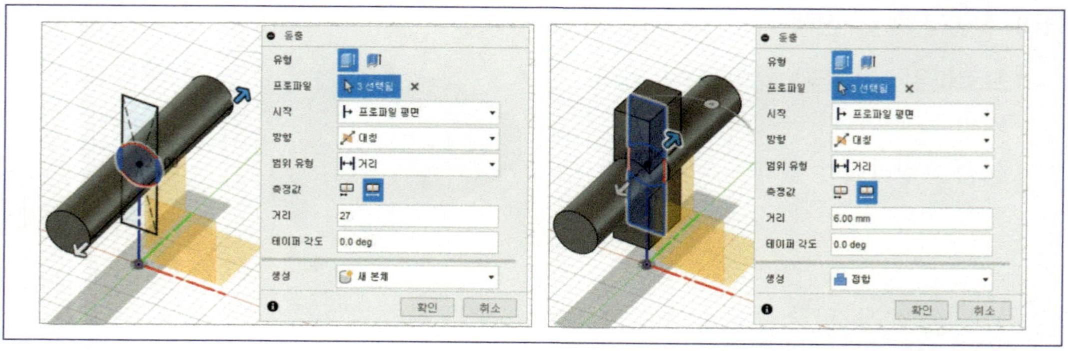

(4) 작성 / 스케치 작성 **선택**

작업평면 : 이전 형상의 전면 선택, 그림과 같이 스케치 진행

(5) 작성 / 돌출 **선택**

프로파일 : 그림과 같이 프로파일 선택

거리 : 3.5 입력, **생성** : 새 본체 선택

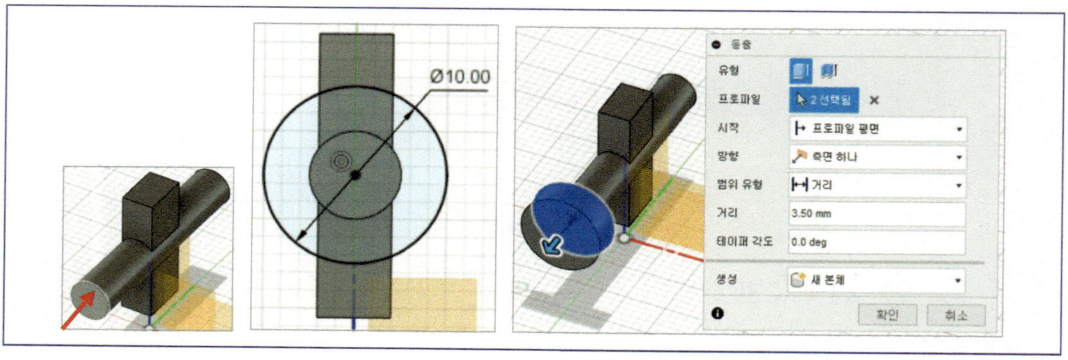

(6) 작성 / 미러 **선택**

유형 : 본체 선택

객체 : 이전 3D 형상 선택

미러 평면 : XZ 평면

작업 : 새 본체 선택

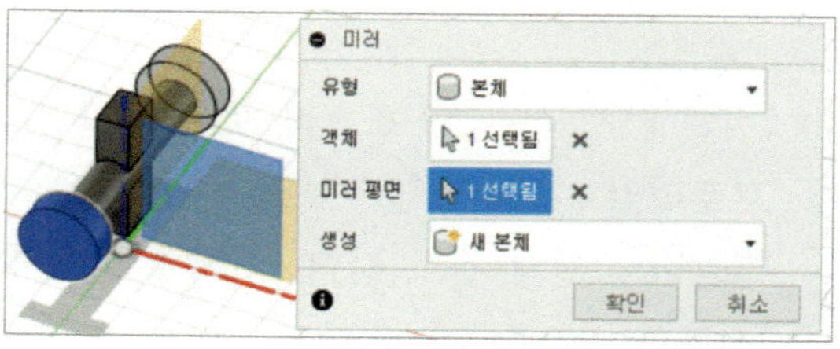

(7) 수정 / 결합 선택

대상 본체 : 가운데 형상 선택
도구 본체 : 미러 형상 2개 선택
생성 : 접합 선택

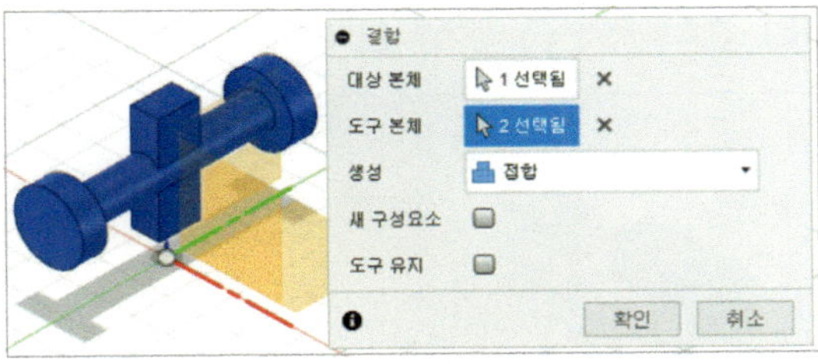

4) 3D모델링 조립하기

(1) (저장되지 않음) 활성화

: 최상위 구성요소에서 원형선택 (모든 원점은 감추기 적용)

(2) 하나의 부품(구성요소) 고정하기

01_01 선택 ⇨ 마우스 우클릭 ⇨ 고정 선택
(바닥에 고정되면서 압정표시가 생김)

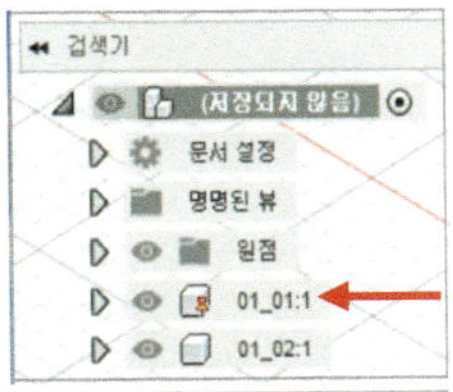

(3) 조립 / 현재 위치에서 접합 선택

접합 유형 : 핀-슬롯 선택
구성요소 : 01_02, 01_01 선택
(움직이는 부품을 먼저 선택)
모드 : 단순
스냅 : 측면 원형의 중심 선택
회전 : Z축
(움직임 방향을 확인 후 선택)
슬라이드 : Y축 (움직임 방향을 확인 후 선택)

5) 3D모델링 검토하기 (1번 문제 풀이 참조)

(1) 검사 / 간섭 선택

선택 : 2개의 부품 선택
계산 : 간섭 유/무 확인

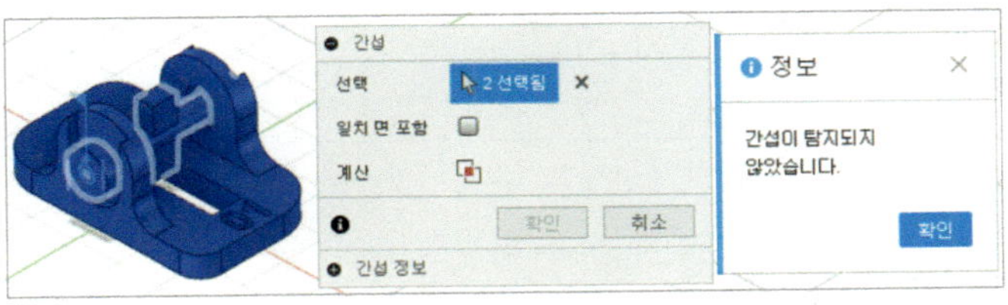

(2) 검사 / 단면 분석 선택

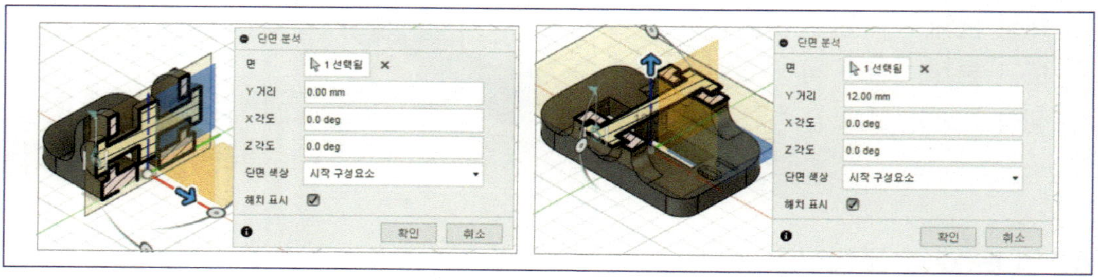

(3) 검사 / 측정 선택

: 주요 부분 치수 측정
특히 조립 공차 적용 부분 치수 확인

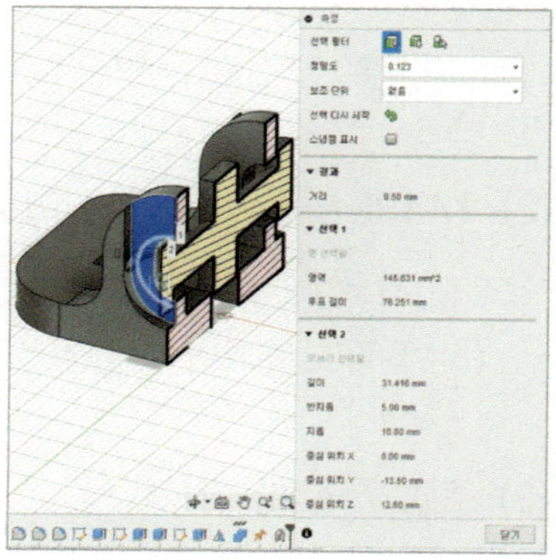

6) 완성된 3D모델링 저장하기 (1번 문제 풀이 참조, Fusion360 파일 및 STP 파일)

조립 형상은 이전 문제 풀이와 동일한 방법으로 진행하면 됩니다.

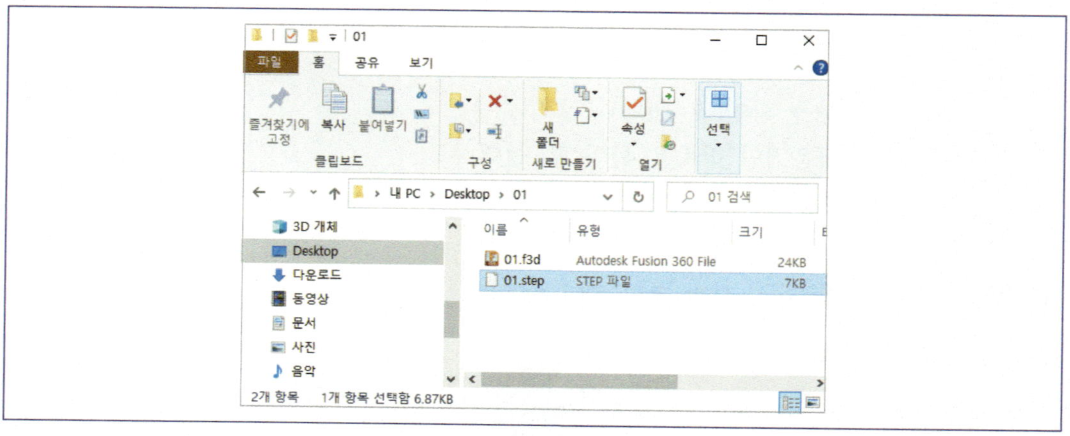

7) STL 파일변환 및 슬라이싱 파일 생성하기 (1번 문제 풀이 참조)

> 개인이나 3D프린터 기계마다 차이가 있으므로 여러 번 출력해 보고 최적의 위치 및 조건을 선정하여 적용하시면 됩니다. 아래 방법은 참조 사항입니다.

(1) STL파일로 변환하기

a) 부품 위치 이동하기

- 3D모델링에서 조립의 슬라이드 아이콘을 더블클릭
  ⇨ 그림과 같이 -1.5mm 정도 이동합니다.
- 위치 캡쳐 선택

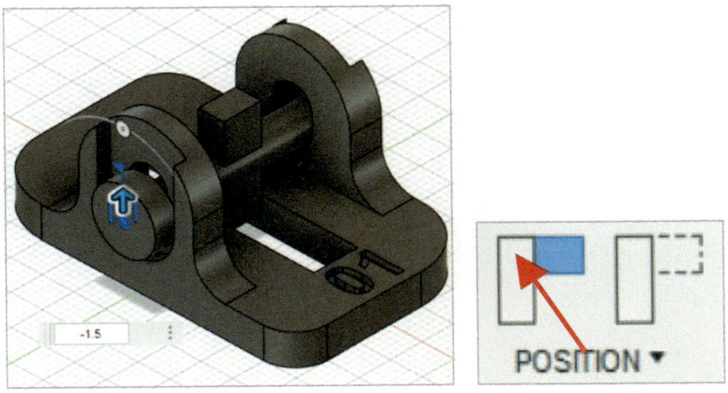

b) 검색기에서 (저장되지 않음) 선택 ⇨ 마우스 우클릭 ⇨ 메쉬로 저장 선택

저장 위치 : 이전에 만든 비번 폴더

파일 이름 : 01.stl 입력

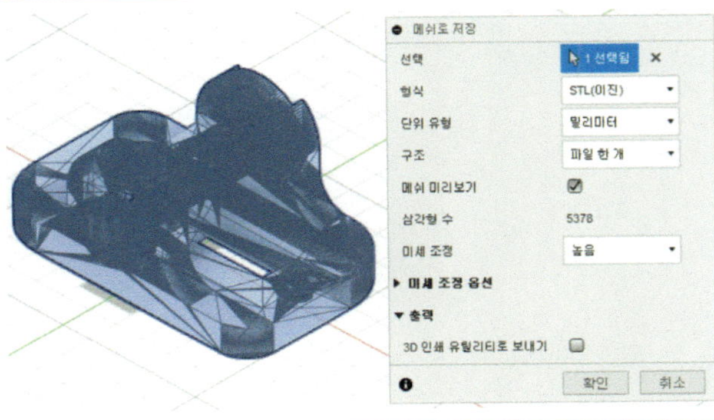

(2) 슬라이싱 파일 만들기 (1번 문제 풀이 참조)

그림처럼 위치하여 출력하는 것을 추천해 드립니다. (슬라이싱 파일 생성)

그림과 같이 최종적으로 4개 파일이 만들어집니다.

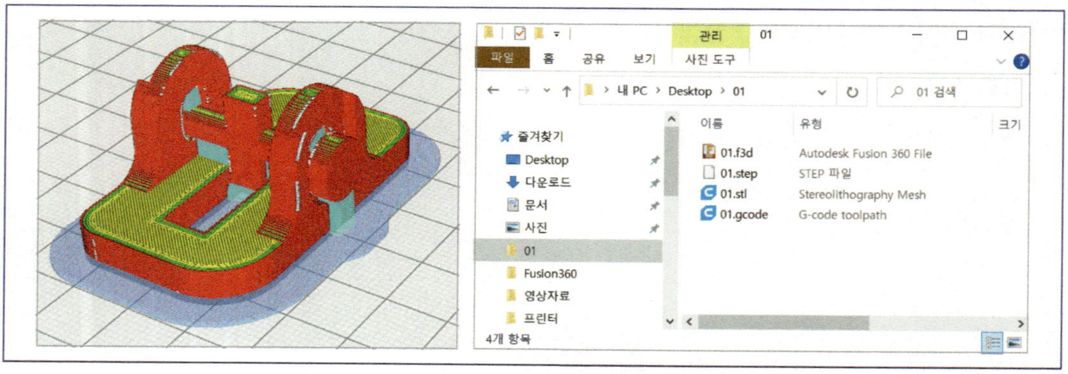

[공개] ⑯

4. 도 면

자격종목	3D프린터운용기능사	[시험 1] 과제명	3D모델링작업	척도	NS

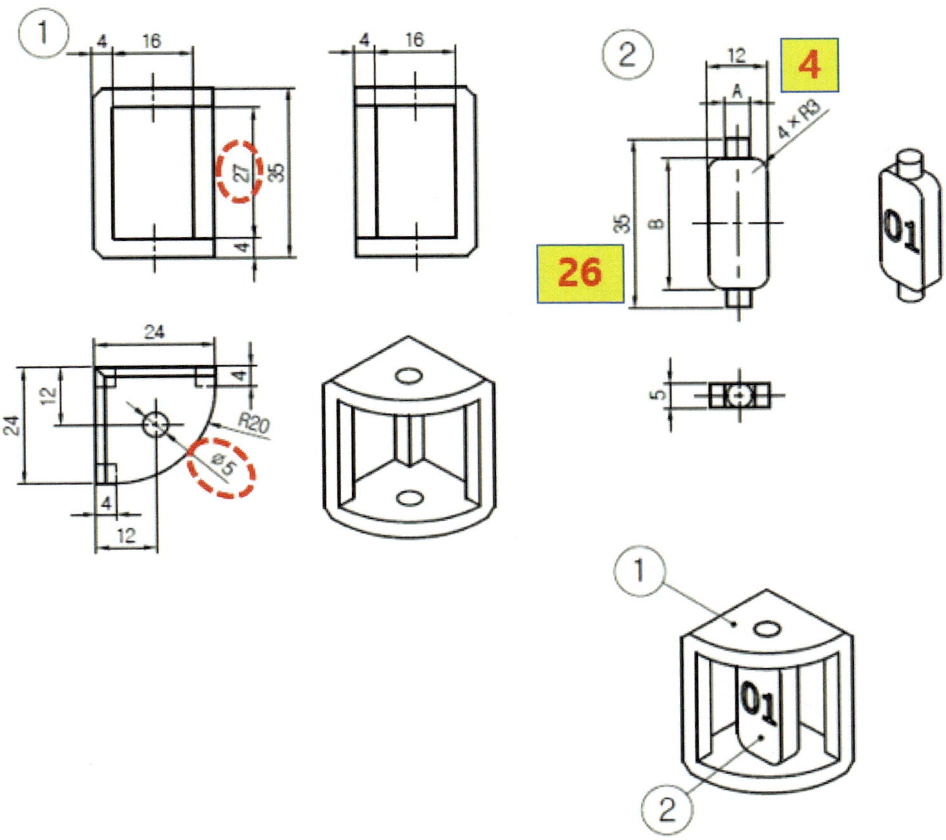

주서

1. 도시되고 지시없는 모떼기는 C2

공차 적용.

A, B 문자 치수 : 기준 치수와 차이를 ± 1mm 이하

→ 편 측으로 0.5mm 이하로 적용

1) 폴더 생성 및 구성요소 생성

공개 1번 문제 풀이와 같은 방법으로 진행하면 됩니다. (문제 풀이 참조)

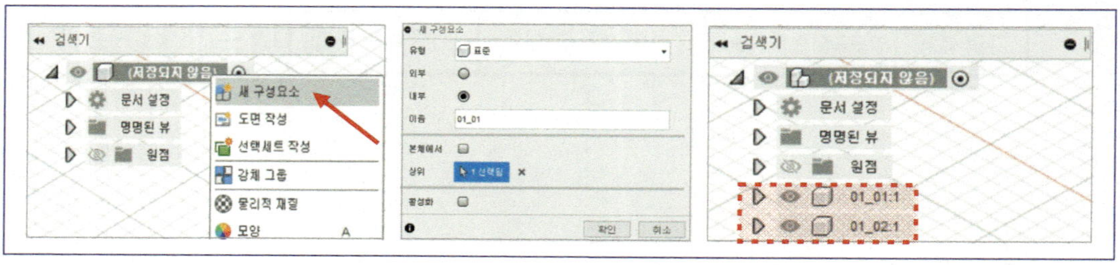

2) 01 부품 3D모델링 하기

(1) 01 구성요소 활성화

마우스로 우측에 있는 원 선택

원점 보이게 선택(나머지 원점은 감추기 적용)

(2) 작성 / 스케치 작성 선택

작업평면 : XY 평면 선택

그림과 같이 스케치 진행

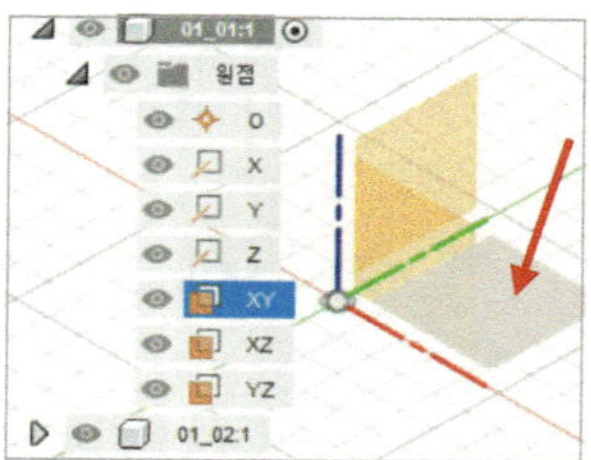

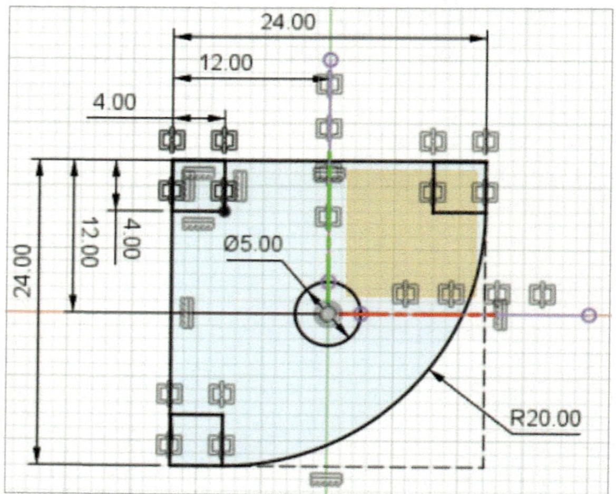

(3) 작성 / 돌출 선택 (2번 실행)

a) **프로파일** : 그림과 같이 프로파일 선택, **방향** : 대칭

측정값 : 전체 길이, **거리** : 35 입력, **생성** : 새 본체 선택

b) (이전에 생성된 2D 스케치 보이게 설정)

프로파일 : 그림과 같이 프로파일 선택, **방향** : 대칭

측정값 : 전체 길이, **거리** : 27 입력, **생성** : 잘라내기 선택

(사용한 2D 스케치 감추기 설정)

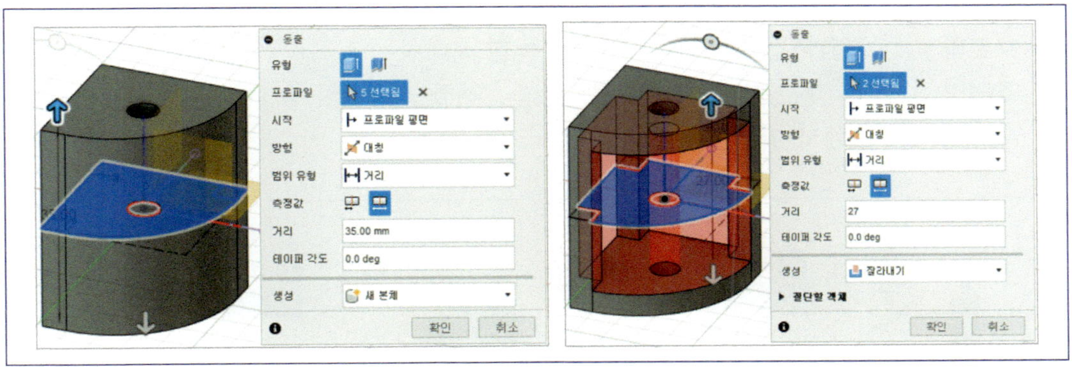

(7) 수정 / 모따기 **선택**

그림과 같이 모서리 4곳 선택

2 입력

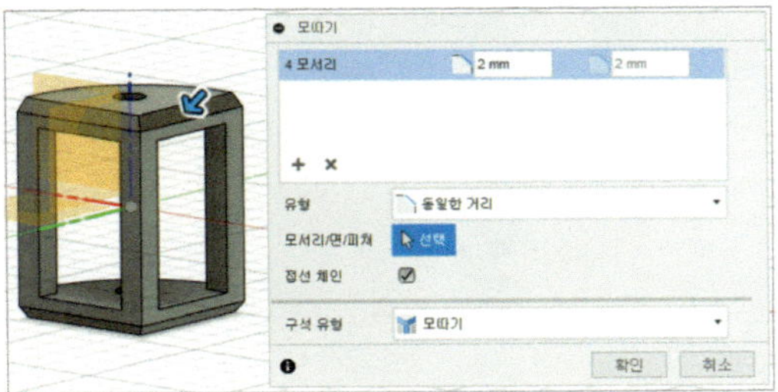

3) 02 부품 3D모델링 하기

(1) 02 구성요소 활성화

마우스로 우측에 있는 원 선택

원점 보이게 선택(나머지 원점은 감추기 적용)

(2) 작성 / 스케치 작성 **선택**

작업평면 : XY 평면 선택

그림과 같이 스케치 진행

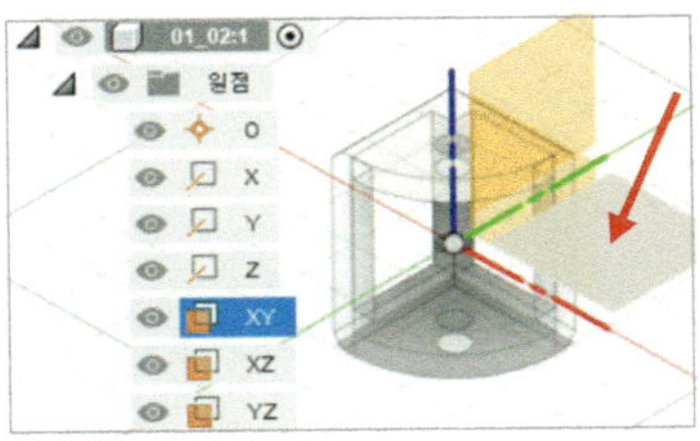

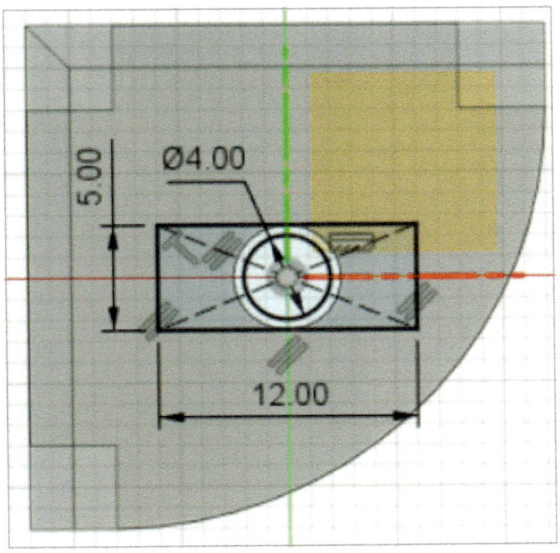

(3) 작성 / 돌출 선택 (2번 실행)

a) **프로파일** : 그림과 같이 프로파일 선택, **방향** : 대칭
측정값 : 전체 길이, **거리** : 35 입력, **생성** : 새 본체 선택

b) (이전에 생성된 2D 스케치 보이게 설정)
프로파일 : 그림과 같이 프로파일 선택, **방향** : 대칭
측정값 : 전체 길이, **거리** : 26 입력, **생성** : 접합 선택
(사용한 2D 스케치 감추기 설정)

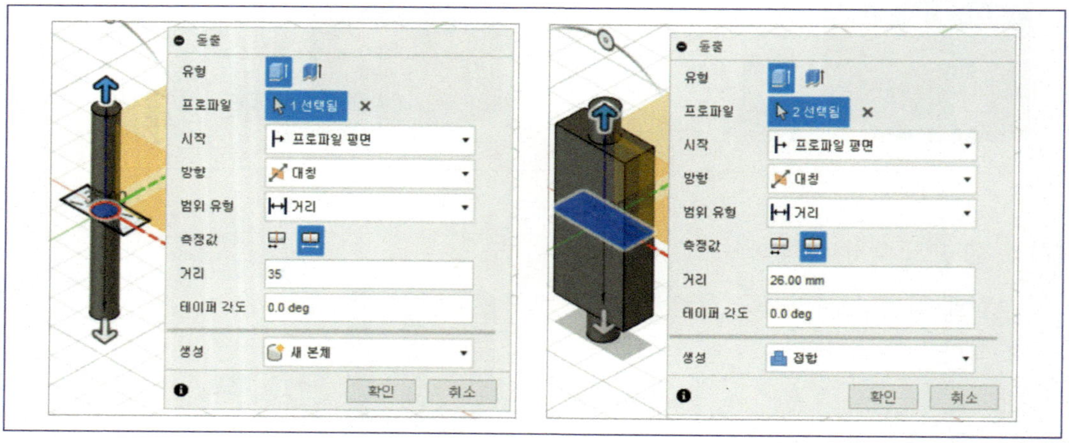

(4) 수정 / 모깎기 선택

외형 모서리 4곳 선택
반지름값 : 3 입력
구석 유형 : 롤링 볼

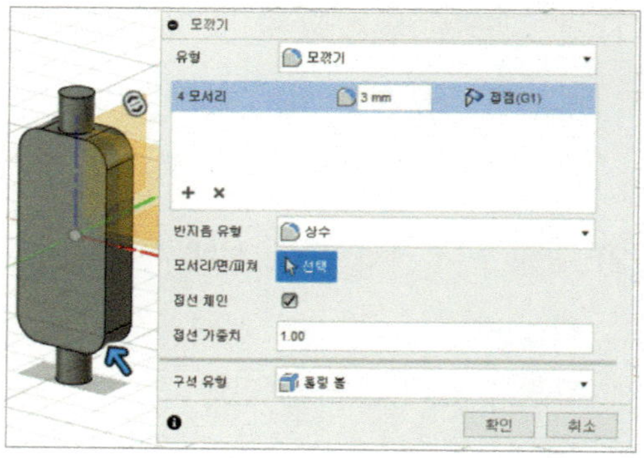

(5) 작성 / 스케치 작성 **선택**

작업평면 : 이전 형상의 전면부 선택

그림과 같이 문자 생성

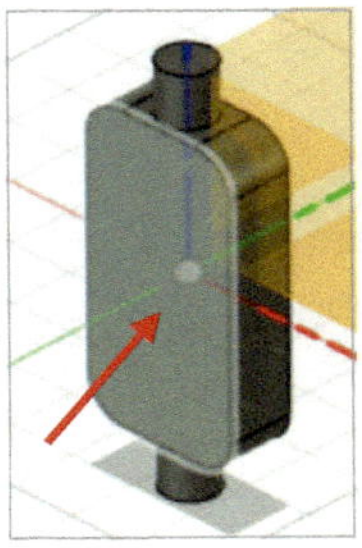

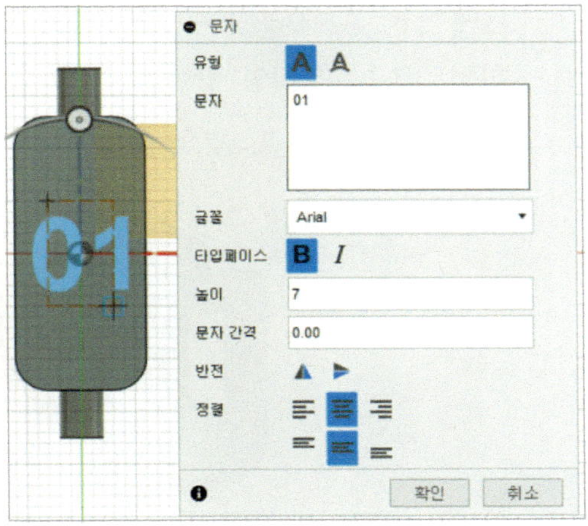

(6) 작성 / 돌출 **선택**

프로파일 : 그림과 같이 문자 선택

거리 : -1 입력

생성 : 잘라내기 선택

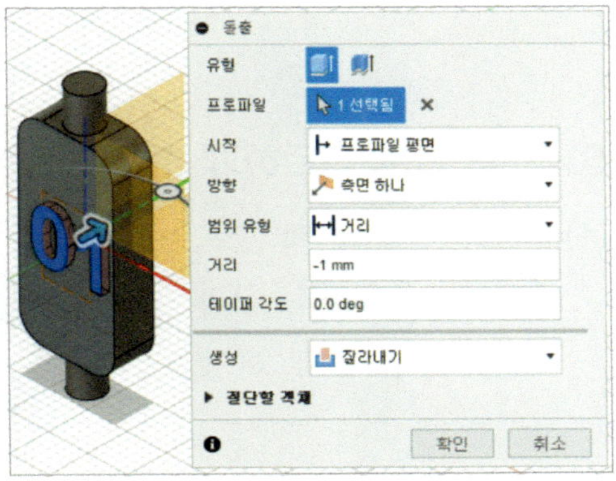

4) 3D모델링 조립하기

(1) (저장되지 않음) 활성화

: 최상위 구성요소에서 원형선택

(모든 원점은 감추기 적용)

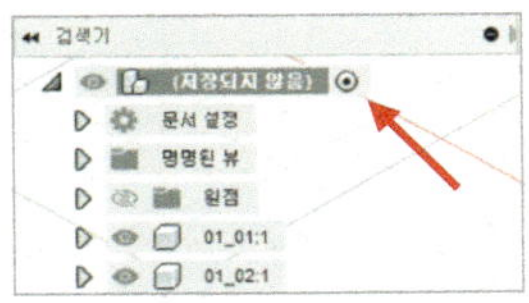

(2) 하나의 부품(구성요소) 고정하기

01_01 선택 ⇨ 마우스 우클릭 ⇨ 고정 **선택**

(바닥에 고정되면서 압정표시가 생김)

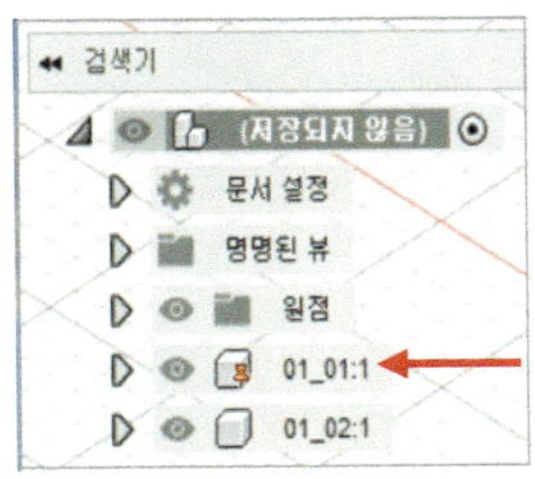

(3) 조립 / 현재 위치에서 접합 **선택**

접합 유형 : 회전 선택

구성요소 : 01_02, 01_01 선택 (움직이는 부품을 먼저 선택)

모드 : 단순

스냅 : 01_02 부품에서 위 원형의 중심점 선택

회전 : Z축 (움직임 방향을 확인 후 선택)

5) 3D모델링 검토하기 (1번 문제 풀이 참조)

(1) 검사 / 간섭 선택

선택 : 2개의 부품 선택

계산 : 간섭 유/무 확인

(2) 검사 / 단면 분석 선택

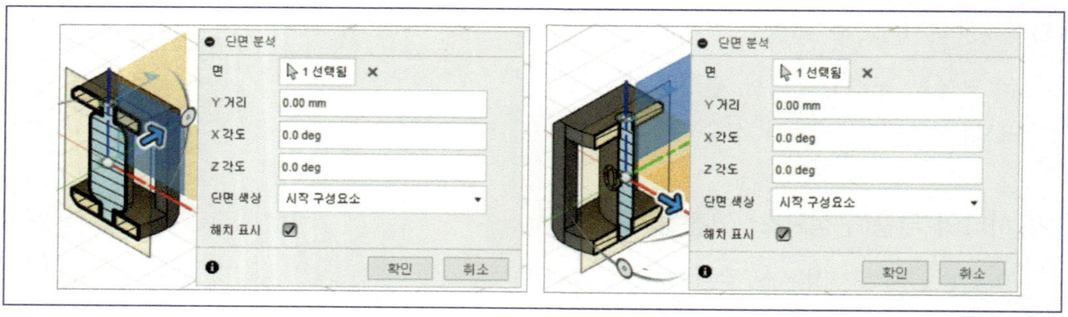

(3) 검사 / 측정 선택

: 주요 부분 치수 측정
특히 조립 공차 적용 부분 치수 확인

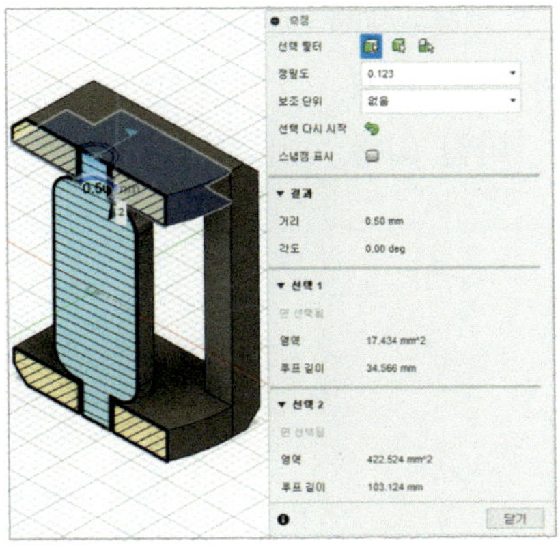

6) 완성된 3D모델링 저장하기 (1번 문제 풀이 참조, Fusion360 파일 및 STP 파일)

조립 형상은 이전 문제 풀이와 동일한 방법으로 진행하면 됩니다.

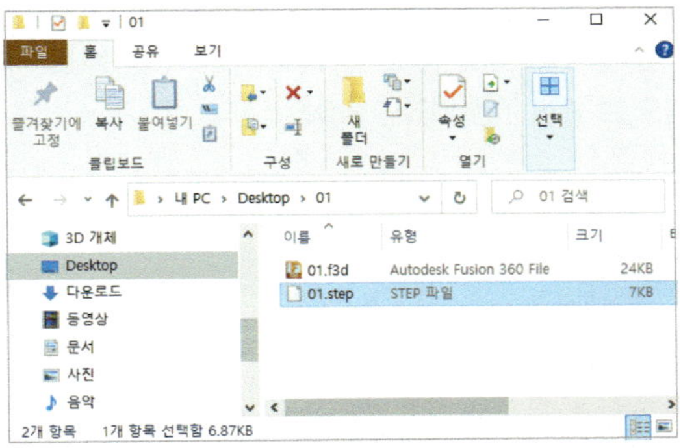

7) STL 파일변환 및 슬라이싱 파일 생성하기 (1번 문제 풀이 참조)

개인이나 3D프린터 기계마다 차이가 있으므로 여러 번 출력해 보고 최적의 위치 및 조건을 선정하여 적용하시면 됩니다. 아래 방법은 참조 사항입니다.

(1) STL파일로 변환하기

a) 부품 위치 이동하기
현 상태에서 STL 파일을 만듭니다.

b) 검색기에서 (저장되지 않음) 선택 ⇨ 마우스 우클릭 ⇨ 메쉬로 저장 선택
저장 위치 : 이전에 만든 비번 폴더
파일 이름 : 01.stl 입력

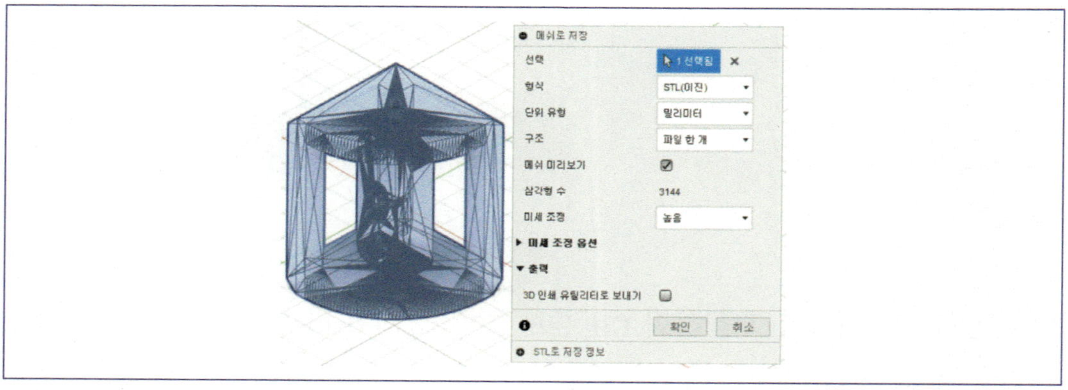

(2) 슬라이싱 파일 만들기 (1번 문제 풀이 참조)

그림처럼 위치하여 출력하는 것을 추천해 드립니다. (슬라이싱 파일 생성)
그림과 같이 최종적으로 4개 파일이 만들어집니다.

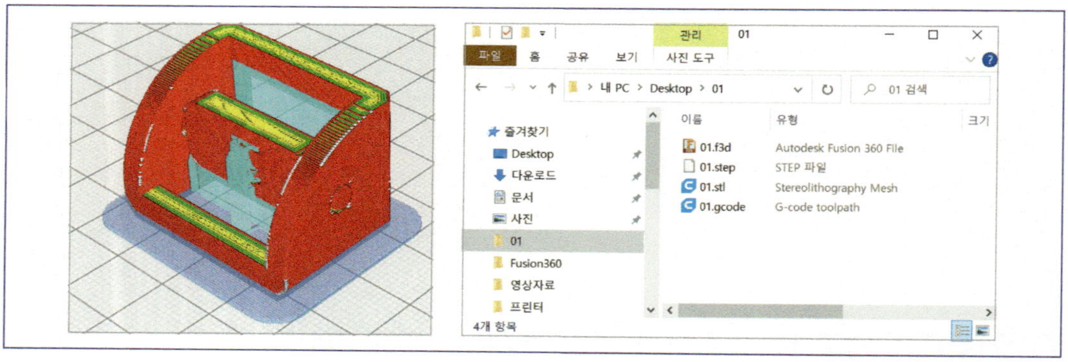

[공개]

⑰

4. 도 면

자격종목	3D프린터운용기능사	[시험 1] 과제명	3D모델링작업	척도	NS

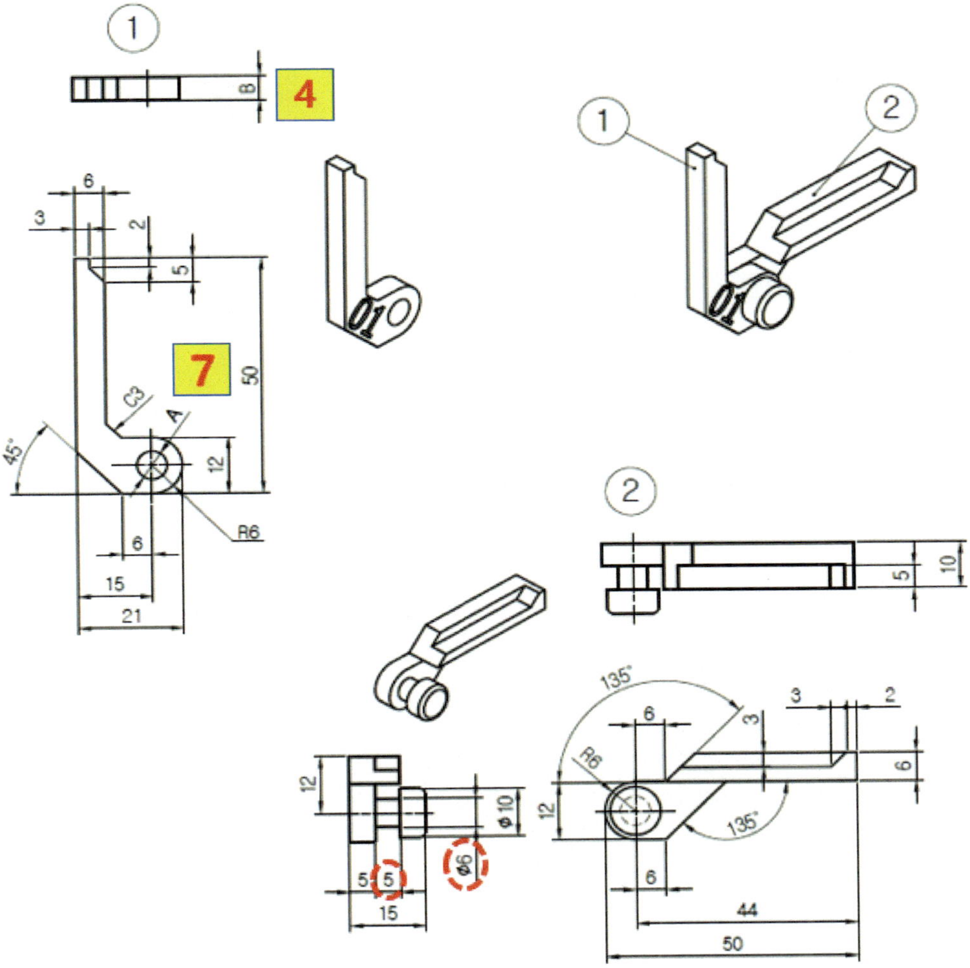

주서

1. 도시되고 지시없는 라운드는 R1

공차 적용

A, B 문자 치수 : 기준 치수와 차이를 ± 1mm 이하

→ 편 측으로 0.5mm 이하로 적용

1) 폴더 생성 및 구성요소 생성

공개 1번 문제 풀이와 같은 방법으로 진행하면 됩니다. (문제 풀이 참조)

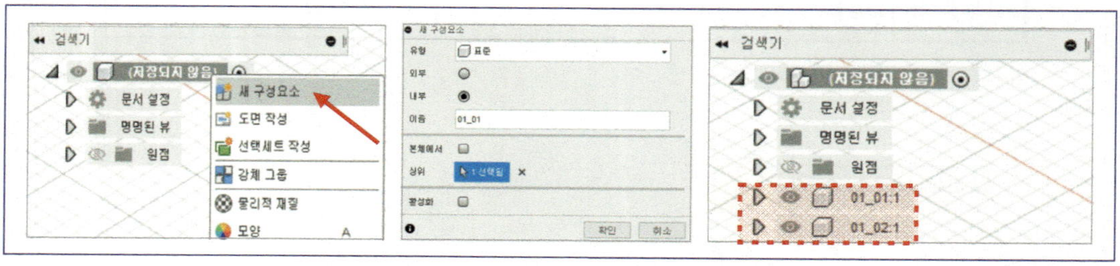

2) 01 부품 3D모델링 하기

(1) 01 구성요소 활성화

마우스로 우측에 있는 원 선택

원점 보이게 선택(나머지 원점은 감추기 적용)

(2) 작성 / 스케치 작성 선택

작업평면 : YZ 평면 선택

그림과 같이 스케치 진행

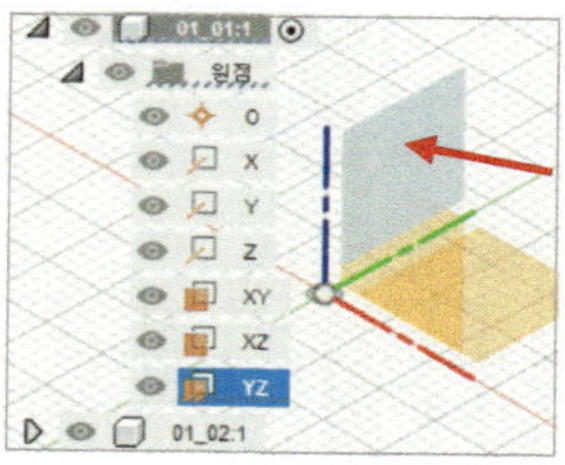

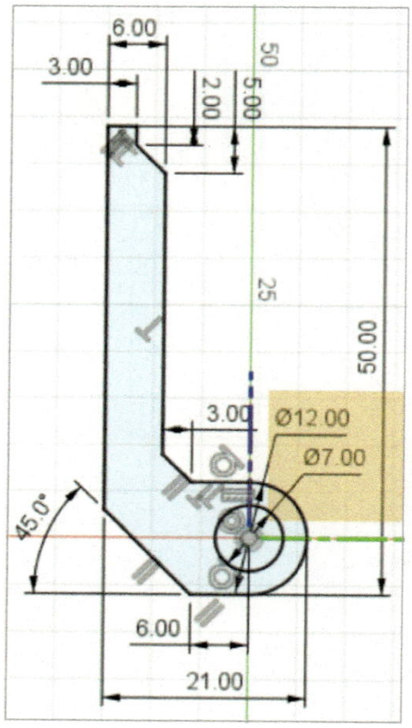

(3) 작성 / 돌출 선택

프로파일 : 그림과 같이 프로파일 선택

방향 : 대칭

측정값 : 전체 길이 선택

거리 : 4 입력

생성 : 새 본체 선택

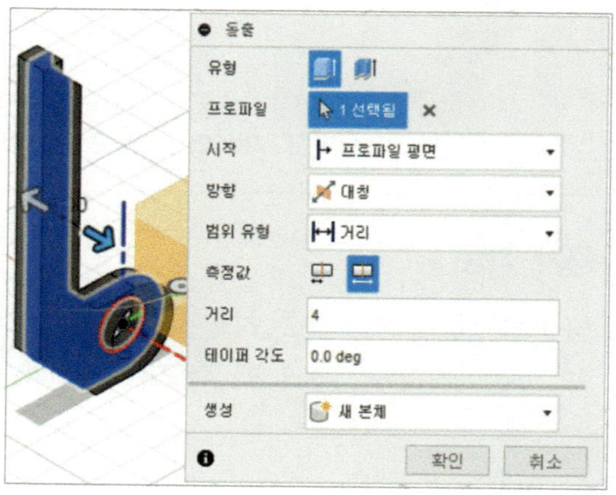

(4) 작성 / 스케치 작성 **선택**

작업평면 : 이전 형상의 전면부 선택
그림과 같이 문자 생성

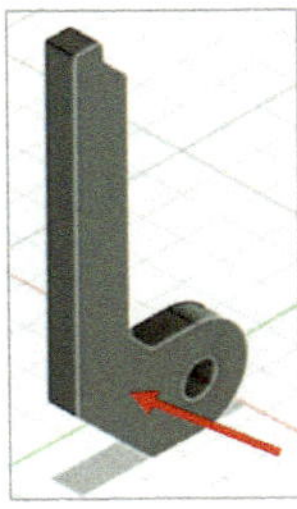

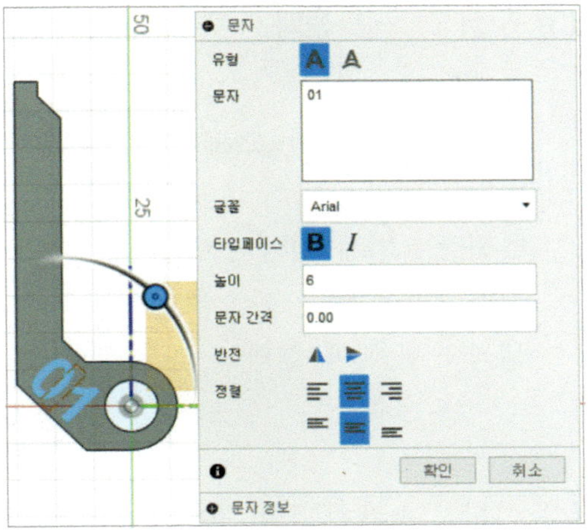

(5) 작성 / 돌출 **선택**

프로파일 : 그림과 같이 문자 선택
거리 : -1 입력
생성 : 잘라내기 선택

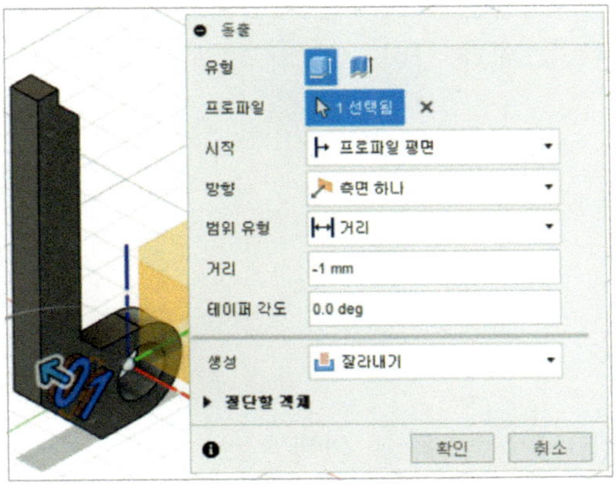

3) 02 부품 3D모델링 하기

(1) 02 구성요소 활성화

마우스로 우측에 있는 원 선택, 원점 보이게 선택(나머지 원점은 감추기 적용)

(2) 작성 / 스케치 작성 **선택**

작업평면 : YZ 평면 선택
그림과 같이 스케치 진행

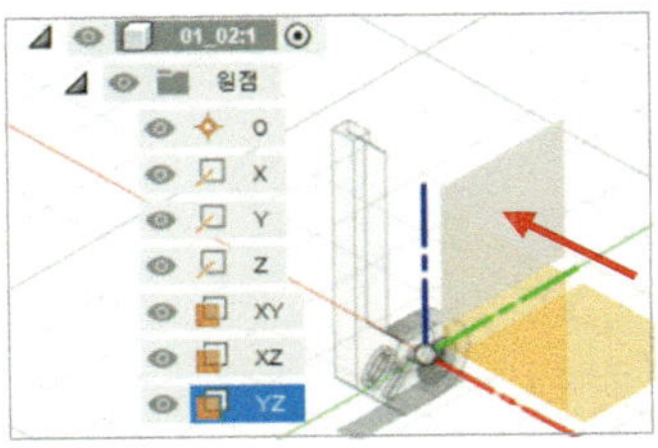

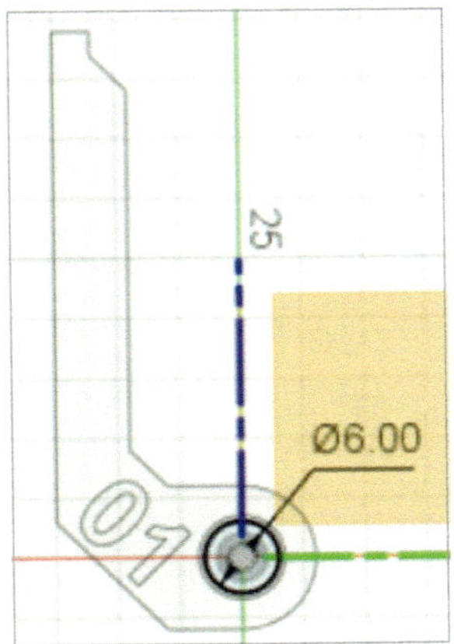

(3) 작성 / 돌출 **선택**

프로파일

: 그림과 같이 프로파일 선택

방향 : 대칭

측정값 : 전체 길이 선택

거리 : 15 입력

생성 : 새 본체 선택

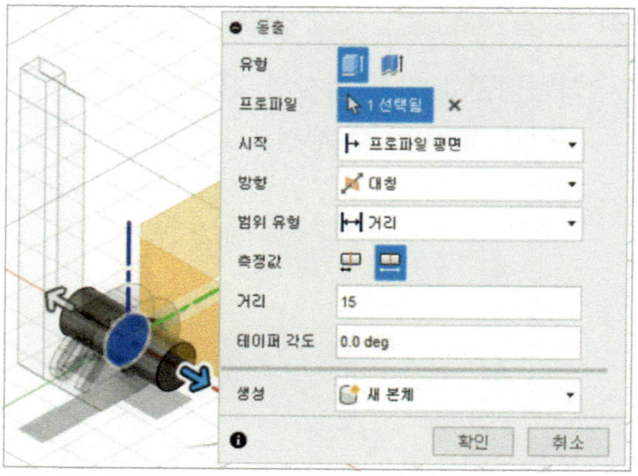

(4) 작성 / 스케치 작성 **선택**

작업평면 : 이전 형상의 측면 선택

그림과 같이 스케치 진행

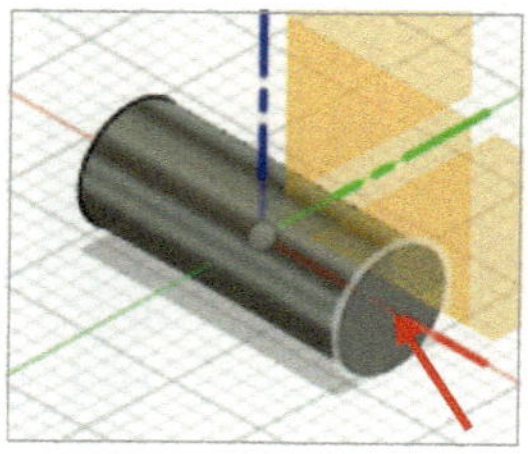

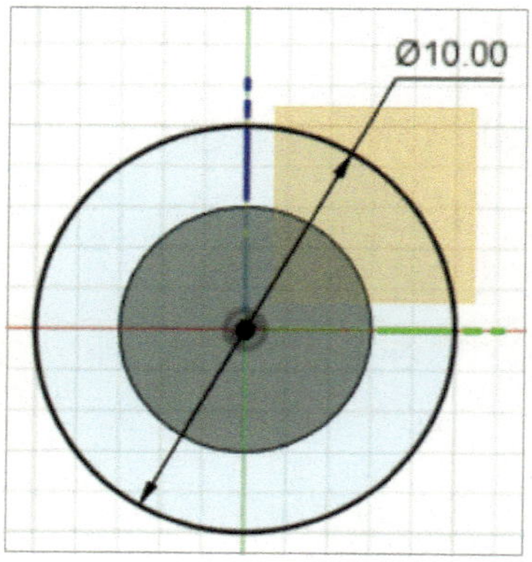

(5) 작성 / 돌출 **선택**

프로파일

: 그림과 같이 프로파일 선택

거리 : -5 입력

생성 : 접합 선택

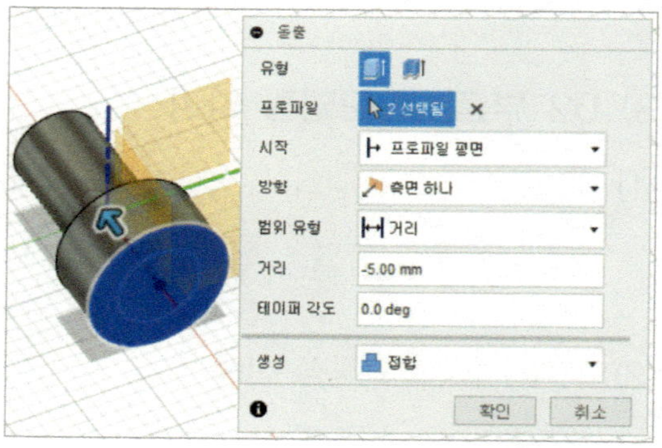

(6) 수정 / 모깎기 **선택**

외형 모서리 선택

반지름값 : 1 입력

구석 유형 : 롤링 볼

(7) 작성 / 스케치 작성 선택

작업평면 : 이전 형상의 측면 선택
그림과 같이 스케치 진행

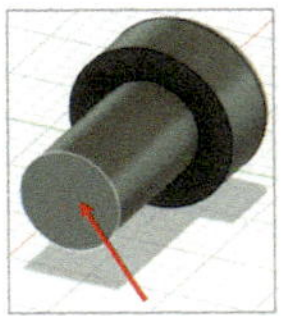

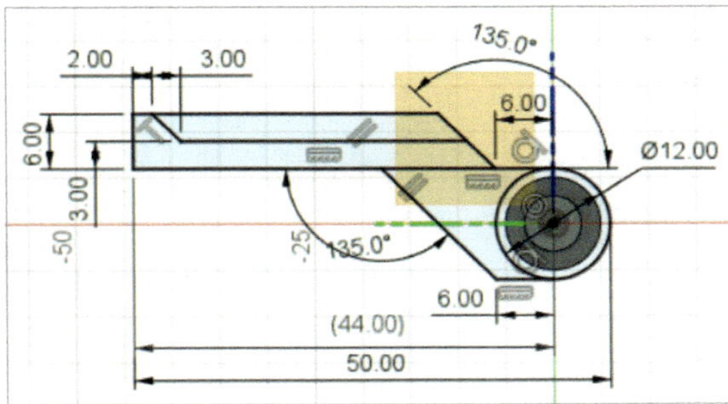

(8) 작성 / 돌출 선택 (2번 실행)

a) **프로파일** : 그림과 같이 프로파일 선택, **거리** : -5 입력, **생성** : 접합 선택

b) (이전에 생성된 2D 스케치 보이게 설정)
   프로파일 : 그림과 같이 프로파일 선택, **거리** : -10 입력, **생성** : 접합 선택
   (사용한 2D 스케치 감추기 설정)

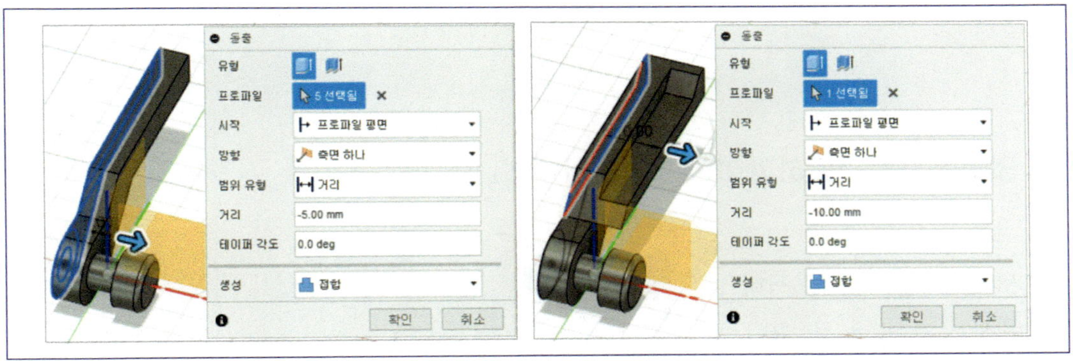

4) 3D모델링 조립하기

(1) (저장되지 않음) 활성화

: 최상위 구성요소에서 원형선택
(모든 원점은 감추기 적용)

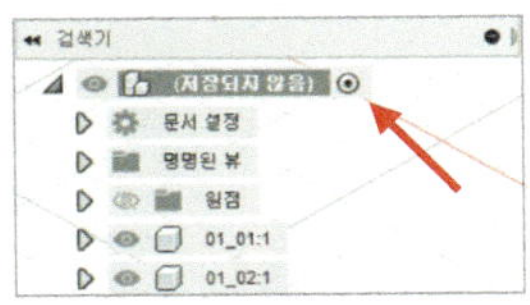

(2) 하나의 부품(구성요소) 고정하기

01_01 선택 ⇨ 마우스 우클릭 ⇨ 고정 선택
(바닥에 고정되면서 압정표시가 생김)

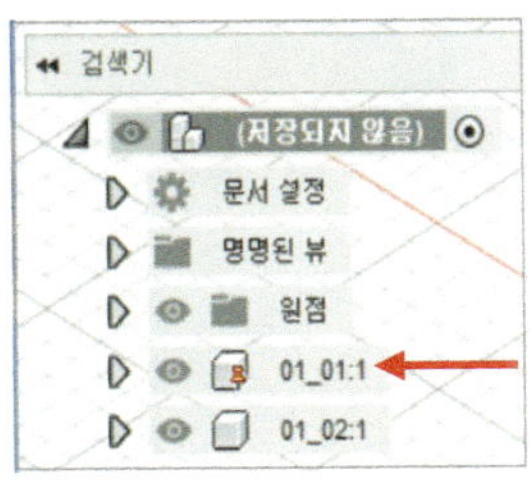

(3) 조립 / 현재 위치에서 접합 선택

접합 유형 : 회전 선택

구성요소 : 01_02, 01_01 선택 (움직이는 부품을 먼저 선택)

모드 : 단순

스냅 : 회전축이 지나는 원통의 중심점 선택

회전 : Z축 (움직임 방향을 확인 후 선택)

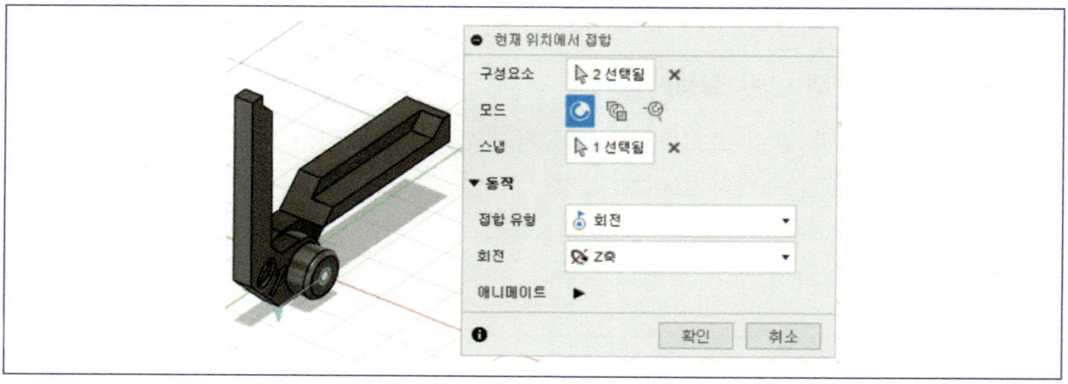

5) 3D모델링 검토하기 (1번 문제 풀이 참조)

(1) 검사 / 간섭 선택

선택 : 2개의 부품 선택

계산 : 간섭 유/무 확인

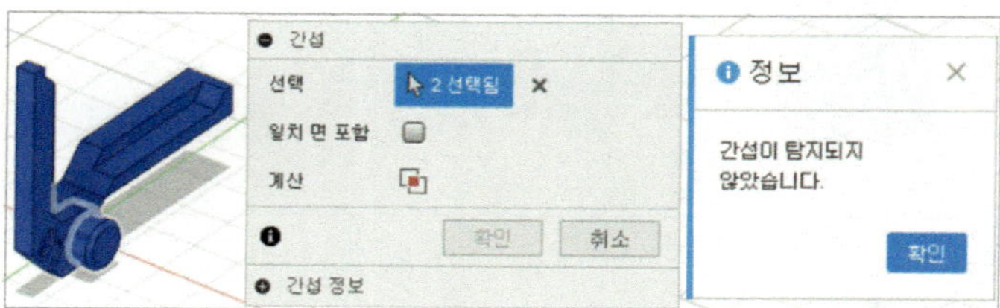

(2) 검사 / 단면 분석 선택

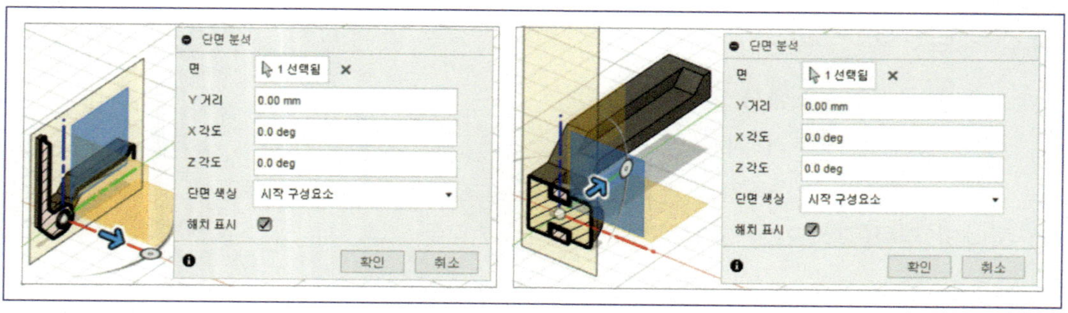

(3) 검사 / 측정 선택

: 주요 부분 치수 측정
 특히 조립 공차 적용 부분 치수 확인

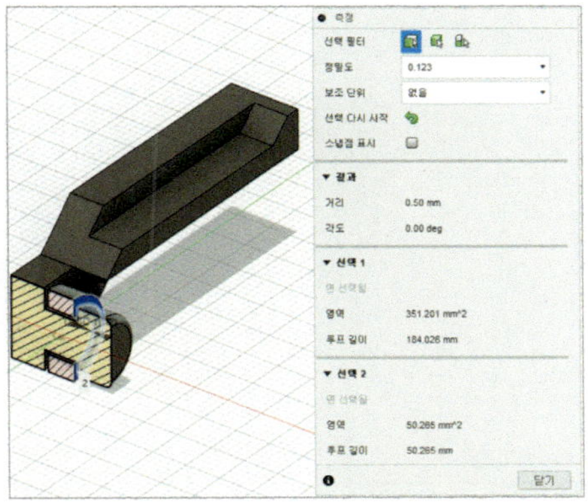

6) 완성된 3D모델링 저장하기 (1번 문제 풀이 참조, Fusion360 파일 및 STP 파일)

조립 형상은 이전 문제 풀이와 동일한 방법으로 진행하면 됩니다.

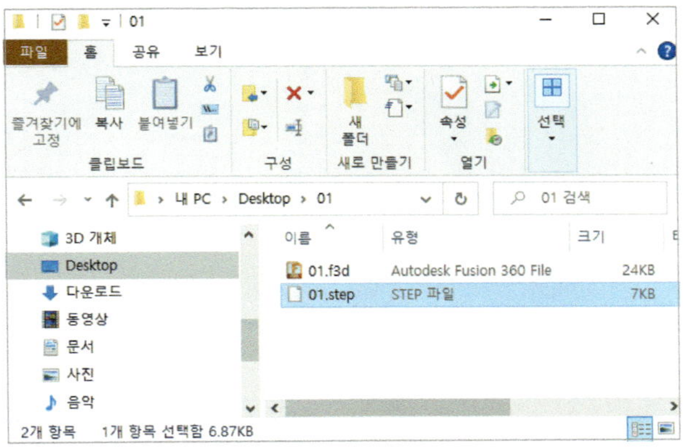

7) STL 파일변환 및 슬라이싱 파일 생성하기 (1번 문제 풀이 참조)

> 개인이나 3D프린터 기계마다 차이가 있으므로 여러 번 출력해 보고 최적의 위치 및 조건을 선정하여 적용하시면 됩니다. 아래 방법은 참조 사항입니다.

(1) STL파일로 변환하기

a) 부품 위치 이동하기

- 조립의 회전 아이콘을 더블클릭 ⇨ 그림과 같이 45도 회전합니다.
- 위치 캡쳐 선택

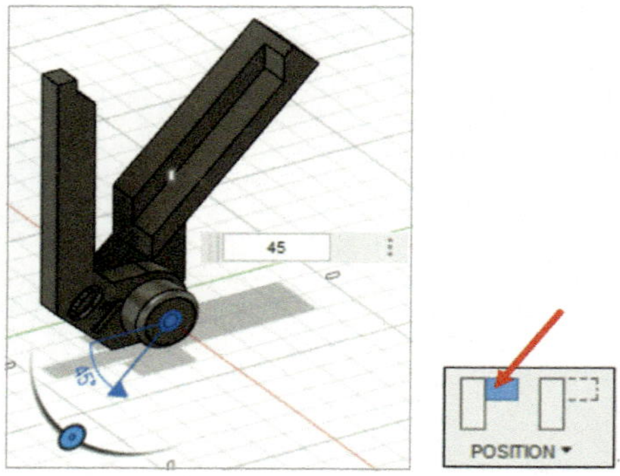

b) 검색기에서 (저장되지 않음) 선택 ⇨ 마우스 우클릭 ⇨ 메쉬로 저장 선택
저장 위치 : 이전에 만든 비번 폴더
파일 이름 : 01.stl 입력

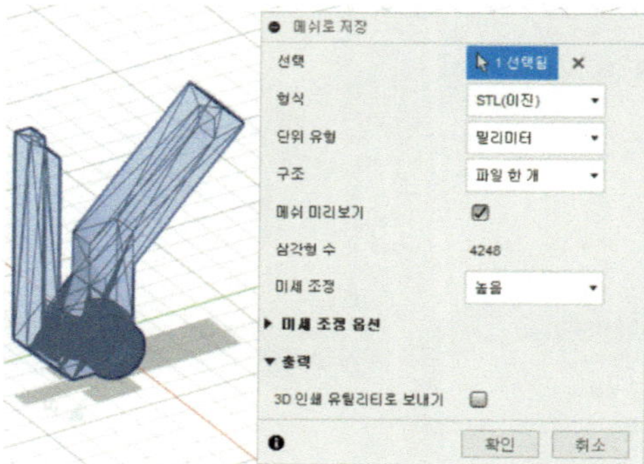

(2) 슬라이싱 파일 만들기 (1번 문제 풀이 참조)

그림처럼 위치하여 출력하는 것을 추천해 드립니다. (슬라이싱 파일 생성)
그림과 같이 최종적으로 4개 파일이 만들어집니다.

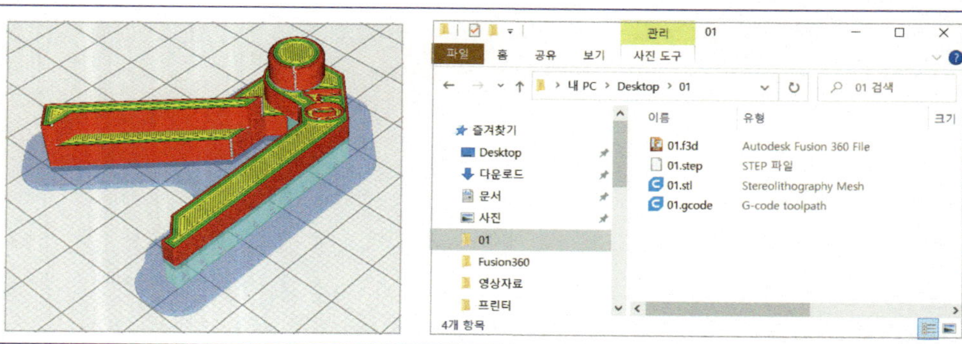

[공개] ⑱

4. 도 면

자격종목	3D프린터운용기능사	[시험 1] 과제명	3D모델링작업	척도	NS

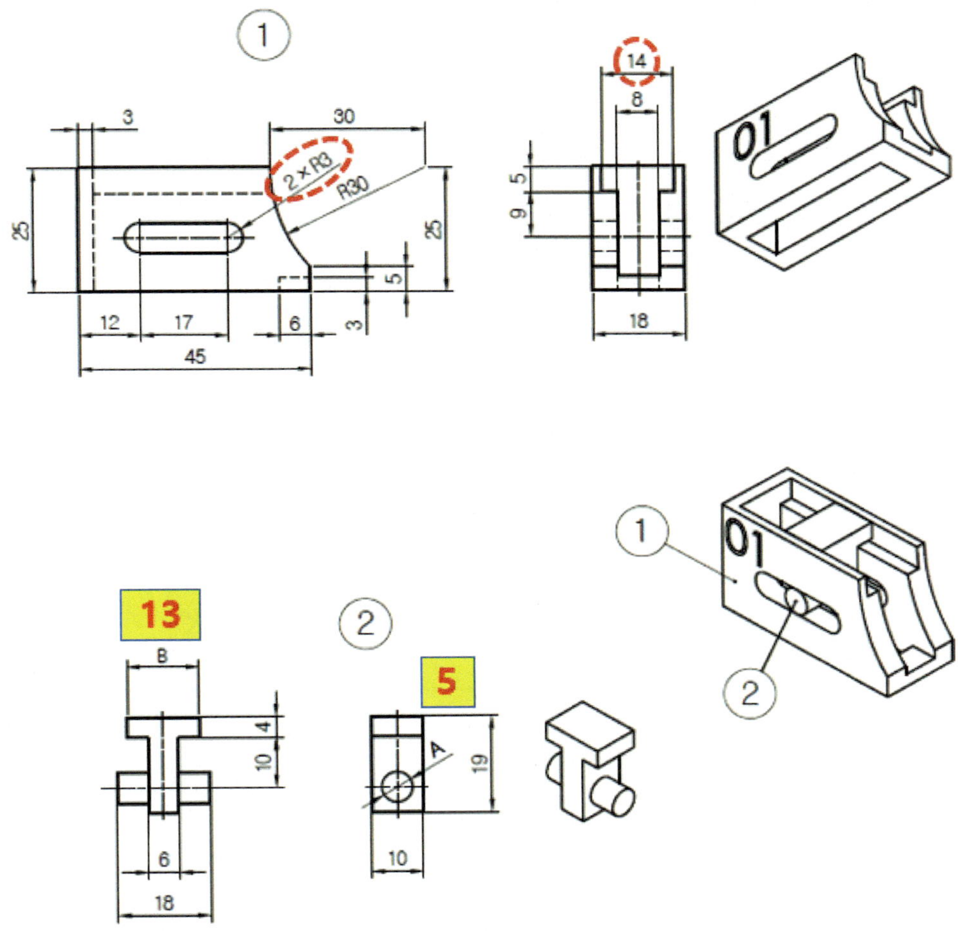

공차 적용.

A, B 문자 치수 : 기준 치수와 차이를 ± 1mm 이하

→ 편 측으로 0.5mm 이하로 적용

1) 폴더 생성 및 구성요소 생성

공개 1번 문제 풀이와 같은 방법으로 진행하면 됩니다. (문제 풀이 참조)

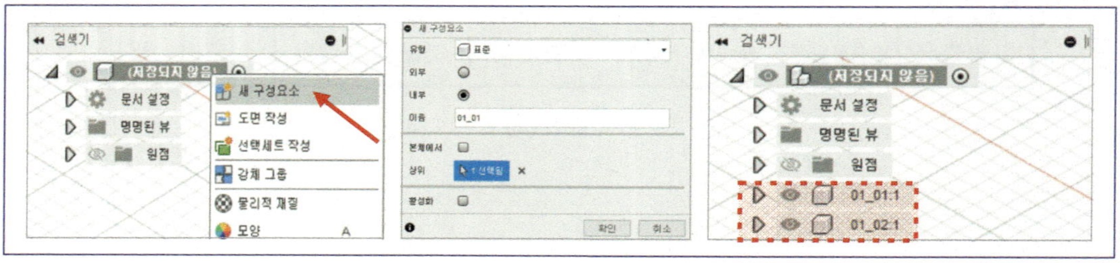

2) 01 부품 3D모델링 하기

(1) 01 구성요소 활성화

마우스로 우측에 있는 원 선택

원점 보이게 선택 (나머지 원점은 감추기 적용)

(2) 작성 / 스케치 작성 **선택**

작업평면 : XZ 평면 선택

그림과 같이 스케치 진행

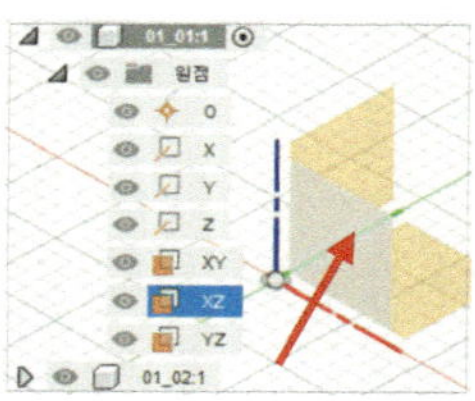

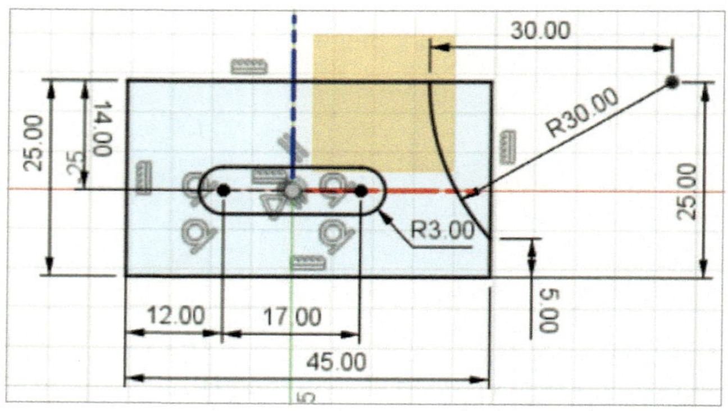

(3) 작성 / 돌출 **선택**

프로파일

: 그림과 같이 프로파일 선택

방향 : 대칭

측정값 : 전체 길이 선택

거리 : 18 입력

생성 : 새 본체 선택

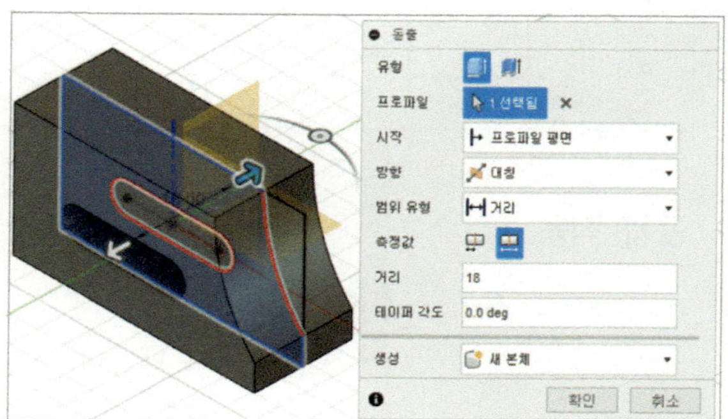

(4) 작성 / 스케치 작성 **선택**

작업평면 : 이전 형상의 바닥면 선택, 그림과 같이 스케치 진행

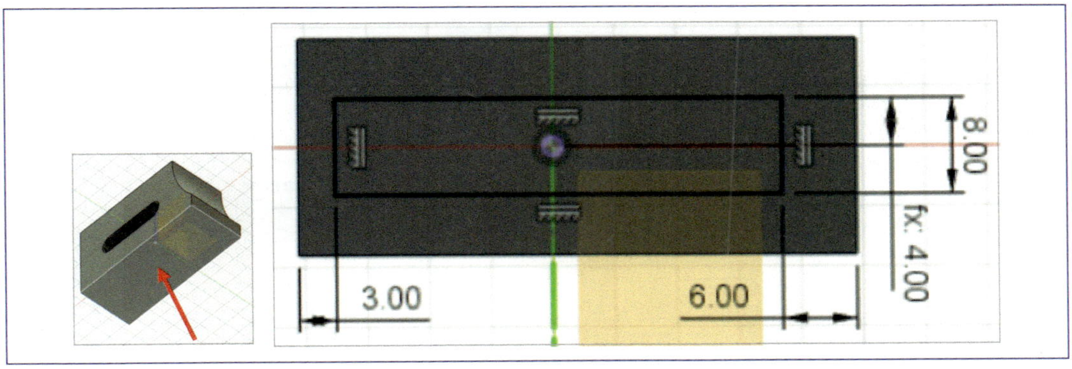

(5) 작성 / 돌출 **선택**

프로파일 : 그림과 같이 프로파일 선택

거리 : 충분한 거리 입력

생성 : 잘라내기 선택

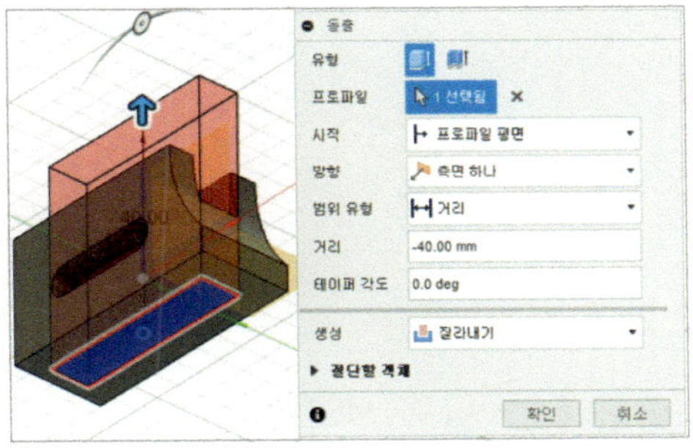

(6) 작성 / 스케치 작성 **선택**

작업평면 : 이전 형상의 내측면 선택, 그림과 같이 스케치 진행

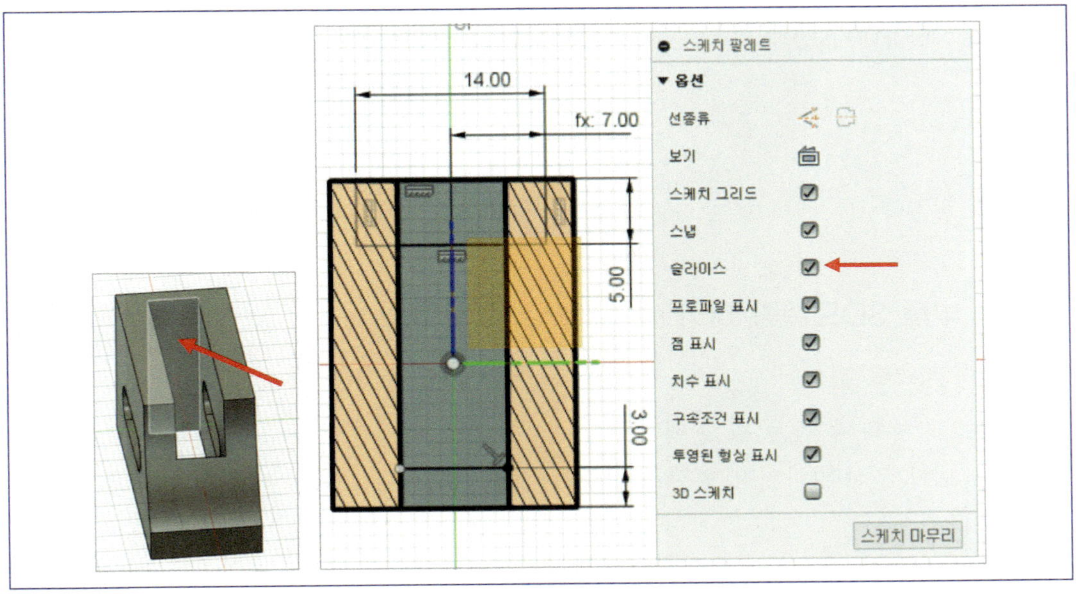

(7) 작성 / 돌출 **선택**

프로파일

: 그림과 같이 프로파일 선택

거리 : 충분한 거리 입력

생성 : 잘라내기 선택

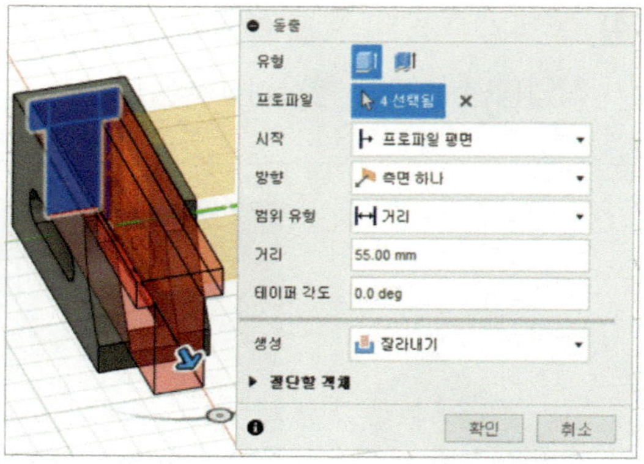

(8) 작성 / 스케치 작성 **선택**

작업평면 : 이전 형상의 전면부 선택

그림과 같이 문자 생성

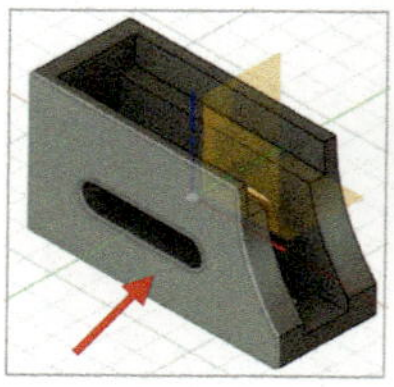

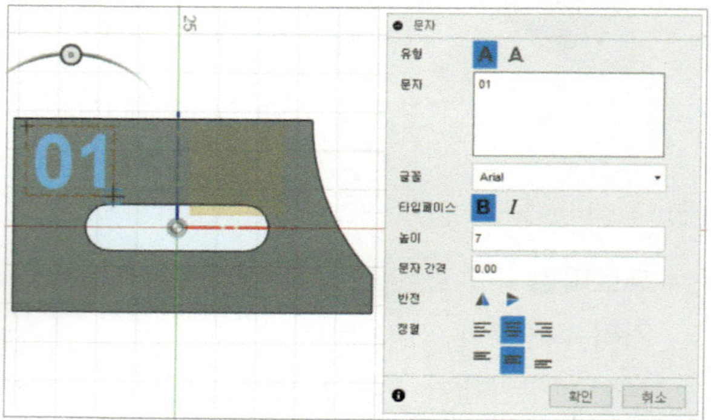

(9) 작성 / 돌출 **선택**

프로파일 : 그림과 같이 문자 선택

거리 : -1 입력

생성 : 잘라내기 선택

3) 02 부품 3D모델링 하기

(1) 02 구성요소 활성화

마우스로 우측에 있는 원 선택

원점 보이게 선택(나머지 원점은 감추기 적용)

(2) 작성 / 스케치 작성 **선택**

작업평면 : XZ 평면 선택

그림과 같이 스케치 진행

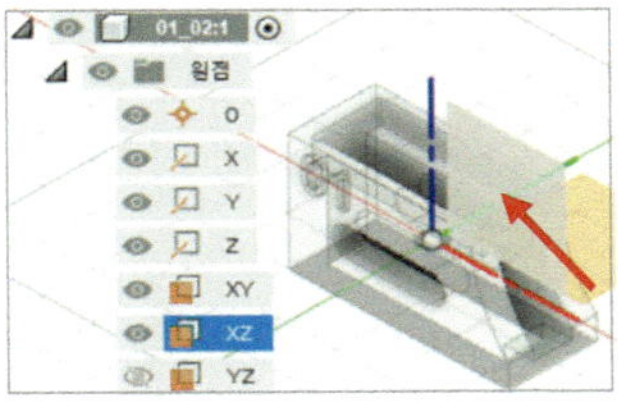

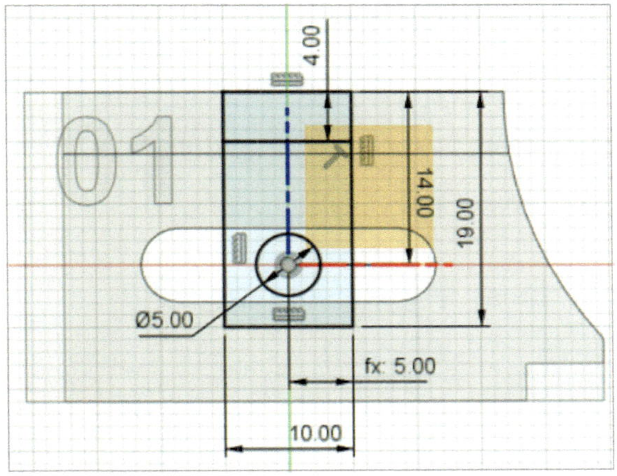

(3) 작성 / 돌출 **선택 (3번 실행)**

a) **프로파일** : 그림과 같이 프로파일 선택

방향 : 대칭

측정값 : 전체 길이 선택

거리 : 18 입력

생성 : 새 본체 선택

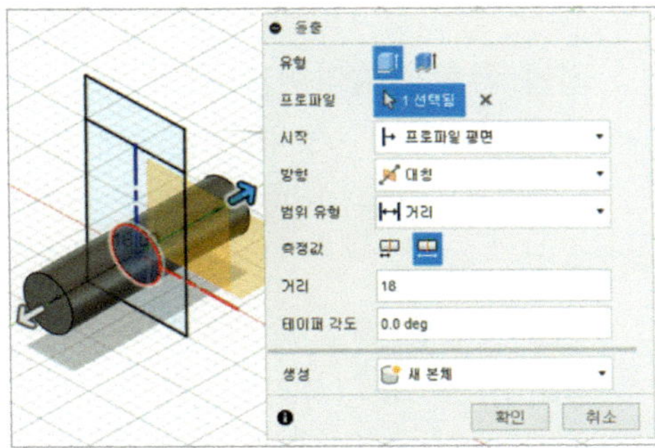

b) (이전에 생성된 2D 스케치 보이게 설정)

프로파일 : 그림과 같이 프로파일 선택

방향 : 대칭

측정값 : 전체 길이 선택

거리 : 6 입력

생성 : 접합 선택

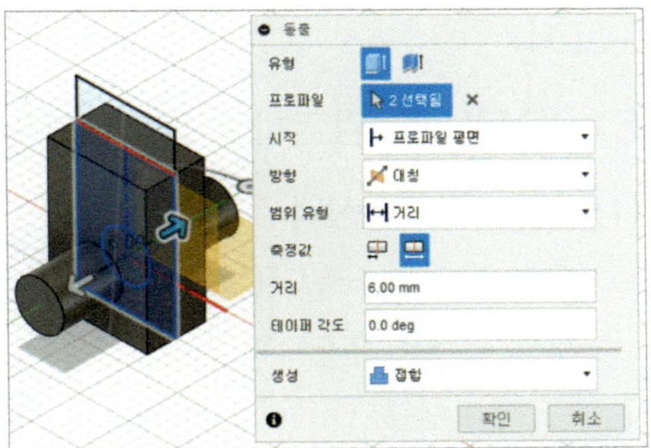

c) **프로파일** : 그림과 같이 프로파일 선택

방향 : 대칭

측정값 : 전체 길이 선택

거리 : 13 입력

생성 : 접합 선택

(사용한 2D 스케치 감추기 설정)

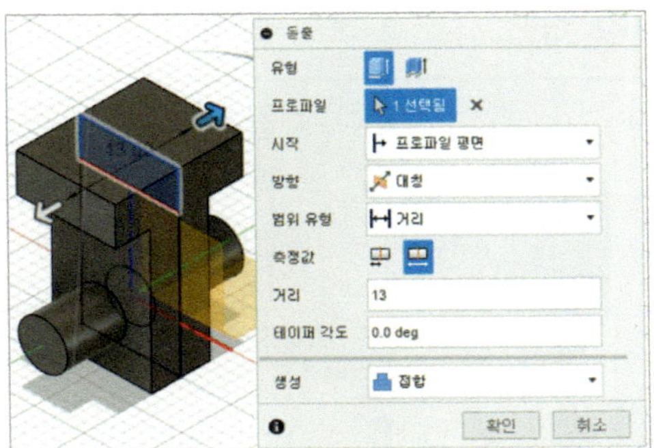

4) 3D모델링 조립하기

(1) (저장되지 않음) 활성화

: 최상위 구성요소에서 원형선택
(모든 원점은 감추기 적용)

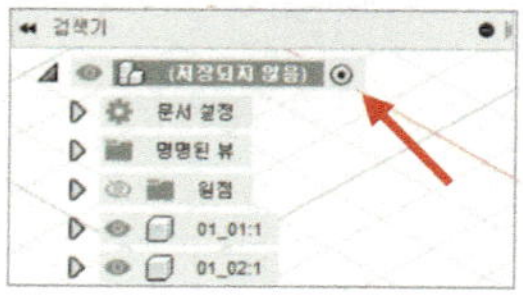

(2) 하나의 부품(구성요소) 고정하기

01_01 선택 ⇨ 마우스 우클릭 ⇨ 고정 선택
(바닥에 고정되면서 압정표시가 생김)

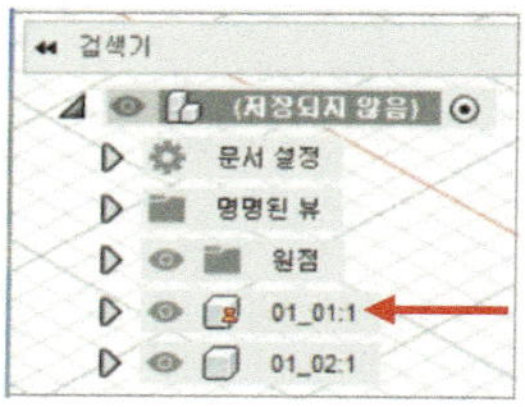

(3) 조립 / 현재 위치에서 접합 선택

접합 유형 : 슬라이드 선택
구성요소 : 01_02, 01_01 선택
(움직이는 부품을 먼저 선택)
모드 : 단순
스냅 : 전면 중심 선택
슬라이드 : Z축(움직임 방향을 확인 후 선택)

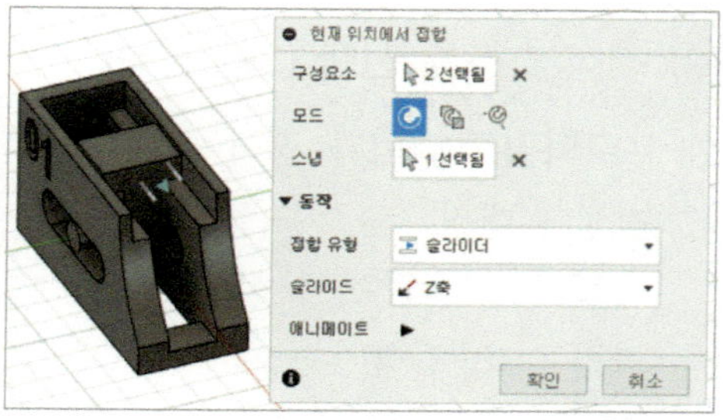

5) 3D모델링 검토하기 (1번 문제 풀이 참조)

(1) 검사 / 간섭 선택

선택 : 2개의 부품 선택
계산 : 간섭 유/무 확인

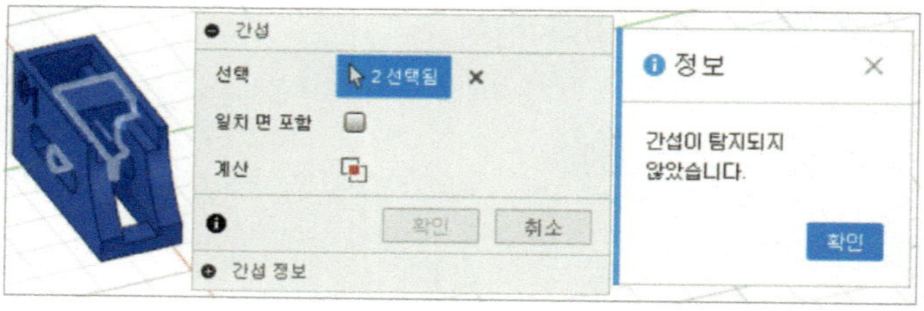

(2) 검사 / 단면 분석 선택

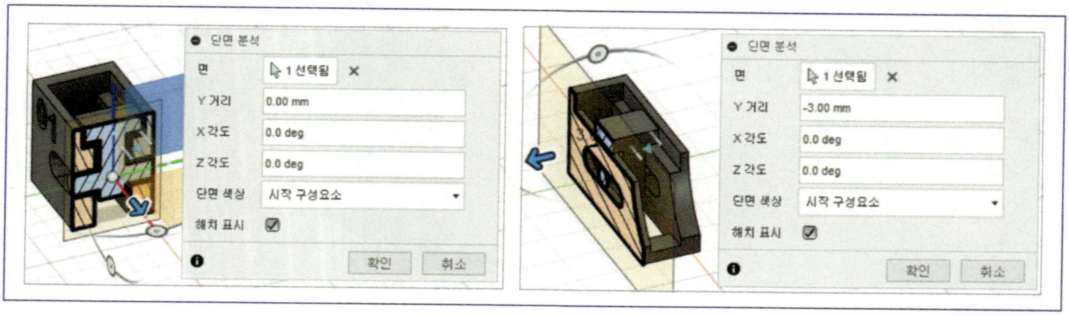

(3) 검사 / 측정 선택

: 주요 부분 치수 측정
특히 조립 공차 적용 부분 치수 확인

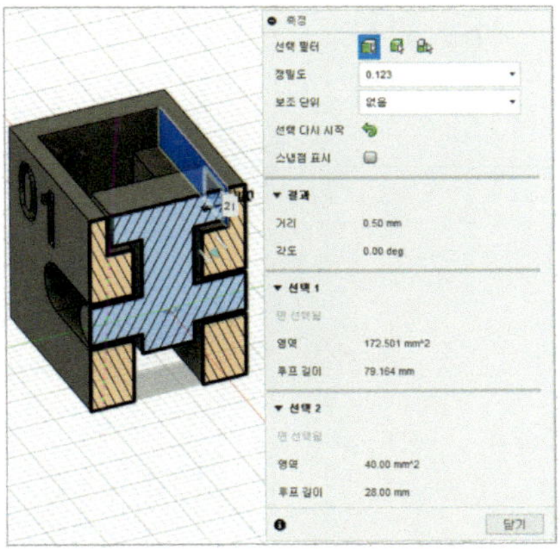

6) 완성된 3D모델링 저장하기 (1번 문제 풀이 참조, Fusion360 파일 및 STP 파일)

조립 형상은 이전 문제 풀이와 동일한 방법으로 진행하면 됩니다.

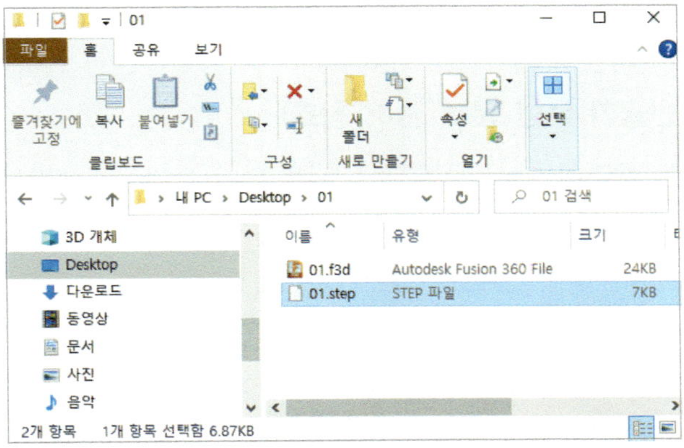

7) STL 파일변환 및 슬라이싱 파일 생성하기

개인이나 3D프린터 장비마다 차이가 있으므로 여러 번 출력해 보고 최적의 위치 및 조건을 선정하여 적용하시면 됩니다. 아래 방법은 참조 사항입니다.

(1) STL파일로 변환하기

a) 추가 이동 없이 현 위치에서 STL 파일로 변환
b) 검색기에서 (저장되지 않음) 선택 ⇨ 마우스 우클릭 ⇨ 메쉬로 저장 선택

저장 위치 : 이전에 만든 비번 폴더
파일 이름 : 01 입력

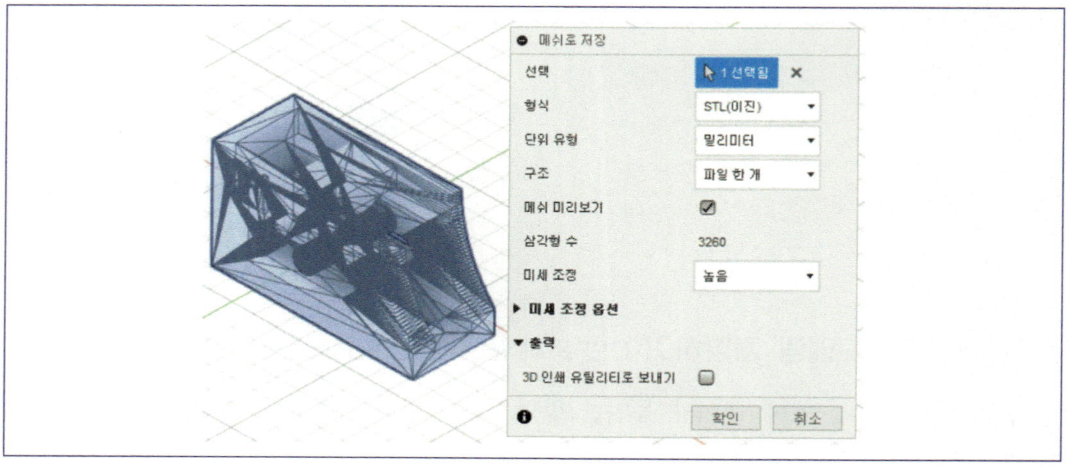

(2) 슬라이싱 파일 만들기 (1번 문제 풀이 참조)

그림처럼 위치하여 출력하는 것을 추천해 드립니다. (슬라이싱 파일 생성)
그림과 같이 최종적으로 4개 파일이 만들어집니다.

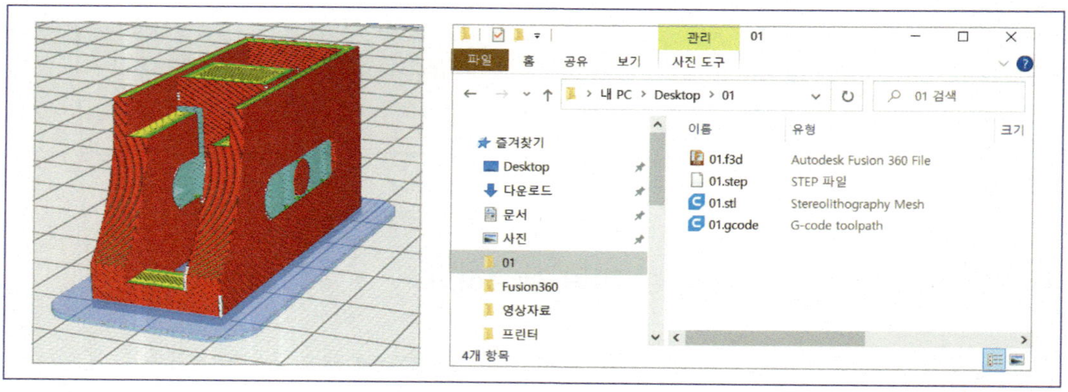

[공개]

19

4. 도 면

자격종목	3D프린터운용기능사	[시험 1] 과제명	3D모델링작업	척도	NS

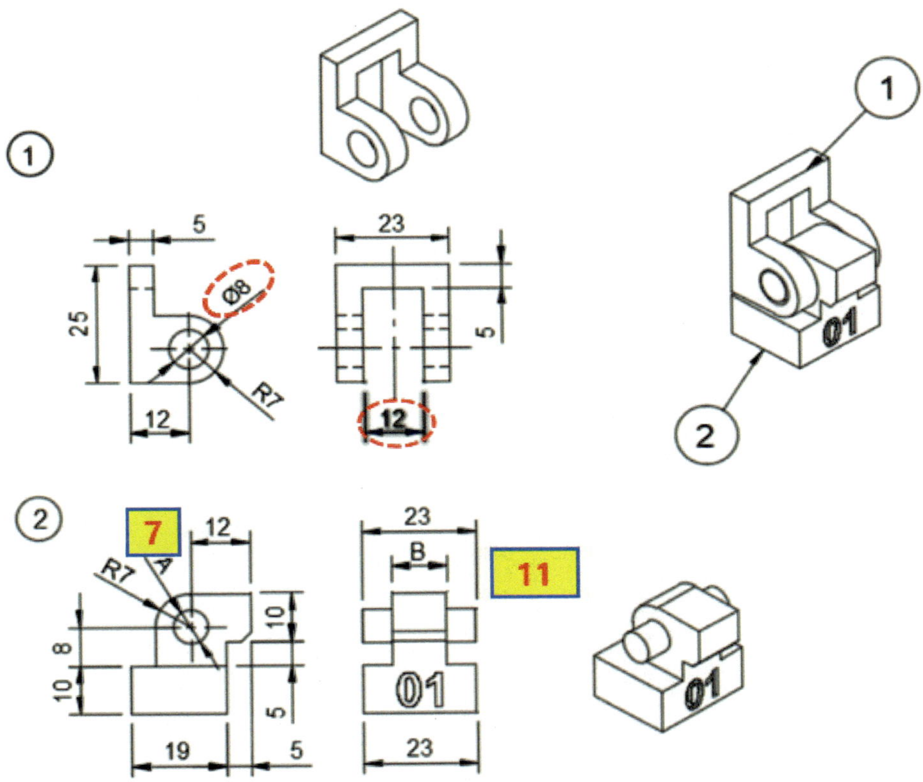

주서

1. 도시되고 지시없는 모떼기는 C2

공차 적용.

A, B 문자 치수 : 기준 치수와 차이를 ± 1mm 이하

→ 편 측으로 0.5mm 이하로 적용

1) 폴더 생성 및 구성요소 생성

공개 1번 문제 풀이와 같은 방법으로 진행하면 됩니다. (문제 풀이 참조)

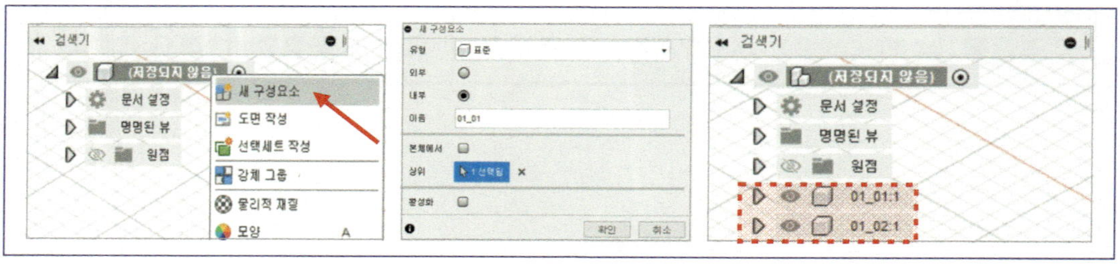

2) 01 부품 3D모델링 하기

(1) 01 구성요소 활성화

마우스로 우측에 있는 원 선택
원점 보이게 선택
(나머지 원점은 감추기 적용)

(2) 작성 / 스케치 작성 **선택**

작업평면 : XZ 평면 선택
그림과 같이 스케치 진행

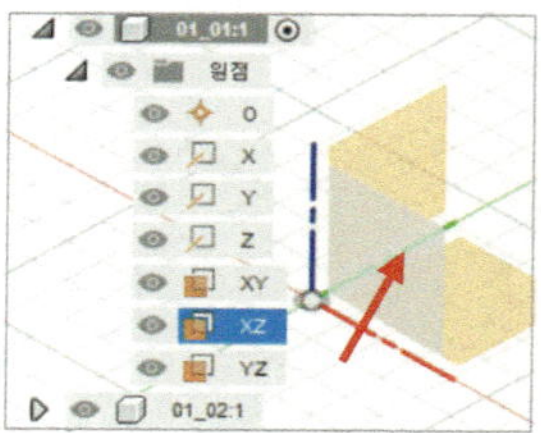

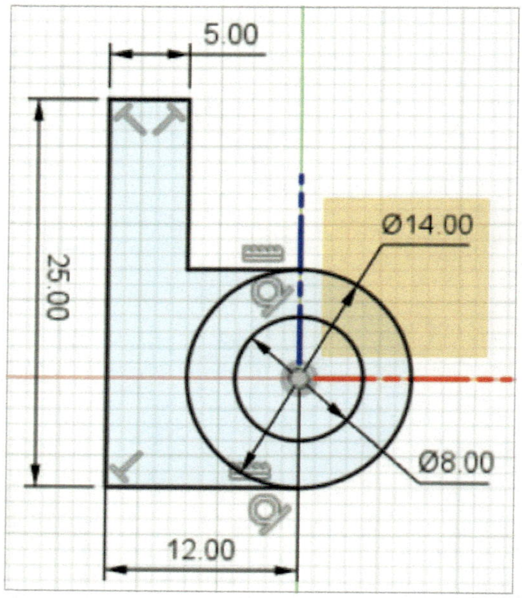

(3) 작성 / 돌출 **선택**

프로파일 : 그림과 같이 프로파일 선택
방향 : 대칭
측정값 : 전체 길이 선택
거리 : 23 입력
생성 : 새 본체 선택

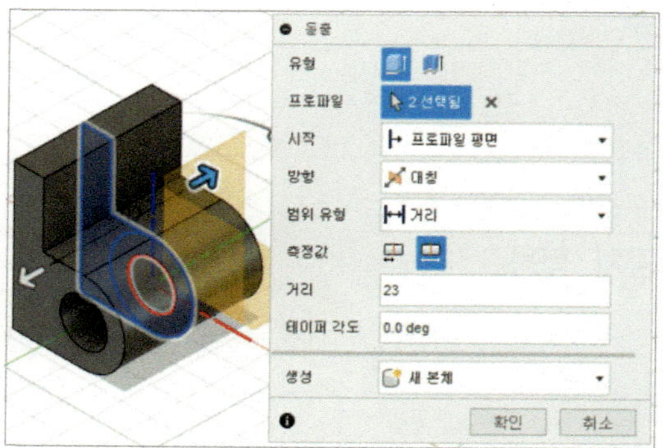

(4) 작성 / 스케치 작성 **선택**

작업평면 : YZ 평면 선택

그림과 같이 스케치 진행

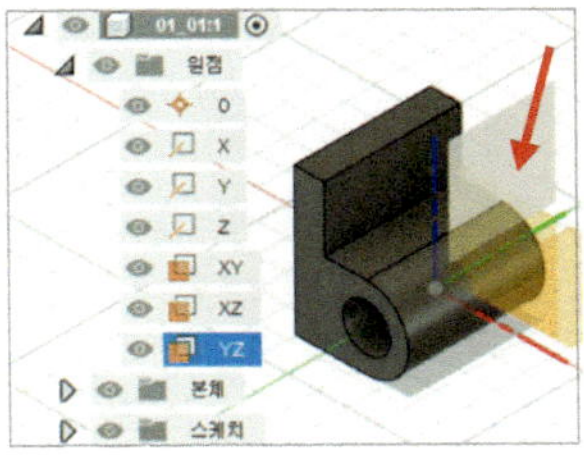

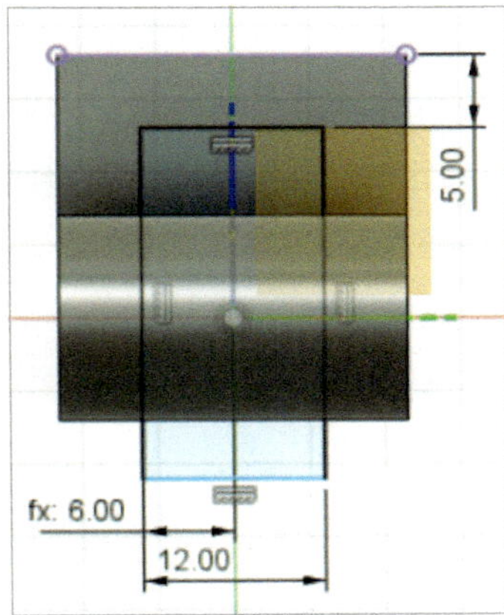

(5) 작성 / 돌출 **선택**

프로파일 : 그림과 같이 프로파일 선택

방향 : 대칭

측정값 : 절반 길이 선택

거리 : 충분한 거리 입력

생성 : 잘라내기 선택

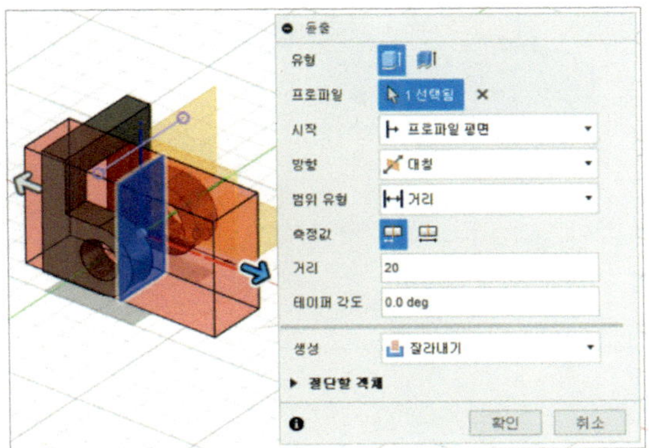

3) 02 부품 3D모델링 하기

(1) 02 구성요소 활성화

마우스로 우측에 있는 원 선택

원점 보이게 선택

(나머지 원점은 감추기 적용)

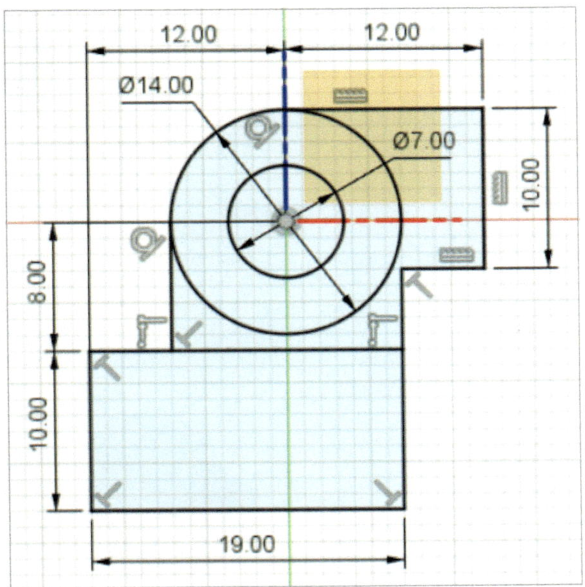

(2) 작성 / 스케치 작성 **선택**

작업평면 : XZ 평면 선택

그림과 같이 스케치 진행

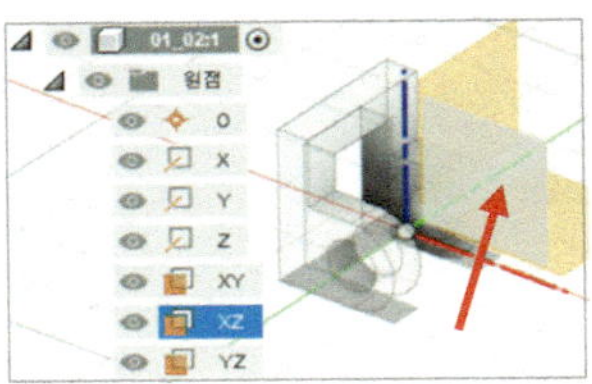

(3) 작성 / 돌출 선택

a) **프로파일** : 그림과 같이 프로파일 선택, **방향** : 대칭
측정값 : 전체 길이 선택, **거리** : 11 입력, **생성** : 새 본체 선택

b) (이전에 생성된 2D 스케치 보이게 설정)
프로파일 : 그림과 같이 프로파일 선택, **방향** : 대칭
측정값 : 전체 길이 선택, **거리** : 23 입력, **생성** : 접합 선택
(사용한 2D 스케치 감추기 설정)

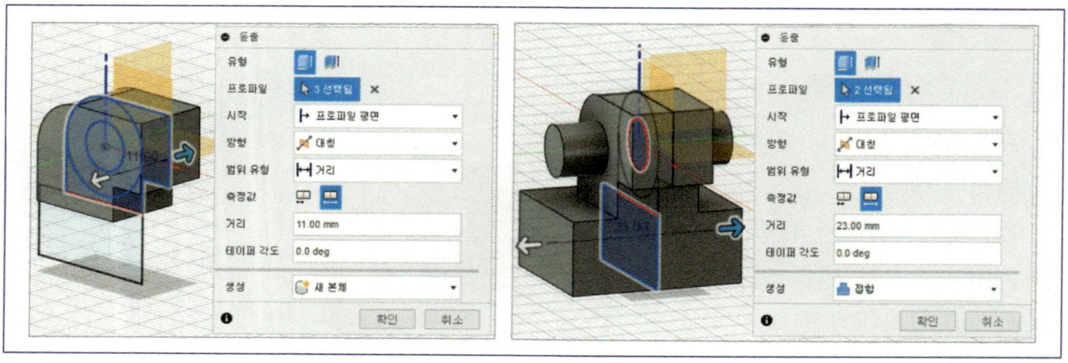

(4) 수정 / 모따기 선택

그림과 같이 모서리 1곳 선택
2 입력

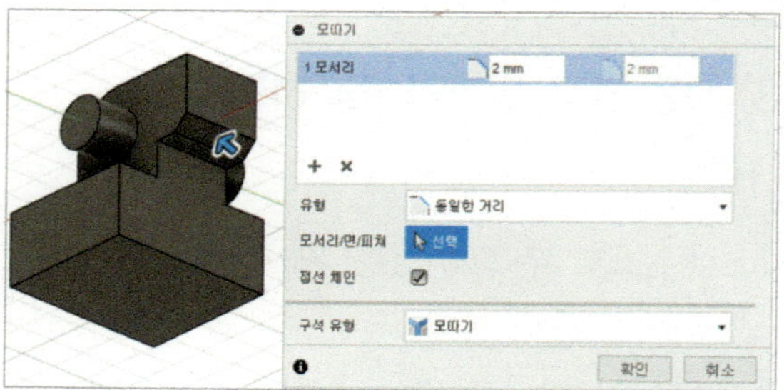

(5) 작성 / 스케치 작성 선택

작업평면 : 이전 형상의 측면부 선택
그림과 같이 문자 생성

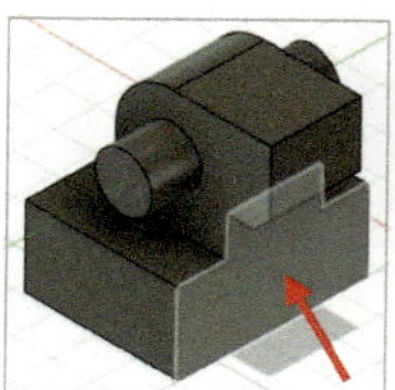

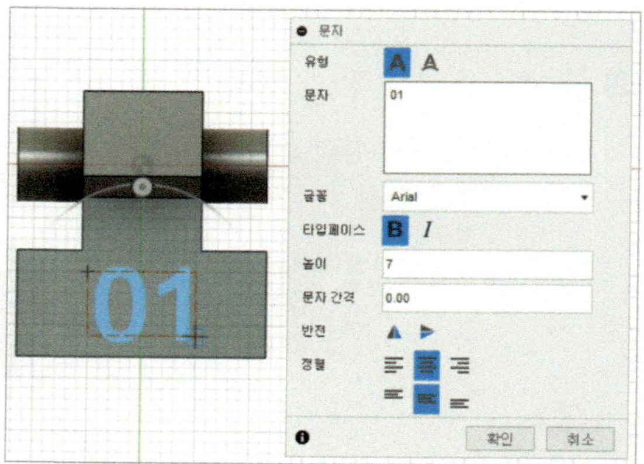

(6) 작성 / 돌출 선택

프로파일 : 그림과 같이 문자 선택
거리 : -1 입력
생성 : 잘라내기 선택

4) 3D모델링 조립하기

(1) (저장되지 않음) 활성화

: 최상위 구성요소에서 원형선택 (모든 원점은 감추기 적용)

(2) 하나의 부품(구성요소) 고정하기

01_02 선택 ⇨ 마우스 우클릭 ⇨ 고정 선택
(바닥에 고정되면서 압정표시가 생김)

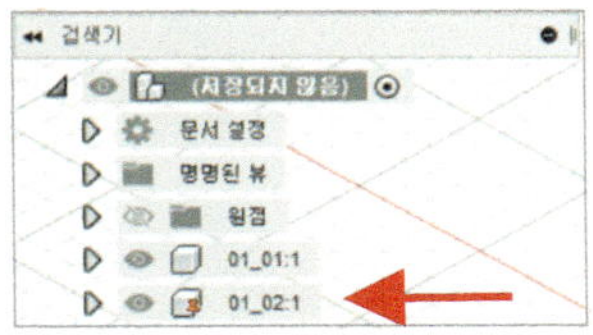

(3) 조립 / 현재 위치에서 접합 선택

접합 유형 : 회전 선택
구성요소 : 01_01, 01_02 선택
(움직이는 부품을 먼저 선택)
모드 : 단순
스냅 : 그림과 같이 원의 중심 선택
회전 : Z축 (움직임 방향을 확인 후 선택)

5) 3D모델링 검토하기 (1번 문제 풀이 참조)

(1) 검사 / 간섭 선택

선택 : 2개의 부품 선택
계산 : 간섭 유/무 확인

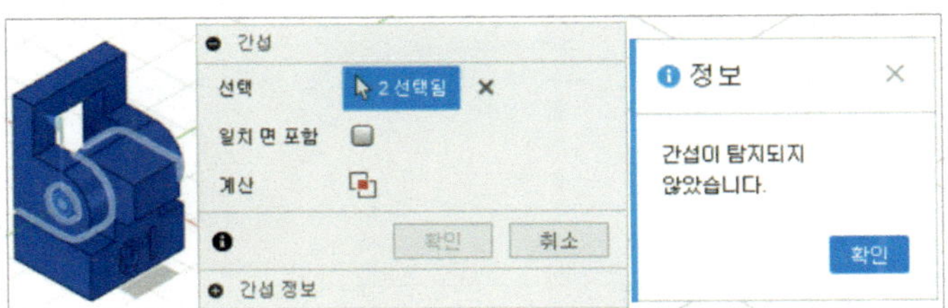

(2) 검사 / 단면 분석 선택

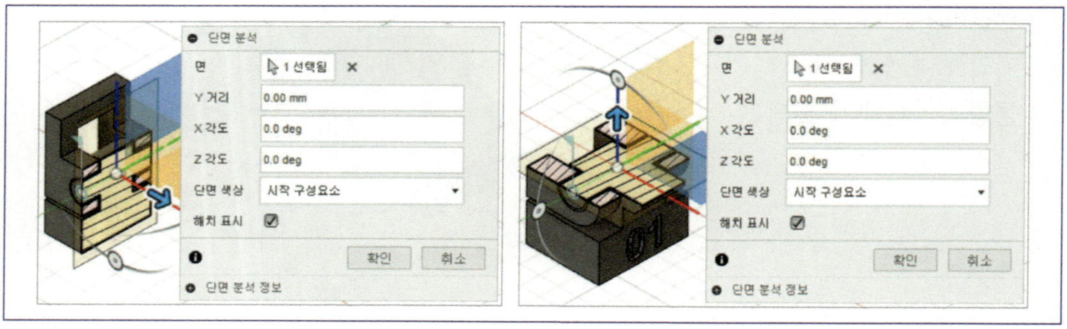

(3) 검사 / 측정 선택

: 주요 부분 치수 측정

특히 조립 공차 적용 부분 치수 확인

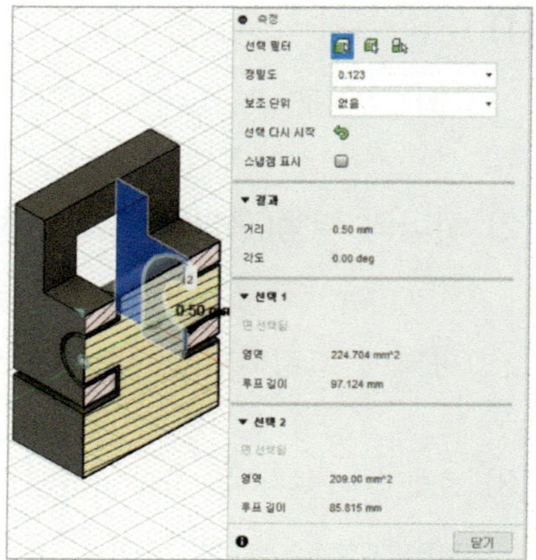

6) 완성된 3D모델링 저장하기 (1번 문제 풀이 참조, Fusion360 파일 및 STP 파일)

조립 형상은 이전 문제 풀이와 동일한 방법으로 진행하면 됩니다.

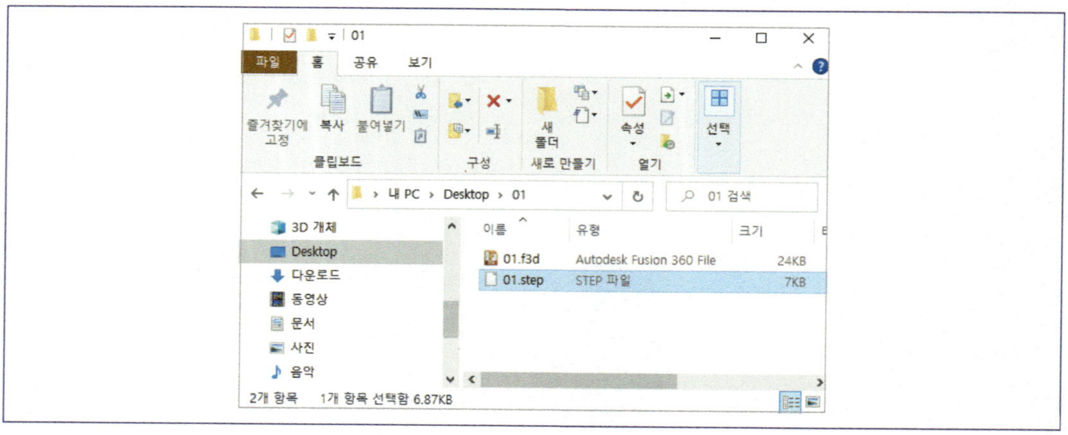

7) STL 파일변환 및 슬라이싱 파일 생성하기 (1번 문제 풀이 참조)

> 개인이나 3D프린터 기계마다 차이가 있으므로 여러 번 출력해 보고 최적의 위치 및 조건을 선정하여 적용하시면 됩니다. 아래 방법은 참조 사항입니다.

(1) STL파일로 변환하기

a) 부품 위치 이동하기

추가 이동 없이 현 위치에서 STL 파일로 변환합니다.

b) 검색기에서 (저장되지 않음) 선택

⇨ 마우스 우클릭 ⇨ 메쉬로 저장 선택

저장 위치 : 이전에 만든 비번 폴더

파일 이름 : 01.stl 입력

(2) 슬라이싱 파일 만들기 (1번 문제 풀이 참조)

그림처럼 위치하여 출력하는 것을 추천해 드립니다. (슬라이싱 파일 생성)

그림과 같이 최종적으로 4개 파일이 만들어집니다.

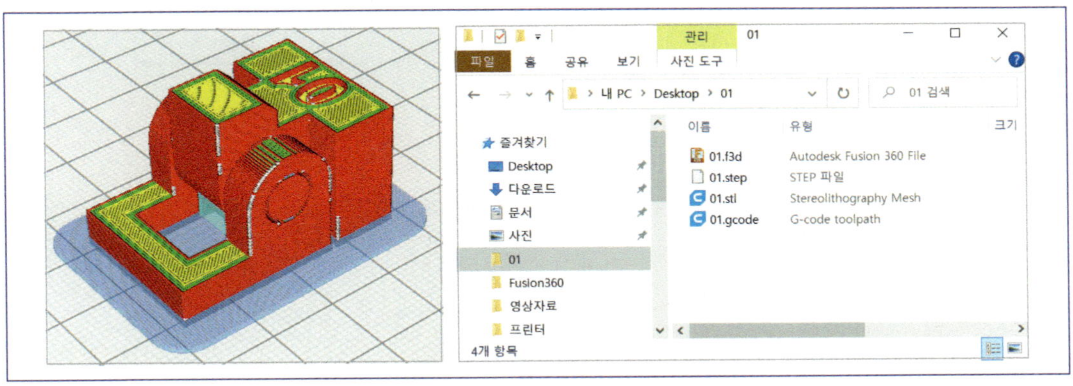

[공개]

⑳

4. 도 면

자격종목	3D프린터운용기능사	[시험 1] 과제명	3D모델링작업	척도	NS

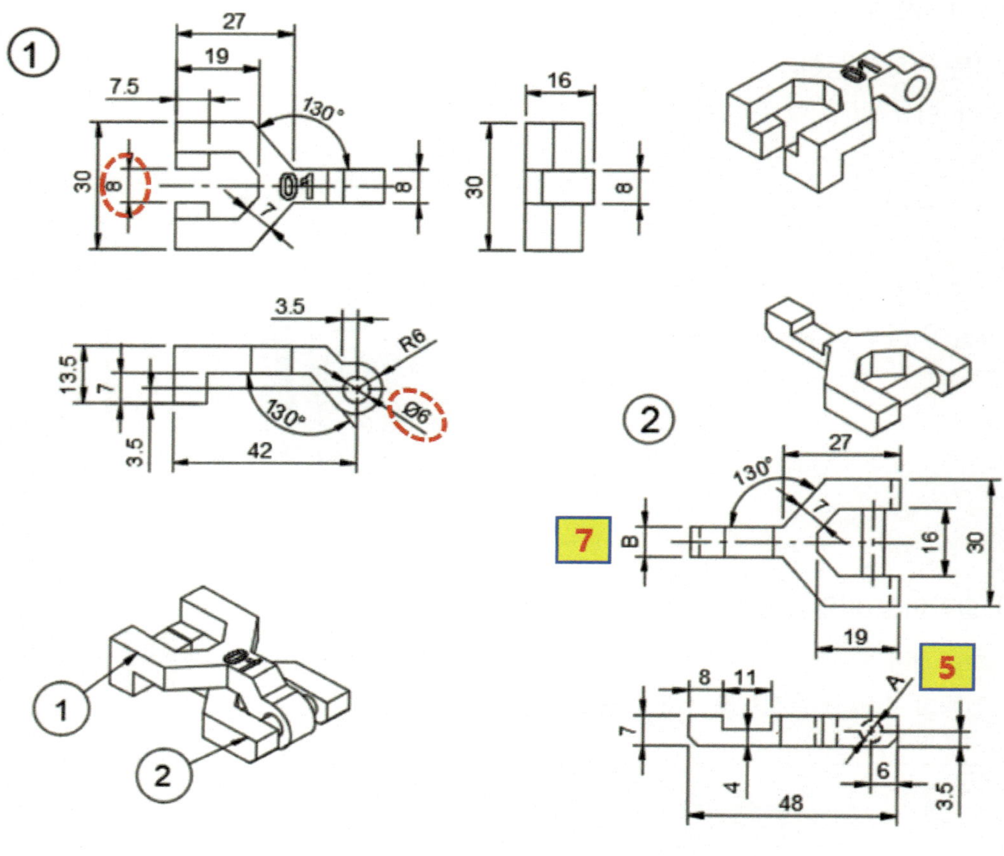

주서
1. 도시되고 지시없는 모떼기는 C2

공차 적용.

A, B 문자 치수 : 기준 치수와 차이를 ± 1mm 이하

→ 편 측으로 0.5mm 이하로 적용

1) 폴더 생성 및 구성요소 생성

공개 1번 문제 풀이와 같은 방법으로 진행하면 됩니다. (문제 풀이 참조)

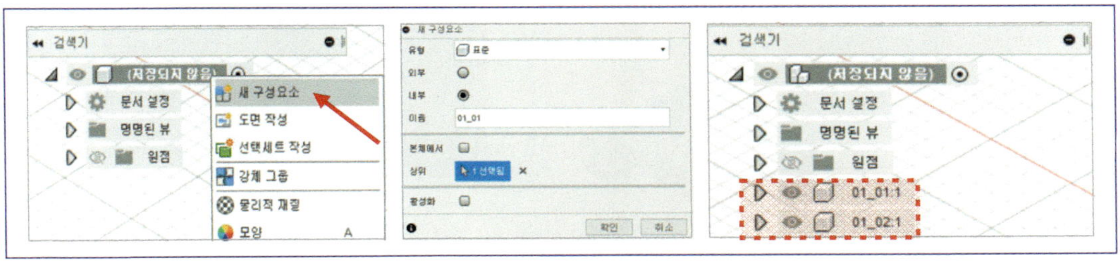

2) 01 부품 3D모델링 하기

(1) 01 구성요소 활성화

마우스로 우측에 있는 원 선택

원점 보이게 선택(나머지 원점은 감추기 적용)

(2) 작성 / 스케치 작성 선택

작업평면 : YZ 평면 선택

그림과 같이 스케치 진행

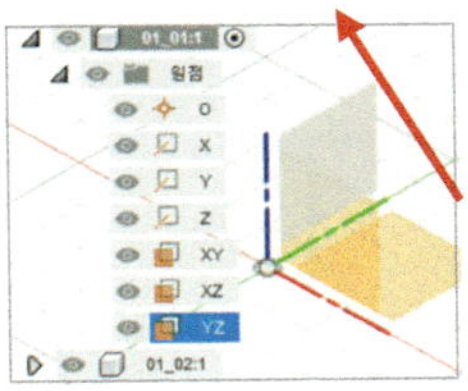

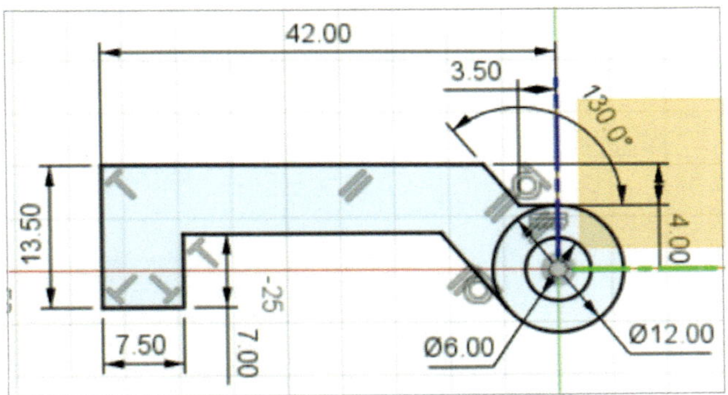

(3) 작성 / 돌출 선택

프로파일 : 그림과 같이 프로파일 선택

방향 : 대칭

측정값 : 전체 길이 선택

거리 : 30 입력

생성 : 새 본체 선택

(4) 작성 / 스케치 작성 **선택**

작업평면 : 이전 형상 윗면 선택
그림과 같이 스케치 진행

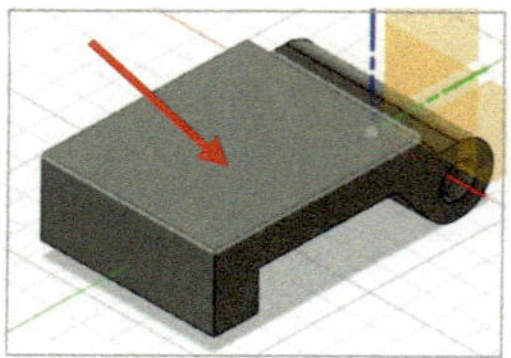

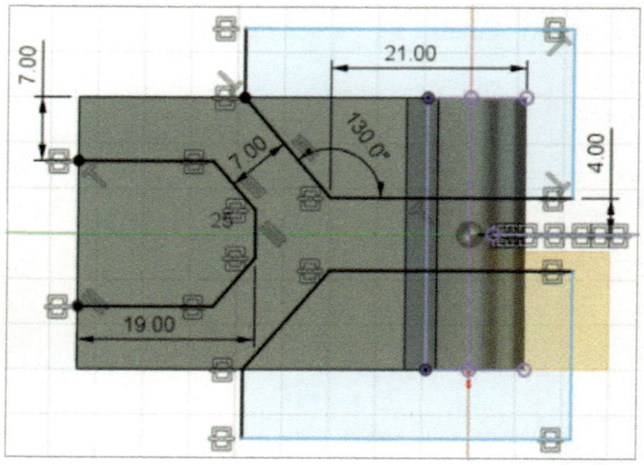

(5) 작성 / 돌출 **선택**

프로파일 : 그림과 같이 프로파일 선택
거리 : 충분한 거리 입력
생성 : 잘라내기 선택

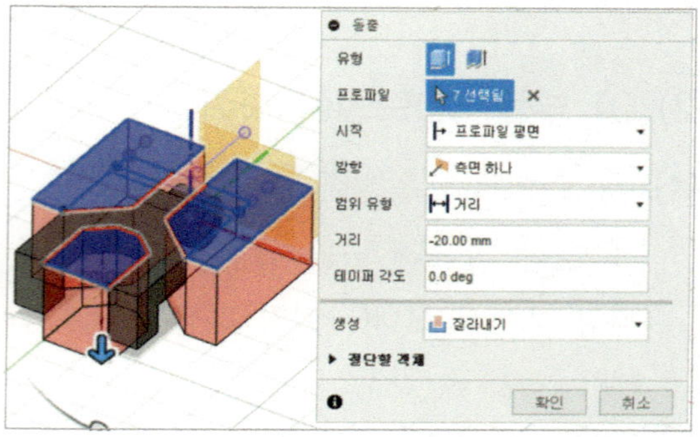

(6) 작성 / 스케치 작성 **선택**

작업평면 : 이전 형상의 안쪽 측면 선택, 그림과 같이 스케치 진행

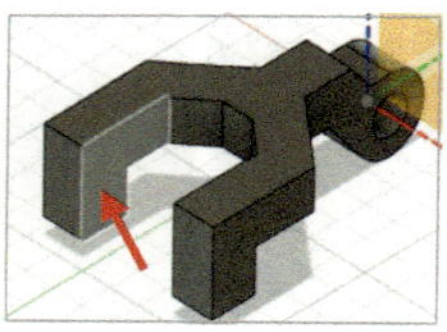

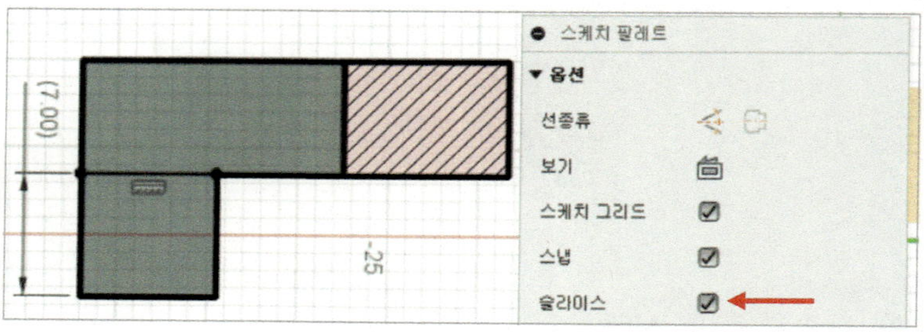

(7) 작성 / 돌출 **선택**

프로파일 : 그림과 같이 프로파일 선택
방향 : 대칭
측정값 : 전체 길이 선택
거리 : 4 입력
생성 : 새 본체 선택

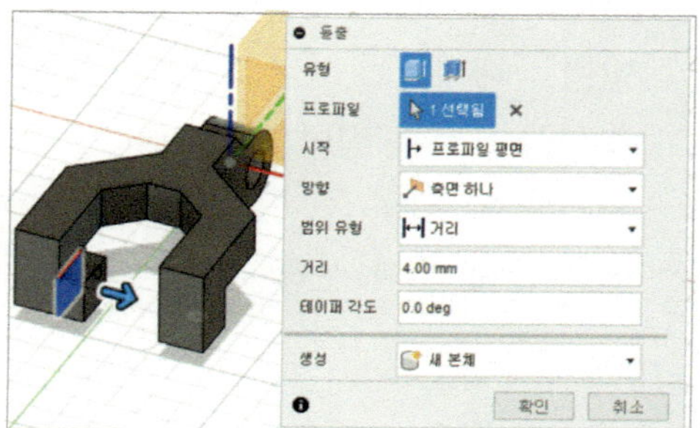

(8) 작성 / 미러 **선택**

유형 : 본체 선택

객체 : 이전 3D 형상 선택

미러 평면 : YZ 평면

작업 : 새 본체 선택

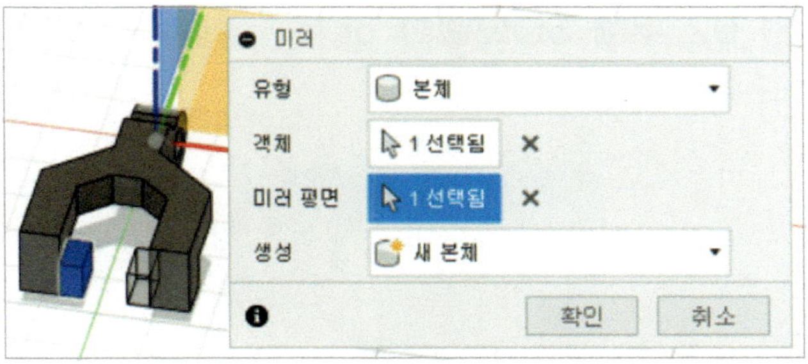

(9) 수정 / 결합 **선택**

대상 본체 : 가운데 형상 선택

도구 본체 : 미러 형상 2개 선택

생성 : 접합 선택

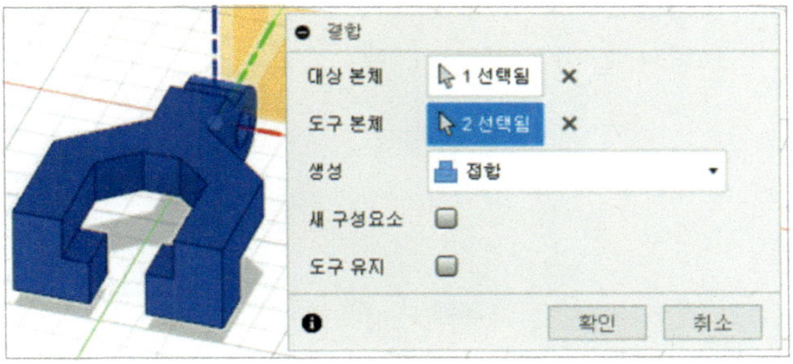

(11) 작성 / 스케치 작성 **선택**

작업평면 : 이전 형상의 윗면 선택

그림과 같이 문자 생성

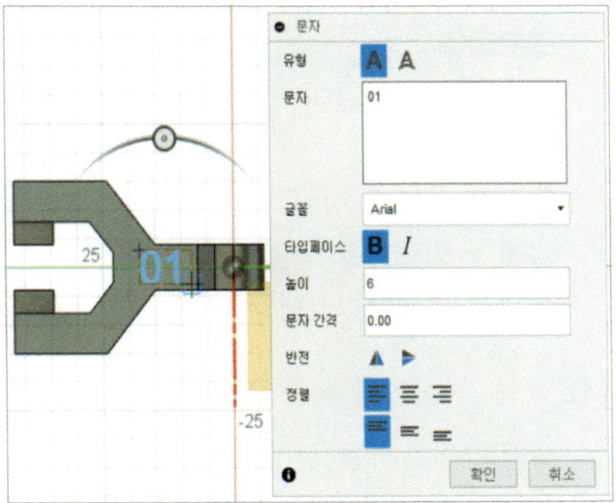

(12) 작성 / 돌출 **선택**

프로파일 : 그림과 같이 문자 선택

거리 : -1 입력

생성 : 잘라내기 선택

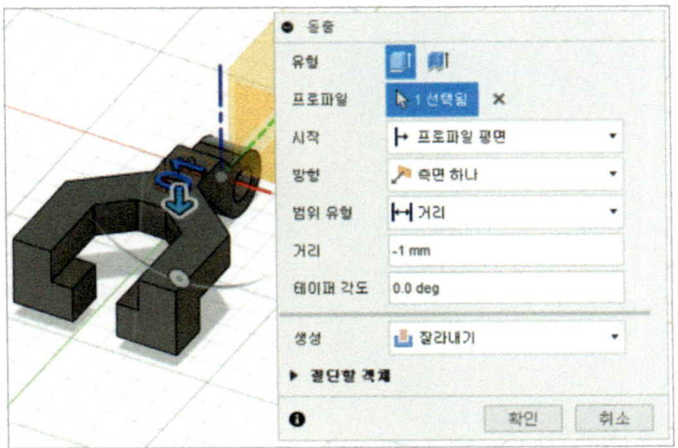

3) 02 부품 3D모델링 하기

(1) 02 구성요소 활성화

마우스로 우측에 있는 원 선택

원점 보이게 선택(나머지 원점은 감추기 적용)

(2) 작성 / 스케치 작성 **선택**

작업평면 : YZ 평면 선택

그림과 같이 스케치 진행

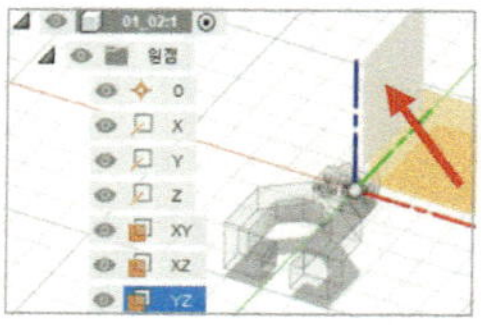

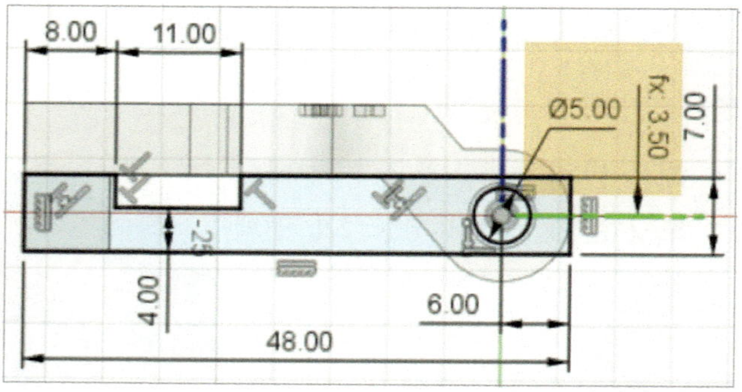

(3) 작성 / 돌출 **선택**

프로파일

: 그림과 같이 프로파일 선택

방향 : 대칭

측정값 : 전체 길이 선택

거리 : 30 입력

생성 : 새 본체 선택

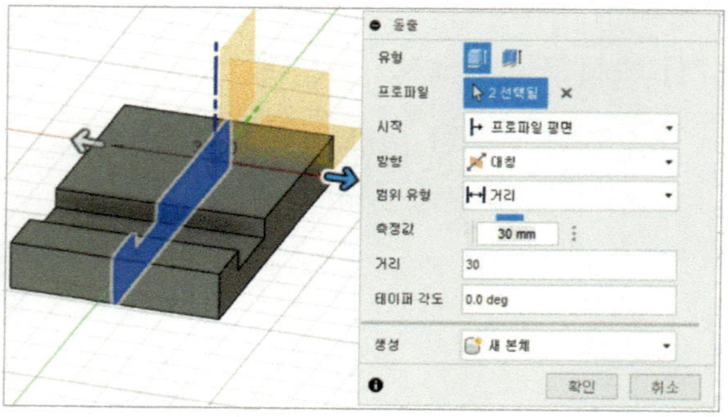

(4) 작성 / 스케치 작성 **선택**

작업평면 : 이전 형상 윗면 선택

그림과 같이 스케치 진행

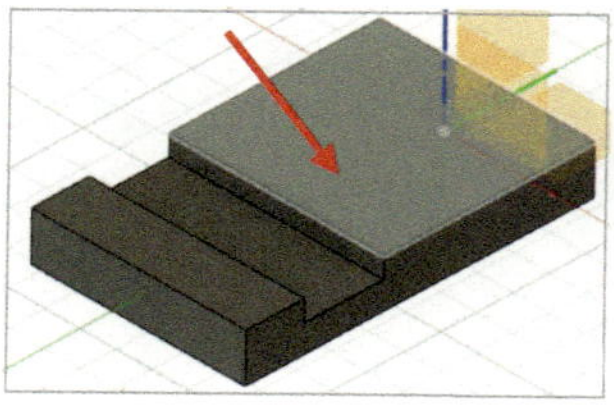

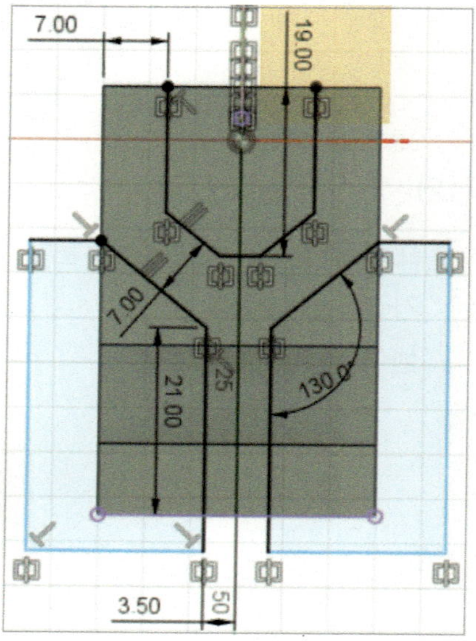

(5) 작성 / 돌출 선택

프로파일

: 그림과 같이 프로파일 선택

거리 : 충분한 거리 입력

생성 : 잘라내기 선택

(6) 작성 / 돌출 선택

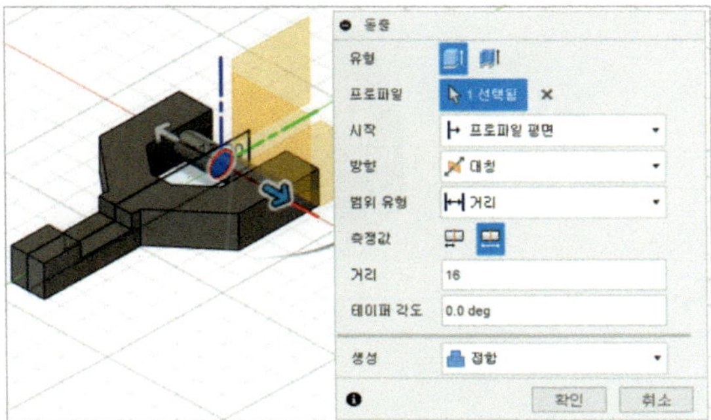

(처음 생성된 2D 스케치 보이게 설정)

프로파일 : 중앙의 원 선택

방향 : 대칭

측정값 : 전체 길이 선택

거리 : 16 입력

생성 : 접합 선택

(사용한 2D 스케치 감추기 설정)

(7) 수정 / 모따기 선택

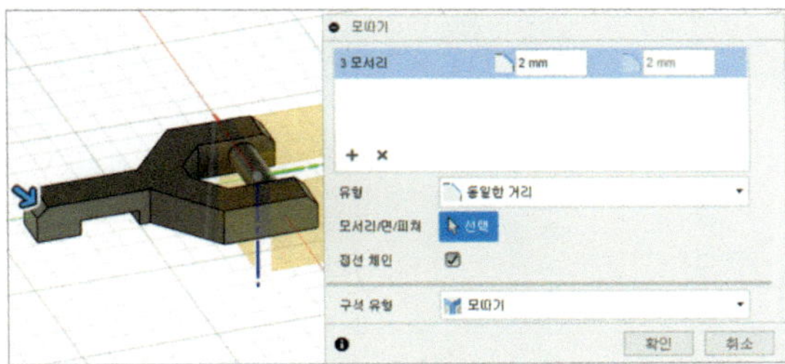

그림과 같이 모서리 3곳 선택

2 입력

4) 3D모델링 조립하기

(1) (저장되지 않음) 활성화

: 최상위 구성요소에서 원형선택 (모든 원점은 감추기 적용)

(2) 하나의 부품(구성요소) 고정하기

01_02 선택 ⇨ 마우스 우클릭 ⇨ 고정 선택

(바닥에 고정되면서 압정표시가 생김)

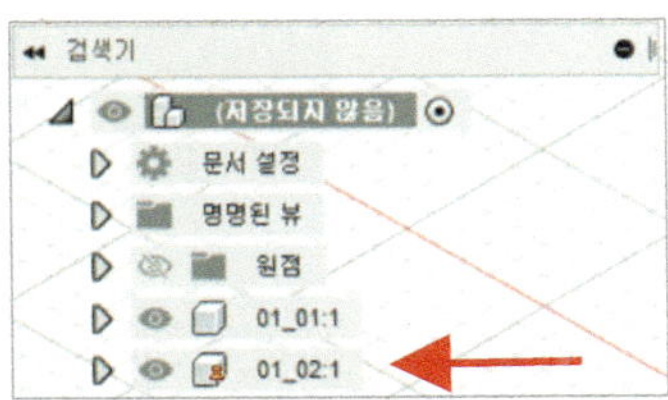

(3) 조립 / 현재 위치에서 접합 **선택**

접합 유형 : 원통형 선택

구성요소 : 01_01, 01_02 선택 (움직이는 부품을 먼저 선택)

모드 : 단순, 스냅 : 회전축 (작은 원의 중심) 선택

회전 : Z축 (움직임 방향을 확인 후 선택)

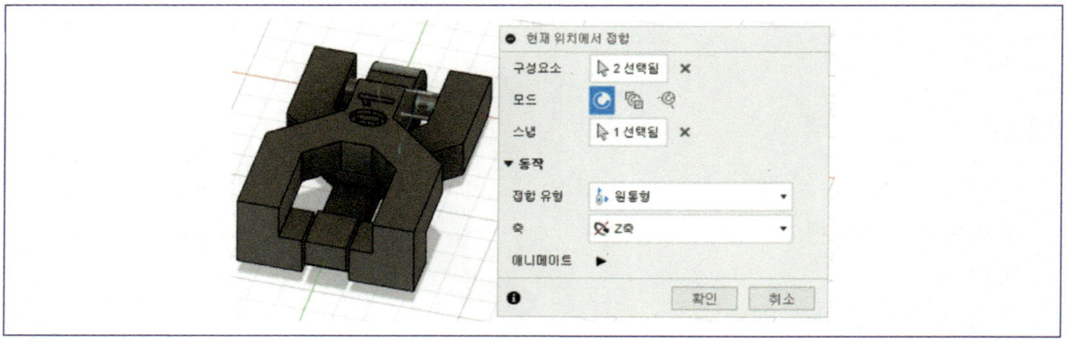

5) 3D모델링 검토하기 (1번 문제 풀이 참조)

(1) 검사 / 간섭 **선택**

선택 : 2개의 부품 선택

계산 : 간섭 유/무 확인

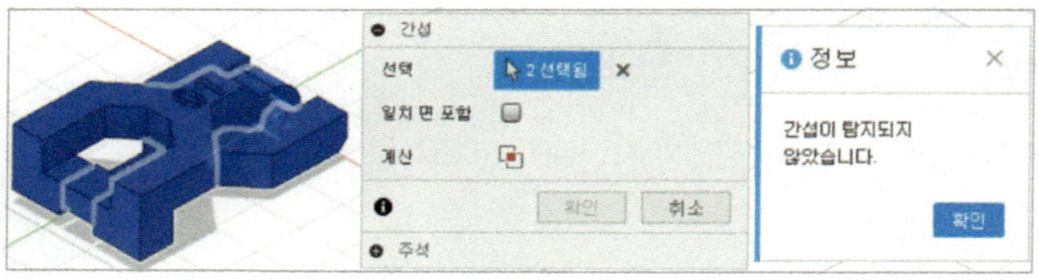

(2) 검사 / 단면 분석 **선택**

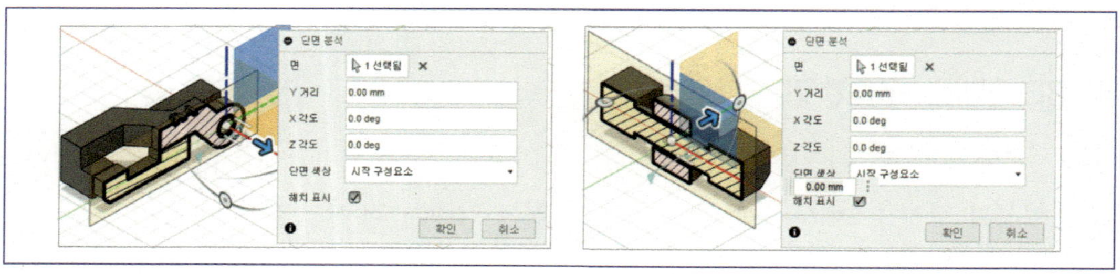

(3) 검사 / 측정 선택

: 주요 부분 치수 측정
특히 조립 공차 적용 부분 치수 확인

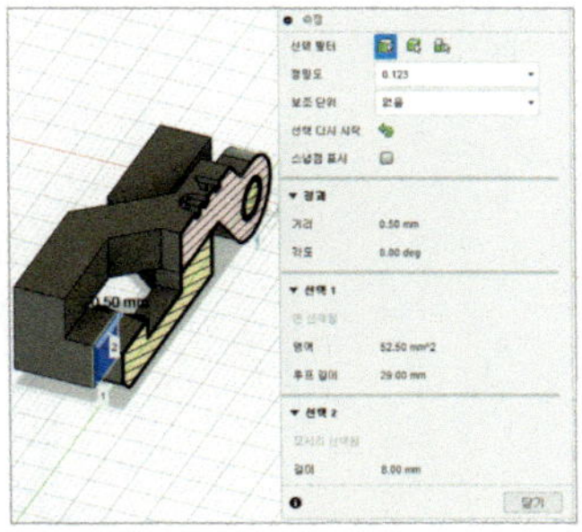

6) 완성된 3D모델링 저장하기 (1번 문제 풀이 참조, Fusion360 파일 및 STP 파일)

조립 형상은 이전 문제 풀이와 동일한 방법으로 진행하면 됩니다.

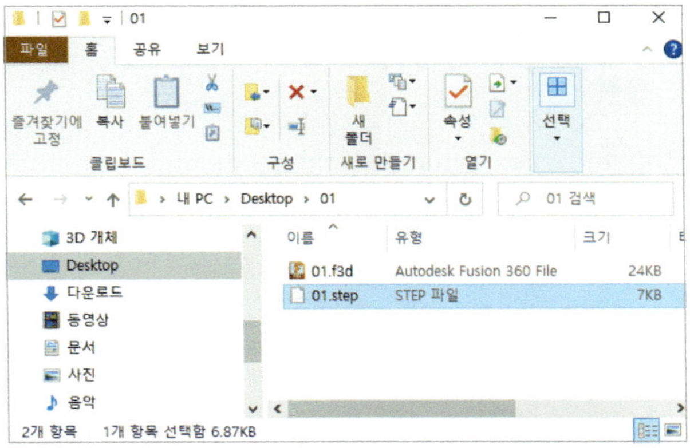

7) STL 파일변환 및 슬라이싱 파일 생성하기 (1번 문제 풀이 참조)

개인이나 3D프린터 기계마다 차이가 있으므로 여러 번 출력해 보고 최적의 위치 및 조건을 선정하여 적용하시면 됩니다. 아래 방법은 참조 사항입니다.

(1) STL파일로 변환하기

a) 부품 위치 이동하기

- 조립의 회전 아이콘을 더블클릭 ⇨ 그림과 같이 -180도 회전합니다.
- 위치 캡처 선택

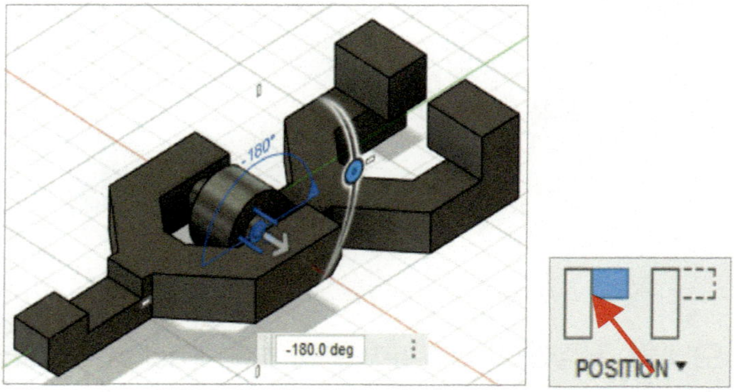

b) 검색기에서 (저장되지 않음) 선택 ⇨ 마우스 우클릭 ⇨ 메쉬로 저장 선택
저장 위치 : 이전에 만든 비번 폴더
파일 이름 : 01.stl 입력

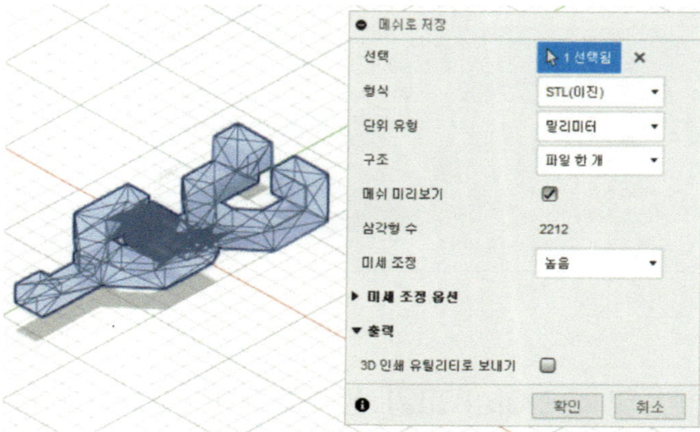

(2) 슬라이싱 파일 만들기 (1번 문제 풀이 참조)

그림처럼 위치하여 출력하는 것을 추천해 드립니다. (슬라이싱 파일 생성)

그림과 같이 최종적으로 4개 파일이 만들어집니다.

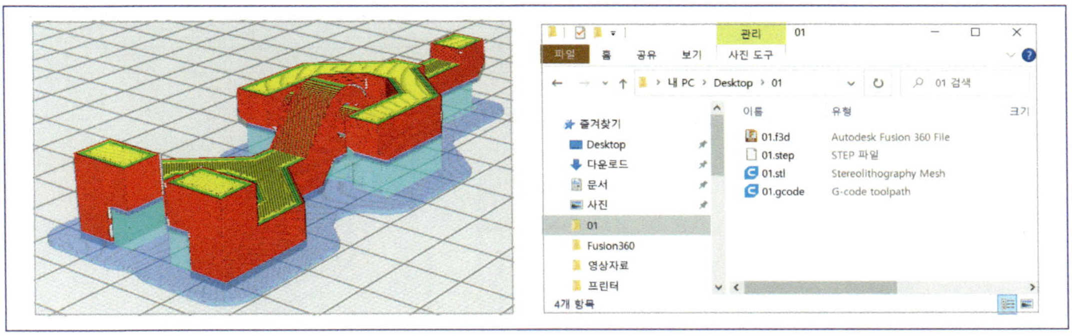

[공개]

㉑

4. 도 면

자격종목	3D프린터운용기능사	[시험 1] 과제명	3D모델링작업	척도	NS

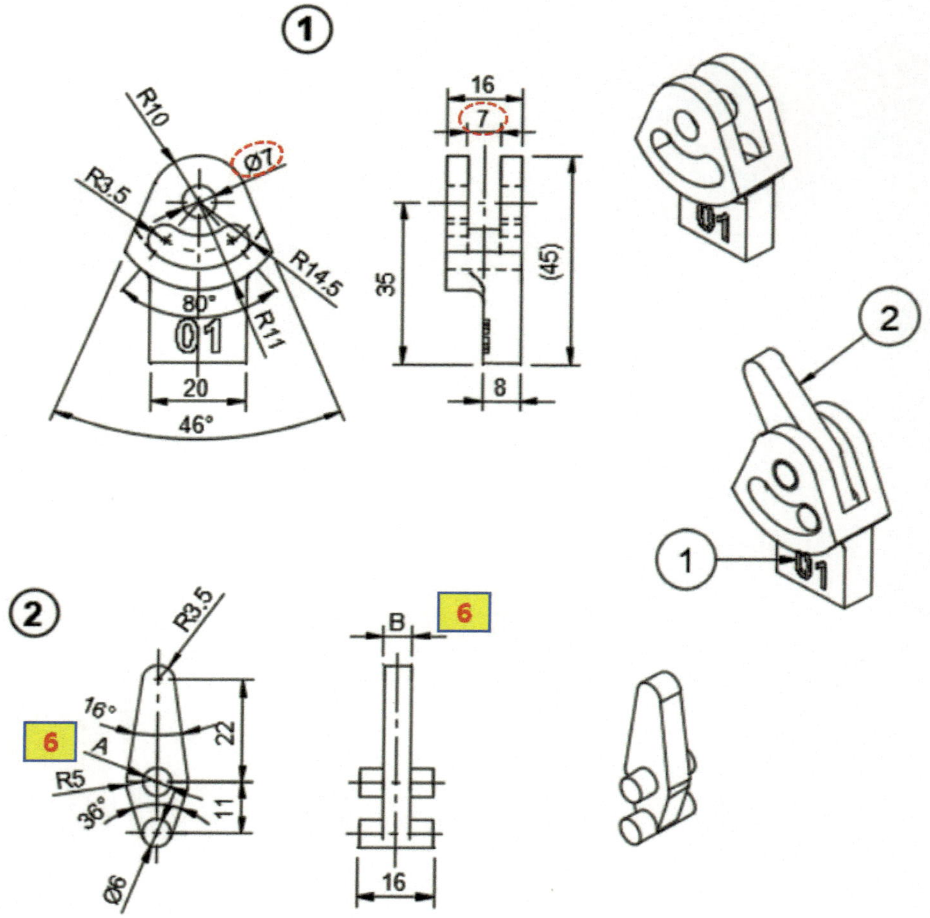

주서
1. 도시되고 지시없는 라운드는 R3

공차 적용.

A, B 문자 치수 : 기준 치수와 차이를 ± 1mm 이하

→ 편 측으로 0.5mm 이하로 적용

1) 폴더 생성 및 구성요소 생성

공개 1번 문제 풀이와 같은 방법으로 진행하면 됩니다. (문제 풀이 참조)

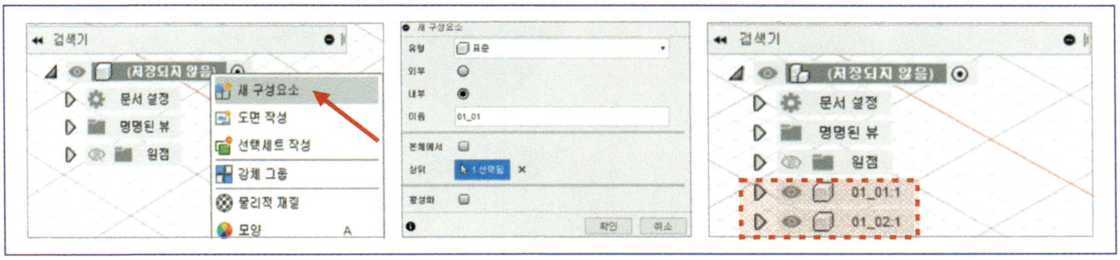

2) 01 부품 3D모델링 하기

(1) 01 구성요소 활성화

마우스로 우측에 있는 원 선택

원점 보이게 선택

(나머지 원점은 감추기 적용)

(2) 작성 / 스케치 작성 선택

작업평면 : XZ 평면 선택

그림과 같이 스케치 진행

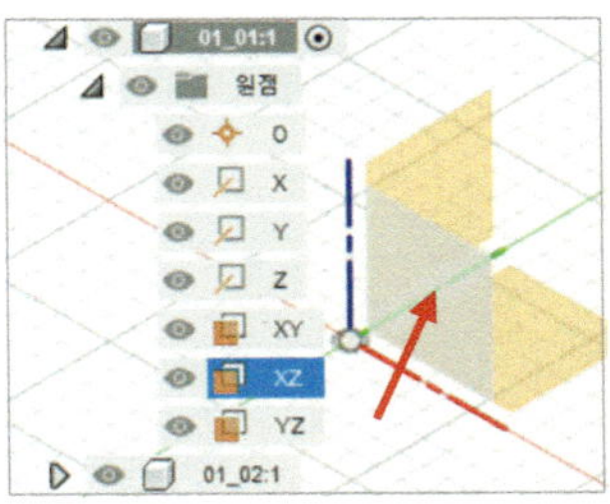

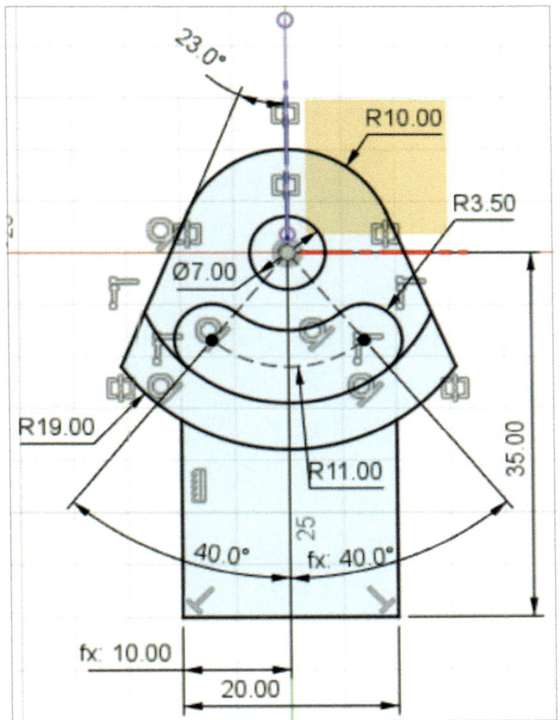

(3) 작성 / 돌출 선택

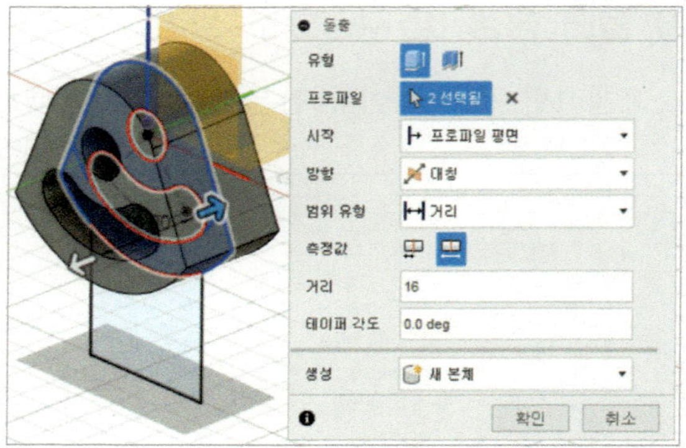

프로파일 : 그림과 같이 프로파일 선택
방향 : 대칭
측정값 : 전체 길이 선택
거리 : 16 입력
생성 : 새 본체 선택

(4) 작성 / 돌출 선택

(이전에 생성된 2D 스케치 보이게 설정)
프로파일 : 그림과 같이 프로파일 선택
방향 : 대칭
측정값 : 전체 길이 선택
거리 : 7 입력
생성 : 잘라내기 선택

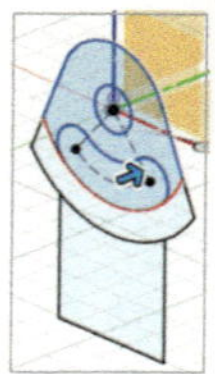

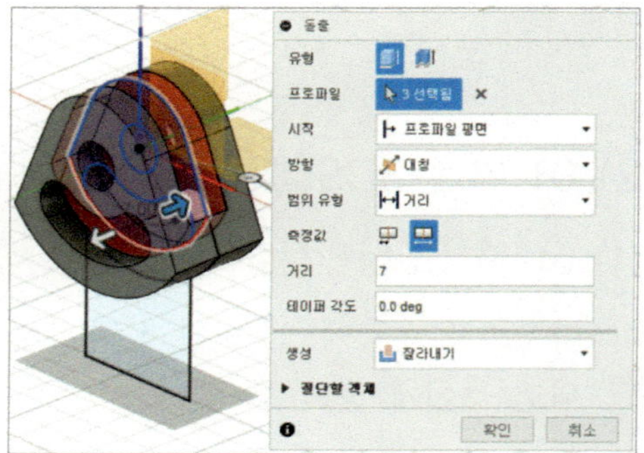

(5) 작성 / 돌출 선택

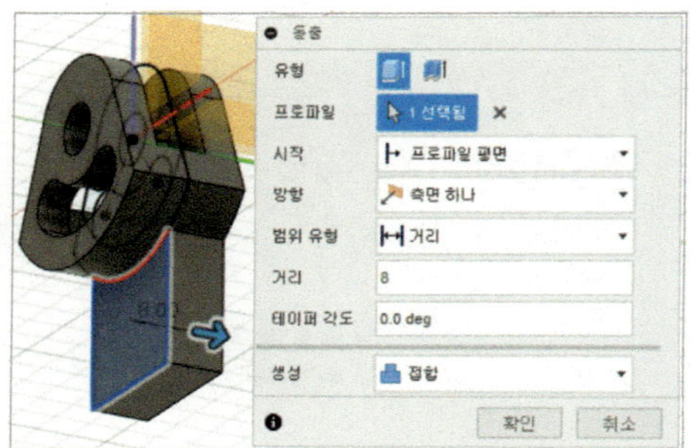

프로파일 : 그림과 같이 프로파일 선택
거리 : 8 입력
생성 : 접합 선택
(사용한 2D 스케치 감추기 설정)

(6) 수정 / 모깎기 선택

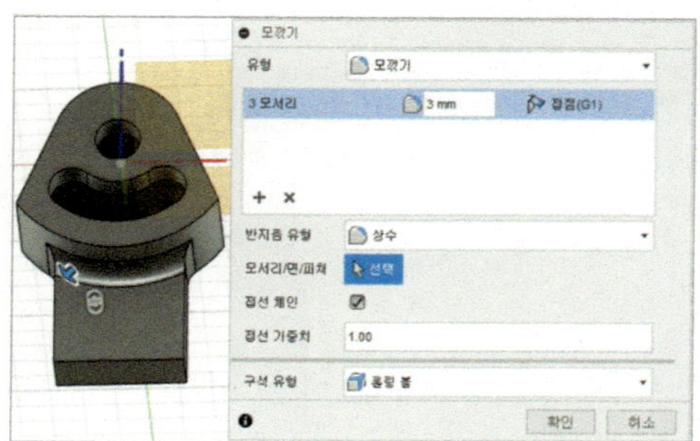

하단부 모서리 3곳 선택
반지름값 : 3 입력
구석 유형 : 롤링 볼

(7) 작성 / 스케치 작성 **선택**

작업평면 : 이전 형상의 전면부 선택

그림과 같이 문자 생성

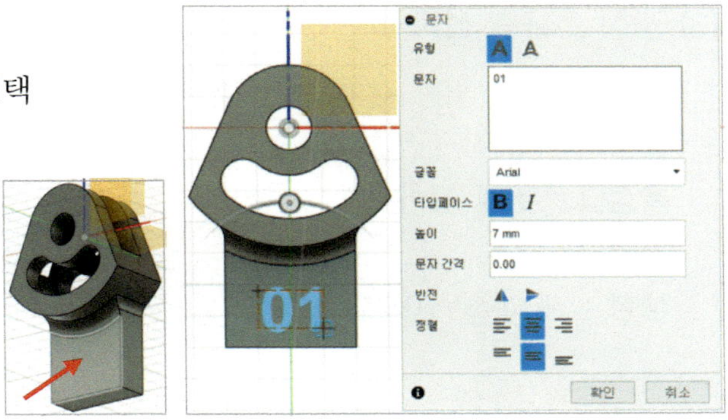

(8) 작성 / 돌출 **선택**

프로파일 : 그림과 같이 문자 선택

거리 : -1 입력

생성 : 잘라내기 선택

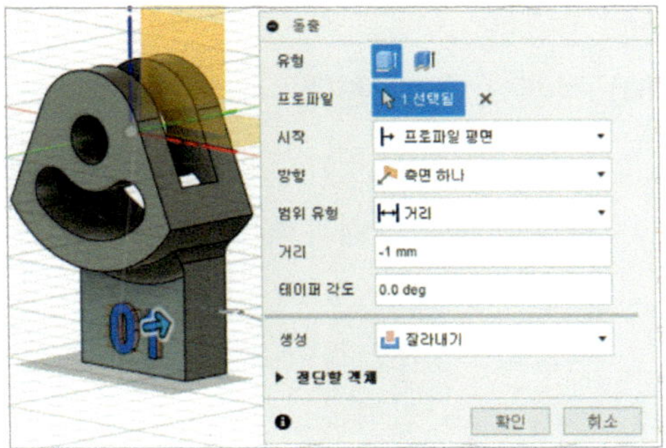

3) 02 부품 3D모델링 하기

(1) 02 구성요소 활성화

마우스로 우측에 있는 원 선택

원점 보이게 선택

(나머지 원점은 감추기 적용)

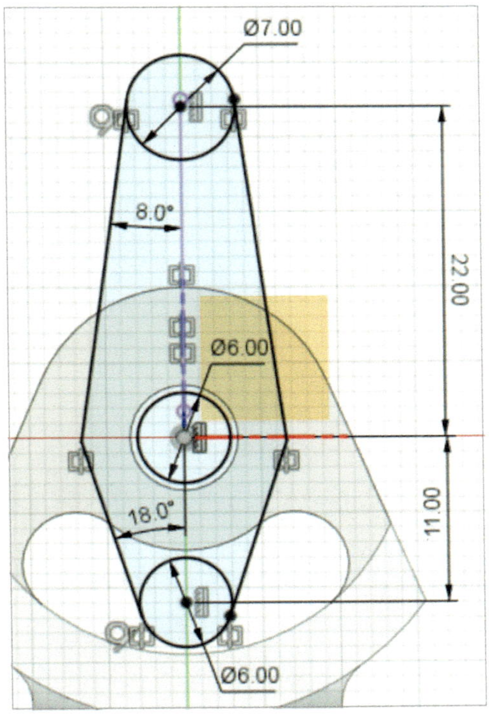

(2) 작성 / 스케치 작성 **선택**

작업평면 : XZ 평면 선택

그림과 같이 스케치 진행

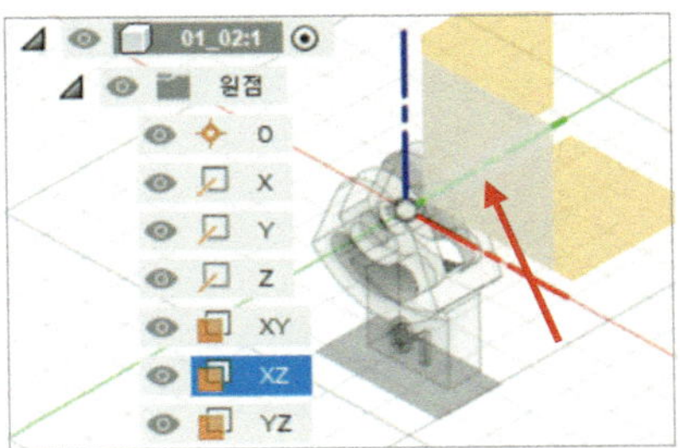

(3) 작성 / 돌출 선택

프로파일 : 그림과 같이 프로파일 선택
방향 : 대칭
측정값 : 전체 길이 선택
거리 : 6 입력
생성 : 새 본체 선택

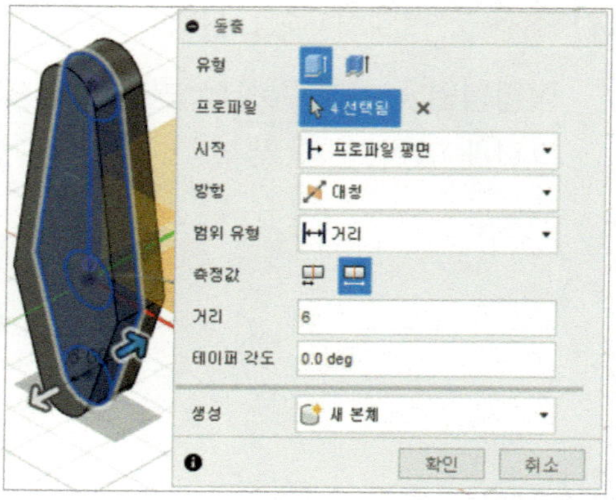

(4) 작성 / 돌출 선택

(이전에 생성된 2D 스케치 보이게 설정)
프로파일 : 그림과 같이 프로파일 선택
방향 : 대칭
측정값 : 전체 길이 선택
거리 : 16 입력
생성 : 접합 선택
(사용한 2D 스케치 감추기 설정)

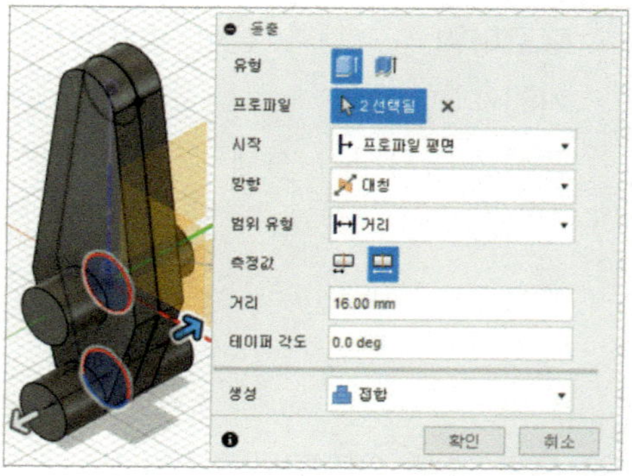

(5) 수정 / 모깎기 선택

외형 좌/우 모서리 2곳 선택
반지름값 : 5 입력
구석 유형 : 롤링 볼

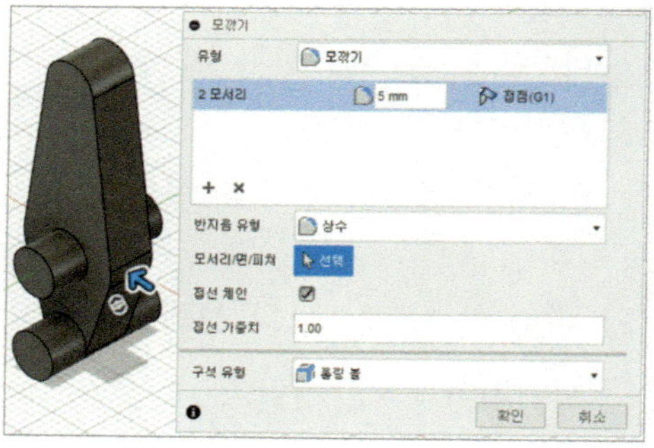

4) 3D모델링 조립하기

(1) (저장되지 않음) 활성화

: 최상위 구성요소에서 원형선택(모든 원점은 감추기 적용)

(2) 하나의 부품(구성요소) 고정하기

01_01 선택 ⇨ 마우스 우클릭 ⇨ 고정 선택
(바닥에 고정되면서 압정표시가 생김)

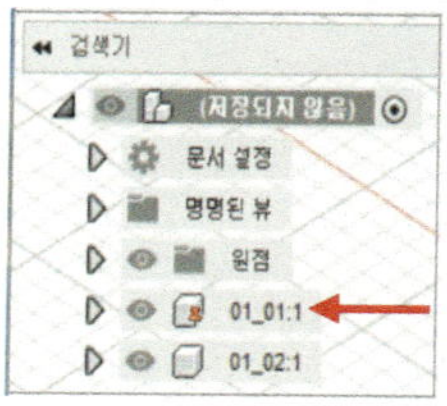

(3) 조립 / 현재 위치에서 접합 **선택**

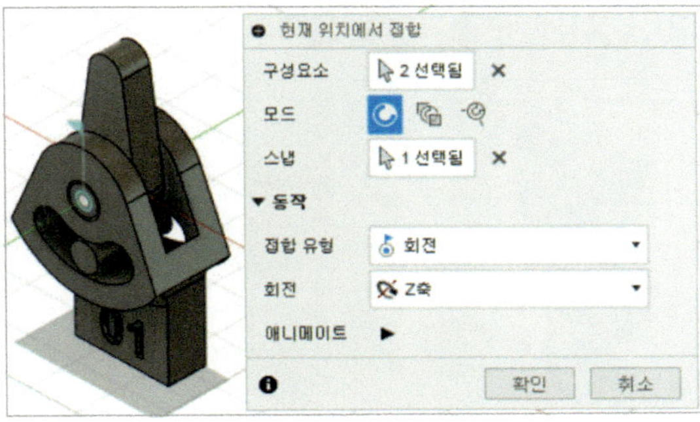

접합 유형 : 회전 선택

구성요소 : 01_02, 01_01 선택

(움직이는 부품을 먼저 선택)

모드 : 단순

스냅 : 회전축의 중심점 선택

회전 : Z축

(움직임 방향을 확인 후 선택)

(4) 01_02 부품 위치 이동하기

조립의 회전 아이콘을 더블클릭 ⇨ 그림과 같이 40도 회전합니다.

위치 캡쳐 선택

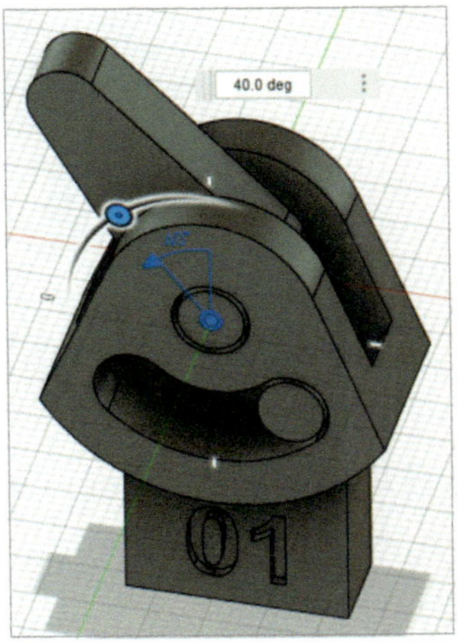

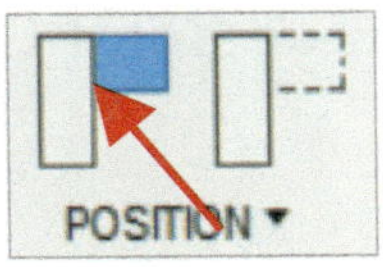

5) 3D모델링 검토하기 (1번 문제 풀이 참조)

(1) 검사 / 간섭 **선택**

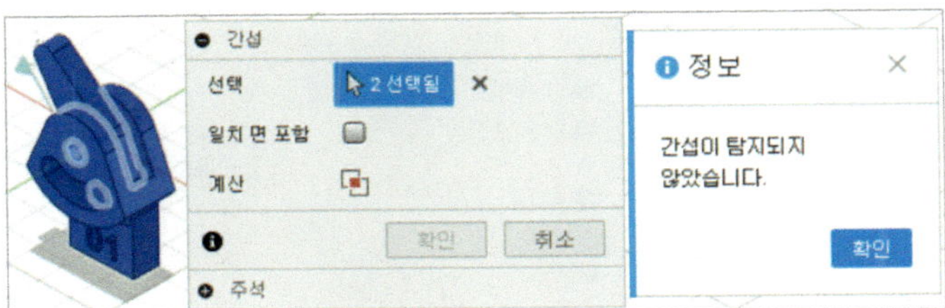

선택 : 2개의 부품 선택

계산 : 간섭 유/무 확인

(2) 검사 / 단면 분석 선택

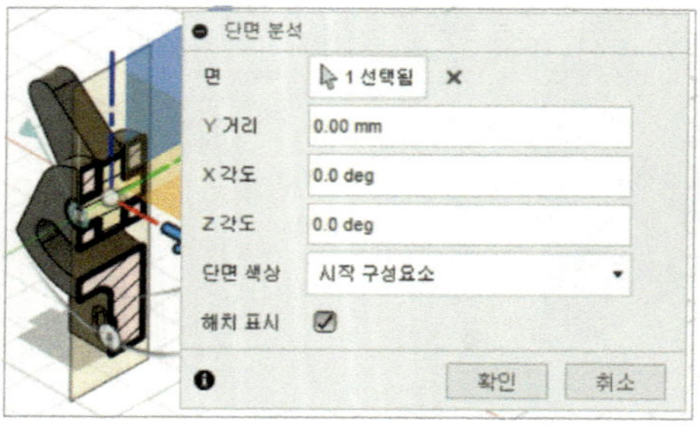

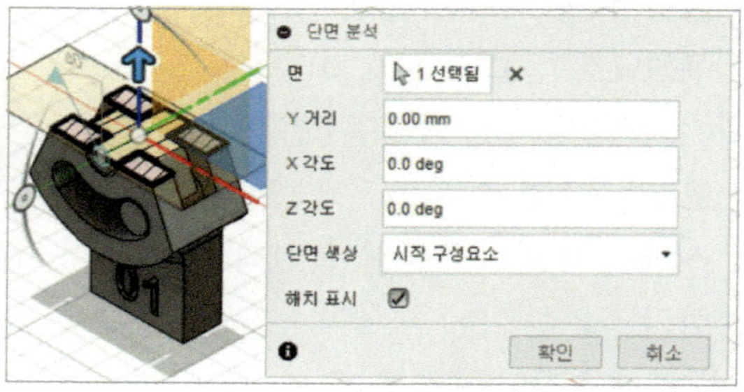

(3) 검사 / 측정 선택

: 주요 부분 치수 측정

특히 조립 공차 적용 부분 치수 확인

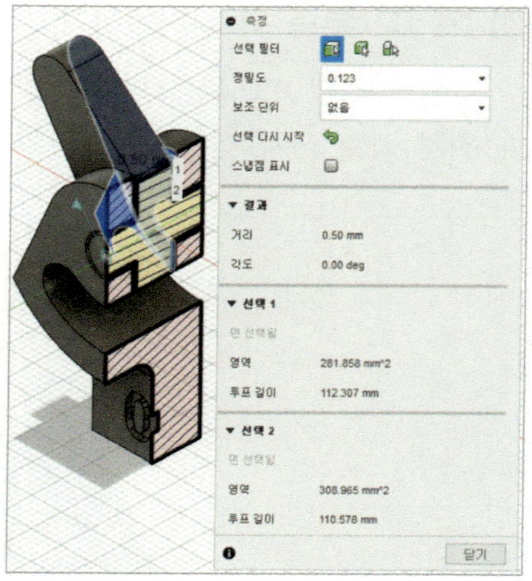

6) 완성된 3D모델링 저장하기 (1번 문제 풀이 참조, Fusion360 파일 및 STP 파일)

조립 형상은 이전 문제 풀이와 동일한 방법으로 진행하면 됩니다.

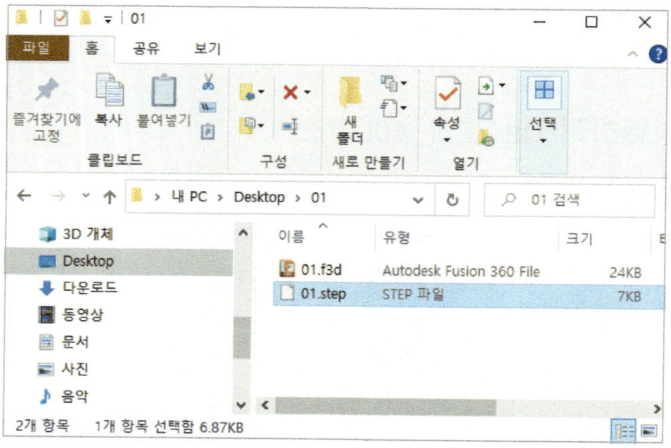

7) STL 파일변환 및 슬라이싱 파일 생성하기 (1번 문제 풀이 참조)

> 개인이나 3D프린터 기계마다 차이가 있으므로 여러 번 출력해 보고 최적의 위치 및 조건을 선정하여 적용하시면 됩니다. 아래 방법은 참조 사항입니다.

(1) STL파일로 변환하기

a) 부품 위치 이동하기

추가 이동 없이 현 위치에서 STL 파일로 변환합니다.

b) 검색기에서 (저장되지 않음) 선택 ⇨ 마우스 우클릭 ⇨ 메쉬로 저장 선택

저장 위치 : 이전에 만든 비번 폴더

파일 이름 : 01.stl 입력

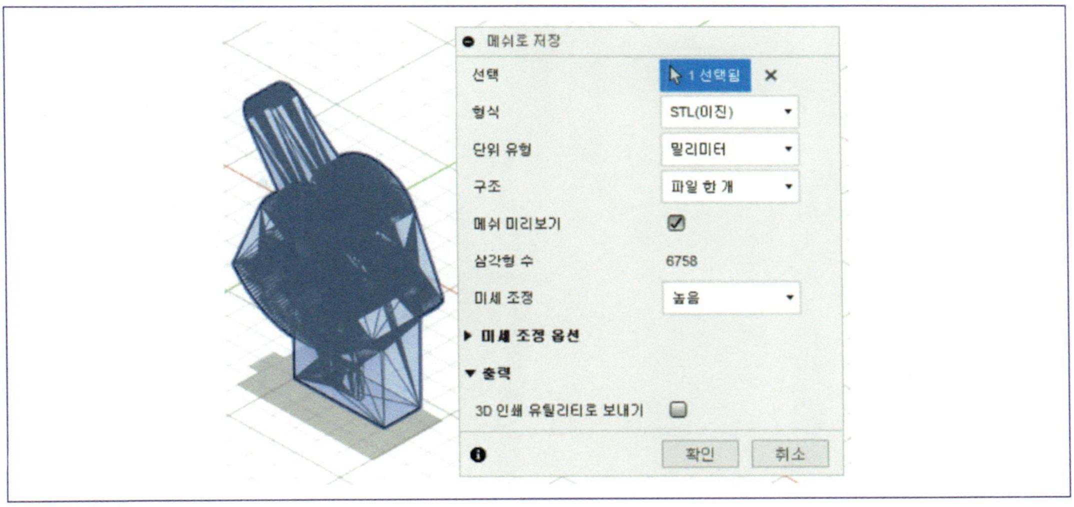

(2) 슬라이싱 파일 만들기 (1번 문제 풀이 참조)

그림처럼 위치하여 출력하는 것을 추천해 드립니다. (슬라이싱 파일 생성)

그림과 같이 최종적으로 4개 파일이 만들어집니다.

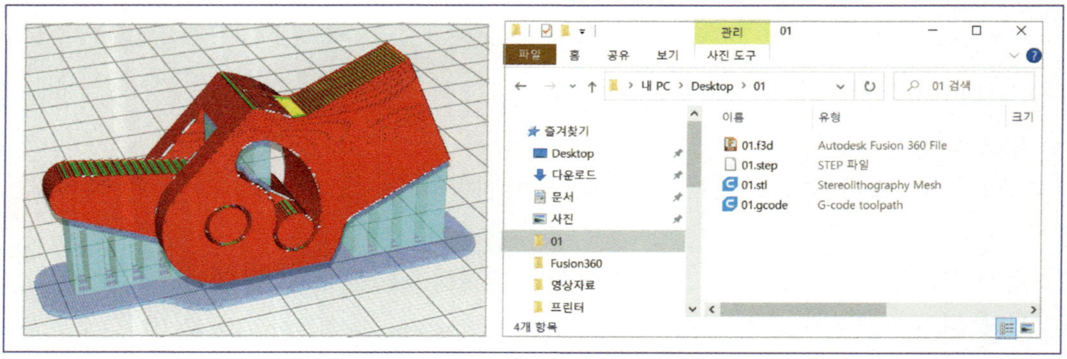

부 록
APPENDEX

1) 3D 프린터의 역사 및 대표적인 방식

3D 프린터의 시초는 1981년 일본의 히데오 코다마(Hideo Kodama, 나고야시공업연구소)의 보고서입니다. 보고서에는 빛에 반응하여 경화되는 액상광경화수지(레진)를 고체층으로 경화시켜 제품을 만드는 방식에 대한 설명이 들어있었습니다. 히데오 코다마가 보고서를 작성하였으나, 실제 상용화시키지는 못하였으며, 특허 출원하기에도 부족한 내용이므로 기술 문서 수준에 머물고 말았습니다.

실제 상용화는 미국의 척 헐(Chuck Hull)이 가구 회사 근무 중 자외선을 이용하여 플라스틱판을 경화시키는 공정에서 3D프린터의 개념을 확립하고 1986년 입체인쇄술(Stereolithography)을 특허 출원하고 3D시스템즈(3D Systems)를 설립했습니다. 그 후 1988년 세계 최초의 3D 프린터가 SLA-1이 발매되었습니다.

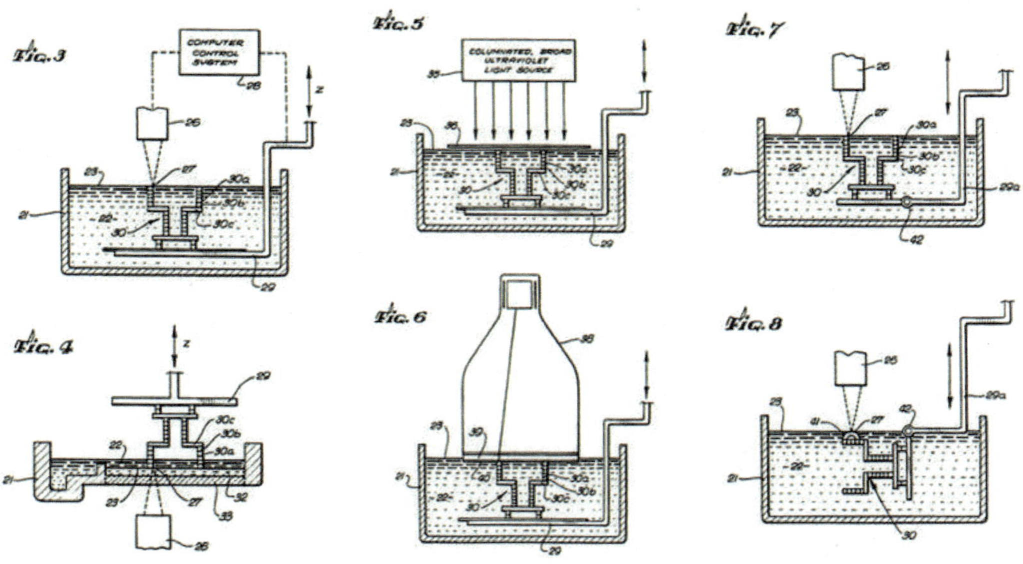

Fig.1 척 헐의 세계 최초 3D프린터 특허[1)]

1) Apparatus for production of three-dimensional objects by stereolithography. 특허번호: US 4575330 A

(1) SLA 방식

자외선 레이저를 이용하여 수조에 담긴 광경화성액상화수지(레진)에 레이저광선을 조사하여 고체층으로 경화시켜 원하는 제품을 만듭니다.

표 1. SLA방식의 장 · 단점

장점	단점
■ ±0.1 mm의 높은 정확도 ■ 우수한 표면 마무리 ■ 광학적으로 맑은 반투명(semitransparent) 재료 제조 가능 ■ 공정의 완전 자동화	■ 재질의 범위에 한계 ■ 비싼 비용 ■ 액체 속에서 작업의 어려움 ■ 후공정 및 경화 공정의 필요성

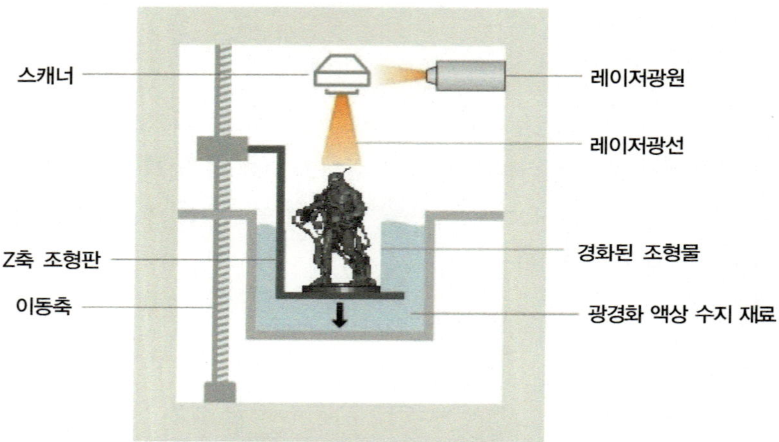

Fig.2 SLA 방식 개략도

(2) FDM 방식

최초로 등장한 SLA 방식에 이어 개발된 방식은 개인용 3D 프린터에서 많이 볼 수 있는 FDM(Fused Deposition Modeling) 방식입니다. FDM 방식은 1989년 S. 스콧 크룸(S. Scott Crump)에 의해 발명되어 특허 출원되었습니다.

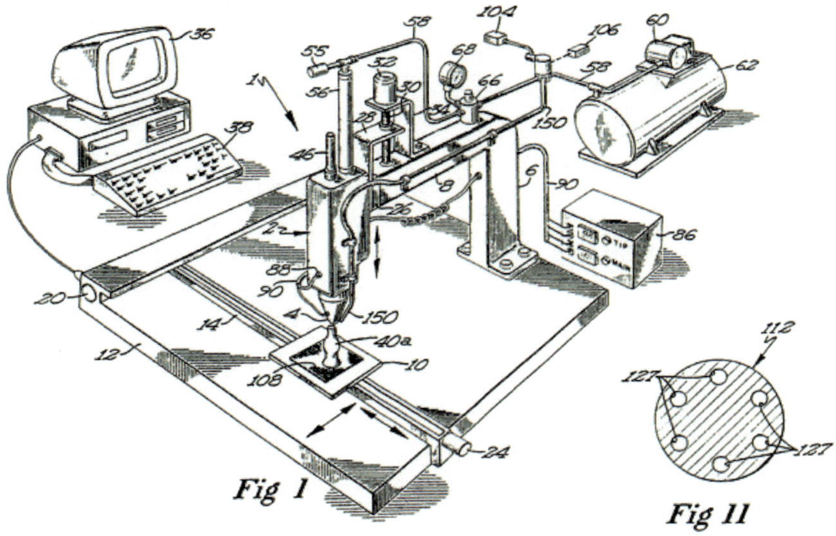

Fig.3 스콧 크룸의 FDM 특허 도면[2]

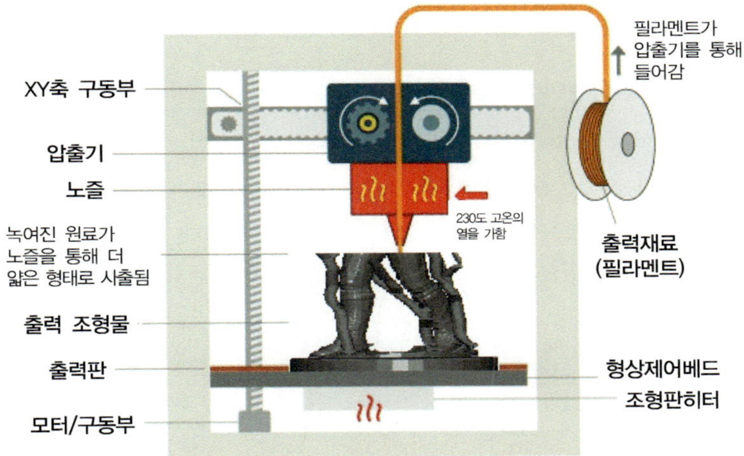

Fig.4 FDM 방식 개략도

FDM방식은 CNC로 제어된 압출 헤드에서 열가소성 필라멘트(filament)를 가열하여 노즐을 통해 반고체 형태로 배출하며 이를 적층하여 모델을 완성합니다.

---

2) Apparatus and method for creating three-dimensional objects, 특허번호 : US 5121329 A

표 2. FDM 방식의 장 · 단점

장점	단점
■ 환경친화적 ■ 제작 속도가 빠르다 ■ 부품 강도가 강하다 ■ 저렴한 생산 비용 ■ 다양한 색상(컬러 ABS사용 시) ■ 프린터 부품 청소 불필요	■ 단면 영역이 넓어지면 제작 시간이 오래 걸림 ■ 모델이 각도를 가지면 지지대가 필요 (재료 낭비) ■ 낮은 정확도, 표면 마무리 나쁨 ■ 열에 의한 변형/수축 ■ 사용 가능한 재료의 수가 한정적

Fig.5 큐비콘 3D 프린터 및 필라멘트

(3) SLS(Selective Laser Sintering) 방식

1994년 SLS(Selective Laser Sintering) 방식 특허가 출원되었습니다. SLS는 '선택적 레이저 소결 조형 방식'이라 부릅니다. 유사 용어로는 DMLS(Direct Metal Laser Sintering)이 있습니다. 미국 텍사스대학에서 기술 개발되어 특허로 출원되었고, DTM사에 의해 상용화에 성공했습니다.(특허명 : Apparatus for producing parts by selective sintering. 특허번호 : US 5597589 A)

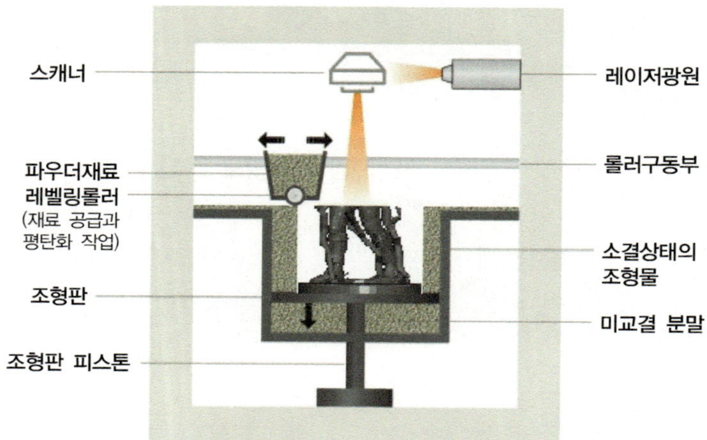

Fig.6 SLS방식 개념도

SLS 방식은 분말 형태의 재료에 CO_2 레이저를 사용하여 재료를 소결시켜 제품을 만듭니다. 1차 소결 후 롤러를 통해 분말 재료를 얇게 올리고 소결 작업을 반복하여 최종 형상을 얻어냅니다. 사용 가능한 재질로는 폴리스틸렌, 나일론, 왁스, 금속합금, 세라믹, 알루미늄, SUS, 코발트 등 다양한 재료의 분말을 사용합니다.

표 2. FDM 방식의 장 · 단점

장점	단점
■ 제품의 강도가 높다. ■ 분말이 지지대 역할을 하므로 지지대가 필요 없다. ■ 경질 부품의 제작이 가능 ■ 다양한 재료를 사용 : 폴리스틸렌, 나일론, 왁스, 금속합금, 세라믹, 알루미늄, SUS, 코발트 등 ■ 제작 시간이 짧다. ■ 후경화 공정 필요 없음 ■ 사용 후 남은 분말을 재사용 가능	■ 표면거칠기가 좋지 않음 ■ 긴 가열 및 냉각 시간 ■ 플라스틱 용융 시 유독 가스가 발생 ■ 열 수축에 따른 정밀도 저하 ■ 사용 가능한 재료의 수가 한정적

2) 기타 3D프린터의 종류

(1) HIS(Holographic interference solidification)

액체 감광성 폴리머 수조 내에 3차원 모델의 홀로그래픽 이미지를 투영하여 한 번에 전체 입체 표면을 고체화 시켜 프린팅 시간을 단축하는 방식입니다.

(2) BIS(Beam interference solidification)

주파수가 다른 2개의 레이저 빔을 조사하여 교차점에서 응고를 일으켜 폴리머를 중합시켜 짧은 시간에 3차원 형상을 제조하는 방식이나, 빛의 흡수(깊이에 따른 강도 저하), 부품 형상에 의한 응고 문제, 온도 변화 또는 응고로 인하여 발생하는 빛의 회절에 의한 빔 교차 문제가 발생하므로 산업적 응용에 제한이 있습니다.

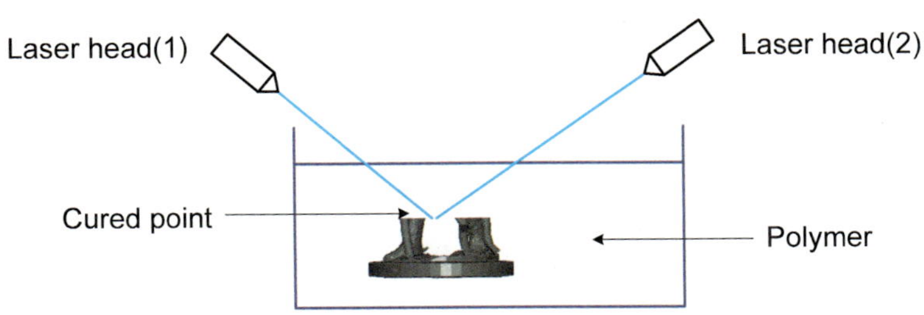

Fig.7 BIS 방식 개념도

(3) SGC(Solid ground curing)

모델, 프로토타입, 패턴 및 생산 부품을 생산하는 데 사용되는 포토 폴리머 기반 적층 제조 기술입니다. 고출력 UV 램프를 포토 마스크에 통과시켜 경화시키는 방식입니다. 따라서 별도의 포토마스크가 필요하며 제품은 각 포토마스크를 통하여 레이어로 형성됩니다. SGC는 1986년 이스라엘의 Cubital Ltd.에서 개발 및 상용화된 방식으로 높은 정확도와 빠른 제조 속도를 제공하나 시스템의 복잡성으로 인해 장비가 고가이며, 운영 비용이 많이 듭니다. 현재는 사용되지 않는 방식입니다. SGC 방식의 장점으로는 복잡하고 큰 부품이 제작 가능하며 빈공간을 채우기 위해 왁스를 사용하기 때문에 지지 구조가 필요하지 않고 후경화 과정이 불필요함으로 내부 응력이나 뒤틀림이 발생하지 않습니다. 넓은 작업 영역을 사용함으로 한 번에 여러 개의 부품이 제작 가능하고, 고정밀 제품을 얻을 수 있습니다. 부품의 복잡성은 속도에 영향을 주지 않습니다. SGC 공정으로 생성된 모델은 각 노광 공정 후에 표면에 밀링작업이 이루어짐으로 Z축 방향에서 정확한 값을 얻어낼 수 있습니다. 단점으로는 장비가 고가이며, 크기가 대형입니다. 공정이 복잡하며, 재료사용이 제한적이고 완성 후 오븐을 이용하여 왁스를 제거해야 하며, 많은 양의 폐기물을 양산하고 레진은 빛으로부터 격리되어야 하며, 독성재료 취급이 요구됩니다.

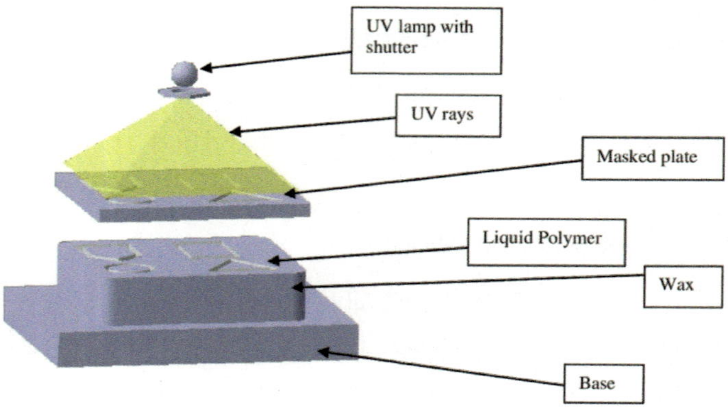

Fig.8 SGC 방식 개념도[3)]

(4) LPT(Liquid thermal polymerization)

재료로 열경화 플라스틱을 사용하며 레이저를 사용하지 않고 재료 자체의 열분해를 이용하여 응고시킵니다. 시스템은 플라스틱 개체와 왁스 지지부를 적층하기 위하여 2개의 노즐이 사용됩니다. 밀링 헤드를 사용하여 표면을 정리하고 파편 입자를 진공으로 포집하는 장비 때문에 소음이 발생합니다. 재료의 선택은 제한적입니다.

---

3) Srivastava, Manu & Singh, Utkarsh & Yashaswi, Ramkrishna. (2014). TRENDS IN THE DOMAIN OF RAPID PROTOTYPING: A REVIEW.

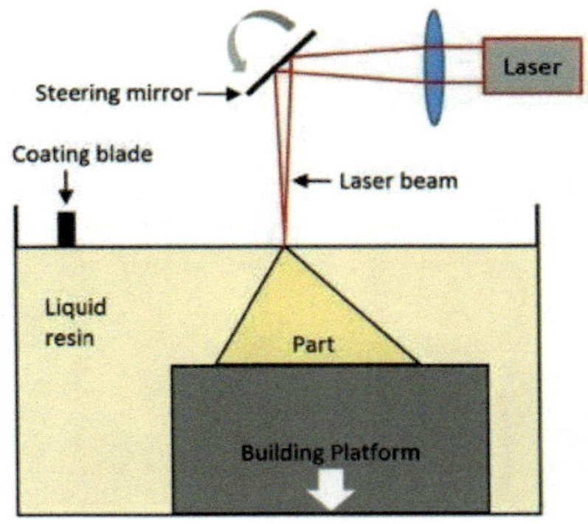

Fig.9 LPT 방식 개념도4)

(5) MJM(Multijet modeling)

프린터 헤드에서 광경화성 수지와 왁스를 동시에 분사 후 UV 램프로 응고시키는 프린팅 방식입니다. 장점으로는 물체와 지지대가 동시에 출력 가능하며, 정밀도가 높고 곡선 처리가 뛰어납니다. 주원료인 아크릴계 광경화성 수지의 특성으로 인해 투명도를 조절하여 출력할 수 있습니다. 표면 거칠기가 좋고 두 가지 서로 다른 재료의 동시 출력이 가능합니다. 단점으로는 강도가 약하며, 65℃ 이상의 온도에서 변형이 일어날 수 있으며, 고가입니다.

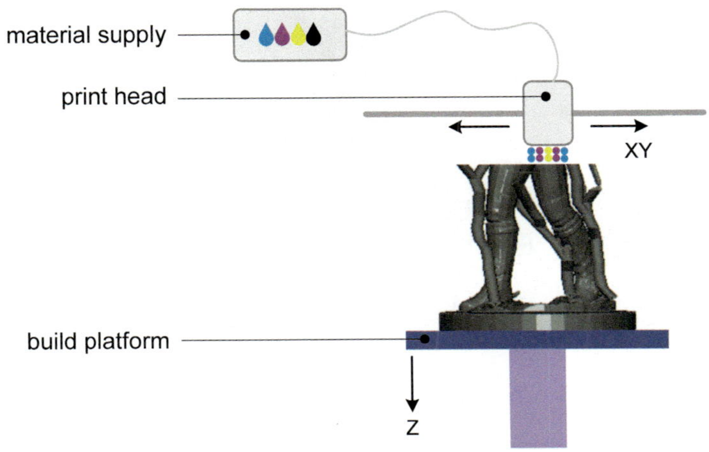

Fig.10 MJM 방식 개념도

4) Khan, Adil. (2016). Design and Characterizing of an Innovative Acoustic Resonator. 10.13140/RG.2.1.3107.3364.

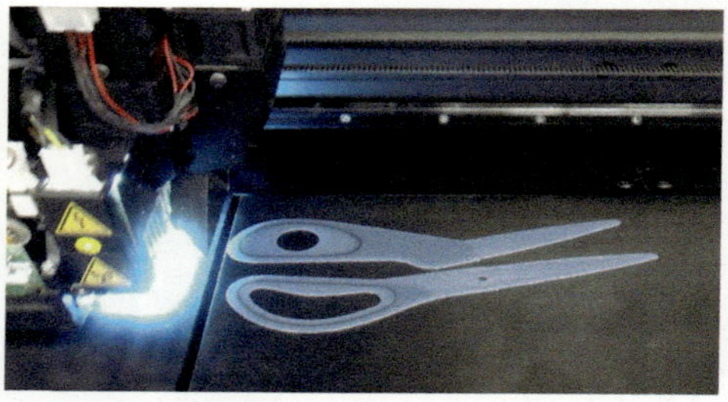

Fig.11 MJM 프린터 및 제품

(6) BPM(Ballistic Particles Manufacturing)

노즐을 통하여 용융된 재료를 액체 방울 형태로 토출하여 급속 냉각을 통해 적층하며 부품의일부를 형성하는 방식입니다. 장점으로는 후가공 마무리 과정이 필요치 않으며, ±0.01mm의 공차대를 달성할 수 있으며 금속재료도 사용할 수 있습니다. 정밀 주조용 왁스는 금형 제작이 필요 없으며, 하나의 부품 안에 다른 2가지 이상의 색 사용이 가능합니다.

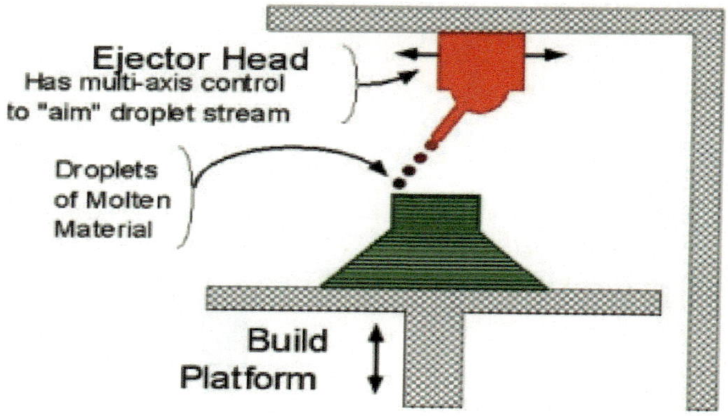

Fig.12 BPM방식 개념도[5)]

(7) SDM(Shape deposition manufacturing)

고체 자유형상 제조의 장점과 기계가공의 장점(정확도, 표면거칠기, CNC가공 등)이 결합된 형태의 가공법입니다.

---

5) Khan, Adil. (2016). Design and Characterizing of an Innovative Acoustic Resonator. 10.13140/RG.2.1.3107.3364.

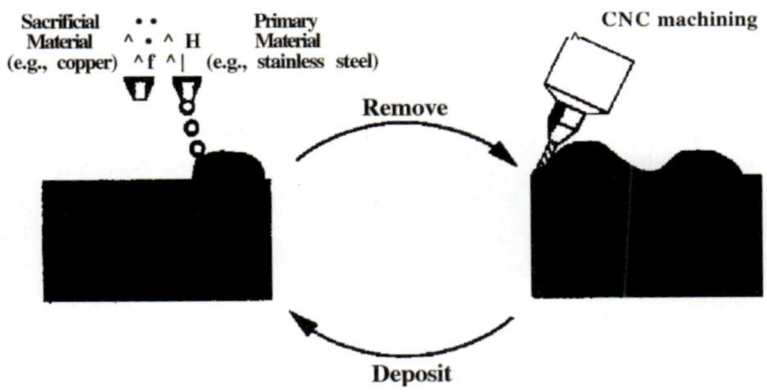

Fig.13 SDM방식 개념도[6)]

(8) LENS(Laser engineered net shaping)

고출력 레이저를 사용하며 레이저 빔의 초점에서 금속 분말을 용해하여 적층하는 방식입니다. 재료로서 스테인레스 스틸, 인코넬, 구리, 알루미늄 및 특히 티타늄 사용이 가능합니다. SLS에 비하여 재료의 한계가 적으며 이차적인 소성 가공이 필요치 않으며 제조 및 수선에 사용할 수 있습니다.

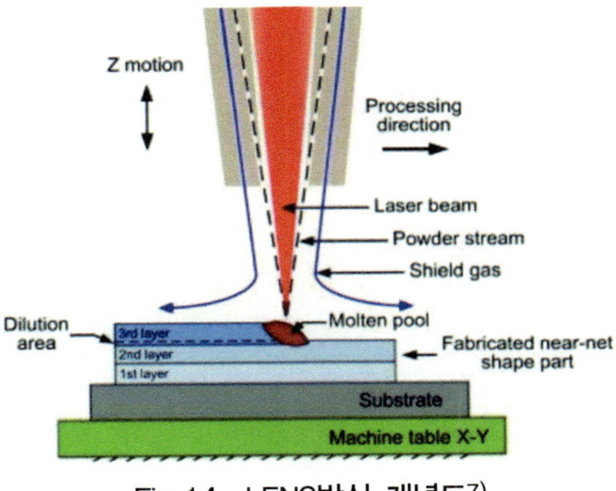

Fig.14 LENS방식 개념도[7)]

(9) 3DP(Three-dimensional printing)

SLS와 BPM의 합성 형태입니다. 분말 재료는 연속적으로 적층되고, 모든 쾌속 조형 방식 중 생산 속도가 가장 빠르고 재료가 저렴하며 컬러 출력도 가능합니다. 반면에 해상도, 표면 거칠기, 부품 강도 등이 좋지 못하고 사용 가능한 재료가 한정적입니다.

---

6) Merz, R., Fritz B. Prinz, Kevin Schmaltz 및 L Weiss Edrc. "마이크로캐스팅을 이용한 형상 증착 제조." (2007).
7) Ersoy, K i v i lc i m & Çelik, Berk. (2019). Utilization of Additive Manufacturing to Produce Tools. 10.5772/intechopen.89804.

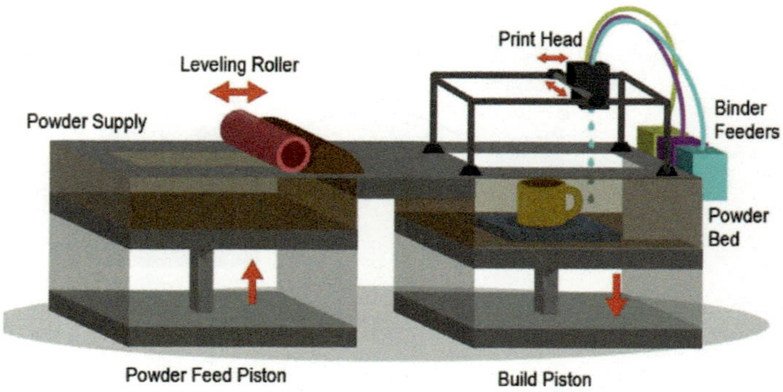

Fig.15　3DP 방식 개념도[8]

(10) SL(Sheet Laminations)

시트적층 방식 또는 판재 적층 방식으로 얇은 필름 형태의 재료나 종이, 롤 상태의 시트 등의 소재를 레이저나 커터로 자른 후 가열하고 접착하여 형상을 만드는 방식입니다. 대표적인 방법으로는 LOM 방식이 있다.

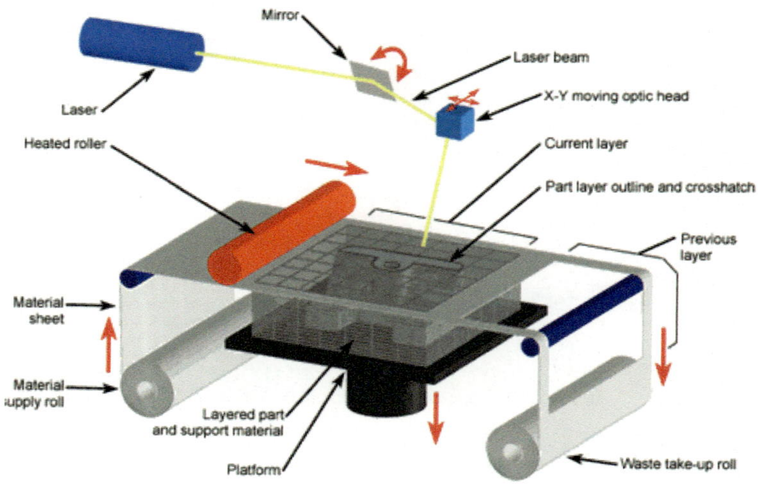

Fig.16　LOM 방식 개념도[9]

8) Espera, Alejandro & Dizon, John Ryan & Chen, Qiyi & Advincula, Rigoberto. (2019). 3D-printing and advanced manufacturing for electronics. Progress in Additive Manufacturing. 4. 10.1007/s40964-019-00077-7.

9) https://www.custompartnet.com/wu/laminated-object-manufacturing

3) Slice Program

3D CAD로 모델링한 stl 데이터를 출력하기 위해서는 슬라이스 프로그램이 필요합니다. 슬라이스 프로그램은 모델링 데이터를 G-code 변환하여 3D 프린터가 출력 데이터를 인식하게 하여줍니다. 현재 여러 가지 슬라이스 프로그램이 나와 있습니다. 각 3D 프린터기에 맞는 슬라이스 프로그램을 제조사에서 제공하고 있으며, 각 제조사의 특성에 맞춰 사용가능 합니다. 슬라이스 프로그램의 특징에 따라 출력에 영향이 있으며 G-code 변환 시 각층(layer)두께, 노즐크기, 온도 등의 설정이 가능하며 슬라이스 프로그램의 능력 및 설정값에 따라 출력물의 품질이 달라집니다. 이 책에서는 대표적인 무료 오픈소스인 Cura를 기준으로 설명합니다.

Cura는 http://software.ultimaker.com에서 다운로드가 가능합니다.
입력 파일은 Solidworks, 3DMAX, 인벤터, 3D 캐드 등 3D tool을 사용하여 제작하고, *.stl 파일로 저장하거나 Export 하여 사용할 수 있다. 출력은 G-code로 나타납니다.

(1) 프로그램 설치

다운로드받은 Cura를 클릭하여 사용권 계약 동의 후 아래의 과정으로 설치를 진행합니다.

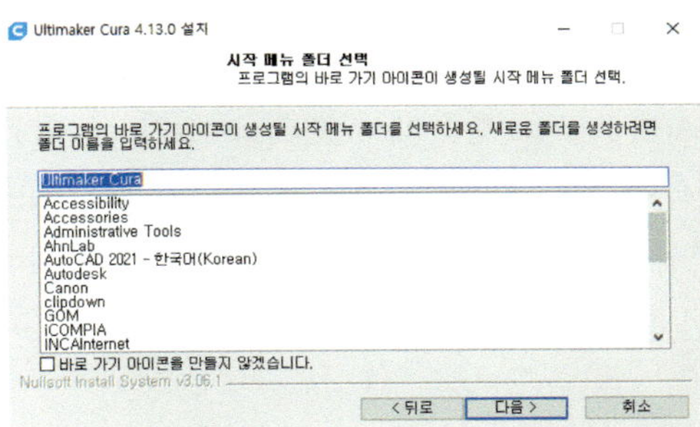

① 다음을 진행합니다.

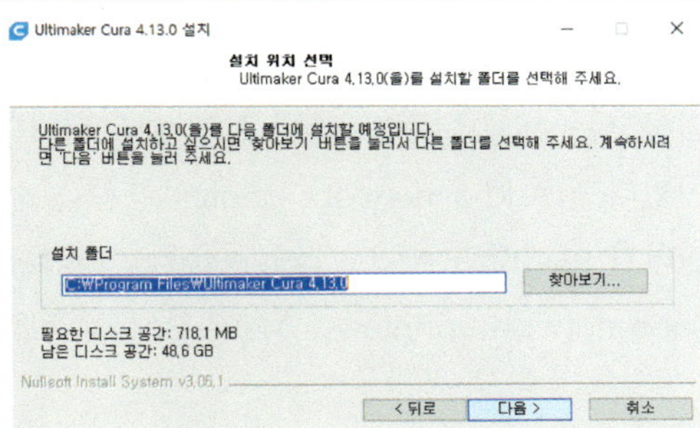

② 설치 위치 선택

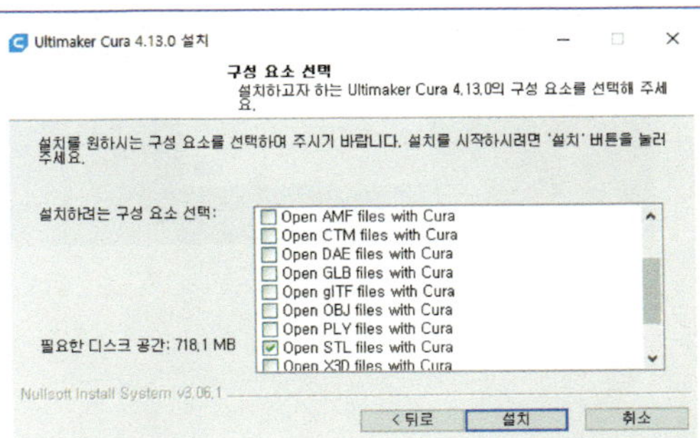

③ 구성요소 선택(기본으로 선택)

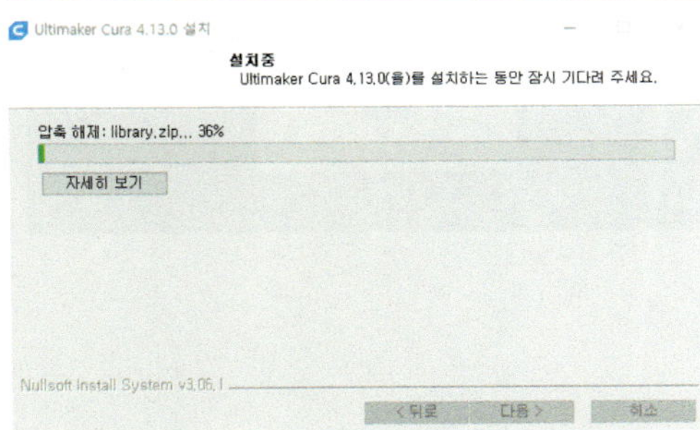

④ 설치 중

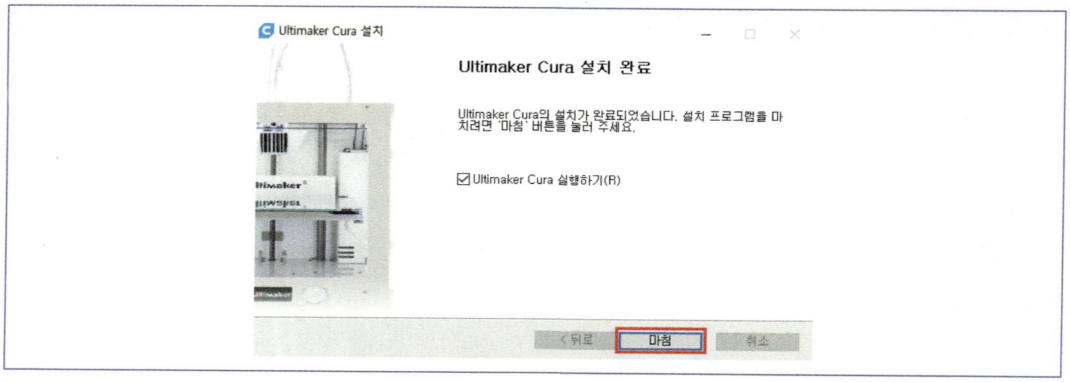

⑤ 드라이버 설치(Arduino USB 드라이버도 설치) 및 설치 완료

(2) 프린터 설정

설치가 완료된 아래 8개와 같은 순서로 작업을 완료합니다. 이 작업 중 Add a printer 항목을 제외하고는 아래 그림과 같이 설정해도 됩니다. Add printer 항목에서 3D printer가 network로 붙어있다면 Add a network printer 항목을 선택하여 3D printer를 선정하면 되고 네트워크용 프린터가 아니라면 Add a non-network printer 항목에서 프린터를 선정하면 됩니다. 이 책에서는 non-network printer로 MakerBot 제품을 선택한 예시를 보여 줍니다.

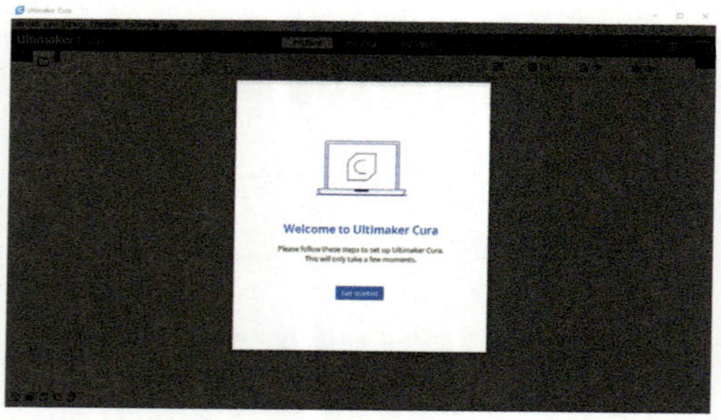

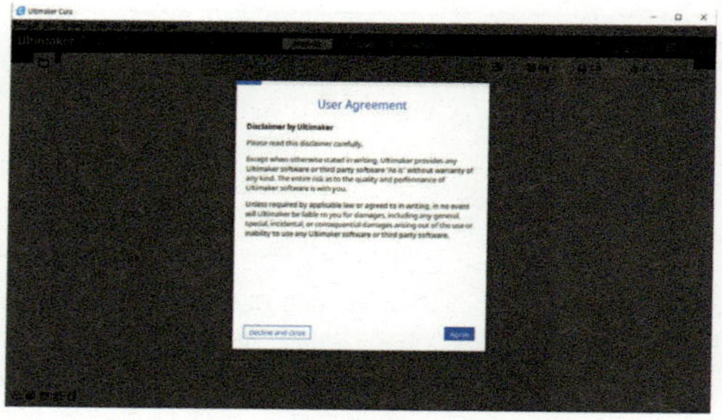

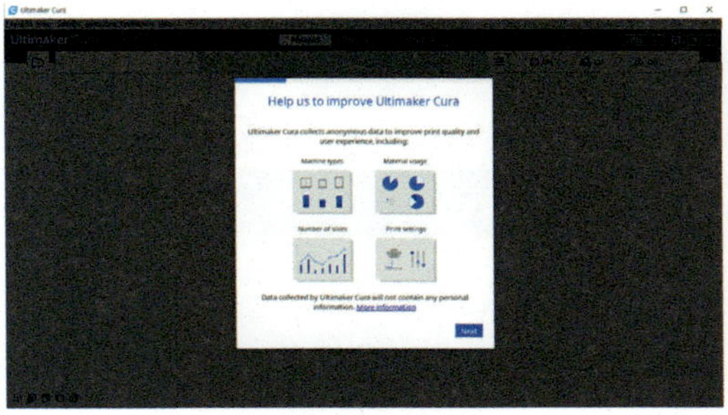

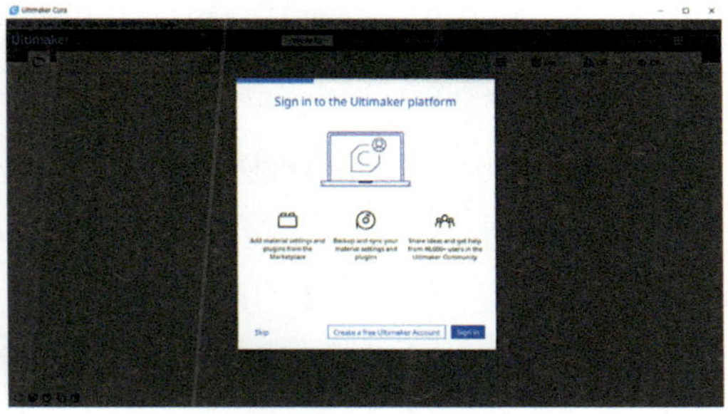

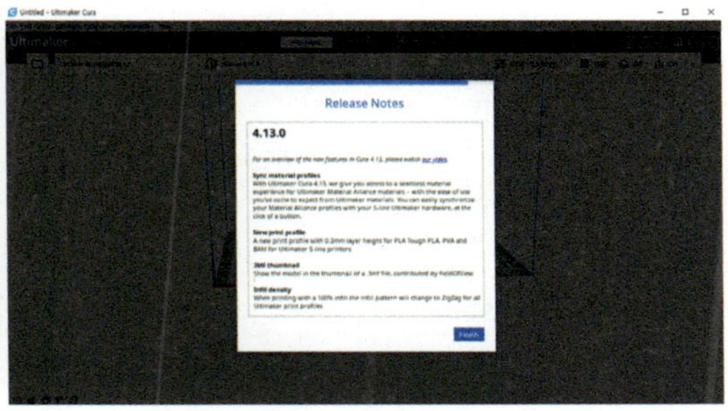

프린터 설정이 끝나면 다음과 같이 Cura 프로그램이 작동됩니다.

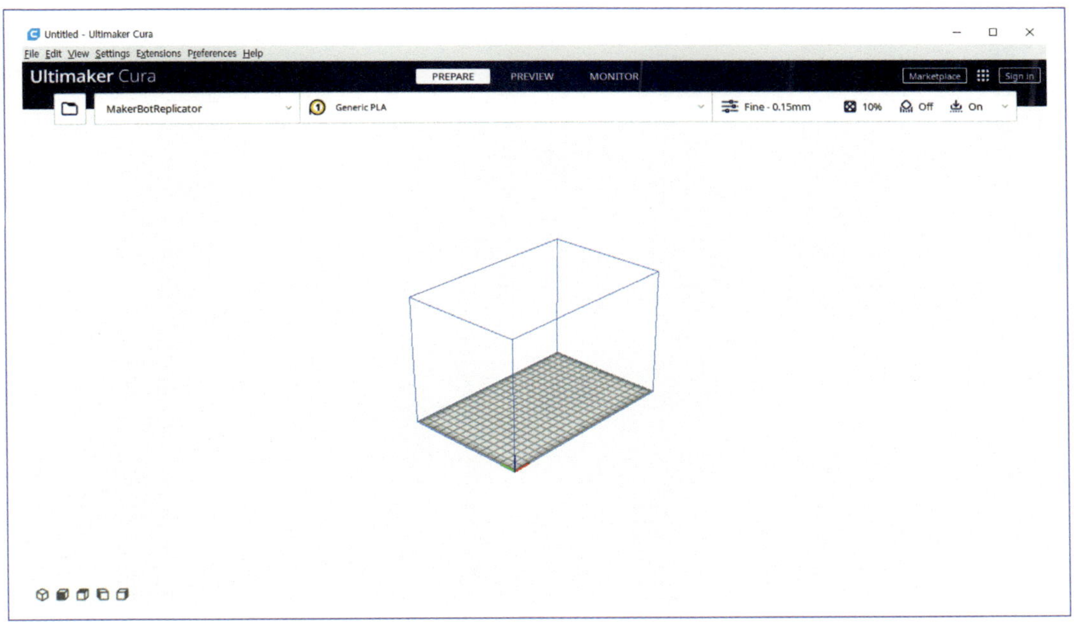

(3) Cura 메뉴 및 profile 설정

① Cura 한글 설정

ⓐ 메뉴에서 Preferences 선택

ⓑ 왼쪽 tab에서 General 선택 후 Interface Language를 한국어로 선택

ⓒ Cura를 다시 작동시키면 한글화가 됩니다.

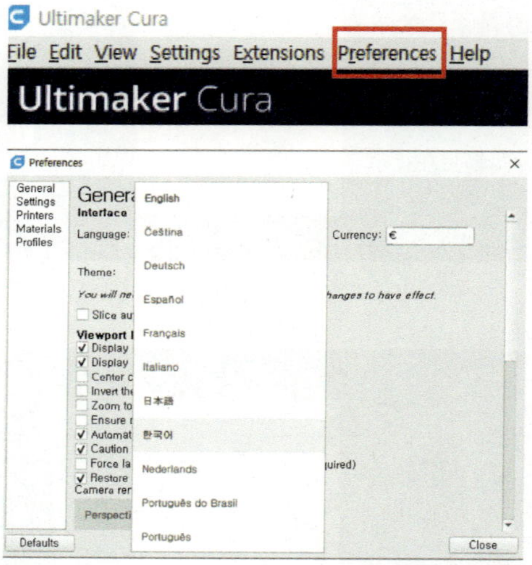

② mouse 사용법

	모델 선택하고, 마우스 왼쪽 버튼을 누른 상태로 모델을 움직이면 플랫폼에서 모델이 이동
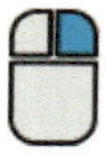	마우스 오른쪽 버튼을 누른 상태로 움직이면 3D 모델의 뷰포인트를 회전
	마우스 왼쪽/오른쪽 버튼을 동시에 누른 상태로 움직이면 화면의 크기를 조절
	스크롤휠을 이용해서 화면 크기를 조절
 + [Shift]	[Shift]버튼과 마우스 오른쪽버튼을 동시에 누른상태로 움직이면 3D 뷰의 초점을 변경

③ 모델 불러오기

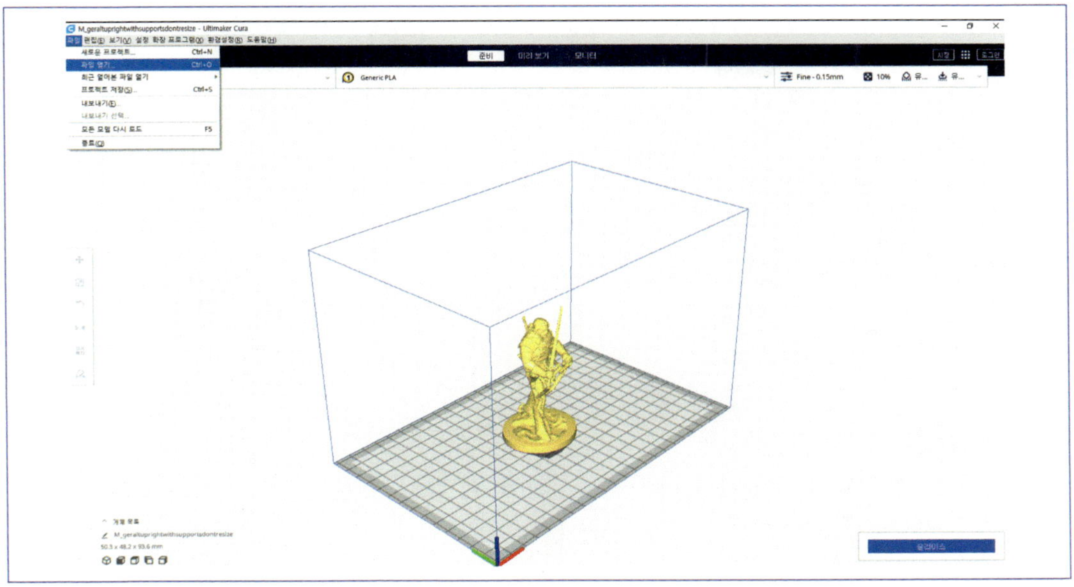

파일 열기를 이용하여 3D CAD를 이용하여 만들어진 *.stl 파일을 불러들입니다.

ⓐ 시점 변경

우측 아래의 버튼들을 이용하여 모델의 시점을 아래와 같이 변경할 수 있습니다.(메뉴의 보기/카메라 위치에서도 가능)

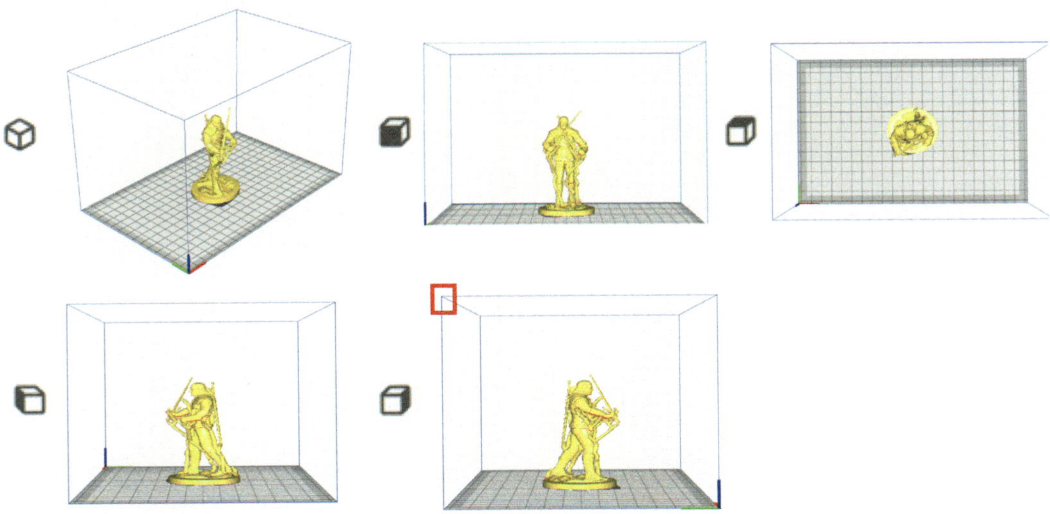

우측과 같이 메뉴의 보기/카메라 뷰를 선택하면 원근과 직교 보기를 선택할 수 있습니다.

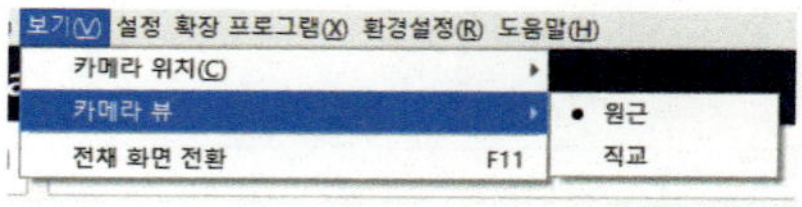

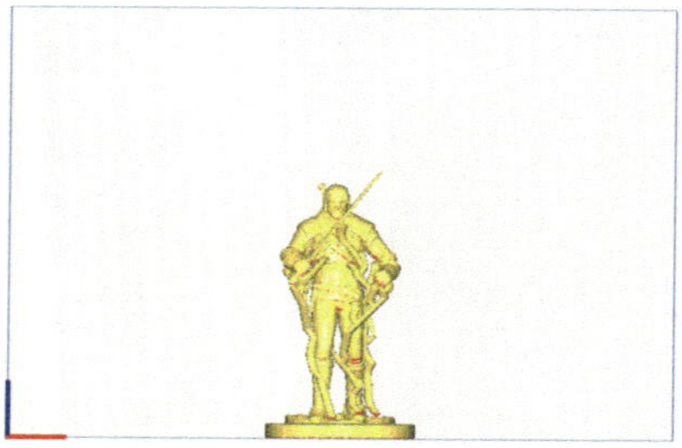

직교 보기

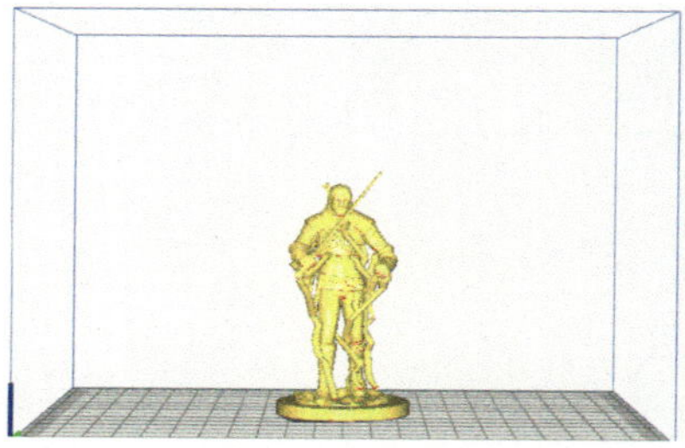

원근 보기

ⓑ 환경 설정

메뉴의 환경 설정을 선택하면 아래와 같은 선택 패널이 나타납니다.

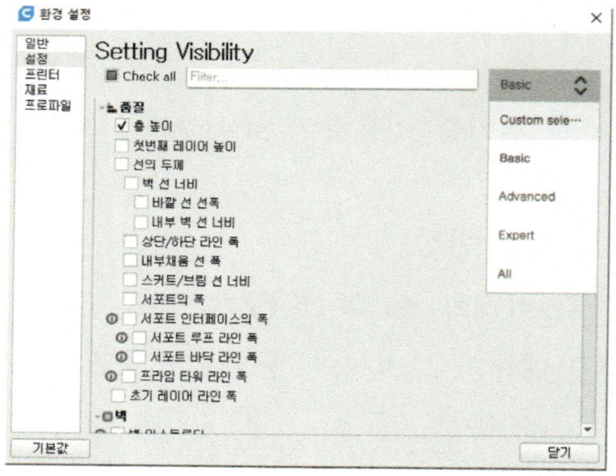

Basic을 선택한다면 우측과 같이 선택되며 만일 Expert를 선택하면 모든 check 박스가 선택되며 모든 설정을 자유롭게 사용할 수 있습니다.

위 그림의 빨간 박스 부위를 누르면 프린터에 대한 세부 설정을 할 수 있습니다.

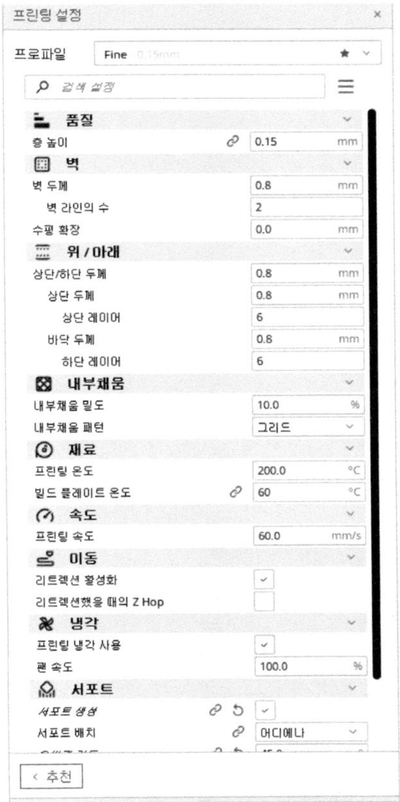

Basic을 선택한 경우

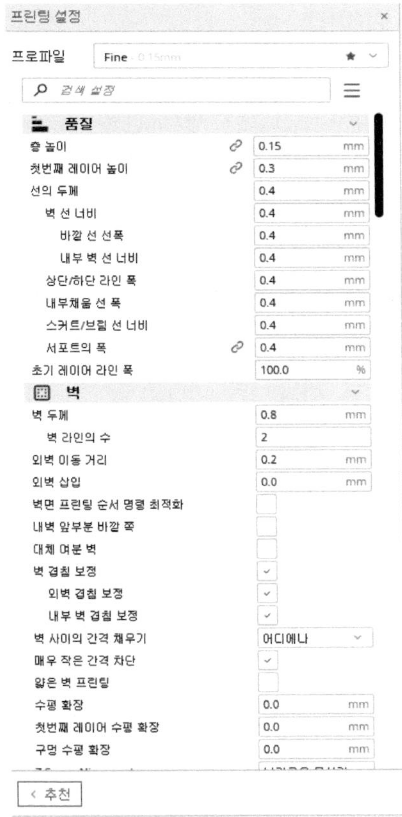

Expert를 선택한 경우

이 책에서는 Basic을 기본으로 설명한다.

(1) 층 높이

각 layer의 높이를 설정할 수 있습니다. 인쇄 품질과 인쇄 시간에 대한 가장 중요한 설정입니다. 레이어의 높이가 낮아질수록 출력물의 결과가 좀 더 정밀해집니다. 레이어 높이가 낮아지면 레이어의 수가 늘어나 프린트 출력 시간이 늘어납니다.

(2) 벽 두께

벽의 두께를 설정할 수 있습니다. 두께를 증가시키면 벽면의 강도는 높아집니다. 0.4mm 노즐로 벽두께를 0.8mm로 설정하고 벽 라인 수를 2로 하면 벽을 2번 그립니다. 벽두께를 0.4mm로 설정하고 벽 라인 수를 1로 설정하면 벽을 1번만 프린팅합니다.

(3) 위/아래

① 상단/하단 두께 : 상단과 하단의 가장 바깥쪽 면의 두께. 두께를 증가시킬수록 재질에 따라 더 견고한 상/하판을 만들 수 있습니다.

② 상단 두께 : 상단의 두께 지정
상단 레이어 : 상단 레이어의 개수 지정

③ 하단 두께 : 하단의 두께 지정
하단 레이어 : 하단의 레이어의 개수 지정

(4) 내부 채움

프린트할 모델의 내부 밀도를 설정합니다. 수치가 높을수록 조밀한 밀도로 채우게 됩니다. 밀도를 증가시키면 결과물이 튼튼해지나, 인쇄 시간이 오래 걸릴 수 있습니다.

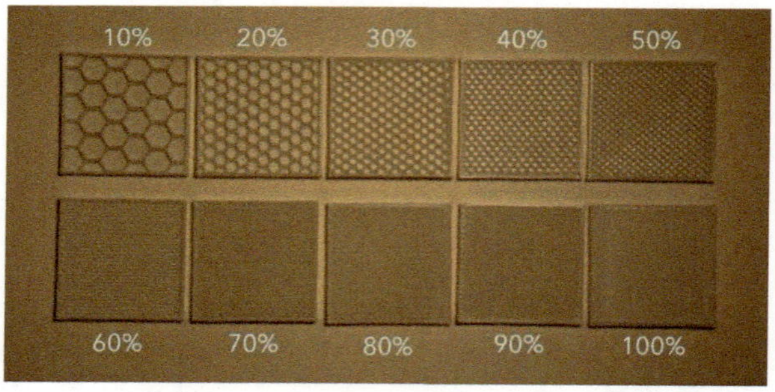

(5) 재료

출력 노즐의 온도를 설정할 수 있습니다. 필라멘트에 따라 적정온도가 다르므로 사용하는 필라멘트의 적정온도를 확인하여 사용해야 합니다. 보통 ABS 재질의 사용 온도는 240도(PLA재질은220도)이지만, 기본값보다 살짝 더 올릴 수도 있고, 찌꺼기를 줄이기 위해 온도를 내릴 수도 있습니다, 빠른 인쇄를 할 경우는 온도를 증가시켜야 합니다.

(6) 속도

출력 속도는 조절이 가능합니다. 출력 속도를 높일수록 모델을 출력하는 시간을 줄일 수 있으나 너무 빠르게 인쇄하면 필라멘트 적층의 균일성이 떨어질 수 있습니다.

(7) 냉각

냉각 팬의 사용 여부 및 속도를 설정합니다. 보통 사용함으로 설정되어 있으며, 냉각 팬의 사용은 PLA인쇄 품질 향상에 크게 도움이 됩니다. 필라멘트에 따라서는 냉각 팬의 사용설정을 해제해야 할 수 있으므로 주의가 필요합니다.

(8) 써포트

지지대 없이 프린트가 불가능 한 모델일 경우 사용합니다.
우측 그림은 써포트를 다음과 같이 선정한 결과입니다.

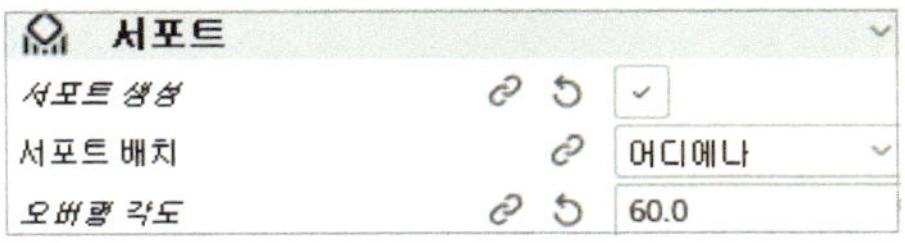

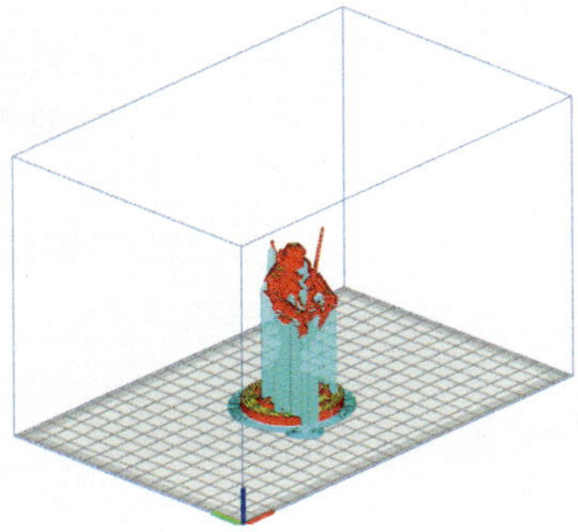

써포트의 조건을 아래와 같이 바꾸면 우측과 같이 생성됩니다.

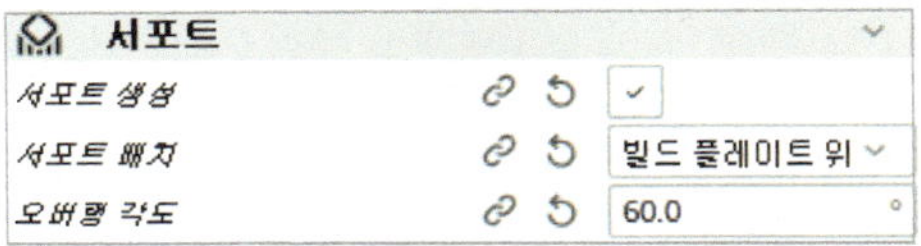

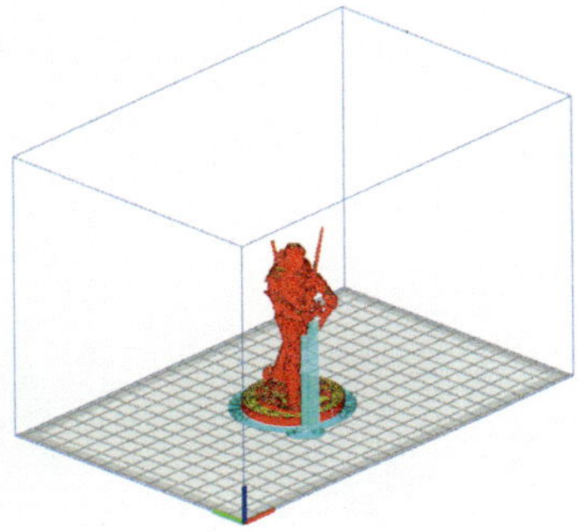

잠깐 !

오버행 각도 : 써포트가 생성되는 각도

1도에서 90도까지 설정할 수 있으며, 각도가 작을수록 많은 써포트가 생성되고 각도가 높을수록 적게 생성됩니다. 각도가 너무 작으면 서포트가 많이 생성되어 출력 시간이 길어지며 써포트 제거가 곤란하며, 각도가 너무 크면 출력 시간이 단축되나 출력물의 품질이 떨어질 수 있습니다. 일반적으로 60도~70도 사이가 적절합니다.

오버행 1도와 90도

잠깐 !	**써포트 배치**
	– 어디에나 : 바닥면에서 평평한 지지대를 올렸다고 가정했을 때, 출력모델과 닿는 모든 곳과 내부의 지지대가 필요한 부분에 지지대를 만듭니다. 빌드플레이트 위 : 바닥면에서 평평한 지지대를 올렸다고 가정했을 때, 출력모델과 처음 닿는 부분만 지지대를 만듭니다.

(9) 빌드플레이트 부착

모델링의 형태 중 베드에 붙는 면이 좁거나 바닥 안착이 잘 안되는 경우, 출력물의 수축 등이 문제가 된다면 빌드플레이트 부착면을 설정해서 사용합니다. 빌드플레이트 부착물의 종류는 총 4가지로 NONE, 브림, 스커트, 래프트가 있습니다.

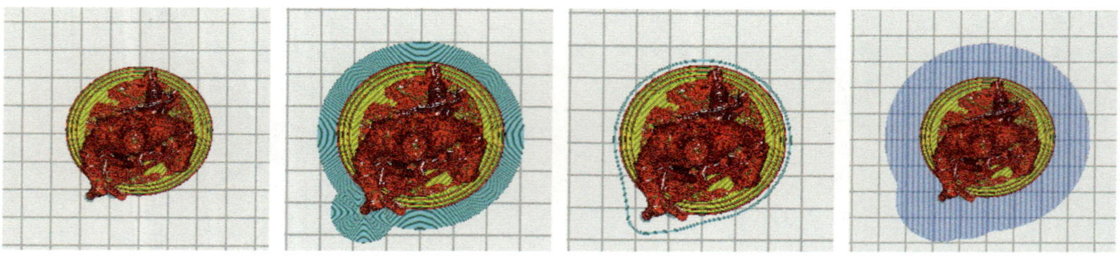

NONE　　브림　　스커트　　래프트

위 그림은 각 부착물의 종류별 모습입니다. 각기 특징을 살펴보면,

① NONE : 부착물도 생성하지 않고 바로 본 출력물을 출력할 때 사용되는 메뉴

② 브림 : 출력되는 모델링의 제일 첫 번째 레이어의 확장으로 레이어 테두리 넓게 형성하여 모델링 바닥이 좁거나 출력물이 바닥에 잘 붙지 않을 때 출력 중 이탈을 방지할 때 많이 사용

③ 스커트 : 출력되는 모델링 외형을 따라 약간 거리를 두고 한 개의 라인을 형성하게끔 하는 메뉴, 별도의 빌드플레이트 부착물이 필요 없는 모델링을 출력할 때 노즐 끝 잔여물들을 제거하고 본 출력물 출력 시 깔끔하게 출력이 되도록 할 때 많이 사용

④ 래프트 : 본 출력물을 출력하기전 출력물 바닥에 일정 두께의 얇은 판을 깔아서 출력물은 베드에 직접적으로 붙지 않고 얇은판(래프트) 위에 붙게 출력하는 기능. 베드 상태가 좋지 않으나 출력물 바닥면을 깨끗하게 출력해야할 경우 또는 ABS 등 수축이 있는 소재를 사용할 경우 사용하면 좋은 품질의 출력물을 얻을 수 있습니다.

4) 출력

모든 설정이 끝났다면 우측 하단의 슬라이스 를 선택하여 모델을 슬라이스합니다.
모델 슬라이스가 끝나면 우측과 같이 프린팅에 대한 정보가 얻어집니다.
이 단계가 끝나면 디스크에 저장하거나, 파일〉내보내기를 선택하여 프린팅을 위하여 G-code로 변환 저장합니다.

5) 기타

① 미리보기 기능을 이용하여 출력 모델을 확인할 수 있습니다.

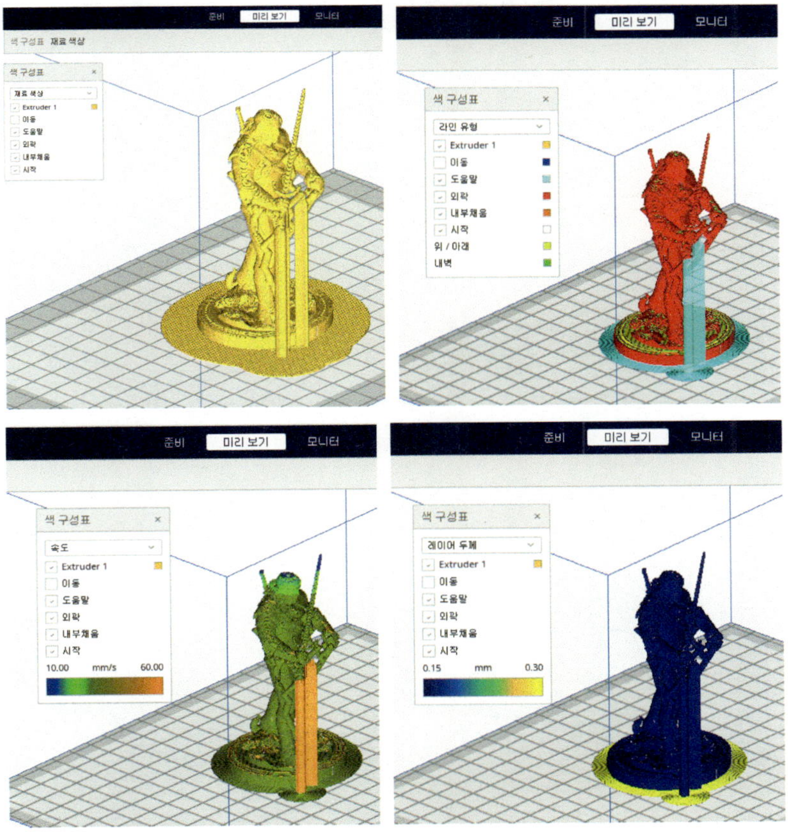

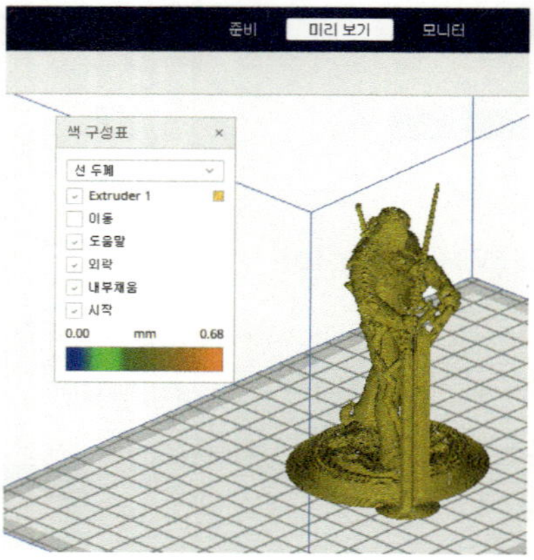

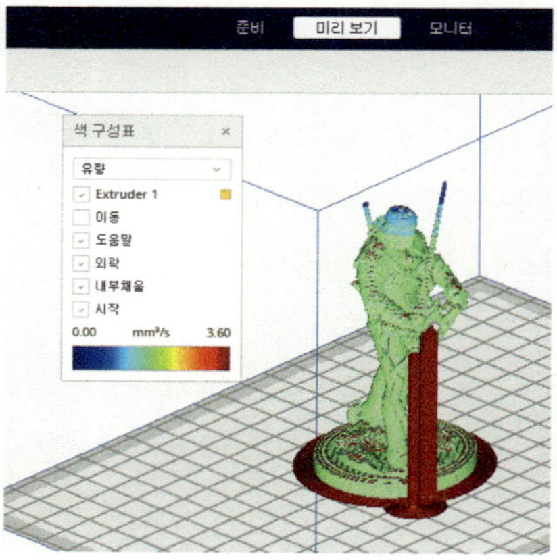

② 작업 중 모델의 이동, 스케일, 회전, 대칭 등이 필요시 모델은 선택하고 좌측 버튼을 선택하면 작업이 가능하다.

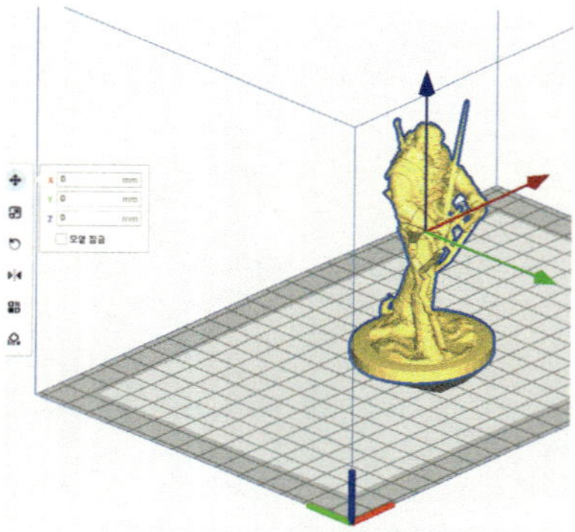

이동

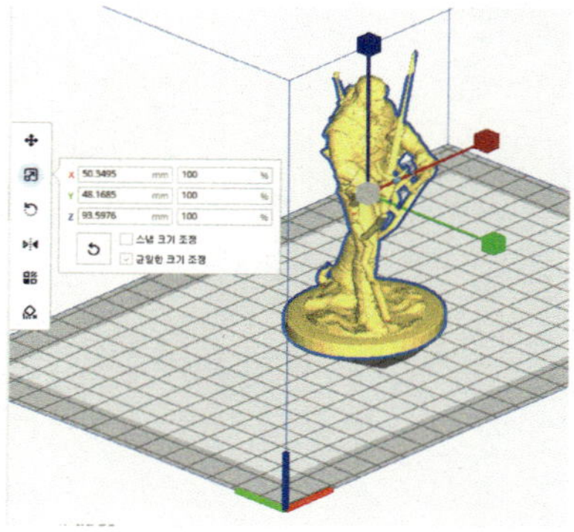

스케일

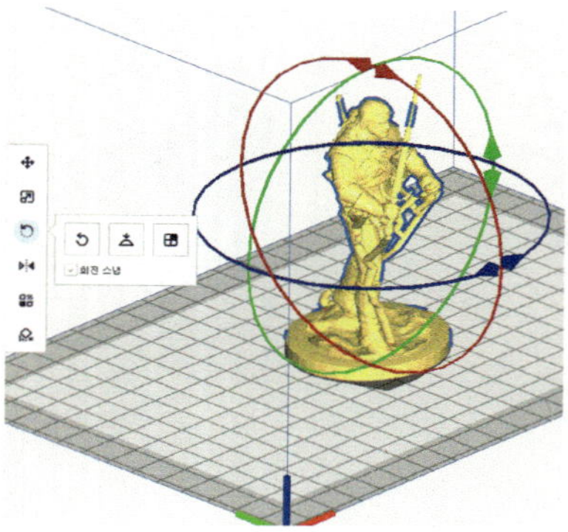

회전

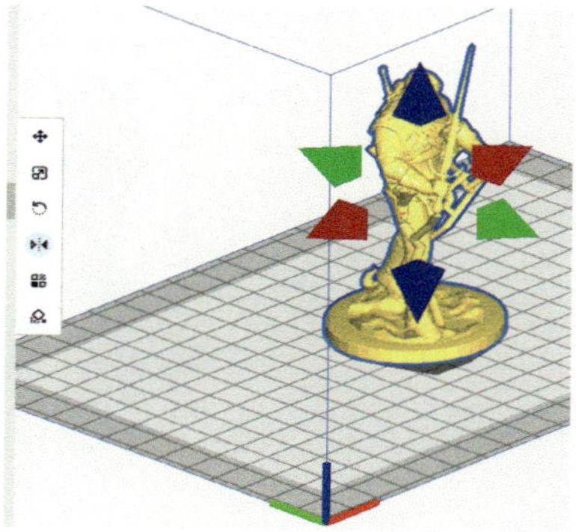

대칭

참고문헌

[1] Apparatus for production of three-dimensional objects by stereolithography. 특허번호: US 4575330 A

[2] Apparatus and method for creating three- dimensional objects. 특허번호 : US 5121329 A

[3] Srivastava, Manu & Singh, Utkarsh & Yashaswi, Ramkrishna. (2014). TRENDS IN THE DOMAIN OF RAPID PROTOTYPING: A REVIEW.

[4][5] Khan, Adil. (2016). Design and Characterizing of an Innovative Acoustic Resonator. 10.13140/RG.2.1.3107.3364.

[6] Merz, R., Fritz B. Prinz, Kevin Schmaltz 및 L Weiss Edrc. "마이크로캐스팅을 이용한 형상 증착 제조." (2007).

[7] Ersoy, K i v i lc i m & Çelik, Berk. (2019). Utilization of Additive Manufacturing to Produce Tools. 10.5772/intechopen.89804.

[8] Espera, Alejandro & Dizon, John Ryan & Chen, Qiyi & Advincula, Rigoberto. (2019). 3D-printing and advanced manufacturing for electronics. Progress in Additive Manufacturing. 4. 10.1007/s40964-019-00077-7.

[9] https://www.custompartnet.com/wu/laminated-object-manufacturing

저|자|소|개

윤정필 / 지엘[GL] 대표 (20년간 제품 개발 및 설계 수행)
기술문의 : glworld123@naver.com

이이선 / 우송정보대학 스마트자동차·기계학부 교수

민상기 / 우송정보대학 스마트자동차·기계학부 교수

김지대 / 우송정보대학 스마트자동차·기계학부 교수

저자와의 협의에 의해 인지 생략

3D프린터 출력을 위한 기초학습 / 3D프린터운용기능사 실기 대비

따라하며 익힐 수 있는

AUTODESK Fusion360 입문

1판 1쇄	2022년 2월 25일
저 자	윤정필 / 이이선 / 민상기 / 김지대
발행인	송광헌
발행처	복두출판사
주 소	서울특별시 영등포구 경인로82길 3-4 센터플러스 807호 (우) 07371
전 화	02-2164-2580
FAX	02-2164-2584
등 록	1993. 11. 22. 제 10-902 호

정가 : 26,000원

ISBN : 979-11-6675-111-0 93550

한국과학기술출판협회 회원사

* 본 도서의 자료 업데이트가 있을 경우 본사 홈페이지 자료실에 업로드됩니다. 정기적으로 들러서 유익한 자료를 받아가시기 바랍니다.